潮起潮落

編　　輯	陳明慧
實習編輯	黃珮涵（香港城市大學翻譯及語言學系三年級）
	鄺泳欣（香港城市大學媒體與傳播學系三年級）
書籍設計	蕭慧敏　*Création* 城大創意製作
排　　版	蘇少嫻

國際統一書號：978-962-937-430-3

出　　版　香港城市大學出版社
　　　　　香港九龍達之路
　　　　　香港城市大學
　　　　　網址：www.cityu.edu.hk/upress
　　　　　電郵：upress@cityu.edu.hk

©2019 City University of Hong Kong

Subject to Interpretation: The Changing Spirit and Values of the May Fourth Movement
(in traditional Chinese characters)

ISBN: 978-962-937-430-3

Published by City University of Hong Kong Press
　　　　　Tat Chee Avenue
　　　　　Kowloon, Hong Kong
　　　　　Website: www.cityu.edu.hk/upress
　　　　　E-mail: upress@cityu.edu.hk

Printed in Hong Kong

潮起潮落
五四運動精神變調

陳學然　編著

CITY UNIVERSITY OF
HONG KONG PRESS
香港城市大學出版社

目　錄

二、學潮爆發

三、學商衝突

四、學風轉變

五、教育破產

導　言

一、五四運動的多元面貌

　　百年前一場關注遠在巴黎的國際政治外交運動，後來在中國本土裏由一群北京大學生引發為一場學生愛國救亡運動，繼而在全國各範圍內引起抵制日貨、批判北洋政權和維護國家主權獨立的社會運動。本來是一場學生基於愛國熱情而在北京發動的民族救亡運動，後來發展成為中國現代史上其中一場最為矚目的歷史事件，歷經百年後仍成為兩岸學界、華人世界共同關注的歷史大事。這種每年紀念，並且是逢十的周年都有大會小會關注的史事，在華人學術界確是異數。相關的紀念，讓五四運動成為了一段活的歷史，使其思想價值、精神追求總是能夠與時俱進地歷時常新，被不同的人站在自己的位置上擷取來表達自己對過去、現在乃至未來的時局看法與文化關懷，由此而展開他們關於中國的未來何去何從的大思考。五四運動研究領域或者是紀念場域，展現的是一種思想萬溪奔流的景象與多元價值的交鋒互動。

　　在今天這個號稱全球化的時代裏，五四運動確實已難再被某種語言霸權作出特定的詮釋或定調；隨着近一甲子來高度流動的人口遷移與中國／華人網民 (Netizen) 遍佈全球每個角落，五四紀念或五四的多元歷史內涵、時代意義當然也不再是某個中心城市、某個權勢機構或某些人士所能掌控的。但是，我們必須了解到的一點就是，五四運動在爆發後的發展途徑及其所處的社會文化空間都是變動不居的，而這些不斷地重新塑造了五四運動的社會功能與歷史意義，使它隨着時間、空間的不斷轉移而衍生出不同的詮釋內容。致使今天所看見的五四運動不必然就是昨天所說的五四運動，今天所理解的也不一定是明天將會看到的那個五四運動。五四運動隨着詮釋者所站在的立場、位置而有不同的言說和千變萬化的形象。

2019 年的今天，正值五四運動一百周年，關於五四運動爆發的來龍去脈，相關研究成果早已汗牛充棟，我們大概無須在此一一敍述。[1] 不過，我們感到還是有很多美中不足的地方。雖然研究成果多不勝數，但我們對於五四運動的認識還有很多不夠透徹和不夠全面的地方。回顧過去百年來的五四研究言説史，可以説是言者各異、言人人殊。

　　五四的政治運動一方面被政治人物看作是在「世界革命號召之下，是在俄國革命號召之下，是在列寧號召之下發生的」，是由「共產主義的知識分子、革命的小資產階級知識分子和資產階級知識分子」發起的一場「徹底地不妥協地反帝國主義和徹底地不妥協地反封建主義」的運動。[2] 但另一方面，學界更加普遍的看法是五四運動導致了中國共產黨的誕生與發展、促成了國民黨的改組與日後的聯俄容共。當然，五四運動也帶來了新文化與舊文化的交鋒、問題與主義的爭端以及各種文化觀念上的重組。近數十年來，

1　台灣的國家圖書館於十年前編輯、出版的《五四運動論著目錄初稿》，台北：國家圖書館，2009 年，也許已足以讓我們一睹五四運動研究的盛況。就大陸而言，我們也可以看到大量相關回憶錄、資料整理與研究著述出版。僅略舉數種如下：

　　華崗：《五四運動史》，上海：新文藝出版社，1953 年；楊盛清；陳文斌：《五四運動》，廣州：廣東人民出版社，1979；彭明：《五四運動在北京》，北京：北京出版社，1979 年；中共浙江省委黨校黨史敎研室：《五四運動在浙江》，杭州：浙江人民出版社，1979 年；胡汶本、田克深編《五四運動在山東資料選輯》，濟南：山東人民出版社，1980 年；上海社會科學院歷史研究所：《五四運動在上海史料選輯》，上海：上海人民出版社，1980 年；河南省地方志編纂委員會總編輯室編：《五四運動在河南》，鄭州：中州書畫社，1983 年；蕭超然：《北京大學與五四運動》，北京：北京大學出版社，1986；中國人民政治協商會議江西省委員會文史資料研究委員會編《五四運動在江西：紀念五四運動七十周》，南昌：《江西文史資料選輯》編輯部，1989 年；沙東迅：《五四運動在廣東》，北京：中國經濟出版社，1989 年；中共四川省委黨史工作委員會主編《五四運動在四川》，成都：四川大學出版社，1989 年；中共江蘇省委黨史工作委員會、中國第二歷史檔案館編：《五四運動在江蘇》，南京：江蘇古籍出版社，1992 年；小野信爾：《五四運動在日本》，東京：汲古書院，2003 年；牛大勇；歐陽哲生：《五四的歷史與歷史中的五四：北京大學紀念五四運動 90 周年國際學術研討會論文集》，北京：北京大學出版社，2009 年。當然，不可不提的還有周策縱的《五四運動史》，湖南：岳麓書社，1999 年 8 月；以及呂芳上的《從學生運動到運動學生：民國八年至十八年》，台北：中央研究院近代史研究所，1994 年。前者讓我們對廣義的狹義的五四運動作出了史料甚為翔實而視野深廣的論述，後者則針對五四運動爆發後層出不迭的學生運動作出了極為精闢和深細研究，全面揭示了 1920 年代學生運動思想發生變調的來龍去脈，具有十分重要的參考價值。

2　毛澤東：〈新民主主義論‧中國文化革命的歷史特點〉，《毛澤東選集‧合訂一卷本》，北京：北京人民出版社，1964 年，頁 692-693。（毛澤東於 1940 年 1 月發表本文；中共中央毛澤東選集出版委員會於 1951 年 8 月 25 日首次結集出版。）

它被普遍看作是現代中國政治革命史的開端，舊的落後的封建文化傳統由此而終結，新的進步的思想解放運動由此而開啟。同時，它也是被視為現代中國追求個體自由、民族覺醒乃至新民主革命、社會主義運動的思想發展起源。總之，各種言說，不一而足，以至後人對它的印象、觀感和理解始終有一種面貌模糊之感：

> 「五四運動」究竟是甚麼呢？六十年來說者各異，有人說它是新思想運動、新文化運動、新文藝運動、白話文運動、現代化運動、西化運動、革新運動、啟蒙運動、提倡民主與科學的運動（所謂德先生與賽先生）、女權運動、青年運動、群眾運動等等，眾說紛紜，為此引起了不少的爭論，也製造了許多對五四運動不同的支持者或反對者。愛之者唯恐不親，避之者唯恐不遠，「五四運動」何幸？「五四運動」何辜？[3]

在今天學界，我們似乎已習慣把五四運動等同於新文化運動。當談起新文化運動時，不少人會直接聯繫至反抗「廿一條」的學生愛國運動的「五四運動」。也有不少人在談五四運動時，直接地將「民主」、「科學」或「德先生」、「賽先生」視為運動的精神核心，又或者是將之看作是五四運動欲以成就的目標、價值。為了釐清當中的複雜關係，學界大概也形成了一種以廣義的大五四與狹義的小五四來細分五四運動的做法，[4] 又或者是有些學者將五四區分成更為具體的新文化層面的五四以及政治層面的五四。[5] 廣義的大五四或新文化層面的五四，所要指稱的是一場涉及社會、政治、文化等方方面面的改造運動，後者的狹義小五四所針對的便是發生在 1919 年 5 月 4 日那一天的學生愛國運動。學生愛國運動是五月四日爆發的，故又稱之為五四學生運動，夾雜了強烈反抗列強侵略以及國內賣國政府的愛國主義，表現的是一種民族自強、自救的意識。新一代青年學生紛紛自發走上街頭追求民族自決，對不公義的巴黎和會與不道德的國內政客表現出強烈的不滿。

3　傳記文學編輯委員會：〈「五四運動的歷史回顧與評估」主題說明〉，《傳記文學》第34卷第5期，1979年，頁10。

4　周策縱：《五四運動史》，湖南：岳麓書社，1999年。

5　王汎森：〈五四運動與生活世界的變化〉，《二十一世紀》第113期，2009年6月，頁44–54。

作為一場影響歷史深遠的學生運動，它不會是無緣故地爆發，在當時引起中國各地極大迴響的社會運動，它更加不可能在五月四日之後很快便偃旗息鼓。相反，它是有一個不短的醞釀時期，有些人將五四運動的爆發看作是辛亥革命的失敗、民元以來共和理想的破滅等諸種因素所促成的。有些人認為五四學生運動是晚清學潮的延續，尤其是它的「鬥爭形式」接續自晚清新式學堂學生以及辛亥學生的抗爭傳統。[6] 更有一些論者，如在五四時期成長的唐君毅以及在當今學界擁有巨大聲望的學者周策縱、余英時、李澤厚等，他們都將五四學生的精神傳統上溯至漢、宋太學生的伏闕上書、明末東林學生運動、清末甲午的公車上書及至黃花崗革命運動。[7]

學界也不乏論者認為：「『五四』是個長時段的全方位革新運動」，我們不能將之簡單地看作是「一場單一的愛國學生運動」，否則也就會「天真到覺得一天的事就能改變世界」。[8] 如果把學生在五月四日那天的運動看作是整場五四運動，當然是偏狹、淺陋之見。相信也沒有多少人會狹隘地認為五四是「一場純而又純的文化運動」，它的確是夾雜了十分複雜的文化、文學甚至是學術文藝以外的社會改造風潮。於是，我們必須要認識到，五四風潮的爆發與擴散，一方面是由一群新知識社群所催生的新文化、新思想的影響下形成；另一方面，五四運動也把新文化、新思潮的發展推向另一個高峰的開始。學生群體在後五四運動中所表現的一些觀念，據說就是來自外國的影響，諸如杜威 (John Dewey) 的「教育即生活」及「學校即社會」，

6　桑兵：《晚清學堂學生與社會變遷》，桂林：廣西師範大學出版社，2007年，頁1-19。

7　唐君毅：〈一千八百年來的中國學生運動之歷史發展〉，《唐君毅全集第15卷‧東西文化與當今世界》，北京：九州出版社，2016年，頁262-266。

周策縱：《五四運動史》，頁14。

李澤厚：〈啟蒙與救亡的雙重變奏〉，《中國現代思想史論》，台北：三民書局，1996年，頁9。

余英時：〈五四運動與中國傳統〉，《余英時文集第二卷‧中國思想傳統及其現代變遷》，桂林：廣西師範大學出版社，2004年，頁82-89。

8　楊念群：《「五四」九十周年祭——一個「問題史」的回溯與反思》，北京：世界圖書出版公司，2009年，頁2。

孟祿 (Paul Monroe) 的「學生自治」及「自由共和的教育」諸種觀念，便被學生「拿來實踐，並作為學運的一種訴求」。[9]

五四的新文化、新思潮，除了反映於社會政治與思想層面的民主、科學的精神內容外，更可以看到的是時人對於作為人的個體自由的追尋、對於弱勢社群如女性權利的關注與個體解放的探索。同時，它作為一場大家都認同的新文化、新文學革命，也因為它掀起了眾所周知的白話文運動、新文學運動和「打倒孔家店」（胡適）、「把線裝書拋進茅廁三十年」（吳虞）、「不讀線裝書」（魯迅）的新文化運動。當然，作為一場新文化運動，它之所以被看作是「新」，除了反抗傳統文化、叩問祖輩之外，更有其鼓吹「全盤西化」（陳序經）、感嘆中國文化「百不如人」（胡適）的唯新是尚精神面向。

然而，我們要再了解到的一點就是，1919 年 5 月 4 日爆發的學生運動，其來源不能只是說源於眾所周知的新文化運動的新思潮刺激而產生。當然，它更加不是無中生有的。1915 年，袁世凱被迫與日本簽訂「廿一條」條約，便為四年後的巴黎和會談判桌上日本代表能夠咄咄逼人以及五四學生運動最終爆發埋下了伏線。這些不滿情緒於五月四日的進一步擴充，正是因為結合起「五七」國恥的紀念，使五四反日救亡的火焰在中國全國各地點燃。由此進一步觀之，如說五四學生愛國運動的這一源頭並非起於胡適、魯迅、陳獨秀等人的新文化運動，也不是沒有道理的。反日排日的愛國救亡種子，在 1915 年袁世凱簽訂的「廿一條」的五七國恥已經種下。更加直接的例子也可以看到，因為巴黎和會噩耗傳來，原本是五七國恥紀念的遊行提前至五月四日舉行，說明五四學生運動的愛國救國運動之誕生其源有自。

然而，今天學界早已慣於在「五四」後面加上一組組特定名詞，藉以描述 1915 年胡適、陳獨秀、魯迅等人揭櫫的文學革命大旗開始，直至 1927 年國民政府展開北伐為止的一個時期裏複雜多變的時代面貌。[10] 於是，五四新文化運動、五四學生運動、五四白話文運動、五四新文學運動、五四時

---

9 相關論述參觀呂芳上：《從學生運動到運動學生》，頁12。
10 有關五四運動廣義方面的界限設定，參考余英時：〈五四運動與中國傳統〉，《余英時文集第二卷・中國思想傳統及其現代變遷》，頁82。

代等等名稱便叢生不絕，而近百年來討論五四運動有如趁墟趕市集般熱鬧，研究的人亦如過江之鯽，最後便形成了今天這種圍繞「五四」紀念、「五四」研究的眾聲喧嘩現象。

二、學生運動的精神變化與思想詮釋

　　五四學生運動的爆發，把晚清以來的學潮推向了一個新高潮，也為往後中國的學生運動造成一個新的分水嶺。根據胡適的觀察，第一位把 1919 年 5 月 4 日發生的學生運動稱為「五四運動」的人就是羅家倫。羅家倫本身是五四學生運動的領袖，他是受陳獨秀、胡適等人的新思想新文化影響的北京大學新一代學生，是《新潮》雜誌的參與者，同時也是五月四日那天遊行活動的籌辦人之一，更是著名的「五四宣言」──〈北京全體學界通告〉撰寫人。他在五四運動四十周年時所作的紀念文章，與他在五四運動爆發二十多天乃至一周年所寫的內容就完全不同。五四一周年時，他強調五四運動有三種真精神──「學生犧牲的精神」、「社會裁制的精神」、「民族自決的精神」。[11]

　　1915 年以來的新文化、新文學的革命思想，無疑是使學生的思想視野更開闊，也擁有了新的國家觀、民族觀與世界視野省察家國天下乃至自身的當世處境，由此而有了「外爭主權、內除國賊」的新時代呼聲，向帝國主義、殖民主義以及國內的北洋政府施政，表現出自覺、自發、自主、自決的精神，為國家利權與民族尊嚴作出反抗。在由學生掀起的社會運動或者是在 1919 年 6 月 3 日因反對北洋政府大舉拘捕學生的三罷運動──罷學、罷工、罷市，讓人看到了救亡的危機意識與反抗北洋政府的情緒佔據了當時的知識界、學生界乃至其他階層。然而，更加值得注意的是，強烈的救亡危機在一個很短的時刻裏便壓倒了啟蒙的思想，不但讓新文化運動宣傳的個體解放、自主意識難以彰顯，就是到了一兩年後，被啟蒙起來的五四新一代，他們在奔向救亡的路途上迷失自己和喪失自己。

11　毅（羅家倫）：〈「五四運動」的精神〉，《每週評論》第23號，1919年5月26日。
　　羅家倫：〈一年來我們學生運動底成功失敗和將來應取的方針：窮則變─變則通─通則久〉原載於《晨報》，1920年5月4日，第2–3版。

上面提到的學生領袖羅家倫，他在五四一周年時注意到學生群體發生的精神變化的問題：

> 自從六三勝利以來，我們學生界有一種最流行而最危險的觀念，就是「學生萬能」的觀念，以爲我們什麼都能辦，所以什麼事都要去過問，所以什麼事都問不好；而且目標不專，精力不粹，東衝西突，自己弄得精疲力盡，而敵人也得乘機進入。[12]

　　伴隨着五四運動後的學潮發展，教育氛圍、社會風氣、政治環境盡皆受到教育破產的影響。1922年5月便加入中國共產黨的楊賢江，曾撰述不少文章批判學生群體在當時的行為：

> 喝酒，吸煙，打牌，毆人……種種惡習慣，在現在已成為學生社會間流行而又被視為善良的行為了。自修室裏盡可任意喝酒；要吸煙不必再到廁所裏去；要打牌不必要等到土曜日，毆幾個人不算什麼大不了的事。此外像「外宿」、「逃課」、「考試時作弊」……以及其他等等説了令人傷心的惡行為，在今日學生社會裏，竟是大流行而特流行。[13]

　　學生的學習風氣或行為變化情況，一旦與五月四日的救國、愛國行動比較，猶為對照鮮明。學風的轉變，源於學生運動從北京一域爆發後，當其聲勢壯大或各方人馬介入後，它的救國愛國定義與內容範圍也必然摻雜了更多的時代聲音、社會訴求。凡此訴求與聲音、目標等等，在提出的時候或者是實踐行動的時候，雖然總會是與愛國救亡的大方向、大目標掛鈎。但是，當學生全情投入學運，他們在校園內求學的時間與精力便無可避免地被各種愛國行動佔據。羅家倫注意到初嘗勝利滋味的學生，萌生「學生萬能」的天真想法，並在這種想法的鼓動下踏出校園而走向社會、走向民間、過問政治。從民族救亡到干政救國，學生們在救亡大旗下關注形形色色的校內校外問題，諸如個人解放、爭奪教育權、社會改造等等都成為了他們

12　羅家倫：〈一年來我們學生運動底成功失敗和將來應取的方針：窮則變—變則通—通則久〉，《晨報副刊・五四紀念增刊附錄》，1920年5月4日。

13　楊賢江：〈威權打破了以後——學生現形記〉，《學生雜誌》，1922年3月5日，頁3。

日常過問的事情。在他們踐履「國民自決自救善法」的救亡大計時，[14] 他們的心神也在這過程中一步一步地被時代、被社會所吞噬。

學生群體本由針對國家層面的外抗強權、內除國賊的目標，在 1919 年 6 月 3 日的「六三運動」以後，擴展為改造社會、改造國家。北洋政府於 1919 年 6 月 3 日大舉拘捕街頭演講的學生達二千多名，迅速激發全國工商界別的罷工、罷市，促使北洋政府於一兩天內便自動撤兵，不敢圍困學生。學生運動獲得工商階層乃至市民階層的支持下聲勢為之壯大。他們也因為運動的勝利，反過來進一步動員社會大眾自作國家社會的主人，逼使北洋政府罷免曹汝霖、陸宗輿與章宗祥，並且罷簽巴黎和約。運動月餘，學生運動可謂終於逼使政府屈服，取得了重要的運動果效。

學生在運動中感召了工商階層支持他們的理念，才有機會讓運動成功；否則，無權無勢無地位的學生是難以取得任何成效的。學生在這過去月餘的奮鬥過程中，於救亡的熱情下不斷強化了他們改造社會、改造國家的責任感，羅家倫所說的五四運動的「社會制裁的精神」，便是這樣地建立起來。

在運動的過程中，學生們在精神上有了個體覺悟，強調要以實際行動實現自由、自主價值。但是，在另一方面，也因為他們的個體改造和社會改造的強烈訴求以及對救亡運動的廣泛動員，當他們把罷課視為長期的鬥爭時，就很難要求社會的其他後援力量與他們同步奮進。如學生沒有工商界別的協力，當他們關注的問題也變得愈來愈複雜的時候，所要面對和處理的事情，便不是他們力所能及和可以駕馭的了。五四學生運動的精神，相比於它爆發的一個月，一周年的時候已然出現很大的變化。運動方向失焦或運動目標模糊，最後得出了時人口中關於一個時代裏青年學生於學業、教育上思想破產的結論。

歷史固然不能假設，但不能阻礙我們作出各種後見之明的敍述：如果五四運動的精神、理想及其所追求的目標有所實現的話，現代中國也許就不會如此崎嶇不平和國難深重；如果中國的各種體制在五四運動爆發以來便有

14　倪菊裳：〈愛國救國（續）〉，原載於《民國日報》，1919年6月21日，第3張，第12版。

所落實、或者國民性格與國民素質在五四時代便因為有所啟蒙而得以建立，那麼中國人便不但可以突破文化的封閉圈，更可以習取西方之長以補一己之短，建立起現代文明的民主、自由政治體制。但可惜的是，五四運動是一場沒有成功的文化、政治運動，羅家倫所說的民眾自決的精神、社會制度的精神並沒有確立起來，而學生犧牲的精神也沒有換來讓人告慰的結果。這些看似不甚光彩的面相，在五四運動研究史上是較少人研究或提及的領域。相反，不同時代不同的人物傾向在各自的位置、站在愛國主義的立場上對五四運動作出切合他們時需的精神詮釋，使五四運動在不變的愛國救國題旨上展現多變形貌。[15]

五四運動四十周年，羅家倫着意把學生運動視為一場推動國家民族「進入現代化的運動」，接連而至的是他對五四運動的解釋與定義：

> 五四運動本來是兩個主要運動的合流：新文化運動和青年愛國運動。這兩個運動發生的時間，新文化運動先約一年多，但到民國八年五月四日這天以後，二者合流而為一體，變為促進中國成為獨立自由的現代國家的運動。……新文化運動和青年愛國運動合流成為推動中國走向現代化的運動。建設獨立自由現代的中國，正是我們光復中華邁進的方向。[16]

推動國家進入現代化，不外乎是五四運動和新文化運動合流促成了思想解放、民主科學觀念發展；但更具現實意義的，莫過於「外爭主權，內除國賊」的民族主義或國族文化認同直接與「反共抗俄」的時代危機貫通起來。因救亡而迸發的民族主義在兩岸官方紀念場域中，由始至終都是時代的主調和主旋律，掩蓋了學運中其他啟蒙的甚或是變調的學運內容與精神趨向。

在五四運動爆發將近七十周年的時候，中國社會歷經一甲子的大動盪、大是大非之後，思想界一度出現百花齊放、百家爭鳴的盛況。在追求現代化

---

15 如針對廣義的五四運動而言，其多重的兩歧形貌如理性主義對浪漫主義、個人主義對群體意識、民族主義對世界主義的論述，可以參考張灝的研究。見氏著：《張灝自選集》，上海：上海世紀出版集團，2002年，頁251–279。

16 羅家倫：〈話「五四」當年〉，陳少廷編：《五四運動與知識青年》，台北：環宇出版社，1973年，頁12。

思潮澎湃洶湧的時刻，五四運動的各種思想啟蒙與打破政治困境的理想在中國知識界裏再次燃燒起來。李澤厚於此時發表了〈啟蒙與救亡的雙重變奏〉這篇引起極大迴響的著名長文，突顯了五四運動救亡與啟蒙的兩大思想主題，指出兩者既有雙流並進時刻、也有合流共進的時刻，精彩概括了啟蒙與救亡之間的多元互動、互為因果和相得益彰的向前推進的發展關係，最後揭示了五四運動後整個現代中國歷史就是救亡壓倒了啟蒙的結果。[17] 讀者或基於不同的閱讀視角而對之有不同的解釋，但對於思想啟蒙之失卻的反思是深沉的是很值得警惕的。

儘管李澤厚的持論引起不少爭議，但如果從狹義的五四觀之，五四一代的青年學生的啟蒙精神的確是被救亡壓倒了。這直接導致了五四的一些深具啟蒙意義的精神理念，在往後的中國歷史上只能夠成為一代又一代人的追憶、憑弔對象，也是一種可望卻不可即的理想與夢想。

三、運動中失去個體、淹沒自我的學生群體

在今天學界裏，有不少學者認為五四的思想啟蒙便是個人主義、個人自由。但是，不少論述根本沒有注意到五四時期個人主義、個人自由或自我改造的脆弱性與不穩定性。

五四學生運動的原初精神，可以從「外爭主權，內除國賊」這份全體學生宣言裏找到一些解說。首先，這場運動本源於學生追求自主自決的自發精神，不認同和不接受當政者的治國方式，故有自發自主過問國家大事的動機與行動，內而外、從下而上地運動起來，並讓愛國的運動從北京學界波紋擴散至全國各地。這種自覺精神、愛國精神與犧牲精神，便是學生運動最難能可貴之處。

但是，也因為學生運動源於對國家行為、政治政局的反抗情緒與愛國救國的民族主義運動，使他們的思想開始發生裂變。正如林毓生所說的，「民

17　李澤厚：〈啟蒙與救亡的雙重變奏〉，《中國現代思想史論》，頁832。

族主義使受它感染的人，深深感到『小我』溶入『大我』之中的精神的興奮與提升。這種休戚與共、同甘共苦的滋味，給予民族主義者類似皈依宗教的精神的洗禮與人格的擴大。」[18] 林氏由此而論述他所認識的五四運動的中期——「1919 年 5 月 5 日中國現代史上發生的自動自發的學生愛國運動」，其精神裂變正在於民族主義勃然興起之故，最後導致五四運動沒過幾年便轉變而成為左傾政治運動。當然，他說的那些五四參與者是指李大釗、陳獨秀而言，與本書所談所針對的青年學生還是有所不同。不過，他對於民族主義激發五四學生運動精神產生裂變之論，還是有其啟發性的。

於本書而言，我們更加注重的是從具體歷史文獻中尋找學生運動的轉變原因。本書輯錄的歷史材料顯示，當學生身處曠日持久的運動中的時候，本來就沒有經濟保障、社會地位與實體力量可供支配的學生群體，如果沒有獲得社會的廣泛支持而空有一股理想的話，他們最終也難以在現實社會中有效實踐計劃。

所謂外爭主權，隨着巴黎和會代表罷簽協議而取得短暫的成功外，中國依然深受帝國主義欺壓，國內「賣國賊」也不是學生群體足以剷除的。願意與學生群體協力救國的工商階層或可因應一時的愛國熱情而響應「三罷運動」的其他非學生界別人士，他們不一定如學生們思想單純或無懼生計，叢生不絕的街頭運動反過來是嚴重衝擊他們的生計。學生群體在五四風潮裏的一些行徑，使他們反成為社會工商階層的敵人。根據李達嘉的研究，學生無止境地以勸告、哀求、跪哭商人抵制日貨，並又對販賣日貨商鋪進行搜查、搗毀、查封，將搜得貨物充公、焚毀、拋入江河，對未能合作的商人進行仲裁、公判、罰款、遊街示眾、待以漢奸或公敵等等的施壓、強制、侮辱與處罰等手段，迫使工商階層群起反抗、甚至是發動罷市、罷工來對

---

18 林毓生：〈認識「五四」、認同「早期」「五四」——為紀念「五四運動」90周年而作〉，見氏著：《中國傳統的創造性轉化》，北京：三聯書店，2011年，頁566-567。

抗學生的各種干涉行為，還有一些更嚴重就是在各地發生多次相互圍擊、毆鬥的流血衝突，催生各種大大小小的社會風潮。[19]

當學生與商人發生流血衝突或造成社會經濟損失時，政府當局當然也不可能坐視不理。學生團體或學生運動一旦被標籤、定性為暴徒、暴動，因此而必須面對被政治打壓或政治收編的結局。梁啟超便曾苦口婆心地勸告學生說：「青年們啊：你要幹政治，請你別要從現狀政治下討生活，請你別要和現在的軍閥黨閥結緣。」[20] 朱光潛曾在〈談中學生與社會運動〉文中批評與他差不多年齡的那代青年學生說：「現在一般學生，有幾個人配談革命？吞剝捐款聚賭宿娼的是否沒曾充過代表，赴國大會？勾結紳士政客以搗亂學校是否沒曾談過教育尊嚴？」[21]

在青年學生與政黨過從甚密或自身成為政客的時候，青年學生個體自由或團體自主性便告瓦解，學生們在群體運動中失去了自我，所奮力的對象最後連他們自身也不再清晰明確。署名伊卡的一名作者在〈二十年來的中國學生〉一文裏，這樣總結出在一個動盪不安政局下學生們的心路歷程：

> 青年學生，都以不理解革命而參加革命集團，尤其是不能加入革命的戰鬥一事，認為恥辱。學校變成了荒涼的古廟，教室在無言地嘆息，然而學生並不悲哀學校的運命。對於灰塵滿架的圖書館，既已喪失寬大的愛情，亦無悲哀的感覺。[22]

可以說，愛國、救時、改造社會，這一切讓一代的青年學生最後失去了自己。有青年導師、五四導師甚或新文化運動守護者、五四精神領袖之稱的蔡元培，他在 1931 年冷看相待叢生不絕的學生運動，在國民政府的一個會議上更以〈犧牲學業損失與失土相等〉為題作了一場工作報告，對於作

19　相關論述參考李達嘉：〈罪與罰——五四抵制日貨運動中學生對商人的強制行為〉，《新史學》第14卷第2期，2003年6月，頁43–110。

20　梁啟超：〈學生的政治活動〉，《晨報副鐫》，1925年5月4日。

21　朱光潛：〈談中學生與社會運動〉，《朱光潛全集》第1卷，安徽：安徽教育出版社，1987年，頁18–21。（原信輯入《給青年的十二封信》，由開明書店於1929年3月出版）

22　伊卡：〈二十年來的中國學生〉，《學生雜誌》第18卷第1號，1931年1月，頁11。

為國家命脈的學生犧牲了學習的時間與機會感到頗是痛心。[23] 呂芳上很精警透徹地把 1920 年代學生運動的思想精神變調，概括為「從學生運動到運動學生」，學生由自覺自發的愛國精神與自決自主的運動在後來轉變為政黨、政客滲入學運、主導學運，致使學生加入政黨、學運政黨化。他引述時人盛振聲之言指出這樣一種學運現象──「教育為宣傳之工具，學校成結黨場所，學生充戰場之先鋒」。[24]

秦暉曾援引五四時期的代表人物如魯迅、胡適、茅盾、郁達夫等人的言論說明個人自由的時代意義。他引述胡適之言「民國六七年北京大學所提倡的新文化運動，無論形式上如何五花八門，意義上只是思想的解放與個人的解放」，同時又指出茅盾和郁達夫都認為「人的發見」、「個人主義」、「發展個性」以及「個性的解放」就是五四運動的主要目標或「最大的成功」。[25] 然而，胡適卻很清楚地指出五四學生的愛國運動直接負面地影響了「中國文藝復興運動」──「新文化運動」的發展，故把作為五四運動中重要一環的學生運動批判為「一場不幸的政治干擾」。[26] 事實上，胡適早於 1925 年便已很不滿學生運動，對之曾作出嚴厲批評：

> 現在有許多少年人高談「取消廿一條」而不知道「廿一條」是什麼，大喊「打倒帝國主義」而不知道帝國主義是什麼，口口聲聲自命的什麼主義的信徒，而不知道這個什麼主義的歷史與意義？──這樣的人就不配叫做「學生」，更不配叫做什麼學生救國的運動。[27]

很明顯，胡適對 1920 年代學生運動的一些不滿，致使其歷史記憶裏對之也充滿了多變與不穩定的態度，這一切直接影響了他對整個五四時代的

23　蔡元培：〈犧牲學業損失與失土相等〉，《蔡元培全集》第6卷，頁150–162。（原載《中央周報》第185期，1931年12月）

24　呂芳上：《從學生運動到運動學生》，頁435。（盛振聲之言見於〈教育獨立問題〉，《東南論衡》1卷13期。）

25　秦暉：〈重論「大五四」的主調，及其何以被「壓倒」──新文化運動百年祭 (一)〉，《二十一世紀》，2015年8月號，頁26。

26　胡適口述、唐德剛撰稿：〈五四運動──一場不幸的政治干擾〉，《傳記文學》第34卷第5期，1979年5月1日，頁19。

27　胡適：〈「愛國運動與求學」〉，《現代評論》第2卷第42期，1925年9月，頁21。

意義詮釋。唐德剛曾為此而為乃師辯白，指出他所反感者乃是五四學生運動而已。他說：

> 胡適之先生是反對五四運動的。他反對的當然不是他小友周策縱的五四運動，而是他的及門弟子傅斯年、羅家倫、段錫朋一千人，於民國八年五月四日，在北京的大街之上，搖旗吶喊的那個五四運動。[28]

不過，思想變調的何止是街頭層面的五四運動，即便是廣義的那個為胡適贊成的新文化運動，在周策縱看來其實也很快發生了思想本質上的逆變。周策縱指出：「1919 年以後，新知識分子之間的不和與日俱增，先是思想上的分歧，後來成為行動上的分裂，隨後幾年整個運動的方向就四分五裂了。」按周氏之言，五四時期佔據思想言論界的知識集團便可以分作自由主義者、左派分子、國民黨部分黨員和進步黨的部分黨員。五四早期的左派分子中又可以分理想的和民主社會主義者、無政府主義者、基爾特社會主義者和工團主義者，隨後還出現了各種馬克思主義者和共產主義者。[29]

不論是面對各種主義、各種思潮的驟興、旋變，還是從廣義的五四還是從狹義的五四，我們都可以為這個時代歸納出一個共同的時代特色或思想主調，這就是時人從五四初興的一段短時間裏所彰示的個體的、自主的、自覺和自決的精神價值，但它們又很快就向集體主義傾斜、歸攏，而知識群體也難逃被政黨政治收編的結局。

王汎森在其研究裏，告訴了我們知識分子從改造自己到改造社會的過程中，知識分子把建立於個人主體性的人格修養作為「救國救民之『方法手段』」；但是，個人並不是目標，反而是作為手段與方法而隨着建立理想國家的目標不停地變。究其原委，是時人「連要建立一個什麼樣的理想國家之目標也是不斷在變」，致使傳統的人格修養一變而為各種主義。[30] 1920年代的「新人」一步步地「走向一種更強的集體性」、「擁抱主義」，致使進

28　唐德剛：〈《芻議》再議〉，汪榮祖主編：《五四研究論文集》，台北：聯經出版事業公司，1979年，頁157。

29　周策縱：《五四運動史》，頁317。

30　王汎森：〈中國近代思想中的傳統因素〉，《中國近代思想與學術的系譜》，台北：聯經出版事業股份有限公司，2005年，頁146–147。

步的青年最後因為尊崇主義、服從紀律來改造社會的理想，最後失去自我、淹沒個人於 1920 年代以來的威權時代。[31]

　　從近數十年的歷史發展來看，在五四運動眾多面貌裏，青年運動或學生運動便是最為國民黨、共產黨過去共同爭奪的思想資源與歷史遺產，由此也構成了政黨政治把學生運動直接升格為「五四青年節」，強化了五四運動作為一場由學生發起並影響全國乃至現代中國歷史發展的思想本質。與之同步而至的就是，五四學生運動的面向被國共兩黨收編為官方的節日慶典，愈來愈遠離五四運動爆發時的精神面貌，成為了國家宣傳機器的其中一顆鏍絲釘。五四學生運動因為政治的加持與政治的正確性，只留下了光輝的、積極的、進步的典範意義。

五、未完成的使命

　　五四運動意涵的多變性，成就了它百年來的不變性，使其與政治、文化的交纏、衝擊過程中形塑出為現實社會發展抬轎的功能與角色。主流的聲音一直以來都不太習慣於質疑五四最為強大、鮮明的愛國主義傳統，及其在不同時代被不同的人基於不同的理由而用於維護政黨政治的歷史遺產；主流的聲音也順從大歷史視野下繼承新文化、新文學革命的精神傳統，由此叩問五千年舊傳統、舊文化、舊風俗、舊習慣，對五四形成僵固、單一的思想詮釋趨向，不甚重視其看似不太光彩的消極、負面內容對於後來的中國歷史文化的影響因素。但事實上，所謂消極、陰暗的面相就如一個硬幣的另一面，它本來就是組成一個整體的不可分割的一部分，只是它往往會因為政治體制的緣故、主流學術價值觀念的原因，在一段長時間裏成為大家認識五四全貌的窒礙。

　　有一個不能忽視的問題就是，本來極其複雜的五四，歷經百年來各種基於政黨政治的意識型態、主流學術觀念的強勢解釋，反使其多元性、多歧性

31　王汎森：〈從新民到新人——近代思想中的「自我」與「政治」〉，《中國近代思想史的轉型時代》，台北：聯經出版事業股份有限公司，2007年，頁200。

的面貌漸受忽略，甚至出現簡單化和脫離歷史背景的種種紛紜論述。毋庸置疑的是，五四在過去差不多一百年裏，其研究史與發生史幾乎同步發展，它的多元性、多歧性既可以成為國家動員群眾的政治手段，同時它又可以是個體對付組織、團體、機制時可援以為鼓動民眾的思想武器，不同的人對其所負載的民族歷史記憶均可以有其基於思想立場或救國救時的不同方法，從而作出截然不同的運用。

不得不承認的是，不論是民主制度還是科學精神，從 1919 年到今天的現代中國都是一直欠缺的。同時，國人至今仍未能建立起余英時所說的「接受西方文化的正確態度」、「未能了解文化的再造不在形式而在精神，不在軀殼而在生命」等等問題。[32] 當然，中國當前所要面對的各種外交爭端、政治危機仍然存在，五四的「外爭國權」也如烙印般深刻於一代又一代中國人的心坎上，五四運動裏的愛國精神資源與青年學生救國的歷史遺產恒常地被國家機器宣傳、操作。

同理，「內除國賊」也隨着百年來中國坎坷時局，不斷成為五四紀念者運用的思想資源與歷史記憶，不斷地召喚人們以史為鏡，既鼓舞當下青年人要以昔日青年學生為表率，同時也用以抨擊每個時代在位者或國家行為的說辭。五四運動的多歧性，使其成為了一把雙刃劍，既可用以鼓動民心，但反過來成為國家、權力所忌憚的思想武器、革命工具。故展望未來一段可見的日子裏，同樣會讓人感到五四運動這個活歷史的精神追求是繼續下去的，五四的目標仍然會是下一代人繼續追趕甚至是感到永遠都難以完成的事業。正如周策縱在 1995 年時對五四運動撰寫的一篇名為〈認知・評估・再充〉文章所說的：

> 我常說：「五四運動」是活的歷史。因為它的精神還活着，它所提出的目標還沒有完全達到，還有更年輕的人志願為它而推動。自由、民主、人道、科學，都是永遠不完的事業。[33]

32　余英時：〈五四文化精神的反省〉，周陽山主編：《五四與中國》，台北：時報文化出版事業有限公司，1979年，頁412-413。

33　周策縱：《五四運動史》，頁15-16。

不論是回望過去一甲子，還是展望未來，五四追求的普世價值或其所遺留下來的精神遺產，都在使個體民眾或民間團體與國家政治行為發生衝突時，獲得思想所據，引爆出強大的號召力與感染力。五四紀念場域成為不同時期、不同群體的共同記憶所及之處，引導着國人如何實踐自主、自立、自發乃至自決的行動，它所留下的愛國家、爭國體、求尊嚴以及實踐平等互待的價值追尋，成為國人共同的思想歸宿。展望未來，追求個體自由、思想獨立、建立民主與科學的精神，依然是國人亟亟於求能實現的目標。

編輯說明

雖然五四研究成果多如牛毛，但在百年紀念的時刻依然有一些基本問題是有待釐清：五四新文化運動與學生運動彼此之間到底是甚麼關係？我們今天該如何看待「五四」紛紜多歧的定義與精神面貌？針對五四運動裏學生群體在愛國救國的救亡目標下發生了什麼樣的精神變化問題，這一切都可以從 1919 年 5 月 4 日爆發的學生愛國浪潮及其思想發展中讓我們找到一些答案。

本書以《潮起潮落：五四運動精神變調》為名，是要展現五四學生愛國運動這一本以民族救亡為方向的學運大潮，在一波未平一波又起的狀態下，如何從國家民族大是大非的面向轉變為干涉校政以至違背學生讀書求學天職的過程，進而又如何釀成一波又一波由學生引發的社會風潮。

時人頌皋指出：「『學潮』二字的涵義頗廣，學生的各種越軌舉動，固可謂之學潮，就是各方面因學校任何問題而激起的種種風波，何嘗不可歸納在學潮以內。」[34] 故本書採用「潮起潮落」為名，也有取其較為寬鬆的定義以呈現 1920 年代青年學生在高舉繼承五四旗幟的情況下，如何發動了一場場此起彼落的干政風波與學生風潮。

---

34 頌皋：〈最近學潮感言〉，《東方雜誌》第22卷第12號，1925年，頁5–6。

全書所載歷史文獻，共分五個不同主題：一、歷史現場；二、學潮爆發；三、學商衝突；四、學風轉變；五、教育破產。這五個主題的分類，主要是來自 1919 年 5 月與 1920 年代一些較為流行的報刊報導及評論。但必須說明的是，本書在取用一些當時代的報刊裏，可能會出現過於集中某份報章的局限。主要原因還在於編輯這本書的其中一個很簡單的起因，就是把編者近年在進行五四運動研究工作中接觸到的一些第一手歷史文獻出版——哪怕只是冰山一角，於適逢五四百周年的大日子裏，讓廣大社會群眾、各方人士有機會讀到一些較少看到的一些歷史文獻。由於編者一開始並沒有很系統搜羅五四歷史文獻的計劃，故很可能會難免出現某些報刊遺漏而某類報刊過多的局限。

當然，有些報刊被選輯較多篇幅入書，是有其客觀的歷史因素與現實需要的。譬如，北京《晨報》便是其中一個例子。

北京《晨報》的前身是《晨鐘報》，而這份報紙是由梁啟超、湯化龍等本屬「進步黨」或是被稱作「研究系」的人所創辦，並被視作這些政黨、政論機構的機關辦。該報於 1919 年 2 月始由日本留學歸國的李大釗擔任總編輯，展現批判北洋政府兼宣揚新文化、介紹馬克思思想與社會主義等新思潮。由於《晨報》是研究系的機關報，而把巴黎和會談判情況披露在該報的消息來源又是研究系的領袖人物梁啟超。梁啟超本人自 1918 年 12 月至 1920 年 1 月於一戰後的歐洲進行思想學術、社會文化的考察活動，更如論者所說的「涉足了正在巴黎召開的『巴黎和會』，親眼目睹了列強的勾心鬥角」。[35] 與梁啟超份屬老友並同屬研究系的民國政要林長民，則把梁啟超從巴黎拍發的電報直接刊登在《晨報》，以大標題〈外交警報 敬告國民〉並輔以解說，使青島問題被英法諸國「直接交於日本」的消息高調公告國人。林長民也情辭急切地呼籲：「嗚乎，此非我舉國之人所奔走呼號，求恢復國

35　李喜所：〈析梁啟超晚年的思想走向——以《歐游心影錄》為中心〉，見氏編：《梁啟超與近代中國社會文化》，天津：天津古出版社，2005年，頁203。

權主張……膠洲亡矣，山東亡矣，國不國矣，……國亡無日，願合我四萬萬眾誓死圖之。」[36]

由上可見，《晨報》是較早和較全面報導與跟進巴黎和會的流行報刊，在五四運動爆發後，也是最迅速、最頻密和最全面地報導五四運動現場或後續運動的報刊，並且是站在學生的立場和批判北洋政府的角度推進學生運動的發展。由於研究系與五月四日學生運動的爆發有十分密切的關係，至使曹汝霖、段祺瑞和安福系人物把這場運動直接看作是「研究系」煽動的一場運動。[37] 職是之故，《晨報》的報導佔了本書較多的篇幅，是有上述客觀的歷史因素。

無論如何，讀者將能夠透過本書所輯錄的以報刊為中心的歷史文獻，閱讀到五四運動是如何由學生自主、自覺、自發的一場學生愛國運動很快轉變為一場場失去目標、失去民眾支持的學生干政風潮。此起彼落的學潮，不但陳述了 1920 年代學生運動失焦失控、學風敗壞、教育破產的後五四時期的社會弊害，也為我們開啟了一個深入反思百年中國發展顛連而五四理想失落的歷史空間。

相關歷史文獻的整理及出版，讓我們對極為複雜的五四運動有更為多元和深入的了解。目前的出版界圍繞五四運動的書籍，主要是一些研討會論文集。其次，便是前文注釋顯示的五四運動在某個省市爆發及其來龍去脈的歷史文獻。當中值得注意的當然有牛大勇及歐陽哲生編的資料集，他們選輯了一些五四爆發前經後果的重要歷史文獻，並精選大量詮釋五四思想面貌的重要篇章，甚具參考價值。本書的文獻編選，以盡量不與他們的選輯有太多的重覆為原則，由於本書所輯文獻年代久遠，部分原稿文字或難以辨認，本書將以 □ 標示。

此外，楊琥編選的《民國時期名人談五四：歷史記憶與歷史解釋，1919–1949》，是近年針對五四文獻整理工作的重要成果，他精選了 162 篇民

36　林長民：〈外交警報　警告國民〉，《晨報》，1919年5月2日。

37　耿雲志、崔志海：《梁啟超》，廣州：廣東人民出版社，1994年，頁332。

國時期的名人回憶五四的文章，由此彰示不同的人對於五四精神世界的不同詮釋。[38] 此外，相關的回憶文章還見諸於在香港出版的《學潮憶舊》一書，刊載了包括許德珩在內的 25 人所憶述的五四運動以來的回憶學潮文章，直接涉及五四運動的便有十餘篇，回憶了從北京到濟南到廣州的不同地區爆發的五四學潮興起過程。[39]

類似上述的五四回憶錄，讀者還可以參考《五四運動回憶錄》、《五四運動在湖南：回憶錄》、《五四運動的回憶》、《五四事件記憶（稀見資料）》、《回憶五四運動》等所大量珍貴的回憶文獻。正因為學界已有不少相關資料整理，[40] 本書現階段也就不再輯入類似已為學界熟悉的紀念或回憶文章。

要之，基於編者的歷史視角或學術關懷與所處社會環境，本書編選的二百多篇文獻及展示方式，希望能為讀者提供更多樣性的或另類的五四文獻閱讀視角，呈現多元的五四面貌與精神形象，讓讀者能從五四運動爆發後的第一二天乃至其後一段時間裏的報刊報導、相關社論、時人評議等等，深入了解五四運動爆發的原委、思想主張、立場趨向。由此，第一手材料將讓我們具體了解到青年學生在運動中，一度張揚的個體解放、個人自由、個體自發的精神何以在 1920 年代被政黨收編、以及學風如何逆轉的歷史場景，繼而觀察五四精神發展愈來愈複雜化的來龍去脈。相關文獻將為我們展示一個既是狹義的五四發展圖景，但同時也是廣義的或整個五四時期不可忽略的社會內容。這些歷史文獻，將讓我們從國家大敍述中的光輝五四形象中認識到另外一個五四圖像。

38　楊琥：《民國時期名人談五四：歷史記憶與歷史解釋，1919-1949》，福州：福建教育出版社，2011。

39　鴻鳴：《學潮憶舊》，香港：中原出版社，1990年。

40　中國社會科學院，近代史研究所：《五四運動回憶錄》，北京：中國社會科學出版社，1979。

《五四運動在湖南：回憶錄》，長沙：湖南人民出版社；湖南省新華書店，1979。

陳少廷：《五四運動的回憶》，台北：百傑出版社，1979。

陳占彪：《五四事件記憶 稀見資料》，北京：生活 讀書 新知三聯書店，2014。

全國政協文史和學習委員會：《回憶五四運動》，北京：中國文史出版社，2017。

職是之故，本書所要呈現的是多面性和具爭議性的五四學生風潮。這些都是目前學界所較少關注或費力之處，相關文獻也較少集結出版。本書相信，這些百年前的文獻史料，在今天重新閱讀時，可以讓我們進一步對照十數年或數十年來林林總總的回憶文字、評論文章以及一些詮釋話語的時代局限，由此而釐清五四思想發展的歷史脈絡。

　　總言之，本書刊載的歷史文獻，在過去雖然較少被展示和受重視，但它們都是一段段真實的五四歷史。我們將能夠在閱讀的過程中，了解到五四歷史及其精神傳統的啟蒙意義，還有它的各種是非曲折，這一切都彰示了崢嶸歲月中青年學生的精神變遷之跡，揭示五四精神百年來難以實現、難以超越的根脈與要穴。相信對於這些文獻的重新閱讀，將有助於我們反思五四百年與中國國運發展的深層關係，並由此展望當下中國的思想走向。

　　最後，本人希望藉此機會表達謝意。在本書的編撰過程中，香港城市大學出版社的編輯陳明慧小姐在編審、設計構思以及排版、校對的工作上提供大量極為專業的協助與寶貴建議；同時，香港城市大學中文及歷史系研究生吳家豪、秦雪、馬凌香、張志翔諸位同學在本書的整理過程中也提供了很多幫助，本人一併致衷心感謝。其中，吳家豪同學在過去多年來一直協助本人搜集各種研究資料以及在整理本書的工作上出力尤鉅，沒有他的努力與付出，本書恐怕也以難以面世。

晨報

中華民國八年三月二十日　第二版

代論

對於政府宣布密約之意見（林長民）

中日兩國因山東問題在巴黎和會主張不同宣宣布密約一判是非此余所贊成者也一面宣布密約於和會以待國際之公論一面宣布密約於國內以驗衆意之從違此亦余所贊成者也去年五月兩國共同防敵之協定密約也應宣布者也近日更有共同防敵之新解釋將原定戰爭狀態終了云加以釋義延長時期巴黎各使來電反對認爲無效者也若由政府正式宣布之是政府自承之也今觀各報所載協定原文簽字者有軍事委員長委員諸姓名而新解釋之簽字但書陸軍代表海軍代表不書姓名彼何人政府竟爲之任責耶又新解釋簽字日期爲本年二月□日其時巴黎和會顧王二使業與日本發生異議業已預備宣布密約是何時是何時更可向人續增解釋耶此余之所反對也外間乃有疑余反對宣布密約者故爲分析如右閱者察之最近聞政府決定宣布各種密約臨時又忽爲日本政府所阻其中情節若何頗難思索我國民尤宜注意也

1919年3月20日，《晨報》報導巴黎和會中日兩國就山東問題的分歧，開啟五四運動的序幕。

1919年5月8日，《民國日報》刊登《還我青島》一書廣告。

農商部註冊執照

南洋烟草公司敬告國人

1919年5月16日，南洋煙草公司於《民國日報》刊登聲明，反駁公司有日本資金之說。

1919年5月20日，《民國日報》刊載「大家救國」漫畫。

1919年6月6日，南京人響應罷市，《民國日報》刊登南京路情況。

1919年6月8日，《民國日報》刊載漫畫，表達政府大舉逮捕學生的情況。

1919年6月20日，上海振勝製煙廠於《民國日報》刊登聲明，呼籲抵制外國貨。

1919年7月22日，《大公報》報導、北京學界調查用國貨廣告。

一、五四歷史現場

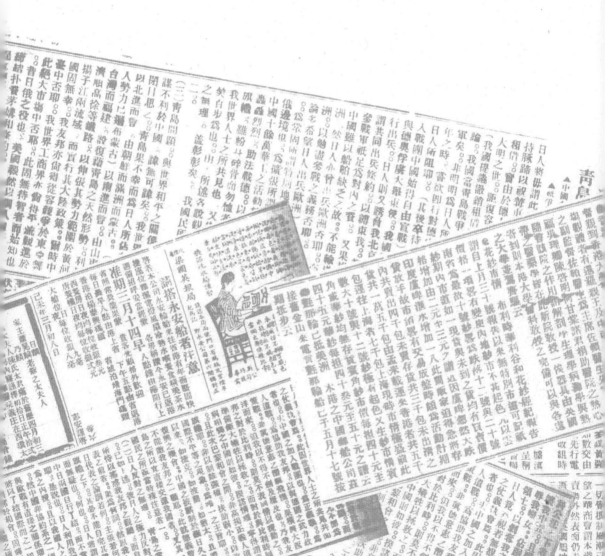

引　言

　　1919 年 5 月 4 日，對於中國而言是一個十分特別的日子，在中國大陸的歷史教科書、近代史研究、官方節日文獻與各種大大小小的政治宣傳，都不難看到這天由學生引爆的五四運動百年來從未間斷地受到紀念、宣揚與詮釋。在這一天，三千多名北京大學生，以街頭遊行抗議的方式，反對巴黎和會將山東半島的權益轉讓給日本的無理行徑，嚴重踐踏中國的國權與尊嚴。學生們呼喊「外爭國權、內除國賊」的口號，批判國際外交不公的同時，痛斥北洋政府大員曹汝霖、陸宗輿、章宗祥為賣國賊，並大力呼籲國人聲援，向政府施壓以拒簽巴黎和會條約。關於「五四」學生運動爆發的來龍去脈，相關研究成果早已汗牛充棟。本書首部分之編寫，旨在鋪陳五四學生運動在五月四日以來數天裏的發展經過，以新聞報導的形式力求真實地展現一個相對接近真實的歷史現場，讓讀者深入了解學生運動爆發的社會背景與歷史脈絡。

　　本部分通過選輯五十篇左右見於《晨報》、《大公報》、《每日評論》、《民國日報》、《申報》的報導與評論，從這數份當時的流行報刊材料讓讀者有機會接觸到第一手歷史材料的文字記載。當中，尤以北京《晨報》以北京的在地報刊身份以及地域之便，最為緊貼北京的社會脈搏，每天密切關注學生運動的發展狀況。這也是本部分何以選錄較多《晨報》的原因。諸如〈山東問題中之學

生界行動〉、〈北京學界之大舉動〉、〈北京學生界之奮進〉
所記錄的學生運動之興起，至〈曹汝霖辭職之文章〉、〈被
捕學生全體釋放〉、〈各方對學生之同情〉等等的文章都
可以將讀者帶回北京的「五四」歷史現場，讓我們如臨
現場般了解學生群體在國家危難之時如何果敢、自主、
自發與自力地走上北京街頭，用血與汗喚醒國人的民族
意識，實施社會制裁與實行民族、民眾自決的行動來報
國救時。

國民外交之決心

原載《晨報》，1919年5月4日，第2版。

▲ 決議四大要項

自巴黎和會關於山東問題之警報傳來而後，我國輿論極為激昂。昨日下午四時，國民外交協會復開全體職員會，林長民、熊希齡、王寵惠、莊蘊寬等全體職員到者三十餘人籌議種種辦法，其議決者如左：

一、五月七日在中央公園開國民大會，並分電各省各團體同日舉行。

二、聲明不承認二十一款及英法意等與日本關於處分山東問題之密約。

三、如和會中不得伸我國之主張，即請政府撤回專使。

四、向英美法意各使館聲述國民之意見。

▲ 致各省通電

各省分送商會省議會教育暨各團體各報館，上海漢口商會各報館各團體公鑒。

巴黎和會關於山東問題消息極緊，查日本所藉口之民國四年五月二十一款之約係以武力脅迫，又民國七年九月關係膠濟鐵路之換文，順濟高徐鐵路之草約，並非正式訂定，我國民決不認為有效。本會定於本月七日即二十一款簽字之國恥紀念日，在北京中央公園開國民大會，正式宣言並要求政府訓令專使堅持，如不能爭回國權，寧退出和會不得簽字，望各地方各團體同日開會，以示舉國一致並電示。（北京國民外交協會江）

又該會發出通告云：本會因山東問題，消息萬分危險，急特定於本月七日（即國恥紀念日）午後二時在中央公園開國民大會討論對付方法。務望各界屆時到會，入園券由本會臨時在門口分贈云云。

外交當局之聲明

原載《晨報》，1919年5月4日，第2版。

▲ 但願堅持到底

　　某通信社訪員昨日訪陳次長於外交部，詢以山東問題，陳答云：昨接陸專使來電謂山東問題曾向英美法代表商議，願與五大強國一同研究解決之法，絕不能與日本單獨理論，我國委員並陳述種種理由於三代表前，俱為所動，山東問題或可再提出於五強國會議，並云：無論如何，我國民與政府當一致對於山東事實上割讓之日本提議，絕對不使簽字云。

山東問題外訊一束

原載《晨報》，1919年5月4日，第2版。

▲ 美代表主持公論

日代表珍田子爵二十二日早晨會晤威總統一節已見前報，茲據巴黎二十五日電云：是日會見似無何種結果，英法意三國因與日本有密約在先，會議皆守沉默，惟美國仍持強硬態度，國務卿藍莘氏對於山東問題擬援用國際法「敵國條約以宣戰消滅」之條款與日代表駁論云。

▲ 日代表催促速決

據日報界巴黎訪員二十四日電云：日本代表催促和會務將山東問題趁德代表未到之先作速解決，據日本主張青島須由日本歸還並須附一定條件，四國會議二十二日討論此事，其結果似能諒解，日本予主張以滿足之協定云。

▲ 審查山東問題之人物

山東問題前經和會決定付專門委員審查已誌前報，茲悉各國審員委人物如下：（一）美國委員係湯姆斯威廉氏，該氏歷任駐華美館參贊美國國務院遠東科長等職，在美國為熟悉中國情形之第一人。（二）英國委員為鄭姆斯馬可尼氏，曾任駐華英館參贊多年，民國二年始歸國。（三）法國委員姓名未詳，但聞係前法國外務部遠東局長之某君云。

危急萬分之山東問題

原載《晨報》，1919年5月4日，第2版。

▲ 陸使之最近來電
昨日之緊急閣議

　　山東問題之危險近已迫在眉睫，據昨日外交界得訊，日代表對於直接交還一節，日來主張愈力，和會空氣確甚緊張，惟此事尚未完全確定，我代表仍堅持主張竭力抗爭，結果如何則未可料云。又悉陸使艷日（二十九日）亦有電報告歐會近勢並陳草約，已提出大會有主權還復操券可期云云（電中並稱伍朝樞已允擔任關於和議內部討論），據此電觀之似尚可有挽救希望，惟我國外交遲緩消息不靈，究竟形勢如何，正未可樂觀耳，政府以外交緊急，昨日特開緊急閣議，內容未得探悉其詳，但悉閣議散後即有緊急電報拍致巴黎各使云。

㊑危急萬分之山東問題

▲陸使之最近來電
▲昨日之緊急閣議

山東問題之危險近已迫在眉睫據昨日外交界得訊日代表對於直接交還一節日來主張愈力和會空氣確甚緊張惟此事尚未完全確定我代表仍堅持主張竭力抗爭結果如何則未可料云又悉陸使艷日（二十九日）亦有電報告歐會近勢並陳草約已提出大會有主權還復操券可期云云（電中並稱伍朝樞已允擔任關於和議內部討論）據此電觀之似尚可有挽救希望惟我國外交遲緩消息不靈究竟形勢如何正未可樂觀耳政府以外交緊急昨日特開緊急閣議內容未得探悉其詳但悉閣議散後即有緊急電報拍致巴黎各使云

山東問題與國人之決心

原載《晨報》，1919 年 5 月 4 日，第 2 版。

晨報

民國八年五月四日

中華民國八年己未四月初五日 星期日

山東問題與國人之決心（方文）

噫，事急矣，勢危矣，山東問題，已瀕於生死關頭矣。吾國既加入協約，則德國在山東所獲之權利，不應由日本繼承，其理由萬端，吾人已屢言之，今亦不用復贅，茲所欲問者，今次和會，到底為擁護強權耶？抑真欲主持公理耶？倘山東問題，終不能如吾國之主張，即不啻和會自承其不能主持公理而已，和會既不能主持公理，則國人於此應下何等之決心乎？吾以為惟有左之三層辦法：

（一）請政府電專使堅不署名。
（二）請政府向和會宣告脫離關係。
（三）政府如讓步屈服則吾民不能承認政府之所為。

右第一層辦法，已有先我主張之者，梁任公之電曰：「應警告政府及國民嚴責各全權萬勿署名。」國民外交協會致各專使電亦曰：「議和條約中，如承認日本之要求，諸公切勿簽名。」惟吾人既希望專使之能堅持到底

　　噫，事急矣，勢危矣，山東問題，已瀕於生死關頭矣。吾國既加入協約，則德國在山東所獲之權利，不應由日本繼承，其理由萬端，吾人已屢言之，今亦不用復贅，茲所欲問者，今次和會，到底為擁護強權耶？抑真欲主持公理耶？倘山東問題，終不能如吾國之主張，即不啻和會自承其不能主持公理而已，和會既不能主持公理，則國人於此應下何等之決心乎？吾以為惟有左之三層辦法：

（一）請政府電專使堅不署名。

（二）請政府向和會宣告脫離關係。

（三）政府如讓步屈服則吾民不能承認政府之所為。

　　右第一層辦法，已有先我主張之者，梁任公之電曰：「應警告政府及國民嚴責各全權萬勿署名。」國民外交協會致各專使電亦曰：「議和條約中，如承認日本之要求，諸公切勿簽名。」惟吾人既希望專使之能堅持到底，尤不可不要求政府速發明白之訓電也。第二層之辦法，則為不署名之當然結

果，蓋吾既認今次和會為不能主持公理，則其他之一切議決，吾國亦不必與聞，且退出和會之舉，彼五大強國已有先我行之者，不觀上月此時乎？法國因欲得薩爾鑛權，及萊因河左岸，克列曼索嘗表示辭職，而該問題卒以完滿解決矣，又不觀近日之意大利乎？因爭斐麥港不得，其代表已退出巴黎，遄歸羅馬。且意國民有不得斐麥無寧死之宣言矣，更不觀日本對於山東問題之態度乎？其政府已於上月二十七晚，訓電牧野全權，謂各國如不容日本主張，即當退出講和會議矣，（見昨日順天時報特電）人對於其所希望之權利，皆知拚死以爭，不得則悻悻而去，吾民獨非血氣之倫，應俯首聽命於無理之處分乎，或者謂彼五強國中有一國與和會脫離關係者，皆能使和會有破裂之虞，若吾國則在和會中固彼所視為無關輕重者，縱脫退於彼又奚傷，則應之曰否，吾之脫退和會，非欲收舉足重輕之效，實欲以示吾民之決心，訴諸世界界之輿論耳，且彼果視吾國為無足重輕，則我對於一切問題。已無置喙之餘地，雖不脫退，於國家又寧有絲毫之利益耶，惟是吾民既具此決心矣，萬一政府無視民意，不以國民為外交之後援，僅依少數人之私意，而出於讓步之行為，則吾民必誓死不肯承認，彼時國中現象，恐有吾人所不忍言者，尚望政府諸公，勿以吾民為可欺，而甘負賣國之責任，則國家前途，何幸如之，至於列強果袒護日本，其影響於世界大局如何，日本果得山東利權，其究竟之利害如何，此稍具遠大眼光者，類能言之，更無煩吾人之詞費矣。

山東問題中之學生界行動

原載《晨報》，1919年5月5日，第2版。

第二版　中華民國八年五月五日　晨報　星期一　己未年四月初六日

本報特別啟事

國民外交協會特別大會

緊要新聞

山東問題中之學生界行動

△昨日北京之大舉動
△羣集公理之狂熱

旂瀕危候之山東問題

△日本輿論之狂妄

▲ 昨日北京之大事件
群眾心理之狂熱

昨日為星期日，天氣晴朗，記者驅車赴中央公園遊覽至天安門，見有大隊學生個個手持白旗，頒佈傳單，群眾環集如堵。天安門至中華門，沿路幾為學生團體佔滿。記者忙即下車，近前一看，見中間立有白布大幟，兩傍用濃墨大書云「賣國求榮，早知曹瞞碑無字；傾心媚外不期章惇死有頭」，末書「學界淚輓，遺臭萬古，曹汝霖章宗祥陸宗輿」等字樣，此外，各人所持小旗上書「復我青島，不復青島毋寧死，頭可斷，青島不可失，勿作五分鐘愛國心，取消二十一款條約，取消中日協定，賣國賊曹汝霖、陸宗輿、章宗祥」，種種激昂字樣紀不勝紀（亦有用英文法文書者）。又有種種繪畫，上書「賣國之四大金剛應處死刑」「小餓鬼想吃天鵝肉」等字樣，記者又在途中得到各種傳單，茲錄其最簡單明白者如下：

北京全體學界通告，現在日本在萬國和會要求併吞青島，管理山東一切權利就要成功了，他們的外交大勝利了，我們的外交大失敗了，山東大勢一去就是破壞中國的領土，中國的領土破壞中國就亡了，所以我們學界今天排隊到各公使館去要求各國出來維持公理，務望全國工商各界一律起來設法開國民大會，外爭主權內除國賊，中國存亡就在此一舉了，今與全國同胞立兩個信條道：

中國的土地可以征服而不可以斷送；

中國的人民可以殺戮而不可以低頭。

國亡了，同胞起來呀！

記者到時學生不過六七百人，少頃，各大隊學生手持白旗紛紛由東西南各方雲集而來，有國立法政專門高等師範、朝陽大學、高等工業中國大學、民國大學，各校全數約有二千餘人。記者晤法政專門代表某君詢以各種情形，某君答曰：「我們因為外交問題危急萬狀，所以大家聯合起來鼓吹民氣，稍為國家效力，如今專門以上十三個學校都是我們同志，今天約在這裏會集等大家到齊，我們便要游街示眾，叫我們國民也都知道有這種事體，游街後再到東交民巷英美法意各國使館提出說帖，表示我們的意思，完後

還要轉到這裏開會商議善後辦法。記者尚欲詢問，某君匆匆向天安門橋上而去，時各校學生均已齊集，各總代表會集橋上向大家言曰：「我們要說的話是已經說完了，現在可以就走，先到前門大街，後到交民巷各國使館，完後再到這裏開會。」說畢，忽有教育部派來司長某君對眾曰：「我今天奉了部令到這裏請大家作速解散，大家有事請舉代表，可以由我轉達的。」學生不理其言，有激烈者曰：「我們今天的行動教育部是可以不拘束的，說畢即要向南而去。」適天安門紅牆旁又發現一個紳士身穿舊式天鵝絨織花馬褂褐色呢袍，附帶警吏多名，乘汽車而來，記者詢悉為步軍統領李長泰君，據係奉總統之命而來，李統領下車後即入群眾叢中操北音曰：「汝們現在可以解散，今天公使館是不見客的，汝們就到那裏也沒有益處，有話可以由我轉達。」時大多數學生遠立橋外，不識來人為誰，且誤會李統領之言，有人大呼賣國賊……賣國賊……因此秩序稍亂，幸代表尚能極力制止，一面向李統領婉言曰：「他們是誤會老前輩的意思，對老前輩是絲毫沒有意見的，大家都是為國，我們今天也不外游街示眾，使中外知道中國人心未死，做政府外交的後盾而已。」李統領聞言亦即息怒低聲言曰：「汝們有愛國心，難道我們做官的就不愛國？就要把地方讓給別人麼？不過總統之下還有我們各種機關，汝們如有意見儘管由我轉達，若是汝們代表要見總統，我也可以替汝們帶領，反正總有個辦法，不能這種野蠻的。」時傍有老叟厲聲曰：「我們赤手空拳，那裏有野蠻的事？」又有多數學生呼曰：「我們舉動是極文明的。」李統領遲疑半晌，旋又對群眾曰：「汝們就在這裏解散麼，不必再到公使館了。」時學生代表又向李統領婉言曰：「我們今天到公使館不過是表現我們愛國的意思，一切的行動定要謹慎。老前輩可以放心的。」各學生大呼走走，李統領亦無言，旋取下眼鏡細讀傳單，半晌後對群眾曰：「那麼任憑汝們走麼？可是千萬必要謹慎，別弄起國際交涉來了。」言畢囑付警吏數語，即乘汽車而去，學生全體亦向南出發，記者亦驅車他往，時二鐘四十五分。以上經過情形為記者所目擊，當時學生言動確尚能嚴守範圍，即李統領對付學生亦尚得法，以故秩序貼然。至於學生離天安門後之情形，則據另一訪員所報告之詳情如左：學生之赴東交民巷也，意□□□英美法意四國公使面遞山東問題之意見書，請呈轉達各該國在巴黎之代表，

冀能為吾國主張公道，乃到美使署，時美使芮恩施氏已赴西山，到法使署時，法使已往三貝子花園，意英兩使亦復以星期故皆已出遊，惟美使館有館員延見已將意見書接受，允俟美使回署轉達，其餘英法意使，署人員皆以公使不在署不敢接受意見書，於是學生欲通過交民巷往東而行，該處警察竟然不許通行，學生頗受激刺，不得已折而往北出王府井大街，經東單牌樓向廟堂子胡同入趙家樓曹汝霖之住宅，初到門時門緊閉不得入，學生欲尋曹氏質問而不得，群情憤動勢不可遏，俄頃之間已將曹宅大門擠開，群眾擁入，曹已先行逃避，適駐日公使章宗祥及某日本人在曹氏客廳未去，群眾之於章本係與曹同視者會逢其適，遂群飽以老拳。章氏受傷頗重，登時由曹宅家人舁往日華同仁醫院療治，據聞章氏到醫院時神識昏迷不省人事，醫謂其流血過多勢頗險惡，未知確否，又當章氏被打之際，曹氏家屬驚惶萬狀，紛紛向外逃走，群眾不阻且有從而扶掖之者，曹之老父於紛擾之際亦受微傷，屋中物件則多被摔毀，時正下午四鐘，且見火焰騰騰從曹宅屋頂而出，起火原因如何，言人人殊，尚難確悉，惟聞房屋僅毀一部分，然曹氏心愛之貴重物品則已盡付諸一炬，一時東堂子胡同石大人胡同一帶人山人海，且有保安警察隊、步軍游擊隊、消防隊、各救火會等紛紛馳往防衛，路上交通因而斷絕，至六時許，火光始息，學生仍將整列散歸而警察乃下手拿人，學生被執者聞有數十人之多，但所執者未必即為打人毀物之人，昨夕已有人為之向警廳取釋，以免再激動群情云。

又一消息謂，章宗祥此次歸國因在東京臨行時受留學生之辱罵，意頗沮喪，故抵津後將其家屬安頓在天津獨自來京暫住，總布胡同魏某之宅連日在京酬應頗忙，昨午應定康之招赴法源寺董宅作賞花之會（法源寺牡丹盡圍入董宅之內，此時正盛開也），午讌既罷，乃訪曹氏於趙家樓（即曹宅所在），孰意適逢眾怒，竟遭痛打，章之夫人尚在天津，未聞此事云。

綜觀以上消息，學生舉動誠不免有過激之處，但此事動機出於外交問題，與尋常騷擾不同，群眾集合往往有逸軌之事，此在東西各國數見不鮮。政府宜有特別眼光為平情近理之處置一面努力外交鞏固國權，謀根本上之解決，則原因既去，必不至再生問題矣。

北京學界之大舉動

原載《大公報》，1919 年 5 月 5 日，第 1 張。

▲ 昨日之遊街大會　　曹汝霖宅之焚燒
　　青島問題之力爭　　章宗祥大受夷傷

　　歐議中之青島問題至近日形勢大變，我國朝野均奮起力爭，而北京學界尤為憤激，乃於昨日（四日）星期休假，國立大學及各專門學校學生舉行遊街大會，以為國民對於外交表示誓爭到底。午後一時許，各校學生結隊數千人在天安門齊集，各執白旗大書：誓死力爭青島，不爭回青島毋寧死，取消二十一條等語。此外尤多激烈之詞，步軍統領李長泰聞信親蒞天安門，約各校代表說話，代表說明志在爭回青島，絕無擾亂秩序之事發生。李統領亦鑒學生愛國熱忱，允即謁見總統將學界意見轉達。各校學生遂列隊遊行至東交民巷，持函謁見各國公使請主張公道。乃遊行回校，沿途秩序井然，觀者塞道無不為之感動，學界並遍散印刷物如下：

▲ 北京全體學界通告

　　現在日本在萬國和會要求併吞青島，管理山東一切權利，就要成功了，他們的外交大勝利了，我們的外交大失敗了。山東大勢一去，就是破壞中國

的領土，中國的領土破壞，中國就亡了，所以我們學界今天排隊到各公使館去要求各國出來維持公理，務望全國工商各界一律起來，設法開國民大會，外爭主權，內除國賊，中國存亡就在此一舉了，今與全國同胞立兩個信條道：

中國的土地可以征服而不可以斷送；

中國的人民可以殺戮而不可以低頭。

國亡了，同胞起來呀！

又接北京電話云，北京法政大學高等農業學堂、工業學堂、師範學校學生共三千餘人往東交民巷請見各國公使，各使以無正式公文未曾讓入，乃往東城趙家樓曹汝霖宅大呼賣國賊，其僕人出而阻止，因起爭毆，當將電燈打破，登時起火，曹宅被焚，現火尚未熄，曹之子姪均受傷，駐日公使章宗祥亦住在曹宅，被打受傷甚重，已送往法國醫院醫治。警廳派保安遊擊隊三百多人出而彈壓，聞已拘捕學生數十人，政府得此消息，刻正在會議辦法云。

另一消息云，北京專門學校以上各學生今日(四日)全體一致開游街行列，大會先到東交民巷向各使館陳訴後，復至曹總長宅，因家人阻止入內，互有鬥毆，聞將電燈打破遂致釀成火災，五時至七時未熄，警察聞警奔至捕去學生許德珩等五六名，此風潮不知如何了結也。

又據中美通信社消息云，自日本利用意大利退出和會之機會，決用強硬手段實行吞噬中國，強和會承認青島硬行佔據不肯交還，山東人民誓與國土共存亡，反對極為激烈，已誌各報。昨晚北京大學學生亦開會於法科講堂，到會者千餘人，群情憤激，決議翌日聯絡京中各學校舉行莊嚴之遊街大會，以示爭回青島之決心，有謝君當場破指大書「還我青島」四字，演說均極沉痛，至十一時方散會，今日(四日)午後一時全體學生二千餘人齊集操場，各人手持一小旗上書（勿作五分鐘愛國心）（爭回青島方罷休）（寧為玉碎勿為瓦全）（願全國共棄賣國賊）（頭可斷青島不可失）（中國宣告死刑了）種種字樣又有種種繪畫，旗幟上書（賣國之四大金剛應處死）。

北京學生界之奮起

原載《民國日報》，1919 年 5 月 6 日，第 2 版。

▲北京學生界之奮起

▲學生界之憤慨　北京學生界，平時雖無固定之團體機關，而一遇外交重大問題，即一致奮起，不約而同，為校長者，因其出於愛國之自由，亦不能加以阻止。自山東問題警耗傳來，北京大學、高等師範、法政專門及各實業等校，於前昨兩日即在校自行討論，舉出代表，與各校接洽一致，聞各校學生會議，已有結果，今日下午將有對於外交問題之表示，全體一致出校行列，為有秩序之示威運動，並通告海內外主張對於外交問題，堅持到底，此種舉動，實不容輕忽視者。

▲學生界之宣言　嗚呼國民，我最親愛最敬佩最有血性之同胞，我等含冤受辱，忍痛被垢於日本人之密約危條，以及朝夕企禱之山東問題，青島歸還問題，今已有由中國公管降而為中日直接交涉之提議矣，噩耗傳來，黯天無色，夫和議正開，我等之所希冀所慶祝者，豈不曰世界上有正義、有人道、有公理，歸還青島，取消中日密約軍事協定，以及其他不平等之條約，公理也，即正義也，背公理而逞強權，將我之土地由五國公管，儕我於戰敗國如德奧之列，亡矣，我同胞其亦知亡國之慘痛乎，夫山東北扼燕晉，南控鄂甯，當南北之咽喉，山東亡，是中國亡矣，我國六大水路之一，即由山東而遏強權以歸公理，領還青島，取消中日密約軍事協定以及其他不平等之條約，公理非正義也，今又顯然背棄山東問題，由我與日本直接交涉，夫日本一虎狼也，我奈何以羊投餓虎之口，我二十一款之美利則我與之交涉簡言之。是斷送青島耳，是亡青島耳，亡山東耳，亡山東其且亡中國也...

▲學生界之憤慨

北京學生界，平時雖無固定之團體機關，而一遇外交重大問題，即一致奮起，不約而同，為校長者，因其出於愛國之自由，亦不能加以阻止。自山東問題警耗傳來，北京大學、高等師範、法政專門及各實業等校，於前昨兩日即在校自行討論，舉出代表，與各校接洽一致，聞各校學生會議，已有結果，今日下午將有對於外交問題之表示，全體一致出校行列，為有秩序之示威運動，並通告海內外主張對於外交問題，堅持到底，此種舉動，實不容輕忽視者。

▲學生界之宣言

嗚呼國民，我最親愛最敬佩最有血性之同胞，我等含冤受辱，忍痛被垢於日本人之密約危條，以及朝夕企禱之山東問題，青島歸還問題，今已有由中國公管降而為中日直接交涉之提議矣，噩耗傳來，黯天無色，夫和議正開，我等之所希冀所慶祝者，豈不曰世界上有正義、有人道、有公理，歸還青島，取消中日密約軍事協定，以及其他不平等之條約，公理也，即正義也，背公理而逞強權，將我之土地由五國公管，儕我於戰敗國如德奧之列，

非公理，非正義也。今又顯然背棄山東問題，由我與日本直接交涉，夫日本虎狼也，既能以一紙空文，竊掠我二十一條之美利，則我與之交涉，簡言之，是斷送耳！是亡青島耳！是亡山東耳！夫山東北扼燕晉，南控鄂寧，當京漢津浦兩路之衝，實南北之咽喉關鍵，山東亡，中國亡矣，我同胞□此大地，有此山河，豈能目睹此強暴之欺凌我，壓迫我，奴(隸)我，牛馬我，而不作萬死一生之呼救乎？法之於亞魯撒勞連兩洲也，曰不得之，毋寧死；義之於亞得利亞海峽之小地也，曰不得之，毋寧死；朝鮮之謀獨立也，曰不獨立，毋寧死。夫至於國家存亡，土地割裂，問題吃緊之時，而其民猶不能下一大決心，作最後之憤救者，則是二十世紀之賤種，無可語於人類者矣，我同胞有不忍於奴隸牛馬之痛苦，亟欲奔救之者乎，則開國民大會露天演說，通電堅持，為今日之要著，至有甘心賣國肆意通奸者，則最後之對付，手槍炸彈是賴矣。危機一髮，幸共圖之。（轉錄北京京報）

▲ 北京學生愛國運動

　　東方通信社五日北京電云：北京學生團因青島問題，大動公憤。於昨日下午對於曹汝霖、陸宗輿、章宗祥等行示威運動，曹宅被焚，章宗祥適在曹宅，因受重□，有人目睹有外人三名參加此等行動中。

市民運動的研究 [涵盧]

原載《晨報》，1919 年 5 月 6 日，第 6 版。

　　四號午後，北京的地方，對於外交問題忽然發見（現）了市民的運動。據報紙傳說，云是「學生界的運動」，其實據我親眼看見，參與其事的有許多工人，許多商人，和許多鬚髮皓然的老青年。說一句老實話，這完全是市民的運動，並不單是學生運動。這件事順着世界新潮流而起，很不可輕易看過，說他們是「五分鐘的熱心」。

　　原來民眾運動，本為彌縫多數政治不平而起的，發生的原因有三：（一）因為間接發表民意的代議政治不及直接行動的親切，所以才有「勞動自決主義」[S]dyndicalism 和「同盟罷工」Striker「國民決議」Ref[e]rendum 等事發生。（二）因為法律上承認多數政治，少數人和新上來的階級的意見不能在政治機關內取勝。所以才另從社會方面找出一條生路，如勞動代表運動，普通選舉運動，婦人參政運動，皆屬於這一類。（三）因為政府不中用，或國家又弱又小，被強權迫壓住了，所以國民才起來運動，消極的功效就在叫醒政府的昏憒，積極的功效就是幫助政府進行，如日本明治三十八年九月反對日俄條約的日比谷大會就是這個意思。

　　現在號稱平民政治的國家，沒有不是採用代議政治的，代議政治就是政黨政治，政黨政治就是兩三個黨魁的政治。各國的政客，一方面是獨佔政權的貴族，一方面又是拿人家血汗作樂的資本家。對於這種不會勞動專會

爭權奪利的政客，祇有國民運動可以制裁他。若犯了賣國的大罪，那就更不用說了。

民眾運動本是根據自治自決的道理而來的。若抱定目的把人侵佔我們的政權拿回來，讓我們自己來做，這就叫做自治。若不准政府獨斷，要讓我們公眾裁奪，這就叫做自決。這回北京的市民運動，並不單是自治自決，簡直可以說是自衛。譬如我家僕人把我的財產偷送給強盜，我知道大禍將臨，就應該行使我的正當防衛權。行使正當防衛的時候，就是侵犯人家自由，毀壞人家物件，在法律上並不負賠償的責任。因為急於自衛，就是不取合法的手續，也不能責備他。照這個原理推起來，警察廳拘留毆打賣國賊的市民，實在是不懂得自衛的道理了。

你看日本，近二三十年來，東京市內不知道起了多少回數市民的運動。頂大頂兒的事件，就是對於改正條約，日俄條約，海軍收賄，米價調節等幾件事。當時市民結陣，打斷大隈的腿子，打破外務大臣的汽車，燒有錢人的房子，拆警察局的屋子，也不曉得鬧了多少時候。鬧到結果，總是政府讓步，有責任的人辭職，從來沒有聽見說過拘留多少市民的。這就是日本民眾勢力所以日見其大的原因。看他這回普通選舉運動，簡直可以說是自由的國家，平民的政治。這個潮流無論那一國皆免不掉的，順着走可以步步進化，逆着走必定激成革命的大禍，無論如何總沒有一個人能拗過他的。

市民運動本是國家興旺的氣象，為甚麼有許多人卻惡憎他呢？這也有個原因。因為一心想達到最希望的目的，卻遇着種種阻礙，不能如意，所以才不免有激烈的行動。譬如抱定無政府主義的人，豈不是很講自由，很反對武力嗎？然而一八八一年七月倫敦的無政府黨會議，竟議決了許多殺官僚貴族資本家的法子，並且叫各會員去專心一意的研究化學應用，預備製造炸藥。後來的人一聽到無政府主義，便聯想到炸彈手槍上去了，所以把無政府黨看做最危險的人物。其實他們主張，那有一點險危呢？現在的人怕說民眾運動也是這個道理。究竟民眾運動的方法，膽小的人沒有見識的人或者有點看不慣，講到民眾運動的目的，那一件事不是大快人心的呢？

昨日各校學生聯合大會詳情

原載《晨報》，1919年5月6日，第3版。

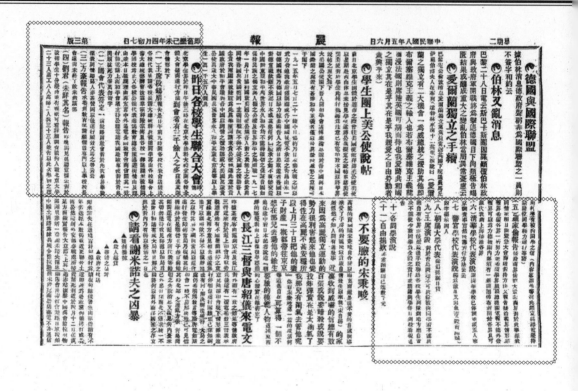

北京學生界於昨日午後三時，在北京大學法科大禮堂開各校全體大會，磋商進行方法，到會者有三千餘人之多，茲述其開會情形於下：

（一）　主席段錫朋報告。是日午前九時開各校代表會議，議決各校代表呈請各校長請大總統釋放被捕同學，再由各校聯合上書大總統懲辦曹汝霖、章宗祥、陸宗輿，且各校一律罷課至被捕同學回校為止。又各校公推代表進謁教育總長陳述遊街情由及理由，並本日罷課理由，再宣言中外通電，全國教育會商會請其一致行動，電請上海和平會議主持公理，電請我國赴歐專使對於青島問題抗死力爭，萬勿簽字。

（二）　國會代表符定一演說。略謂社會對於此次學界舉動深表同情，即鄙人，亦甚贊同。以後進行，願效犬馬之勞云云。

（三）　方豪報告。承委到教育部請願，惟因專門以上學校校長會議尚未終了，故未到該部。

（四）　劉君（未詳其名）報告。昨晚謁見吳總監，據云對於被捕學生十分優待，並有報紙可看。詳細調查被拘人數：北京大學二十三人，高工八人，高師二人，共三十三人，並告以此次舉動之理由，並□有被拘同學之信（內容略謂弟等在此頗蒙吳總監優待，請諸位同學極力進行等語）

（五）　羅家倫報告。接洽商界情形大致謂商界對於此舉深表同情，並明日開緊急大會商議對待方法。又報告接洽報界情形，謂報界希望各界一齊努力，並希望學界組織總機關電報不能外發，報界可以為力，總機關內部須有一新聞團，傳佈新聞於各界且可派代表到上海接洽各界。

（六）　清華學校代表演說。謂清華學校已停課，並派五人來京調查事實，然後籌對付方法云云。

（七）　警官學校代表演說。極為激昂又出血書（殺賣國賊）四字徧示同人。

（八）　朝陽大學代表。提倡抵制日貨。

（九）　主席演說。對於青島問題不可放鬆，被拘同學若不能放回自有各界作後援，最後手段聯絡各校學生，列隊到地方廳自首，決不能使少數同學負全體之責任，並請諸同學每日到校看視通告。

（十）　各同學演說。

（十一）　自由捐款。非常踴躍，聞已達數千元。

為外交問題警告政府

原載《晨報》，1919年5月6日，第2版。

論評

為外交問題警告政府

外交失敗羣情憤激致釀昨日之□變此吾人所最遺憾者也誰耗傳來行見國土淪喪心有所未安情有所難忍憤而出此一發而不可收吾人對於昨日之舉衆一方贊其熱烈一方嫌其過激然熱烈之結果未有不流於過激者此羣衆心理之當然亦東西各國所常有吾人對此正無所用其悲觀今所急省講求著後辦法耳此事既緣外交問題而生全體國民與有密切關係吾人不宜冷眼旁觀爲要辦法批評今且簡舉此辭明告政府矣

第一須知此事動機出於外交上之積憤與尋常騷擾者不同吾儕集合未必盡屬國學生而被速之三十餘人又未必爲主動者以數千羣衆通力合作之事而任拘三十餘人欲在此少數之身求一結果此必不可通之數政府即欲懲前懲後而思有所警衆亦須別籌公平安當之法爲全體之判斷無論如何著然均非立釋此被拘之少數不可

第二須知昨日羣衆集合未嘗不出於外交上之何著然均非立釋此被拘之少數不可

第三須知外交危迫舉國憂憤函電呼籲聲滿大地其所奮死力爭者萬一全歸無效則失望之結果必思有所發洩非日之事狀不過其端耳政府之處思能固國權而安人心耶如日能之吾儕言矣若猶理即果大排人情吾恐事變之生或且有加無已此又政府所宜注意者也

據最近東報所傳日本之要求已得英美法三大國之內諸言以自題然則我政府之決心如何計畫安在果能固國權而安人心如日能之吾儕言矣若猶未也則學國喪權有攸歸來日大難必有不堪設想者願政府熱思之

學生界事件昨聞

昨日各校之罷課　各專門以上學生之學生以其同學因愛國之故竟被拘留羣情異常憤激昨日相約罷課罷課之理由訴各學校既痛外交之失敗復憤同學之被拘更有何心研求學問此其全體罷課惟第一理由也罷課之第二理由以死爭旣被拘同學速宜營救此罷課之理由也此之故各校均集議於昨日照常上課但下午亦共其他各學校取同一行動故仍照常上課矣然各學校雖已罷課而秩序甚佳並無不法舉動蓋以罷課爲不得已之辦法也云云

十二人其中北京大學二十名爲熊天祉梁彬文李良驤牟振飛梁穎文曹永陳樹藩祖家振聲蕭濟時邱淑林君孫森中何作霖魯其昌易克嶷許宏勖薛榮周趙允淵楊荃嶢唐英國王德潤初銘晉德珩潘淑叔江紹原範八人向大光陳

▲被捕學生之姓名　聞學生被拘之人數確爲三

外交失敗，群情憤激，致釀昨日之事變，此吾人所最遺憾者也，噩耗傳來，行見國土淪喪，心有所未安，情有所難忍，憤而出此，一發而不可收。吾人對於昨日之群眾，一方贊其熱烈，一方嫌其過激，然熱烈之結果，未有不流於過激者，此群眾心理之當然，亦東西各國所常有，吾人對此正無所用其悲觀，今所急宜講求者，善後辦法耳，此事既緣外交問題而生，全體國民，與有密切關係，吾人不宜冷眼旁觀，為安閒之批評，今且簡舉其辭明告政府。

第一，須知此事動機，出於外交上之積憤，與尋常騷擾者不同，吾既前言之矣。

第二，須知昨日群眾集合，未必盡屬學生，而被逮之三十餘人，又未必為主動者，以數千群眾通力合作之事，而任拘三十餘人，欲在此少數之身求一結果，此必不可通之事，政府即欲懲前毖後而思有所督責，亦須別籌公平妥當之法，為全體的判斷，無論如何着想，均非立釋此被拘之少數不可。

第三，須知外交危迫，舉國憂惶，函電呼籲，聲滿大地，其所奮死力爭者，萬一全歸無效，則失望之結果，必思有所發洩，昨日之事，猶不過其見端耳，政府之處理，如果大拂人情，吾恐事變之生，或且有加無已此又政府所宜注意者也。

據最近東報所傳，日本之要求，已得英美法三大國之內諾，將來提出大會，確有把握，日人非愚，必不妄造謠言以自誣。然則我政府之決心如何，計劃安在，果能固國權而安人心耶，如曰能之，吾無言矣，若猶未也，則辱國喪權責有攸歸，來日大難，必有不堪設想者，願政府熟思之。

學生界事件昨聞

原載《晨報》，1919年5月6日，第2版。

學生界事件昨聞

日本一種確實之保障以此敗衍日美之面目故山東處分方法在預備會中雖無規定明文而日本既得三國之保障則可認為完全貫澈其主張云以上消息東京報界業已傳遍個中真相雖不敢謂盡如所云而最後結果恐已無可否認也我國當局對於此種報告仍作否認之同意據前日閣議亦依提出公平辦法數項求各國之同意云云我國外交向陸代表電討論即訓令依議辦理云云以敷衍延宕宕為能事此等汎渙之舉未可即據為寶國民不可不預為覺悟者也

▲昨日各校之罷課　各專門以上學校之學生以其同學因愛國之故竟被拘留羣情異常憤激昨日相約罷課據其宣布罷課之理由謂各學校既痛外交之失敗復憤同學之被拘更有何心研求學問此罷課之第一理由也青島問題當以死爭被拘同學亟宜營救此罷課之第二理由也以此之故各校均全體罷課惟高等師範學生恐因罷課同學不易招集故仍照常上課但下午亦共其他各學校取同一行動停止上課矣然各學校雖已罷課而秩序甚佳並無不法舉動蓋以罷課為不得已之辦法也云云

▲被捕學生之姓名　聞學生被捕之人數確為三十二人其中北京大學二十名為熊天祉梁彬文李良驥牟振飛梁穎文曹永陳樹聲郝祖寧楊振聲蕭濟時邱彬江紹庠孫德中何作霖魯其昌易克嶷許德珩港淑林君撰易敬泉高等師範八人向大光陳宏勛薛榮周趙允剛楊荃峻唐英國王德潤初銘晉

▲ 昨日各校之罷課

各專門以上學校之學生，以其同學因愛國之故竟被拘留，群情異常憤激。昨日相約罷課，據其宣佈罷課之理由，謂各學校既痛外交之失敗，復憤同學之被拘，更有何心研求學問？此罷課之第一理由也。青島問題當以死爭，被拘同學亟宜營救，此罷課之第二理由也。以此之故，各校均全體罷課，惟高等師範學生恐因罷課同學不易招集，故仍照常上課，但下午亦共其他各學校取同一行動，停止上課矣。然各學校雖已罷課，而秩序甚佳，並無不法舉動，蓋以罷課為不得已之辦法也云云。

▲ 被捕學生之姓名

聞學生被補之人數確為三十二人，其中北京大學二十名，為熊天祉、梁彬文、李良驥、牟振飛、梁穎文、曹永、陳樹聲、郝祖寧、楊振聲、蕭濟時、

邱彬、江紹原、孫德中、何作霖、魯其昌、易克、許德珩、潘淑、林君損、易敬泉。高等師範八人：向大光、陳宏勛、薛榮周、趙允測、楊荃峻、唐英國、王德潤、初銘晉。工業學校二人，中國大學一人，匯文大學一人，皆未詳其姓氏。

▲ 學生被捕後之況狀

各學生被捕入警廳後前夕即由該廳略加訊問，未有結果。聞廳中對於學生尚不苛待，前夕共騰出房子三間，使三十二人者分居之，而學生則不願分居，仍在一處住，昨日由該廳備飯，每餐分為五桌，每桌坐六人或七人，有前往看視者，學生皆告以我輩，在此尚未所苦，惟外交問題如何，則極為關念，中有托人帶信勉勖同學仍以國家為重者，並謂在廳閱報等尚頗自由云。

▲ 各校長之會議

專門以上十四校校長昨日下午二時在北京大學集會，議定舉出代表八人往謁總統總理、教育總長及吳總監。被舉者為蔡元培（北大），陳寶泉（高師），金邦正（農），洪熙（工），湯爾和（醫），姚憾中（大），劉呆（法專）等於昨下午五時同赴府院，而總統總理皆辭未見，到教育部部中告以總長已辭職，未到部到警察廳吳總監接晤各校長，陳明來意，吳謂此次捕人係出院令故，若欲釋放非再有院令不可云云，各校長即興辭而出。

▲ 北京社會之不平

學生被拘之事，北京各界對之皆極不平。昨日，商會、農會等團體皆開會議決通電各省宣告情形，並請聯絡一致作山東問題之後援。又國民外交協會昨日開特別會議，舉定代表往謁當局，請將學生釋放云。又旅京魯省同鄉昨午後邀同山東國會議員及現在來京之山東省議會議長，在英子胡同開會，亦對於此事有所討論，議決下四項：

（一）　參眾兩院議員中派二人同山東省議會二議長謁見總統，求速釋被捕學生

（二）　到警廳與步軍統領衙門安慰被捕學生

（三）　　參眾兩院提案對於二十一條順濟鐵路合同誓不承認，請各公使轉各國政府

（四）　　彈劾內閣對於山東問題之失敗

▲ 汪王林等請保釋

汪伯唐君昨日曾函致總統論學生非釋放不可，措詞極其痛快，昨晚汪氏又同王寵惠、林長民二氏聯名呈請警察廳請予保釋。其呈文如下：

竊本月四日北京各校學生為外交問題奔走，呼號聚眾之下致釀事變，當時喧擾場中，學生被捕者三十餘人。國民為國，激成過舉，其情可哀，而此三十餘人者未必即為肇事之人。大燮等特先呈懇交保釋放，以後如須審問，即由大燮等擔保送案不惧，群情激動事變更不可知，為此迫切直陳即乞准保國民幸甚，謹呈警察總監，具呈人汪大燮、王寵惠、林長民。

▲ 教育總長之辭職

前日事件發生之後，政府方面即於前晚在公府召集閣員籌議辦法，各員對於教界總長皆有不滿之詞，傅氏因此遂於昨日引咎自責，提出辭職呈文，昨下午起已不到部云。

▲ 六國飯店之會議

聞前夕風潮息後，曹汝霖氏在六國飯店召集新舊交通系重要分子開秘密會議，以定對待學生之方針，會散之後，曹氏偕同陸宗輿於夜裏四時同赴日本使館，以俟開曉即乘專車同赴天津，曹之家屬則仍住六國飯店云。

▲ 章宗祥之傷勢

昨日午前，京中忽盛傳章氏因傷重已死，其實不確據，本社調查章氏在同仁醫院。昨日經過尚為良好，該院並為之向天津特請外科名手一人來京醫治，章之夫人亦已於昨早來京，即馳赴醫院侍候云。

學生團上美公使說帖

原載《晨報》，1919 年 5 月 6 日，第 3 版。

前日北京學生團體於遊市之際，曾往美國使館拜訪美公使，美使以星期赴西山休息，未接見學生，遂將公眾擬定之說帖奉諸美使。聞美使對於學生此種行為極為注意，已有電拍致本國，茲將學界說帖之原文錄下：

大美國公使閣下，吾人聞和平會議傳來消息，關於吾中國與日本國際間之處置有甚悖和平，正義者僅以最真摯最誠懇之意陳辭於閣下。

一九一五年五月七日，二十一條中日協約乃日本乘大戰之際，以武力脅迫我政府強制而成，吾中國國民誓不承認之青島山東一切德國利益，乃德國以暴力掠去，而吾人之所日思取還者，吾國以對德宣戰，故斷不承認日本或其他任何國繼承之，如不直接交還中國，則東亞和平與世界永久和平均不能得確切之保證，貴國如保持民族之獨立與人類之公權及世界和平之局而戰。一九一七年一月十日協約國致美國公使公牒，吾人對之表無上之欽愛與同情，吾國與貴國抱同一主義而戰，故不得不望貴國之援助，吾人念貴我兩國素敦睦誼，為此真率陳詞，請求貴公使轉達此意於貴國政府，於和平會議與吾中國以同情之援助，謹祝大美國萬歲，貴公使萬歲，大中華民國萬歲，世界永久和平萬歲，北京高等以上學生一萬一千五百人謹具。

什麼是國恥 [一粟]

原載《晨報》，1919 年 5 月 7 日，第 7 版。

大家說今天是中國的國恥紀念日。什麼叫做國恥？我們中國人的腦子裏，從來沒有什麼「國」，我對於這個「國」字，也是有些懷疑。但是不管什「國」不「國」，我們大家總是「人」。白人是人，黃人也是人，日本人是人，中國人也是人，各位讀報的是人，我這編報給各位看的也是人。現在我說幾件事給各位聽，看各位怎麼答覆。

土地是我們這些「人」靠他養活的，我們各人耕作我們自己的土地，在我們土地上造房子，修道路，誰也不能攔阻的。假若有一群和我們相同的「人」，從什麼地方跑來說：（你們雖然是「人」，但是這塊土地你們不能耕作，不能修道路、造房子，這塊土地是要讓給我們高貴的「人」來使用的。）換一句話說，他們意思就是說：（你們沒有做「人」的資格，你們不應該生活。）假若我們聽了這些話，就把土地讓給他們，我們還算得是「人」麼？既算不得「人」，還要蒙着「人」的稱號。各位想一想，可恥不可恥？

我們大家都是相同的「人」，能夠種田、織布、造房子，供我們自己的衣、食、住，因為我們需要的東西太多，不能事事都靠自己去做，所以大家集合起來，各做一件事，彼此互相幫助，又恐怕做事沒頭緒，大家就集合起來，定一個做事生活的規矩，好比開店鋪工廠一般，立幾條工廠的章程，又推舉幾個管事。如今來了一群和我們相同的「人」說：「你們是豬仔，你們是牛馬，你們不配享衣食住的「人」的生活，你們只配供我的驅使。」我們的管事人，起初也不理他，後來那些和我們相同的「人」，把武力來壓迫我們的公正管事人，又把金錢來賄買我們的天良不存的管事人。我們的管事人，公然把我們當作豬仔、牛馬，送給那些和我們相同的「人」。我們自己，也就甘心作豬仔、作牛馬。各位想一想，那些管事人可恥不可恥？我們戴着「人」的面孔，甘心去作豬仔牛馬的，可恥不可恥？

　　幾年前的今日，有一群和我們相同的「人」，同我們的政府訂了一件契約，就和前面所說的話有些相像。如今巴黎和會說是主張「人」道的，但是那一群和我們政府訂契約的「人」，想依據那件契約，在巴黎和會，把我們做「人」的資格取消。各位不要說甚麼國恥，各位若要在世界人群裏做「人」，自己把「人」的資格放棄，真是可恥咧！

差強人意之質問

原載《晨報》，1919 年 5 月 7 日，第 3 版。

◉ 差強人意之質問

△ 為學生被捕事

為質問事查四月四日因外交失敗致起風潮政府應如何措施以弭禍亂謹依院法提出質問如左查曹汝霖陸宗輿章宗祥等歷任外交要職與日人之詭密交際夙為國人所共見賣國之嫌騰布中外怒積怨叢由來已久近以青島問題將歸失敗人心愛國追原禍始而曹陸章等遂為眾矢之的當此眾怒難犯之際政府應如何究查其奸懲治其罪以釋群怒而弭隱患此應質問者一

本月四日之舉動實一般學生迫於愛國熱誠而發其毆打傷人亦屬公憤所激絕非因私恨而起與尋常騷動不同且學生集合三千餘人之多若必將逮捕少數學生按尋常違法治罪且被逮之學生未必即傷人之犯揆諸情理亦殊不平政府應用如何權宜方法原情寬宥以息亂端此應質問者二

以上兩端所關重要當此時局糾紛群情惶惑之際為息事寧人計必有適當措置然後可以弭患於無形究竟如何辦理謹依提出質問請於三日內答覆為盼提出者張廉葉雲表等

▲ 為學生被捕事

　　為質問事查四月四日因外交失敗致起風潮，政府應如何措施以弭禍亂？謹依院法提出質問，如左查曹汝霖、陸宗輿、章宗祥等歷任外交要職，與日人之詭密交際，夙為國人所共見，賣國之嫌騰布中外，怒積怨叢由來已久，近以青島問題將歸失敗，人心愛國追原禍始，而曹陸章等遂為眾矢之的，當此眾怒難犯之際，政府應如何究查其奸？懲治其罪？以釋群怒而弭隱患，此應質問者一。

　　本月四日之舉動實一般學生迫於愛國熱誠而發，其毆打傷人亦屬公憤所激，絕非因私恨而起，與尋常騷動不同，且學生集合三千餘人之多，若必將逮捕少數學生，按尋常違法治罪，且被逮之學生未必即傷人之犯。揆諸情理亦殊不平，政府應用如何權宜方法，原情寬宥以息亂端，此應質問者二。

　　以上兩端所關重要，當此時局糾紛，群情惶惑之際，為息事寧人，計必有適當措置，然後可以弭患於無形，究竟如何辦理，謹依提出質問，請於三日內答覆，為盼提出者，張廉、葉雲表等。

國人毋忘五月七日

原載《晨報》，1919 年 5 月 7 日，第 2 版。

諸君！你知道今天是什麼日子嗎？你還記得民國四年五月七日下午三點鐘的時候，我們國家逢着一件甚麼事件嗎？這一件事件，是我們國民永遠不能忘記的。我們要傳佈到我們的子子孫孫，都不要使他們忘記，因為有了這一件事件，我們中華民國，受了空前的恥辱，莫大的苦痛，如今還不能夠洗雪這個恥辱，消除這個苦痛。不但是不能如此，並且因為這種恥辱和苦痛，我們現在還要添許多新恥辱，加許多新苦痛。使我們幾乎不能作人的生活了，所以我們對於這五月七日，是絕對不能忘記的！也是絕對不可忘記的！

諸君！中華民國四年五月七日下午三點鐘，當時駐京之日本公使日置益，因為是年一月十八日日本所提出的二十一條要求。我政府以損權辱國，不肯如量承諾。日本乃挾其武力的後盾，提出最後通牒，威脅我國，限於五月八日下午六點鐘以前為滿足的回答，不然則日本要執必要的行動。我政府得此通牒，驚惶失措，果如日本的要求，一一屈服，這二十一條的內容，是不以對等國獨立國對待我們的國家，你說痛心不痛心呢？

諸君！那中日條約，是日本以暴力強迫，我們沒有力量去抵抗他，才忍辱屈服的，說起來，我們實在很可恥的，但是那個時候，是強權即正義的世界，我們尊崇正義公理的國民，沒有法子去排斥那種倚仗武力的侵略國，含羞忍垢，受了非國家的待遇，現在世界形勢固然未必就達到專講公理正義的時代，但是專以武力來剝奪人家的東西，是絕對不興了，所以我們非乘這個機會，收回以前被剝奪的東西不可。

　　我們這次在巴黎講和會議，主張取消中日新約，及直接向德國收回山東一切權利，據這幾天消息說來，我們的主張，似乎要失敗了，要失敗的原因，是為日本政府，堅持不讓，並且宣言如果不達到目的，便要脫退和會，日本國民，也團結起來，監視政府，督促政府，作政府的後盾，所以英美法看他民氣激昂，我們反寂然無聲，所以想將就他們的主張，把我們來做犧牲。諸君！你想想看，民氣在外交戰略上是何等重要的武器呢？依此看來，我們今天要想貫徹我們的主張，國民個個都要把這種責任，放在自己肩上，全體團結起來，督促政府，援助政府，使他代表我們的意思，堅持我們的主張，而政府果然想在全體國民上立足，也應該與國民聯絡一氣，藉國民的力量，來擁護我們在和會中的地位。你不看見意國總理歐蘭德的態度嗎？他回了羅馬以來，天天演說，表示他的決心，引起國民的聲援，意太利國民果然大聲疾呼「不得斐麥毋寧死！」所以意太利的主張，現在是有貫徹的希望了，現在是國民外交的時代，國民若是漠不關心，那就不成了，所以我們要想雪這個五月七日的國恥，我們非有一種團結不可。我們有了團結，我們還要有一種表示，這種表示就可以使外人知道我們的「民意」是如何，我們的「民氣」是如何，然後我們的「國恥」才有洗雪的希望。我們的山東，才有收回的希望，不然就好像垂敗之家，沒有人去管理，家裏的東西，讓人家隨便拿去，你說這一種的家，還有不破不亡的道理嗎？

　　諸君！我們逢着「國恥紀念日」要利用這一天的感想，想法子洗雪這個「國恥」，然後這個「國恥紀念日」才不成一個的空話，況且今年我們遇着可以洗雪的機會，而洗雪國恥的主張，若是不能夠貫徹，那就更加一層的恥辱，我們以後還要做「人」嗎？

　　諸君！不雪國恥毋寧死！！

國民外交協會宣言

原載《晨報》，1919 年 5 月 7 日，第 3 版。

青島何地也？山東何地也？此鄒魯之名邦也，此孔孟之聖蹟也。以我國之耶路撒冷，為數千年民族信仰之中心，文明吐露之源泉，此乃我國民所形影相依，萬不容他人之鼾睡於臥榻之側者，無端而有德國之豪奪於前，有日本之巧取於後。侵犯我文化之發祥地，彌天大辱九世深。譬凡有血氣，誰能忍此？然一八九八年之膠州灣案猶曰：適當帝國侵略主義彌漫全球之日，強權有力，公理無靈，橫逆之加勢所許也，今何時耶？維廉第二之羈國黷武主義，非為世界所推倒耶？威爾遜之民族自主、自決主義非為世界所歡迎耶？今何時耶？非唱國際聯盟將講求弭兵之方策耶？今何時耶？非唱正義人道將維持世界之公理耶？此堂皇之文章，我國民則既讀之矣，此溜亮之聲調，我國民則既聞之矣，乃警電飛來，忽謂巴黎會議擬將山東問題置諸議和草約之外，而許以青島直交與日本。噫嘻口仁義而行盜跖，睹此優孟衣冠之世界，真令人不寒而慄也，我國民今欲一問日本，一問列強，日本之思染指我山東其理由何在？謂日本於青島戰勝德國，故可繼承德國在山東之權利耶？無論我國對德條約與日本若風馬牛之不相及也，且我國對德宣戰之後，所有條約宜告廢棄，則德國在山東之權利根本上早已消滅。

試問日本將從何處繼承之，同為討伐暴德之，與國何無香火情，豈日人猶欲強我屈服於現同囚虜之維廉第二肘下承認戰前之對德條約耶？此說既無理由，日本必又有辭曰：有民國四年五月七日之二十一條條約在，故可為權利之繼承，不知當時此約實下哀的美敦書以恐嚇逼脅取得之，譬諸強盜擄人而勒令打單，此等行為依國內法應置諸重典，不能認其契約為有效。依國際法，亦明視為暴行，危及國家生存，不能認其契約為有效，既無效力，可言我國民當然無服從之義□度，我軍公法諸友邦決不承認之。況當時我內外國民皆一致反對，視為強暴之行，此類條約性質決無拘束之效力，是以有今日五月七日之國恥紀念也，自昔已曉然於世，日本而以此條約為辭，直不啻以強盜國標示於世界，謂我所有明火打劫之行為，世界皆當承認。竊恐我明法諸友邦未必然也，此說之外，日本又必有辭曰：有七年九月之膠徐順濟等路換文在，亦可為權利之繼承，不知此等換文乃當局者暫時之約束，尚非正式之合同。況締結條約必各依國法規定之手續，其條約始能有效。

我國現行國法締結條約必經國會通過，當時，此種秘密換文，國會從未與聞，遑論通過，即曰：因此換文曾借日金圓二千萬，此則應由當局者設法清還與我國家，何與與我國民全體？又何與也？日本一方面其無可染指山東之理由，既昭然若揭矣，乃風聞英法意等國當日本將加入戰團時嘗與訂有密約，許其繼承德國在山東之權利道路之言，我國民固未敢盡信也，願使此風聞而確事關我國主權，豈容他人視同物品任意交易，此類私相授受之換約，依國際法實無拘束，第三者之效力不啻一紙空文而竟有傳聞互訂密約之舉，不特將置我國於何地？抑將自視其國居於何等？曾不意當此提倡正義人道之世，猶有此不法之行為也，民族自主自決之信條，既為世界所公認，此種侵犯我主權之舉動乃我國民所誓死不敢承者，度我公平重，法諸友邦亦當能相諒也。

我國民今敢敬告諸友邦當局曰：公等毋謂山東問題為小問題也，山東為國文教之發祥地，禮義文化之所，自出我國民，自昔保守此土，即有效死勿去之決心，今當尤烈眈眈者縱思染指而骨能為鯁食之，恐不下咽。而公等既日以正義人道標榜於眾，今乃許野心之人猶為侵略之舉動，然則巴

黎之平和會議直無正義可言耳。威爾遜之種種宣言直當視同取消耳，以野蠻之舉動好為文明之口吻，使猶是前此強權世界蠶食鯨吞之事視為固然，尚可俟他日人心悔禍則公理尚有大明之時，今何時耶？若仍以野蠻之舉動而偏懸文明之招牌，竟容受此橫暴侵凌之所為，則殊有損文明國家之聲價，正義和會之威嚴，使人覺所謂正義云者，人道云者，其實際不過爾爾。則人類對於大同之理想將絕望，於今後之世界是公等。不特犧牲我國現在之權利，亦斷喪人類未來之希望矣，作始也，簡將舉也，鉅敬告諸友邦當此提唱弭兵之日曷，亦顧名思義勿種此惡因，以為將來世界之禍源也。

國恥紀念感言　[一湖]

原載《晨報》，1919年5月7日，第6版。

　　讀本報的諸君！我先有一句話對諸君表明，我是一個最愛世界主義最愛人類主義的人。原來世界主義有時候和國家主義不相容；人類主義，有時候和民族主義不相容。我既然愛世界主義、愛人類主義，自然把國家主義民族主義看的輕了。但是我不是一個只重理想不顧事實的蠢物。在現在時代，人類的進化，沒有達到超國家超民族的程度，我還是相對的主張國家主義主張民族主義的。你看這一次歐戰的結果，波蘭復國，捷克斯拉夫獨立，南斯拉夫統一，猶太也有新建國的運動，不正是國家主義民族主義正旺盛的時候嗎？在這個胸襟窄窄兒眼光小小兒的國家主義民族主義時代，若是我一國一民族單獨提唱什麼世界主義人類主義，那就真危險了。譬如我一個人講共產主義，全社會的人講私有主義，我所勞動的產物，人家可以享用，

人家所勞動的產物，我卻絲毫享用不得，那麼我一個人就會餓死凍死，不能生活。如於全世界全人類都講國家主義民族主義的時代而講世界主義人類主義，就是一個樣子。你打破國界，人家就會拿他國家的勢力來取而代之。你打破民族界，人家就會拿他民族的勢力來漸滅你。我們愛世界愛人類的人，是愛全世界愛全人類。若是不識時宜的講世界主義人類主義，都把世界的一部分人類的一部分，讓人家蹂躪殄滅，那不是不成其為管世界愛人類了嗎？我們生在現在半開化半未開化的人類社會上，天天過的是矛盾生活，如今我一方面極愛的是世界主義人類主義，卻一方面不能不講國家主義民族主義，真正是一個極大的矛盾。但這是全人類的不進化，實在怪不得我。

我立了這個前提，自然在實際上，我仍然是一個國家主義者民族主義者。雖說我們的國家，我們的民族，不可有一毫侵略的野心。但是倘若人家懷着侵略的野心來侵略我們，我們是要破釜沉舟，和他抵抗的。我們的東鄰日本，就是一個抱侵略野心的。一千九百十五年，二十一條的強制條件，就是他的侵略野心的表現。原來現在日本人中，也有一部分有知識的人，是很有正義，很知道世界主義人類主義的可愛。他們對於我們中國，總算是想真正的講親善，但這一部分人，在日本國內，佔極少數。他們的勢力，還不足以支配日本全國的人心，還不足以左右他們外交的政策。他們最大多數的國民和政治家，都依然是做大日本帝國大大和民族的夢。天天想食我們中國人的肉，寢我們中國人的皮。我們中國人，原來是平和的國民，因為受了幾千年的壓制慣了，如今更睡得模模糊糊，不省人事。加上還有些狗肺狼心萬劫不復的賣國賊，天天在那裏賣國。呵呵！我們中國的死國民，再不要睡了，我們一面要和日本那一小部有正義知道世界主義人類主義的人握手，講中日親善，謀世界大同。一方面要廓清我們國內的禍亂，鞏固我們的國力，和那些小眼褊胸的日本人對抗。今是二十一條強迫條件成立的國恥日，我們大家不要忘了，我們大家要學了越王勾踐，臥薪嘗膽，翻倒太平洋，把這種恥辱洗個乾淨，不然，我們大家就不算是人。我們有生真不如死了。

學界對於山東問題之呼籲

原載《晨報》，1919 年 5 月 7 日，第 2 版。

▲ **致巴黎專使電**

巴黎中國館使王轉陸顧施魏專使公鑒：山東及青島問題關係我國存亡，主權所在，務懇力爭，萬勿屈辱簽字。北京學界全體同叩。

▲ **致巴黎和會電**

巴黎中國使館　岳代使轉遞世界和平大會鈞鑒：列強仗義，強權失敗，公理獲伸，美威總統宣言不但鞏固將來之和平，並掃除從前國際之不平等，

大義憬然，寰球同欽。一九一五年中日條約為有約以來最不平等之條約，北京學界全體本鞏固東亞永久和平之決心，敢請和平大會諸君將山東問題付之公決，無任盼禱。至青島本中國領土，德國昔以武力向中國強借者，今亦應因武力失敗而歸還中國，揆諸法律，日本斷無繼承德國權利之理，務望諸君俯察愛國熱忱，予以公理上之援助，無任預祝之至。北京學界全體同叩。

▲ 致英法意公使說帖

大○國駐華公使閣下：吾人聞和平會議傳來消息，關於吾中國與日本國際間之處置，有甚悖和平正誼者，謹以最真摯最誠懇之意陳詞於閣下：一九一五年五月七日之二十一條中日協約，乃日本乘大戰之際，以武力脅迫我政府而成者，吾中國國民誓不承認之。青島與山東一切德國之利益，乃德人以暴力掠去，而吾人之所日思取還者，吾人以對德宣戰，故斷不承認日本或其他任何國家繼承之。若不以之由德國直接交還中國，則東亞和平與世界永久和平終不能得確切之保證。貴國為保持民族之獨立與人類之公權，及世界和平之局面而戰，一九一七一月一日協約國致美國駐法公使公牒，吾人對之表無上之親愛與同情，吾國與貴國同抱同一主義而戰，故不得不望貴國之援助。吾人念貴我兩國素敦睦誼，謹請閣下將此意轉達貴國政府，於和平會議予吾中國以同情之援助。謹祝大○國萬歲，貴公使萬歲，大中華民國萬歲，世界永久和平萬歲！

▲ 上大總統書

呈為據實聲明事。學生等不幸生逢斯世，愛國之心不能自已。我大總統光明正大，為中華民國求安全，定能為人民張公道，謹椎心泣血將昨日實在情形約略陳之。山東問題關係國家存亡，誰人不知日人利我南北和議不協，以對待朝鮮手段，利用李完用其人，隱為縱操，於歐洲和會提出強硬之主張，豈僅目無公理，直為亡國導線，我等與其坐而待亡如朝鮮今日之現象，萬劫千億而不能復，孰若乘一息尚存之時，及早喚醒賣國之賊以謀挽救。此昨日游街大會所由來也。章宗祥、曹汝霖服官歷年無非媚日，國外華僑及國內輿論無日不指摘唾罵，而青島問題彼輩陰謀更盛，高徐濟順之路約直斷送主權於日人之手。章曹賣國之罪非由一日，學生等欲喚醒賣國賊發現天

良有所覺悟，致有五月四日之事。學生等均係赤手，為萬目所共見，乃警廳竟下令逮捕三十餘人之多。學生誠無狀，但此次之事乃為萬餘學生與市民之愛國熱忱所激發，撫心自問，實可告無罪於國人。如有譴責，萬餘學生願分擔之，斷不能以全體所為之事使卅餘人獨受羈押之累，謹將實在情形呈乞我大總統俯賜矜察，是非曲直國人自有公論，非學生等所敢置啄也。迫切上呈，無任悚惶之至。謹呈大總統。

　　北京大學全體學生二千四百人，北京高等師範學校全體學生七百人，北京工業專門學校全體學生一百五十人，北京農業專門學校全體學生一百五十人，北京醫學專門學校全體學生一百三十人，北京法政專門學校全體學生七百人，高等警官學校全體學生三百人，匯文大學全體學生八十人，朝陽大學全體學生三百五十人，中國大學全體學生一千四百五十人，新華商業專門學校全體學生二百人，郵電專門學校全體學生一百八十人，稅務學校全體學生三百二十人，俄文專修館全體學生一百五十人，高等美術學校全體學生六十人，協和醫學校全體學生十六人，民國大學全體學生三百人，中央法政專門學校全體學生三百人，青年會財政商業學校全體學生二百人，蒙藏專門學校全體學生一百三十人，崇文學校全體學生六百人，清華學校全體學生七百人，高等法文專修館全體學生三百人。

曹汝霖辭職之文章

原載《晨報》，1919年5月7日，第3版。

曹汝霖氏於昨日上午十時擬具辭職呈文遞入公府，其原如下：

呈為信望未孚，責難交集，懇請罷斥以謝天下，事竊汝霖本月四日上午奉派入府公讌。午後二時半回抵東城趙家樓私宅，適與駐日公使章宗祥晤談，忽聞喊聲甚厲，由遠而近，勢如潮湧，漸逼巷口，巡警相顧束手。約十餘分鐘，突見學生約千餘人破門踰牆而進，蜂擁入內，遇物即毀，逢人肆毆，汝霖生父就養京寓，半身不遂亦被毆擊，旋即縱火焚屋，東院房屋為汝霖起居所在，立成灰燼，其餘亦悉遭毀損，章公使當火發之際倉猝走避鄰舍，為群眾見執捽地狂毆，木石交加，頭部受傷，九處傷及腦骨，流血不止，立時倒暈，不省人事，幸警察總監吳炳湘及步軍統領李長泰聞信先後到場。強迫解散凶徒，飭警護送章公使入醫院調治，據云腦筋震動，遍體鱗傷，性命尚無把握而汝霖宅內暴徒聞軍警捕拿，遂紛紛竄散，此汝霖因公被禍，家室焚毀及章公使同時毆辱，重傷瀕危之實在情形也。事後探聞各學生集眾暴動理由乃為青島問題，溯及遠因，在民國四年五月七日之二十一條提案，近因在民國七年九月二十四日鐵路借款換文，以上二事汝霖適當外交

之衝，市虎殺人以此斥為賣國卷，查廿一條要換事件，汝霖時任外交次長，與總長陸徵祥前任該部參事，現駐美公使顧維鈞，前駐日公使陸宗輿，內外協力應付千廻百折，際一髮千鈞之時，始克取消第五項，經過事實我大總統在國務卿任內知之甚詳，不敢言功，何緣見罪？至於濟順高徐各路借款，汝霖比時兼長財政，適逢大總統就職之初，政費軍儲難掘罄盡，危疑震撼關係匪輕，而歐美各國戰事方酣，無力接濟。汝霖仰屋旁皇，點金乏術，因與日本資本家商訂濟順等路借款，預備合同並同時要求日本將山東膠濟鐵路沿綫撤退日軍，並由中國自行組織巡警隊保護鐵路，又撤廢膠濟沿線，民政署諸重要問題一律解決。日本顧念鄰交，始克成議，查合同內第二條，但書之調查濟順高徐二銕路線路，若於銕路經營上認為不利益時，得由政府與銀行協議，變更其線路等語，又查合同第八條之銀行於預備合同成立時，對於政府墊日金二千萬元十足交款，並無回扣等語，查指路墊款慣例甚多，如法國之於欽渝，比國之於同成，隴海成案，具任自可覆案，此項合同內亦並無承認日本繼續德國權利之文，果係承認日本繼續德國權利，則此項銕路本屬德國權利之內，何須另行墊款，始能允此路權，顯係路權之外，其他不得繼續尤可反證而明，況路線聲明可以變更，顯為臨時假定，斷非許其繼承德國權利，與二十一條尤無關係。汝霖歷來經手承借日本款項，均無絲毫回扣，無非欲矯世俗流弊，冀稍有補於國庫，不特先例所無，竊恐後來借款未必有此優點，借款既為目前財政上不可免之事實，則汝霖又何能為無米之炊？青島外交，日本固有英法維持其繼承德國權利之先約始強硬主張，陸、顧專使報告甚詳。汝霖決難分過以此咎，豈得謂平此？又汝霖歷辦外交、財政、交通各事問心無愧，被誣賣國萬難忍受之，實在情形也伏思，汝霖久竊重寄備位閣員際，內憂外患之紛乘，復眾訪群疑之交集，神明內疚，清議滋慚應請大總統立予罷免交通總長本職，另簡賢能以謝天下，不勝悚惶，翼幸之至理合，呈請大總統鑒核。伏乞訓示施行，謹呈大總統。

學生界大事件昨聞

原載《晨報》，1919 年 5 月 7 日，第 2 版。

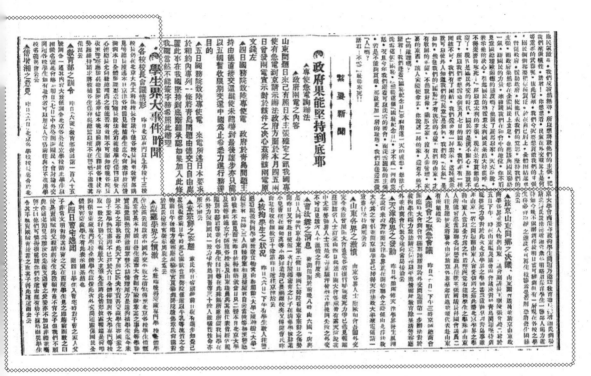

▲ 各校校長會議情形

昨日北京專門以上學校十三校校長仍在北京大學文科開校長會議，午後，各校長同至教育部謁見傅總長，陳述本日京津各校因見被捕學生迄今尚未釋放，群情洶洶。本日全體罷課要求傅總長設法先將被捕學生保釋以安人心，傅總長允向錢總理商之，惟能否有效則不可而知。傍晚，各校長復至警察廳訪吳總監，陳述非儘本晚以前將學生釋放，各種程序勢難維持，請求將被捕各生保釋，吳總監以權不在警廳不能准其保出云。

▲ 教育部之訓令

昨日（六號）教育部發出第一百八十五號訓令一通，其內容大致係訓令北京各公私立學校，禁止學生以團體名義赴會略□，明日（七日）中央公園開國民大會討論外交問題，各校學生如有赴會者，可以用私人資格前往與會，不准用學校名義與會云云。

▲ 傅增湘之意見

昨日（六日）北京各學校校長集合於北京大學，會商保釋被拘學生問題，乃邀請教育總長傅增湘氏到場，請求傅氏設法，傅增湘當眾聲明，略謂保釋學生一節，鄙人竭力維持，如今晚不能辦到釋放，明日當可辦到。但有一層，現在各校之學生務必持冷靜之態度，不可再生枝節為是，否則恐將發生困難云云。

▲ 旅京山東同鄉之決議

山東國會議員並旅京山東政商學各界重要人物，與山東議會副議長王朝俊、張介禮二君於五日下午□時在山東賑災協會開會議決，對於青島問題堅持到底，拼死力爭。對於此次北京學界之舉動甚為感動，群謂青島事雖非山東一省之問題，而山東人實受切膚之痛，此番北京學界之舉動，山東人當以全力為之後盾，警廳竟有逮捕學生之舉，殊非山東人所能容忍，當即聯名向警廳具保推王、張兩議長並國會議員二人往見總統，更將聯合由山東旅京各界群起直追，並派代表赴山東有所組織云。

▲ 商會之緊急會議

昨日（六日）下午三時京師總商會開臨時大會，到會者極形踴躍討論外交問題，聞第一步辦法對於被拘學生極力設法請求保釋，以平輿情而維教育，除呈請警察廳外，並由商會代表分途向當局接洽云。

▲ 天津學界之發動

昨日外間所傳，天津學界發生風潮之說尚未證實，昨聞天津學界正在開始聯合之際，係由北洋法政大學為之首倡，並聞京師學界已接得天津法政大學來電，係請一致進行，堅持到底云云。

▲ 山東各界之激憤

山東各界人士鑒，歐和會吾國外交完全失敗，曾屢開大會通電各省攘臂呼號，抵死力爭，已迭見報端，茲聞該省人士訂定由四日起連日開大會，各處皆有露天演說，其中尤亦勞動界人士為最多，奔走駭汗，皆聲言非挽回失敗之外交不可，以見該省人士激憤之程度矣。

▲ 曹汝霖之消息

曹潤田聞於前晚八時，由六國□店與某日人同乘汽車赴東單二條日華同仁醫院看視章宗祥之傷勢。聞昨日又曾赴日使館一次，行蹤極密。曹之長子在清華學校肄業，小兒曹樸在廠甸高等小學肄業，均已畏禍離校矣，又傳聞曹氏昨由私宅收拾細軟五十餘箱，昨日送往京津站云。

▲ 被拘學生之狀況

昨日（六日）下午有學生數人往警廳看視被拘同學，並致送食物，當由郝祖齡（大學）、陳聲樹（大學）、楊荃君（高師）三人到接待室相見。據陳君自云，當彼等初至警廳時，彼此不能見面，至昨日始得相晤，飲食日只二餐，本日北京大學及高等師範、女子師範各校長及山東議員與其他代表皆經省視，臨別時郝君等並向各學生曰：吾等在此殊無所慮，所望我同學在外努力鼓動國民一致力爭青島，則吾等三十餘人雖犧牲性命亦所不辭云。

▲ 章宗祥之容態

章氏昨日容態較前日復有進步，知覺已略恢復從前，日午時起已能飲食，聞醫院僅進以牛乳等流質之食物，前日午後地方檢察廳派檢察官夏勤到醫院驗傷，章氏尚能對於夏氏檢察官微示周旋之意云。

▲ 蒙藏學界之憤激

本社昨晚得蒙藏專門學校全體學生公函云，逕啟者中國外交失敗之消息傳至北京，各校學生憤慨異常，於是本月四日發生遊市大會而有毆擊章某之事，此等舉動實屬愛國熱忱所激，而軍警不諳情理壓力，是迫拘捕學生迄今未放，不平之事孰甚於此。天下興亡，匹夫有責，吾蒙藏學生亦國家之分子，

愛學熱忱澎湃不已，茲於六日全體停課，與各大學專門等校取一致之行動，乞貴報社大主筆先生將此情形披露報端是荷，叩詢撰安，蒙藏專門學校全體學生啟。按此次外交問題關保國民全體利害，蒙藏學生有此表示固基然也。

▲ 四日曹宅逸聞

聞四日學生入曹宅時，對於曹之家人父子非常文明對待，其時曹之父在西院，學生見之即趨前而數之曰：汝是賣國賊的父親，頗虧汝生此獸類孽畜不肖之子，但我們不願與你這老頭兒為難，汝快走罷。又遇曹之愛妾，亦不加以非禮，並囑警士曰：他們可憐得很呢，請你們快送去罷，有幼子據牆而哭，學生令其手執賣國賊曹汝霖之旗，其子得此護送而去云。

女學生之愛國運動

原載《晨報》，1919年5月8日，第3版。

昨日京中女子師範學校、協和女子大學校、協和女醫學校、見滿女子中學校、萃貞中學、培華女子中學、篤志女子中學、尚義師範女校、第一女子中學、中央醫院女看護等各女校代表約三十餘人，亦於昨日午後在東牌樓新開路開會，其結果議決：（一）電致巴黎我國專使；（二）電巴黎和會英美法意等國專使；（三）電上海和會速解決內爭；（四）稟請徐大總統責成吾國專使對山東問題絕對不可讓步，須爭回膠州及山東所失權利云云，各校女士熱誠愛國不亞於各男校學生，殊堪令人敬佩也。

山東問題之外報論調

原載《晨報》，1919年5月8日，第6版。

▲ 英文滬報云

中國將退出巴黎會議乎，巴黎會議若不願阻止日本之侵略，中國將何促以求公道乎？和約中若無關於二十一條要求及山東問題之規定，中國亦將簽字於其上乎？凡此皆北京各界所待決之問題也。一俟真相既明，全國咸知則其事必成為世界的重要問題，可無疑也。今者局勢岌岌，中國已被愚矣，列強中如英美法等國已擱置此問題矣，彼等於山東問題已不願有所顧問矣。彼等欲卸去和會之責任，乃曰：中日問題當由中國與日本自行解決之，此即日代表之所力爭而亦中國代表之所力持反對者也。今者日本已獲勝矣，日本何緣而能獲勝？則以意大利退出和會之風潮，三大國已不勝其壓迫，故日本乘此機會對於山東問題遂取極強硬、極堅決之態度，聞自意代表退

出和會後，日代表即聲言和會若以解決中日紛爭之責自任，則日本亦將退出和會，三大國於日本之虛張聲勢竟然讓步，此亦其一原因也。據我人所聞，於官場方面者則謂中國已以一九一五年及一九一八年之條約自行束縛，故他人殊不能為中國有所盡力云云。觀於此言，則他三大國已捨棄各種秘密及不公平之條約，概作無效之主義，而又須整理新局勢以保障世界之永久和平矣。彼三大國者，殆又忘卻彼等嘗承認中國之對德宣戰已自然取消，一切中德條約與戰前所許與德國之一切權利及讓與之主義矣，夫任如此情形之下，中國惟有受日本之指揮以整理一切而已，雖然彼三大國於東方既不願實行其決行於西方之主義，則整理之結果如何可想見也。考其實際之困難，蓋由於日本與歐洲兩大國具有特別關係，此兩大國維何則英法是也，兩大國之手腕即以日代表宣佈，日本與兩國間所訂之密約而麻木，當兩大國贊助美國之提議，青島歸五大國共管時，日代表立即引起英法之注意，謂當歐戰開幕後依據某項條件，英法意三國曾允不干涉日本在遠東之活動，日代表且謂以某項義務之故，英法擔任於和平會議贊助日本關於青島之要求。若然，則英法今日又何能為力，惟有一任中日兩國之自行解決此問題而已，至於美國則據巴黎來電稱其代表團始終贊助中國，然而獨木難支，美亦無如此和會何也，意既退出，英法又不得不表同情於日，日本固已完全獲勝矣，局勢之猝變，蓋以此也。然而，列強於遠東時局雖漠不為意，於中國態度初無影響，此固顯然可見者也，都中意見一致，謂無論如何中國仍當力爭，若巴黎和會而不能使中國得伸公道，中國又何必參預和會，若德國昔在魯省所加於中國之侮辱仍不消滅，而更由日本得列強之默許以擴大之，則中國又何必簽字於德奧和約維時巴黎中國代表當謀再起，以此問題提出於和會，我人不信彼力與歐洲普魯士主義宣戰之列強，竟容與此相同之武力主義猖獗於遠東也。故今中國代表已奉命通告三大國，謂中國仍堅主由和會解決且深信必得公道之待遇云。京中於山東問題異常憤激，自接失敗消息後全城如受電氣，為外交後盾之各團體莫不大為忙碌。熊希齡、林長代表外交後援會往見徐總統，報告該會之決議，謂國民盼望政府力爭到底，請明令中國代表勿為三大國所棄置，應以堅決不撓之態度盡中國所應為云。北京商會致上海電謂巴黎會議已決定將青島與日，若然則其形勢更惡矣，惟此說

尚無從證實云，眾議院以輿情之激昂，於今日開會要求外交次長出席答覆，質問陳籙以故不能蒞院乃由秘書施履本報告，各議員謂此事雖經提議，但尚未切實決定，政府已急電訓令陸徵祥等力阻此議，使勿成為事實，並訓令各代表如各大國贊助日本之主張，由中日兩國直接解決則勿簽字於和約以待後命云。京中學生團已準備活動激刺，情實則因山東一省實際上不啻已失，故輿情已極激昂，然在各學生之意則謂國內輿情當以某種方法如公眾示威舉動之類表示於世界云。按中日之爭議不決則遠東無永久和平之望，而中國不得列強精神及物質上之贊助，則必無真正之解決。彼日本所以欲與北京直接解決者，以東京政府確知北京可藉行賄於親日派官吏及軍人派以操縱之，夫日本既藉行賄之策獲訂各種秘密條約，則又何難即藉此輩之力使正式承認日本在山東及滿洲之要求耶，竊願國人之加之意也。

▲ 華比明星報云

前德國在山東省內所有之權利若歸日本處分，中國將不簽字於和約，此則觀於華人之表示，決心誓死力爭，以保前德國租借地之權利，而顯然可見者也，一徐總統國會議員國民外交協會代表及歸國留學生總會會員，一致宣言若不規定直接以膠州交還中國，則現在巴黎中國代表將不簽字於和約，國會曾兩次開會討論此事，外交部施秘書答覆某議員之質問，謂行將訓令巴黎中國代表媾和條約中，若不尊重中國之權利可勿簽字，國會乃通過一決議案，請政府勿簽字於喪失中國權利之和約，並致電中國總代表陸徵祥云，國民外交協會代表曾晉見總統請從速設法挽救時局，徐總統答稱巴黎中國代表僅奉北京訓令行事，當即致電各代表，若和約以前屬德國之權利歸日本處分，可勿簽字云。歸國留學生總會亦已開始活動，特於北京總部開會討論大局云。外交部於本星期迭接巴黎中國代表團來電，其內容則膠州問題及山東鐵路問題不能於和會解決也，三大國曾通知陸徵祥、顧維鈞二氏謂山東問題當由中國與日本依據一九一五年及一九一八年之中日條約，或以所有德國在山東權利盡行轉移於日本之規定解決之同時，復語陸顧謂中國日後若以為未能依據中日條約或以德國利益轉移於日本之規定得一公正之解決，自可以此案提出於國際同盟案云。中國代表以為是不過空言慰藉而

已，北京方面亦同聲以和之，蓋國際同盟約中固自規定任何國家可以與他國爭持不決之案提交同盟會議也，故北京以為最後訴諸國際同盟會一語於中國並無特別利益，質言之則中國已完全失敗，是已中國亦知巴黎和會所處地位之困難，蓋英法意三國皆受條約束縛，不能不承認日本在山東之要求，而美國則為維持世界和平計亦不能過事反對協約，諸國為美國加入戰團前之條約所束縛之辦法也，北京中外官吏皆惴惴於國民極端失望之結果，政府亦以此重大之影響，初頗不願宣佈關於山東問題之事實，惟中國外交失敗之風說前日即已盛傳，故政府已決計令人民得知其事之真相云。

▲ 京津泰晤報云

山東問題前次四國會議時本已決定交由五國商量處置，頃據外人方面消息謂，因日使力爭之結果，各該國已推時不管任憑中日兩國自行解決，但不知我政府我國民得此警耗將提如何對待之方法也，聞某方面提議如日本不退還青島，即發電全國一致抵制日貨以為對待，此舉固佳，惟恐五分鐘之熱度，徒資笑柄耳。

國恥紀念日之國民大會

原載《晨報》，1919 年 5 月 8 日，第 2 版。

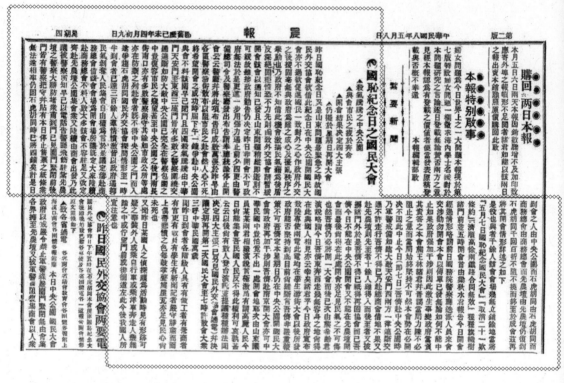

▲ 殺氣騰騰之中央公園　與會市民之疲於奔命
　開會結果決定四大主張　仍擬於星期日再開大會

　　昨日國恥紀念日，又是山東問題最緊急之時，故國民外交協會欲借此紀念日在中央公園開國民大會，亦不過欲促進國民一致對外之心，作政府外交之後援，固毫無與政府為難之成心及擾亂秩序之舉動也，乃政府不知借此機會激揚民氣，藉為後盾，反深絕固拒惟恐不力，先則函致外交協會請暫緩開會，該會以通知已發，且山東問題稍縱即逝，刻不可緩，故雖接政府勸告，仍決定昨日非開會不可。政府無法，於是更進一步用強力遏止，前夕四更，由警備總司令及警察廳發出佈告，謂奉總統諭停止開會云云，警廳並將此項

佈告印成數萬張，於昨早由各區警察沿街散佈，以阻市民之赴會，然人心不死，終希望開會之成功。時屆下午一鐘爭赴中央公園，與會不料該園早已閉門，且四圍殺氣騰騰，由中華門天安門至東西三座門皆有多數之警察圍繞，交通遮斷如防大敵，中央公園已完全在警察包圍之中，豈復容市民之窺望，甚至中央公園之後門南長街南口亦有多數警察嚴守，其餘如市政公所等處亦在防禦之列。赴會者既不得中央公園之門而入，遂爭趨石虎胡同國民外交協會探問情形，至一時半到會者已達三百餘人，群情憤激，皆以政府遏抑民氣，剝奪人民集會自由權為言，於是議定偕赴商務總會，借該會會場為開會場，所議既定，大家陸續赴商務總會，不料人數太多，該會不容駐足，又改定齊赴先農壇公園集會，眾又陸續由商會出發，乃此議被警察所知，早已以電話告警廳飛飭駐紮，先農壇之警察大辦防堵，眾甫到門已見園門緊閉，前後門皆有警察把守，並貼有本日停止售票之紙條，眾無法遂相率仍回石虎胡同，時已將四鐘矣，計是日到會之人由中央公園而石虎胡同，由石虎胡同而商務總會，由商務總會而先農壇，由先農壇仍復到石虎胡同，千回百折不阻不撓，而終至於成會，茲再將其開會情形詳述之如下：

是役也，與者千餘人，該會會場幾無立錐餘地，當將「五月七日國恥紀念國民大會」、「取消二十一款條約」、「濟順高徐兩鐵路合同無效」種種旗幟樹諸門前，並五時開會，首由梁秋水君報告今日開會經過情形，略謂前日國務院警察廳迭派人員來會交涉，勸勿開會。本會以傳單已發，無論如何不能中止，如果政府強加干涉則因此激生事變，政府當負其責答之。本會熊王林諸君並晉謁當局，力陳不必阻止之意，而當局始終堅持不可，然本會勢在必開，決不因此中止。今日（即七日）吾儕赴中央公園時乃軍警戒備如臨大敵，天安門西兩方一律遮斷交通，不許走行，吾儕不得已，乃赴總商會，借地不果又赴先農壇，則先至者十餘人，雖得入而後至者又被擯諸門外，於是吾儕不得已，祇得再回協會而已，吾儕今日不能在中央公園開會，又不能在先農壇開會，而最後尚得在此處開會，亦足見民氣之不可侮也。然吾儕仍必將開一大會而後已，次由熊希齡君演說，略謂今日吾儕東奔西走幾無容身之地，尚得在此與國人相見亦云幸矣。諸君乎，今日政府宣佈致陸專使兩電，此電均在學生游街大會以後所發，政府能否堅持到底目前尚難斷言，

吾儕非嚴重鞭策不可，吾儕定本星期日仍在中央公園開國民大會，倘政府再加干涉，則吾儕赴南京開大會亦可，中華民國中豈怕覓不出一處開會地耶，次由山東議員某某兩君相繼演説，言極激昂，有謂高麗人民今日尚能集會，吾民國人民反不得此權利，可哀孰甚云云，以後尚有數人登台演説，並提議種種辦法，聞決定四大主張（已另見國民外交協會通電）並決議定期再開第二次國民大會，至七時許散會，大眾三呼中華民國萬歲。

聞昨日到會者各階級人具有：有做工者、有營商者、有官吏、有教員、有學生、有新聞記者，嚴守靜肅而面上俱帶悲憤之色，每鼓掌聲震屋瓦，亦足見民心尚未死也。

又聞昨日某國人之偵探頗為活動時，見有形跡可疑之華裝外人，或乘自行車或乘洋車奔走人叢雜踏之中，或佇望門前或徘徊道左，此今後我國人所宜注意也。

被捕學生全體釋放

原載《晨報》，1919 年 5 月 8 日，第 2 版。

▲ 各界呈保之經過

四日被捕之三十二名學生自被拘以來，輿論憤激僉謂非立請政府釋放不可，是晚即首由汪大燮、王寵惠、林長民三人具呈保釋，並由三君面謁總統陳述先行釋放之必要，而當局未許。翌日，復由十三校校長及山東國會議員聯名呈保，亦未之許。六日，熊希齡、王家襄、范源濂、張一麐、高而謙等五人及天津十校長亦聯名呈請保釋。熊等之呈文如下：

謹呈者竊本月四日北京學界全體為外交問題突生事變，當時被捕學生聞有三十餘人，此種學生皆屬青年一時愛國，熱度過高，舉動不免稍激，情志究有可原，況此三十餘人未必即屬好事之人，希齡等特為呈懇貴總監先行釋放，交由各該校校長領回，以後如須審問，可由希齡等擔保送案不誤，伏祈開釋，以慰群情，不勝迫切，待命之至，謹呈京師警察廳，具呈熊希齡、王家襄、范源廉、張一麐、高而謙。

▲ 又天津學界來電云

大總統國務院鈞鑒：北京學生界四號之事激於愛國熱誠，不無可諒，此間各校學生聞逮捕多人，情殊惶切，因尊重校譽仍勉抑感情，謹循秩序，

校長等目睹情形誼難緘默，祈將該生等早期釋放，並力爭青島交涉以安學業而順人心。北洋大學校長趙天麟、法政專門學校長李鏡湖、私立法政專門學校長孫松齡、工業專門學校長楊育平、第一師範學校長劉桐文、第一女師範學校長齊國樑、第一中學校長王用熊、大營門中學校長李金藻、水產學校長孫鳳藻、甲種商業學校長徐克達等叩魚，前晚北京十三校校長又赴警廳，呈保並謂如明日（即七日）十二時以前，不將學生釋放則國民大會時發生如何變動未可預料云云。至是吳總監始微有允意。昨晨十三校校長又齊至警廳保釋，當由吳總監接見，謂學生可以釋放，但各校校長須擔保上課云云，各校咸謂如果可以釋放則上課一層可由校長負責，吳總監乃請各校長具保結，並書明即日上課云云。於是三十二名之學生始得還其自由矣。

▲ 學生出廳時之光景

聞各校長簽字蓋印於保結之後，吳總監即召三十二名至而告以釋放之意，並謂爾青年勿為他人所利用云云，學生同聲答曰：學生等自有良心，何至為人利用，並大呼「還我青島」、「復我主權」、「民國萬歲」，先是各學校得釋放確信，均各備汽車往迎，而同學亦齊至警廳前歡迎，各執「爾忘五月七日乎」小旗一面，迨鐘鳴十下，十三輛汽車魚貫而出，同學齊呼「學生萬歲」「警察廳萬歲」「中華民國萬歲」，各校學生各回本校後，各校均開慰勞會，慷慨悲歌，有全體痛哭流涕者，會後並攝影紀念，聞各校將定期開歡迎大會。昨日釋放之學生，北京大學二十名，高等師範八名，醫學專門一名，高等工業二名，匯文大學一名，中國大學一名，又聞學生釋放後旅京魯人暨各學校學生均往慰問云。

▲ 在廳三日之經過

學生出廳之後，記者特往慰問，某君據云：吾等於四晚十時抵警廳，三十二人共住一房，是日因勞頓過甚，未幾即睡。翌早（五日）起床因看管頗嚴，未能出房門一步，迨是日（五日）下午五時，吳總監到拘留所看視陳述，希望可以走動可以閱報等等，總監均一一承諾。六日始略知外間消息，亦足見警廳優待之盛意，至六日十二時，女子師範學校校長方還先生來視吾儕，談及青島問題危險萬分，方先生歔歔泣下，全體咸為墮淚云云。又據某君

云，自同學離曹宅後，有行稍後者十人，途遇左翼偵緝隊一隊及便衣兵士等，即被拘捕用粗繩反縛雙手，二人一連，途上略不如意，即用槍柄短棍或手掌擊打，先帶至一小官廳，隨即派兵送至六條胡同，偵緝隊本部時約七時許，剝衣檢查之後即閉置木柵中，此柵先有盜匪五六人，乃分學生五人混置之，餘五人置於他柵，此時不許交談，停三時許即派兵士十餘人及便衣兵士二十餘人，每三人牽一人至警察總廳。又某君談云先被拘至某分署，少頃被捕而至者又十餘人，至七時許一同帶至警察總廳，路遇西人數人坐汽車而過，鼓掌歡呼表示敬意，諸人亦鼓掌答之，到廳後與先後至者同拘一室，不許談話，小便每日限定二次，此第一日情形也。至第二日，即送至特別室內，有三大床聚二十餘人居之，是時有總統府派來顧問常某探視，自後待遇稍優。下午吳總監來視，隨送來一小時鐘，至六日上午十時乃許閱報云。

聞被捕學生既經釋放，各校已決定自本日始一律上課，一面組織學校聯合會為政府外交後盾云。

學生之犧牲

原載《晨報》，1919 年 5 月 8 日，第 2 版。

北京大學文預科學生郭欽光，四日在曹宅時被曹宅一家人毆打，吐血甚多，雖未被捕而已傷重不能救治，於六日在法國醫院病故，又有理預科學生彭雲峰為感慨國事，竟於昨夜頓罹瘋疾，今已入醫院云。

學生之犧牲

北京大學文預科學生郭欽光四日在曹宅時被曹宅一家人毆打吐血甚多雖未被捕而已傷重不能救治于六日在法國醫院病故又有理預科學生彭雲峰為感慨國事竟于昨夜頓罹瘋疾今已入醫院云

北京大學之會議

原載上海《救國日報》，1919 年 5 月 8 日。

　　學生被捕者，皆係何校之學生與學生之姓名，尚無明細之調查，惟知北京大學學生歸校後，檢點人數知失去數人。旋又有人報告謂失去之人，確已被捕，於是全體學生，憤不可遏，遂在法科開會，蔡子民校長亦到，當由學生報告經過種種，謂學生等雖感於義憤，舉動不免有魯莽之處，若云犯法，則學生實不能擔。警察擅自捕人，實屬無理，況曹汝霖、章宗祥受此挫折，必不甘心，既與日本人勾結，又與軍閥派有密切之關係，必要借外交之壓迫與軍人之蠻橫，納此無辜學生於罪網之中。被捕之學生必至無幸，按此種心理實屬當然之想，據某通信社報告云，各學校學生赴趙家樓曹汝霖宅，高呼賣國賊，門者出而干涉之，學生大憤以為此次遊街大會純係良心上之愛國行動，曹氏何人，安得妄加干涉，激烈者與之爭辯，甫入門內，不知何故，內室忽然火起，先入者急退出門外，巡警已密布圍捕學生，此中實有曹汝霖奸謀，故為此以陷學生於獄者，蓋各生僅持小旗於市，絕未有危險品隱藏於身；乃甫入門而火即起，其故可知矣云云。可見學生所慮為當然矣。當時遂有主張全體赴警察廳交涉者，蔡校長竭力攔阻，謂學生既非無禮，警察廳亦不至專服從有勢力之命令而悖公理，遂囑學生先舉代表與王亮疇先生在文科討論辦法。學生遂往文科開會，蔡子民自往警察廳先事交涉。微聞警察廳苟不放出學生，將有學界同盟大罷課之事發現云。

學生界事件與外交團

原載《晨報》，1919年5月8日，第2版。

▲ 連日打電忙

　　北京學界大事件發生以來，外交團方面甚為注意，聞前日各協約公使均有致電其政府，報告中國北京專門學校以上學生，集會反對青島、山東中日協約之問題，並有將其當日接到學生散佈之宣言文字節略加入用備參考者，又日本使館終日連電東京外務省與海陸軍國會等機關，計所發電報由四日晚間起至日昨（七日）止已達二十七件，內容非常秘密云。

一九一九年五月四日北京學生之示威運動與國民之精神的潮流 ［顧兆熊］

原載《晨報》，1919年5月9日，第2版。

一、社會的生活與社會的秩序 (Social life and social order, Sozial leben und Sozialordnung)

社會之現象，可由兩方面觀察之。一曰「內容的方面」，即社會因達其生活之目的而演出之行動也。如思想、戰爭、經濟等皆是。一曰「形式的方面」，即節制上稱之行動。而納諸軌道之物也。此為社會之秩序及維持此秩序之法律。然以社會的生活與社會的秩序二者統屬之關繫論，則確係生活為宗旨，而秩序為方法。一國之法律，雖恆為其社會生活所遵循之程式。然此法律原為順應社會生活之需要而成立。如時異勢遷，生活之宗旨及情狀變易，則舊秩序與舊法律為不適用。於是經幾許之戰鬥而新秩序產出。由此觀之，秩序與法律，達社會生活之方法耳，非社會生活之宗旨也。如一國之生存或重要的利益有危險時，舊秩序不能維持保護之，不特不能

維持保護之，且此舊秩序即為發生危險之條件，於是此舊秩序與法律，毫無存在之價值。社會之分子，得人人自由用其腕臂之力以從事建設新秩序，且剷除其阻礙。此乃國民最高的義務。此次示威運動中之關於警律及民法之各問題，皆當以上稱之原則評判之。

二、道德之根本問題 (Fundamental questions of moral, Grundfragen der moral)

道德之為物，乃「內容的」而非「形式的」。彼以盲瞽的服從為道德者，固毫無一顧之價值。即一切類似模型之名辭，欲以寵罩道德之內容者，亦皆偏狹而無與於道德之根本的性質如人道主義，公理、正誼守法、等皆不過有相對的價值，而僅為某時代思想趨□之表現。至於「真道德」或「絕對的道德」，其淵源乃在人之主動的活潑的理性。而道德行為。即為此主動的活潑的理性之實現。至於實現之方法，則多半為決鬥。以其表面分析之，則有人與天然之決鬥。一階級人與他階級人之決鬥。一國人與他國人之決鬥。以其實體分析之則有思想之決鬥。利益之決鬥。凡此決鬥之總和，即構成人類之歷史。經一次決鬥，人類之文明，即增進一步。有決鬥之決心曰勇。故勇之在倫理。佔最高位置之一焉。以道德之本體論，則「強行我之所信」為「主動的道德」。凡以膠固之形式羈束自由之理性者，皆為「被動的道德」。「主動的道德」與「被動的道德」之歧異，即優劣民族之所由分，而決鬥時勝負之所由判也。我國受舊日學說之影響，「主動的道德」已摧殘殆盡。所餘者，惟理論上之「溫良恭儉讓」「愛和平」「守秩序」等等被動的道德。然此「被動的道德」，決不能獨存蓋「被動的道德」之所以有價值正以統屬於「主動的道德」故。不然則無宗旨，無意識，而「溫良恭儉讓」「愛和平」「守秩序」等等，不過怯懦怠惰之裝飾辭耳。然吾觀於學生示威之舉，足知吾國青年中「主動的道德」之復甦。倘以後得自由之發展，不為舊時之偽道德及與之相類似之外國的形式的新道德所拘束，其前途正未可量也。

三、社會進步而原動力 (Imped us of social progress, Triebkraft des sozialen Fortschrittes)

社會中良善之分子與惡劣之分子，無時不在競鬥之中。第兩方競鬥之決心，則因其宗教學說風俗等之影響而有差別，蓋一社會之內，必有一部分

之人。良心薄弱專為下等嗜慾所驅使者。此類之人，純為物質之奴隸為「被動的人」而非「自由的人」。然同時亦必有一部分之人，雖下等動機亦所不能免，然大體究能循良心所安以為行止取捨之標準者。此為「稍自由的人」。以數量論，則在一社會之內，前派之人少而次派之人多。故社會中良善分子與惡劣分子，苟具同等之決心以決鬥，良善分子必可以取勝而無疑。然而社會之事變，往往背此道而馳者，則其故別有在焉，蓋良心之為物，乃為宗教學說風俗等所左右，使此宗教學說等所號召者為「主動的道德」（見上節），則良善分子以遵循其良心故，必將與惡劣之分子決鬥，戰勝而後已。徘徊猶豫之分子，既見勝負之結果，亦遂同化於良善。如此社會，乃可蒸蒸日上，躋於完美之域。然使宗教學說所號召者為「被動的道德」，僅以「溫良恭儉讓」「愛和平」「守秩序」及其他妙想的口頭禪迷惑人之自由的理性，則社會中良善之分子，將全為此等假道德所束縛，無復決鬥之能力，而惡劣之分子，乃可任意肆行其詭詐與凶惡。如此社會，未有不危亡者。由是而論，社會中之思想家，苟欲扶助良善抑制兇惡，惟有闡明「主動的道德」之根本的性質，且認清「被動的道德」之有限的價值。使全社會之人，皆本其良心之所信而決鬥，決鬥之結果，乃正如吾人之所期。蓋惡劣之分子，徒供下等嗜慾之驅迫，其行為乏良心之指揮，其志意怯懦，其勢力薄弱，倘與良善分子處決鬥之地位，未有不失敗者。往者吾國思想家既不解真道德之性質，又不知決鬥之可貴，故鑄成一種良民怯懦惡民恣睢之陰性的社會。每遇外患，輒難幸免。然吾觀於此次學生之示威運動，似青年之精神的潮流，已有一種新趨嚮。倘再輸以詳確之學說，教以真道德之實質與決鬥之作用，則將來之社會，必可轉病弱而為強健也。

　　以上三節理論，範圍頗廣。決非數言所能罄盡。茲於倉猝中僅書其梗概。

國恥記念日之留東學生

原載《晨報》，1919 年 5 月 9 日，第 2 版。

▲ 留學生假使館開會

東京六日電云：在東留學生六日紛紛罷課，籌備開國恥紀念日大會。日警防範極嚴，東京各地不許集會，不得已乃赴中國公使館要求准其在使館開會，又被館員拒絕，惟學生意氣軒昂，仍主張七日必開大會云。

學生被捕與釋放經過詳情

原載《晨報》，1919 年 5 月 9 日，第 3 版。

自北京學界風潮而後，國人無不注目，顧事關係既大，其中事實之經過亦復雜言人人殊茲，有地方當事某君談及此事既詳，且信錄之如左：

四日，當學生被捕至總廳後，諸要人即在警廳中開一緊急會議，列席者有司法總長朱深，交通次長曾毓雋，大理院院長姚震，警備總司令段芝貴，李統領，吳總監，憲兵陳總司令（興亞）等會商處置學生方法，眾議不一。有主張最激烈者立送交大理院審究，主使以為必受有何種運動非從嚴懲辦不可，其時有人以兩種例證告吳總監，日本國務總理桂太郎被毆及民國五年公民團擾亂議院事皆未移交法庭，今茲事同一律辦法未便歧異，吳納其說，始拘置廳內學生等被拘之。第一日，完全失去行動自由，不得交言，三十餘人共居一小屋內，飲食亦惡劣異常，至次日，警備司令部軍法處長虞維鐸因聞學生有虐待情形，到廳察視被拘學生，並告吳總監應准各學校看視以息浮言，即由虞電告蔡校長派職員胡君，工業專門學校派職員夏君，由吳總監領至看守所看視。看守者乃急將學生移至一較大之室，諸事亦稍

為優待，然亦不得自由，至校長方面則在大學召集北京以上十一校長開一校長會議議決，由校長全體向政府保釋學生，於是到警廳教育部各處奔走，而政府始終疑學生等受他人指使未許，斯時各校長見在外學生益形憤慨，深恐他項變故，於是復堅請於教育部，是時適有局外人某某等同政府保釋學生，政府益覺此事之有主使。至六日，校長等復請虞處長面吳總監，段總司令為最後之疏通，謂現在群情憤慨已極，加以明日為國恥紀念，若今日學生等不得釋放，則明日市面秩序萬難維持云云。政府意稍活動，虞處長並到警廳欲坐候釋放，經總監力任疏通始去。總監乃於公府居仁堂開臨時會議，決請總統下令將學生移交法庭後再行保釋，時各校長又赴警廳候訊，而總監偕王京兆尹傅總長來廳與諸校長會議，總監主張即照國務會議議決以緩保釋，校長等仍懇即行釋放，雙方磋商既久，最後總監提出二種要求：一、明日不許學生赴國民大會；二、明日須全體上課；如此二者，校長能擔保辦到則學生即可保釋。當時蔡、陳、姚各校長及虞科長，願以身家作保，於是決議次日早由虞科長先到各校勸學生上課，後再赴廳保釋，此六日之情形也。

七日晨，虞科長至北京大學，學生已經校長勸說允許上課，虞更演說略謂此次學生行動可為真正民意之表示，雖有誤會之處，亦可為政府外交之後援，學生聞之均表滿意，虞同時並宣佈政府復陸使電之大意云。

又聞此次學生舉動有人誤疑為受某會某派所指使，然據知其原諉者云，四日事端全出於自動，事前並未與外界有所計議，故至曹宅時竟未能以精密之手腕搜得曹氏與其證據，蓋學生為愛國心所迫一感而動，有人疑為某會所指使，實則某會另是一回事，該會歷次集會如北京大學等各學校學生皆未列席云。

學界示威運動之餘聞

原載《晨報》，1919年5月9日，第2版

▲ 律師公會之決議

北京律師公會昨日開會議決，如曹汝霖方面請律師任出何報酬，一律不就，如有不遵此議者，對待以積極的手段，學生若請律師願盡義務。

▲ 慰問曹汝霖者

四日，曹汝霖避至交民巷時，當晚有若干政界要人前往慰問，導報曾載出名單，其最重要者為梁士詒、龍濟光、許世英、康士鐸、馮國勳等其與學界有關係者只北京大學教授參議員胡鈞一人，日人方面有公使及館員滿鐵總理，新支那記者等。至於外國人方面，只有葡萄牙弗公使送一名刺云。

▲ 上海學界電

大總統國務總理轉各報館公鑒，山東問題外交失敗噩耗傳來，舉國震駭。吾民誓當戮力同心為政府後援，力爭至最後之一日而後已。北京學界

發生示威運動，雖不無稍越法紀，然迫於義憤，情有可原，乃聞警廳拘捕學生三十餘人，欲加死刑，興此大獄，眾情憤慨，務望政府本公理人道速將被捕學生釋放，以安人心，以弭禍變，毋任感禱且外交日迫，更不宜自起內訌，若政府弁髦民意濫肆權威，則吾人為保全全國青年之神聖計義不獨生，誓必前仆後繼以昭正義，想政府亦不能盡戮全國學子，也急迫陳詞，惟希鑒察。上海南洋公學、皓約翰大學、復旦大學、東吳大學、法科大同學院、同濟醫工專門學校、省立第二師範、南洋商業專門學校、英華書館、承天學校、中華工業專門學校、南洋路礦學校、省立第一商業學校、同德醫學專門學校、神州醫藥專門學校、青年會學校、廣東學校、尚公學校、東吳第二中學、亞東醫院專門學校、中國體操學校、留日學生救國團、環球中國學生會、澄衷中學、浦東中學、南洋中學、嶺南中學、務本女子中學、勸業女學、愛國女學、民生女學、神州女學校、啟秀女學、全體學生同叩麻。

▲ 上海全國和平聯合會電

大總統國務院鈞鑒：據報載，北京各校學生因外交失敗致有過矗行為，軍警因即主張嚴懲學生解散學校，竊以此次外交關係國家存亡，禍害迫於眉睫，各校學生義憤填胸，雖舉動不無過激，而心迹實有可原，人心不死，可見一斑，外交轉圜方資後盾，政府當此垂危時機，不為救濟之圖，反持壓迫主義廢學興獄，士類寒心，萬一激成眾怒，外交尤難挽回，應請俯順輿情，為民作氣，准將該學生等從寬免究，以安人心，而維國是臨電不勝迫切，待命之至，全國和平聯合會印。

▲ 上海日報公會電

大總統國務院鈞鑒：北京學生行動雖激，然實出愛國熱誠，頃聞有主解散學校，處學生死刑之說，風聲所播，輿情憤激，須知壓抑愈重，反動愈烈，際此國家存亡所關，全恃民氣激昂，為政府後盾，請勿漠視輿論至激鉅變，望立開釋被捕學生以慰人心，上海日報公會魚。

▲ 上海商團要電

大學校蔡孑翁鑒：學生反對國賊正合國民心理，聞因此被逮，我公團同聲憤激，除電府院暨教育部外，乞公始終愛護與傅總長面請府院從速釋放，敝團願為後盾。上海商業公團聯合會五十五團叩邯。

▲ 山東各團聯合會要電

大學並轉各校學生諸君鑒：支日一舉具徵，熱誠公憤一伸，國賊□魄東省同人共深感佩，尚望努力前途，當為諸君後盾，山東各界六十二團體聯合大會三萬五千人叩處。

▲ 津埠學生組織聯合會

天津學界對於北京學生此次舉動極表同情，連日開會討論，願為後盾。政府得信後即電囑天津警廳嚴防學生集會，然各校學生並不畏懼，仍續繼進行，現已組織津埠學生聯合會，聞以北洋大學為總機關云。

▲ 又一學生受傷

民國大學學生趙珍於四日被曹家人毒打，傷勢頗劇，有性命之虞云。

青島問題之要議 (譯自英文導報)

原載《晨報》，1919 年 5 月 10 日，第 6 版。

▲ 對我國國民之激戰

今日本報登載所謂三大國議決解決青島問題辦法大致如下：

（一）青島無條件交還中國；（二）日本得繼承德人在山東之一切經濟權利。

其第一項為我國民及世之持平者所歡迎，自無容疑，蓋自中德間宣戰以後，該租借地在事實上已歸還於租與國也。至於第二項所謂經濟權利，即指鐵路礦產而言，其反對者自必不少，蓋任他國於我咽喉之地經營鐵路實太有妨害我之利益也。吾人雖不能斷言上項辦法何由決定，以意度之，大約不外根據以下之原因：中國既然對德宣戰，所有一切中德條約契約當然廢棄，故膠州當歸還於租國而現時佔據該地之國應將其軍隊撤退，俾中國得早日收回治理之。至於日本方面，協約國不能不與以報償，故日本於歐戰效力雖如何纖微而與彼締有密約之國，不得不遵約，扶助其要求，且德國在山東之經濟權利雖亦因中國宣戰而自然取消，惟是去年九月以三千萬元借款，曾由中國將此項權利全部或一部售與日本，即一九一八年九月二十四日所

訂之山東鐵路合同是也。以是為報償日本在歐中之盡力起見，特許其享此項經濟權利焉。

今有一問題，我國民當從速解決者，即吾人對於此項辦法是否滿意？我國民曾經堅持設非主持公道則我國專使斷不能簽字，然則今日我國民將若何置辭青島？固無條件交還我國，惟日本則得有一切重要鐵路礦產權利，假使三大國質問我國專使曰：貴國政府非曾於去年九月與日本簽訂合同，且收該借款之一部分耶？則我專使將何辭以對？

倘吾國未嘗締結去年九月之鐵路借款合同，或該項借款並未收受支用，則日本對於業已取消之德國經濟權利當無從施其要求，今不幸此項合同曾經簽訂，而該借款早已用於他途矣。國民已知簽訂此項合同者為誰，亦知政府對於此事實未嘗負責，惟合同既訂，而簽字者為政府之人，在國際上實認為中國國民之代表列，故強不能拒而不承認之，而我國專使亦不能祕之不宣，處此情況究之咎有攸歸，吾人當審慎平情而論焉。

吾國今次外交僅得一半勝利，其歸咎於我專使者亦人情之常，惟此舉實屬錯誤，蓋我專使所處地位極為困難，吾人不予以同情未免失之太苛，質言之，我國民實宜自責其前，此之因循怠情，蓋此等合同僅由一二人負責簽字，未經國務院核准或國會通過也。

然則，今日補救之方將何自出？亦惟賴我國民自圖之耳，苟我國民堅持不撓，則三大國之決議或可修改亦未可知，總之，吾人不能不為最後之準備，今彼對我國民激戰，我當起而應之，苟我國政府非代表全國國民者，則去年九月之鐵路合同固有立足存在之地設，一旦有真正代表國民之政府出而秉權，則此政府能要求取消為人民所未聞知未經承認而簽字之合同，使果有此種政府在，則其第一義務即籌備款項償還此三千萬元日款，加以相當利息，如是吾人即可贖還日本要求承繼之德人經濟權利，此蓋上海和會應亟起而圖之者也，吾人嘗屢訴諸上海和會代表之愛國心，謂國內和平統一早成立一日，則國家早一日得代表全國之政府，而吾國地位當較堅固以謀解決一切對內對外之政治問題，吾人切望南北勿更為無謂之爭執，願和會代表出有意識之舉，也能副人民付託之重，拋棄陰私之黨見，了然於國家之前途，當賴彼輩速謀和平統一焉。

各方對學生之同情

原載《晨報》，1919 年 5 月 13 日，第 3 版。

▲ 南京河海工程專門學校電

大學轉各校鑒，諸君激於義憤，毀巢戮醜，風聲所播，大快人心，萬望積極進行，毋稍畏怯，一息尚存，願作後盾，南京河海工程專門學校全體學生陽。

▲ 上海商業公團聯合會電

大學校蔡孑翁鑒，魚電諒達，學生已否開釋，此間群情異常憤激，諸生本愛國熱誠，本團萬分欽佩，誓為後盾保持諸生安寧，決不使稍受損害，乞公隨時善護並代溫慰務囑安心勿躁，詳情電復切盼，上海商業公團聯合會叩陽。

▲ 陝西旅滬同鄉會來電

大學校長蔡孑民先生並轉各校學生全全鑒，外交失敗，青島淪亡，學生壯舉激於愛國，熱誠欽佩，無既今當局不除賣國賊黨，反主張重罪學生，喪心病狂，莫此為甚。此間已於昨日開國民大會，誓為後盾，非將被捕學生諸人盡行釋放，青島交涉完全挽回，決不罷休，務請堅持到底勿渝初志，特此電達，陝西旅滬同鄉會叩庚。

▲ 松江公民吳驤等電

大學諸君轉各校諸君鑒：公等此舉，義憤燭天。章死曹生，除惡未盡。謹懇諸君提出曹氏罪狀，訴諸法庭，俾邀顯戮，以快人心。松江公民吳驤、倪世昌、張芝、沈璐、杜衡、陳念慈、顧窟庚、張樹勛、倪宗伊、朱久望、沈調陽、葉瑞鐘、葉人聰、王絡文、沈康、馮國安、楊前烈、王烈文、邵維垣、沈一鳴、周鑄、葉達文、侯宗文、尹錫麟、錢思義、張熙、陸振聲、袁林、陸祥霖、錢邦泰、王紀源、王承、□聶、金礪、金鐸、朱耀英、吳琨、姜世綏、朱萃、姜企章、桓麟瑞、朱企、新玉廷、幹雷箴、馬昌期、章盛吾、盛廉、方齊。

學界行動之昨訊

原載《晨報》，1919 年 5 月 17 日，第 3 版。

▲ 致全國各公團之通電

　　各省省議會、教育會、商會、農會、工會、各學校學生聯合會、各報館均鑒。東鄰賈禍，薦食（貪）上國，青島瀕危，間不容髮。學生等愛國情殷瘁音，挽救而巴黎和會顛倒。仍前政府訐謨，垂拱如故，際此時艱，一無足恃，惟有吾民自為，共挽危局，作我民氣，一致對外，救國良圖或有補焉！查中日各約多非民意訴諸，公法理宜無效。二十一款成自脅迫高徐路約悖我約法，其他各約類同此例。灰日通電言之，己詳凡我國民斷難承認第輿論，推揚報章是賴不有表白何以達情竊願聯絡公團，共同拒約，披露報章宣告中外，使知我民意所在，人心未死。庶強鄰折讓正義，可伸外交前途實利，賴之涕泗灑，陳伏維鑒察。倘邀同意即希電復。北京中等以上學校學生聯會會叩刪。

▲ 教職員聯合會之留蔡電

杭州中國銀行蔡谷卿先生轉孑民先生鑒。先生去職京師學界惶惶不可終日，影響所及至為憂慮。刻由大總統指令慰留極盼赳日還校以安群情，除派代表南下面謁外，先此電聞北京專門以上學校職教員聯合會姚憾鄭錦等十六。

▲ 百折不回之講演團

各校派出之講演團屢受警察干涉，但該團仍積極進行不為少阻。今日午後三時，北京大學派出講演員八組，每組約六七人分赴東城一帶遊行講演。演題不外鼓勵民氣，抵制仇貨並歐戰後一切情形，我國將失山東青島等。同時發佈各種印刷物，每至一處巡警必加阻止，復引講員二三人至警區詢問情形。多方勸阻講員，以宗旨正大決無意外，願負一切責任答之。則亦無語，聽者甚形踴躍，每處約百餘人數十人，不等講至痛切處，無論男女皆為感動，有點首者、有泣下者。六時各組後先歸校。

▲ 定期焚毀日貨

各校決議焚毀敵貨，現正從事搜集。定於本月十八日彙送先農壇燒毀，並請各界惠臨監視云。

大總統果欲置學生於法耶 [竹宣]

原載《每週評論》，1919 年 5 月 18 日，第 4 版。轉引自《北京益世報》。

　　據昨日消息、大總統非惟不允開釋被拘之學生、並擬頒佈明令送交法庭、科以擾亂治安之罪、嗚呼！是誠出人意料者矣！

　　夫一班文弱書生、激於愛國義憤、演出非常之舉動、與強盜打劫匪黨謀變者實不可同日而語、有何擾亂治安之可言？亦何勞總統之頒佈明令、送交法庭哉？且總統受任以來、對於抗不遵令之疆吏、騷擾地方之督軍、未聞有一紙申訴。而陳樹藩之禍陝、張敬堯之禍湘、井里邱墟、流亡載道數其罪有不容於死者、總統未嘗明令懲罰其一人也。

　　諺云：祇許官家放火、不准百姓燃燈、彼賣國之賊、殘民之官、及姦殺焚掠暴戾恣睢之武人、皆享自由違法之特權、有攻揭之者、則曲為解脫曰：「當今時局、宜先事實而後法律。」獨於被拘之學生、不問事實如何、民意如何、必欲一施其執法如山之威嚴、嗚呼！豈真小民該死耶！

上海愛國女校學生提導反帝愛國活動事致常熟日日報等函

原載《常熟日報》，1919 年 6 月 7 日。

　　上海愛國女校學生王秀珍、范淑貞、俞定金、沈哲英、席志償、俞風華、季湘等致函本邑淑琴女師範，對於國事盡力進行；一面投函本報云：自外交失敗來，國人憤當軸之無良，痛外患之日迫。北京學界首義鋤奸，江浙響應結會罷課，連電聲討，到處演講抵制日貨，凡有利於國者，無不悉力赴之。即如滬上女界，亦早已組成學生大會，或分隊演說，或印發傳單，共策進行，以盡國民愛國之熱忱。乃翻閱本邑各報，雖亦有國民大會抵制日貨種種舉動；而女界之進行寂然無聞，豈男子應愛國，女子不當愛國耶？抑愛國熱血為滬上女界所獨具，而吾常熟女界皆冷血耶？溯厥原因，雖由於地處鄉僻，風氣閉塞，而報界提倡之不力，亦難辭其咎。素稔貴主筆洞識時分，熱心國事者，用特修函上懇，務祈對於女界一切愛國舉動，盡力為之；規劃提倡，鼓勵進行，不獨女界之幸，抑民國前途之幸也。並祈即以此函登載貴報，以與梓鄉女界相勗，藉頌撰祺。

上海愛國女校致常熟琴女校函

原載《常熟日報》，1919年6月9日

函云：自外交失敗以來，滬上學界憤當軸之無良，痛幫國之殄瘁，馳電聲討，首義鋤奸，各盡愛國之熱誠。而痡口曉音一往直前，義不反顧者，女界中首推邑人所辦之愛國女校學生為最。始則組織學生分會，分隊演說印發傳單，勸排日貨，以用費之無着也，典質簪珥，實行素食。恐應響之未廣也，通函各地委婉勸告。今則召集滬上全體女校，議定辦法，推舉代表，直接向各國駐滬領事交涉，以圖挽救青島。並上書省視學，聲罪嚴討國賊。他若儲會販賣部、紅十字會，亦已次弟組織成立，茲覓得該校各項文稿，披露如左（致領事等函凡見各報者茲不贅）：

上淑琴女校諸職員函：

敬啟者：自外交失敗以來，國人憤當軸之無良，痛外患之日迫，北京學界首義鋤奸，江浙響應集會罷課，連電聲討，到處講演抵制日貨。凡有利於國者無不悉力赴之。即如滬上女界，亦早已組成學生大會，或分隊演說，或印發傳單，共策進行，各盡國民愛國之熱忱。乃翻閱本邑各報，雖亦有國民大會抵制日貨舉動，而女界進行甚少有所聞，殊可駭異。豈國為男子之國，男子有愛國之責任，女子不當分任其責耶。實令人百思不得其解者，溯厥原因，雖由於地處鄉僻，風氣未開，然師長贊助不勤，亦或有以致之。滬地男女各界之所以得慘淡經營統一進行之效果者，師長贊助之力，實非淺鮮。我邑女學以貴校程度為最高，諸姐妹中豈乏熱心愛國者，倘由貴校發起學生分會，切實進行，登高之呼，響應必捷，素珍等雖旅居海上，亦當為之馨香拜祝者也。用特修函上懇，惟祈盡力提倡，切實贊助，不特女界之幸，亦民國前途之幸也。專此藉頌講安。

上省視學函：學業為立身之本，男女各校同時荒廢學業，無異自殺。學生雖幼，豈不知此。但廿一條約政府不能拒，直自殺其國民。青島已被割，山東聖人之幫，亦將淪於異城。稍具人心者，當無不曉然於徐、曹、章、陸諸賊，媚外之「成績」，賣國之「崇勳」矣。曷喪偕亡之歌頌，行將溥於全國。學生曲體政府愛國衛民之意，亦惟有趨於自殺之一途而已。今聞先生奉飭到滬，今同各校校長，勸令學生上課，瘏口嘵音，令人感佩。學生等徒抱愛國之忱，實無救國之策，痛心疾首，寢食不甘。想先生亦有同情也。下賤私衷務祈上述，且商界已於今日罷市，罷市亦自殺也。而商學界俱甘之如飴，非不畏死，亦以自殺之慘，較勝於被殺耳，專此敬上，不盡縷縷。

香港中國學生致政府電

摘錄自《五四——第一本五四運動史料》，台北：傳記文學社，1971 年，第 139–140 頁。

　　北京大總統暨國務總理、各部總長鈞鑒：青島瀕危，同深哀憤。務懇急電陸專使，據理力爭，萬勿簽字；並請廢除中日前後密約，一洗奇恥。曹章賣國，舉國譁恨。北京學生，迫於義憤，致有本月四日之舉。乃報載將解散大學，並處被捕學生以死刑。如果施行，則人之愛國具有同心，誠恐前仆後繼，殺不勝殺。因懇蠲寢原議，迅予釋放。學生幸甚，大局幸甚。世隆公理，豈慴強權。國不淪夷，尚支士氣。臨電悲籲，淚血與俱。香港中國學生王之方、潘晦□、楊師騫、陳君葆等二百零八人同叩。庚。

二、學潮爆發

引　言

　　五四運動在 5 月 4 日爆發後，擲地有聲地迅速遍傳全國各省市，使救國救時的火苗蔓延至全國遠近範圍。

　　本書第二部分繼續《晨報》、《大公報》、《民國日報》等報紙為主，另附以一些重要雜誌如《每週評論》、《東方雜誌》等等，展現全國各地學生如何響應爆發於北京的學生運動，進而使學生社會運動成為遍及全國各地的社會現象。此外，本部分也將為學生運動在後來如何進一步擴展為大至針對各種政治現狀、小至反抗校政的學潮，從而導致學生的操守、學風發生讓人意想不到的急劇轉變過程。

　　通過選取報刊報導有關學潮擴散的文章，可以看到「五四」風潮的蔓延怎樣以北京中心向外擴散至山西、天津、奉天（今瀋陽）等地的情況。諸如〈天津各校大罷課情形〉、〈奉天教育之真相〉、〈山西學界之憤起〉、〈上海學生聯合會宣言〉、〈河南學界接連而起之兩風潮〉、〈武漢學生亦已罷課〉、〈湖南學界全體散學真相〉、〈江西學生界之怒潮〉、〈廣東學生宣言〉便顯示了學潮在旬日之間已在上海、河南、湖北、湖南、江西、廣東等地引起廣泛迴響，反映了五四運動在地化發展的一斑。

此外，為了深入了解學潮擴散及其社會迴響，本部分也加入了一些時人評論，可以藉此看到學潮擴散後，時人對學生運動抱持的一些態度。

山西學界之憤起

原載《晨報》，1919年5月12日，第2版

昨聞太原省議會有要電一道到京，報告山西大學亦起爭外交風潮，內稱七日學生聚集至二千餘人，至省議會開會，手持白旗，大書「人心不死」、「男兒救國」等字樣，情勢憤激。議決三項：

（一）青島誓死力爭；

（一）善後借款以地丁作抵，誓不承認；

（一）聯合全國學界一致行動。詳情如何容探明續報。

北京學界之再接再厲

原載《晨報》，1919年5月12日，第2版。

▲ 北京各學校之教職員

京中教育界已在各校分組幹事會再聯成一氣，組織各校教職員聯合會，該會已於五月十一日下午正式成立。到會之代表有北京大學、高等師範、工業專門、醫學專門、法政專門、農業專門等十餘校，商量辦法取一致行動，當場舉出代表九人往謁總統總理，請其明白宣佈：（一）對於北京教育之切實態度；（二）善後之辦法；（三）對於挽留蔡氏之態度，並定於本日進謁云。

▲ 學界對於蔡氏辭職之態度

蔡子民氏離京以後，北京各學校派代表多人赴津挽留一事已誌前報。聞各代表到津後，尚未得蔡氏消息，已公推四人追蹤赴滬，天津學界亦公推二人同往。現各省亦多有來電挽留者。

▲ 各校抵制日貨

北京各學校售品所內所存之敵貨現現已彙□，聞不日即送往先農壇焚毀。請各界派人監視，清華學校所存之日貨則已先行焚毀矣。

▲ 清華學生被捕說

北京中等以上學校學生聯合會議決各校□織講演團之喚醒人民對外之覺悟。十一日，清華學校先實行該議案，派出講演員六隊，每隊十人，聞演說時被軍警捕去二人云。

▲ 組織護魯義勇隊上大總統書

呈為組織北京護魯學生義勇隊，請於課外施以軍事訓練學。溯自甲午戰後，日本挾其戰勝之餘感，以侵略政策加我中國，得寸進尺，日偪未已四年五月七日，乘歐戰方酣之際，以二十一條款迫我簽押。嗣後石井之赴美，日美協商之成立及東亞門羅主義之宣言，侵略野心，世人共見。國人顧同文同種之誼，不惜以德報怨，冀啟其悔禍之心。乃日本人驕志愈張，陰謀益盛。中日親善之聲日高，我關宗主之權日削。近日於巴黎和平會議，不恆以正義之道及世界永久和平為犧牲，對於青島與山東問題提出無理之主張，日人之利我土地既可知矣，夫謀我青島豈僅欲得我一青島，我無數青島且為之續；謀山東豈僅欲得一我山東，我數十山東且為之續。故青島山東之主權不復，即中國滅亡之朕兆，亦即我萬萬人作人臣□，受人鞭笞之朕兆也。學生等洞彼奸謀，怵亡國不遠，借鑒高麗痛噬臍之曷及思維前途，深滋危懼。與其坐而待亡，何如及時圖之？爰組織北京護魯學生義勇隊，以備抗禦外侮之需，以盡學生等匹夫之責。為此懇乞我大總統俯允於學生等正課之外，加以軍事上之訓練，庶幾樽俎之餘繼以鐵血，一丁國變投筆成軍摧敵救國，永利賴之迫切，上呈伏維鑒察。

原載《大公報》，1919 年 5 月 12 日，第 1 張。

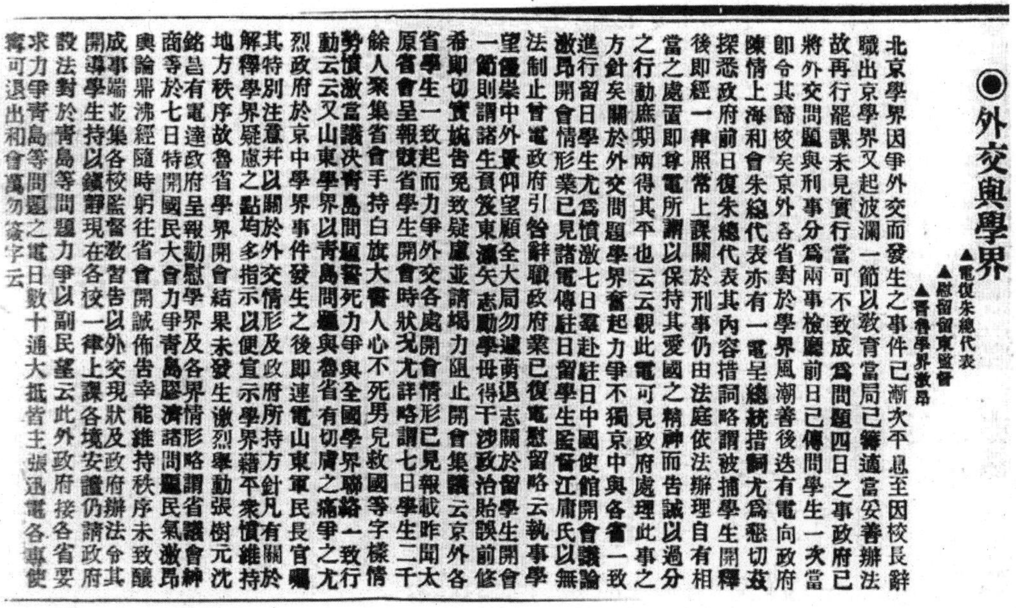

外交與學界

◉外交與學界

▲電復朱總代表
▲慰留留東監督
▲晉魯學界激昂

（報影直排文字）

▲ 電復朱總代表
　　慰留留東監督
　　晉魯學界激昂

　　北京學界因爭外交而發生之事件已漸次平息，至因校長辭職出京，學界又起波瀾一節，以教育當局已籌適當妥善辦法，故再行罷課未見實行，當可不致成為問題。四日之事，政府已將外交問題與刑事分為兩事，檢廳前日已傳問學生一次，當即令其歸校矣。京外各省對於學界風潮善後迭有電向政府陳情，上海和會朱總代表亦有一電呈總統，措詞尤為懇切，茲探悉政府前日復朱總代表其內容措詞略謂，被捕學生開釋後即經一律照常上課，關於刑事仍由法庭依法辦理，自有相當之處置，即尊電所謂以保持其愛國之精神而告誡以過分之行動，庶期兩得其平也云云。觀此電可見政府處理此

事之方針矣，關於外交問題，學界奮起力爭不獨京中與各省一致進行，留日學生尤為憤激。七日，群赴駐日中國使館開會，議論激昂，開會情形業已見諸電傳。駐日留學生監督江庸氏，以無法制止曾電政府引咎辭職，政府業已復電慰留略云：執事學望優崇，中外景仰，望顧全大局，勿遽萌退志，關於留學生開會一節，則謂諸生負笈東瀛，矢志勵學，毋得干涉政治貽誤前修，希即切實婉告免致疑慮，並請竭力阻止開會集議云。京外各省學生一致起而力爭外交，各處開會情形已見報載，昨聞太原省會呈報該省學生開會時狀況尤詳，略謂：七日，學生二千餘人聚集省會，手持白旗，大書人心不死，男兒救國等字樣，情勢憤激，當議決青島問題，誓死力爭與全國學界聯絡一致行動云云。又山東學界以青島問題與魯省有切膚之痛，爭之尤烈，政府於京中學界事件發生之後，即連電山東軍民長官囑其特別注意，並以關於外交情形及政府所持方針，凡有關於解釋學界疑慮之點均多指示，以便宣示學界藉平眾憤，維持地方秩序，故魯省學界開會結果未發生激烈舉動。張樹元、沈銘昌有電達政府呈報勸慰學界及各界情形，略謂省議會紳商等於七日特開國民大會，力爭青島膠濟諸問題，民氣激昂，輿論鼎沸，經隨時躬往省會開誠佈告，幸能維持秩序，未致釀成事端，並集各校監督教習告以外交現狀及政府辦法，令其開導學生持以鎮靜。現在各校一律上課，各境安□，仍請政府設法對於青島等問題力爭以副民望云，此外政府接各省要求力爭青島等問題之電日數十通，大抵皆主張迅電各專使寧可退出和會，萬勿簽字云。

民國大學學生敬告國人書

原載《晨報》，1919 年 5 月 13 日，第 3 版。

　　嗚呼！神州有陸沉之慘，五胡有猾夏之憂，當國家存亡之際，正吾人死生之關，苟欲求生必自救亡，始敬向我邦人父老縷陳之慨，自國家多故，強鄰生心，日人以狼狗心肝頻使鬼蜮伎倆，吾人之痛心疾首已非一日，值茲公理昌明，寰球共仰，彼么麼小醜尚事憑陵擄我青島，奪我山東，覬覦我中夏，圖滅我貴冑，對此兇獠而不同聲憤慨者，便非黃帝之子孫矣，嗟嗟同胞乎，同胞乎，須知青島問題即國家存亡之問題，吾人死生之問題也，當各鼓熱心一致力爭，爭而不得以死繼之，茲就管見所及，略述其利害焉，夫青島我之領土，暴德無理租借，遂致淪胥，此次中國加入協約，公理戰勝，趙璧原歸，豈有他國置喙之餘地，何物暴日敢冒不韙，我如不爭是自甘放棄，尚得謂有心肝耶，且列強之耽耽如日人者何限，第畏公理不敢妄動耳，設睹我之公理所在，而不爭群起染指，吾人雖欲覓一片立足地亦不可得矣，當矢死力爭者，一青島上制燕雲下控蘇皖以地形論，北京其首，青島其吭，日人據我遼東已如建瓶之勢，若更據青島又成扼吭之危，然則失青島即失北京，即失全國也。此當矢死力爭者二，且二十一條之約實吾人沒世不忘之恥，今更視前加厲，能不令人髮指，惟救亡之道不外兩端，對彼及自待已耳。屬於前者，須深惡而痛絕之，萬勿受其愚弄，有以自餒如排斥日貨，擯棄日人當矢久不渝，屬於後者尤須各激愛國天良，雖殺身成仁而不悔，質言之即不要錢不怕死而已，倘不得已致肇戰釁，吾人亦有足以自□者焉，當展開眼光橫覽全球，勿認此為中日的戰爭，須知係公理與強權的戰爭，民族與君主的戰爭，使公理之與民族澌滅於二十世紀已耳，苟其不然則最後之勝利有所屬矣。嗚呼，時局緊迫，千鈞一髮，唯望我同胞矢最後之決心為提前之鼓舞，本匹夫有責之義宏，馬革裹尸之風，好勇兒大丈夫盍興乎來同人不佞，願匍匐以隨其後矣。

各方對學生之同情電

原載《晨報》，1919 年 5 月 14 日，第 3 版。

▲ 廣東林森來電

　　北京大學蔡孑民先生鑒，學生為收回國土憤激，擊賊被捕，多人公願以身代仁者，用心令人感泣，討賊得罪，是非倒置，何以立國？天下大亂將從此益作，被捕學生已否釋放，務懇電復以慰人心，林森叩佳印。

▲ 蘇州平江日報社電

　　北京大學蔡孑民先生鑒，學生熱烈之舉，民氣飛揚正合國民心理，被捕諸生乞公始終愛護力求開釋，以順與情而保令望，蘇州平江日報社虞。

▲ 安徽全體學生電

　　京師大學轉各學校鑒，諸君此次義舉，敝省各校學生極表同情，已電達政府力爭，尚望堅持到底，敝省各校學生願為後盾，安徽全體學生公叩。

▲ 山東第八中學電

大學鑒，同人被捕釋否速復，敝校已聯東省師範學校作後援，山東第八中學。

▲ 上海同濟醫工學生電

大學並轉各學校均鑒，曹章斷送國權，公等示威抵抗，發揚民意，遏邇傾向，敝校同人誓為後盾，努力同進，禍福願共，政府橫加摧殘，應再接再厲，務達到挽回之目的不止，謹聞同濟醫工專門學校學生齊。

▲ 安徽省立第三中校電

大學轉十四校愛國青年均鑒，擊賊未殊足伸民氣被逮受傷，諸公無恙否，懸念奉慰，安徽省立第三中校陳校長徐承祐外職教員暨學生全體叩真。

▲ 江蘇教育會電

略云報載京校學生因青島問題外交失敗，激於熱血遊行示威意圖挽救，志實可嘉，即使推原禍始歸咎當局，偶有出軌行為亦屬情殷愛國，應予矜亮夫士氣為國家命脈，國事蜩螗，民乃奮起外交後盾，東西各國方利用振厲之不遑若，以道路傳聞必欲嚴刑峻法以圖壓抑，則散學捲堂南渡可鑒，乞速將被捕學生從寬省釋，並令各校照常上課以維民氣而保國體云云。

北京學界之行動續誌

原載《晨報》，1919 年 5 月 16 日，第 3 版。

▲ 致巴黎專使電

巴黎中國使館轉陸顧王施魏專使鑒，外交失敗舉國痛憤，公等受國重託，務望始終堅持，勿稍退讓。儻和會不容我合理之主張，即請撤旗反國勿予簽字，國人誓為公等後盾，與國家共其存亡，尺土寸地皆當死守，一草一木不可輕棄。寧願暴力奪佔不可拱手讓人，或至萬不得已而忍辱簽字，亦當加以但書。關於山東權利由德國直接讓與日本，中國斷不承認，否則仍勿簽字，以固主權，而維國家之體面。倘一屆再屆負國辱命，公等固不能不尸其咎也。北京中等以上學校學生聯合會全體學生同叩。

▲ 上教育總長呈文

呈為挽留各專門學校校長，事竊維五月四日學生等遊街之舉，實以外交失敗憂國心切，本良心之主張為正義之行動，與各校校長絕無干涉，不意奸人濫誣致各校校長聯□，引去數日以來群情惶惑，教育界頓呈一種暗淡景象，言之曷勝痛心，謹請我總長速即派員挽留各校校長，以慰群情而息淨議，想我總長縈懷教育關切國家，當能俯允所請以維持教育者維持國家也，臨穎愴惶不知所云，謹呈教育總長。北京中等以上學校學生聯合會謹呈。

▲ 派人赴滬挽留蔡

各校職教員聯合會本日舉代表四人（內一人為隨文大學代表，英人坡特耳 Porter）謁教育次長商酌會，同該部所派往杭挽留蔡校長者一齊出發云。

▲ 講演會仍積極進行

各學校講演團之組織完竣者已次第實行，而未成立者正在積極進行之中，昨日政府下警備令後，頗有主張暫行停止者，然多數以為此舉有裨外交，無妨大局，不必誤會政府之意，□行停止聞現仍積極進行云。

▲ 學生團範圍日擴

北京中等以上學生聯合會成立之後，京外各校紛紛加入，今日保定學界又派代表三人、唐山工業專門四人加入該會，並宣言以後願取一致行動云。

▲ 北大之國貨維持股

北京大學生團體為提倡國貨起見，現已組織國貨維持股，於本月十五日宣告成立、內分調查，推行文書三部分職辦事，並擬組織國貨陳列所徵集各種國貨，在各校擇地輪流陳列，想全國工商界之出品必踴躍前往報名應募也。

上海學生聯合會宣言

原載《晨報》，1919 年 5 月 20 日，第 6 版。

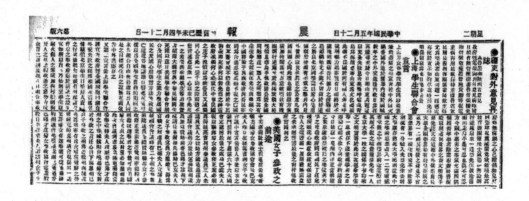

　　上海男女各學校學生謹以最懇摯最悲痛之聲宣告於中外曰：天禍吾國，外迫於強鄰，內殘於國賊，數年之中，外交迭挫，內政日棼，荏苒侵尋，至於今日。而山東問題遂以完全失敗見告矣。嗚呼痛哉，青島為海濱要害，山東為文化淵源，此而不保國於何，有國人奔走呼號聲嘶力竭，亦既有日而終於不能挽回，既痛吾民能力之薄弱而追源禍始，尤不能不切齒於奸逆之無良，北京同學嵩目驚心，是用慷慨奮發而有示威之舉，對內對外皆所以表示真正之公意，凡我國民固心同此理也，而凶焰方張橫加拘繫，甚至畜意破壞教育機關倒行逆施至於此極，默觀大局既憤且悲，烏乎執政諸公暨全國同胞，聽茲一語人之所樂為其有生生命之價值在光榮與幸福，今中國將淪於異族政府，與吾民亦同為含羞忍垢萬劫不復之亡國奴耳，吾會縱不惜生自儕於牛馬狗彘，即死亦何以對先烈之神靈，政府誠獨何心必欲代中華民國之逆子洩憤以為快，吾民又誠獨何心當此一髮千鈞之際而猶不奮臂速起，萬眾一心以求爭此萬一之光榮與幸福，學生等讀聖賢書，頗聞大義誓與中華民國同生死，謹以茲日共組學生聯合會，期合全國青年學生之能力喚起國民之愛國心，用切實方法挽救危亡，遠近各地請即日響應互通聲

援，以為全國學生自動的衛國之永久組合，自由與公理為吾人同赴之目標，死生以之誼無返顧，敬告中外共鑒存之。

又第二宣言云，上海學生聯合會謹宣告政府暨全國同胞曰：溯自外交失敗之耗傳來國本震搖，群情駭憤，北京學生目擊奸人賣國之行為，慷慨奮發而有列隊詰責曹章之舉，政府鑒於清議之激昂，宜知所以自□乃始則坐學生以縱火傷人之罪橫加拘辱，繼則徇奸人之私忿，假政治之惡勢力，抗教育之新潮流，觀八日明令而政府略無悔禍之心已躍然如見，□回恣肆私黨縱橫竟欲破壞最高教育機關摧殘士氣，□□輿論，倒行逆施，以求一逞。蔡先生被迫，因而出走，烏乎是可忍也孰不可忍，方今國中惡劣之空氣充滿四隅，惟賴青年學者除舊佈新發聾振瞶，以期進與世界之新文明攜手，蔡先生文章道德中外推崇，自長大學全國學界始有發皇振厲之氣，乃一二頑冥奸佞之徒竟不容思想界有一線生機，竟不容世界潮流有一分輸入，夫蔡先生去則大學雖存猶死，大學死則從此中國之學術思想盡入一二有權威者掌握之中，而學界前途遂墮於萬劫不復之境，豈唯蔡先生一人，北京大學一校之關係中華將來之文明，實將於此決其運命，學生等一息猶存不能坐視學術之日即淪亡而不救，今與政府約請自今日始以一星期內作正當明確之表示，維持蔡校長之地位與大學之尊嚴，政府同為國民丁茲危難所願，洗心滌慮，改絃更張以慰吾人之望，若滿一星期猶無滿意之表示，則誓籌最後之對付惟政府實圖利之。

學界風潮愈鬧愈大

原載《晨報》，1919 年 5 月 20 日，第 2 版

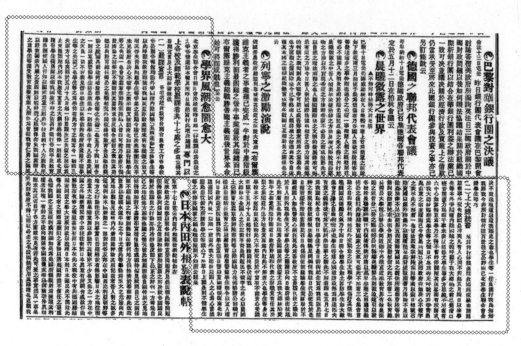

　　北京學生聯合會日前開會決議，從昨日起一律罷課，以為最後之力爭各情業誌，本報及至昨日果然實行此項決議，聞專門以上各校及師範學校罷課者共十七處之多，茲見得其罷課宣言及上大總統書錄後。

（一）罷課宣言

　　各省省議會、教育會、商會、農會、工會、各學校、各公團、各報館均鑒：外爭國權，內除國賊，「五四運動」之後，學生等以此呼籲我政府而號召我國民，蓋亦數矣，而未嘗有纖微之效，又增其咎，夫青島問題學生等爭集之焦點，今議已決矣，事瀕敗矣，卒未見政府有決心不簽字之表示，而又破裂南北和議以資敵，學生等之失望一也；曹汝霖、章宗祥、陸宗輿，國人皆曰可殺，乃政府不唯置輿論之拮擊於不顧；而於其要挾求去，反寵令

慰留之，表彰其功德，以與教育總長傅公之免職相況，外間復盛傳教育全局舉將翻動之説，國是前途何堪設想，學生等之失望二也；五月十四日兩令，一則以軍威警備學生防公眾集合；一則禁學生干政。凡公忠愛國之天良，一切不容表見留日學生以國事被拘，政府則置諸不理，學生等之失望三也。學生等之為學，恃有此方寸之地耳，今一朝而三失望，方寸亂矣，謹於五月十九日起，一律罷課至三失望之回復為止，至罷課期內仍本我寒電宣言之大綱，始終無悖。一則組成北京護魯學生義勇隊；以備我國家不時之需，再則推行各校平民教育，講演團使國人皆知以國家為重；三則由各校自組十人力維秩序以紓我國家內顧之憂；四則以暇時潛心經濟俾勿負我國家樹人之意。學生等深受教育，修養有素，凡所作為皆循我智、仁、勇之國風，決不致逸軌道以遺我國史之羞也，學生等一任良能行我良知，知我罪我，今非所計，惟付諸百世後之公評而已。北京學生聯合會全體學生叩巧。

（二）上大總統書

呈為暫行停課，亟謀救國，謹陳緣由，請賜諒察，事外交失敗，國是凌夷，凡有人心罔不興起。五月四日以來學生等，本外爭國權內除國賊之義，呼籲於我大總統之前，已覺瘏口曉音，精疲力竭，而於事未濟，反招怨尤，學生等多方思維不解者有六。中心如焚，無意為學，乃不得不暫時停課，陳其厓略而有所請求，維我大總統賜察焉，學生等之唯日不息，為奔走呼號者，為爭青島與山東之宗主權而已。今青島問題已決，而政府尚無決心不簽字之表示，此不解者一也；曹汝霖、章宗祥、陸宗輿等素以親日相號召，陰賣國以媚外，藉媚外以攘權積累鉅資，逆蹟顯著，乃輿論不足以除姦，法律不足以絕罪，五四運動實國民之義憤所趨，而曹、陸等猶飾詞狡辯要挾求去明令則反殷懃慰留之，此不解者二也；教育總長傅公、大學校長蔡公，學問道德中外推重，近來教育界有發皇振勵之氣，皆分二公之賜，而傅公則無端免職，蔡公則被迫遠引，以致各校校長聯翻辭職，日內復盛傳政府將以品卑學陋之田應璜繼傅公之後，似此摧殘教育國家之元氣可傷，此不解者三也；集會言論之自由，載在約法，值茲外交緊急之際，尤賴學子提倡紓其懷抱，喚醒國民振勵民氣，乃十四日明令，視學生如土匪，防學生如大敵，

集會言論之自由剝奪淨盡，學生等痛心國敝，將欲無為，則違匹夫有責之義，將欲有為又犯糾眾滋事之禁，此不解者四也；五月七日為我國恥紀念日，我留日學生於是日游街紀念實為我民族真精神之表現，在倭奴痛恨疾惡固無足問，獨怪我駐日代公使竟於是日招致優伶酣歌宴樂，更召日兵保衛使館蹂躪學生，置國恥於不顧，視國人如仇讎，喪心病狂莫此為甚，政府不立免該代使之職，而於日人擅拘我學生，又不容學生等之籲請以向日政府提出抗議，此不解者五也；南北和議為全國國民所殷望，尤為我大總統酷愛和平之初意所堅持，而近日政府許議和代表之辭職，竟有任其決裂之象，隨茲外患方迬，豈宜再起內訌，此不解者六也。學生等身在學校，本不應謀出其位，而此六不解交縈於中，實有不能安心受課者，謹於五月十九日起，暫行停課，藉圖挽救，伏望我大總統本全國人之公意，對手青島問題出不簽字之決心，以固國土，懲辦曹汝霖、章宗祥、陸宗輿等，以除國賊，力挽傅、蔡諸公回職，打消以田應璜長教育之議，以維教育，撤廢警備學生明令以重人權，向日政府嚴重抗議，釋被拘學生，重懲日警以重國權，恢復南北和議，速謀國內統一，以期一致對外，我大總統以國人之心為心，當能鑒此，愚忱俯允所請，俾學生等徹心了解，早日上課，是則不惟學生等之幸抑，亦國家之福也，迫切陳詞不知所云，謹呈。

學生行動彙誌

原載《晨報》，1919 年 5 月 22 日，第 3 版。

▲ 中學校罷課昨聞

中學校因與高等專門取一致行動，前日之罷課者共有八處，為第四中學、第三中學、畿輔中學、山東中學、甲種農業美術學校、高師附屬中學校、京兆第一學校等八處。至昨日則影響愈大，所有第一中學校，第二中學校等及各處之中學校已一律全體罷課，因之教育界光景益覺冷落云。

▲ 清華學校罷課情形

清華學校得北京學生聯合會議決罷課消息後，高中兩科學生即於十九日晨一律實行罷課，事前並正式開告職教員詳陳罷課理由，且宣言罷課後決能遵守齋務上種種規則云。現該校已有十人團、清華義勇隊及實業儲蓄金籌備處之組織，進行甚捷，日內並將採辦國貨自行販賣，以期實行提倡國貨抵制日貨之意，大約一二日內即可成為事實云，又聞該校學生對於校內秩序亦甚注意，設糾察部以專司其責，並頒佈臨時規約以相勸勉，自謂此次以爭學生人格而罷課，校中規則，自當格外嚴守云。

▲ 高師講演團

昨日該團第十一隊在，新世界東南空地講演時，有商人王文軒者親自送茶水以解講演者之渴，同時有邊森記成衣舖舖主俞椿泉者大受感激，講畢時即向隊員云，彼自願擔任聯絡成衣行，實行抵制日貨並擬召集同人開會商酌一切，希望該隊員前往演講，當日午後俞某特向該團述說感激之意，並表示抵制日貨之決心，並帶有函件，對於該團多所貢獻云，又聞該團第八隊在天橋講演時，有美國人二名聽後表示一番欽佩之意，並以手攜照相器拍攝數次而去，同時有工人吳珍親自送茶數壺，講畢始去云。

各省之愛國運動

原載《晨報》，1919年5月23日，第3版。

▲ 武漢之學界大會

武漢學界於十四午後六時假中華大學地點開聯合大會，除各校學生共推代表到會外，首由陳淑澄演說，略謂諸君愛國壯志飛騰，民氣發揚，為其中國前途可慶幸之事，但此刻當分兩層辦法，其一則對於官廳以良心之主張為和會之呼籲，其一則以歐洲和會青島問題恐簽約在即，應為有統系的主張，於聯合會之組織宜速告一段免失時效，陳君演說畢即按照開會秩序：（一）議決草章照草章略加修改增加一條；（二）公推職員（文牘二人）藍芝濃、高鴻縉。（會計四人）收入余孜昭保存，熊文略支出，蕭讓司帳，范明玠。（庶務二人）胡樂，陳世杰。（調查十二人）陳樹槐、鄭士明、文伯容、余上元、張錦隆、任靜璜、王書渠、熊馥熙、陳逵達、曹上忠、劉如九，餘一人未詳，會計審查員每校一人（另舉）；（三）審定宣言書決定暫印一萬份，以四千份配各學校，其餘分送各界；（四）議定急行事宜如下：（甲）再電巴黎陸專使；（乙）通電國內子大總統暨國務院丑北京參眾兩院，寅北京大學轉各學校卯上海和會總分各代表；（丙）主張發動英文印刷物發揚宗旨；（丁）發行白語印刷物激勵民氣，提倡國貨；（戊）各學校捐款，即日送交收入員；

（巳）決定某日開成立會，又一函云，武漢全據學生於日前聯合致電中央，曰：北京大總統國務院鈞鑒，青島得失交涉勝負關係國體主權至為重要，民國四年交涉，吾國忍辱簽字以待和會，和會再不得直，國亡種奴，萬劫不復，請電專使力爭勿懈，北京學界四日之舉出於義憤，務懇略迹，原心寬大待遇以壯民氣，為外交後盾，生等四年之中不敢一日忘五七月日之事，再受□辱寧死不甘，甚望尊重民意，力荷艱鉅為幸。武漢中學以上全體學生五千一百七十四人敬叩。

又一消息，學生聯合會，原為武漢廿學校全體學生組合而成，計約五千數百人。此外，新加入博文書院，博學書致致中學校，聖約翰及漢口中學校等全體學生云，至於武昌各女校亦有繼續加入之議，但祇擔任捐款不派代表列席會議，至若該聯合會簡章草案其中最要者，亦經各校代表審查公決計：（一）會期每第二次會期於第一次會議中定之，但有特別事故，代表三人以上之聯名召集隨時得開會議；（二）本會得設支會於漢口，如經全體代表議決亦得取消之；（三）此項簡單及修正之宣言書即日暫行趕印一萬份，以四千份分配本會各學校，以六千份分送各界，餘俟下次會期再議，簡章都凡九章計十七條。（第一章）：定名第一條，本會定名為武漢學生聯合會；（第二章）：宗旨第二條，本會以熱誠愛國絡合感情為宗旨；（第三章）：組織第三條，本會暫由武昌中華大學校全體學生五一五人，國立武昌高等師範學校全體學生三〇〇人，國立武昌高等商業專門學校全體學生二〇〇人，湖北省立外國語專門學校全體學生二二〇人，湖北省立法政專門學校全體學生五〇〇人，湖北私立法政專門學校全體學生一五〇人，武昌文華大學校全體學生四五〇人，省立第一師範學校全體學生四〇人，省立第一中學學校全體學生三〇〇人，省立甲種農藥學校全體學生一三〇人，省立甲種工業學校全體學生二八〇人，省立甲種商業學校全體學生二〇〇人，國立武昌高等師範學校附屬中學校全體學生一三〇人，勺庭中學校全體學生一四〇人，啟黃中學校全體學生一三〇人，旅鄂湖南中學校全體學生一〇〇人，漢口輔德中學校全體學生一四七人，武昌私立荊南中學校全體學生九〇人，楚興紡織學校全體學校三二人，聯合組織之；（第四章）：會議第四條，各校推總代表一人列席聯合會議。第五條會議，以全體代表三分之一出席

為法定數。第六條會議，事件以出席代表三分之二表決有效。第七條會議，主席臨時公推之。第八條，每星期六下午六時為會議常期，但有特別事故，代表三人以上之聯名召集隨時得開會議。第九條，旁演席每校不得過三人；

（第五章）：職員及其職務：第十條，本會暫設職員如左：（一）文牘二人，經理文書事件；（二）會計四人，分任收入、保存、支出、司帳諸事；（三）庶務一人，辦理本會一切應行事務；（四）調查十二人，調查關於本會進行事件報告，各校代表會議；（五）會計審查員每校一人，審查會計事務；（第六章），職員之選任：第十一條，本會職員由各代表中互推之，但會計審查員由各校另舉一人充之；（第七章）：經費第十二條，本會經費由各校捐款支給之；（第八章）：會址第十三條，本會會址暫設中華大學內；（第九章）：附則第十四條，本會得設支會於漢口。第十五條，本會經全體代表議決得取消之。第十六條，本簡章有未盡善處，得由全代表三分之一提議修改。第十七條，本簡章通過後共同遵守。

▲ 南京之國民大會

江浦縣立第二高等小學校，第一學區第四、第五國民學校及基督學校聖公會鑄英小學校，怵於外交失敗，國本顛危，爰聯合本鎮各界人士假坐吳武壯公祠開國民大會。是日上午八時，整隊由吳公祠出發，從後街至魚市口，從魚市口城內經中敵台，出金湯門跑津浦鐵路，至廣場休息，須實復入城繞道至東門大街，經響水橋，復由後街返吳公祠，前有巨鼓一面，周圍大書（振瞶發聾）四字，各校隊伍之前除國旗校旗外，有大白布旗二面，上書（投國）（復仇）等字樣，各學生者手執小白布旗一面，有書（鐵血代價）者，有書（世無公理）者等等不一。一時旗幟飄颺，鼓聲振耳，沿途唱歌並高呼（國要亡了）（快保性命）（中華萬歲）（民國萬歲）等語。道旁觀者如堵，均扼婉太息不置，下午二鐘吳公祠前鼓聲復振，於時各界人士均紛紛蒞會，除軍警紳商工學各界 □□ 女來賓約一千餘人，少頃，鳴聲開會，首由主席夏君意白報告開會宗旨，次第二高等小學校第四國民學校合唱忍辱復仇歌，次聖公會鑄英小學唱國恥紀念歌，歌已由，俞君莆候登壇演說洋洋數千言，時至五鐘由基督學校唱愛國歌並搖鈴散會，是日會場秩序自始至終，整肅無譁云。

▲ 濟南之抵制日貨

山東青島問題交涉失敗惡耗傳來，一般熱心愛國人士尤為忿激，故連日開會籌議對付方法，濟垣綢緞洋貨棉紗各商行亦開會討論不售日貨，提倡國貨之辦法，茲將各業議決事項探誌如下：

綢緞業瑞蚨祥、慶祥隆、志興成等百餘家，日前假城內商會開會，公推瑞蚨祥領袖出席報告開會宗旨，大致謂吾國因青島交涉，將與日採斷絕通商，我們同業亦得想抵制方法，且滬津各處同業早已宣佈不售日貨，我國綢緞不在東洋，嚴以下若不乘此時機提倡國貨，何以挽外溢之權利云云。事經公眾議決，凡各號現有之日貨，數目點清列簿以售盡為止，不許再添以示抵制，並議決科罰規則十餘條，由各號經理負責，所有駐日採辦貨物夥友即致電勿再辦日貨運濟，以便抵制日貨而倡國貨云。

洋貨商，裕源和廣立順、呂萬聚、治香樓、同聚恆等五十八家將日貨數目點清列冊，不許再添，以示決絕外，並議定科罰，嚴則二十條即日施行，由各本號電致駐日採辦貨物夥友，自接此項電報後概不准日貨運載來濟云。

洋布商，日昨西關各洋布商數十餘處，特召集同業會議不售日貨，採辦國貨之辦法當經眾商議定，凡派赴東洋等處之採辦夥友，即去電調回，不再購辦日貨，所有現存之東洋布疋限二星期，棉紗等貨限□星期售罄，如不能售罄亦不得再賣，如有私自售賣者，定即交會從重罰辦云。

報界及錢業，抵制日貨風潮發生以來，濟埠各商界均聯絡貨行抵抗日，昨大東山東齊美各報館開會討論抵制辦法，聞議決事項如下，所有日商之廣告等件，自議決日起一律停登，所用之紙墨等料如係日貨概不准用，改用國貨，再城內商埠各銀號日昨亦開會討論與日人斷絕往來辦法，（一）所有日本各銀行紙幣錢幣等概不兌換；（二）凡有與日商往還帳項限一星期結清，不得再通往來云。

學界風潮忽又擴大

原載《晨報》，1919 年 6 月 4 日，第 2 版。

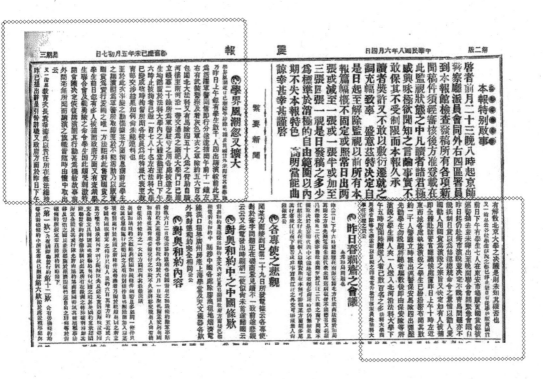

學界風潮近日已漸歸平靜，除罷課及售國貨外，未聞有其他舉動。乃昨日上午忽有學生數千人四出講演，較前此更為活躍。軍警聞信即行分途逮捕。聞午前十一鐘左右，有武裝警察及着灰色軍衣之軍隊約五、六百名包圍北大法科，又有馬隊四、五十人為之臂助。自騎河樓至南河沿一帶，交通為之斷絕。大學門口已建立帳幕二十餘所，為軍警駐守之用。各處被逮之學生均閉置於法科大學內之大禮堂，截至昨日下午六時止，被拘者已達一百七八十名左右，法科大學已變成臨時拘留所。聞各校員為此特派代表至教育部交涉，結果如何，尚未能逆料也。

至於此次事變之動機，據某方面消息謂，前此學生之講演團為軍警所取締，至於不能活動，乃以販賣國貨為實行愛國之惟一方法。詎料此售賣國貨之學生，前日忽有多人被捕，而政府方面又有查禁學生聯合會及義勇隊之命令，學生因此頗受到刺激，特開會議決定恢復講演團。其行動甚為機敏，故事前外間毫無所聞，而講演之旗幟皆臨時由懷中取出云。

　　又一消息，教育次長袁希濤氏以責任所在，無法維持，昨已提出辭呈引咎辭職。又政府方面，於昨日下午有解散北京大學之決議，是則未知其確否也。

　　又一消息云，各校學生演說之舉已停止數日，專從事於販賣國貨。前日下午有學生七人在東安市場販賣國貨，忽被巡警捕去，並未釋出。至晚間，聯合會開緊急會議，自昨日起仍赴街市演說，並決定不說青島問題，亦不說抵制日貨，以為恪遵總統命令之意，唯以勸人愛國、勸人用國貨為演說之宗旨。又決定如有人被捕，即全體赴該管官廳聽候處置。昨日上午十時左近，東西城各處執旗演說之學生已紛紛密佈，聞其數約二千人。警廳立時派出巡警、保安、馬隊四出彈壓，先勸學生勿說，嗣將聽者驅散後，即由保安隊等將演說之學生兩人夾一人送入北河沿。法科大學下午五時所聞，陸續送入者已數百名之多。法科大學四周保安隊等支棚露宿以監視之，聞並電告教育部派員赴法科大學任管理之責云。

愈鬧愈大之學界風潮

原載《晨報》，1919年6月5日，第2版。

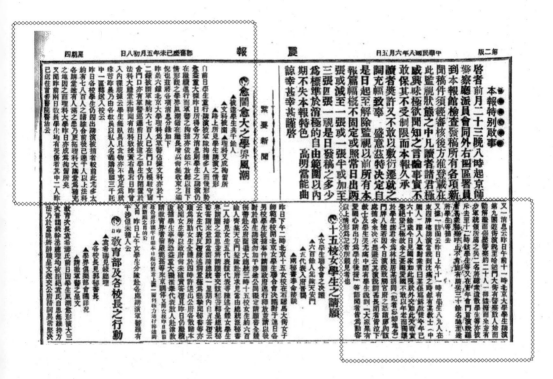

▲ 被逮學生共千餘人　文科被圍
　理科又成拘留所　路上所見學生講演之情形

　　自前日學生重行講演被軍隊拘捕多人，而後形勢愈益重大。據昨日所得各方消息，則學生之講演仍在繼續進行，而軍警之拘捕亦依然不放鬆。以目下情形觀之，學界風潮猶在繼長增高，尚無收束之端倪也。茲將各項消息分錄如下：

　　昨晨六鐘，北京大學理科為軍警佔據，文科亦於十二鐘被圍。軍隊約六、七百人已在門口支帳駐守，宿舍門口亦有軍警巡邏。前日被逮之學生

仍閉置於法科大禮堂未釋。聞有法科教授黃右昌君日昨曾入內探視。據云，學生無臥具，且食物亦不充足，為狀殊苦。昨晨乃由各教員以私人名義購饅頭三千，託中一區轉送入校云。

昨日各校學生仍四出講演，被捕者較前此尤多，大約有七、八百人之譜，綜合前後已達千人以上，法科各講堂遂有人滿之患，乃更拓理科大講堂為補充之地，因之而理科大學昨日亦成為拘留所矣。

又聞昨前兩日教員學生均有受傷者，其中二人昨已送往首善醫院醫治云。

又一消息云，昨日午前十一時，北京大學學生講演第九團遊街演說至哈達門大街。有警察數人始而勸解，繼而強壓，警察約二十人一排蠭擁而來，並有步軍統領所屬之兵二名，將聽眾遣散，學生等亦被斥去。至十二時，該學生等又在青年會門首演說，聽者甚眾，警察呼止不肯，旋有騎兵三十餘名馳至，遂將學生等捕去。

又據一訪函云，昨日上午十一時，有學生八、九人在東四牌樓講演，當說到沉痛之時，忽有某教士（中國人）躍入人群對眾言曰：「某係耶穌教徒，今年已六十餘歲。今日見國家如此現狀，外交如此失敗，實覺絕望已極，故余之憂國愛國，不敢以年老而獨讓於學生諸君。余為林姓居某胡同(記者忘卻地名)，門牌八號。若因今日演說致觸官府之怒，請即向該處捕余，余決不畏避。」云。其演說詞甚長，聞者皆泣下，教士及學生哭尤痛，中間有學生說到「大家果有愛國心，請出力為學生後援」等語，聞者皆為動容，此上情形為記者所親見者也。

十五校女學生之請願

原載《晨報》，1919 年 6 月 5 日，第 2 版。

十五校女學生之請願
▲女學生聯合會之決議
　六百餘人集隊天安門
　五代表入府晉謁
　兩秘書奉命接談

昨日下午二時北京十五女校在石駙馬大街女子師範學校開北京女學生聯合會決議對于連日各男校學生被捕事件請願政府速行釋放並請以後對於學生講演勿加干涉遂公同擬定請願書全體攜帶赴公府面遞大總統三時十五校女生約六百餘人齊集天安門整隊赴府求見當由總統派秘書二人接見女生五代表該代表等陳述全體女學生界請願之意思並將請願書交該秘書轉呈總統秘書答謂來意即當面陳總統一星期內自有答覆云云女生代表反覆陳述詞意極為懇摯聞秘書等亦頗為所動女生全體於四時許退出公府各散歸本校聞女生等以政府尚未確實答覆且昨日仍繼續逮捕學生事態恐益重大擬推舉代表數人赴津敦請教育界耆宿嚴範孫等來京調停又聞女校昨日雖因赴公府停課半日而本日起仍照常上課一面仍極力進行務達到所請願之目的云
又聞昨日上午女學生分隊赴各處講演軍警雖有干涉但未捕人云

▲ 女學生聯合會之決議　六百餘人集隊天安門
　　五代表入府晉謁　兩秘書奉命接談

　　昨日下午二時，北京十五女校在石駙馬大街女子師範學校開北京女學生聯合會，決議對於連日各男校學生被捕事件，請願政府速行釋放，並請以後對於學生講演勿加干涉，遂公同擬定請願書，全體攜帶赴公府面遞大總統。三時，十五校女生約六百餘人齊集天安門，整隊赴府求見，當由總統派秘書二人接見女生五代表，該代表等陳述全體女學生界請願之意思，並將請願書交該秘書轉呈總統，秘書答謂：「來意即當面陳總統，一星期內自有答覆。」云云。女生代表反覆陳述詞意，極為懇摯，聞秘書等亦頗為所動。女生全體於四時許退出公府，各散歸本校。聞女生等以政府尚未確實答覆，且昨日仍繼續逮捕學生，事態恐益重大，擬推舉代表數人赴津，敦請教育界耆宿嚴範，孫等來京調停。又聞，女校昨日雖因赴公府停課半日，而本日起仍照常上課，一面仍極力進行，務達到所請願之目的云。

　　又聞，昨日上午，女學生分隊赴各處講演，軍警雖有干涉，但未捕人云。

教育部及各校長之行動

原載《晨報》，1919年6月5日，第2版

▲ 袁希濤見錢總理　各校長見郭秘書長
　學界俱樂部會議詳況　請撤軍警之呈文

　　教育次長袁希濤氏前日因學生風潮愈形擴大，三次晉謁錢幹丞總理均被拒絕，袁氏自思無維持方法，乃於當晚將辭職呈文送交公府，措詞異常堅決。昨早八時，教育部部員乃約集各學校校長陳寶泉等至學界俱樂部，磋商維持方法。全體公決非先要求政府將圍守大學之軍警解除不能言，第二步之調停方法旋即推定教育部參事湯中及秘書某君晉謁總理，嗣由某君提議謂，袁次長以代理總長資格，昨日（即前日）曾三次請求謁見總理，均被拒絕，足見總理對於此事尚有隱衷。今日如以教育部代表名義請求謁見，則總理當然照例拒絕。遂改由全體名義要求袁次長再盡最後之人事，請求謁見總理一次，以便陳述利害。袁次長不得已復於昨日上午十時晉謁總理，總理開口即問教育部對於此次學生風潮有無辦法，袁次長答教育部因無辦法，故來請示總理。總理謂教育部對於此事既自無處置方法，余（總理自稱）當仔細思量一妥當解決方法。次復謂前次各校校長來院時，余已面飭其勸令學生早日上課。事隔多時，不但毫無效果，且近日學生反四出講演，政府除派兵圍守禁其外出外，試問有何辦法？袁次長復力求總理准其辭職，總理亦照例加以慰勉。袁氏遂告辭而出，然並未到部視事云。

　　又各校校長以袁次長謁見總理後仍無具體解決方法，遂於下午二時聯袂赴院請見總理，總理派郭秘書長代見各校長，除將連日各校情形大概報告外，並要政府先將圍守大學校之軍警解除，然後再作調停之計。郭謂：余（郭自稱）意亦贊成先將兵警解除，惟一方面須勸導各學生勿再出外演說。各校長將呈文一件交郭秘書長轉交總理，遂告辭而出。昨晚某要人力向政府當局陳述辦法，謂此次風潮愈鬧愈大之原因，實因政府學生各走極端之故。如欲調停此事非請居第三者地位又在教育界素有聲望之人物出而維持，實無其他方面，並謂嚴範孫、張仲仁、王亮疇、范靜生等皆可以作此等調人，

唯聞必須政府及學生兩方面有意轉圜，則嚴張等或可任此艱難，唯同時又聞某派中人極不贊同此說云。

茲將七校校長昨呈政府請撤軍警之呈文錄下，呈為：

> 請撤北京大學軍警。事竊北京學潮累勸不解，復於昨日遊行講演致被拘於北京大學法科者約有百餘人之多，校內外軍警密佈，防範綦嚴。在政府小懲大戒具有不得已之苦衷，惟學生在校外犯法與在校犯規情形不同，其懲處當有區別。學生違反學校規程自應由學校懲處，若違反國家法律儘可依法懲辦，不庸遷就。第學生與學校截然二事，學生犯法不能罪及學校。況學校為國家永久作育人才之地，非政府隨意執行刑法之地，今以軍警包圍學校，似非正當辦法。區區一法科不足惜，如教育前途何如，行政司法前途何始，因外交問題牽動學界，復因學界問題累及司法，累及行政，治絲而棼，恐無甚於此者。宗禹等辦理不善，早已引咎呈部辭職，茲為維持國家法紀行政權限，並教育前途起見，不得不晉謁崇階，有所陳述。況我總理苦心孤詣維持國是，為國人所共諒，茲事關係重大，宗禹等既有所見，不敢不呈，尚祈采納微言，迅撤軍警。教育幸甚，國家幸甚，是否有當伏乞調示毋任悚惶。待命之至代理北京大學校務工科學長溫宗禹、北京大學法科學長王建祖、高等師範學校校長陳寶泉、法政專門學校校長王家駒、醫學專門學校校長湯爾和、農業專門學校校長金邦正、工業專門學校校長洪鎔。

學界風潮之昨日情形

原載《晨報》，1919年6月6日，第2版

連日學界風潮愈轉愈急，學生之講演既不停止，而軍警之戒備拘捕乃更形忙碌，大有滿城風雨之觀。及至昨日，忽然轉換局面，而此軒然大波似又有緩和之望矣。

昨日分途講演之學生合約二千餘人，分三大縱隊出發，第一隊為北京大學及第一第四各中學在東四牌樓講演。第二隊為法政專門學校、蒙藏專門學校及崇德中學等校，由西四牌樓出順治門，出門時遇軍隊多人尾隨其後。學生沿途搖旗高呼，路旁觀者甚眾，軍隊並不拘捕，唯盡力驅逐路人。第三隊為高師等校，取道前門，行至中途忽遇大批軍警前後擁護，此時集觀之市民漸眾，軍警揮之不去。正紛攘間，忽來黃色軍裝之馬隊，多人突入眾中，揮鞭如雨，竟有數人受傷，群眾殊為憤慨，有欲合力與之抵抗者，嗣經警察出而調停，乃將受傷者送入病院治療，眾始散去。又各隊學生均有校旗、國旗繞行街市，秩序頗極整齊，軍警但追隨其後並未加以拘捕，此昨日學生講演之特別情形也。

兩日以來，被拘學生警察廳不給飲食，各校教職不忍學生之飢餓，前日起各個人捐集款項購備饅首麵包等，送與被拘之學生，然仍有不得達者，

因之學生因飢而病者頗不乏人。前日警廳有一公函致北京大學云：逕啟者，昨夜及本日迭有各學校學生一、二千人在各街市遊行演說，當經本廳遵照。五月二十五日，大總統命令派出員警盡力制止，百般勸解該學生等，終不服從，猶復強行演說。當時地方秩序頗形擾亂，本廳商承警備總司令部為維持公安，計不得已，將各校學生分送北京大學法科及理科，酌派軍警監護，另案呈請政府聽候解決。惟各該校人數眾多，所有飲食用具應請貴校迅予籌備，以資應用，除函達教育部外，相應函達查照辦理云云。昨日下午六時，有麵包之類約十餘車運入法科大學，聞即各校餽送之食糧也。

又北京理科文科法科大學之軍警及門口之帳幕，均於昨晚一律撤退。吳總監曾親至北河沿向各學生聲言釋放，而學生反不欲即時退出。據聞彼等尚有未能釋然之點，蓋謂此次釋放是否完全恢復其講演之自由，當先詢明。如果恢復自由固無問題，否則不如維持現狀，靜待後命云。此被拘學生最近之情形也。至於各校教職員因前日往謁總理不得要領，欲發通電又被電局拒絕，遂於昨日上午在學界俱樂部□開會議，適得警廳電話謂吳總監請各校舉代表二人到廳商議辦法，眾遂舉定王家駒（國立法政校長）、湯爾和（醫校長）二氏赴廳，經吳總監接晤，談論頗久。其結果吳總監請各校校長將各校學生分別保出，各校長答：以保釋一節決難辦到，政府如有意釋放學生，應請先將圍守北京大學之軍警撤退，許學生出入自由等語。吳總監謂：撤退軍警，政府已有此決議，下午當有正式文書通知北京大學云，各校長遂退出。而昨日晚間遂有撤退軍警之事實出見，此在撤退以前，各校職員與警廳交涉之情形也。

屬稿已盡又得一訪函云，昨日四五鐘時西直門德勝門、阜成門忽然閉鎖數小時，聞係因風傳有某校學生將全體整隊入城云。

北京女學生之大活動

原載《晨報》，1919 年 6 月 6 日，第 2 版

前日北京十五校女學生赴公府請願一節已見昨報，茲得詳細訪函云。北京男生罷課後，女生本擬取一致行動，後經女校聯合會從長討論，皆以為如罷課則家長必召歸，反不如取上課之形式，同學皆得聚首討論國事之為便也。本月三日，男生四出遊行演講，被捕數百人。至次日，則女生亦步後塵出發，約百餘人之多，軍警雖嚴加干涉，而不敢拘捕。至午後四時，則女生千餘人而有赴總統府請願之事。

聞是日至天安門會齊者有千餘人已而，整隊至新華門，派代表四人：錢中慧、吳學恒、陶斌、趙翠菊往見總統陳述意見。適總統因會各校教職員，爰命陳子厚秘書代見。女生說明來意，並要求四項如次：（1）大學不能作為監獄；（2）不可以待土匪者待高尚之學生；（3）日後不得再以軍警干涉學生愛國之講演；（4）對於學生只可誥誠不應苛待。陳秘書答以願代為轉達學生之事，三日內政府當有明白表示。要求四項限一星期答復，女代表遂興辭而出，整隊以歸。聞婦女救亡會會長楊玉潔、高小蘭實為該請願團之領袖，又天津女生亦派有代表加入云。

昨日北京大學之所見

原載《晨報》，1919 年 6 月 7 日，第 3 版。

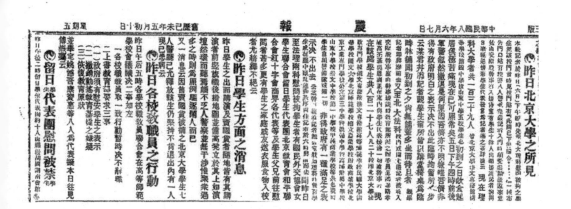

　　本社記者於昨日（六日）下午四時先至北大理科慰問被拘之學生。至該校門首時，見校門貼有「此間已下警備令……」一種佈告。門口站有校警八人，警戒森嚴，記者入門時頗受盤詰，後道來意，始由交際股幹事導入接待室，有學生十餘人出而接談，記者詢問日來經過情形，學生代表發言為記者述之甚詳。據云，現在理科大學者共一百三十九人，皆北京大學法文專修館、清華學校第四中學校、山東中學五校學生也。初到之日，飲食起居俱極苦痛，現在已可照常矣。五日下午四時前後，軍警忽然撤退，是何原因吾儕亦不明瞭。唯吾儕非得有政府明白之表示，決不出此臨時拘留所一步云。某君並導記者觀學生宿所，皆以講堂椅桌為臨時牀舖。聞初到之夕，尚無舖蓋，多坐而待旦者。觀畢記者即興辭而去，又至北大法科。校內戒備尤嚴，記者被導入交際股幹事室，由幹事接談時，教育部所派之四委員范鴻泰、路孝植、高尪基、吳恩訓正在室內與學生代表接洽一切。據幹事云，現在該處學生共八百二十七人，凡二十校即北京大學、法政專門學校、俄文專修館、法文專修館、高等師範學校、民國大學、清華學校、匯文大學、北京師範學校、國立農業學校、財政商業學校、北京工業專門學校、公立第三中學校、畿輔中學校、高師附屬中學校、山東中學校、崇文中學校、

第一中學校、甲種商業學校等是也。現時學生自組警備隊戒備一切，非得政府有一種滿足之表示決不出去。云某幹事復導記者觀□室狀如理科的數百學生咸在庭中蹴球運動，秩序尚佳。記者於六時興辭而去。聞昨日至法理兩科慰問被拘學生者有國民外交協會、女學生聯合會、留日學生代表團、北京教育會、和平聯合會、紅十字會、商界各代表等及學生父兄前往慰問者甚多，更有學生之家庭戚友送衣服食物入校者，尤絡繹不絕云。

五日天津學界之活動

原載《晨報》，1919年6月8日，第3版。

▲ 六大誓詞　遊街大會
　軍警之干涉　跪求五小時

　　天津訪函云，五日天津學生均集於南開預備出發講演，嗣經軍警阻攔，遲遲未出，記者親往調查，以一日工夫目睹其詳細情形，特為紀錄如下：五日上午十時，記者聞知學生聯合會欲全體出發遊行講演，並赴省公署及商會要求電請政府釋放北京之被拘學生，因而各校學生皆齊集於南開，於是即時前往調查俾知真相，到時見各校學生咸集於南開學校操場內，場中懸掛國旗一面，講台一座，高約八尺許，詢以何時出發，答云：尚有未到之學校。二處於是佇立以待，遙見孫子文、杜小琴等偕行而來，無何聯合會正副會長登台報告此次開會宗旨及全體遊行之目的，云我輩學生痛外交之

失敗，懼國祚已將亡，恨不賣國賊以雪此國恥，前於罷課宣言書中已詳言之矣，茲不敍述，唯是近聞有兩方面譏刺我輩學生諸同學，試思此兩方面為何人：一為日本方面，一為官府方面。在日本方面所云：此輩學生各種舉動在初起時似乎熱度甚高，然至多不得逾二個月必至煙消霧散，可斷言也。在官府方面所云：一般青年學生毫無知識，擲寶貴之光陰，為無益之舉動，國權國土自有政府維持，安用此擾攘？為諸君試思吾儕果如日本所云，毫無毅力，不能持久乎？咸如官府所云此舉殊為多事，將坐以待斃乎？倘不如彼等所料，我等視以為是即毅然行之，無論有何種危險皆所弗恤，況北京學生被拘者已二千餘人，以愛國之熱忱反受若是之荼毒，能不悲乎？然我輩即至犧牲性命亦期挽救愛國同志及喚同胞共扶危局，諸同學乎其以為然否？眾鼓掌嗣全體學生向國旂行三鞠躬禮畢，奏樂升爆三饗，遂讀宣誓書：(一)誓保國土；(二)誓挽國權；(三)誓雪國恥；(四)誓除國賊；(五)誓共安危；(六)誓同終始。皇天后土實共鑒。諸宣誓畢，舊時間已至十二時，正欲下令出發而孫子文、杜小琴二君已由校內出，謂稍停片刻，鄙人等有數語言相告，當即登台，始由孫子文演說云，諸君此種舉動實激於愛國熱誠，實堪欽佩，鄙人代表紳商學各界有數語與諸君相商以備採擇，望諸君原諒。據鄙人看來，莫若舉出代表數人往見省長，不必全體出發，恐全體出發或致發生意外及有其他危險，蓋此時警察已將南開學校四面包圍，均荷鎗實彈上刺刀如臨大敵矣。諸君倘以鄙言為是，即請實行，否則即作罷論云云。杜小琴所演說者亦類似之語，當由聯合會正副會長對全體學生宣言云：今日出發與否，非一二人所能擔負責任，請諸同學公決可也，眾大聲答云，無論有何危險，誓必出發云云，正副會長及演說團團長曰，諸君既皆願出發，足見熱血滿腔，生死咸置之度外，然必須為有秩序之行動，萬勿踰越範圍，望各校指揮人維持各校為要，倘警察攔阻時即用好言懇求，勿起衝突。於長號令出發矣，當此之時，孫為文尚欲有言，乃學生等大呼曰，既表決出發矣，可勿言，言亦無用，高呼民國萬歲者數次行矣，起首為國旗一而次為樂隊，再次為學生，詎甫行數武即為警察保安隊等阻住去路，當由領袖學生與之理論曰：我等此舉非為各人私事，乃國家存亡大計，諸君皆為中國人，倘有良心者即讓我等過去，若無良心即不允我等前行，隨語隨泣而全體學生

亦皆大哭失聲，哀懇之詞令人不忍卒聞，旁觀之人多有泣不可仰者。警官曰：我等此來係奉長官命令，焉能抵抗，無論如何，諸君莫前行。斯時會長等下令曰：既警官警士等不令前行，祗可跪而求之，於是全體學生皆下跪，而記者與旁觀諸人亦隨之而跪，哀號之聲聞於四野，眾學生曰：倘終不放行者，寧在此跪一日。有云：諸君非中國人耶？有云：我等既非土匪，又非大盜，何所持之槍咸上刺刀得毋以之對待我輩之徒手學生乎？若然則請見之實行可耳，警官聞此言命警士等將刺刀取下藏在鞘內，更見學生等如此痛哭，大有不忍之狀，是以對學生云：諸君必欲出發，非鄙人等所敢擅專，必須電稟省長請令施行，當退數步而學生等亦起立前行數步，復跪於地候其電知省長，旋得省長復電云，全體遊行萬不能允准，如有要事即舉代表數人來署面商可也，學生等一聞此信，知無希望，乃復大聲號哭，會長等再請省長代表代達下情，如學生等有法外行動者可將會長等立予槍斃，而此時又來省長代表宣諭省長德意曰：省長云：諸君愛國熱忱寔深欽佩，即以予個人而論，斯時為省長，亡國之後，尚能為省長乎。眾鼓掌，然仍不得前行，眾學生跪而不起，此時已至下午一時半矣，聯合會會長等見不能前行，即對眾學生曰：我等如此苦求均置之不理，無已則惟有衝路而行矣，雖有白刃當前亦在所不顧，倘警士拘我等，我等即隨之以去，打不還手，罵不還口，即最後以槍彈擊我等，我等亦情甘忍受云云。正危急間，適省長代表某君率領馬隊數十到此，立於板櫈之上言曰：諸位哥哥弟弟請聽予一言，鄙人亦係陸軍學生出身，諸君所為愛國舉動，弟亦極端贊成，即省長亦未嘗不欽佩我國民氣之盛（至此眾鼓掌），所以再三不允諸君全體出發者亦大有故在，蓋因小站及海河鹹水沽塘沽一帶來有土匪多人，恐諸君遊行有碍地方治安，莫若舉代表數人隨鄙人往見省長，無論要求何事均能辦到。學生等言曰：舉代表則可，唯遊行則萬不能中止，眾復哭泣大呼民國萬歲，良心萬歲者數次，於是推舉代表數人隨該省長代表偕行直候至四時半，該代表等始回報曰：茲蒙省長允准出發，唯每校間以警察數十人，此種行為本屬保護我等，非監視也，諸君勿誤會，群眾又大呼民國萬歲者，再於是全體出發矣，其遊行之路線自南馬路轉至東馬路，赴省公署。沿途講演散發傳單。記者自晨至下午歷五小時之久，所有情形皆係耳聞目睹，故能徹始徹終詳細記載，

迨返館後聞女子師範全體學生亦均出發，於以見我國青年學子愛國之心切矣，旋又據某君以電話報告消息，各學生遊行至省公署，乃舉代表五人往謁省長，此五代表為易君守康、孫君毓麒、諶君志篤、沙君祖培、馬君駿、同見省長外尚有教育廳長，初見時曹省長對五君曰：諸君熱心愛國，鄙人實甚欽佩，但國家乃吾人公共之國家，諸君愛，鄙人豈有不愛之理，即政府諸公亦未有不愛之理，諸君此來有何意見？自請說明，凡鄙人力所能為者，自無不幫忙之理。代表易君乃言，學生等罷課講演原為喚醒同胞，吾蚩蚩之氓若無人喚醒之一日，罹亡國慘禍，是謂不知而亡，若有人告之而不急起直追，共圖挽救，是謂不為而亡，寧陷於不為而亡，不忍視其不知而亡也，故學生等所請求者，第一、仍願繼續講演，請省長莫加干涉；第二、請省長拍電中央速釋放被捕之學生，並須將青島爭回，將密約取消；第三、請准開公民大會，並請由省長定期。省長答謂：鄙人並非不願諸君講演，蓋恐發生危險於諸君不利，北京各學生已是前車，誠不願諸君再蹈其覆轍，所以派巡警隨地監視者並非干涉，實保護也。諸君從明日起仍請安心上課，如欲講演可於星期日出來，鄙人並令地方官多備宣講所，為諸君講演之地，免得暑熱炎天沿街暴露，致於衛生有碍也。至此次交涉，實因局外不知局中之苦心，在政府豈願將土地拱手讓人，迨迫於無可如何亦是無法，況當日越南、緬甸、琉球、朝鮮皆是中國藩屬，後竟逐漸淪亡，推之台灣亦復如是，此皆迫不得已，豈甘以土地讓人哉？今日之青島亦當作如是觀也，至開公民大會，鄙人為秩序安寧計，實不能准諸君之請，唯願諸君早早上課，倘不上課，鄙人無可如何，亦惟有取嚴厲辦法而已。繼而代表易君答謂：講演承省長幫忙，學生等實深感佩，唯上課一事非少數所敢應承，當與同學商之，省長又撫慰數語，代表乃辭出至公署門外，馬□衛隊尚羅列森嚴，此時女師範各學生在署門外已立至四個鐘矣，緣各女生午後聞南開被圍學生被捕，遂列隊赴公署求見省長，懇釋各生，衛隊長官雖百端開解，而學生堅不背去，直至會見各學生知諸人並無一個被捕者，始列隊歸校，五代表出署後會見各校同學，在工業操場中報告與省長談話情形，並諮詢是否上課。各生以既未爭出效果，皆大呼不上課，臨散時，復向國旗行禮，始各回校。又昨日各警察之對待頗極文明，於維持秩序之中兼庇保護學生之意。

北大學生亦反對胡仁源

原載《晨報》，1919年6月8日，第3版。

北京大學全體教職員反對胡仁源為校長，情形已詳，別段茲查學生方面亦於前晚（六日）開學生大會，對於政府任命胡仁源為該校校長一致反對。其理由如下：

(一)蔡校長雖曾呈請辭職，但政府已下命令慰留，且蔡自杭來電並無決不回校之表示；

(二)大學校務既有工科學長溫宗禹代理，則同時不能有二代理者出現。

其議決之辦法如下：

(一) 舉代表謁胡，警勸其萬勿來校；

(二) 上書總統，請收回成命；

(三) 發佈宣言書。

昨早大學舉出代表陳王等四人訪胡，當即接見代表等，乃述來意勸其萬勿赴任，否亦恕不接待。胡聞之曰：「政府命余長大學事前，余並不知」。又曰：「余雖暫至大學，但於蔡先生將來復職並無防礙，余以溫學長雖代

理校務，但不負責任，致大學有岌岌危亡之勢，余來正欲設法維持。」云云。是其長大學之志已決。聞學生方面又議決於明日再勸告一次，非達到反對之目的不止云，茲覓得該校學生上政府之呈文錄左：

> 呈為懇請收成命事。六月六日，明令以胡仁源署理北京大學校長，學生等奉讀之餘不勝駭異。查北京大學校長蔡元培以五四運動發生引咎辭職，旋奉指令挽留，蔡校長即有覆電允回原職。國務院教育部及各方團體私人更曾疊電敦促回校，學生等亦嘗屢以此呼籲於政府之前。全國之挽留，蔡校長者如此之真且切也。而蔡校長二次來電亦僅云臥病故鄉，未能北上。其非決然堅辭顯而易見，彼既未再次辭職，政府亦無罷免明文，胡仁源署理大學校長之令果何所據？且政府固嘗挽留蔡校長矣，蔡校長雖去，尚有工科學長溫宗禹代理校務，並未僨事。今忽有命人署理之令，是明拒蔡校長之來也。似此反覆無常，政府之信用何在？又查胡仁源學問信望均不稱為大學校長，於前校長何燏時任內被任為工科學長已屬非分。嗣何前校長以風潮去職，彼何得乘機署理大學校長？在職六年對於校務一以敷衍為事，毫無建樹，加之秉性愚闇，易為小人所弄，校況窳敗，益不可問，所以民國四年至民國六年之間，大學校風沉寂如死，皆彼辦理不善，有以致之。蔡校長既來，始加意整頓咸與維新，昕夕籌畫不遺餘力，二年以來成績卓著，聲施爛熟。然學生等之私意實世人之公言也，今政府乃欲以蔡校長慘淡經營，規模粗具之大學委諸敷衍從事，秉性愚闇之胡仁源之手，俾教育界方茁之芽頓就枯萎，國家前途之黑暗誰尸其咎。無以對蔡校長且不計，抑將何以對國人學生等切膚之痛，於此尤所難堪，故為自身學問計，為教育前途，國家前途計，決不敢妄從明令，聽其蟊賊大學，戕害國本。為此懇請撤消以胡仁源署理北京大學校長之令，並請即促蔡校長早日回校視事，以竟其功，教育前途幸甚，國家幸甚，是否有發伏，祈訓示只遵云云。

昨日之學生與政府

原載《晨報》，1919 年 6 月 8 日，第 2 版。

昨日午前學生方面特派代表八人至教育交涉。如政府欲使被捕學生各回本校，政府須有一種能使被捕學生十分滿足之表示，並須令包圍學校之軍隊向學校道歉，限至昨午十二時止，須有確實答復。如無確實答覆，則被捕學生全體加入，於國民大會俟散會後，全體赴總統府質問被捕理由。教育部以時間太促，委實不能辦到，要求展限半日，學生允之。嗣教育部復派部員四人赴北京大學慰問學生，各生要求非懲辦賣國賊不可，語甚堅決云。

昨日午前學生方面特派代表八人至教育交涉如政府欲使被捕學生各回本校政府須有一種能使被捕學生十分滿足之表示並須令包圍學校之軍隊向學校道歉限至昨午十二時止須有確實答復如無確實答覆則被捕學生全體加入於國民大會俟散會後全體赴總統府質問被捕理由教育部以時間太促委實不能辦到要求展限半日學生允之嗣教育部復派部員四人赴北京大學慰問學生各生要求非懲辦賣國賊不可語甚堅決云

昨日北大全體教職員大會

原載《晨報》，1919 年 6 月 8 日，第 3 版。

▲ 議決將王建祖驅出學界　反對胡仁源為大學校長
二代表報告與教育次長會晤情形

　　昨日午後一時，北京大學教職員在文科大學樓上開全體緊急大會，到者二百餘人，公推黃君右昌為主席，首報告數日以來學生被拘情形，眾以當學生被拘之中而法科學長王建祖負責任躲在家中且有與政府通氣，膜視學生之事情實為學界之恥，應予以懲戒。乃由多人動議謂函請王氏出席以備質問，若逾時不到即宣告驅出學界，主席付表決全場一致通過。此議決之第一事也。

　　第二案為新任北京大學校長胡仁源事，某君起言此事絕對不可承認。（第一）為教職員自身看去，前次大會決定挽留蔡校長。現蔡校長未曾□職，何以政府必迫之使去，政府既迫其去，何以教職員今日便無所表示似此出爾反爾，不特有受人運動之嫌，且於人格有缺；（第二）為胡仁源本身看去有奪蔡地位之嫌，學界風潮未已，胡自問此來亦無把握，則為其個人名譽計亦不宜於此時接手；（第三）昨日各校教職員聯合會已有要求政府回復五月四日以前教育界情形之決議，是蔡校長當然復職，若吾儕此時承認新校長

是與該決議抵觸，此外尚有數人演說極為激烈。後經主席付表決，全體一致贊成，不承認胡仁源為北京大學校長，並由大會用公函告知，以示決心。兩案決定後復有某君提議謂現溫學長已辭職，王學長已逐，新校長已拒，而舊校長未來，似宜有一對外機關以為維持之計。全體贊成以評議會教授會之聯合選舉一人暫代校務，一面要求政府催蔡校長即來，一致通過。

時適康心孚、馬彝初二君自教育部回校到會報告，言昨日教職員聯合會決議各節，今早由寶忠等會同各校代表八人赴教育部請願。適傅次長在國務會議未回，候至下午二時始見面。傅次長言政府已派曾彝進來法科與學生道歉，但學生方面尚要求軍事機關亦須派一代表來校向學生正式謝罪。而當局殊有難色，鄙人此來甚欲以肺腑向教育界作調人，如果不能辦到亦只有一去而已，到那時並非教育問題，乃國家問題也。至各校校長一律不宜辭職，蔡校長尤宜挽留，鄙人極願向政府說去云云。寶忠等當即與語，連日軍警非法蹂躪情形渠亦深咎，當局措置之非是，且言此後尚欲與大家共商辦法云云。寶忠等復言學生目的未達，終難平憤。政府何惜三五私人忍陷國家於不顧。渠言此種問題權力不在教育部，亦恐當今當局都不敢擔當責任，但亦可向政府竭力代達耳，寶忠等現甫由部歸來，適當開會故來報告，時已五鐘，各員要求將本日議決各事即日實行，遂推定數人執行即散會。

被逮學生昨午回校

原載《晨報》，1919年6月9日，第2版

▲ 拘留警廳之七名亦送還

駐防大學之軍警已於前日一律撤退，而學生仍團結不去，嗣經許多斡旋，乃於昨日正午各回本校矣。聞其出發之先，有各校代表多人□來歡迎，彼此相見悲喜交集，因攝影以為紀念，又有軍樂隊奏樂，臨行時大眾齊呼萬歲者三：（一）中華民國萬歲；（二）中國學界萬歲；（三）北京大學萬歲。呼畢整隊出發。聞各校舉定總司令一人，指揮一切，沿途秩序井然，且行且呼萬歲，夾道市民亦應聲而呼，其發揚蹈勵之景象得未曾有，隊中並製有各種旗幟上歡迎被拘同學等等字樣。由北河沿長安街轉至戶部街，復到中華門前有清華學校等二支隊在彼處佇立歡迎，城內學生至前門，遂各歸本校；城外學生則出正陽門，經大柵欄至順治門，亦分頭歸校云。至學生回校以後，將取何種行動，□下尚未得詳確之消息，惟聞彼等另有一

宣言書說明今後之態度，並言彼等回校之原因乃為注重實際的效果起見，若長此自封不出校門一步，實無何等意義云。

又，數日前因售賣國貨為警廳拘捕之學生七名，當六號晚，警廳已欲將其釋放，而學生反不肯出。昨日乃由警廳內某處長向七學生特道歉，忧並備汽車數輛，始將學生送回校去。學生有龍某，身染重病，現尚在醫院中云云。

北京大學之差役，自學界風潮發生後異常勤勉。當學生被拘，軍警圍守時，尤甚聞竟有廢寢忘餐、晝夜奔走者。至昨午學生返校時，彼等復購紅花千餘朵，遍贈學生，聊作同情之表示云。

武漢學界風潮續聞

原載《晨報》，1919 年 6 月 10 日，第 2 版，節錄

武漢學界風潮形勢極為險惡。學生中竟有被軍警殺害者，旅京鄂省人士聞耗頗為驚惶，連日除要求政府電令鄂督平和對待外，並發出聯名電報多件，均係詢問此項實情。茲先錄留日鄂省學生代表盧復等電文如下：

> 子春督軍韻珊省長均鑒：頃閱報載省垣學生因外交事被軍警傷害，聞之不勝驚駭，竊自外交敗訊傳來，舉國悲憤，內外學生同聲禦敵，本愛國之忱盡有責之義，慷慨悲歌，萬民瞻仰，中央當軸當能曲諒未敢摧殘，近且派員道歉，聽其講演自由。京外各省亦未聞有殺戮學生，甘冒不韙者，況山東乃督軍先人盧墓所在，湖南係省長父母桑梓之邦，關懷故里，敬恤鄉賢，為公為私，尤當奮勉。縱不為國家計，寧忍遺先人父母之羞乎？二公素號賢明，諒不至悖逆，若是只以旅京人士憤慨非常，復等念切，扮榆未忍坐默，但恐傳聞失實，玷辱高賢，謹先奉詢，希即賜覆俾明真相而釋群疑，臨電無任，翹企之至。

昨日學生與政府接洽情形

原載《晨報》，1919 年 6 月 10 日，第 2 版。

　　學生聯合會昨日派代表四人：北大學生張庭濟、法政專門學校學生劉淇、清華學生黃鈺生、高等師範學校學生周馨，於正午到公府求謁總統，當由總統派秘書接見。四代表陳述來意畢，秘書略謂政府對於學生要求已有辦法，三日內即可發表云云。四代表又至教育部謁傅嶽棻，傅云政府已決定辦法，稍待必有滿意之答覆至，學生全體到府請願之議，可以不必實行。萬一不能中止，則人數萬勿太多，恐怕與秩序有礙等語云云。

昨日學生與政府接洽情形

學生聯合會昨日派代表四人北大學生張庭濟法政專門學校學生劉淇清華學生黃鈺生高等師範學校學生周馨於正午到公府求謁總統當由總統派秘書接見四代表陳述來意畢秘書略謂政府對於學生要求已有辦法三日內即可發表云云四代表又至教育部謁傅嶽棻傅云政府已決定辦法稍待必有滿意之答覆至學生全體到府請願之議可以不必實行萬一不能中止則人數萬勿太多恐怕與秩序有礙等語云云

又一被傷學生之起訴文

原載《晨報》，1919 年 6 月 12 日，第 3 版

學生聶肇靈、方敦元、陳崢宇等因六月五日被軍隊毆傷，向地方檢察廳提出訴狀，其原文已見昨報，茲聞該學生等同時並向陸軍部及京師警備司令部起訴，其原文如下：

> 具呈人北京工業專門學校學生陳崢宇、聶肇靈，高等法文專修館學生方敦元呈為軍人糾眾攢毆致受重傷，懇請查緝正兇，移送軍法會審，依律治罪以維軍紀，事竊生於六月五日午後五鐘前後，因送食物舖蓋於被捕同學，彼時適值駐紮北京大學法科軍隊奉令撤退之際，生等以被捕同學瞬可見面，乃於道左，靜候握晤，突有第十三師警長王建章命令灰色軍服軍人多名蜂擁前來，不問情由用槍柄群肆蠻打，生等當負重傷暈迷不省人事，經同學扶入法科並由中一區黃署長電請京師檢察廳檢查官楊士毅帶同檢驗吏前來檢驗，填有傷格同時復有美國同仁醫院均帶醫士前求診視，同仁醫院並出有診斷書各在案，查軍人應如何恪守軍紀，乃於奉令撤退之後，任意用武器傷人，首都眾目之下竟敢目無法紀，統率者不能辭其責，生等猝被毆暈致號衣未能辨明，惟貴司令都有約束軍人之責，軍人犯罪不能漠視，為此呈懇將當日駐紮北京大學法科第十三師，命令軍人槍毆學生之營長王建章提交軍法會審，依律嚴懲以衛人權，而維國法，不勝惶悚，待命之至，謹呈陸軍部京師警備總司令部附呈當日被傷照片一張，並同仁醫院診斷書一件，民國八年六月六日。

北京學生對於陳獨秀被捕之表示

原載《晨報》，1919 年 6 月 17 日，第 3 版。

▲ 致警察總監函

　　警察總監鈞鑒，敬啟者：近聞軍警逮捕北京大學前文科學長陳獨秀，擬加重究。學生等期期以為不可，特舉出二要點如下：

一、　陳先生夙負學界重望，其言論思想皆見稱於國內外。倘此次以嫌疑遽加之罪，恐激動全國學界，再起波瀾。當此學潮緊急之時，殊非息事寧人之計。

二、　陳先生向以提倡新文學現代思潮，見忌於一般守舊學者。此次忽被逮捕，誠恐國內外人士疑軍警當局有意維□，以為摧殘近代思潮之地步。現今各種問題已極複雜，豈可再生枝節，以滋糾紛。基此兩種理由，學生等特陳請　貴廳將陳獨秀早予保釋，實為德便。

▲ 致上海通電

　　上海各報、各學校、各界公鑒：陳獨秀氏為提倡近代思潮最力之人，實學界重鎮。忽於真日被逮，住宅亦被抄查，群情無任惶駭，除設法援救外，並希國人注意。

大同學院出校學生十三人泣告學界書

原載《民國日報》，1919 年 6 月 19 日，第 12 版

　　嗟夫！自京師五四變後，吾學界同胞之犧牲生命形骸，光陰金錢者，眾
矣慘矣。然竟淡然視之，甘於犧牲而不辭者，所救者大，則損己而弗恤也。
今同人等，僅被斥退而又時近暑假，所損無幾。有何足訴？不過京漢學子，
皆受荼毒於惡劣政府。約震學生，亦遭摧殘於異邦人士，獨同人等，乃得
此痛苦於同種族之學界同胞中，有不得不太息流涕，傷我國是日非，士氣
難振，將不免於披髮左衽也。茲將敝院院長，及職教員，始終破壞愛國團
體之情節，為吾學界同胞，縷悉呈述，望垂案 。方本埠成立學生聯合會時，
敝院當即加入，後之要求政府，懲辦國賊，挽留蔡公，遂有罷課之議。敝
院院長，極端反對，叩請理由，終以罷課為自絕飲食之自殺政策，別無所持。

屢與全體同學，開會討論，莫不理窮而窘，轉以運動本期畢業同學，嗾其反對，而同學深明義理，不受浸潤，因此積憤日深，亟欲一逞，思及學生主張，率由聯會。欲得根本解決之辦法，莫如退出學生聯合會。此議一出，不唯同學等，十分反對，即一二教職員，亦不贊成。故其事遂寢，後再與同學開會，幾至決裂，不得已而宣佈停課。此後禁止同學開會自由，異常嚴厲。同學等，對於罷課後事，有所互商，請求開會情理備至，終不蒙其一允。群眾憤激不勝，欲出校而為露天集會，乃得互勉強照准。遂即時成立糾察團，以維持罷課後秩序。院長復多方阻撓，謂糾察團不能僭竊管理職權。某教員更嗾使學生，故犯團中規約，冀達破壞目的，至於成立學生分會則萬萬不許。根本理由：即謂聯合總會之組織人物，皆程度低淺，眼光短小，完全為無意識舉動。若我校加入，是自卑於無意識也。同學知其夜郎自大，重非笑之。卒費千辛萬苦，始將分會產出，而院長及職教員之視分會中人，儼若寇仇矣。日夜苦思，必欲解散而後快。陰歷五月初三，為各校赴郭欽光追悼會之日。院長故意將端午節假，提前於是日為始，敝分會以罷課救國之期，萬無佳節行樂之興。況節期尚待兩日，赴會迫在今朝，是以宣告同學，勸勿出校，乃院長向同學聲言。學生來院，無服從糾察團之義務，其意必欲無形解散赴會團體。賴同學守義，仍得五六十人赴會。然而受其搖感而早出校者，已不少矣。同學憤其百端破壞，跡若黨章助曹，抱恨難忍，屢欲與院長決裂。然而再四思維，終覺難破情面，只得隱忍求全，以有利國家為上，院長等，見同學愛國志堅，無可動搖，乃變計為蠱惑學生家庭，希各父兄，促令歸去。其發出之第二次通告，誣同學受人利用，從事政治，使父兄駭聞其事，而歸其子弟。其第二次通告。謂同學一往直前，違犯軍警維持治安之旨，使父兄震恐於心。而歸其子弟，果然家庭得知，快函急電以促同學歸家者，日必數十聞。同學中，既得家庭轉來通告，乃知院長等之陷害同學處，純與政府同其口吻，深恐政府得此通告，即本知弟莫如師之語，以來究辦，則同學死無可逃，冤莫由伸。故向院長等，嚴重質問，彼答之良心上無陷害學生之意，而自認文字未妥，且並無解散分會之心，自稱其愛國精神，願與學生相等。嗟夫！章宗辟曹汝霖輩之彰彰賣國者，又豈自認其為賣國而不愛耶？此次質問結果，許為同學立即發出第四次通告，以安慰家屬。然此

時同學之迫於函電以歸去者，已八九十人矣。是後解散分會之法，窮無所施，乃又藉口罷市。故劣其欲食，使學生不飽而去，幸同學本臥薪嘗膽之旨，忍受不訴。然而愈況愈下，形跡顯著。同學中，間有含憤而鳴者。院長等，遂據此以為學生擾亂學院之證。痛施唾罵。此時乃自認其有解散分會。保令學生歸家之本心。而所持理由，謂大同學院，為私立學校，帶有營業性質，不同官立學堂。院長有善惡自主之全權，譬如商店之老板者然，在學生有願來怨去之權，而無要求改良之理。論罷課一事，實為不當之通融。噫，因大同學院為私立，而肄業於大同學院者，即不當有愛國行為耶。此次罷課，關係國家興亡，並非私人事體，凡我學界同胞，皆當負先覺後覺之責任，豈能坐視大同學院之不愛國而不過問耶，乃院長等，不以良心處事，始終仇視愛國團體。乘今日同學歸家待盡，易施壓力之際，突然宣佈開課。得同人等十三人，一並斥退。其所擬罪狀，謂學生為挾眾妄為。凌越名分，不復知有學校尊嚴，而首事囂張，竊敝院之成立分會主張罷課，無一不由同學自決，同人等，被選為會中職員。義不容有卸責之事。故代表同意，時多發言，夫職司所在，代眾陳理。何挾眾妄為首事囂張之有？京師學生，痛打章賊，豈不顧及凌越名分，豈不知有政府尊嚴。不過賣國殃民，眾怒所指，則人得而誅之耳。同人等，對於此事，究竟有何罪惡？敝院同學，自具公論。誠恐他校同學，不明內幕。用特泣告詳情，以伸正氣，儻蒙見教，感激不朽。大同學院斥退出校學生鄒光啓、貝再德、劉仲篪、劉斌、曹強、章思柬、戚毓芳、顧實甫、余翔九、陸德澤、楊華胤、章元泓、吳方同啓。

告全國國民速起救國書 [陳蕚]

原載《民國日報》，1919 年 6 月 21 日，第 12 版。

我中華因辛亥改革，注重人道，未將腐敗奸人，鋤戮淨盡。癸丑失敗，民國實已中亡；丙辰之役，袁氏雖死，爪牙尚存，馮段用之，造成復辟。黃陂既敗，段氏復專，偽造民意，假立元首。朦誑友邦，欺壓國民，帝制犯盡復自由，賣國黨肆行無忌。降及今日，西南軍閥，既甘投降，無賴政團，盡歸御用，所有全國上中下各級機關，已無一堪為我共和民國托命之所。我

共和民國國民處此死生絕續之交，若不起而自謀所以建設生存之道，則一般腐敗奸人，無聊政客，又將脫胎變化，以釀成異日之惡果，而貽我國民以無窮之痛苦矣。在前清君主專制時代，我國民不過受皇室與官府兩重壓制，乃自癸丑以來，命名為代表人民，輔助行政，輔助商業，輔助教育之各機關，亦大都被惡棍刁紳，奸商劣矜，盤踞把持。以為結納長官，欺侮平民之地。我民國國民種種志願，不能發展，何莫非此類機關，主持非人，假公營私，愚弄顛倒。見好官吏，而官吏利用之，以阻撓我民情，使之然也。然則居今日而言興革，若不立將此重壓制，先行革除，以去害群之馬，我民國國民終難自由展其天賦權能也。近者北庭賣國，外交失敗，京滬各界，勃焉憤起。誓討國賊，罷課罷市，表示決心，旬日之間，全國一致。既不懼賊兵之干涉，又能破敗類之嚇詐，我民國國民不惜犧牲一切以救國家，誠足令人驚異。雖然救國者當竭自身之實力，不能乞他人之垂憐，當從根本之改造，不當去枝節之徒勞。罷課也，罷市也，不納捐稅也，要求懲辦國賊也，皆消極也。枝節也，乞憐也，非實力也，非根本也。雖小有效果矣，而賣國之首領逍遙法外，賣國之政府依然存在。賣國之政策不變，賣國之條約仍當履行。即懲辦一曹徐章陸靳，尚有無數之曹徐章陸靳可以繼起，而曹徐章陸靳不數月仍與帝制犯，復辟犯，同一活動。況曹徐章陸靳並非今日北庭所能懲辦者乎，是則我國民今日如斯徒勞，於國仍不救，於我民何益。我之所謂救國者，須我國民之自決也，自起以掃滅賣國首從也，自起以推翻賣國政府也，自起以組織真正共和國家也，自起以議定真正民意憲法也。我民國國民不曾盡死，彼賣國政府黨徒不得復安；我真正共和國家既已成立，彼賣國政府黨徒當不復存在。學不必罷課，商不必罷市，工不必罷工，惟集合全體，各出實力，以死與賣國政府首領一決存亡耳。夫如是則今之外交問題、南北問題、法律問題，皆當不解而自決矣。嗚呼，我民國四萬萬神聖國民中。豈無華盛頓其人乎。予當荷戈以從之。

假期內學生應盡之職務（續） [配嶽]

原載《民國日報》，1919 年 6 月 22 日，第 3 張第 12 版。

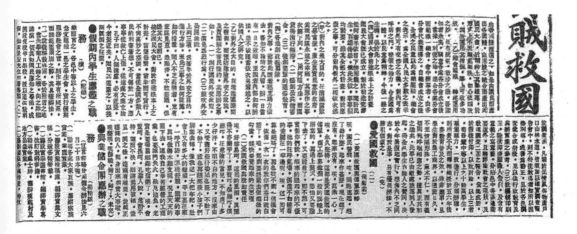

　　總而言之，各邑中等以上之學生，急宜組織一邑之學生會。實行假期服務社會之旨，則作事有所統系，而無範圍膚廓之弊。其具體辦法：（一）設義務教導團。各於附近之地，當失學鄉人工餘之暇，向之詳細講演一切共和國民應知之學識，或開設夜校半日學校，授以通俗教科書，如蕭景安先生所著等類。（二）設調查團。凡關於民情風俗物產戶口山林水道，皆須加以確實調查報告會中，則不特使教導者知所以因勢利導，或善為勸正，且於各邑調查彙合成冊後，足以供行政教育及興辦實業之參考。（三）設編輯印刷團。除撰印淺顯□人告白，及含有意義之寫意畫，分貼邑中各區通□要道外，且將評論社會之現狀，及教導調查二團之報告，彙集成冊，於假後付印，以致討論。以上三者，苟吾輩中等以上之十餘萬學生，群策群力，一致進行，分頭辦理，則所費不大而轉轉相授於五六年後，奏教育普及之效，殊非難事。且學生對於農工商界，以周旋日久，不至情隔形殊，麻木不仁。而有義切同袍呼喚相應之勢，獲真正共和之趣矣。此事已由敝處旅滬同人發起，得全邑學生百餘人之贊同，決於今年暑假起實行。想海內不乏同志，對於是事，另有優美辦法，不勝引領望之。

廣東學生宣言

原載《民國日報》，1919 年 6 月 28 日，第 3 張第 12 版。

▲ 南海中學

今何時乎？非我國存亡之秋。死生一線之時乎！凡學界，當此國運凌夷，應如何團群倫為一體，謀增國家之利福。應如何□社會之精神，早定救亡之良方。急起直追，尚虞不及，千鈞一髮，豈庸緩哉？我校全體學生，於本日四時，宣告罷課，與京津滬各校取一致行動。愛國諸君，幸垂鑒焉。

▲ 商業學校

國事急危，何心學業？實行罷課，力國挽救，敝校經於本日上午九時一律罷課。願我國民，齊同奮勵，此佈。

▲ 韜美醫學

敝校曷為而罷課乎？求學急救國尤急。係欲罷課，騰任時間，急營救國之事也。否則捨所先，急所後，國亡在邇。講學從容，國亡之後，學何所用？不能救急，便是不仁。不能愛國，何殊賣國？不仁賣國之穢名，豈吾輩學生所甘受？此罷課之舉所由來也。或以為學生無權無勇，救國大事，非學生所能為。罷學者適虛耗求學之寶貴光陰耳，於事容何濟乎？噫！為此言者，

其亦太賤視吾輩學生矣。吾敢反問曰：今日賣國賊之稍為斂迹，山東問題，不敢即行簽押者，伊誰之力歟？係吾輩學生懲戒賣國賊曹汝霖章宗祥陸宗與等之反響也。今日各省抵制劣貨之潮流，日甚一日。伊誰之力歟？亦吾輩學生鼓吹之力也。今日中國賴有學生為之氣脈，因以不亡。乃有漢奸之徒，從中反對學生罷課，壓抑其愛國心。並此國家氣脈而殲除之，其涼血一至於此。噫！可痛也已。精神無二用，試問吾等不罷課，終日上堂，何暇救國？至有謂罷課之舉，實由懶惰學生煽惑所致，此尤以不肖之心待人也。吾輩若喜懶惰，何必求學？以耗金錢，而費光陰。吾輩係專門學校學生，非國民學校學生也。身受教育多年，讀書明理之人，非致萬不獲已。果何樂乎罷課偷惰以誤己哉？敝校自罷課後，日日聚集辦事，不得擅離。違者懲罰，其非欲罷課偷惰，可想見矣。高級學生亦不顧畢業前程，極端主張罷課，其非由懶惰學生煽惑罷課也明甚。或又以為西南為護法之區，與京津滬各地有別，京津滬各校罷課，含有要挾意，與西南不同，不能作為一致行動。是誠不可不辯，敝校罷課，非含有要挾意，希外間幸勿誤會。其與京津滬各學生一致行動者，係指救國大綱而言耳。至救眾方法，各有不同，不能執一以論也。京津滬學校，以罷課要挾為救國。不能謂除要挾之外，則無良法以救國也。殊途同歸，易地皆然。總之非罷課，無餘暇以救國，可斷言也。且罷課非永遠不求學之謂，與退學不同，一俟救國志願稍償，當然繼續上課，不荒學業。不過以現時而論，國勢飄搖，危如纍卵，暫時以救國急於求學，先圖救急而已。或又謂京滬學校初罷課時，西南學校不隨即罷課響應。至今日北京學生，似有自行回校上課之表示，始行罷課，一似嫌其太緩者。雖然，甘居人後，緩誠緩矣。過無可辭，惟亡羊補牢，未為晚也。今日猶不急起直追，緩尤緩矣。至北京學生自行回校上課事，姑無論是否屬實，即是事實。亦不能因此不罷課，因救國志願。各人有各人堅毅，人不能堅毅到底，我亦當然不可效之。況未知是否實事乎！今日學生救國，成效昭彰，既夫人而知矣。乃彼輩所持之言論，必斤斤與之為難。如中國人人如是，吾輩為亡國奴也久矣，此賣國奴望吾輩學生共棄之。

北大全體學生宣言

原載《民國日報》，1919 年 7 月 20 日。

北京大學全體學生發表宣言云：往者外交危迫，漢奸當道，同人等迫於良心之驅遣。爰隨北京學友之後，共為五四運動，其後事理糾紛。蔡校長迫而南返，幸有本校評議會教授會共維校務。而同人等亦各本素日之修養，照常力學，故未致以一人之去而令全校瓦解，此則食蔡校長三年來整理學風之賜者也。嗣以內政外交節節悖息，失望於交縈於中。同人等遂又隨全國學友之後，一致罷課，未罷課豈同人等之願哉？良以罷課而廢時失業，其痛心小，坐視國家之危難而不救，其痛心大。兩害取其輕，是以毅然決然而出此也。今□學兩月餘矣，所以致失望之諸端雖未徹底解決，而大要已納於軌道。至外交問題，則來日正長，非倉卒之設施所能濟事。所餘者，惟教育原狀未復耳。近讀蔡校長自杭來信電，信其已允回校視事，從此教育原狀將復。同人等之為學，亦將有所歸往，不學何待？同人等為此敬謹宣言，前之罷課，所以愛國也。而愛國之方，蓋非一成不易者。今蔡校長將回校矣，所失望且全復矣。同人等自當俟全國學生聯合會宣告開課之後，黽勉向學。從蔡校長學問道術，以蔚人文，以煥國光。此所以報國家，而報我期望殷殷之父老也。

軍警壓迫中的學生運動

原載《每週評論》，1919年6月8日，第1版。

國內大事述評

▲軍警壓迫中的學生運動

學界全體罷課，本是一種消極的表示。一方面停止露天講演；一方面又專於販賣國貨，連一句抵制日貨的話也不提。轟轟烈烈的「五四運動」，幾幾乎「石沉大海」似的。政府利用這個空子，接二連三下了幾道命令。一道是教育部的部令，限學生三天上課；兩道是總統命令：第一道說曹汝霖章宗祥陸宗輿的功勞不小，「國人不明真相」，所以才有「誤會」；第二道說是「誥誡」，「糾眾滋事、擾及公安」的學生，仍然說那些「縱火殺人」、「提倡國貨」的字樣。

（一）學生販賣國貨的情形：自「五七」日報紙登之後，公園市場裏，就常有賣東西的學生，手拿布袋、有的寫「國貨」兩個字、有時寫「提倡國貨」四個字。每到茶樓前面，先向游人物舞，一種極和藹的話、勸人買貨，所賣的貨物：不外乎粉肥皂手巾香水紙煙之類、也有賣「國貨」雜誌和「國民」雜誌的。游客之中、十個人總有八個人買。

（二）軍警壓迫中講演的情形：六月三日東安市場裏邊賣國貨的學生、竟被軍警提去七個人、議定補票進行。學校聯合會因為賣國貨的學生提去了、議定打六月四日起、每天派人出去沿街演說。大意是勸人愛國、勸人用

殺人」的一派話，並且把學校聯合會義勇隊一概查禁。這些「憫其蒙昧」，「諄諄誥誡」，的「再三申諭」，不知不覺的惹起了警備司令部硬上加硬，激動了學界火上加火——這就是學生運動越鬧越大的原因。以下且把這幾天的情形寫一寫：

（一）學生販賣國貨的情形

自「五七」日報封禁之後，公園市場裏邊，就沒有賣東西的學生。過了兩天又有許多學生，手拿布袋，有的寫「國貨」兩個字，有時寫「提倡國貨」四個字。每到茶棹前面，先向游人鞠躬，發一種極和藹的話，勸人買貨。所賣的貨物：不外牙粉、肥皂、手巾、香水、紙煙之類，也有買「國民」雜誌和「國體與青年」的。游客之中，十個人總有八個人買的，照他們說賣出去的錢專做學校聯合會費用。六月三日東安市場裏邊賣國貨的學生，竟被軍警捉去七個人，學校聯合會當晚就開了一個緊急會議，議定積極進行。

（二）軍警壓迫中講演的情形

學校聯合會因為賣國貨的學生捉去了，議定打六月四日起，每天派人出去沿街演説。大意是勸人愛國，勸人用國貨兩件事，並不説抵制日貨的話。又議定每回派出五十人演説，如這五十人被軍警捉去，再派五十人出去，如官廳拘留一個人，就一齊前去，聽他發落。四日上午十點鐘時候，各學生懷裏藏着白旗，上寫某校某隊講演團字樣，或五六人或十幾人不等，靜悄悄的出去。走到行人多的地方，就從懷中摸出白旗子，大聲疾呼地演説。這個時候街心的警察，比平常增加好幾倍。又有穿灰衣的馬隊，背着槍，騎着馬，四處亂跑。遇到有人講演，不問他人多人少，放馬過去，左衝右突，也不知道踏傷了幾多人。把聽的人衝散之後，便讓游緝隊保安隊把演説的學生兩人夾一人送到北河沿法科大學裏邊去監禁起來。五日上午，記者打前門經過，看見三個學生，站在路旁演説，來了幾個警察身長黑面，猶如城隍廟裏的閻王一般。把三個學生一人捉一個，那二個學生兩手雖然被他們捉住，嘴裏還説個不止，聽的人不知道有多少都流下淚來。後門外邊，有兩隊學生，一向西行，一向東行。這個地方祇有十幾個警察，到東邊去趕人，西邊又演説起來了，到西邊去趕人，東邊又演説起來了，鬧得很久，

聽的人個個拍手，幾個警察也就不敢動手了。到五日上午捉去的學生約有一千多人，這天學生更加激昂，當出去的時候，各人背着行李，連牙粉、牙刷、麵包都帶了，預備去陪伴同學坐監。這天聚集大隊出發，分路講演，合計約有兩千多人。分做三大縱隊：第一隊是北京大學第一第四各中學的學生，由東四牌樓過東單牌樓到崇文門一帶講演；第二隊是法政專門蒙藏專門和崇德中學各學校的學生，由西四牌樓過西單牌樓出順治門一帶講演；第三隊是高等師範的學生，想從前門□東西長安街一帶講演。出發的時候，一人傳十，十人傳百，聲勢非常的浩大。政府加派大批游緝隊保安隊，出來保護。忽然又有穿黃色軍裝的馬隊，迎頭衝來，把幾千幾百聽的人，衝得東奔西散，老啼幼哭，叫苦連天。有許多市民，個個發怒，想合力和他們抵抗，後來有許多警察出來說和，才算敷衍了事。又有一陣學生到警察廳門口，被馬隊擋住，於是一個個拼命的衝去，把馬隊衝開一條路，才得過去。到了這個時候，政府已沒有辦法，只得改變方針，只趕聽眾，不捉學生。所以三隊學生竟能沿街遊行，手拿國旗，大叫愛國，不過有許多軍隊，到處跟隨罷了。記者午後一時打東長安街經過，看見第一中學的講演隊正在樹蔭之下演說，突來坐腳踏車的警察三四人，把聽者一齊趕開，至於演說的學生他就不過問了。

（三）車隊包圍北京大學的情形

北京多時沒有落雨，四日晚上天氣忽然大變，大風大雷大雨，竟把一個首善的京城，鬧成了黑暗的世界。塵土大起飛沙走石之中，看見多少學生，對着路上的行人演說；電光閃閃隱隱約約之中，看見二十個帳棚，把大學法科團團圍住——這就是北京大學改作學生拘留所的那一天晚上的情形。四日上午東華門一帶直到東安市場，有陸軍第九師、步兵一營和第十五團一團紮住、連接北河沿一帶，直到法科門首，都像前敵戰線上的防備一般。東華門一帶的交通，一齊斷絕。法科大學臨着北河沿，兩岸楊柳之中，露出二十個帳棚，夾着法科大門兩旁，東邊十個，西邊十個。講堂之內，頭一天拘留學生一百七十六人，也有清華學校的，也有高等師範的，也有匯文大學的，北京大學的學生總佔十分之七八。校內的差役，一跑乾淨，自早到晚，一百多人連一口涼水也沒吃着。這天天氣陡變，夜間越加寒冷，當時就有幾

個體弱的學生，忽得重病。到了夜裏，大學教職員商議送鋪蓋進去，辦了幾次交涉，才家總司令段芝貴允許。教職員又湊集許多錢，趕做麵包三千，託第一區警署轉送進去，哪知道剛才進門，已被軍警分搶乾淨。據大學教員錢先生說：「當晚有外國兵士坐汽車，送被條多床進去，拿着手鎗，一湧而進，軍警看見是外國人，才不敢阻止」。當步軍初來的時候，有北京大學教員吳宗壽在校內出來，被兵士毆辱。又有學生和兵士爭論被軍警打傷的很多，方敦光(法文專修館)、聶肇靈(高工)、陳崢宇(高工)、黃松梁 (北大)、彭世昌(高工)五人，受傷尤重。到了五日，捉進去的學生，已有一兩千人，法科一處已經不夠居住，所以又把理科大學佔去，作為第二監獄。學生整整餓了一天一夜，警察廳看不過去，隨備公函一道，叫大學預備火食具器。公函說：

> 逕啟者：昨夜及本日送有各學校學生一二千人在各街市遊行演說。當經本廳遵照五月二十五日大總統命令，派出員警盡力制止，百般勸解，該學生等終不服從，猶復強行演說。當時地方秩序，頗形擾亂。本廳商承警備總司令部為維持公安計，不得已將各校學生分送北京大學法科及理科酌派軍警監護，另案呈請政府，聽後解決。惟各該校人數眾多，所有飲食用具，應請貴校速予籌備，以資應用。除函達教育部外，相應函達查照辦理。此致北京大學。

> 八年六月四日

五日上午，政府看學生演說，仍然拼命的進行；上海天津商民罷市的消息，和天津學生運動的消息，漸漸傳來，又有某校學生全體排隊入城的傳說，所以一方面把西直門阜成門德勝門一齊關閉，一方面把包圍大學的軍隊，暗暗的撤消。記者晚間六時到大學法科去看看，二十個帳棚，已經撤掉，學生仍在校內，校門由清華童子軍背槍守衛，不准外人進去，大家在裏面商議辦法。開會之後，議決兩條辦法：(一)暫不出校，並舉出糾察員數人維持秩序。(二)向政府要求集會言論出版自由，不受限制。如這一條要求辦法不到，寧肯餓死監獄中，決意不回本校。 由聯合會通電如左：

> 各省省議會教育會商會農會工會各學校各報館均鑒：看豪兩日，共計捕去講演學生七百餘人。歌日出發講演者，共計五千餘人，政府

未施逮捕，僅以軍警四逐聽眾。歌日午後防守被拘學生之軍警，忽然全數撤去。然政府自為兒戲，而學生等無端被拘，決不能自行散去，致陷逃法之咎。故被拘者仍在北京大學法理兩科，保持拘留時原狀，以俟正當解決。惟此次軍警蹂躪教育，破壞司法，侵犯人權，蔑棄人道，種種不法行為，皆政府縱使之。武人之跋扈日恣，國家之運命自蹙，長此優容，何以為國。學生等一面質問政府有以處置軍警，一面仍應亟籌應付國仇國之道，謹此述聞。北京中等以上各學校學生聯合會叩麻。

（四）女學生運動的情形

北京男學生罷課運動，女學生仍然天天到校。這是什麼原故呢？因為女學生若要罷課，必定要受家庭限制，不准出外運動，所以他們外託上課之名，實行運動之事。到了軍警圍困大學的那一天，十五個女校聯合會在石駙馬大街女子師範學校開了一個大會，議決排隊到總統府去，要求撤退軍警，保全大學的尊嚴，並請政府對於學生講演，不得干涉、尊重人民神聖不可侵犯的言論自由權。四日午後一時，十五校女生，各穿學校制服，到天安門內會齊。女子師範校長方還因前幾天內才得一個五等嘉禾章，不能不替政府出力，所以竟把校門封鎖起來。等到培華女學校學生排隊到女子師範門前，女子師範的學生不得不奮力開門，於是拋磚投石，遂把校門打開，排隊出去。記者午後二時到中央公園門首，看見女學生約有千人排隊向總統府而去。雖然大風吹土，對面不能見人，步武卻一點不亂。拿槍帶劍的警察，到處跟隨，一步不讓。到了新華門首，被總統府衛隊攔住，遂舉出代表錢中慧吳學恆陶斌趙翠菊四人，進府求見。徐世昌不見，隨叫陳子厚秘書代見。女學生說明要求四件事：（一）大學不能作為監獄、（二）不可拿待土匪的法子來待高尚的學生、（三）以後不得再叫軍警干涉愛國學生的演說、（四）對於學生只能詰誡不能虐待。陳秘書答道：「三日之內回話」。女學生現在也組織講演團，預備到處演說。他們所辦的週刊，也出過好幾期了。

（五）各校教職員運動的情形

這回學生運動，教職員本沒有干與。自從軍警包圍大學，乃由學生問題，變成學校問題。大學的——教育的——尊嚴，被軍警蹂躪完了，他們那裏

能夠不說話呢？所以各校教職員連天在學界俱樂部開了幾回會議，議定一面推舉代表謁見政府當道，一面打電報通告全國。各校長上國務院的呈文大略如左：

> 呈為請撤大學軍警事：昨日遊行講演，致被拘於北京大學法科者，約有百餘人之多。校內外軍警密佈，防範綦嚴。在政府小懲大戒，具有不得已之苦衷。……第學生與學校，裁然兩事。學生犯法，不能罪及學校。況學校為國家永久作育人才之地，非政府隨意執行刑法之地。今以軍警包圍學校，決非正當辦法，區區一法科不足惜，如教育前途何！如行政司法前途何！始因外交問題牽動學界，復因學界問題累及司法，累及行政，治絲而棼，恐無甚於此者……茲為維持國家法紀，行政權限，並教育前途起見，不得不晉謁崇階有所陳述……尚祈采納微言，迅撤軍警。教育幸甚，國家幸甚。謹呈。

代理北京大學校務工科學長溫宗禹、北京大學法科學長王建祖、北京高等師範學校校長陳寶泉、北京法政專門學校校長王家駒、北京醫學專門學校校長湯爾和、北京農業專門學校校長金邦正、北京工業專門學校校長洪鎔、各校教職員聯合會通電如左：

> 各督軍省長，上海盧護軍使，唐少川、章太炎、通州張季直、天津嚴和孫、范靜生、本京汪伯唐、張仲三、熊秉三諸先生、各省省議會、教育會、勸學所，各學校，報館、鑒：肴日午後，北京大學法科突來馬步軍警數百，圍佔校舍，張幕屯駐，輦運子彈，勢同臨敵。北京大學職教員或被拘留，或遭毆□，又拘禁北京大學匯文大學清華高師等十餘學校學生數百人於教室，並施笞責。本日拘禁者，比昨尤眾。等學生於匪徒，以校舍為图圄，蹂躪教育，破壞司法，國家前途，何堪設想！除向當局嚴重交涉外，謹此佈聞。北京專門以上學校職教員聯合會豪。

（六）政府方面善後辦法

五日的國務會議，商議對付學生的方法，大家都說「學生行動，尚沒有過於激烈的地方，若是一味的捉拿，越捉越多，恐怕要惹出別省的反響，不如拿平和方法對待為是」。當時議定兩種辦法：（一）更換大學校長，讓蔡元

培辭職，叫胡仁源繼仕。(二)更換教育次長，讓袁希濤辭職，叫傅嶽棻繼任，並暫行代理總長的職務。並責成傅氏同各學校校長接洽，商議善後的辦法。當晚八點鐘又在錢能訓家裏會議，商定對待學生不取極端嚴厲和極端放任主議。第一步辦法，仍從叫學生上課着手，對於各學校根本問題絕不搖動。這回捉拿學生本是警備總司令段芝貴的主意。(據七日《順天時報》說：「段芝貴前在軍警會議席上，極力主張以嚴厲的辦法對待學生，故令警察廳施行拘捕。不料學生拘捕未盡，而市面秩序，反形恐慌。更兼商民睹此軍警戒嚴，及學生愈鬧愈厲之景況，以為大亂在即，遂向各兌換所兌取天津張家口中交鈔票現款。於是金融界又受影響。故於昨日晉見總統時，知辦理不善，遂引咎辭職云。」) 現在不覺良心發見，自已懊悔起來了。於是又同吳炳湘商議，吳氏乃主張同教育次長各校校長教職員等共同商議，要求一體幫助，來收束學生的風潮。

我的學潮觀　［劉靖裔］

原載《民國日報》，1919 年 8 月 13 日，第 2 張第 8 版

這篇文字，很有人勸我別做。就是做，也別暢暢快快的說，不然，恐怕要惹出禍來的。現在尋漏洞捉訛頭，想興「文字獄」的人，正多着呢！我說：不！這麼大的事情，又是教育界的大事情，我們教育界的人，可以「默默無言」，不給他下一個評判麼？既然要評判他，若不暢暢快快的說一番，這評判有什麼價值呢？至於「文字獄」，那是從前專制帝王鬧的把戲。現在中華民國，雖然八個年頭，政治還沒有上軌道，但總算是個民主立憲的國家。那臨時約法復活以來，第二次實行廢止的明文，畢竟還沒有宣佈過。那麼，據理講起來，只要是中華民國的官吏，中華民國的人民，似乎也不好意思頑這「文字獄」的把戲！假使果然有這樣的人那正是某名士所說的「出乎意表之外了！」我們也管不得許多，況且本刊的發刊辭上，曾經說過：「不受權力之壓制」，我們若是因為怕受權力的壓制，對於這樣大事情，不暢暢快快的下一個評判，似乎倒反不配做中華民國的人民，要給人家說我們程度不夠哩！總之這篇文字，憑着我的主觀做的各人有各人的主觀不同，我的評判，自然也是不同，倘然人家憑着和我不同的主觀，大家各下一個和我不同的評判，那是我很贊成很歡迎的！若是憑着言論以外的權力，興起什麼「文字獄」來，那我也只好學着孔老夫子的腔調，說兩句「知我其者惟……乎罪我者其惟……乎」罷了！

我的學潮觀（續一）　　［劉靖裔］

原載《民國日報》，1919 年 8 月 14 日。

　　此番的學潮…論起時間的延長，從「五四運動」繼續到曹陸章免職，小小作一結束，約莫有四十多天。論起地面的擴張，從北京方面發展到各省，約莫有十多省。論起社會的牽動，從學界鼓盪到「商界」、「工界」，約莫有幾千萬人。雖然究竟效果如何？現在還不能斷定，但是他的影響，實在不小！無論「贊成」、「反對」、「旁觀」、「當局」各方面，都不能不承認他是中國有史以來破天荒的大事情了！這麼大的事情，自然人人胸中，都應該有一個主觀的評判。我這篇文字，也不過憑着我的主觀，給他下一個評判罷了！我的主觀怎麼樣呢？就是本刊發刊辭上所説的「以人為本位」，和「教育創造人事」了。憑着這個主觀，所以有下面所列的評判的大綱：

（一）是中華民國人民應該有的事情！

（二）是中華民國人民人格的表現！

（三）是教育的實驗！是實驗的教育！

（四）是以前教育造成的結果！是以後教育改革的動機！

　　但是面印度的因明學上講起來，不但講究「能立」，還要講究「能破」。若是「不能破」，連自己的「能立」也靠不住了。上邊所列的大綱，就算是我所立的「宗」，現在且把我所以「能立」的「因」，暫時擱起，先把別人的評判，約略列舉出來用我的主觀去破他。雖然得罪人家，我也顧不得了！

我的學潮觀（續二） ［劉靖裔］

原載《民國日報》，1919 年 8 月 16 日，第 2 張第 8 版。

別人對於這事情的評判，除掉軍閥方面日人方面無意識的誣陷。（一）說他彷彿庚子排斥風潮，和義和團差不多；（二）說他是過激黨，是無政府共產黨，那都是不值一破的！其餘大概可分為政府方面、官僚方面、政客方面、校長職教員方面、法律家方面、普通社會方面、外人方面、他們所下的評判，據我所見所聞所揣測的，不出以下所列的機（幾）種。

（一）**損傷威信說**：這一說是「政府」、「官僚」、「一部分政客」、「一部分校長職教員」所倡的，政府和官僚，天天講威信的，自然不消說了！那一部分政客，是預備入政府當官僚的，也不消說了！一部分校長職教員。本來和「政府」、「官僚」接近的，而且他們自己也有所謂學校的威信□，所以都以為「學生結了團體，自遊行、自由罷課、干預政治、指官吏、干涉政府用人的權，反抗學校的命令，弄得我們威信毫無。如此猖狂，還了得麼！以後叫政府怎麼統治人民！學校怎麼管理學生呢！」我對於這一說，先要把威信兩字，研究一番。有人說：「威是專制政府所用的東西，民國政府，用不着威，不應該有威的。」我卻以為民國政府，應該有威，但不是專制淫威罷了！一一要研究的，就是下列幾個問題：

（一）怎麼樣叫做威信？行出來的政事，發出來的號令，都是合乎法律的叫人民不得不信仰他服從他，那叫做威信。使着「武力」、「強權」壓制人民，硬要人民服從的，不叫做威信。

我的學潮觀（續三） ［劉靖裔］

原載《民國日報》，1919 年 8 月 18 日，第 2 張第 8 版。

（二）政府的威信是那裏來的？民國政府的威信，是「國民全體公認的法律」所賦予的…老實說…他的威信，就是法律的威信，就是國民全體的威信，不是「軍人」、「警察」的威信，不「鎗刺」、「子彈」的威信、不是「監獄」、「拘留所」的威信。

（三）政府的威信怎麼樣才存在？民國政府的威信，既然是「國民全體公認的」法律所賦予…那麼，一定要行出來的政事，發出來的號令，沒有一件不合法律的，才可以憑藉多數公認的威信，去制裁少數…若是差不多國民全體，都不公認他是合法時候，他那威信的根據，已經消滅了，就是威信已經不存在了…這實在用不着國民去損傷他啊！

（四）損傷現在政府威信的是誰？幾年以來，經一般「軍人」、「官僚」、「政客」的幾回亂鬧，政府的威信，早經損傷得掃地無了！難道等到這一回的事情，才覺得損傷威信麼？

（五）學校裏也要講威信？學校裏雖然也有所謂學校行政，但是到底比不得
　　政府的國家行政。校長職教員和學生，當然要注重感情的一方面，好
　　像家人父子一樣，才可以算得樂育英才。所以只有「誠信相孚」，教
　　育才會進步。恐怕用不着講什麼威罷！你瞧北大的堂長蔡君，不曾聽
　　見他講什麼威，何以一般學生都這樣信服他呢？

　　這五個問題解決了，那可見得這回的事情並不可以說他損傷威信了！倡
這一說的，未免認錯了本位了！

　　（二）擾亂秩序說：倡這一說的人除「政府」、「官僚」、「政客」、「校
長職教員」外，還有少數的外人，和「一般社會」的善於過慮的。他們的
心理，以為「群眾行動」，一定要弄到破壞秩序的。所以聽見學生要罷課，
趕緊禁止，或是解散，或是提前放假。對於遊行演講的學生，「拘捕」、「監
禁」、「圍困」、「毆打」，甚至下格殺弗論的命令；聽見商人要罷市，也是
趕緊禁止，已經罷了，就派出軍警，勒迫開市；聽見工人要罷工，更是急得
不得了，官廳下特別戒嚴的令，租界的工部局，也趕緊加添巡捕，派出商團，
禁止結隊的遊行。唉！這都不曉得凡人統是有愛秩序的性質的，到了有組
織的合群，愛秩序的性質，尤其豐富了。你瞧水和風都是無情的東西，但
是他來的時候，都是有一定的軌道，和一定的方向的。除非有別的東西去
阻擋他，才弄到無秩序，何況人是有情的東西呢！就是「五四運動」這一天，
有「傷人毀宅」的事情。那曹家的火，到底是怎麼燒起來的？如今還是一
椿疑案。那打章宗祥的事，也是一般管門人和警察激出來的。可見得群眾
行為，只要沒有阻擋的東西，是不至於擾亂秩序的。還有一個絕好的證據，
當那「罷課」、「罷市」、「罷工」的時候，只要「軍人」、「警察」、「巡捕」、
「商團」等等，不出來干涉他們，都是安安靜靜的；一經干涉起來，那秩序
免不得擾亂了。所以我要問一句：「擾亂秩序的到底是誰？」恐怕倡這一說
的人，不承認人有人格，人群有「人群的人格」的罷！

我的學潮觀（續四）　[劉靖裔]

原載《民國日報》，1919 年 8 月 19 日，第 2 張第 8 版。

　　（三）干犯法紀說：這一說是一般法律家所倡的，他的評判，單是對「五四運動」「傷人毀宅」的事情了的。他以為「這種」「傷人毀宅」的事情，無論如何，不能不說他是犯罪行為應該要受法律的制裁的。」對於這說，和他辯駁的很多，有的說：「這事情無所謂首從，法律不能科幾千人的罪。」有的說：「法律應該把人生正義做目的，不應該單把維持秩序做目的。凡人所做的事情，只要合乎人生正義，不能拿死板的條文，去妨害正義的」。有的說：「刑事上犯罪的成立，要把」「意思」做前提，假使「意思」和「行為」、「結果」不一致，就是非故意的行為，應該不為罪的。現在這事情初起的「意思」和「行為」、「結果」，確不一致，所以不能作為有罪」。這幾種辯駁，都有理由。但是我對於法律本身還有一個問題⋯就是法律怎麼成功的？我以為法律的本身，是國民全體心理所公認，把他來達國民全體安全的目的，所以法律的基礎，本來建築在群眾心理上頭的。少數人有不合法的行為，法律不以為然，就是群眾心理不以為然。法律科他的罪，就是群眾心理科他的罪。到了群眾的行為，難道法律還能夠根據群眾心理，來科他的罪麼？若說「五四運動」的行為不過幾千人，還不是國民全體。那麼，何以不聽見國民全體大家對於「五四運動」的人，「聲罪致討」一定要依法科罪呢？何以各處的商人罷市、工人罷工，都反大多數對於這班「五四運動」的人表同情呢？所以只要認清楚了法律是以人為本位的，就不會下什麼干犯法紀的評判了！

我的學潮觀（續五） ［劉靖裔］

原載《民國日報》，1919 年 8 月 20 日，第 2 張第 8 版

（四）踰越職分說：這一說是「政府」、「官僚」、「校長職教員」和「一般社會」很普通的觀念，他們以為「學生的職分是求學。學生要救國，只要盡他求學的職分就行，不應該踰越職分，出來干預政治」。這話似乎很有理由，很容易聽，要算頂有力的一說了！然而仔細研究起來，卻有兩種錯誤：

（一）他們不承認學生也是一個國民，同時有兩重人格的。譬如一家的子弟，要想將來與旺他的家業。所以去進學校，當學生，盡他求學的職

分。但是他一方面有當學生的人格，一方面同時有做子弟的人格。平時沒甚要緊事情，自然是求學要緊，不應該拋荒學業。假使家裏發生了一件要緊的事故，難道不準他請假回去，盡他「子弟助理家事」的職分麼？此番學生因為很要緊的山東問題，罷了課，出來盡他「國民盡瘁國事」的職分，正和請了假去盡「子弟助理家事」的職分一樣，怎麼可以說他踰越職分呢？

(二) 他們不曉得常變緩急的分別。譬如一家店鋪，從經理起，一直到小夥計和學生，本來都是股東。平時沒有變故，經理有經理的職分，管帳有管帳的職分，乃至「小夥計」、「學生」有「小夥計」、「學生」的職分。總之「通力合作」，求達「生意興旺」的目的罷了。到了「火燒」、「盜劫」非常變故的時候，難道「小夥計」、「學生」應該推頭不是我的職分，袖着手不去救麼？或者經理舞弊，有故意縱火掩瞞他的虧空，串通強盜，打劫他的貨物的行為，難道「小夥計」、「學生」不應該拿出他們股東的資格去盡他保護財產的職分麼？現在的山東問題，正是「火燒」、「盜劫」的非常變故，學生雖然和店鋪的「小夥計」、「學生」一樣，但畢竟是個中華民國的股東，難道應該守着平時的職分，取袖手旁觀的態度麼？有這兩種錯誤所以這一說完全是片面的理論了！況且我還要問就使這不是學生應該做的事情，究竟誰應該做呢？「政府」、「官僚」，是靠不了！校長職教員，就算也有什麼特別的職分，不應該踰越的，不必說了！那麼，一般社會，似乎應該做這事情了！何以只社會學生踰越職分，卻不看見列位做呢？若說這是「政府」、「官僚」的職分。那麼，恐怕做了朝鮮人，再來打算獨立，未免遲了罷！

湘學界全體散學之大風潮

原載《晨報》，1919 年 12 月 13 日，第 2 版。

▲ 八日起初等小學
以上學校均散學

本報頃得長沙緊急消息云：本月八日起湖南自初等小學以上學校學生全體散學業，已公舉代表分赴京滬報告一切。

現在長沙已成無教育之狀態矣，據某君云此事原委實因前月學生曾在火車站發見新來之日貨數箱，當將該貨押交教育會，由國貨研究會公決處分辦法，討論數日卒以大多數議決全數燒毀。

本月一日學生為福州事件舉行遊街大會後，即將該貨搬至某處執行燒毀。正欲點火之際，張敬堯派乃弟張敬湯率兵來場阻止，一群兵士踞坐日貨之上，不令燒毀，而張敬湯且為一場演說略謂「學生行動皆為熊秉三所唆使，若長此不知悛改，則我惟有認為土匪，嚴加懲辦而已」。學生聞之異常憤慨，當時只得隱忍歸校，連日開會討論，結果大眾僉以當局如此對待學界，則惟有全體散學以促其反省，故於八日全體實行散學，自初等小學以上數十校學生一萬餘人，自八日始皆不得已中止學業矣。試問此何等景象，未審教育當局將何以善其後，又未審國人如何聲援也云云。又據本報探聞來京代表之一人業已抵京，住迎賓旅館云。

學校教職員決議全體罷課

原載《晨報》，1919 年 12 月 13 日，第 2 版。

▲ 十五日實行

北京中學校以上教職員聯合會推舉代表，晉謁當局要求清償舊欠及改發現洋兩事，其經過情形疊見本報聞。連日各代表奔走結果而當局僅允從速清償舊欠，而對於改發現洋一層，則謂斟酌情形辦理，故大家均以目的未能貫徹，惟有照預定計劃進行。於昨日下午三時在國立法政專門學校內開代表會議，到者四十餘人，由馬寅初、王桐齡二君主席討論結果，議決三案（一）決定於本月十五日實行全體停止職務（二）停止職務後舉出糾察員若干名調查各學校是否取一致行動（三）繼續執行職務時亦應取一致行動云。

教職員全體罷課問題

原載《晨報》，1919 年 12 月 14 日，第 2 版

▲ 十二日之五大決議
　教育部之敷衍辦法
　本日之最後大會議

　　北京小學以上學校教職員聯合會決定本月十五日起全體停止職務一節，已見昨報，茲覓得十二日所決議之事項，原文照錄於左：

（一）對部復認為不滿意，即當遵照上次議決停止職務

（二）停止職務自本月十五日起

（三）於停止職務期間，組織視察團視察各校是否實行停止職務

（四）上項議決修正為於停止職務期間由本會推定會員若干人調查各校情形

（五）繼續執行職務須由本會議決一致行動

(六)組織固定辦事機關

(一)會址

(二)職員　（一）總務　馬敍倫　王桐齡　（二）文牘　費家祿　陳大齊　沈士遠　陶履恭　吳永權　（三）會計　朱內光　沈士遠　（四）庶務　關景山　張少山　（五）新聞　費家祿　陶履恭　李大釗　（六）速記　（七）交際本日出席專門中小學校各代表除有本會他項職務外皆作為交際代表。

　　聞教育當局自得此項消息後，頗形恐慌，昨日傳嶽崃特請各校長到教育部商議一切，面允發薪問題，厘定標準辦法。對於小學教員全部發現，中學教員搭八成，專門以上搭七成，嗣後即照此搭放，並通知財政部照發云云。聞各校教職員以此項辦法尚難滿足，且每月薪水能否按期發放及從前積欠如何清理，亦均未提及，故定今日（十四日）下午一時仍在國立法政專門學校開代表會議，決定最後辦法，十五日全體罷課之決議能否打消，一時尚難預測云。

教職員全體停止職務事件 原載《晨報》，1919 年 12 月 16 日，第 2 版

▲ 聯合會代表晉見總理　教育部召集校長會議
學生方面與父兄方面

　　京中公立小學校以上學校教職員全體停止職務宣言已見昨報，茲聞昨日公立小學以上六十餘校教職員無一人執行職務者，昨日上午專門以上各學校之代表陶履恭，各中學校之代表關景山，各小學校代表赫某等，齊到國務院呈遞宣言，並請見總理，靳未見。下午各校代表復在石達子廟歐美同學會中，開教職員聯合會，討論此後之進行事件，結果決定由各代表中推舉調查員十二人，計專門學校以上者三人，中學者三人，小學者六人，專任調查京中各學校關於罷課之一切情形，決議之後即用教職員聯合會名義分函各學校校長，請其尊重本會之決議云云。

　　又聞昨教育次長傅嶽棻曾召集各校校長到部商議一切，各校長以傅仍是滿口空言，力辭轉圜之責任。傅以此次教職員停止職務之宣言，含有不信任教育當局之意，已擬提出辭呈以明責任云。

　　又聞學生方面以政府不甚注意教育，以致教職員全體不得已停止職務，極為不平。昨日各校各自開會集議聲援，方法或於日內將有所表示，亦未可知云。

　　又聞學生父兄方面以教職員停止職務，子弟無處求學，擬籲請當局速予維持，以免子弟學業荒廢云。

湖南學界全體散學真相

原載《晨報》，1919 年 12 月 16 日，第 2 版。

上月尾湖南國貨維持會調查部（商人與學生共同組織的）查出新進日貨值數千元，經評議部議決，約定全城學生於本月二日焚毀。這是福州日本人殺傷中國學生的消息未到長沙以前的事，自得了這個消息，學生憤慨異常，幾次要舉行演說都被政府干涉，不得自由，印刷傳單也被禁止。他們沒有辦法就想趁焚日貨的那一天舉行遊街大會，大行演說。

到了二日上午八時，全城學生數千人齊集，那商學兩界聯合組織的國貨維持會列隊出發，每人手持日貨數件，沿途演說，痛哭流涕，大聲疾呼，將福州事件仔細說明，聽的人都被感動，一路秩序也很好。中途經過一個商店，見有「照碼八折」、「五周紀念」等種種引誘的招牌，學生糾察員疑為販賣日貨，就去查問。那個商店人恐怕查出他的真相來，就和學生糾察員衝突起來。衝突之間，不由得有闖碎幾片玻璃的事。十二點鐘到了教育會，會前的大坪已有軍警數十名持槍分佈其中（係商會長張先贊運動來的）·學生大隊入坪，走成大圈圍着日貨。尚未舉火，四圍的軍警突然衝入，用刺刀亂刺，指揮刀亂砍，傷學生數人，圍着日貨不准焚燒。不久來一副官，身着長袍，帶了許多兵士一衝而進，向女學生大聲辱罵，接着就捉捕代表五人（公立法政學生徐慶譽，是湖南學生聯合會的會長及湘雅學生蘇潤玻、岳雲中學學生李啟漢、吳俊臣，長郡中學學生汪國靈，都是湖南學生聯合會的職員），拿到堆日貨的中間萬般辱罵，拳足交加的亂打一番（代表不得說一句話，一說就打，副官親手打）打了之後又將五個代表攝影，後來用捉犯人一般的辦法，兩個捉一個，捉入教育會內去。

不一刻，某司令也來了（也是張先贊告哀乞憐請來的），前後挾着數十枝上刺刀的槍，兩側擁着撥殼隊及刀斧手。那馬刀雪白白的奪目，咦真個嚇人咧。他到了會內的時候，拿代表們去問，開口就是「土匪頭子」、「受野心家的運動」、「擾亂秩序」，種種無根據的話來罵，要「殺」要「槍斃」種種的名詞來威嚇，並且親自把那五個代表痛打了一番。當時旁邊有一位

長郡中學的職員先生看見，心裏實在不好過，乃出來向某司令哀求，並代學生辨明無土匪行為，某司令更大發雷霆，將這位先生打幾個把掌，說不出話來，接着又喊兵士捉下去，亂打一頓。

後來把五個代表捉出大坪來，某司令登台向大眾學生大喊大叫的說：「我挪了我的錢給你們學生讀書，你們怎麼還要受野心家的運動來擾亂治安，仿土匪的行為？我會殺人的！今天不聽我的話，試殺幾個把你們看看！熊希齡那忘八蚤說大帥賣礦山、括地皮，你們湖南有幾個礦山，有多少地皮？大帥苦心維持你們湖南，你們不知感恩，還受他們的運動擾亂秩序，防害治安。我是一個軍人，我只曉得殺人。你們湖南沒有死過學生，你們是要尋死了，難道我不敢殺嗎？以後再有敢結隊遊行的，我就拿作土匪辦，不稍寬宥，並且將學校都要解散的。今天把你們的旗子取下，一個一個趕快回去，違背我的就是我的仇敵，我就要殺！去……去……去！」大概他十句話裏頭總有幾個殺字，又對五代表說：「你們的像片子在我這裏，以後安安靜靜的上課，沒有一點兒的事發生就算了。若再有集會結社及團體運動的事發生，就找你五人先殺，你五人就是土匪頭子。」於是立刻要全體學生解散。當時全體學生受了那種辱罵，腦筋失了作用了，稍稍遲疑了一回，張敬湯就揮令軍警把槍刀四圍亂衝，受傷的學生很多，哭聲震地，悲慘不可形容。

次日，各校的教職員在教育會會議維持方法，又有大隊軍警大令在會場監視，不得自由討論，終沒得完善的結果。

到了七日，全城三十餘男女大小學校都實行解散了。解散的直接原因雖是二日在教育會受毒罵毒打促成的，但是解散的原因已經蓄了很久：（一）他們在長沙生命不安全，無論何時可以陷入死境。（二）學校等於虛設，因生活的不安全，物價昂貴，稍有一點活動力的教職員都不願在長沙。學校的門雖然沒有封鎖，安心事的教職員卻很少。學生雖在那裏上課，於知識上卻得不到什麼大益處。他們的學費都是由父母節衣縮食而來的，費了錢得不到相當的學問，又要受刺激，受痛苦，到末了還要被土匪的惡名。不如自邑解散回家，和他們的父母一齊吃苦，免得在長沙寄性命於虎口，還是一個兩全的法子。

(福州) 學生罷課後第二次宣言

原載《晨報》，1919 年 12 月 17 日，第 6 版。

▲ 非回復「出版自由」不上課

　　福建省會各學校學生罷課之第二次宣言，原文曰：我國今日內亂頻，仍外交棘手，學生痛國亡之無日出，而為種種之舉動，提倡國貨以挽回利權也。發行報紙以淪民智作民氣也，成則同胞獲益，敗則舉國蒙羞，豈關吾儕一二人之事。數月以來，奔走呼號於烈日暴風雨中，死者不知凡幾，而約束於家庭壓抑，於官廳種種苦情尤不可殫述，顧卒不惜犧牲一切者為救國計也。即日刊發行已來，雖無良好成績，然對於提倡國貨不可謂無補於萬一，乃限以周刊圍以學術，吾儕對於朝三暮四之官廳命令，靡不遵從，委曲求全亦云至矣。本月十六晚，日人無故聚眾持械毆傷學生、市民、警察，並傷及美國人同人等，鑒於同胞負創，官廳見辱，安得不大聲呼籲，醒喚國民求援公道，以為外交後盾，一片丹心當為天人所共亮，乃官廳坐擁事權，歲糜鉅費，既不能先事預防，保護民命，一旦事起，以敷衍為鎮靜，以壓抑為威嚴，區區一星期一紙之報，迫令停刊，停刊之不足又標封報社，標封報社之不足，又驅逐民居（周刊社在魁輔里謝氏祠之第二進，該祠凡四進，民居都六家舉係貧民黑夜播遷寄居，本里祠廟之廊，廡號泣之聲，慘不忍聞。）試問報紙停矣，報社封矣，當局對於外交到底有何把握？且其標封牌

示，一則曰越出學術範圍，再則曰該報登載宣言書，尤屬荒謬，尤令人百家不得其解者，夫所謂越出範圍者究係何指？前月十六晚事起，全國震駭，揭橥正義代表，輿論正學術之作用。二十世紀之中國有奴隸之官吏，斷無奴隸之學生，拘拘繩尺待人刀俎，辱己害小，辱國害大，吾儕不能容忍不言者蓋已籌之熟矣。當局不察橫肆淫威摧殘民氣，是可忍孰不可忍，即以所指，登載各地宣言書而言，尤為研究學術者所不廢，蓋本個人之學術發為愛國之論談者，東西學子方日讀百篇，而不足即吾國關於學術之雜誌不下數十百種，又豈少此種之登載，乃不擇精粗，不別美惡，慨而言之曰宣言書逕而斷之，曰尤屬荒謬又何其言之暴戾如是耶？嗚呼國步艱窘，東鄰肆虐，至於前月十六晚之事，寔發生彼且不以人類待我矣。吾儕之無故遭害，扶創痛瀕死於醫院中者，且數輩矣。區區一紙藉以表揚愛國腎腸之學術周刊，亦遭蹂躪慘痛莫名，更何能割棄廉恥向殘酷官廳之下忝顏求學哉？自本月一日一律罷課，非俟周刊完全回復不止，叔伯兄弟有以寶貴光陰為吾儕，惜者幸其有以亮我教我。

▲ 附錄閩學生聯合會來函：

嗚呼！吾閩不幸災禍迭生，日人之荼毒未已，官廳之橫暴復來。上月二十八日警廳史廷颺竟派警隊數十人將本會之學術報社全行標封，同人等處於淫威之下，惟有任其所為而已，無何復有，第二署長葉震東到會搜查，學生索取印信，幸辦事人員已將會印寄藏他處，始得不落彼手。嗚呼！警廳之暴戾如是，其受意於何人？始不具贅而其長敵人野心，喪我國威權厥罪又安可逭哉！同人等既受日人之蹂躪，復遭官廳之肆虐，肝腸崩裂，方寸俱亂，用向官廳請求折封會所，恢復報社，而官廳竟置若罔聞。同人等始知官廳之一意媚外，不之以理道，所以全行散學，冀以感動各界使官廳有所覺悟，乃連日以來毫無影響。嗚呼！武夫當道，閩中學子受其制肘，固意中事，然猶未知有如是之慘痛也。頃者全體學生均已搬離，校外同人等若欲有為則犯糾眾滋事之戒，若砍無為則有切膚難忘之痛，中心悽愴，無可告語，伏望各界諸同胞察同人等苦衷，共籌挽救，俾同人等得以早日解決，不至虛糜寶貴之光陰，而屈服於殘酷官廳之下，則閩中幸甚。此上《晨報》社公鑒，全閩學生聯合會啟。

清華學生罷課事件

原載《晨報》，1919年12月28日，第2版。

清華學生罷課情形已誌前報，該校全體的學生，因為清華學校自從張煜全就職以後，非但不能引導學生向進步的路上走，反而處處拘束學生，壓迫學生，叫學生沒有發揮本能的機會，所以才議決無論如何一定要請張煜全走。張煜全一日不去職，他們也一日不上課。

清華學校原是美國庚子賠款退回來開的，歸外交部管轄，所以該校罷課以後，就派代表到兩處聲明。外交部方面，因為總長沒有回來，次長又不肯負責任，所以也沒有具體的辦法。美使館方面說是要派人調查，至於學生取罷課的手段，他們說似乎太激烈，一點不大贊同。

清華學生對於這次罷課事件非常的決心，因為他們覺得這次所做的事是為爭人格、爭自由起見，所以他們不管外人的議論如何，上面的壓迫如何，他們總是不屈不撓的向前做去。所以他們昨天開了一個全體大會，又議決

一個議案，說是為達到他們的目的起見，無論那一種犧牲他們都情願受的，這是他們這次罷課的決心。

又該校學生又有第二次宣言書今照錄於下：

第二次宣言書

本校同人近以校長張煜全剝奪學生自治權，巇辱學生人格，種種壓制不容再忍，特於本月二十四日起宣佈罷課，並決定張某一日不去，同人一日不上課等情。日昨已有宣言亮蒙公覽，茲再將張某在校之劣跡擇其尤，著者為國人陳之。（一）視學生如土匪也。張某之於學生素無信用，其視學生常如竊盜匪類，其管理規則有所謂秘密偵探制者，鈎誘少年同學啗以微利，迫以威勢，使之偵探同學之言論行為。有中等科同學潘光迥不肯受其欺誘，曾宣佈其事泊，各級級長聯名質問，張某則多方諱飾，歸罪下司至其言語之輕慢專橫，蔑視學生人格者尤不勝枚舉。如此次同人組織學生會，張某迫令同人在警廳立案，申言「若不立案，即與哥老會、洪□會、三點會、白蓮教等無異」，又曰「爾等已失信用，今後吾只能專以法律對待也」凡此皆張某之以土匪視吾學生之見於言詞者，至其施諸事實者則如本月二十三日晚，同人開學生成立大會，張某竟以公文電話催召海旬小鑼會會長寧紫楓，地甲李桀甫、袁靜泉等，並武裝兵一連由連長錢洪珍帶領，會同清華園巡警邊現到場監視，並先期已將學生會職員羅隆基等名單，報告地甲小鑼會，令其隨時監視等情皆有明文在案。（二）違反教育原則也。吾人為共和國民所受教育，自當以發展學生自決與自治之本能為宗旨，而張某之教育則違反共和國民教育之原則者也。張某之治校務，事事勤尚壓制，對於學生之言論自由，集會自由，摧殘不遺餘力。如本校學報周刊等出版物，每次稿件必經過閱，稍有評機輒遭刪除，並言「家醜不可外揚」，又曰「譏議學校之短者，學校之奸細也。」以此編輯人員輒被申斥，甚至迫令解職。其最為同學所疾首者，則如同學生造時之小說及杜庭修之呈文二事。張某之弟嘗乘學校公用汽車衝馳，學生王君作小說隱述其事，張某乃重斥王君及周刊編輯，謂其外揚家醜耳。杜君嘗致函張某於學校功課有所建議，乃大觸張某之怒，卒以各方面之解釋，杜君僅免於除名。又張某之教育，官僚式之教育也，

同學□隆基嘗於公函中用等情二字，張某覆函有云「查等情二字係上級官公文中，敍述隸屬下級官函牘所用為關界者，若下級官公文中敍述上級官之文，則應用等因二字為關界……此種稱謂若施之政界必干申斥。」又平日學生每值謁見時，非再三往返不允接見，既允接見，又非等候數小時，不出交談，更有最不堪形之筆墨之語，然為最能證明其人思想根本之誤謬，而萬萬不能涸跡教育界者，其言曰「校長放的屁也應該有一點臭氣。」學生之愛國運動，張某不獨不加之鼓勵，乃其所以阻止之方無微不止，例如鎖門滅燈以阻止開會，迫令學生會具結，永不干涉政治等等，不一而足。張某於教員之教授法，復多無理之干涉。教員徐鏡澄先生稍稍議論社會改良，則目為過激派，擅行收回已經選定之講文。凡此繆戾言行，無非縛束學生永使蜷伏於奴隸教育之下耳，張某之教育違反本校之教育宗旨者也。本校原為預備留美之校，其課程皆屬普通，所以為肄業美國大學之備也。畢業此校者，僅略嫻英文，無專門之研究，不能直接圖謀生活，故本校學生苟能留美竟業，或能有所供獻於社會國家，若不留美，為廢物而已。國家歲糜巨萬豈為造就一般無專門學問之廢物乎？張某來校即竭力減少出洋人數，而對於不能出洋者絕無善後辦法。張某此種舉動之黑幕，固已不言而喻，出洋人數既經減少，學生之競爭必愈形劇烈。張某乃利用此機敗壞學生道德，例如本校中等科，自修向由教員監視，張某不知何故迫令高等科三四年級同學代為監視，謂此為出洋資格之必需。高中兩科咸為尊重同學人格起見，力請取消此舉，張某竟申言如彼等不服從，即至全科記過亦所不惜。又如國慶紀念日之化裝競賽與校役夜課之教授，同學皆因功課繁劇不能担任，張某復以出洋唱之。夫校中之有課外作業，原係學生自動，若以出洋為目的則所作有何價值。是以知張某一己虛名起見，乃提倡課外作業，而置學生人格於不顧，其人格尚可問哉？（三）辦理教育之黑暗也。張某自就職以來，校事黑暗之甚，徇為創聞其關於招收學生者，如張之文案，黃挺之之子黃世昌，竟不經考試直接入校；又有著名籌安會首領之沈金鑑之子沈秉善，入校時張某竟允其教師趙開在校中圖書館辦事，以資照料，諸如此類不計數。今年中等科本無一年級，但所收二年級生多係要人子弟，程度惡劣，張某不獨不於覆試時加以淘汰，而反狗諸要人之請，特設補習班，為一年級而

同時亦有程度同等之學生竟被淘汰者，如此黑暗誠本校所未前見也。又有關於聘請教職員之黑暗者，則如本校體育素偏重於少數運動，家客秋自布雷士先生來校，始大加整頓，使人人皆得練習機會，此誠最良善之教授法，而張某則以欲援引私人，遂力拒布先生繼續合同。至於張某親友之佔據職員部之要津者，則尤昭昭在人耳目。齋務長李琛庸碌繆戾月薪至二百元之多，往昔齋務長之月薪僅百四十元耳。又有其同鄉徐仲良者，乃本校四次留級之學生，張某留為校中職員。乃今年又有因病不能出洋之品學兼優之學生趙深嚴繼光請求在校辦事，則一概拒絕。暑假學生在校避暑者，須繳屋室燈火等費，而某某公使全家佔居高等科房屋、工字廳等處，竟至禁止學生涉足。張某逢迎要人之術，可謂工矣，故其此次被某黨之嗾使壓制學生愛國運動，又何怪哉，又何怪哉。不獨張某之濫用公物，即其父亦狐假虎威，霸用學校公用汽車以恣遊覽。張某不去，吾校其能安哉（四）放棄職務也。張某到校一年有半矣，問以校事則茫然不知。養病一載，既不能讓賢引退，而銷假後足跡仍未嘗一至辦公室。平時唯晴和佳日飯後煙餘一出散步，他時蓋不可見其人矣，故兩科同學知其名而不識其面者過半數焉。本校同學於課外作業素號發達，自張之來，社會雜誌之無形消滅者擢髮難數，其最要者則清華年報是也。年報經張某之改組，售報餘贏得由辦報者公分，同學以為此等營業性質之舉動，決非吾人提倡課外作業之本旨，故寧願取消此報，不願自同於逐末之流。蓋張某之於課外作業，既不能自加提倡，又不與學生以發展此種作業之罪人，不其信乎。張某又於學校課程中，獨輕視國文，畢業之資格亦不及此科，故本校國文程度之腐敗實有江河日下之勢，而其所以致此者，則又張某之咎也。張某來校，法疏制弛，一無建樹，獨有所謂「雅座」者（則自張某始「雅座」者，食堂會食時不准加菜，乃隔斷食堂之一部分，專為學生讌集消費之所也）。張某苟撫心自問，能勿汗發露背乎？凡茲所述類，皆真實無疑，人所共知。至其為洪憲皇帝勸進之忠臣，安福俱樂部之走狗，與夫抽吸鴉片之嫌疑，皆關係個人道德者，同人海涵容量不忍過事苛求，唯公道自在人心，張某以政界之敗類置身教育界中，其格不相入，不問可知。張某多留一日，我學生即多受一日之荼毒；張某之行豈唯清華一校之幸，抑亦全國教育之幸也。

三十一日之北京學界行動

原載《大公報》，1920 年 2 月 5 日。

三十一日北京學生，以山東福州交涉問題，及天津抵貨風潮，復舉行遊街大會。男女學校與會者四十餘校，代表二十餘人。赴總統府謁見總統外，其餘手執大小白旗。出發殿以醫學專門之紅十字隊，經總統府出絨綫胡同，赴前門折往崇文門，進石大胡同，經外交部至南小街，轉入東堂子胡同，旋即散會。各學生沿途高呼：「力爭外交」、「反對直接交涉」、「山東問題」至外交部門前，喊聲尤高。令人慘不忍聞，旗幟上所書寫「山東問題不宜直接交涉」、「國民外交」、「尊重民意」、「福州交涉根據國民主張辦理」、「釋放天津被捕代表」、「懲辦民賊曹銳楊以德」、「恢復天津各界言論集會自由」等等。經外交部，將所執白旗，由牆外投入。有不能拋入者，則棄之門前，積成大堆。學生並於街上，發佈各種傳單，述山東交涉之危急，福州事件之重要，及天津當局對待學生之殘酷。又聞往謁總統之代表至公府時，經元首傳諭令四人入見。學生要求全體進謁，旋又諭令舉代表八名云。又一消息云，北京學界因閩魯交涉，及天津警廳拘留代表兩事，特於三十日舉行遊行大會，藉促都人士之注意。正午十二時先後群集天安門外，到者三

十四校，約共六七千人。先由各校代表露天會議，就中高師代表，以原議遊行路綫，僅限於西城一帶，殊欠普及。應自西而東，經過外交部門首，始無背遊行意旨。眾贊成。遂即整隊出發，先至新華門。另舉代表二十餘人，內女代表五人。同到國務院謁見靳總理，叩詢外交意見，並請求釋放天津代表。其遊行大隊，則由新華門向東經絨綫胡同，出前門循東珠市口入崇文門，過外交部至東堂子胡同止。將所執旂幟，盡置外交門首。沿途高呼：「力爭外交」、「援救天津代表」等語。所有東城各校學生，即在東堂子胡同，散回遊行，至此遂告結束。至往見靳總理之一部分代表，候至下午四時。由國務院號房傳話，囑令男女中各推代表二人入內。當由靳總理派員代見，聲明外交正在審慎核議。至天津警廳槍斃馬駿等一事，純屬誤傳，勿庸輕信等語。各代表因即辭出回校，將上列情形，報告大眾知照云。

京中軍警各機關，因學生遊行，乃施行下列之警備辦法：「一」於學生隊經過各路綫，凡有崗位改為雙崗，並加派游緝隊為之輔助。「二」派騎巡隊保安隊，為武裝之梭巡。「三」各官署門前，加派警察及游緝隊武裝守衞。「四」派便衣警察及偵探，隨同學生隊遊行。「五」衞戍軍二連及第十五師兵一連候令出發。

北京學生團，天津風潮愈益愈烈，各代表性命幾乎不保之勢。當於卅一日，通電各省，懇請力救。語極沉痛，茲錄學文如下：

> 上海各報館轉各機關並全體眾民公鑒。天津學生，反對山東問題。直接交涉，催促福建案件，速照民意辦理，並實行抵制日貨問題。於一月二十三日突被人毆傷三人，當時被警察毫不過問。次日學生繼續查貨，反被警察混合奸商，毆傷三十餘人，並將受傷者捕去。各界及學生聯合會代表馬千里馬駿時子周等十餘人，赴省長公署報告。在半途亦被警察捕去，處以嚴刑，並封閉各界及學生聯合會會所。天津學生受此高壓，苦痛萬狀。但以外交堅急，仍嘗百折不回。遂於二十九日舉行遊街大會到者五千餘人，前往省長公署。欲要求該省長官電京，拒絕直接交涉。並催辦福建問題，且恢復言論集合之自由。不料候至二三小時，毫無信息。反突來大隊軍警，衝入人叢。槍柄刺刀，急如雨下。學生扶劍忍痛勉力支持，不與抵抗以冀其感動於萬一。乃軍警持械搏擊，至於四次之多。最後一次，慘酷

尤甚。學生赤手空拳，始終抱定無抵抗之宗旨。於是而血肉橫飛之狀，更不忍睹矣。學生之中，有破頭者，有穿頰者，有腦漿裂出者，有眼球被打破者，有折腰者，有折臂者，有斷□者。當場有某君，因□斷腰折傷重身危，尚高呼山東不得直接，一慟而絕。西人旁觀，為之隕涕。男代表周恩來於蘭緒、女代表張若明郭龍真，一律被捕。並在省公署儀門內，為楊以德之子抓住毒打，身無完膚。傍晚時分由警察二百餘人，挾此負傷四代表，押住日本租界。遊街示眾，嗟乎國雖未亡，亡國之苦辱，亦不過如此耳我同胞其聞之耶，其不聞之耶。總計是役，重傷垂死者，有轟澐□芝生等女生二十餘人，薛沛佔李瑞臣等男生亦二十餘人。受傷而不甚重者三百餘人，受輕傷者不計其數。大眾扶傷救死，退出後省長公然署前，一片廣場竟涕泣模糊。魚肉狼藉，即行者，不忍一過。頃接本會特派代表報告，則北洋醫院中之呼援號痛聲。雜以痛哭國事聲，更不忍舉目矣。嗚呼痛哉！我同胞之末日莫如是耶！天津遍地瘡痍，今曹銳楊以德之淫威正幟，而代表耿馬千里馬駿時子周張若明郭龍真等二十餘人，尚在囹圄。昨午且有以此五人槍斃消息，雖經本會及各界奔走營救，但後事尚未可知。謹先詳電奉聞，務望我全體國民，一致奮起，各本其良心之所安而行之。一面力爭山東福建問題，不負天津此次起義之本旨。主張罷斥並嚴懲曹銳楊以德諸暴吏，恢復天津各界及學生之言論集會自由，並由政府擔任救恤死傷諸人，且擔保以後國內不得再有此等行動發現。俾救目前亡國之痛於萬一，臨電不勝悽惻怨憤之至。北京學生聯合會叩三十一。

又北京大學教職員於「三十一日」下午一時，在大學第三院開會全體一致議決：（一）山東問題反對直接交涉贊成國際聯盟會公斷。（二）要求政府電飭曹□即釋代表恢復學生各種自由，並嚴辦楊以德。以上兩條，聯同各校教職員通電全國。並請北京小學以上教職員聯合會代表謁見國務總理，及外交總長。並由北大教職員公推該校熟悉外交國際法之教員，研究山東問題。發佈理由書云。

上海學生聯合會消息

原載《民國日報》，1920 年 3 月 1 日，第 3 版，節錄。

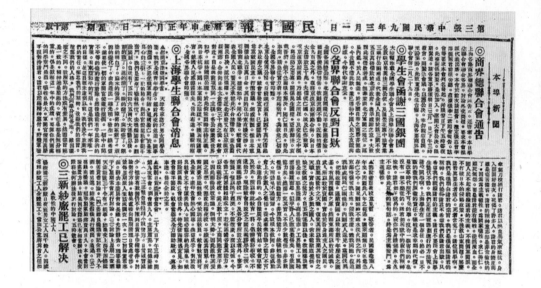

▲ 慰問京津諸同學書

天津北京諸位男女同學公鑒。我們全國青年學生，鑒於外交的危迫，國事的糜爛。不忍坐視軍閥勾結，祖國淪亡。於是本良心的主張，一致的結合，與惡官僚惡社會徒手奮鬥。我們是要拿了犧牲熱忱，去喚醒國民，剷除國賊。自從有了五四和六五兩次大運動以後，靜的動了，迷的清了，睡的醒了，病的痊了，糊塗的明白了，麻木的興奮了，陳舊的革新了，頑固的變化了⋯⋯由此透出一縷光明，發生一線希望。總要使一切的軍閥官僚盡行推倒，一切中日間不平等的條約盡行廢除，然後才能有平民政治的實現，有東亞和平的可期。這是我們一年來惟一的目標，在這目標未達到以前，我們決不放棄我們的責任，懈怠我們的精神，改變我們的宗旨，墮落我們的人格。我們同學分居各地，雖因環境之不同，致所取的方法或有差異。然而宗旨總是一致的，精神總是積極的，責任也都是無分輕重的。但是默察這一年中的

成績，要算你們兩處的同學奮鬥最烈，犧牲也最大。軍閥官僚用高壓手段對待諸君，諸君以積極精神應付。野蠻軍警拿刺刀槍柄打諸君，諸君以熱血勇氣來抵抗。身入囹圄好幾次，死傷了許多人。諸君的身體皮肉雖是痛苦備嘗，諸君的精神意志卻是非常愉快的了。因為為主義犧牲，為國家犧牲，求仁得仁，雖死無怨。要是諸君徒有犧牲，徒然流血，而全國人民不起來繼續諸君的主義，不推倒軍閥派，不打破日本的侵略政策，不挽救山東問題，那麼諸君真要生者痛心，惡者含冤了。諸位同學啊，我們是很明白諸君的宗旨，我們是很佩服諸君的精神。我們曉得諸君不希望我們救諸君出獄，只希望我們繼續諸君的主義。諸君不要誤會上海學生蟄伏不動，我們正在這裏籌劃進行的方法呢！諸位同學啊，上海學生有一個存在，終必一日不斷的盡我們應盡的責任。犧牲是求幸福的代價，是改革時代所不可免的事，沒有一個害怕的，也沒有一個不樂從的。諸君如在獄中的祝你們精神愉快。諸君如在獄外的，祝你們身體健康，永久不忘。彼此互勉的兩句話，終是為主義奮鬥，為主義犧牲。

天津各校大罷課情形

原載《民國日報》，1920 年 5 月 1 日，第 3 版，節錄

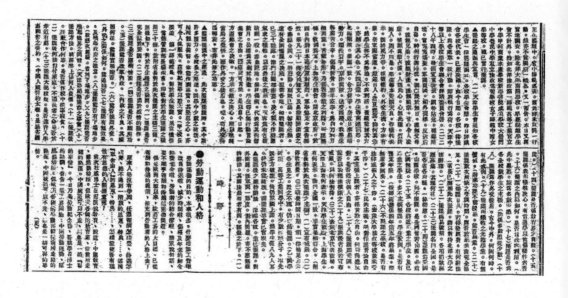

▲ 罷課之通函與宣言

　　（一）天津學生會通知各校學生會一律罷課函云。各校學生會鑒。昨日評議會各校代表，已經決議。由今日起，各校一律罷課，與各處取一致行動，即請執行為荷。天津中等以上學校學生會聯合會評議委員會啟。（二）二十八午四時。發出宣言書云。國勢阽危，強鄰壓境，實岌岌堪憂。軍閥賣國，媚外喪權，反沾沾自喜。神州行將陸沉，國亡幾於無日。誰無父母？誰無兄弟？誰無財產？誰無祖宗？甘心令人凌虐，情願為敵佔據。人無此心，心無此理。質諸國人，罔不曰是。學生等本愛國天良，作犧牲表示，既拼死力爭。拒簽德約，外交生機，方幸有望。奈軍閥當道，獻媚日人。煮豆燃箕，抑何其急！然學生等不為勢迫，不為利誘，蓋縱能縛其力，亦難縛其心也。五四以還，學生等南連滇粵，北極隴陝，舉國一致，合力誓爭。奈近日來黑暗勢力，瀰漫寰宇。京津滬浙，迭受摧殘。我學生等茹苦含辛，傷肉折骨，赤手空拳，與白刀利刃相周旋。舌敝唇焦，乃振聾啟瞶之利器。所謀無他，

救國焉耳。上海學生總會，請北京政府，於四日內將日本通牒原封駁。軍事協定，宣告無效。舉凡「二十一條」交換條文，及高徐順濟滿蒙之各路線合同，一併廢除。期限已滿，答覆毫無。遂有全國罷課之決議，滬寧各地，相繼罷課者，已三十餘處。津門為國都衝要，決不能不作聲應氣求之犧牲，以為最後之表示也。況客歲有省署請願一役，赤血濺地，舉目傷痍。代表為其拘留數月，公權為其剝奪殆盡，學生等已無行動言論集會之自由。隱痛庸可言哉！是以自今日起，一方遵總會之決議，一方示拒敵之決心。所以喚醒當局之覺悟，而作外交之後盾也。噫！苟外交得已轉旋，寧非此舉之功耶。

▲ 醞釀罷課中之經過

此次醞釀罷課時，其中經許多阻力。各校長之壓迫、同學中少數之破壞……種種艱苦備嘗，幸能作到事實。其堅忍之心，亦可令人佩服矣。茲特紀兩事以證其實：(甲) 校長壓迫　第一師範校長，對於學生罷課，異常憤恨，當飭管訓部長楊徵甫，印發對於學生罷課之疑問三十條。並附省長對於此次罷課之主張三條，照錄如下：對於學生罷課之疑問：（一）罷課是否完全激於愛國？（二）罷課是否出於感情的動作？（三）罷課是否應酬情面？（四）罷課是否不願用功？（五）罷課能否改革內政？（內政之不良，其緣因何在？能確實明瞭否？）（六）能否挽回外交？（外交之關係如何？能通曉否）（七）罷課有無效果？及喚起政府之注意？（八）罷課能否有下場地步？（就歷次經驗，皆無下場地步。）（九）罷課能否喚起他界之同情？（天津恐絕無罷市之事實）（十）罷課方法就經驗上係何人畏懼？（十一）罷課後，在社會作何事？是否僅作校中從事寢食？（十二）罷課後何法對付家庭？不遵長者之命是否於孝道有虧？（十三）罷課大犯校規，是否違背入學志願書之誓約？（中國人視誓約太輕，是暴劣國民。）（十四）罷課是否係教育界之自殺？（十五）罷課係表示犧牲決心，有肯退學以首倡犧牲者否？（十六）罷課之內幕如何？是否為政客利用？（此中黑幕，諒為多數所悉。）（十七）罷課是否為各全校數學生之主張？（恐係多數服從少數）（十八）罷課為作外交後盾，古今中外，何國何時，有此成例？（十九）罷課所犧牲之光陰學業，有無價值？（將來功課不能授畢，能否畢業？）（二十）罷課數次所缺之受課時間，

應否於畢業前完全補足？（二十一）罷課日久，若停發經費，有何辦法？（省長已聲明此次罷課。將以對待北洋大學之法辦理。）（二十二）罷課極易號招，各項捐款極難募集，其理何在）（二十三）罷課名曰全國，是否各省各府縣，一律響應？（二十四）罷課為愛國？山西學校，向不罷課。是全國皆若山西，必致亡國無疑？（二十五）各校將近畢業之學生，及已畢業之學生，多不主張罷課。學生愛國，是否有預定年限？（按師範應係四年第五年將畢業，即無庸愛國矣。）（二十六）不罷課之學校，是否有法律或個人之干涉？（去歲大學法政等校並未受干涉。）（二十七）民治主義，絕對保護言論自由。其主張上課者，亦係言論之自由，何以動遭反對？是否侵害個人自由？（二十八）罷課即愛國，能否以論理法推斷之（二十九）罷課後省長若宣佈戒嚴，以何法對待？（三十）去歲北京代表被捕，天津上海有何表示？天津學生被毆，上海學生，有何表示？動曰全國一致，事實果相符合？（附省長對於此罷課之主張）（一）宣佈戒嚴。（二）停發經費。（三）曠課時間日期，須一律補足云云。各生見之，置之不理，仍□然罷課。（乙）同學破壞教高等工業同學中，有少數破壞分子，事先既多方破壞，後仍單獨上課。然學生僅八九人耳，終仍未能破壞，而罷課事實已實現矣。

為學生罷課向國務院教育部請示辦法呈

原載《北京大學日刊》，1920 年 5 月 6 日，第 600 號。

（一九二○年五月一日）

　　為呈請示遵事：案奉教育部鈞第二一四號訓令，內開：「本日悉京校各生，因附和上海各校行動，借詞外交事項，一致罷課。各校迭次風潮，賴政府暨各該校員苦心維持，始獲稍就平靖，然在各學生精神上之損失，已屬不可數計。此次滬校借詞外交問題，率行罷課，嗣接滬電，據稱經各方勸導，業已恢復原狀。現在閩案交涉未了，魯案政府並不主張直接交涉，事實具在，眾所共知。京校各生，就自身學業計、就教育前途計、就歷次罷課之損害痛苦計，何取乎曲意盲從，為此無意識之犧牲，應由各校長趕速嚴切誥誡，責令各該生等刻日上課，勿得牽延時日，自甘曠誤，斯為至要，切切此令！」等因。奉此。查學生此次罷課，系受上海影響，校長等事前事後誥誡疏通，然皆未見效果，長此相持固執，非學界之幸，尤非國家之福。竊學生罷課，重在外交問題，及京津學生久拘未釋二事，刻已遷延有日，尚無解決之法。校長等職責所在，深抱不安。現雖隨時相機愷切勸導，惜無別種妥善辦理。除另呈教育部國務院請示究應如何辦理之外，理合呈請批示祗遵，實為公便。謹呈

　　國務院
　　教育部

北京大學校校長	蔡	北京醫學專校校長	湯
中國大學校校長	姚	北京農業專校校長	金
朝陽大學校校長	汪	北京工業專校校長	洪
北京高師學校校長	陳	北京美術學校校長	鄭
北京女子高師校長	毛	京師學務局局長	張
北京法政專校校長	王		

摘錄自舟高平叔編：《蔡元培全集 • 第 3 卷》，北京：中華書局，1984 年，397–398 頁。

上海學生聯合會宣言

原載《民國日報》，1920 年 5 月 3 日，第 11 版

　　中國不幸，法律失敗。軍閥官僚，擅據國柄。內政不昌，外侮斯亟。以民國五年袁世凱與日人訂「二十一條件」。民國七年徐世昌、段祺瑞訂中日軍事協定及滿蒙四路條約高徐濟順換文之故。而山東問題，遂失敗於歐洲和會。當山東問題爭論劇烈之時，舉國人士，奔走呼號，群思挽救。罷課罷市罷工之聲盈海內，本會同人，亦曾於去歲五月二十六日，為一度之罷課。期於國事有所盡力，乃其結果。僅為曹陸章之去職，與對德和約之不簽字。軍事協定二十一條件及其他不平等之條約，均未得取銷。同人等固未嘗滿意也。徒以國難既得稍紓，學業未容欠曠。遂於去歲下學期開學之時，重行受課。乃北京當道，視民意如無物，毫無悔禍之誠。去夏以後，辱國喪權之舉，有加無已。而對內則摧殘異己，壓制國民。等法律於弁髦，待學生如寇匪。津魯學生，迭受軍閥官僚之橫暴。而北京當局，充耳不聞，及今歲一月。而日本政府，對山東問題，催開交涉之通牒至矣。夫山東問題，舉國人士，誓死力爭，始未簽字於德約，留以待將來之解決。今苟與

日人直接交涉，是與簽字於德約何異。北京當局，苟稍有人心，則通牒之來，宜立即嚴詞拒絕。以慰國民之望，乃不此之務。而惟是羈延，一無辦法，國民懼其屈服於日也。函電交馳，請其駁回通牒，而彼始終不顧。全國學生界，憤國勢之危急。北京當局之麻木不仁，忍無可忍，不得不有所表示。遂由學生聯合會總會評議部議決，全國一致罷課。而本會於本月十四日，首先發難矣。此次罷課之目的：一以爭國家之權利。一以促同胞之覺悟。苟國人能群起救國，國運能轉危為安，同人等復何奢望！乃外界不察，疑慮橫生。或謂學生罷課，授意有人。或謂外交未見危機，何遽相驚以伯有。夫愛群救國，人具同心。奪能利用，謂全體數十萬之學生，均受人指使耶，則勢不可能。謂少數人受人指使耶！則安能強全國學生以從我。此其為說，不攻自破。至云外交和緩，未見危機。則證以近事，當知非實。近數月，日本利用軍事協定，遍佈軍隊於中束路一帶，將實行吞併滿蒙。而日前日本政府之第二次牒文，又已至北京外部。其措詞之強硬，已含不俟答復自由行動之意。是外交之危急為何如？同人等固不敢自詡先見之明，而非無的放矢，甘棄學業，則可告無罪於天下矣。罷課迄今，既半月矣。此半月中，同人因演講及赴國民大會。兩次為軍警所摧殘，鞭擊刀刺，血肉橫飛。重傷者數十，輕傷者數百。呻吟宛轉，慘不忍聞。同人等志在犧牲，夫復誰怨，獨惜誠意未孚。不能使全國父老，均了解吾人之真意，一致進行，是為遺憾耳。至外界有疑此次學生運動，既經失敗以後，將不復能進行者。殊違真相，學生行事，只問是非，本不知何謂成敗。以云成也，則救國大業。詎一日所能成，以云敗也。則學生救國，出諸良心。無權利之念雜乎其間，安有所謂敗。同人等既經一度之挫折，既為一度之犧牲。養精蓄銳，以圖再舉。則有之矣，安致嗒焉若喪，置國事於不問乎。息尚存，決不忍見大好河山，斷送於軍閥官僚之手，此則詞人等所敢自矢者也。邦人君子，其鑒存之。中華民國九年四月三十日。上海學生聯合會。

山西學生會罷課通告 原載《民國日報》，1920 年 5 月 4 日，第 2 張第 6 版

山西學生會，素與全國學生一致行動，此次總會議決罷課，太原各學校，隨即全體議決，一致進行。茲將該會致駐滬代表函錄左：

> 山西代表公鑒。自從你們去滬，咱們省城，對於滬上消息，很不靈通。總會情形，完全不知。想必信件扣留，決非你們不勤公務，待周君回省，始知總會議決罷課。各校代表，即時開會，把罷課案就通過了。但是總會莫有消息，也不敢輕意舉動，從北京罷課以後，咱們學生歸省。云：京師業已罷課，聲援上海及各種情形。因於本日晚七鐘，召集各校代表開緊急會議，經全體通過，即時罷課。特此預聞，所有罷課宣言書，及經過情形，容後再說。

山西學生會啟

四月廿六日

武漢學生會罷課宣言

原載《民國日報》，1920 年 5 月 4 日，第 3 版。

　　武漢學生聯合會罷課宣言書云。我們覺得現世紀有改造的必要，競爭的壓迫的掠奪的狀態，實在違反人類生活的正軌，障礙了人類發展的歷程。我們基於人類最高的幸福，要建略一個包括各方面極自由極平等極正義極人道的生活在全世界上，所以我們對於把持現狀的軍閥政閥財閥，認為人類仇敵。無論他們在什麼時侯同地方，我們認應該絕對的努力去驅逐他們。用很大的犧牲，同他奮鬥，一直到我們理想中合理的生活實現為止。我們曉得世界上已經有很多的同志，在各部分運動，憑我的良心負責任，我們當然要把親近切己，乖離正道一部分整理得完善優美，供獻到世界人類，作最後的一致。方不愧我們是些「人」請問中日的關係，是如何親近切己？日本的軍閥，勾引中國的當道，來欺騙壓迫掠奪這四萬萬人民，是如何乖離正道。我們就是還想忍辱負重，無奈喪失人格，怎麼對得起世界人類呢？

　　但是有好多同志説，我們只應該對付外交，不必去討論政治問題。我們怎樣可恥的外交，是不是服了日本的軍閥？但是不把我們政治刷清，保得住□班當道，不向其他的野心家做交易。我們承認我們在學校裏，是學生，但是我們是不是國民？是不是人類當中的人？我們可以不必參加傾軋政治的運動，但是就可以不必指摘政治的荒謬嗎？我們因為要減少我們運動的阻力，我們就不得不去敷衍當道。但是敷衍是對的嗎？敷衍不至於承認我們良心上的主張是錯誤嗎？我們只知道為自由、平等、人道、正義而爭，很可以不問其餘的一切。

　　我們四月二十八日起，宣言一致罷課。要政府立刻駁回日本關於山東的通碟，取消軍事協定。用最堅決的方法，辦理閩案蘇案，與釋放京津杭各處被捕的學生。一方面尊重總會的議決。一方盡我們做人的責任。應該駁日本通碟，辦理蘇閩兩案，合釋放被捕學生的理由，大家都説得明白。

罷課期中之濟南

原載《民國日報》，1920年5月4日，第2張第6版

濟南函濟上各校之實行罷課，已五日矣，北政府之表示如何，仍無所聞也。觀當局之感電，與學界之宣言，則此後各界之愛國舉動，只有積極的，而無消極的；只有擴展的，而無收縮的。又可斷言也，罷課罷市罷稅之現相，其適合於國家之根本救濟與否，豈無疑義，而北政府必欲驅而至此。瞻念前途，我懷欲裂。

此次罷課情勢，既與上次迥殊，故學生決定一定期間內，暫持沉毅靜默之態度，徐圖進行，連日除分途講演外，尚無若何之舉動。

方各校罷課時，正學生會新舊會長遞嬗之交。新會長劉汝巽甫荷重任，旋膺艱鉅，近深懼弗勝，已露辭卸意。因是所有會內事務，率由副會長王文承代理。雖主持不患無人，然進行事件，多虞杆格矣。前日專門及師中各校長，集議於教育會，謀緩和學潮辦法。其決定者，一宣佈軍民兩長力爭外交電文以平學生之氣；二令各生於晝間上自習班，或開講演會，以免虛耗光陰；三此後每日上午同人集議一次，以便交換意見。

學生聯合會所致各縣學生聯合會電云：外交緊迫，全國震恐。而政府一意宕延，始終無正確表示，軍事協定，迄不廢除；日本通牒，迄不駁回，並拘吾代表，迄不釋放。國內學子憤激異常，上海罷課於前，京津繼起於後。吾輩魯人，痛關切膚，袖手旁觀，□不汗顏。經國民大會議決，爰於四月二十六日起，一體罷課，與京滬作一致行動。尚祈貴處速起響應，以壯聲威，勿任盻切。

各地罷課後近訊

原載《晨報》，1920 年 5 月 6 日，第 2 版。

▲ 上海學生十日上課　唐山學校業已停止伙食
　天津學生之渙散情形

　　津滬各地學生罷課後，近日消息頗為沉寂，茲據昨日各方面來函，彙誌如左。

（一）上海

　　上海快信云，此間中國界內之商人罷市四日，工人罷工兩日，法美界內工商人各罷業兩日，開市開工後又於一日致電中央要求政府答覆學生總會之條件，如四日內不能實行則決與學生作最後之犧牲。至於外間所傳學生受政客利用一節，實屬不確。緣此次上海學生實行罷課，實係服從總會之決議，惟聞全國各界聯合會與上海各界聯合會之舉動，則多由孫某之主使。前日，

學生推倒政府組織平民政府之宣言，純為孫某以學生會之名義發表者。上海學生均未與聞其事，現在各界聯合會之經費均由某派所供給，但有少數代表頗不贊同。前日離滬者已有十餘人，刻下會中辦事人員，不過某派之十八九人而已。現上海學生決議五月十日上課，滬上學潮從茲可望告結云。

（二）唐山

唐山罷課早於北京，據某方面接到該處來函云，唐山路礦學校自接交通部限於五月三日以前上課，如不上課即行解散之訓令，後該校代表即赴校長處詢問如何解散，校長答以「不上課，則放學，開學時則上課」云云。現該校已於一日起停止伙食，如此星期內不能上課，則所有學生應將行李搬出校外云。

（三）天津

據由津來京某友云，天津學生情形頗為混雜。北洋大學、南開中學兩校形式上雖未宣佈脫離聯合會之關係，然暗中確有不加入之表示。故當天津學生聯合會決議實行罷課時，該二校仍單獨上課。至於其他學校，非一部分學生上課，即畢業學生反對罷課。現在天津學生會已無形解散，惟工專一校較為熱誠，但其分子亦不甚純粹，當罷課期內，該校尚有二十餘人私自上課，後經同學勸導，始得一致，但現在均已上課云。

江西學生界之怒潮　[南昌特約通訊員難言]

原載《晨報》，1920年5月6日，第3版。

爭不了的外交——罷不了的課

▲ 罷課之議決

　　這回學生罷課的動議係根據前回學生會議決的第一步辦法。第一步要求軍民兩長轉電政府，駁回日本通牒，取消軍事協定。原來限五日答覆的，到六日頭上，政府還沒有一點表示，他們自不能不依照原議行第二步辦法，加之上海總會派了方維夏、謝祥高兩個代表和九江代表胡昌雁到南昌來，催促一致行動，做長江一帶的後援，於是罷課的事件便如箭在弦上，不能不發了。二十七日學生會便開了一個緊急大會，各校都派代表出席，男女學生共一百餘人，由李凌鶴主席，將罷課案提付表決，多數贊成中等以上學校自二十八日起實行罷課，除豫章中學及青年會英文學校係教會所辦，不能一致行動外，其餘第一師範、第一中學、第二中學、心遠中學、大同中學、贛省中學、農業工業公立、法政私立、法政郵電傳習所、女子師範、義務女學、匡秀女學、女子職業等都完全通過了。罷課的時間無論長期短期議決與全國一致，不達目的是不能中止的。

▲ 罷課後之進行

　　二十九日各校學生齊赴公共體育場舉行宣誓典禮，男女學生到會者共千餘人。公推　詹榮　主席報告開會宗旨畢，同唱國歌，向國旗行三鞠躬禮，再由傅競仁宣讀誓詞。讀畢，樊文蔚、涂梗科、易世楷、劉漢材、吳驤、辛光耀、胡蘭錦、廖祝嵩、曾布衣、劉人龍等相繼演說，均慷慨激昂。他們又推代表向各公團接洽，請一致協助力爭外交。各校又組織自治會、演講團、查貨隊三種，並有組織遠足演講團，到各鄉村演講，鼓吹農民停止納費的。女學校便組織家庭演講團，專到人家屋裏演講。其餘如開設平民義務學校、排演新劇都在進行中。總之凡可以喚醒社會、開導平民的，他們都進行，不遺餘力。又舉定李凌鶴赴滬做總會代表，本省方面也趕急組織全省聯合會，已通函各縣囑速派代表來省。他們罷課後所做的事件，算起來真是不少呀！

▲ 各公團之態度

　　學生代表首先與商會接洽，要求商界罷市，做學生會的後援。會長龔梅生很有為難的樣子，他說這件事關係重大，商人受不起重大損失，後又到教育會、農會接洽，他們都不過敷衍一頓，沒有表示什麼意思。只省議會自學生接洽以後，三十日大會便將黃法乾提出聯合各省議會，電請政府廢除軍事協定，駁回日本通牒案，列入第一題提前討論，多數贊成，遂議決由秘書擬一電稿向中央力爭，並通電各省一致協爭。這就是各公團對學生罷課所持的態度，想達到罷工罷市的目的，恐怕一時做不到呢。

▲ 職會之會議

　　育廳長許壽裳對於學生罷課的事件非常注意，昨日特召集各校教職員在公立法政學校開談話會，先後到會者八十餘人，發表意見很多。討論結果是從勸導學生着手，第一中學教職員裴德煌見解稍有不同，主張對學生罷課可持放任主義，並請許廳長向軍民兩長疏通，如學生沒有逾越軌道行為，囑軍警不必干涉，免得大起衝突，蹈上海覆轍。許廳長也表示贊同，允向兩長陳述這種意見。照這樣情形看來，江西罷課當不致發生意外危險啊。

武漢學生亦已罷課

原載《晨報》，1920 年 5 月 6 日，第 3 版。

▲ 四月二十八日實行

鄂省各校學生對於此次全國罷課，因官廳防範過嚴，除發通電外，尚無何種舉動，不料四月二十八日突然宣佈罷課，殊出意表也。先是鄂省學生得全國罷課消息，曾召集各校代表在某地迭開聯席會議，表決四條。第一步：通電，早已實行；第二步：遊行，因官廳戒備，校長抑壓，未得圓滿結果；第三步：聯絡商界，已有頭緒；第四步：罷課，則於是日始得實行。罷課前一日，各校均於下午六時接到聯合會幹事部通啟，謂本會評議部於二十一日議決電京要求四項條件，限四日答覆，現已逾期，政府尚未明白表示，本部僅遵評議部通過議案，特此飛函貴校請於二十八日起實行罷課云云。各校接到此項通啟後，當夜開緊急會議，籌商罷課事宜。二十八晨，當有甲種工業學校、公立法政學校、私立法政學校、高等商業學校、高等師範學校、第一中學、啓黃中學校、荊南中學校、文華大學敩、博文書院、勺庭中學校、三一中學校、甲種農業學校、甲種商業學校等十餘校相繼罷課，並分途發佈傳單，說明此次罷課不得已之苦衷，並議定罷課後之行動：（一）實行單獨演講，蓋以遊行演講易啓官廳干涉，乃由幹事部議決，各個人單獨出發，無論何地實行演講，或輪船、或工廠、或闃靜街巷，既不妨碍交通，尤不關係治安；（二）組織販賣團體，各學生有願提倡國貨者於罷課期中實行販賣各種書籍及物品；（三）勸導女學生覺悟，各省學生愛國，莫不有女生參預其間，獨武漢女生運動始終未贊一辭，應即以函件分致各女校，勸導以便共同救國；（四）通電全國表明湖北學生之心跡，並有電來京，要求仍照前四條明白表示云。

挨打後教職員學生之文告

（一）八校教職員呈國務院文

呈為國務院衛兵毆傷校長教職員學生據實呈報事。竊校長等因京師教育問題，久懸未決，無法應付，疊呈請辭職，未蒙允准，昨日午後赴部晉謁次長請示辦法，適各校教職員學生等亦先後到部，校長等以教職員學生之要求，隨同次長齊赴新華門請見總統總理，甫至轅門，守衛兵士拒不許入，繼則用槍柄毆擊，家駒被擠昏暈倒地不省人事，黻卿頭部被擊重傷血流如注，教職員學生等受重傷者十餘人，當經檢察廳派員驗明在案。查人民請願載在約法，衛兵如此橫暴，實屬目無法紀，若不嚴行懲辦，置國法於何地。況教育為立國根本，如此摧殘士子，必致動搖國本。校長等目擊身受，據實上陳。至此後校務行政，實再無法維持，更無力負此重大責任，請即日批准辭職，並迅予派員接替，不勝迫切待命之至。謹呈大總統國務總理。北京大學代理校長蔣夢麟，北京高等師範校長鄧萃英，北京女子高等師範校長熊崇煦，北京法政專門校長王家駒，北京醫學專門校長張黻卿，北京農業專門校長吳宗栻，北京工業專門校長俞同奎，北京美術學校校長鄭錦。

（二）八校教職員通電

《上海時事新報》，《申報》，《新聞報》，《民國日報》，《中華新報》，《時報》，《神州日報》，《新申報》，及各報館，轉全國學生聯合會，全國

各界聯合會，江蘇教育會，各省教育會，各學校，商會，省議會，各團體鑒。政府摧殘教育，停給經費。同人等萬不得已，罷課辭職，向政府力爭，奔走呼號，心力交瘁；此兩月以來之事，已為國人所共見共聞。本月二日，京師公立小學以上學校男女學生代表二十餘人卦國務院請願讀書，並請見總理。乃總理不惟不見，反閉之院內，絕其飲食，凍其體膚。同人等為維持國家教育及援救在院之學生代表計，於三日下午全體赴教育部交涉；而京師公立小學以上學校男女學生，先期不約而至者近千人，同人等乃請教育次長代理部務馬鄰翼率領專門以上八校校長及公立小學以上男女學生暨同人等赴府請願面見總統。不圖甫至新華門鐵欄外，即橫遭衛兵百人毒打；槍柄刺刀，一齊交下，頭面刺破，臟腹受傷者，不計其數。馬鄰翼頭部首遭衛兵槍擊；醫專代理校長張煥文，法專校長王家駒，北大教授馬叙倫，沈士遠；高師教授黃人望，張貽惠，女高師教授湯璪真，職員劉興炎，醫專教授毛咸，工專教授許繩祖，學生中：法專何玉書，美術封挺楷，女高師王本儀陳激，梁惠珍，劉因民，趙林書，等受傷尤重；女高師附中女生及附小女生被槍柄擊傷，倉卒間由衛生隊保送回家調養者，尚有多人。衛兵等用槍擊傷多人後，復將其餘諸人包圍在新華門前大街上，行動全失自由，等於俘虜，同人等困於雨中者有三小時之久，始被驅散。迨至下午八時，院中復令衛兵數十人先將二日閉在院中之醫專學生代表梁鐸捕去，不知下落，更不知如何處置。後復將其餘之男女學生代表轟出院外。如此情形，實足為政府自暴其破壞教育，摧辱民權之鐵證。日本人所不敢施於朝鮮人者，政府竟以之施於同人。同人等犧牲一身雖不足惜，然號稱共和國家，竟有此等野蠻慘毒之政府，國法何存，人道何存，瞻顧前途，傷心何極，現同人等除依法向法庭起訴外，謹將經過實在情形報告國人。惟國人速圖謀之，北京國立專門以上八校辭職教職員全體，支。

（三）各校學生通電

上海各報館轉各法團公鑒，昨日小學以上各校學生代表二十二人到國務院請願撥發教育經費，被拘純一齋內，經一晝夜尚未出院，消息不通，本日各校同學千餘人，復偕同馬次長及各校校長教職員冒雨續行到院請願，自上午九時迄下午四時，始終拒絕不見。同人堅求放入，不意門前密佈之軍警，

即用槍柄肆行毆打，並往來追擊，當時血肉橫飛，慘不忍睹，北大校長蔣夢麟受傷不能行動，法專校長王家駒，北大教授馬叙倫，沈士遠，頭破額裂，血流被體，生命危在旦夕，李大釗昏迷倒地，不省人事，此外受重傷者三十餘人，輕傷者百餘人。似此野蠻橫暴雖土匪盜賊何以加此。同人痛憤之餘，恨不能與萬惡政府同時併命於新華門前，特據情飛電奉聞，同人誓奮餘生，作最後奮鬥以殉我神聖教育。至應如何懲此萬惡政府，惟國人速圖之。臨電不勝迫切。又此電將發時，聞教部人員將於明日全體辭職並聞，北京公立各校學生臨時聯席會議叩。

（四）八校辭職全團教職員通電

同人等前以國家預算案中規定之教育經費，為政府所濫用，以致北京國立專門以上八校暨中小各校，均不能維持，不得已而停止職務，以與政府交涉，中經三月之久，政府始則置之不理，繼則以國務會議議決之三項辦法相欺騙，而並不履行，旋又自翻前議，而厚辱同人，以自掩其失信之跡。同人等數月以來，奔走呼號，及維持教育之運動，實已心力俱瘁，而卒無效果。八校之莘莘學子，因此而損失其寶貴之光陰，既已甚鉅，而復哀號籲請而無門。是政府早有滅絕教育屏棄士類之決心，同人等再無徘徊遷就之餘地，祇有決然辭去之一途。辭職之後，除追索積欠外，同人等本不願再向政府有所交涉，乃各中小校教職員同人暨八校並中小各校學子，不忍見首都教育之淪亡，亦復一律罷課，共起而為最後之挽救，連日以來，各校學生代表二十二人，呼籲於新華門內者，經兩晝夜，饑寒虐辱，已備嘗之，中且有十餘齡之幼年男女，此輩純潔之青年，何辜乃使之為維持教育而遭此僇辱。同人等義不能忍，爰於六月三日集議，以為吾輩亦屬國民，安能坐視青年學子之奔呼困辱而不予以援救，遂議決以本日到部，請馬次長暨八校校長，與同人等所推出之代表八人，同往總統府，意在向總統陳述政府摧殘教育，及一再失信不能負維持教育之責任等情，並質問其對此有無維持之辦法，藉以援救學生代表，倘仍不得要領。同人等誓不退出新華門，饑寒困苦，願與各校學生代表共之。迨至教育部，各校學生六百餘人，已在教育部大講堂中，詢知為冒雨赴新華門請願為衛兵所阻，不得入而退至教育部者。同人等乃請馬次長出席，與同人等及諸生相見，並即要求馬次長與八校校

長並同人等，同赴總統府，馬次長允予同行。各校學生亦隨行於後，至新華門，東轅門之鐵欄，早已緊閉，西轅門外早有武裝兵士一隊，列陣以待，同人等請次長八校長及八代表並學生代表等入府，詎衛兵不准通過，蠻橫異常。同人等以堂堂民國政府，豈有禁人請願之理，遂向理論，令其放行，該衛兵等不但不許通行，並用槍柄刺刀亂刺擊，知幾之馬次長，稍受微傷，立即聲言，我是次長，衛兵等乃許其通過，彼遂獨自入府，衛兵更繼續痛毆，同人及學生等。是時天方陰雨，新華門外血肉橫飛，同人及學生等，相繼傷仆，枕藉於泥塗中者，不計其數。最痛心者，十餘齡之男女學生，亦均遭蠻橫軍卒之痛擊，嗟呼，政府而蠻忍至此，尚何言哉，尚何言哉。迨至衛兵之凶威稍戢，同人等始從血泊泥塗之中，救出法專校長王家駒先生，腰部重傷暈倒在地，醫專校長張煥文先生，後腦骨一根打斷，血流不止，北大教授沈士遠先生，頭部刺傷，口長寸許，額頭打開，流血甚多，高師教授黃人堅先生，兩肩重傷，女高師教授湯璪真先生，內部重傷，兩眼發直，全身已經失知覺，職員劉興炎先生，額軋破傷，醫專教授毛咸先生，背脅受傷，學生受重傷者，法專有何君玉書，美術有封君挺楷，女高師有王君本儀，陳君激，梁君惠貞，劉君因氏，趙君林書，其餘教職員學生中受輕傷者甚眾，此六月三日新華門前政府縱令衛兵擊傷校長職員代表學生等之情形也。猶憶徐總統就職之日即以文治號召於國人，今也首都教育，先受摧殘，而標榜文治之總統，竟坐視閣僚之辱蔑師儒，摧殘教育，而若無睹，迨教育界起而謀挽救之方，又復縱令衛兵行凶傷人，濺師儒學子之血於文治總統白宮之前，而國家之高等文化中心，遂全破壞於徐氏文治旗幟之下，此誠國家之不幸，而民族之奇羞也。猶恬然自居於文治魁領而不辭，外則引友邦文學博士之崇徽而自夸重，內則收集所謂名流者，設立四存學會，四存學校等以顏李之學欺世盜名，夫顏李為河北儒宗，其學之言行合一為主，而四存之義，尤重存學，今徐氏躬行祖龍焚坑之事，而口說顏李之學，使顏李有知，亦當痛哭於地下也，同人等遭政府之僇辱甚矣。除將政府摧殘教育殺傷士類之罪狀，佈之國人，請求全國同胞起而問政府之罪外，即日與此慘無人理之政府，停止一切交涉，至於如何處此摧殘教育暗無天日之蠻忍政府惟在國人矣。臨書悲憤，不知所云。

六三暴舉後之政府對應策

原載《晨報》，1921年6月6日，第2版

▲ 以被兵蹂躪之教職員為被告　首善醫院隱然成看守所
　發出不自圖其說之通電

　　政府對於三日之暴舉，究持如何態度，至昨日始漸明瞭。其由國務院致各省區之通電，業由警察廳照錄佈告，大要以此次風潮，屈在教職員，面就教職員中歸罪於馬叙倫等數人。

　　從前日後起，首善醫院門前，已由多數警察嚴守，有往探視受傷諸人者俱被拒絕。昨有友人因事往訪該院院長方石珊，在門前與巡警反覆申明，係來訪院長，並非探視受傷之教職員者。最後在名片上寫明拜訪院長字樣。始得傳達延入。據於院執役者，向人述說，受傷諸人，住室大概毗連，室外均有警察監視，不容接見外人。有某君以官吏資格前往慰問，僅得見面略談數語，唯於見馬叙倫時，警察要求在旁坐聽，否則禁格不許。其餘有關係之人前往探親，須指出所探親者之姓名，候警察審定可否。大概除馬叙倫之外，有時尚可通融，而對於馬氏則絕對不許人探親。外間因此，遂有王家駒因傷畢命之謠傳，據聞尚無其事，唯政府已決定以教職員代表等為刑事被告，而馬叙倫為重要罪人，觀其借首善醫院作事實上之看守所，則實毫疑義。茲更錄國務院通電於下以印證之。

　　（一）本日據京師警察廳呈報轉據外右一區內右一區內右二區各警察署先後報稱，近日有人暗中煽動北京高等專門等校男女學生，屢欲出校遊行示威，經迭向各校校長磋商阻止。不料陡於本月三日上午九時許，查有琉璃廠高等師範學校附屬中學學生約四十餘名，列隊出校，由西河沿東行入正陽門赴天安門取齊，即散放傳單。隨又續到高等師範學校學生三十餘名，及該校附屬小學學生四十餘名，復有女子高等師範中第三校公立第六女學校，京兆第一第一中學兩校，專門醫學美術，高等工業農業法政專門六校，北京大學師範中小學三校，計共十五校陸續到天安門男女學生約四五百名，各展白旗經巡警沿途勤解，隨解隨散，至西長安門已□二百名左右，聲言

赴公府請願，當經署長等與公府駐守官長接洽防護。迨該學生等齊至總統府東棚欄外，推舉代表十八名，經國務院派人勸諭，該生等仍□集不去。至一時三刻許，學生僅留代表六人在公府門前守候，其餘群擁至教育部。其時聞馬次長正與教職員代表馬敘倫等在部議事，所有赴教育部之學生，在該部東會場暫息。至三時餘，忽見馬敘倫率領多人，拖架馬次長出教育部署門，沿途步行至新華門外。迨至新華門西棚欄前，見馬敘倫緊擁馬次長身後，並用揚聲器號令大眾打進去。其時守衛隊兵，正欲設法制止，即見在後之教職員學生等，群拾馬路石塊向前攢擊，一時石子亂飛，秩序紊亂。衛兵等奮力衛護馬次張，救入新華門內，馬次長頭戴絨帽遺失，頭部腰臂等處均各受傷。游緝隊中隊官張海秀小隊官德祥正兵福祿等數名，均受石子擊傷。正在紛擾之際，馬敘倫等先行抽身潛逃，嗣經兵警彈壓，始各陸續散去。其未去者又復主張赴石駟馬人街女高師校開緊急大會，旋經攔阻而罷等情，具報前來，經本廳復核無異。又本月二日，即有梁鐸等男女學生十八名赴國務院求見，經院派秘書等接見，該生等在純一齋辦公室盤踞不去，經多方勸導不聽。是晚十二時後，鴻壽偕同馬次長到院，督同各員再三開導，該生等詞理俱窮，堅持不去。至次日午後七時許，因新華門外學生滋鬧情事，誠恐別釀事端，本廳為保持公安起見，始將該生等扶出。除為首梁鐸一名，按照妨害公務送法庭依法訊辦外，理合備文呈報等因，並據步軍統領報同前因。查所呈各節，均係實在情形，除飭各該管機關依法辦理外，特電奉達，即希據電宣佈以免遠道傳聞失實致生誤會為要。

　　(二)近年國家財政艱難，所有軍政各費無不積欠甚鉅。當上年八月內閣成立之際，查核北京國立專門以上暨學務局所轄中小各學校經費，一律積欠四個月。在范總長任內極力設法維持，除將各校經費按月照發外並將積欠之小學經費全數發清，中學舊欠補發兩個月有半，專門以上各校舊欠補發一個月，較前積欠之數已為銳減，此籌還各校積欠之實在情形也。不意本年三月十四日，北京大學暨專門師範各學教職員，忽以要索積欠鞏固教育的款為名，全體罷課以為挾制。經教育部勸導慰勉，並與財政部切商撥濟，商勸兼施冀其啟悟。而教職員等不以學生學業光陰為意，始終不允上課，並於四月十三日提出要求兩項，(一)以後八校每月經費二十萬元，須由交通部收

入項下撥付，(二)從前積欠限三次發清。似此要求指款撥付，本非度支正軌。因念教育為根本至計，若不變通辦理，則數千男女學生之光陰虛擲可憫，政府權衡輕重，量予曲從。唯以庫款枯竭，積欠須分六次付給，八校經費，按照頒定預算，並無二十萬之數，須依公佈之預算案辦理。於十四日議定，交教育部傳示，各校促令上課。乃次日午後，八校校長忽向教育部具呈辭職，同時各校職員，糾合多人赴部迫索欠薪，非即日全發不可。自是以後，遂逐日到部喧鬧滋擾，甚至任意盤踞部內，自往各司科捉人索償。而政府猶以愛惜教育之故，力從寬大，並於四月二十一日，由國務會議采納各教職員要求，議定辦法三條，(一)京師教育經費，於一星期內先發三月分一個月，自四月分起，在財政部未籌定的款以前，由財政部就交通部協濟政費項下，每月按期撥付二十二萬元，作為北京專門以上八校及北京師範暨公立各中小學校經常臨時各費，此款由財政教育交通三部訂明，不作別用。(二)其他教育部應向財政部額領之款，以向來額領之數為準，由財政部籌定撥付。(三)民國九年十二月起至本年二月分止之八校及中等各校積欠經費約四十餘萬元，先發一個月，與本年三月分經費同時並發，其餘分為三期，由銀行擔保，於四五六三個月各付一期，似此委曲求全，政府尊重斯文維持學界之苦心，當為各方所共見。乃教職員等於國務會議決定三條之外，仍復多方吹求，謂未確定的款以前□語，稍涉籠統，要求加入未有確實保障方法以前等字樣。謂協濟政費四字未能滿意要求，改為儘先撥付特別協款，並要求加入俟財政籌有的款或教育基金籌足時，再行截止，得步進步唯利是視，旋允旋翻非理可喻。然政府終以教育為重，不惜曲如所請，於四月三十日國務會議議決，將第一條條文悉照該教職員等所請，遂一修改。並照議定辦法，即日發給兩個月經費。一面由教育部慰留各校長照常任事，各教職員，亦於五月三日自行聲明復職。政府以為該校職員等，既將兩月分之舊欠新薪領去，且自行聲明復職，定可即日照常授課，莘莘學子荒廢已久，暑假之期轉瞬即屆，但使學校之□誦不絕，屢次曲意斡旋亦所不惜。乃該教員等陽言復職，陰謀搗亂，領薪兩月，受課無期，又復藉口條文字句，肆意刁難，故為延宕。似此情形，就令一切經費毫無蒂欠，勢必別生枝節延不上課。況本學期教授課程已聞其半，既渝學業成績考查規程所載缺席之時

限，若不速為設法，則本學期各校升學畢業試□舉無所施，各學生向學雖殷，請業無望，一學期中寶貴之光陰，艱難之學費，皆為該教職員等所犧牲，不特政府所未安，抑尤國民所弗忍。爰於五月十九日續提閣議，決定將八校教員薪費暫行停發，由財交兩部查照前議儲款以待，俟各該校實行開課再行照發。至從前積欠經費，仍照原議陸續發給。其中小各校，現均照常上課，經費自應仍更按期撥發。即日行知教育部轉知各校督促上課，一而將照常上課之中小各校先行發給。乃八校輟課如故，且因中小各校發給經費之故，故意煽動中小學生一律罷課以為抵抗。其間范教育總長續經特任尚未視事，簡任馬鄰翼為次長並代理部務，馬次長就職之次日，即於閣議席上商定撥發教育經費二十七萬元，即日具領轉發，一面議將所有積欠各費，儘節前一律清付。由馬次長一再招集各校職員詳加曉諭，而各教職員以經費清付，無可藉詞搗亂，遂有陵使學生盤踞國務院，包圍新華門，擊傷馬次長之暴亂行為，其為蓄謀搆煽，有意破壞教育，破壞秩序，已可概見，不意為國民師資之人而無行至於如此，以上皆政府近日維持學校該教職員等破壞教育之實在情形也。昨日事實已另電詳達，茲特將經過詳情縷晰奉達，即希據電宣佈，俾各周知以免傳聞誤會，是為至要。

院

教育界創痛中之呼號聲

原載《晨報》，1921 年 6 月 6 日，第 2 版

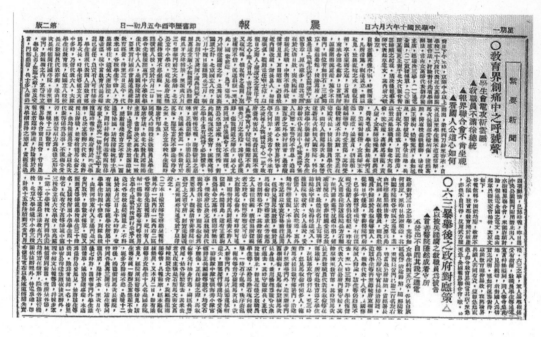

▲ 學生會電攻靳雲鵬　教職員不滿徐總統
　報界聯合會不肯坐視　看國人公道心如何

　　前日下午五時，京師中小以上學校二十六校代表在女高師開聯席會議，討論對付此項學潮辦法。當由女高師代表劉靜薇主席，經議決三事，（一）通電全國，（二）散發傳單，（三）函請某報更正對於北大代表曾青雲請願之紀載。議決後即舉高師代表起草電文，其內容大致如左。

　　自靳雲鵬再握中樞，時經兩載，凡所措施，概違民意。前以私見，致興直皖之戎，後復因循，卒召蒙彊之寇，口言議和，南未合而北愈紛，口言理財，源雖開而流更濫，施令不出都門，固位有如磐石，三使到京，進退委蛇，摤席再座，淫威是逞。我學生於五四運動，痛懲曹章，原因雖多，總其要則在於大借日款，喪失國權。前者靳氏就職，申明不借外債，信誓旦旦，

耳目昭昭。乃自最返內閣改組,財長易人,初提擬張弧,繼則竟任李士偉,以親日之聞人,擢度支之重任,司馬之心,路人皆見,吉會借款,又復喧傳,唯私利之是圖,棄主權若不惜,沉迷猖獗一至於此,國家前途,良可痛哭。

乃於斷送國權之餘,竟為斲喪國脈之計。北京國立八校,自三月十四日罷課幾及三月,靳氏初則甘言誘餌,虛與周旋,繼則高遠堂廉,不相聞問,終則指揮爪牙大肆搏擊,至演成六月三日新華門之大慘劇。北京公立中小學校,近見政府之無心維持教育不忍坐視,一致罷課援應八校。爰於六月二日,集合先後罷課專門中小學校學生代表十八人,赴國務院請願,要求實行國務會議通過維持教育經費。待至三日正午,代表未出,各校學生千餘人,乃集隊齊往,適值大雨如注,衣履盡濕。院中言教育次長馬鄰翼已蒞任,負責有人可往接洽,學生因派代表四人詣教育部謁馬次長。時學生等植立大雨中多時,乃留代表六人,大隊學生往教育部,值國立八校校長及教職員代表亦到,遂由馬次長率領同往國務院。甫至新華門,則鐵欄之內,軍警林立,舉槍上刃,如臨大敵,未及交言,門豁然啟,兵士多人衝鋒而出,鎗托刺刀紛至杳來,自次長以至學生無不遭其痛擊。

馬次長頭部受槍柄傷,隆然高腫,醫專校長張黻卿,法專校長王家駒,體無完膚,血如湧泉,頭骨破裂,昏暈在地。兵士猶復不息淫威,賈其餘勇,以致其他教職員,如北大馬叙倫,沈士遠,高師馬裕藻,黃人望,女高師湯璪真,劉興炎,醫專毛咸,學生如法專何玉書,美術封挺楷,女高師王本懿,陳激,梁惠貞,劉英明,趙麟華等,均受重傷,其餘受傷較輕者不計其數。軍警正在毒毆次長,校長教職員學生代表,間有人指認馬次長,軍警遂將馬次長挾入國務院,轉向大隊學生襲擊捕打。男女學生紛紛跌仆泥雨中,呼號求援,無人敢應。軍警在仍不肯息,追出數百步之外始行回首,過者酸鼻,聞者寒心。教育界何罪,學生何罪,受此古今中外未有之凌辱。凡我國民平心一思,政府養兵害民,耗費億萬而不惜,興學育材,較量輜銖而不與,損失三月之光陰,為害已非淺鮮,傷我同道之師生,居心尤為叵測,眷懷國命,不寒而慄。諸公卓識宏猷,熱忱至性,對此風雨飄搖之教育,流離宛轉之學生,當有同情,必加援手。尚祈郵傳電報,騰播橫暴之惡聲,

正義嚴辭，申明公道之所在，挽國本於萬一，拯教育於沉淪，臨電哀泣不勝迫切待命之至。北京公立學校學生臨時聯席會叩魚。

同晚八時開校長教職員及學生聯席會議，由北大教員譚熙鴻主席，當即決定與學生取一致行動。通電全國，並決致函總統，歷數摧殘教育之不當，一而通電法國，請取消總統博士學位，同時並舉何鴻基等四法律專家，專研究一切法律手續，旋據臨時報告，政府對於四次學潮，已決定懲辦六代表，准許校長辭職，並有槍斃馬叙倫之說。眾均憤懑異常，僉以此次代表等係為公事，不能獨令受苦，應群策群力為最後之解決，至晚十二時散會。

報界聯合會前日開會，曾由《晨報》記者臨事動議，討論對於此次學潮應持之態度，當經通過四項辦法，已誌昨報，昨日因中央金園園門關閉禁止出入，水榭報界聯合會，未能賡續討論，唯通電全國之電文，業由起草員擬就交會拍發，其原文如下。

各報館轉各團體均鑒，政府不公不誠，致首都教育瀕於破產，非但不自引咎，反用武力摧殘。六三之事，軍人暴舉確係受有指揮，教職員學生等通電宣言並無溢詞，同人等會集此地，見聞親切，敢對國人為切實之證明。應如何速籌對待，以維教育而抑暴政，我輿論界與國人共同有責。望即急起直追，勿令教育界獨當其虐。至急至急，全國報界聯合會。歌。

政府電辯六三事件後之反響

原載《晨報》，1921年6月7日，第2版。

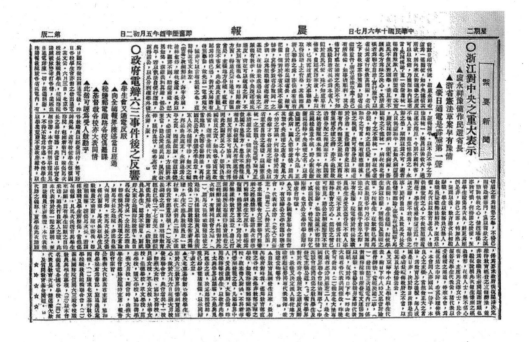

▲ **學生會又通電反駁　向全國報界陳述當日經過**
　稅鹽郵電鐵路各校俱罷課　基督教各校亦大表同情
　此猶可誣為受人鼓動乎

　　前日國院務發出兩通電後，昨日各校學生會亦對之發出通電，其文云：六月三日，北京各校校長教職員學生，往國務院請願被隊警毒打各情，業經魚日通電詳陳一切，諒邀朗鑒。昨閱報載院致各省區電內，有各教職員以經費清付，無可藉詞搗亂，遂有唆使學生盤據國務院，包圍新華門，擊傷馬次長之舉行等語，與當日事實全相悖謬。本會為剖明事理起見，不得不略為申述。各校學生以學業荒廢不蒙政府維持，以切膚之痛為籲懇之舉，不得已而齊赴新華門，冀以悃款之誠，稍動執政之心，情既堪傷，事猶可憫，

何得謂之唆使。至謂學生毆傷馬次長，則更為顛倒是非，卸己之罪，轉加他人。罷課以後，教育總次長相繼辭職，學生以教部負責無人，教職員罷職無法解決，深為危懼。馬次長以教育界名人，懷扶難救困之心，不畏艱阻來履斯任，學生感戴如望雲霓，訾議之辭，所不敢有，有擊傷之事，更何自出。且就馬次長受傷情形而論，傷痕在於頭額，馬次長前□，學生後隨，假使學生加以毆擊，斷無傷及頭額之理。各校學生，在教部已與馬次長聚談多時乃不毆於教部閒豫之時，反擊傷於倉卒之際，寧有是理，院電對於校長教職員學生身受重傷昏暈不省人事各狀，毫不言及，唯侈言往日維持教育之苦心，偽憋之情已可概見。諸公高明遠鑒當不致信彼飾辭，唯恐遠道不審詳情，或滋誤會，特電陳明，務乞鑒察。北京公立學校學生臨時聯席會叩微。

（按：此乃學生聯合會對政府學生毆傷馬次長指控的反駁）

又昨日全國報界聯會開會時，有京師公立學校臨時聯席會，代表蔣志澄，（北大）周茹芝，（法專）二人持正式公函，要求出席報告六三新華門前慘劇之經過情形，略謂此次新華門前慘劇發生之原因，雖極為複雜，然簡單言之，實由於政府無維持教育之誠意，自己打銷閣議所公佈維持教育經費之三條辦法所釀成。外間對於此次慘劇，有兩種誤會之點，（一）謂馬次長係教職強迫使之赴院，且係被教職員及學生所毆傷。（二）謂教職之索薪為無理，學生不應與教職員取一致行動，本代表對此二點，不能不向貴會鄭重辯明，（一）馬次長到部之第一日，即聲明教育經費已得二十七萬元，教潮似可從此解決，如諸君（指教職員及學生）認為不滿足，則只好大家全赴國務院說明。是日馬叙倫請次長一仝赴院之理由，即根據於馬次長前項之言論，則馬次長之赴院，非出自他人強迫可知。至馬次長之受傷，係在面部，馬次長在學生及教職員之前面，院中衛兵，即迎頭痛擊，誤傷馬次長。若謂係教職及學生所擊傷，當然傷在後部。且馬次長既肯與學生來請願，焉有學生請願之目的未達，而先打自家人之理，此本代表對於第一點之辯明。至謂教職員索薪無理，本代表無代辯之義務，蓋學生此次請願，係為要求政府恢復閣議決定維持教育經費之三條辦法，並非為教職員索薪問題而請願也。繼復說明此次發生慘劇之經過情形，在座人士，無不痛心疾首。主席周貴德女士，比含淚答覆學生代表云，諸代表以受強權之壓迫，特來本會，

為極沉痛之申訴，希冀公理伸張。本會同人亦國民一分子，本良心之主張，當然發正大之言論，為教育界之後援。鄙人感國是日非，決於即日放洋赴美，必盡量喧傳政府之不當，以促其及早覺悟云云。

又京師中小以上學校學生代表，前日下午八時又集會討論應付辦法，當經決議二事，（一）發出第三次通電內容，係對國務院前日所發電文逐節加以駁擊。當場公推男高師代表擬稿，復於昨日下午一時由北大法專各代表共同修改，昨晚當可發出，（二）推定北大法專代表蔣志澄周茹芝二人，赴全國報界聯合會接洽兩事(1)申謝該會慰問負傷之教員學生及發電主張公道，(2)報告學界對於政府今後所取之態度及辦法。最後又決定派人前往地方檢察廳慰勞醫專代表梁鐸，並餽送食物等件。

自教育風潮發生以來，最初與政府對峙者，僅為教育部直轄之各校，其他非教部管轄之學校，如稅務鹽務郵務鐵路等校，概未捲入旋渦。不料新華門慘劇發現之後，凡屬學界中人，受此激刺，大動公憤，昨聞稅務等校學生，以政府此舉，太與學界以難堪，不免興兔死狐悲之感，決定起而援助，現已紛紛提議罷課，以示同歸於盡之意。

又北京基督教各學校學生，鑒於六三教育界的慘劇實屬痛心，故於六月六日在燕大男校發起聯合會，與會者共十一校，即燕大女校，協和女醫校，貝滿女校，萃貞女校，培華女校，崇德學校，萃文學校，篤志學校，匯文學校，協和醫學，燕大男校。開會時，由燕大學生會總務股臨時主席，報告開會宗旨。

公舉燕大代表高君主席，協和醫學梁君為書記。旋通過議案四條，（一）請求北京基督教各學校職原載《晨報》，1921年6月7日，第2版。員組織聯合會，（二）函呈國務院質問六三毆各校職教員與學生事項，（三）以本會名義通電全國各學校，（四）派代表見教育次長，請速撥欠款，及質問教育基金問題。

又是一齣新華門前之慘劇　學生死傷者數十人
校長幾乎槍斃　通電要到九江發出

安慶軍隊毆辱校長學生一事，已誌昨報，現本報探得當時詳細情形，其兇慘之狀，令人不忍卒讀。

六月二日省垣學生被馬聯甲用兵士刺死一人，重傷難好的五人，受傷者數十人。因倪氏在埠建築生祠將落成，省議員意欲赴埠參加典禮，趁着機會，遂將教育增費案子，延期通過。不料學生方面，已知消息，由聯合會議決，每日派學生十人，至江干監視，如有議員搭輪，即行阻止，一方面由各校派學生十人，分頭接洽，要求通過該案。一師學生至省議會，要求趙椿木，趙某一見一師學生，怒從心來，遂呼省會衛隊，毒打一頓。有脫出者，跑回本校，報告及其他各校得知情形，遂紛紛全體赴省會門首約一小時，衛隊不准進，有兵一哨路過，學生遂開路讓他，兵至門口，排開，唧上刺刀，

不問青紅皂白，讓之者生，逆之者死。一時人聲鼎沸，斷脛折骨，滿地皆血，臥地不能行走者，慘不忍聞。學生去後，滿城皆兵，斷絕交通，如臨大敵，校長團得此消息，遂全體卦省會質問理由，將到省會門口，見丘八挾學生二人，滿身皆血，昏迷已不能言語，送上人力車拉到學校去，光明甫見此情形。實難忍受，遂大罵這般武人。適馬聯甲由省會出來，見光明甫仍罵不止，馬氏大發雷霆，叫兵士將他綑起來槍斃，親自將光打了一頓。省議員見不是勢頭，趙椿木向馬氏說：「省議會不能捕人，請你放釋。」二日後明甫才脫掉危險。自二日以後，省垣各界聯合會議決罷工罷市，一致援助。無奈武人佈置精密，信件電報一概檢查，消息完全不通，今日省學生，代表來蕪，方得以上的消息。

以現在猜度，此事發生實議員主使，不好親自出馬，乃借馬力殺人。省立大小各校已實行罷課，差人赴京滬寧漢請求援助，畢竟如何，且待公論分解。」茲將安慶各校全體教職員呼籲之通電，錄之如下：

「北京大總統國務院總理內務陸軍司法教育總長鈞鑒，大學校安徽同鄉鑒，皖副議長趙繼椿，鳳關監督倪道烺，鎮守使馬聯甲，因學界反對倪道烺長皖，銜恨已久。冬日下午六時，趙等擅用議會歡迎道烺，請馬陪席，並議定即日停會，赴蚌賀倪嗣沖生祠落成。省校學生聞訊，派代表往請會畢前行。詎趙馬倪及議員劉碩等，怒嗾議會衛警及馬倪衛隊，用刺刀戳傷學生蔣高琦等八人，傷重命危，又毆傷學生周自衡等二十餘人，均送醫院救治，出外受傷人數，尚待確查。轟省長聞警，到會電召各校職員前往解救，詎馬劉等又在會內將校長光昇等橫加毆辱，全城街道郵電，均被馬軍遮斷，各校危險，呼救無門。似此暴力摧殘，慘無人道，除地檢廳相驗外，迫切電陳，懇速依法救濟。安慶省城各學校全體職員阮強等同叩江」，送由九江發。

六三事件之繼續反動

原載《晨報》，1921 年 6 月 15 日，第 2 版

天津新聞界協議援助　南京學生向督軍請願
基督教育會表示同情　天津學生謂政府不可恃

　　六三事件，政府處理失當，事後復圖以武力壓迫，益引起京外各界之反動。連日各處文電，紛紛飄來。茲復得津電，天津新聞界於十三日午後二時集合於漢文京津泰晤士報館，討論北京學潮問題，協議以新聞聯合之名，向各省發出與學生表同情之通電云。

　　又南京學生於元日午後二時赴軍署請願。當日齊督軍面許代為轉達，其所要求者，有五項(一)反對日英繼續同盟，(二)反對吉會鐵路借款，(三)維持北京之八校，(四)取消南洋華僑學校條件，(五)懲問安徽學生受傷之負責者云。又得直隸山西基督教育會，及天津學生聯合會兩電，紀錄如下。

　　直隸山西基督教育會致教職員電，各校教職員諸位先生公鑒，數月以來，教育狀況，沉寂已極。公等不忍任其墜落，奔走呼號，以謀補救於萬

一，此種熱誠堅毅，稍具人心者，不能不欽佩而體憐也。孰意公等，竟遭有六三之慘禍，敝會雖隸基督教，然所業者一，兔死狐悲，自表同情。而受創諸公尤為教會所關注，深冀公等堅持初心，中國之教育，賴公等以恢復，中國之黑暗，賴公等以燭昭，天助自助，必得最後之勝利，此祝成功。直隸山西基督教。教育會執行部同人上。

又天津學生聯合會致職教員及學生電云，北京各校受傷職校員同學均鑒，天禍中國，執政者冥頑不靈，既養兵以自衞，復加稅以自肥，所謂教育強國，皆不顧慮，以致國賊屢出，學潮數起，猶復以自己之利害，不惜摧殘士子，以強抑愛國救國之學潮，稍有人心者，能默而息乎。又復逢迎軍閥，抑留學款，供奉軍閥，則金錢若泥沙，推持教育，乃緇銖而不與，是非之倒置若此，人孰無心，將坐視而不問乎。公等仗義執言，不畏強禦，純一齋坐守不行，新華門衝鋒冒刃，雖流血殷殷空拳不敵武器，然挽救國本之忠忱，不已凜凜乎。敝會自得此消息後，即覺政府應終不可恃，諸公雖傷痛猶榮，忝居同心，業苦未能與共，痛惜之餘，深覺懷慚。諸公須知為義受逼迫；天職也，政府既失卻國民之歡心，孰謂此非與國民以機遇乎。前途光明，諸事正大可為也，忍以此而灰心乎。津地環境惡劣，故而問候遲，實情如是，諸公當能諒及之也，微意拳拳，諸公幸勿河漢置之，敬頌愈安。

天津學生聯合會

清華學校罷課風潮之始末

原載《晨報》，1921 年 7 月 3 日，第 3 版

○清華學校罷課風潮之始末

▲ 全體學生自請退學
補考者留班一年

▲ **全體學生自請退學**
補考者留班一年

六三教潮發生以後，同時引起了教育上許多枝枝節節的問題，在這些枝節問題裏面最足以引起社會注意的，莫過於此次清華學校的罷課風潮。當清華罷課風潮熱烈的時候，報紙上對於此事少所記載，故旁觀者於個中真相尚不明瞭，近兩日來社會上始知清華學生因罷課援助（六三）學潮的緣故，得下列的結果。（一）全體學生，自請退學，唯准於本年九月十二日起來與復校考試，考試及格者准其復校，唯各班須留級一年。（二）高等四年級一部分已單獨赴考，其餘二十九人已自請退學，犧牲本年畢業留美機會。這種結果傳播以後，社會各方面發生許多誤會，有說教職員學生各趨極端的，有說教職員借事報復的，有說學生意圖逃考的。現在為免除社會上種種誤會起見，謹將事之始末敍述於後。

事前之慎重。自三月十四日北京教職員宣佈停止職務以後，清華學生會曾屢次開會籌商援助國立八校的辦法，惟幾經討論，都以通電上書紙上談

兵，代表請願與虎謀皮，俱非根本解決教潮的妙策，故始終寂然不動。到了六三事件發生以後，北京部立私立學校相繼起而援應，清華方面代表來校，日必數起，責難函牘，絡繹不絕，清華學生會評議部亦認為時機已迫，萬難坐視，逐於六月八日通過「清華學校明日罷課」一案。當晚提交大會討論。經三小時的爭辯，多數以為（一）罷課係自殺的政策，以殺止殺，萬難有濟，（二）現今政府非罷課所能警醒，萬不得已，罷課一事也只能作同情的表示。故大會將評議部的議案修改為清華學生應該罷課，唯須北京部私立各校取一致行動。九日俄文專修館等學校罷課訊息傳來，罷課時機逼進一步，清華學生逐於十日以二百九十二票對一百一十九票的表決，通過同情罷課案。

　　課期中的經過。罷課以後，多數學生，以為事已至此，當圖積極進行，其着手辦法，（一）組織部私立各校聯合會，以作國立八校聯合會的後援。（二）組織募集教育基金委員會，以求教育根本解決，（三）組織宣傳政治革新會，以求中國政治根本時刷新。乃當學生以全副精力籌謀對外的時候，校中暗潮忽然發生，卒至於教潮無絲毫補益，而自身受無謂犧牲，誠為可惜。原來該校有幾個引起暗潮的遠因，（一）六三事件發生以後，學生方面曾致函校內教職員，要求作一致同情的表示，信去以後久無動靜。故十一日晚罷課案，事先也未徵求教職員的同意，事後派人接洽則教職員已暗有煩言。（二）六三事件發生以前，學生正從事清華內部的改革，對於更換教員一節，主持極堅，此亦引起誤會之一點。（三）清華原定十三日大考，十一日通過罷課議案，事實上不免逃考嫌疑，加以當時學生有主張罷課期中，必不大考者尤足供人口實。

未完

清華學校罷課風潮之始末（續）

原載《晨報》，1921 年 7 月 6 日，第 6 版

▲ 全體學生自請退學
　補考者留班一年

　　自十四以後，經幾次教職員的會議，校長與董事會往返商榷，至十七號又議決兩道校令，（一）本校大考事，經本校教職員議決定於十號舉行，如不赴考，即以自行告退論。（二）本學期不赴考者准其於本年九月十二起來與復校考試，考試及格者，准其復校依次升級，惟各班須一律留級一年。兩道校令未公佈以前，報章上忽有政府提出五條辦法收束教潮的記載，同學趨向忽然一變，以為教潮必有轉機，校中又如此壓迫，何不就此收束，從事大考，一方面洗刷逃考的嫌疑，一方面再圖考後的運動。況北京教職員，勸告罷課的宣言同時發出，清華罷課雖然中止，其對於六三教潮表示同情的初志當為社會所諒察，由是學生會終止罷課的議案，連續提出，全體大會，日必三四次，所討論的無非是收束罷課問題。然罷課終不能如期收束者，厥有下列數因。

(一)罷課既謹慎發之於前,當鄭重將之於後以爭教育始者,當以爭教育終。五條辦法是否確實,教職員對於此五條是否滿意,此在收束罷課以前當確有把握者也。(二)學生罷課,應自發自收,決不能因學校的壓力,借題下台。(三)罷課時既與部私立各校一致行動,收束時,自不能單獨逕行。對於第一層,學生會於十九日派代表二人往教育部探詢消息,其結果五條中馬次長認只有兩條已經實行,其餘均係報紙謠傳,政府否認有此辦法。同時教職員亦認政府虛與委蛇,毫無收束學潮的誠意,消息宣佈後,同學的態度又由收束的而轉移到堅持方面去了。加以第三項部私立各校一致行動,則收束事課,尤非旦夕所辦到。事到如此,教職員,方面既步步迫人,董事方面又着着不讓,大考期轉瞬就到,退學條件馬上實行,利害關頭,必非口頭上的堅持到底四字可以真算確的態度,故評議部在十九號議決舉行全校無記名投票一次。表決下列事件。(一)罷課期內大考不大考,(二)服從多數不服從。

　　投票的結果如下:

不考,服從多數	二百九十八票。
考服從多數	七十一票。
不考,不服從	三票。
考,不服從	四十票。
廢票	二十五票。

　　這次投票,因為要知道同學方面真確的態度,故事先既沒有演說討論,事後開票也非常的慎重,開票的時候,由評幹兩部各派代表二人以資監督,開票結果,由監票人簽名作證。投票以後,學生會又派人到董事會報告投票的結果,同時告愬他們說,明日大考學生中最少有四十餘人應考,但這不是學生團體破裂的現象,良莠不齊,在那一個組織裏也是如此。學生會並要求學校暫不公佈迫令學生大考的條告,如於預定大考終止期以前清華不能停止罷課,清華學生甘願自請多留一年。這請求有兩層意思,

　　(一)犧牲是學生自動的,不希望學校拿留級當做一種刑罰,當做一種恐嚇學生的手段。(二)少數破壞團體的學生,學校應置之不理,不給他們

以大考或畢業的機會，因為這種學生畢業出洋以後，亦不過為虎添翼而已。

董事會刁主席對於少數不服從多數一層極不滿意，並說中國現今最宜提倡的精神，即為（一）同情心，（二）少數服從多數。不過對於學生會無記名投票的結果，也有下列的懷疑，（一）此種投票，恐係一二領袖鼓吹的結果，（二）此種投票，恐係少年學生一時感情的作用。根據這兩層懷疑，他主張舉行第二次投票以資對證，其辦法（一）負責任的具名投票，（二）由校長執行，（三）票的內容只有校長董事外交總長可閱看，至於總數可以報告學生。第二次投票在十九日晚舉行，據校長所宣佈的結果列下：

不考，服從　　三百二十九票。
考，服從　　　八十八票。
不考，不服從　二票。
考，不服從　　三十三票。
廢票　　　　　四票。

（注意，不考的四百十九票。單獨大考的三十三票。）

未完

清華學校罷課風潮之始末 （續）

原載《晨報》，1921 年 7 月 7 日，第 3 版。

○清華學校罷課風潮之始末（續）

全體學生自請退學 補考者留班一年

▲ **全體學生自請退學**
　　補考者留班一年

　　投票結果，當晚由校長用電話通知董事會，董事會對於迫令大考的校令，又作第二次的覆議，結果到了二十一日，撥出下列二校令。（一）關於本校期大考事宜，經本校全體教職員議決，訂於本月二十二日開始大考，至二十八日考完，屆時諸生務須赴考，如不赴考，即以自行告退論，（二）查學期考試日期，並聲明如屆時不赴考者，即自行告退論，各在案，惟念諸生秉父兄之命，遠道求學，數年成績棄於一旦，殊為可惜。茲格外予諸生以特別時機會，如本學期屆時不赴者，准其於本年九月十二日起來興復考試，考試及格者，准其復校，依次升級肄業。惟各班須一律留校多學一年，俟大學一年級學完考試畢業後，方能遣派赴美。這兩道校令不過字句間於十八日校令稍有不同，重要辦法，則絲毫沒有變更。同時評議部也於二十

一日晚開會，議決(一)對於二十二日大考的校令置之不理，(二)組織強有力糾察股，維持同學間的秩序，

從二十號到廿二號這兩日裏，醞釀出來了一件最大的變故，就是高四級的分裂。當高四級幾次宣言明示態度的時候，本諸至誠堅持犧牲者，固然有人，而高調獨唱，希冀挽救的人也不少。到了二十號，事機已迫，而且畢露，前日提出「不單獨大考，不大考不出洋」的人，現在居然提出「高四級單獨大考」的議案來，而且以三十六票對二十七票的多數通過以級為單位，堅持三十六票為一級的多數。反對方面，則以全校為單位，堅持三十六票為全校的極少數。兩不相讓，各樹一幟，八年友誼遂終趨決絕矣。二十二號為實行大考的日期，單獨大考者猶冀一度的調停，故上午均未赴考。調停辦法，即根據二十一號部私立聯合會所通過的「各校於暑假起首日，宣佈罷課終止」一案，要求學校於二十六日暑假後，補行大考，二十二改至二十六，所差不過四日，預料校長可以通融，殊不料竟為教職員會議所拒，熱心畢業出洋者乃迫而出於個人單獨大考之一途。是日下午一時，赴考的五十餘人，其餘不考的學生團聚科學館特為赴考人歡呼致賀，照相機排列成陣，學生會新聞科的訪員，奔走道途。到了三時半，第一次功課考完，赴考人深藏不敢出，考生求校長擔任保險，校長電董事設法彈壓，鬧得風聲鶴唳。其實學生不過好奇心勝，欲親顏色罷了，那裏有絲毫惡意。到了二十八號，光明正大的考試敷衍了事他過去了；現在幾十位畢業出洋的學生，同着幾百個退學留級的學生，已分道歸家，而無中生有的暗潮，也從此告一段落。

完

清華學校當局拒絕調停

原載《晨報》，1921 年 7 月 8 日，第 2 版。

▲ 決定犧牲全校學生之光陰
　表示共和國官威之嚴重

　　清華罷課風潮之詳情，已誌連日本報。八校教職員及公立各校學生，對於此事，極為關心，曾數次派人調停，該校校長金仲藩始終推諉於該校董事會，以致不得要領。前日（六日）適該校董事會在外交部開會討論此問題，八校教職員聞信，特再派代表梁希燕樹棠前往陳述調停意見，當由金仲藩接見，梁燕二代表遂來意，大致，以該校學生全體留級一事，犧牲太大，希望將來該校學生補考後，仍准升級。金仲藩，答稱董事會之處理此事，係根據該校教職員之決議。現在各教職員多數以暑假回家，無從再開會議，即開會亦不能推翻此次決議，故董事會所執之態度，決然不能變更云。

　　梁熊二代表，見其固執如此，只得怏怏而退，大概數百學生之一年光陰，將犧牲於該核當局威嚴之下，不可免矣。據聞該校之最高權在董事會，而董事會之實權則操諸美公使館之洋董事，中國董事承顏畫諾而已。先是有不滿人望之美國教員某，自恐不為學生所容，早有防堵之意。乃此次罷課風潮起，該教員等益慮學生權力伸張，不利於己。言於洋董事，謂非仰制學生氣焰，不足以保持學校之尊嚴。洋董事大以為然，向我外交部表示意旨，而董事會以用專制國防堵民權之手段，斷然加諸表同情於六三事件之學生，以留級必為一權束縛學生之刑罰。共和國人之腦筋，乃竟如此，可歎。

調停聲中之學生方面態度

原載《晨報》，1921 年 7 月 8 日，第 2 版

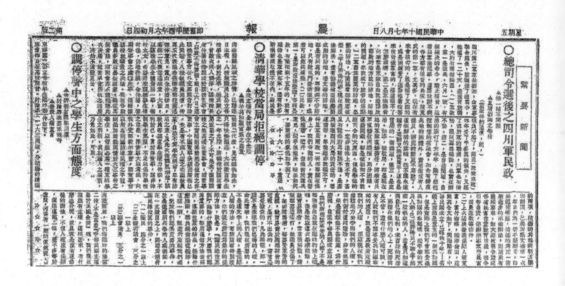

▲ 告訴靳雲鵬郭則澐
討論將來要求條件
發表人權宣言

京師國立各校學生臨時聯席會昨日在某校開會。討論事件如下。

（一）六三問題，分積極的消極的兩項，積極的為起訴靳雲鵬郭則澐，已將訴訟文審察一次，準日內將一切手續辦妥，即呈遞檢察廳，消極的為萬一將來退步的準備辦法，聞議決有幾種要求，如大總統明令責成各省長官尊重教育尊嚴，明令引咎自責，懲辦肇事軍警長官，派員道歉等條件。

（二）上次議決發表保障人權宣言，當付審察，隨即發出，茲錄其全文如下。同胞諸君，中華民國成立，已經快十年了，名義上雖然是堂堂的一個共和國，但是實際上我們可曾享受過共和國的幸福嗎，歷年來的天災人禍，已經弄得民不聊生，然而一般執政的人，還是只知道圖自己的私利，老百姓的死活，那裏在他們的心上，死活尚且不管，還有什麼人權可談。

有人說我們不能享受共和國的幸福的原因，就是因為政府蔑視我們的人權，所以現在我們應該竭力去爭回我們的人權，我們對於這種議論，非常佩服，但是還嫌他不甚徹底。為什麼呢，自從中華民國成立以來，我們所應該享受旳人權，不是都明明白白載在臨時約法上的嗎。但是就以這次學潮而論，教育界開會，常常被解散，請願都要遭毒打，教職員受傷了，在醫院醫治，都要受軍警的監視，教育界對於同胞訴苦的電報，是打不出去的，書信是要受檢查的。凡此種種，那一樣不是侵犯我們已得的人權。由此看來，我們現在所要的，不是這文字上的人權，是保障人權的方法，要請諸君特別注意，你們現在所認為最好的保障方法，就是，「國民總投票制」，無論什麼事，只要我們認為重要的，都用這個方法去解決，這種投票的結果，無論什麼機關，都負絕對服從義務，這樣一辦，誰還敢蔑視我們呢。至於我們認為重要的事件，就是後面所列舉的人或機關，在一定數目之上，同認為須付國民總投票的事件，

（一）國民　　　　四分之一以上
（二）全體省議會　三分一以上
（三）國會議員　　三分之一以上

同胞諸君，我們的臨時約法第二條，不是載着「中華民國主權屬於民國全體」嗎。我們現在雖然有主權，這種要求，有什麼過分呢，並且若是沒有這最後的辦法，不但人權沒有保障，便連這第二條，差不多等於虛設，何嘗有一顧的價值呢。

調停聲中之學潮各方面

原載《晨報》，1921年7月9日，第3版

政府尚取牽延手段　教職員再接洽調人
學生議決保障兩條件　江西各團又電請維持

　　七月八日教職員開第五十六次聯席會議，由代理主席王兆榮報告國立八校學生臨時聯席會議，請同人等出席聯席會，交換意見。尋即討論對於調停問題，除范源廉來與本會議主席，接洽一次後，並未提有具體辦法，時間迅速，又過一周間以上，調人方面，進行如何，曾否與政府交涉過，本會議概未聞知，而外間調停空氣，又製造得異常濃厚，以為教育事件，已有解決，希望已經一落千丈云。不知者以為本會議又有枝節橫生，毫無誠意等語，其實近數日來，本會議為尊重調人意思，除特條件交與調人後，靜待其回音而已。似此政府純取牽延手段，同人等實難堪此，現七月已去三分之一，若再不解決，則暑假之八校，又當供政府之犧牲，而各省學生升學問題更為無望。現在時期，實為緊迫，政府若有尊重調人誠意，出而維持，則當從速辦理，履行條件。若無維持誠意，則直接了當，下令解散，每月尚可節省十七萬五千餘元，八校經費，供其向媚軍閥及浪費之資，而馬鄰翼亦安然管理中華民國教育部之一個大衙門，在衙門範圍內，作威作福，作一個太平總長云云。尋即議決由本會議主席，即日直接向調人接洽。

請教究竟如何。次由燕樹堂報告，前往外交部清華學校董事會接洽情形，據金校長云，來意甚感，挽回無效云，後散會。

茲將復廣州電及致唁安徽學生姜高琦電文附下，安徽省學生會鑒，茲聞姜君高琦噩耗，實極悲憤，謙此電唁，北京國立專門以上八校辭職教職員聯席會議江。

廣州廣東省教育，並轉總統府秘書處全鑒，民國初造，政基未定，十載以來，禍亂踵起。同人等以教育為全民族精神之所托。雖在軍閥專政之下，猶思竭力維持，以期於民族精神上建立確乎不援之基礎，詎料年來政治紛亂之結果，並此僅保殘喘之教育經費，亦為彼軍閥政府所濫用以盡，以致國立專門以上各校，舉有不能維持之勢。同人等奔走呼號，已歷數月，而彼軍閥政府，不唯不自悔悟，尤復演出六一殺傷士類之慘劇，同人等見迫於軍閥之暴政，實無教育事業發展之餘地，正擬別覓相當地點，由國民自動的創辦教育，乃蒙電召，囑即南下，聞命之餘曷勝欣感。唯望諸公將西南大學之基礎，早日確立，俾吾國家雖在強藩攘竊之中，猶有國民的教育托足之所，則受其賜者，固不止同人等也。北京國立專門以上八校辭職教職員聯席會議庚。

又國立公立各校學生臨時聯席會七日開會，所議事項，關於六三問題所要求之條件，除已登昨日本報外，關於教育經費問題及保障方法，決議如下。（一）財交教三部另訂嚴密之保障方法，且公佈之。（二）交通部每月應撥之教育經費，此後應撥交銀行，該銀行直接交撥學校財政教育兩部僅負轉賬之責。（附件）政府須切實履行四月十日國務會議通過之三條辦法。

又學生聯合會以學潮牽延日久，再上書大總統懇請從速解決，茲錄其全文如下。

呈為呈請事，竊查學潮發生，教職員因謀的款而罷教，學生奔走調停，蒙我大總統令財政交任教育一部，訂立籌撥經費辦法三條，已辭職之教職員，乃於五月三日宣告留職，俟辦法一經實行，即可上課。國務院五月十九日公函，前訂辦法，認為無效，教職員以的款無著，再度辭職，學潮高漲，解決無望。六月三日北京公立學校校長教職員學生等一千餘人。隨從馬次長請願，復被院派使軍警包

圍，毆傷大眾。學生伏查教潮發生數月於茲，荒廢學業，動搖國本，教職員等要求教育的款，原為來源有着，不受匱乏，並謀教育基金，亦期鞏固根本，發展有待，不徒理由正大，而且事屬可行，當然貫徹方針於後，惟有懇請明令前訂慷慨辦法，尅期實行，以期學潮趕早收拾。至於六月三日次長校長教職員學生等全數被毆，事關國家體面，文治前途，務懇將主使行兇之人，及不負維持治安責任之軍警長官，一並懲辦，以振綱紀而重文化，不勝迫切待命之至。謹呈大總統。

又江西省教育會、農會、商會，通俗教育會、小學研究會、中學職教員聯合會等團體，致政府電，並附錄如下。

北京大總統鈞鑒，六三教潮，亘古未有，列邦騰笑，言之痛心，京師為首善之區，教育乃國本所繫，當局宜如何加意維持，使教育不受政局之影響，不料因欠薪而罷課，因罷課而請願，因請願而遭蹂躪，現在首都教育，完全停頓，萬不妥為解決，恐影響所及，全國將受其殃。務懇大總統，立予維持，嚴懲肇事軍警，以慰輿情，確定教育基金，以垂久遠，俾暑期過後，學舍重開，弦歌復作，教育幸甚，國家幸甚。

重慶學生對成都學潮之激昂

原載《晨報》，1922年7月4日，第5版。

晨 報　　　　　中華民國十一年七月四日　　　　星期二

重慶學生對成都學潮之激昂

▲主張解散省議會及第三軍

蘭州中等以上學校一致罷課

▲要求紙費獨立　▲希望發給現金

▲ **主張解散省議會及第三軍**

　　成都學生因要求學款獨立，被四川省議會議長及第三軍軍長劉成勛，唆使暴從，打死三人各節，已誌前報。茲據重慶函云，自城都方面學款禍立運動消息，傳至重慶，渝學界遂亦應聲而起，共為一致之主張，最初發動者，為全川教育改進會。其致各軍師旅長電，有學款獨立，乃教育生死關頭，肉稅抗不交出，至激成都罷課，望各方早為覺悟，否則該會誓當集合七千萬人，聲罪致討等語。六月十八日，重慶中等以上教職員聯合會，開全體大會，議決八項。（一），電成都教職員聯合會，請求堅持到底，渝會誓為後盾。（二），通電話各軍師旅，請將內稅趕日交出，並限於二日內答。（三），快郵各縣教育會，勸學所，教職員聯合會，學生聯合會，各學校請其奮起，一致主張。（四），定六月二十日，各校教職員學生在商會聚齊遊行。（五），由各校分區講演。（六），公推代表，赴成都與教育界聯絡，一致進行。並

請成都聯合會赴派代表來渝，共籌進行。（七），各校暫墊洋二十元。（八），公推起草人員，草擬通電。二十日到商會齊集者，為川東師範與省立第二女子師範兩校，由女師校演說後，即行分組在各街講演。二十二日渝中各校，一律罷課，並遊行示威，在商會齊集，宣佈三事。（一）力爭肉稅。（二）解散第三軍，（三），解散省議會。現聞渝教職員聯合會，已接有二十二師師長康廷牧覆電，謂該軍防區內稅，已飭交出。邊防軍總司令賴星輝復電，謂學款獨立，極表贊同，唯究係劃撥監款肉厘，俟軍事會議解決後，即行照辦。一軍軍長但懋幸亦有覆電，謂肉厘撥作教育經費，本軍自奉到總司令通令，當即令飭本軍各師旅長遵照在案，凡屬本軍防區內之教育經費，各防軍早未干預。來電云云，本無答覆之必要，第恐未知其詳，用是明白以告云云。

蘭州中等以上學校一致罷課

原載《晨報》，1922 年 7 月 4 日，第 5 版。

▲ 要求經費獨立　希望發給現金

　　蘭州函云，甘肅地方，交通不便，所有消息，各地方都大不知道。即如教育一項，比較各省已經不及。乃近來因為紙幣低落，各校竟有不能維持之勢。當局淡漠視之，任教職員等，如何呼籲，都置之不理。省城中等以上六校學生聯合會，因要求教育經費獨立，並發給現款，已於六月十三日六校一致罷課。他們的宣言書，把甘肅教育的情形，說得很清楚，特抄在下面。

　　諸位父老昆弟姊妹們，要知道我們六校學生，這回的舉動，是迫於萬不得已，才撤去青年最寶貴的光陰來輟課。因為近年以來，我們甘肅教育簡直辦得不成樣子，官廳對着不過是敷衍了事，搪突塞責。弄得教育到半死半生，有氣沒氣的田地了。先拿最顯着的事實說，每年教育的經費，從未按預算開支，各校用款，向來是缺乏的，打前年春天，紙幣價格跌落，日用物品，跟着漲了好幾倍。到了今年，新鑄銅圓，充斥市面，現銀的價，天天上漲，紙幣的價，日日下落。官廳收入，多要現款，日常用品，亦須白銀。卻是教育經費，仍然拿紙幣發給。前兩月的時候，各校教職員，因為官廳發的這種紙幣，學校裏呢，不够實用品，教職員呢，不能謀生活，曾迭次呈請官廳維持。不料官廳方面，除照六成折發外，毫不籌妥善的辦法，全是空口搪塞。今天去，他說沒錢。明天去，他說極力維持。其實是把教育看做無足輕重的事情。推他的意思，以為就這些經費，能辦也好，不能辦也好，任你自生自滅罷了。甘肅一切租稅徵收的時候，都照現金計算，偏偏到支出的時候成了紙幣，

難到說辦別的事情都有錢，辦教育就沒錢嗎？究竟他把現金用在何處，想必隨黃河的水，順流而下，注在東海裏邊去了。進一步說，我們人民納稅，為的是官吏替我們謀點幸福，我們享點權利的意思。國家設立學校，教育我們青年，這就是我們享的權利的一種。現在當局，不但不能給我們謀別的幸福，連這一點權利，都要剝奪殆盡，我們還能忍受嗎？父老昆弟姊妹試思，現在的世界，知識是人類生存的工具，教育是知識的途徑，有教育才能求知識，有知識才能圖生存。官廳把教育看得這般不值錢，毫不補救，弄得學校的經費支絀，設備困難，現狀都不能維持，教職員薪水，祇落得一二成，多不願從事，我們一線命脈的教育，將從此中斷，我們輸入知識的機會，將從此減少，我們生存世界的根據，從將此滅絕哩。這個責任歸着誰呢？父老昆弟姊妹，自然是知道的，所以我們六校學生，到了此時，忍也不好，推也不好，不得已於六月十三日，全體停課，向官廳要求三項事件。（一）教育經費發給現金。（二）指定的款充作教育基金。（三）維持教育經費獨立。這三種目的，非達到完滿結果，我們的進行，也絕對不能中止。總之，我們這回的舉動，實在因為甘肅金融的紊亂，到了極點，教育界直接受的影響很大，我們本奮鬥的精神與官廳力爭，使教育前途有充分發展的希望罷了。上頭說過的，教育是我們人類生存的工具，摧殘教育就是滅絕人類的生存，父老昆弟姊妹呵，要知維持教育，是是存留甘肅共同的命脈，摧殘教育，是滅絕甘肅共同的命脈，還望大家共表同情，贊助我們這回舉動。那麼，學校不至倒閉，教育不至停頓，而我甘人的命脉，不至斷絕。這不僅是我們千餘學生的幸福，也就是九百萬同胞的大幸福了。

昨日北京大學之風潮

原載《晨報》，1922 年 10 月 19 日。

學生反對徵收講義費　　校長教職員憤而辭職

　　北大學生為反對徵收講義費，於前昨兩日在該校第三院大禮堂開會，與會者數十人。查該校徵收講義費，為本學期新制，由學校發行講義券三種（二分、一分、半分）向會計處購買，學生持券即可向各科換取講義，其價為每頁半分，即一分之講義券可換講義兩頁。該校學生不服，乃議決推舉代表李去非、石毓松向校長要求，一面此數十人仍在校長室門前喧鬧，並有打破會計科門戶等情事。校長及總務長等見學生來勢兇猛，出而阻止；代理教務長顧孟余（因該校教務長胡適赴濟南教育聯合會）見勸阻無效，乃謂此系評議會議決之件，後天為評議會常會之期，當交該會復議，此三日暫不收費。學生不允，顧乃謂學生曰，如後日評議會不予通過，此費當由我負責。學生仍不允，必欲顧簽字，顧不得已乃照前意書條簽字其上，學生數十人遂持條而去。校長一時氣憤異常，謂吾輩為學校為學生費去多少心血，而學生竟如此不明事理，遂即電教育部辭職。教育總長湯爾和復電慰留，蔡則以為此系教育界重大問題，少數學生舉動狂悖猶屬可原，而大多數所謂馴良之學生竟似隔岸觀火，無正式之組織出為制裁，全國滔滔莫不如此，殊令辦學者萬分灰心。苟無此嚴重之表示，即犧牲一校亦所不惜，使所謂馴良學生者不有萬一之覺悟，則後此教育前途不堪設想。因此蔡氏之辭職書及該校教職員蔣夢麟、沈士遠、李大釗、馮祖荀等之辭職啟事，遂發佈於該校今日之日刊矣。該校全體學生昨夜聞此消息，謂此事起因在於講義小節，一部分學生之要求今竟釀成大變，關係全校生命，乃深夜互相告語，決於今日有鄭重之表示云。

為北大講義費風潮辭職呈

原載《北京大學日刊》，1922 年 10 月 19 日，第 1089 號

　　呈為呈請辭職迅予派員接替事。蔡元培自任北京大學校長以事，六年於茲。時值政局不靖，社會騷動之際，影響及於學校，菲材重任，時慮隕越，然猶勉強支持者，以移風易俗非教育不為功。近年來，以多數教職員之助力，對於整飭校風，提高程度等項，正在積極進行。上屆評議會開會議決，以本校經費支絀，此後所發講義，須一律徵費，以備購買參考書籍之用。乃一部分學生不加諒解，起而反對，經元培一再明白解釋，該生等一概置褚不理。本月十七日下午，有學生數十人，群擁至會計課，對於職員肆口謾罵，並加恫嚇。及元培聞風到校，該生等業已散去。十八日晨，復有學生數十人，群擁至校長室，要求立將講義費廢止。復經詳為解釋，而該生等始終不受理喻。復有教職員多人出面勸解，該生等威迫狂號，秩序蕩然。此種越軌舉動，出於全國最高學府之學生，殊可惋惜。廢置講義費之事甚小，而破壞學校紀律之事實大，涓涓之水，將成江河，風氣所至，將使全國學校共受其禍，言念及此，實為痛心。此皆由元培等平日訓練無方，良深愧慚，長此以往，將愈增元培罪戾。迫不獲已，惟有懇請辭職，迅予批准，並克日派員接替，不勝迫切待命之至。謹呈

　　大總統
　　教育總長

北京大學校長蔡

摘錄自高平叔編：《蔡元培全集・第 4 卷》，北京：中華書局，1984 年，頁 270。

空前之北大風潮

原載《申報》，1922 年 10 月 21 日。

　　今日（十八日）上午，國立北京大學發生極大之風潮。校長蔡元培，平日本極為學生所欽佩，總務長蔣夢麟、代理教務長顧兆熊、各系主任如陶履恭、何基鴻等及校長秘書沈士遠，平日皆能得學生相等之信仰，而今日忽為一部分學生所圍困，不但破口謾罵，且呼打之聲亦相繼而起。雖學生對於蔡氏尚無十分侮辱之意，然人多言雜，平日敬意，至此亦消滅淨盡。該校會計課門且為學生所打破。此則實為北大破天荒之怪劇，而發生於蔡氏為校長之時，則更為一般人所不料也。

　　此次風潮之起因，係為徵收講義費問題。該校前經評議會議決，全年講義費約需三萬元，為數過巨，故自本學期起，應徵收講義費，每張售洋半分，以資彌補，學生因之大起反對，其所持之理由有三：（一）用講義最多之數系，每人每年約需三十元，學生力不能勝任；（二）今年校中班次已經減少，經費應有餘裕，何以反欲徵收講義費；（三）校中既欲節省經費，何以教授薪金反多增加，且月給孔德學校津貼數百元。乃公舉代表往見蔡氏。蔡氏所答之理由有二：（一）徵收講義費，為廢止講義制度之預備；（二）每年所省之三萬元，移作擴充圖書館之用。代表等未得要領，乃於今晨在該校第三院召集大會，主張由全體學生前往要求蔡氏取消此項議決案，遂蜂擁至該校第一院見蔡氏，蔡氏以取消與否，乃評議會之權，校長不能獨裁，而學生則欲非立時解決不可，相持不下，遂致發生上述之情形。見蔡氏時，名為全體，實則只五六百人，約佔全校五分之一，然人口嘈雜，已有洶洶之勢矣。

　　此事起後，蔡氏即於今日下午向教育部上辭呈，教職員亦紛紛辭職。教育部方面，且聞有暫不派人，先行由部接管之意。唯學生激烈者雖多，主張留蔡者亦不少，況各系有用講義者，亦有不用講義者，利害關係不同，因而意見亦異，似一時尚不致聽蔡氏遽去。然北京社會上，則已因此發生

許多猜測之辭，或謂北大教職員，近多熱心於政治活動，是以校中款項之出納，有不能取信於人之處，致釀成今日之大風潮，或謂某政客及國立八校中之某某兩校，皆有破壞北大之意。此次風潮，實為彼等所鼓動，此項消息實無發生之來源，故亦為有識者所不信。且記者雅不欲據以為言，良以全國最高之學府，而乃受政黨之影響，外界之誘惑，殊非吾人所樂聞也。

十月十八日

講義費風潮後回北大視事啟事

原載《北京大學日刊》，1922 年 10 月 25 日，節錄。

辭職教職員諸先生公鑒：

十八日因少數學生暴動，元培辭職離校，諸先生亦同日辭職，然仍照常維持校務，使全校學生不致因而荒業，感荷熱誠，豈惟元培一人。但元培辭職之呈，政府既堅決退回，而學生中，除最少數者外，均已照評議會提出辦法簽名聲明，對於暴動，實不贊成，並以全體名義致函元培及諸先生，申述誠懇挽留之意。元培對於大多數之學生，不忍恝然置之。諒諸先生亦同此意。元培現已回校視事，敬請諸先生亦即取消辭意，俾全校恢復原狀，不勝企禱。

十一年十月二十四日

北大學潮平定後之師生大會

原載《申報》，1922 年 10 月 28–29 日。

　　北大講義風潮已告平息，校長蔡子民業於昨日（二十四日）復職，照常到校任事，當有啟事致辭職教職員，略稱「十八日因少數學生暴動，元培辭職離校，諸先生亦同日辭職，然仍照常維持校務，使全校學生不致因而荒業，感荷熱心，豈惟元培一人，但元培辭職之呈，政府既堅決退回，而學生中除最少數者外，均已照評議會提出辦法簽名聲明，對於暴動實不贊成，並以全體名義致函元培及諸先生申述誠懇挽留之意。元培對於大多數之學生，不忍恝然置之，諒諸先生亦同此意，元培現已回校視事，敬請諸先生亦即取消辭意，俾全校恢復原狀，不勝企禱。」同時全體職員亦通告自二十五日起一致復職，照常辦公。軒然大波，至此乃告一結束。今日（二十五）下午四時，蔡氏特召集全體教職員學生，在第三院大禮堂開一大會；以示懇親之意。到者二千餘人，堂內幾無隙地。首由蔡氏就席發言，略稱我今日來此與諸君相見，頗覺痛定思痛，回憶日前有少數學生暴動，我因之辭職，各方面責備我的很多，皆以為我小題大做，其實我當初之所以辭職，因為視此事為異常重大，其一，當日暴動情形，直同車夫在街上相撞一下，互相詈罵，又如小舖子，一言不合，動起鬥毆，似此情狀，絕非受過中等教育上的人所應出此。今乃見之於我們大學，試問還能辦教育嗎；其二，因爭講義費一點小事，何以不能從從容容，說明理由，必至毀門打人。本來在學校定下講義費的辦法，買與不買，極其自由，若真有困難情形，也不妨說，照前日情形看，一似藉端來破壞學校，別有作用的樣子，如此就不是僅僅講義費的小問題了；其三，還有一層，當時少數學生暴動起來，其餘多數學生，一似事不關己，隨便來看一看，我又疑惑似有人附和的樣子。有此三層，所以我不能不出以辭職。但近數日來，我細加考察，且綜合各方面報告，知道第三層，實在是怪錯了，因為事前大家皆不知道，所以上課如常，倉卒事起，大家皆不知是什麼一回事，所以無從應付。暴動既過，各院各班同學，群起來協力維持，一方面照常上課，一方面簽名聲明，不預聞暴動之事，總算是

令人很滿意的。一個學校是一個社會，總要大家來互相維持，平日必當相親相愛，各事皆求體諒，不要彼此猜忌，若疑惑某人心理是怎樣，專從動機上一方面着想，譬如酷吏周內人（「興」之誤）的罪一樣，那就不能相安了。年來學校因經費不充，時時發生危險，總算是賴有大家協力同心來把他維持住。須知一個社會的破壞，若是僅有外來的力量，尚不怕他，最可怕的是自家來破壞自家。在最少數人，因值血氣方剛，值此國家、值此政府，容易感受刺激，固是意中之事。加以現在社會一方面，如報紙專以攻擊個人為能事，固之不知不覺間感受他的暗示亦不小，憤無所洩，乃在學校內，小試其革命行動，如人民對於惡政府一樣，但是如以學校為革命試驗場，那是危險就太大了，犧牲也就太多了。學校不能同國家一樣，其一，有了土地，人民即可組織國家，國家是由人民組織成功的，所以既在這個國家做人民，政府不好可以革命，把他推翻，萬不能不要祖國，遷到外國去。學校不是盡由學生組織成的，因這個學校不好，再改進別的學校，這也是常有的事，斷沒人非難的；其二，國家組織政府的人，是由國民裏面選出來的，除政府執政者以外，國民中才德如執政的或且優於執政的，一定很多，學校則不然，萬不能在學生中選出人來做教員做職員，做教員的必定要平日研究學問的人，且年輩高一點。學生本是來求學的，又何能做職員的事呢；其三，人民對於政府，可以不納稅，學校萬不是盡恃學生學費來辦的。有此三層，所以學生不能視學校當局如同視政府一樣，自居主人翁地位，待教職員如公僕。我就想到二十年以前，在南方上海一帶辦學校，那時北方情形，我尚不知，若長江一帶，學校內鬧風潮的事，常常有的，且鬧事原因，大半是米鹽細故，如南洋公學，因墨水瓶置諸教員椅上，教員記學生過，學生反抗起來，相率退學，我在當時也隨同他們出來，另外組成一個愛國學社，因為在那個時候，大家皆鼓吹革命之說，對於清朝政府極端厭惡，青年學子革命思潮正盛，無所發洩，乃試之於學校，這也是有的。到了現在我還承認是這個原因，不過細想起來，這個方法是太差了，損失是太大了。我們學校裏面此次風潮既然過去，總算是大家覺悟的快，所以損失還不過大。現在我總合起來說兩層：（一）同在一個社會裏面，大家總要互想親愛，彼此不要猜疑，有話盡可說出，以便公同討論，從容商榷，彼此所主張的理由，

輕重之間不難比較權衡一下，可以訂出折衷辦法，最緊要的是一個誠字。（二）自家總□立定思思，不可受他方面的暗示，須本科學的頭腦，各事加以省察，今日一堂相聚，真是不容易的事。我願把我的所說兩層彼此互相勉勵云云。

　　繼之發言者，有胡適之、蔣夢麟、譚熙鴻、李守常四人。胡氏謂我在濟南十八日晚接教務處來電云，學生為講義費事哄鬧，校長以下辭職，我很懷疑，次日即來京，當時我恐怕辭職的職員少了我一個，我竟漏網了，倒難為情。到京後詢悉內容，見學生上課如故，並有多數學生皆起來協力維持，我又覺很樂觀。在前清上海方面學生鬧風潮的事很多，我也是鬧風潮出學校之一，當時我在中國公學，不過所鬧的事，是因為對於學校組織不滿意，且出校以後，還產出一個新學校來，即如在南洋公學脫離的學生，出來組成一個愛國學社，這個學社，在中國革命史，大家皆知道是一個重要機關。在復旦脫離的學生，出來組織一個震旦，此皆是不僅僅為破壞，還有建設。如我們此次風潮，純粹是無建設的，我覺得很不滿意，幸而後來尚能有多數人出來維持，不然豈不是以最少數人把學校鬧壞了嗎？我對於此次風潮的意見，在二十五期努力周刊上已說過，今可不必再說。今日所要說的只有一句話，就是大家須向一條建設的道上走。所謂建設，有四項：（一）是圖書館；（二）是寄宿舍；（三）是大講堂；（四）是提高學校程度。沒有大圖書館，可說是無從研究學術，沒有寄宿舍，萬不能養成一種校風；沒有大講堂，則關於名人臨時講演，用以普及大學教育知識的事，勢將無從做起。所以今年開學以後，第一次會議即將建築圖書館案通過，決定協力做起來。自今以往，希望打起精神，群趨向建設一條路上，可以為北京大學開一個新紀元，不要再在這種講義費的小事情注意了云云。蔣氏先述一己在杭州教會學校內因鬧風潮而斥退的事，並述鬧事之由為食臭魚，語極滑稽，全場為之大笑，繼言本校因經濟困難，致各事皆辦不動。如圖書費二萬元，雖經取到，但為時過遲，且他項經費未能按時發給。校內開支如電燈電話自來水等，非按月付錢不可者，只好將取到之款撥用，以致預定計劃皆難實行。宿舍一層，擬將內務部空地一塊，撥歸校用，尚未辦妥，末言個人在職，對於校內總務上所應能做的事，無不竭力做去云云。譚氏謂風潮初起，我極

疑感，似乎同學不應跟蔡先生有如此舉動。又謂事已過去，從此當一致和衷共濟，互勉於學，以期北大為全國模範云云。李氏謂一校之內如同一家，一家之人也許有失和的事，但事後相見，復歸於好；本親愛的態度來談談和好以後應該如何辦理家政，此是很快樂的一件事。因言一己前清做學生時，在天津法政專門學校，也曾有同學為吃飯索醬油的事，不服管理人訓斥，致鬧成一次醬油風潮。末言外間皆謂北大有自誇的情事，此不必管他。我們要養成好校風，應該在校內人皆要有北大兩個字在頭腦裏，北字不打緊，大字倒要着實發揮他。做成一個包羅萬有的氣象，既然在大字上着眼，那些小事自然就可以不管了云云。學生登壇發言者三人。一則報告此次臨時千事會經用賬目，並向同學辭去幹事職務，一則謂以後學校當局，須尊重學生人格，唯王汝□主張趁此機會，趕緊組織一個大團體，並謂此次風潮，未必於校革新無利益，其言頗為警勵。時及六鐘，復由蔡氏結束數語而散。

二十五日夜

學潮醞釀後的第一聲爆裂 [朔一]

原載《東方雜誌》，1923年，第20卷第3號，頁11–13。

　　北京的學潮，到了一月三十日彭允彝正式到教育部就他的教育總長職後，又重復入於醞釀的時期了。這時關係各校的校長已聯名遞辭呈；教職員合會已議決一面挽留校長，維持學校，一面宣告於彭允彝未去職前與教育部脫離關係，不接受教育部的文件；學生們則開始出發講演，與各團體商洽辦法，並二次派遣代表分赴各省，以進行他們的澄清政治運動：這都是由於學界方面連日向公府國務院和平接洽「罷彭留蔡」而不能得要領的結果。

　　在學潮擴大的醞釀中，政府學界及彭允彝個人各自向着他們的計劃，作直線進行，以至於爆裂為止。現在把他們經過的事實，分別記在下面。

　　學界方面。校長教職員的舉動，表面似已漸趨冷靜：唯學生團體的進行則非常猛烈。學生們因受了國會的屈辱和公府國務院的蔑視，已經將他們運動的目標從那「驅彭留蔡」而擴大到澄清政治。京中學生，因要加厚運動的實力，迭次暗中與各團體接洽，求各該團體共起作學界的後援，聽說已有七十幾個團體答應將來時機一到，當與學界致行動；又學生因喚起市民的注意，四出講演，在警察監視之下，也是毫不畏怯，雖然有幾處講演隊受了警察非理的干涉，學生也溫言解釋，和平退讓，以免時機未熟時的犧牲。出京代表一路從津浦路南下，經過天津濟南南京向各處團體接洽，很能得各省的同情，最後到上海，即預備以上海為中心，聯絡東南各省。一路從京漢路南下，除沿路接洽外，並預備以漢口為中心，聯絡附近各省。學潮所及的區域，已經隨着學生代表的足跡，將從北京而擴大到全國了。這次在京學生及出京代表們注意各商工業團體的聯絡，所以將來運動一經成熟，全國國民共起作澄清政治的大運動，五四運動成績，不難再見。上海陰歷新年的罷市罷工，雖因軍界的防止未能實現，但也可見醞釀的猛烈了。

　　政府方面。政府處置這次學潮的方針是：始以敷衍，繼以不理，最後則「三位一體」——指公府國務院及國會的聯合，以嚴厲方法加以壓迫。初時，

教職員學生代表見彭允彝雖通過國會得到正式任命而尚未敢就職，遂紛紛以「罷彭留蔡，免致學潮擴大」向黎張和平接洽；而黎張一方以彭允彝在國會通過不便罷免為藉口拒絕學界，一方以無誠意的挽留蔡子民，敷衍學界，勸學生罷息風潮。這是第一步。其後政府見敷衍不了，於是又進一步，從黎張同聲斥責教職員學生代表被人利用，到黎張拒絕學界的謁見，便是第二步。直至二月九日下了二次整頓學風命令，說什麼「近來士習囂張，風化凌替，少數教職員及在學生徒等聚眾干政，倡言脫離政府，解散國會，甚至飛騰異論，不審國情，借口研究學說，組織祕密團體，希圖擾亂公安，種種越軌行為，危及教育前途及社會秩序至深且巨。國家興學，重在育才，豈能任令少數黨徒肆其蠱惑，使我青年士子荒廢最短之求學時間，盲從妄動，誤入歧趨，近則破一時之紀綱，遠則釀將來之變亂？本大總統維持教育，愛護青年，斷難坐視，應即責成內務教育兩部及京外地方長官依法嚴加取締，不得稍涉寬縱；至國立各校尤應隨時糾正，以端趨向；倘仍發生上項情事，該辦學人員責有攸歸，定當從嚴徹究！」等話，簡直把教職員學生視同亂黨，這種命令，從袁世凱死後，實在少見了。這命令便是從前所傳說的三位一體嚴重壓迫的見端。命令下後，濟之以警察的監視，已辭職的女高師校長許壽裳被監視，教職員聯合會主席程時煃被監視，甚至政府所視為學潮嫌疑犯的政黨首領林長民也被監視；至對於學方面，則警察從事調查主要人物，以便有所處置，講演隊的不能出發；更不消說得了。

　　彭允彝方面。彭允彝因這次學潮，受國人的非難，曾兩次通電自辦，但他的電文一上報紙，斥駁之電，立時紛起。他於是方針一變，除藉政府的勢力嚴斥學界使不敢聲張外；想並設一個學校維持會想使學界內部分裂。不幸「學校維持會」因為人數太少，不能與八校聯合會對抗以致中途解體。而他於北大方面派蔣夢麟代理校長，蔣亦聲明不幹，以後提出楊度、章太炎、章行嚴等等人物去繼北大校長，但楊本無事實上的可能性，而兩章也都是自好之士，不受彭的邀約；彭於無可如何時發了一道着北大評議會維持北大校務的命令，也被拒絕。於高師方面，他於二月二十二日任范源濂為師大校長，原是想定范氏決不來，他可以任意派人代理的，這妙計也被人看穿，高師教職員學生聯合預先聲明拒絕任何人的代理；校中許多下級職

員去推倒高師評議會主席程時煃也的計劃不得逞。彭允彝於種種失敗之後，傳說曾求警監薛之珩對沉默中的學界施以高壓，而薛因此疑彭有嫁禍之意，一面以不能違法苛待人民拒絕要求，一面反將被監視各人恢復自由，此中情形，說來可笑！

這三方合力醞釀而尚未經成熟的學潮，因了陰歷元宵的北京各團體聯合提燈會被警察干涉，致毆傷學生四十餘，而為第一次的爆裂。

北京各團體聯合會擬趁陰歷元宵燈節，舉行市民提燈大會，以促進市民對於政治的覺悟，已呈請警察廳批准。屆時參加分子齊集北大，高師，法專三校，以便分路出發遊行。不料從北大出發向前進行的一路，（東北路）既在前門大柵欄被預伏警察數隊衝入，各持皮帶剌刀向提燈的人毒打，計被打重傷的有十餘人，輕傷的不計其數；而從高師出發的一路，（南路）則剛至校門，便遭警察的襲擊，後該提燈隊仍復進行，到西河沿及被預伏警察毒打，重傷的有十二人；只有西路一隊未遭流血的慘禍。

這回提燈會事前既得警廳的許可，屆時又無越軌的行動，而竟遭警隊這樣的虐待，因此輿論對於政府的舉措，非常憤激；北京各團體也屢次集議對待方法；國會議員因為約法失效，紛提責問政府案；但學生界則未見十分激烈的表示，雖有向法庭訴警監薛之珩殺人未遂罪的，而也有不願起訴，圖以悲憤的感情刺激全國，以宣告所謂豺狼當道法律失效的情形的。這大約因為上海的全國學生聯合會還未曾開會，全國工商團體的接洽也還未就緒，醞釀的功夫還未到成熟的機會，暫時忍耐，以免一時的犧牲罷！

三、學商衝突

引　言

　　五四爆發後，全國範圍內大大小小的學潮此起彼伏地進行，各地紛紛成立了學生聯合會以領導地方學生運動。各地學生組織不分晝夜地發表抗議宣言，並又掀起一波波的遊行示威，向北洋政府及巴黎和會專使施壓，期盼能夠取消「二十一條」密約以及拒絕和會簽約，進而逼使政府懲治賣國賊以及釋放被拘學生。他們的行動引起社會各階層的廣泛關注和支持。工、商階級也因應學生的愛國義舉以及要求政府釋放被拘學生，紛紛以罷工、罷市等行動加入「五四」行列。其中，〈唐山罷市〉一文中寫道：

> 天津總商會於十一晚接到唐山鎮來電云：本鎮全體商民因外交失敗，群情憤憤，不約而同今晚五鐘一律罷市，誓非達到懲辦國賊，保護愛國學生，決不開張。[1]

　　學生運動由北京傳至各省市的初期，各階層民眾一時間激於愛國救國的民族熱情，無不群情激憤，以至各地的工商界別紛紛積極配合學生運動，並採取了罷市的反抗方式，以實際行動與各學生聯合會保持同心協力的合作關係。大家頗有萬眾一心，眾志成城之慨，共同為維護中華民族之權益而奮鬥，促使由一場學生發起的運動發展為面向社會各階層的民眾運動，故有羅家倫視五四學生運動為一場「民眾自決」的運動的言說。

1　〈唐山罷市〉，《晨報》，1919年6月13日，第2版。

然而，最初本由工商界鑒於學生愛國熱情而自發參與其中的民眾自決運動，在持續數月後便出現了不少問題。商界與學生階層發生了優愈來愈多的衝突和矛盾。學生運動由最開始的遊行示威，與工商界聯合的罷課、罷工、罷市在後來發展到學生與商販之間的毆鬥。學生們強硬要求商賈服膺學生的各種「愛國」要求，並以罷買罷賣日貨的行動阻撓商販營生。學生們組織的檢查貨物隊伍無日無之地巡查商店、工廠，焚燒日貨、破壞工商階層的日常營生工作，嚴重衝擊商人利益，最後導至了發生在全國範圍內的學商衝突事件。[2] 正如報刊的漢口罷市報導說：「東方通信昨日漢口中國商人之一部，亦受上海學生團之強迫，由十日起，英租界碼頭一帶之中國商店全部閉鎖，漸現激烈之兆云。」[3] 由此可見，學生團體的咄咄相逼，使學生與商界的關係變得緊張異常，衝突頻仍。五四學風之變調，在此清晰可見，並埋下了學生運動後來被繼北洋政府而起的國民政府取締、打擊的伏筆。

2　相關課題研究最詳盡的，可見呂芳上所著的《從學生運動到運動學生(民國八年至十八年)》。另外，李達嘉的論文《罪與罰──五四抵制日貨運動中學生對商人的強制行為》(《新史學》14卷2期，2003年6月，頁43–110) 也有不少精彩論述，尤其是仔細舉述學生強迫商人抵制日貨的手段和商人因不滿而發起的抵抗行動。

3　〈漢口罷市〉，《晨報》，1919年6月11日。

罷市風潮之擴大

原載《晨報》，1919年6月8日，第2版

罷市風潮之擴大

▲廈門　▲鎮江　▲南京　▲燕湖　▲蘇州

上海罷市情形已據滬電迭登於前，昨兩日本報茲悉廈門、南京、蘇州、鎮江等處亦復相繼罷市矣，爰將昨夕所得各消息錄左：

▲第一消息　云某方面得地方官吏之緊急電告，悉上海罷市之後，各處人心浮動，前昨兩日廈門、南京、鎮江各處已相繼罷市矣。

▲第二消息　云上海七日來電稱，南京、蘇州因學界影響並受滬市波動，寧自昨日（六日）蘇自本日（七日）起亦一律停業，地面尚無恙云。

▲第三消息　云得上海范潤陽七日來電稱，南京燕湖一帶因受上海罷市之傳染亦有一大部份商家實行罷市者云。

▲第四消息　云昨日某方面得口口來電稱，南京燕湖口口各處罷市如故，市況意氣激昂紛紛集會云。

▲第五消息　云據上海銀行公會通兩界商家電稱，滬城府租界各行商仍行罷市，昨日雖極小鋪戶亦均閉門歇業，形勢較前兩日為尤甚云。

▲第六消息　云南京之罷市城內保由六日起，下關係由七日起無論大小鋪家均已閉戶，聲稱決心與上海收一致之行動云。

▲第七消息　云昨來京之江蘇交涉員楊晟，因上海罷市奉總統諭即日回滬，開楊已於昨夕卯命兼程返滬矣。

▲第八消息　云昨日京滬間匯兌已不能通，上海金融界頗受影響，滬上各銀行駐京之行表行莊督聞此消息昨日已紛紛紛備赴事返滬辦理各事云。

上海罷市情形已據滬電迭登於前，昨兩日本報茲悉廈門、南京、蘇州、鎮江等處亦復相繼罷市，爰將昨夕所得各消息錄左：

▲ 第一消息

云某方面得地方官吏之緊急電告，悉上海罷市之後，各處人心浮動，前昨兩日廈門、南京、鎮江各處已相繼罷市矣。

▲ 第二消息

云上海七日來電稱，南京、蘇州因學界影響並受滬市波動，寧自昨日（六日）蘇自本日（七日）起亦一律停業，地面尚無恙云。

▲ 第三消息

云得上海電謂陽日（七日）各處罷市如故，市民意氣激昂，紛紛集會云。

▲ 第四消息

云昨日某方面得□口來電謂，南京蕪湖一帶因受上海罷市之傳染，亦有一大部分商家實行罷市者云。

▲ 第五消息

云據上海銀行交通兩界傳來電訊稱，滬城廟租界各行商仍行罷市，昨日雖極小舖戶亦均閉門歇業，形勢較前兩日為尤甚云。

▲ 第六消息

云南京之罷市城內係由六日起下關係，由七日起無論大小舖家均已閉戶，聲稱決心與上海取一致之行動云。

▲ 第七消息

云日前來京之江蘇交涉員楊晟因上海罷市，昨奉總統諭即日回滬，聞楊已於昨夕唧命兼程返滬矣。

▲ 第八消息

云昨日京滬間匯兌已不能通，上海金融界頗受影響，滬上各銀行駐京之行長行員等聞此消息，昨日已紛紛乘快車返滬經理各事云。

京師總商會之表示

原載《晨報》，1919年6月9日，第2版

▲ 呈請罷斥陸曹章　　昨見學生四代表　　本月擬謁錢總理

　　北京商務總會於前日下午（七日）有重要呈文遞進公府主張罷免陸曹章，以平市民之憤，其措詞大意謂因外交失敗，引起國人之憤激，學生罷學、商人罷市，全國騷然。政府苦因愛護二三人而逆多數人之意。並聞呈中曾徵引前清皇室，因順從民意而讓位，以造共和；日本大隈內閣因外交問題為國人所攻擊引咎辭職，今政府何獨為二三人而拂民意。倘不速謀挽救，群情洶動，商界亦無法維持云云。其原文甚長，因篇幅所限容明日續登。

　　又一消息云總商會長、副會長、會董等於昨日接見各校學生聯合會代表四人，徵詢學生之意見，願自進而執調人之役。聞會談結果，學生主張青島問題不可簽字，商會意見則以為即使簽字亦須得國人之同意，不能依政府少數人之主張，又學生謂賣國賊非懲辦不可，商會則謂至少亦須予以罷斥。此外更有教育總長、大學校長、留日學生等問題亦皆有所接洽。總之，商會欲執調停之役，自不能不先徵取兩方之意見，而後再為之折衷。聞該會已定本日舉出代表赴國務院謁見錢總理，叩明政府意見究竟如何云。

罷市與罷工

原載《晨報》，1919 年 6 月 10 日，第 2 版。

▲ 上海之罷市情形

上海罷市情形已略見昨報，茲更將六日滬上快函照錄如下：

滬上商界因痛外交之失敗，懼亡國之無日，群情憤激。業與學界聯合取一致行動，京電飛來忍無可忍，遂於昨晨，華商全體一律罷市，如火如荼之市面頓觀慘淡之景。城廂南市英法美及公共租界各商號均板門緊閉，高懸白旗，上書誓死救國，堅持列底，復於門上白線大書警句，揭櫫罷市目的(一)排○○（二）毀密約(三)救學生(四)復約法之自由並將「目的不達誓不開市」及「文明抵制切勿暴動」、「政府誤國民須自救」等等字樣，商人態度之激昂於此約略見之。

學生方面均相約嚴守秩序，雖到處散佈傳單，往來電車上均有人講演，然舉動安詳，語言沉痛，頗能起感動之心，以故租界巡捕及華地警察雖奉

長官命令出為禁止，然率皆不事苛求。當商號閉門時，城內一商店未關門，有學生二人進內向之跪求，商人感泣亦遂閉門，以是昨日一日，戲館、遊戲場、妓館亦閉門，雖小販亦不見蹤跡，又可見人心之一致也。

學生聯合會已警告各學生，無論如何不能置身於暴動風潮中，後致函工部局願協助維持秩序，並聲明學生罷課係表示愛國之行動云云。聯合會後向商號借汽車多輛，馳騁各地並執大旗，一面上書（萬勿暴動）字樣警告，並派出童子軍多人分佈各馬路維持秩序，以昨日如此大舉，雖各馬路人多如鯽，然秩序如常，頗呈一種冷靜莊嚴之景象。

商界各代表與學生及各界聯合在卡而登西餐館開茶話會，共議堅持到底，力圖挽救，以後每日一會，以便商酌，維持交換意見，今日正會則在上海總商會議事廳云。

漢口罷市

原載《晨報》，1919年6月11日，第2版。

東方通信社昨日漢口中國商人之一部，亦受上海學生團之強迫，由十日起，英租界碼頭一帶之中國商店全部閉鎖，漸現激烈之兆云。

漢口罷市

東方通信社昨日漢口來電云漢口中國商人之一部亦受上海學生團之強迫由十日起英租界碼頭一帶之中國商店全部閉鎖漸現激烈之兆云

愛國救國　　[倪菊裳]

原載《民國日報》，1919 年 6 月 20 日，第 3 張第 12 版。

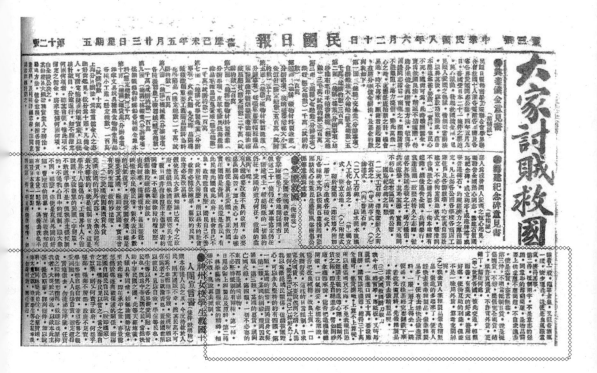

（一）愛國救國與政府國民

　　曹章陸罷免了，各地開課開市了。但這「二十一條」仍在，軍事協定仍在。斷送國土，斬絕國脈的一切路約仍在。愛國的效力何在？救國的益處何在呢？

　　有人說必要改造不良的政府，必要忍萬辦萬苦，加上決心，用力去犧牲，那便是真正愛國。真正救國，實在國猶是吾國，民還是吾民，有此民戴此國成此政府。社會自己不良，政府能自食麼？國民自己不善，政府能久善麼？所以惡劣的社會，政府必隨改隨惡。腐敗的民族，政府必萬改萬惡。

假使吾民大多數知識已高，今之政府，能靦然執國政麼？張騫氏尤電，親日派非指徐段所主倡麼？密約同借款，不是都說徐段的指使麼？然而徐段靦然執政如故。

由此說來，罷課罷市，甚至罷稅。說他表示民憤民情，對外表出多數的民氣還可。若說愛國救國，縱是極要愛其國，極願救其國，實未曾有愛的至道。救的妙法啦！

（二）愛國救國與國貨外貨

愛國救國的對外武器，大眾公認有最大權威的，就是抵制日貨。這是學界中人提倡的，工商界中人不善說話，又被簡單的愛國二字籠罩，不敢道半個不是。但我亦主張抵制的，不過我心目中的抵制，跟大眾不同。那麼，你便是私通外國的奸細，曹陸章的同黨。實在裏我卻沒有買日本貨一點點，過後去我也不願買日本貨一點點。

因為第一件：平日裏糊塗懶惰，如睡着一般。臨事倉皇，又似發酒瘋一樣。缺少理性。這便是血氣跟意氣，濟得甚事。第二件：抵制兩字。不是意志的強固，同意志的薄弱問題，是物品需要上供求應不應問題。不自求進步，便是空言，空言無益。第三件：不明言抵制日貨。說是提倡國貨，不錯。提倡完全國貨，錯了。只許買國貨，不許買外貨，更錯了。錯在何處？

（甲）世界各國，彼此交通。相觀而善，有莫大的好處。善用這好處，便得互助的利益。但並不是一味用外貨，算考究闊綽呢。

（乙）我去買人家粗製品做造精製品，做造的多起來了，便有人趕快去做造粗製品。做造相製品多了，便有去趕快去做造原料。一層一層才上得去，一跳便高，沒根基終究要翻跌下來。若說先備原料，先做粗製品，誰來買去做精製品呢？

（三）愛國救國辦力毅力

我今有一樁實事，厚紙板，又叫馬糞紙，一歲進口四五十萬。要設廠自辦，購買該項機器。總得三十萬金才可，集資辦廠，上算不上算呢？所

以提倡國貨之極，不免表現出愚妄之鎖關主義的遺傳心理。抵制外貨之極，即是自絕進步。譬如開紗廠，拿機器來說，能否把造機鍊鐵開礦，一口氣辦妥？拿棉花來說，能否把改良補棉，改良土質，一口氣辦舒齊？這樣的日言抵制，日求完全國貨。不要說俟河之清，人壽幾何！簡直國已滅種已亡掉好久了。我以為斷絕國民關係，促醒彼國野心，可以永久堅持的約有四類：第一類、某國的紙幣。視同賣身文契。第二類、某國的綢緞。視同囚衣罪服。第三類、某國的要貨。視同亡國火線。第四類、一切不必要的東西。都是滅種毒物。

不必堅持抵制的有兩種：第一種、日用必需上粗製品及原料。第二種、科學藝術。圖強致富的精神。相師不暇。莫說再去抵制。

愛國救國（續）[倪菊裳]

原載《民國日報》，1919 年 6 月 21 日，第 3 張第 12 版。

（四）愛國救國教與育實業

但愛國救國，終須想個根本方法。根本方法在那裏，使當趕緊趕快的興教育辦實業。實業不興，儘你日日去講抵制，講一百年一千年不濟事的。他把貨物裝到香港南洋，換卻商標，冒了西洋牌子。再來騙你金錢，賣給你們。教育不普及，人民無程度。少數人的眼淚器不富國家，少數人的熱血，澆不強國家的。

（甲）　興實業的方法。要請明白事理的，明白世界大勢的，立即照其家產拿出百分之二十。至少百分之五，先開設一實業銀行。同時着手調查，把日常需要的小實業，成千上百的公司，趕緊趕快去一一開辦。須知天地間的我，為着社會而生的。我做的事業，認定去做社會上事業，斷不是做自私自利的個人產業。那社會事業，自然發達。愛國救國的實業，自然一天興旺一天了。所以有的願決捨甘犧牲，同邪惡政府抗，不如決捨於愛國救國的實業，犧牲於愛國救國的改良社會上去。

（乙）辦教育的方法：第一要籌經費。第二要培養師資。第三要行強迫。

　　第一如何籌經費。各縣各市鄉，立即組織自治團體；立即把地方稅國家劃開來，自行徵收。再曉鄉民們愛國救國的大義，凡力所能任的，一次便再加各稅，名曰某種某種的愛國某稅。

　　第二如培養師資。把有文理的私塾師，高小以上畢業肄業生，量他程度，依他志願，開辦一年二年的速成科，開辦師範夜學校，暫濟目前的急需。

　　第三如何強迫。先調查學齡兒童，並查他家中勉強能讀書的，一律強迫他入學。至少畢了國民科業，方才准許其學習商工各業。

（五）愛國救國與各方主張

　　有人說要國民快結團體，成有系統的組織，去自決自救。有人說要監督政府，改良政治，紛紛不一。我的朋友穆藕初君，主張商學界聯合，一面竭力的在棉紗業界。圖增進產力，改良出品。還有一朋友，倡三角牌毛巾的沈九成君，說根本的方法：（一）守法。（二）實業。（三）教育。又主張遺產歸公不但教育實業可以速辦，即各種公共事業，都可成就了。據我看來，國家的法律，不是少數官吏政客私有的，是我們大家要遵守的。教育實業，不可倚賴，不可挨日子得過且過的。國民自決自救善法，便在這個上頭。諸君諸君，切莫要當日有國不愛，明天欲救無國呵！

愛國救國（二） [倪菊裳]

原載《民國日報》，1919 年 6 月 22 日，第 3 張第 12 版。

（一）愛國救國與傳單旗幟

唉！國民警醒。唉！同胞速起。醒了幹什麼？起來作甚麼？現在醒了沒有？起來沒有？唉！萬眾一心。唉！永久堅持。這都是愛國救國的傳單，商工學界雪飛一般的旗幟上所寫的。再過上幾天，恐怕又要躺下去了，又要睡着了。即不然，可實對你們說，醒來的跟起來的不做事，他的狂呼亂嚷，倒還不如睡着的並躺在一半邊呢！唉！這一回可算是絕叫了，再也找不到一個機會。依舊一次一次的放你們空口說白話了。哦！那到要趕緊去做醒後的勾當，趕快要覓起來的生要哩！

（二）愛國救國與脫卸責任

唉！好容易呵！這回的風潮，真鬧得不亦樂乎了。累贅吓！煩難吓！煩難吓！在危險的當兒，不知淌了多少仔汗。不明不白的地方，沒來由，又受盡好些仔委屈也罷。不幹了。不幹了。誰也再跟那些小孩子們腳底去轉，像我這一大把年紀，社會上又有多大的聲望？平日裏在家，一呼百諾，怎樣舒服。國家的事，真叫做獨木難支呢！況且天天的鬧下去，連我自己辛苦經營的工商業，也要城門失火，殃及池魚。老實是要帶累鄉鄰吃薄粥了。

唉！會董呵！會長呵！孔聖人說：「危而不持，顛而不扶，則將焉用彼相？」並且一閧之後，端賴有聲望，並純正穩健的人，挺身出來擔當大事啦！唉聲明，唉辭職，錯了，錯了。

未完

愛國救國（二）（續）[倪菊裳]

原載《民國日報》，1919 年 6 月 23 日，第 3 張第 12 版

（三）愛國救國與商界聯合

國家前途的命運怎樣？外交的危險，過去了沒有？內政的污濁，清楚了沒有？武人的殘暴，亡國的恐佈，除掉沒有？請大家想想，過後的日子，安穩不安穩？太平不太平呢？罷學、罷市、罷工的目的，達到了沒有？一咕嚕，便再也不作聲了。勇往的熱心熱力，蓬蓬勃勃的熱氣，驀然遭着了狂風急雨麼？一陣的吹，便吹散了。剩下的，也被沖洗盡淨了麼？哼！這樣無目的無方針的罷學、罷市、罷工呵！簡直把國民的臉通統給他丟個乾淨！你們店肆的貨物，是裝飾店肆的。這次的罷市，是不是來裝飾一個地方的？是不是學臨時搬演的西洋鏡呢？要不朝後邊做上去，可算盡愛國的心，完救國的責麼？所以第一步請商學界快快聯合起來。

（四）愛國救國與集資興業

趁熱鬧的時候已經過去了，腳踏實地的愛國救國要接續上去才好。自己缺乏貨物，不足供給人用。鎮日叫喊抵制，勸人家堅持永久。這如何是愛國救國？只好說他愚不可及罷了。現在第一步，把商學兩界先連結成一片，再去招農工各界一齊上來。商學連合了做什麼？我現在先把興實業來說，上海的商會教育會，跟商界教育界，先組織了一個聯合會。然後用電報書信，或另外派人到各省各埠各縣，把中國全國的商會教育會結了一個實行愛國救國的大團。請各各推舉了代表，詳細的規劃興實業辦教育，這個力量如何呢？我可有個比例：民國某年某年，利息幾釐的公債，又是三千萬，

又是二千萬，豈不是疊一接二的很多麼？當時不過各縣商請少數富戶，認了一些。聚沙為塔，集腋成裘，幾千萬立時募集。我們這遭自動自決的愛國救國，民氣發皇。民心齊一到如此地步，群力的效果。結合的順利到如此時機，那有不成功的道理呢？

（五）愛國救國與政客學者

那些政客，趕緊要近政權，最喜的掀政潮。最喜的國內有風潮，他可以利用，可以於中取利。不濟還要結託武人，播弄是非，都是愛國救國的大敵。中國人還有一種壞性質，是沒有競爭，只有妒忌。不是人家做好一件事，我也去做好一椿事博信用，他便去傾軋破壞。所以我們這次做事，要完全自決自動。不雜入政客，並不要倚賴政府。那末方算是純潔高尚的真正愛國救國哩？還有幾位富於思想的，有新頭腦的人，如何可以消除日後的社會革命？如何可以解決勞動問題？請用冷靜的頭腦去研究，緩和的方法去接受。先去替有知識的工廠主人講，替有良心的公司經理去講。漸漸的隨着程度，一步一步的進去。不是如此，徒然的驚世駭俗。請看強權公理的搏擊，世界上不平的事，原是很多。中國先要替許多人想法，使他有飯吃有衣穿。做第一要緊的事呢！

重慶學生處罰奸商

原載《國民公報》，1919 年 7 月 5 日。

重慶白象街裕康乾菜行，於六月二十七日午後私買日商三井洋行分店之蜑皮數包。希圖漁利。剛抬四包，即被學生救國團拿獲，立將仇貨四包抬到商會，令該行司事楊某坐無頂淳轎遊行示眾。學生整隊二、三人出發，手執三角白旗大書「亡國奴」三字，並罰金百百元。日貨四包抬出朝天門外沉水云。

川東學生救國團致各學生聯合會，二十八號成立。公決以後遇有調查私買仇貨，概由商學聯合會執行，不用學生聯合會名字云。

學生總會之通告

原載《申報》，1919 年 10 月 30 日，第 10 版

學生聯合會總會，昨發各省通告云，敬啟者抵制劣貨為全國國民之公意，數月以來各地同志均能奮屬進行無任欽佩，乃一般無恥商人，猶復陽奉陰違，良心喪盡，殊堪痛恨，倘此次不能徹底則五分鐘之笑柄，竟成鐵案而吾國人格毫無存在之餘地。第此事純出良心主張，長此舉生商人日處衝突，仇視之地位，亦非持久之辦法。本會近見本埠商幫協會及報關公所各團體，似均有不能堅守成約之勢，特於陽曆十月十七日會同上海學生聯合會，假一品香旅館，邀請該商幫協會，報關公所及其他商界團體，各董事職員開茶話會協商維持辦法，當日結果決定由商學各團體各推出代表數人，另組一抵制劣貨維持會，共同妥訂規章，互相策勵刻正根據，此項決議着手進行，尚望尊處，亦即仿此辦法俾學商兩界各抒天良和衷共濟，以減少意外衝突，前途幸甚大局幸甚謹此通告。

學校演說團沿途宣講

原載《申報》，1919年11月10日，第10版。

　　昨日（星期日）本埠某某等學校所組之露天演說團分赴各要道，如民國路、中華路、九畝地、福佑路、邑廟、豫園等處宣講。提倡國貨，敦勸國民切勿懈怠，進行並發沉痛之言，聽者甚眾。該管警區各署所恐人多擁擠，各派長警分途照料。

　　又函云：

　　昨日（星期日）下午二時，中國公學、民生女學、中華工業專門學校、育才公學、友誼中學、南洋公學學生百餘人齊集南市九畝地。先由各校推出代表二人會商，一切均以為，各攤頭出售劣貨已再三勸其以後勿再添購，今彼等置若罔聞，應取何種手段對待。多數主張先用勸導，如仍不聽，當取適當處置。遂整隊往城隍廟一帶演講，見各攤頭所陳各種劣貨，即勸其自下星期始，勿再出售，以保利權，否則當一律焚毀。時中國公學第二組宣講團在城隍廟前宣講良心救國及抵制劣貨。環而聽者，路為之塞，不意一二狡獪小販聯絡流氓乘機暴動。謂學生攫物毆人，野蠻不堪，各校學生聞之大憤。遂互相爭論，旋由警察將中國公學第二組宣講員及他校學生數人同小販一併拘入警廳。各校學生亦共集警廳門前，要求將被拘各宣講員立時釋放，一面派人赴總會報告經過情形，總會遂派代表赴警廳交涉。五時後，警廳將被拘學生全數釋出，小販二人暫拘看守所。俟明日各赴警察廳審訊，聞各校已預備於明日各派代表二人往總廳交涉云。

閩警中上海學生之憤激

原載《申報》，1919 年 12 月 4 日，第 10 版

停課前日午後。本埠學生聯合會，因閩事憤激出發遊行。散會後，即於晚間在會內議決，自中學以上各學校於昨日始一律停課四日出發演講，已誌昨報。昨，本埠中等以上男女各學校學生俱未到校上課。惟省立第二師範學校學生部，因所議分任出發演講天雨，未能果行仍照常上課。

演講本埠，各學校男女學生前日列隊遊行，向各號商勸導勿進日貨販賣等情已詳昨報。昨日午後，又有男女學生團冒雨分赴城廂內外，如民國路城隍廟九畝地等處各要道明白演講，勸令同胞提倡國貨，勿用日貨並將閩省學警受人蹂躪種種虐待慘狀。演講良久，沿途各大小各商號勸告，自即日始，勿進日貨，勿賣日貨，否則查出後，除當眾焚毀外並以相當處罰云云。閘北方面前昨兩日，有青年會商業夜校，同德醫藥專門學校為諸生組成數團區在域內為痛哭流涕之演講，聞者大為感動。

毀貨前日，學生遊行至大東門口及吊橋塊某某兩海味店，因門前各懸兩洋海味並東西洋參等字樣招牌，各學生勸令除下，改換名稱。各該店夥強辯，經各生將軟硬各招牌一併除去，又老西門前，吊橋西塊德大仁洋貨號後面棧房內某貨存積甚多，為各學生查悉。入內將各貨抄出，用塌車送入體育場空地。該號昨日尚未開市，門上貼裝修生財暫停數日字樣。又萬生橋南，某洋貨店等數家同時亦搜出劣貨甚多。又九畝地大境路，協順昌洋貨店、晉和祥煙紙店、協豐祥洋貨店等各樣劣貨。亦經各學生抄出連同新北門附近，查獲之紙張，麵粉均用塌車，先後車送體育場隙地焚燒。淞滬警察廳於昨接交涉公署函，以據日領林出君電話稱，有住居華界之大源號，昨來學生多人堅欲將該號所有之本國貨取去焚毀，但此貨係日商大倉洋行寄放之件請轉為知保護云云。

學生查貨之受罰

原載《申報》，1919年12月5日，第10版。

　　法新租界徐家匯路，某學校學生六人，於前日下午同至該處同益祥洋貨店內，察看有無劣貨事為該管捕房捕頭得悉，以該學生等不應阻止商家買賣實屬有違禁令，故飭探前往，將王等六人一併帶入捕房，諭令保出，候究昨日傳解法公堂，請究先據捕頭上堂稟明前情，繼據同益祥號主陸紀民投稱，是日王等至商店當由商人將各貨給伊等察看，如有劣貨令伊蓋戳後即行收藏，以免購者認錯並無滋擾情事實。因觀客眾多，故捕房誤為滋擾是實詰之六學生同供學生等與該店主素來相識。是日，係該店主令我至伊店，將圖章在劣貨上蓋戳，以作標記，不敢滋事，中西官會判以王等雖屬愛國，然不應有違工部局定章着各罰洋五元。

◎學生查貨之受罰

法新租界徐家匯路某學校學生六人於前日下午同至該處同益祥洋貨店內察看有無劣貨事為該管捕房捕頭得悉以該學生等不應阻止商家買賣實屬有違禁令故飭探前往將王等六人一併帶入捕房諭令保出候究昨日傳解法公堂請究先據捕頭上堂稟明前情繼據同益祥號主陸紀民投稱是日王等至商店當由商人將各貨給伊等察看如有劣貨令伊蓋戳後即行收藏以免購者認錯並無滋擾情事實因觀客眾多故捕房誤為滋擾是實詰之六學生同供學生等與該店主素來相識是日係該店主令我至伊店將圖章在劣貨上蓋戳以作標記不敢滋事中西官會判以王等雖屬愛國然不應有違工部局定章着各罰洋五元

各校學生停課第二日之行動

原載《申報》，1919 年 12 月 5 日，第 10 版

　　上海學生聯合會，因福建日人槃斃學警事，前日聯絡各學校列隊遊行，表示國民抵制決心。散會後即由總會表決停課四日，停課時間內，由各校學生分任地段演講。昨日為演講之第二日，清晨六時許，即有各學校學生先後會集西門公共體育場。到有三十五學校，沿途附入者不在其內。至九時許，互相任定地址由場出發。務本女學及第二師範擔任在西門一帶演講。虹口澄衷中學以十四人為一隊分九隊，擔任在城隍廟左右內外演講，有第七隊於演講後，入邑廟外西大街六百二十一與八十一兩號門牌順記及雷仁記兩雜貨店，檢查出劣貨甚多。並於邑廟二門內西廊向東雙開間門面之関仁記銷售學堂文具洋廣雜貨店內亦查出劣貨甚夥，即由該隊生告以當此國事危迫之。秋應請同胞各從良心上抵制，請將查出之各種劣貨交送體育場燒毀，以示國民決心。小南門外第一商業學校學生部，每隊十人分十隊擔任在十六舖南裏外馬路各碼頭暨南半城一帶演講。有第一、第四兩隊行至洪生碼頭裏街，見有向西之大正號米行橫匾三字知係界有勢力者所開，即入內演講，告以此次學生聯合舉行抵制一為閩事公憤，一為保全國本凡屬華胞當同此心理。貴行主任為商界領袖，其平日營業早為國人深知，今日請飭司將此牌額除支，送入場內銷毀。經該行友答以俟告，主任嗣後謹慎乃該生等將牌除下，用白紙大書某某數字黏之，額右另取一大板照書行名三字，註以標記，雇黃包車在中華路大小南門外馬路上沿途講說。浦東中學則分二十三隊，每隊十一人出發演講。閘北方面有同德醫校、承天英華學校、中國公學，各學生第一組演講團在各馬路演說，勸各界抵制劣貨堅持勿懈，聽者頗為感動，並密派調查員伺察各店舖有無私售劣貨之家歸報會眾集議辦法。

又函云：

本埠商學各界抵制劣貨風潮繼起後，中等以上各學校學生一律停課，組織演講團。昨日分投出發，在城內外擇要演講，廣勸同胞堅心抵制。所有發給大小各商店之志願書命簽字蓋章。以夏曆本月十四日為止，如果將來查有劣貨，予以相當處分，一面復經各學生到處調查。昨午查至本城登雲橋塊永和祥洋貨店，抄出劣貨洋磁面盆及各色洋布，又查至小東門內長生橋振大昌洋貨店，抄出洋磁面盆二十打，又至恒泰洋貨店，抄出零星劣貨無算，又至前勸業場附近王錦秀齋，亦搜出各項劣貨頗多。以上抄獲各家劣貨，立雇黃包車，車送公共體育場當眾焚毀，其餘城內外大小各商店，如暗藏劣貨，在店者至此咸紛紛搬移藏匿。午後，各學生又在小東門內方浜路，見恒豐祥號用塌車運到劣貨一箱，正欲卸貨，適為各學生查見，以此時該號再進劣貨則該號主全無心肝，於是即將該貨一箱仍以原車送往體育場焚毀。淞滬警察廳長徐輔洲以口來，正當各學生出發演講抵制劣貨並調查。各商家有無劣貨出售，期間難保無不肖匪徒假冒學界混入滋擾，乃於昨日始通令所屬各區所警正佐，一律添派雙崗擇要駐防又飭遊巡保安兩隊長警四出梭巡，以輔崗位之不足，一面再派偵緝隊士嚴加防護心保治安。

聯合通信社云：

昨日午後，有遊行講演之愛國青年，行經南市十六舖，查獲私運出洋食米數百包。事後，宣講者又至洪生碼頭，將大正米行之招牌取去。據該處人云，該米行與查獲出洋之米頗有關係，此舉事前，實得的確之報告，故能一一弋獲，聞不日尚有他種事實，宣佈云民國路名利大旅社樓下源豐順號，自前日，學生遊行貨品被毀少許外，項因疊接警告彼乃宣告關門，門前粘貼極大白紙墨書之訴狀藉，以答覆致書，與彼者大意以該號自五四運動後，即與國人愛國行動一致進行，詞意間深責學生之不諒，絕口不提自己之一再私進劣貨。午後五時，適民生女學學生十餘人演講過，此向之大呼曰亡國商店亡國商店。

字林報對學生行動之論調

原載《申報》，1919 年 12 月 5 日，第 10 版

字林社短評。日上海學生停課三日，此三日光陰將何以銷磨之今，以懇切之詞請學生於此熟加考慮，當猶未為晚也。學生之抗議泰半外人，咸表同情，記者書此數語，亦以同情之精神出之。但此種抗議，須慎重為之，按星期二午後，損失之全由流氓所為者不知，凡幾此輩游民常於人心，激昂之時乘機取利，兩租界之能自保固無待言，且非記者所欲言損失，既可使學生目的發生反動力，且可在實際上妨礙北京政府對日之要求。雖學生不重視北京政府，然北京政府今實為可向日本索取賠償之惟一機關。今北京政府對日交涉，似尚不弱，福州事件，中國顯有理直氣壯之理由，記者敢請學生，勿以釀成暴民行動之粗率行為，毀此理由云。

各校學生憤慨閩事之昨訊

原載《申報》，1919年12月6日，第10版。

　　各訪員報告（一）上海學生聯合會因閩省日人擊斃學警日前開會。會議議決停課後，即由各學校分組，在華界演講迭紀。本報昨為停課之第三日晨七時半，有上海女子中學，第二師範，中華實業，上海禪祉，女學惠中中學，中國公學，上海醫學專門同德學校，清心女子中學等各學校，男女生約七八百人，仍至體育場，會齊即聯隊行至斜橋南境商界某巨子住宅門首，由某生撳鈴叫門，請其主人出而談話。經司團人報知主人令不啟門。於是，

某生即取筆在其沿路白牆上大書「親日奸商某之寓所特來警告，請從良心上表示抵制群力進行」等語。遂將其門之電鈴及寓牌一併除下，送體育場燒毀，復至其長子住宅門首（即南面毘連房屋）叫門，亦拒不開，亦在其牆上書上項字樣，遂即他行惟人眾嘈雜時，碎其玻璃窗二塊，餘無他損事後，法捕房總巡得，悉即派華包探程子卿前往調查，即由該探將所查事實，並學生無軌外舉動等情回復捕銷房差。又某學生團查至大南門外桑園街，某會正會長住宅在牆上大書奸商販米等種種字樣，又上午九時有民生女學女生二人行至法租界，愷自邇路小荣場前，走入某店取出不再購買劣貨志願盡，囑其蓋戳，為捕房三十七號西捕瞥見，以有違定章將兩女生送至嵩山路捕房請為發落。（二）昨午，某學堂學生查至大東門恒豐新洋貨店，抄獲劣貨呢絨等件，又至大碼頭一帶，廣貨店抄出洋磁面盆並手鏡及玩具等，均用黃包車車送公共體育場焚毀。又學生聯合會據人報告，滬城虹橋南北一帶如永泰昌華興祥同泰興等各店均暗藏劣貨出售，故於昨日午後委派調查員等前去檢查。又各學生昨日下午到小東門口，見某甲所設之雜貨攤上陳列者，如洋襪紗帶並零星物件大半來自某國，當令一併車去焚毀。甲伏地哀求聲稱小本經營實難吃虧，今日諸君到此警告以後決不再售等語。並由巡警勸令甲將劣貨收藏，不准陳列出售，甲允許各生乃不與計較始整遂而去。上海縣沈知事昨晨，飭派偵探沈阿松戴逢春等出外調查，各學生搜查商店劣貨情形限即晚據實報告。（三）昨日，有學生團分隊演講，當在南市十六舖裏馬路，南順記恒興開泰祥等洋貨煙紙店中，分別查出劣貨多種，雇車運回公共體育場存放後，即舉火焚去。聞商界因選，受學生隊檢查劣貨既無識別之表示一查再查不勝煩劇，於營業有妨，是以公函學生聯合會聲明，一切請於某學隊查訖後，用以標記，以免後來檢查之煩云云。又泥水匠王阿二及餅師陳林昌二人，昨日因學生隊經行至南市方面，正在向洋貨店搜檢之際，隨同附和滋鬧為崗警查見阻止不服，當被一併帶至第一區警察署，經趙署長問明，附和騷擾屬實飭拘留後，交妥人保出，如無人具保，各罰洋兩元，無以應罰者改押兩天示儆。（四）前日，有學生團有閘北各馬路露天演說，調查劣貨調查員至大統路祥茂洋貨店查貨時，該店主趙書田因店中所進日貨甚多，恐遭焚毀損失，故拒絕檢查當經學生，反覆開導，勸趙激

發天良，保全人格。一時路人均駐足團觀，趙自知理屈，始將所有日貨交調查員一一蓋戳，允許不再出售。其時四區顏署長閱報，慮匪徒乘間滋事，特派長警到場彈壓該調查員等，又至各京貨店、藥舖、煙紙店，各家分別勸導。至上燈後方查畢而去。（五）淞滬警廳昨飭各區諭令各崗警，凡遇學生在商舖調查時，際當妥為彈壓以免匪徒騷擾。

各學校消息（一）「滬江大學」滬江大學，已於四日起，全體停課。分宣講部、調查部、編輯部、幹事部等分頭辦事。即於是日下午宣講團出發至閘北城內各處演講。調查部往楊樹浦一帶。編輯幹事二部在校內辦公。是日成績頗佳。（二）「東吳大學法科」崑山路東吳法科，昨日（四日）分二隊往閘北虬江路、東小菜場、義品里小菜場、北四川路、虬江路口及滬寧車站等處演講，又分發傳單數千張。今日下午（五日）又往閘北寶興路，寶山路等處演講。開講時樹以白幟隊員，表以徽號，由筥耀先吹軍號，召集市民演講四次來聽者，約千人。講員為李文淵、丁正鈞、筥耀先、陳霆銳、張濯塵、蔣保、鍾震、楊紹彭等，講題多不同，以淺易動聽之白話，論及世界亡國之慘史，某國人之野心及其發財之政策，福建之受辱以及國人之醒醒悟，不與某國人來往，均痛快淋漓，聽者莫不動容云。（三）「浦東中學」浦東中學學生分會，於三號接上海學生聯合會，停課四天，出發演講之通告後即擬，於是日停課渡浦演講，後以天雨不果照常上課，是晚集合全校學生商議，進行方法議決。分全校學生為二十三組，積極進行組設組長指揮，一切即於四日清晨，全體整隊渡浦逡，往小東門一帶暨邑廟附近分頭演講。是日第二組組長江建，在邑廟東首某洋貨店門前演講，講畢，該店即自願將面盆六七十打及大宗玩具等劣貨悉數交出，約共值洋五六百元，旋即運往公共體育場當眾焚毀。昨晨，第十三組組長倪士奎，復率各組員至關橋一帶演講，旋入該處，協和豐洋布號，竭誠勸導該店，即出花標三疋，白斜紋一大疋，付焚繼至協泰祥號，勸導該店，亦願將細呢一巨束交出。該組沿途所至各洋貨舖，一唱百和，咸將所有劣貨拋擲途中，以示共棄該組各員，遂得滿載運，至體育場付之一炬。聞其價值約數百元云（四）。「第二師範」尚文門第二師範學校，因調查南北各市商舖之劣貨，組織調查遂二八隊分投查檢。昨日，該校之Ｎ隊在民國路老北門，天益興紙號內，查獲馬糞紙

二大刀，又在虹橋南首，永泰昌洋貨號內，查有售存該國所產之黃斜紋布一疋，又在西唐家衖口，華與祥洋貨號內查出洋紗手帕二打，又洋線團六打一併送往斜橋公共體育場焚毀。(五)「路礦學校」南洋路礦學校學生分會，已照總會通告，自本星期三起停課四天，連日出發演講，分佈傳單，異常忙碌。聞該會正副會長余家潓，汝人鎔，因事辭職，經眾另選孔昭賡，王文淇充當云。(六)「青年會商業夜校」昨晚七時，青年會商業夜校學生分會，演講調查兩科全體出發閘北一帶，散傳單，演講並勸告各商店不進日貨，填寫志願書。全體會員分為四隊，攜帶鼓號，演講福州日人慘殺同胞情形，至十時始整隊回校。(七)「青年會丙組養成團」昨晚(五號)七時，青年會丙組養成團團員，激於日人在福州傷殘學生巡警事，皆願犧牲光陰出發演講。即排隊往實山路一帶，演講日人在福州橫行情形，並勸人務抵制日貨之必要。主講者李佩華、余鵬、伍慶翔、姜品潘、俞斌祺、應雲衛、姚顯達、吳礪吾與諸團員等，到處聽者甚多，皆拍手贊成。至九時後始返青年會散會。(八)「中華美術專校」中華美術專門學校學生分會，對於宣講一事頗具熱腸，每次均用彩色繪就簡明圖樣，如泣勸飲鴆止渴，買繩自縊等等，以期喚醒平民。此次停課期內，又繪就大幅某國人暴行等圖，出發宣講終日適。隔日陰雨，各生回校時，俱泥污滿身，聞今日又出發至裏馬路發志願書，勸告各商家云。(九)「滬濱英文專校」新聞路，滬濱英文專門學校學生分會，演講團昨日(四日)在新聞橋北首，新民路與大通路，華成路等處由吳則之、王味辛、李崟、王烈等相繼演講，痛陳日人在福州橫暴之不聽者感動，並沿途向各商店勸告，不進日貨遇有陳設日貨者，竭力婉告該商店，即允收藏惟自學生法□有撰出者。

軍警取締查貨之公文

原載《申報》，1919年12月8日，第10版。

　　松滬代護軍使何豐林昨接駐滬楊交涉員來函，轉據日領面請禁阻侵入商店查貨之行動，當即訓令徐廳長出示曉諭原令如下：案准楊交涉員函，開頃據日總領事來署稱，有學生多人在各店搜查日貨，騷擾商務實屬違法行為。務祈特別注意，以免意外等語。查學生軌外行動，倘不設法禁阻，難免釀成重大事故，茲准前因除函淞滬警察廳外，相應函陳貴護軍使察核辦理為荷等。因查此次學生等因閩案交涉開開討論，本出於愛國熱誠，乃竟有侵入商店搜查日貨之軌外行動，難保非地痞流氓混入肆行騷擾，自應設法查禁。業經令仰該廳長遵照取締在案，准函前因除函復外合，再令仰該廳長轉飭各該管警區，認真查察。倘再發現前項違法行為，即予嚴行禁阻以杜滋擾而保治安，仍一面由該廳出示曉諭學生及各界人等。閩省交涉事件，中央自有辦法，凡我國民務須力持鎮靜，聽候解決，勿為激烈之舉致釀意外之患是為至要。切切此令。

　　淞滬警廳佈告云：

　　　　為佈告事照得前據上海學生聯合會函呈，因閩省學生受傷，假教育會公共體育場開臨時會議等，情當經派員到場監視以期嚴守秩序。嗣議畢散會，整隊言歸，乃有少數學生沿途演説，甚有闖入商店檢查外貨擅自運至體育場焚毀之事。當搬運之時，人眾紛雜喧譁特，甚幸有警察暗中防範，商家力持鎮靜，未致發生其他危險。查此種行為雖出於青年學子愛國熱忱，然揆之法律究屬逾越正軌，且上海為五方雜處華洋交錯之區，萬一流氓匪徒借托假冒乘機滋生，尤於地方治安前途有莫大關係。即我青年學子始以愛國之初心，轉為擾亂地方之媒介，恐亦非全體學生之本願。警察有保護地方之責，尤不得不加以取締嗣。後學生如遇開會情事務，須遵照治安警察法，先期將宗旨理由呈報該管警區轉報本廳核奪，不得任意舉動。稍有法外行動致生滋擾，各學生既以愛國為前提，總期不逾範圍方為正當。倘有無業游民流氓地痞膽敢乘機擾害擅入人家，損毀他人一草一木，本廳長當執法嚴繩拿拘重辦以維商業，而保治安決不寬貸凜之母違。切切特佈。

各學校學生演講紀

原載《申報》，1919 年 12 月 8 日，第 10 版

復旦大學自停課消息傳出，復旦學生立開全體大會，討論進行方法。決議除疾病者留校外，各人每日應盡其義務，因組織臨時糾察部，督促同學。此本月三日之事也四日則分，全校為十一隊每隊舉正副會長各一人，至麥根路、恒豐路、新閘路、海寧路、寶山路、閘北東西南北四門及城隍廟附近等處演講。每至一地，聽者輒逾百人咸憤日人之兇暴，尤以幼童為最激昂。五日，則由一部分學生自願擔任，至新永安街、老永安街、天主堂街及沿黃浦灘至十六舖等地，婉勸商人填寫永不進日貨志願書。聞各號商人甫接該書，立即填就。其餘學生亦分隊至西法華鎮，及其附近各村演講。法華多農民知識似下。然聞第四隊報告謂有某村婦自言，彼輩皆服布衣，用國貨獨彼富貴中人多購日貨。其言良確。六日，又分隊至東法華鎮及其鄰近各村演講，聞其結果亦不讓前數日云。

青年會學校，青年會日校演講團黑隊，於本月四日上午九時出發，至浦東陸家嘴爛泥渡及燊昌火柴廠附近一帶演講。計講七次，聽者約七百餘人，講題大致係山東福州之情形及抵制日貨之利益，講員均用淺顯語言講述，並多方譬喻，故聽者無不了解，在爛泥渡某處有販賣玩物及日用品之，小攤中有日貨數種。隊員余君即上前勸說，並以小洋兩角購得日製螺絲叭十九只，當場毀去。該販即將其他日貨收去，誓不再賣。是日該隊出發，為隊長胡松岊，隊員俞百慶，鮑鶴斌等十三人。又五日晨，該隊全體乘汽車至南翔演講。計講八次，聽者約千餘人，講題與前相同，結果甚佳。講至下午五時，乘慢車回滬，在車中發散傳單，並講解抵制日貨之原因，頗受乘客之歡迎。又六日上午，該隊隊員十一人，均由隊長胡君率領，往閘北一帶演講。聽者百餘人，又該會童子部丁組，養成團演講部，昨日下午一時在閘北一帶演講，題為（同心協力切勿祇有五分鐘熱度）。聽者約百餘人，並分觸目驚心，傳單至五時餘回，會定下星期日再行出發。又該會丙組童子養成團團員李佩華、伍慶翔、應云衛、嚴國信、李關秀、姚顯達、賀聖豪、董伯英等昨日下午三時，在南市一帶演講。抵制日貨之理由，及福州同胞之慘痛，聽者如堵至晚方回。

勸業女學日□昨下午二時。勸業女校師範生石金龍、陳鼎芳、祁敏仁等數十人率同國民科三四年級學生蕭真、鄭性安、劉寶英等在縣城隍廟勸業場等處竭力演講。大概謂，日人橫行不啻以高麗待我，惟願吾國人士快快醒悟，聞與日人斷絕交易，挽救危亡於萬一。此亦吾國民應盡之天職等語。講時聲淚俱下聽者莫不動容。

育英學校法租界，巨籟達路育英國民義務學校，職業科第一組學生演講團，前昨兩日上午在浦東爛泥渡一帶，先吹軍號召集市民，由學生詹用韜、強家聲、朱志奮、羅長耕、柯模範、李文魁、李仁香、唐裕箎、蘇吉祥、柏璋等相繼以簡明透切之白話為實用的演講。大致不外勸人抵制劣貨，並發傳單三千餘份，沿途遍貼該校幼稚科學生所寫之大字警告條百餘份如（救國從心救起）、（不可欺心救國）、（好漢倡用國貨）、（決心一致自強）等字樣。直至傍晚始渡浦回校。

對於國民大會底感想

原載《晨報》，1919 年 12 月 11 日

　　國民大會，是我們人民對於本國政府及世界各國表示我們公共意見底一個頂好的方法，前回國民大會，因為政府裏人膽子小疑心大沒有開成，很覺可惜。昨天的國民大會居然開成了，而且到會底人很多，秩序很好，所以我個人對於昨天的大會有兩個樂觀：一是可以令政府放心，令政府覺悟，市民聚眾開會只要官廳不來無理壓制，未見得就一定要做出破壞秩序底事；從今以後政府可以安心讓我們大家發佈意見，免得無理壓制反來激成事變。一是向來不大熱心公益底安會長[1]，昨天也到會簽字，擔任抵制日貨日幣底完全責任，我們十分感謝他。

　　我有一個小小不滿意底地方，就是學生所散傳單，內有「日奴」、「日本小鬼」等字樣，這實在不是正當的態度。

　　我對於今後國民大會應該做什麼，也有兩種意見：一是對內，一是對外。

　　對內我們只要想法子指導政府，不要想法子推倒政府，指導政府不是說空話，是叫他們要明白非遵照人民底公共意見辦事不可，是叫他們不敢貪贓枉法賣國殃民。推倒一個政府若是再建一個政府，張王李趙無論誰來組織政府，都是「魯衛之政」，指導政府是根本的、永久的辦法，若是不能指導政府，徒然推倒政府，不過升官圖上改換了幾個姓名，於實際上並沒有甚麼變化，只添上一些無謂的擾亂罷了。大家如若不信，請看民國政府比前清怎麼樣？現在的內閣比以前的內閣怎麼樣？

　　對外我們現在只有一個抵制日貨的方法。我並不是反對排貨底運動，我覺得我們要有有組織的運動，而且應當乘此時機振興工商業，才是根本方法，單是空口抵制日貨，恐怕不但沒有甚麼效果，而且我們自己白受經濟上的損失。在日本方面看起來，我們抵制日貨，並不是表示仇恨底意思，是

1　即北京商會會長安迪生

要拿排貨底手段，造成他們產業界底危機，促進他們拋棄侵略主義底覺悟。但是有一位日本底社會黨人告訴我說：「日本社會黨很盼望中國抵制日貨，但必須各重要的商埠都有持續六個月底精神，日本工商界才能發生危機。」可見短期的排貨手段，恐怕不能叫日本覺悟，我們的商界反大受損失。在中國方面看起來，紙、糖、布等許多日常必需品，十有八九都是日貨，嚴格抵制實在是一件很困難的事。無論那一國人，愛國心鼓勵底力量總沒有經濟壓迫底力量大，況且中國人愛國心底力量更是薄弱得很，少數人乘着感情說大話，那裏會有實際的效果？所以我以為排貨底辦法，若是乘着一時的熱情，向一團散沙底群眾，搖旗吶喊，決計沒有用處，一定要將頭腦冷靜下來，仔細研究，究竟拿甚麼組織，用甚麼方法，才能夠達到我們圓滿的目的。我以為一方面用消極的排貨方法，渙散的十人團還不濟事，是要急速設立各種的同業組織，相約絕對停購日貨底奢侈品，儘量減少日貨底必需品。代以國貨或西洋貨。一方面用積極的振興工業方法，先從紙、布、糖這幾項消費最多的着手。以前我們的排貨政策屢次失敗，都是沒有組織，和沒有國貨填補兩個原因。今後仍然脫不了因果關係，我們應該有大大的覺悟！若是有組織的排貨運動，不是散沙的排貨運動，而且漸漸有國貨填補，日子久了，必能夠叫日本產業界發生危機，必能同日本底明白人連絡起來，掃蕩東方底侵略主義。若是沒有組織的散沙運動，又沒有國貨填補，這種短期的偶發的排貨運動，不過徒然叫本國商人受經濟的損失罷了，那能夠促起日本人底覺悟呢？

署名：陳獨秀

重慶商學起衝突

原載《國民公報》，1919 年 12 月 22 日

　　川東學生聯合會於十四號晨派學生數人，往打銅街天錫生綿紗號檢查仇貨，聲稱要看帳簿，不料該號學徒等，竟與學生衝突，椅櫈橫飛，雙方均負重傷，以致各街賣仇貨者，紛紛閉戶。嗣經城防司令部派隊彈壓，秩序乃復如常。其後到之學生等各持木棍救援，逾時即散。而商人等，又以紅布纏袖為記，執有商業聯合會白旗聚商會門，有呼去打學堂者，亦有呼去請督軍吩示者，但均是空談，未成事實。聞天錫生號被學生捕去二人，已交城防司令部（確否尚查），商幫於明日十五號有罷市消息，故商會內所辦北賬展覽會乃展期始開云。

附川東學生聯合會傳單

原載《國民公報》，1919 年 12 月 22 日。

　　今天我們到天錫生的意思，想各位都不曉得的就是我們的耳殼中，天天聽到人説，這個天錫生在上海買仇貨。殊我們將到打銅街，尚未檢查，這個狼子野心的天錫生就運動些流氓來打我們學生。各位也是親眼看見的，不是城防司令來維持，全體學生幾乎被他們打死了，現刻在他鋪內檢查出來很多的仇貨，一半拿去焚燒，一半拿去中西德育社拍賣，以幫助北賑。各位，你們説可不可以□嗎？至於各位商界同胞，切不要驚惶，我們並不是與商人糾葛，實因天錫生購買仇貨甚多歷有年，所以專檢查他一下罷了。川東學生聯合會印。十四號午後出。

　　又據《渝報》云：

> 昨十三號午後，學生聯合會代表開會討論清查劣貨，決定十四號晨率隊實行。至晚上各代表回校，始行宣佈。宣佈後，即禁止通行及出入，故各校學生雖有系渝商親故者，亦倉卒不能通信管教，各員均不知情。翌日晨刻，整隊至打銅街天錫生清查劣貨。是日各商尚未起床，學徒交涉不知何如大起衝突，互相毆擊。學生回校攜帶木棒啞鈴，商界亦以桌櫈相投，是時陝西街、打銅街交通斷絕。聞商學兩界均有負傷，雙方均呈請檢廳驗傷。城防司令部聞耗後，亦開兵前往彈壓，維持秩序，疋紗、蘇貨等幫紛紛閉歇。

> 學生捕去該號執事兩名，並擬提貨多件，即旋齊集萬壽宮；商界齊集商會，彼此相持，無法解決。商界當成立各幫商業聯合會，用白洋布書大旗數面，各以紅布繞於左手為標記。是時秩序大亂，城防司令官王聚奎特擔任調停，先向學生團索回捕去之人。聞葉道尹親往學生團方面調解，警察廳胡廳長、督軍署參謀均道商會，軍政兩界出為調處……

奸商私進劣貨之殷鑒

原載《民國日報》，1920 年 1 月 24 日，第 3 張第 10 版

上海學生聯合會調查科稿云。該科科員祖君張祺鄺君根敏，前在（一月十二日）在三林碼頭第三號棧房，查得東洋白糖五十包。其原有嘜頭，已被揩去，加印香港白糖字樣。奸商出此狡猾手段以圖欺人，殊屬可惡，當即詳加查詢。始悉該貨由本埠同豐祥發出，至戴生昌輪船碼頭，隔日運往湖州雙林鎮成大號。鄺君因在租界不便扣留，乃致電湖州學生聯合會，轉達雙林從事檢查。昨日（二十三日）得悉此貨，已由雙林勸用國貨會調查部，會同學生全數扣留。本當立即焚毀，後因該商會再三懇求，自願改過，乃經國民大會議決，令罰洋一千元。以半數充入舊湖屬水災協會，餘則施米賑濟貧民，該商亦願照辦。其事始已，凡我商界，決不可再有類似此種奸商之行為，以免後悔不及。

公判大會焚毀劣貨

原載《民國日報》，1920年1月24日，第3張第10版。

昨日下午一時，各團體為南順記雜貨號，協和壹洋貨號。在殺豬弄抵制劣貨會開公判會。與會者全國各界聯合會、上海各界聯合會、全國學生聯合會、上海學生聯合會、全國工界協進會、由華救國十八團、上海救國志成團、滬南商學界愛國恒心團、書葉同志會、提倡國貨同志會、競資會、救國恒心團、上海抵制劣貨聯合會、北城、東北城、海寧路、民國路、山東路、文監師路、百老匯路、大東門、七浦路、吳淞路、中城等各路、滬西商業聯合會、勵志宣講團、女子救國會、女界協進會、漆商聯合會、西書聯合會等。朱仲齋主席，報告情形。當經公決以該二號為公敵，不能不前往搜查。隨即排隊至該二號搜獲，各洋布駱駝絨並各式劣質貨等。當即，車往公共體育場，開全體代表會議。公決立時焚毀，觀者千餘人，無不大快。毀後，即回至會所，籌議懲戒辦法。議公決該二號以破壞抵制，侮辱團體，雖少數劣質抄出焚毀，應令其承認即日起永遠不再買賣，並令南順記登報謝罪。如該二號否認，本會等另用社會公判。南順記當場承認云。

公判大會焚毀劣貨

原載《民國日報》，1920年1月27日，第3張，第10版

◎公判大會焚燬劣貨

二十四日志成團團員。在王家碼頭懋昌號查獲劣貨三十九大包。當車存公共體育場。於二十五日下午五時。借北城工商聯合會會場開各團體公判大會。討論處置方法。到會者全國各界聯合會、上海各界聯合會、上海學生聯合會、上海抵制劣貨聯合會、救國恒心團、上海志成團、滬南愛國恒心團、山東路、北城、民國路、法租界、滬西、中城、東北城、百老匯路、大東門、西華德路、豫園、文監師路等各路商業聯合會、提倡國貨同志會、上海電器工界聯合會、中華救國十人團聯合會、商界救國總團、西書同業永志會、勵志愛國宣講團等二十五團體代表五十人。各界來賓百餘人。公推張志鵬主席。胡翼夫記錄。（一）志成團代表羅嘉賓報告查獲劣紗詳情。（二）懋昌代表顧錫坤辨稱。該紗雖購自劣商。但並非劣貨。要求再行審查。然後處分。並謂如查得確為劣貨。該號自願焚毀。又要求本會於焚毀前。通知該號及給號。及詢問彼若干。〔答〕該貨紗定於陰曆五月中旬運進。共幾大包。每包價若干。〔問〕該貨紗收到之號數。及武問。連知該劣貨號數。又要求處分自劣商。但並非劣貨。〔答〕連祺生要求焚燬前。先知該劣貨號。並得如查役確得劣貨。然後處分。〔三〕連祺生因求能。話及該問。故該代表答。共幾大包。每包價一百五十問。並云今因求能。銷售退還五包。〔四〕討論處分辦法。張世昌周子垣徐炳南鴻鵾南顧惠民汪倡駱程士勇李恒林等諸君均有意見。大致謂該紗既購自劣商。可決實為劣貨。〔五〕主席同懋昌代表照此判決。途為人懋昌代表照此判決。其式如下。答無。途請其立顧菴。劣貨。立志願各人懋昌代表。劣貨。自願焚毀。並以後不再買賣劣貨。如犯者願受相當懲判。決無悔言。見比志顧。其志顧人顧錫坤押。中華民國九年元月二十五日具。〔六〕各團體逐逐懋昌代表同至公共體育場。將劣紗撘出焚燬。環觀者千餘人。皆竟之大快。

二十四日志成團團員。在王家碼頭懋昌號查獲劣貨三十九大包。當車存公共體育場。於二十五日下午五時。借北城工商聯合會會場開各團體公判大會。討論處置方法。到會者全國各界聯合會、上海各界聯合會、上海學生聯合會、上海抵制劣貨聯合會、救國恒心團、上海志成團、滬南愛國恒心團、山東路、北城、民國路、法租界、滬西、中城、東北城、百老匯路、大東門、西華德路、豫園、文監師路等各路商業聯合會、提倡國貨同志會、上海電器工界聯合會、中華救國十人團聯合會、商界救國總團、西書同業永志會、勵志愛國宣講團等二十五團體代表五十人。各界來賓百餘人。公推張志鵬主席。胡翼夫記錄。（一）志成團代表羅嘉賓報告查獲劣紗詳情。（二）懋昌代表顧錫坤辨稱。該紗雖購自劣商。但並非劣貨。要求再行審查。然後處分。並謂如查得確為劣貨。該號自願焚毀。又要求本會於焚毀前。通知該號及給

與收條云云。（三）陸祺生要求懋昌代表答話。其問答如下。「問」該劣紗定於何時。共幾大包。每包價若干。「答」該貨於陰曆五月中定進。共九百大包。每包一百五十兩。並云曾因未能銷售退還五包。（四）討論處分辦法。張世昌、周子垣、徐炳南、馮鵬南、顧惠民、汪醒齋、程士勇、李恒林等諸君均有意見。大致請該紗既購自劣商。可決實為劣貨。無用再查。應行將其焚毀。遂議決於本夜實行。（五）主席問懋昌代表照此判決。有抗議否。答無。遂請其立願書。其式如下。

立志願書人懋昌代表顧錫坤。茲蒙各團體抄獲劣紗。自願焚毀。並以後不再賣買日貨。如犯者願受相當處判。決無悔言。具此志願。

具志願人顧錫坤押
中華民國九年元月二十五日具

（六）各團體遂邀懋昌代表同至公共體育場。將劣紗提出焚毀。環觀者千餘人。皆為之大快。

抵制劣貨聯合會今日開常會

原載《申報》，1920 年 2 月 29 日，第 11 版

抵制劣貨聯合會昨發通啟云，直接交涉之聲頻傳，國家之危亡立待，向之所恃以為惟一武器之抵制者，今果何如者，街頭巷尾之叫賣日貨者，觸目皆是。店市舖戶之陳列日貨者，滿目琳瑯，夫日人之所以強昂者，亦以我民氣之不足恃耳。本會職責抵制，若不急圖進行，長此以往，國家何堪？身命何堪？二月二十九日下午一時半，為本會常會之期，務望屆時選派代表別席，策抵制之進行，謀國家之幸福。此請執事公鑒上海抵制劣貨聯合會啟注意「時間」二月二十九日（星期日陰曆元月初十日）下午一時半「地點」老北門內薩珠衖十五號北城工商聯合會內本會事務所。

劣貨之查獲與焚燒

原載《民國日報》，1920年3月15日，第3張第10版。

上海抵制劣貨聯合會昨晚發出通告云。上海抵制劣貨聯合會，本定十四日下午三時半在公共體育場焚燒歷次查獲之劣貨。嗣因十四日常會時，得某代表報告江蘇省教育會會長，中華職業學校創辦人黃任之私進日貨琺瑯二十一桶。當議決先赴中華職業學校搜查後，再赴公共體育場焚貨，於散會後赴該校搜查。果查得日貨琺瑯若干桶，當車存公共體育場暫存，擇日開公判大會公決之。待焚燒劣貨，時已六時餘矣。以致熱心觀焚劣貨者，徒勞往返。本　殊抱歉仄，諸惟熱心者原諒。上海抵制劣貨聯合會啟。

渝學生押奸商遊街

原載《國民公報》，1920 年 4 月 27 日

　　重慶著名亡國奴卓雲程即榮成（凡屬仇貨小販稱亡國奴均可改亡為忘字，惟卓雲程確是亡國奴）不聽學生聯合會忠告，專販仇貨，怙惡不悛，近日來更辦仇貨一大批，陸續借某船運到，於是肆無忌憚，公然在新豐□街開貿復昇恆發售仇貨不少。學生聯合會諸君見其甘冒不韙，即於陽曆四月二十一號午前，邀集學生數百人，往該鋪清查，舉動異常文明。殊該亡國奴潛逃，只將其子拿獲及押其子至總商會內，而該亡國奴，又自行投到也。該鋪所藏仇貨數目未詳。若干學生聯合，於午後三鐘，一面運仇貨數十台出城燒毀，一面將該亡國奴衣服脫盡，赤身置入無頂肩輿，兩手擺開綁在兩旁竹柱，大書亡國奴卓雲程兩白旗，插於其手額上。又書一奴字胸前，又書亡國奴賣國賊等字，由總商會抬出遊街。各學生遂整隊前往，號聲振耳，觀者塞途，從下街轉上小梁子、都郵街，復下神仙□至總商會。各學生沿街演說，言詞動人，一般愛國同胞，莫不鼓掌痛罵。某記者嘆曰：吾以為學生聯合會，似乎孰意各學生不鳴則已，一鳴驚人，想吾川省卓雲程（榮成）外，必不再出亡國奴。

護軍使勸學商工之佈告

原載《申報》，1920年4月27日，第10版。

松滬護軍使署昨發佈告二道，照錄如下

（其一）為佈告事，照得愛國之忱，人本同具，職責所在，豈容逾越，學生以勤學為職志，學成即可以報國，何得於求學之時為干政之舉。即云外交緊要，欲作政府後盾，亦只能為法理之主張，不應有法外之行動。況學生所要求電答之端，迭經外省各機關，向中央電爭，已答以決不放棄國權，揭明要旨，國際聯盟，時機有待。學生自當靜候解決，更不容輕率暴動影響治安，不謂罷課以後，到處演講，復強迫工商附和，使之罷市罷工，近更阻止電車通行實屬擾亂地方秩序甚至發佈傳單日刊意欲推翻政府，另建民國，罷工罷市，抗稅抗捐，種種悖詞，儼同革命，此並非為外交問題，直至構成內亂。此並非為政府後援，直是自戕政府，本使再四思維，吾最所敬愛之青年學子，決不出此，嘗見學生遊行，恒有小兒與流氓，羼雜其間。童子何知，安識國是，無賴結合，意在攘劫。此輩豈可言愛國乎？是必有奸人隱策其後，利用學生之名為前驅。彼今日借學生以快其犧牲，異日必捨學生自圖其私利。吾願吾青年學子，幸勿受其簧鼓也。除迭經出示曉諭，並實施戒嚴法，以資保衛外，特再剴切勸告，各學生務各警省，及早上課勿虛擲光陰，而廢學業勿輕聽人言。而受煽惑勿遊行結合。而招非類勿妄發言動。而越常軌，師徒宜盡規勸之誠，責在校長子弟宜循趨庭之戒，責在父兄，經此次勸告之後，倘不受師長之約束，不遵父兄之誥誡，不願上課，不願息禍，是不可與我最敬愛之學子為伍，實為擾亂地方之暴徒。現已自甘棄學，即不當以學生論，自甘試法，即當以法律相繩，勿謂言之不預也切切凜遵此佈。

（其二）為佈告事，照得近日滬上學生，相率罷課遊行演說。言詞激烈，迭經分飭廳縣勸導制止，並剴切佈告曉諭，冀以開學生之覺悟，維地方之治安，不料愈演愈烈，逾越常軌，甚至有一般無業流氓，攙雜其間，分向華界

各市場迫令罷市，並復阻止電車通行，散佈傳單日刊，昌言革命，擾亂人心，莫此為甚，以致各商家迫於強暴。問或茹痛暫從，情非得已，我良好工商血本，直同生命，損失誰負賠償，自維保護有責，實切疚心，本使為維持秩序計，不得不宣佈戒嚴，以期安地面而靖人心。夫工人謀工以保身，人人能保其身，即所以愛國，商人營業以養家，人人能養其家，亦即所以愛國，我工商人等，本此理推之，必群以學生之託名愛國而率行罷課者為大不然，斷不宜受其愚弄，失工商之本業，自取困窮，徒受紛擾。其有假借學生名目，希圖乘風打劫者，可斷知其為無身無家之流氓，不當以學生論，並不當以工商論，直是構禍亂民，惟有從嚴逮辦，除暴安良，以靖地方，除迭經出示曉諭，並實施戒嚴法以資保衛外，合再剴切勸導。各工人應即照常營工，各商人應即照常營業，電車亦即照常開車，以利行人，倘有不逞之徒，不遵勸告，仍敢假託名義煽惑擾亂者，定即逮案重辦，決不姑寬，其各凜遵，勿貽後悔，此佈。

寧學生罷課的犧牲

原載《民國日報》，1920 年 5 月 4 日，第 2 張第 6 版，節錄。

▲ **解散學生聯合會　解散教育學校**

　　南京學生聯合會，自宣佈全城學生罷課後，每日開常會一次，遇有重要事件，則開評議會。及至上海軍學衝突，該會抱憤不已，曾經運動商店罷市。繼因各商舖被學生搜查劣貨，暗生惡感，不願再作學生後盾。故該生等，雖如何運動，皆未達到目的。前日軍民兩長，接國務院密電，囑令從速解散各處學生聯合會。李督軍與齊省長，以及教育廳長、警務處長，議決由警務處，先行實行解散寧垣學生聯合會，然後再電各處，一律強令解解。故次日即由警廳派長警，親至該會，勒令解散。當是日解散之後，該會執事人，隨時將解散原因，通函二十七校。明日即由二十七校，公舉代表來至城北某學校秘密會議，議決公舉執行部黃曜寰等二人，至上海與總會接洽解散後之聯絡及對待方法，並舉張鐵石君等十二人，分赴上下游各處，互商維持團體之法。其他各學校之學生，每日仍於繁盛街市演說。

安徽之查貨風潮

原載《晨報》，1920 年 5 月 6 日，第 3 版

▲ 查獲日貨之前因後果　上課罷課之未來揣測

　　皖垣學生查獲一萬七千餘件之日貨，而致起學商衝突已迭見本報。惟何以查獲此大宗貨物則眾口紛紜，莫衷一是。至可笑者，則有云「星期六晚有人致電話於學生會云，明日有大宗日貨來埠，貴會如畏事可不必查，語似故意激學生者。」此語殊莫須有不足研究。實則學生會之檢查部每日均有人輪流在輪船上檢查，是日適值師範校細心檢查，於是此大宗日貨真像逐畢露焉，破獲之後，師範學生遂報告總會，臨時招集各校代表開會討論，咸以為此大宗日貨，非一二代表所能勸回商店之意，而付諸回祿，也苟有不測，亦非一二代表所可力敵磋商。良久，乃回校通告同學，於上午九時出發齊抵江干，以守此大宗日貨。各校復推代表往詢商會長之意見。商會長推諉此大宗貨物非一二人所敢擅斷，須俟開會集議聽憑全體商界之公判，然商至日昃仍無結果。學生乃邀商會長至薑船一行，與薑船買辦接洽提貨，商會長初本不肯，後為學生強擁上車，而四五十之學生代表則均尾隨，奔波其後。既至薑船，學生乃商，諸買辦謂商會長既已至此，則貨可提出，而買辦堅持必須提單一語。學生已不得，乃敦請商會長與買辦共署一約，

非學生會長、商會長、買辦三方面俱到齊外，則此貨不得允許他人提去，商會長初來時，見學生有二三千人，早已惶懼，現見有下台處，當然允許，買辦亦首肯此重大之責任由買辦負之，而商會長則忽忽竄去矣。雖然如此，學生終放心不下，咸願露立江邊一夜，伴此日貨。學生會長以學生露立非宜，力勸返校，並各選代表若干人以守之。諸學生乃各整隊歸，而少數留此之學生（約百餘人）或宿貨艙口，或守躉船旁，至於東方既白，翌日本定遊行，今加查獲此大宗日貨，遂於此遊行二字上加以示威二字矣。八時許，各校學生齊集公共體育場，會長致詞謂，今日係破釜沉舟之一日，吾儕必須拿出奮鬥精神來破壞而兼建設。語畢，遂以女生前導（女學生與男生同出隊，在皖垣木屬創見）。各校陸續隨其後，向各店索提單，孰知各店提單均早為鳳啓昌店主索去，故各店均推在滬未到，先至華新、天成，各店均如此說，且有以惡語侵學生。學生亦無如之何。初各校大隊停在華新店門時，曾派學生四五人為一團，向前演講，並勸導各店將貨提取出。不意行至西城外，吳廣源號伏兵四起（先廣昌發、吳廣源、鳳啓昌三店買囑流氓，每人十元，聘宋小波領頭，鳴鑼一聲而學生入殼矣），全行捉去。於是，塗人譁然，紛論此事，為學生大隊所聞，一面命女生先返，一面跑出西門。既至，則又知學生又被鳳啓昌等捕送。西路商團聲言為商會長洗昨日之辱。西路商團本寄設太平寺，於是學生乃趨向太平寺。諸流氓聞言逃去大半，惟有少數流氓尚裝槍待發。可憐赤手空拳之學生如何能敵全付武裝之流氓？幸當時有浣衣婦授學生以捶衣杵者，有擇竹籬以為兵器者。甚至無物可拿，則持蘆柴以自衛，忙亂之情於此可見。方學生將門打開時不料門後有一流氓，方裝彈於槍瞄準欲發，適一海軍過其旁，自其領後擲之落地，學生乃免於此險。斯時即查獲槍二支、子彈三百餘粒、鐵矛一根，捕獲三人，一為瓦匠，一為鳳啓昌之小老板，一則不知姓氏。學生傷者十餘人，乃由各生抬之，並牽住行兇者與槍子彈等件，一同至風節井之地方審判廳時，各校長及教育廳長均到，遂與審判廳長說明一切，乃立時審問，將該三人押付監獄，子彈與槍俱存於廳候驗。學生受傷者咸往同仁醫院診治，一時道路紛傳，見學生被傷者則淚潸然下，見流氓則戟指詈之，於此亦可見人心憤激矣。

上海抵制劣貨聯合會宣言

原載《民國日報》1920 年 6 月 24 日，第 3 張第 11 版

火到而丹成，滴水而石穿。天下事貴持恆，功無倖獲。即尋常一手一足，與夫少數能力所克造之事功。亦非經時日，矢堅負。不足收旦夕之效，況事關一國之大。如今日抵制劣貨之舉，痛連年至衰敗，欲藉此制強鄰於死地。挽垂危之□，使利源不至外流，足以樹富強之基，程功浩大，範圍迥異尋常。兢兢不懈，合全力以圖之。猶恐顧此失彼，不足以損其毫末，而獲我尺寸，苟乏恆心，各懷意見，不能遐邇一體而永久弗衰。斯不惟視大事如兒戲，如茲鮮克有濟，恐醜態百出，益為旁觀者竊笑。最貪人之勞歟，其必菠於永劫不復之境也無疑。廣鄰島國，地狹人稠，其屢肆貪殘，動□侵略。野心者，其迫於生計不暇瞻顧後，挺而走險之道耳。八年五四而後，舉國頓悟。不與之鬥力以較量曲直，而以與之斷絕貿易者，予以經濟上之打擊。權自我操，不處自倒，誠制敵之上策，養源補漏，致富圖強之至計也。平心論之，此一年中見利忘義，弗顧存亡者有之，一鼓作氣隨而再衰三竭者有之。積重難返，生命攸關，事實上不免欲行又卻者有之。操之過激，聯絡不得其法。因而互生意氣，至於自撤藩籬而懈初心者亦有之。綜此種種，自今日止，謂為不完全之抵制也可。謂為有抵制之名而無抵制之實也亦可。然而下民咨嗟，經濟恐慌，已呈轍亂旗靡之現象。不得謂無補毫末也。若加以堅毅，戮力同心，矯以前之參差，有不水到渠成大告成功之日乎。今後願商界努力堅持也。金錢汗血，何嘗不痛癢相關，惟曙光一線，以後轉弱為強。四百兆生死，均此關頭，能再忍痛須臾，竟為

山一簣之功，斯後世子孫，無不拜仁人之賜。報界則鼓吹益力也。人非木石，鮮不具愛國血忱。如其苦口婆心，日以富強原理啓發其良知，將無不感動奮發矣。雖云紙上空談，實足以鼓舞人心而有餘。學界則認為抵倡也，樹表率於我躬。日用所需，首先趨重於國貨，而且注精力於調查，分門別類，普告國人。使婦人孺子，咸統然於國貨與非國貨之分，風氣皆由漸而成。如是則眾有觀感，有鑒別，而無形之功大矣。其他社會則各本良心也。事有一人倡之為不足，眾人主之則有餘者，能各本良心，認口貨為多文而寡貿，實際上無取給之必要。少用一貨，即為國家留一分之原氣。如是則舶來品無人顧及，消場少斯來源塞，所謂良心抵制，其功固甚偉也。至吾人集會，有時或從事於檢查，藉焚燒以強人。形式雖近於不情。要亦受良心之軀迫，非好為專橫甘殘同類之比。今後目的所在，飄搖風雨，惟希共濟艱難。有不以為不肖時錫南針，雙方相見以誠，不任措施之失當，尤旦夕所馨香而惟恐不得者。敬佈區區，惟希納鑒。

商學衝突短訊

原載《國民公報》，1920 年 10 月 24 日

傳單之離奇　　匹頭幫於十六日，發出油印傳單，其中有「堅持到底，不達目的不止」云。並有爭人格一句，甚感離奇。

火食之公開　　棉紗公會近日約有四桌人開火分管，新招之保貨隊二百名。

同幫之反對　　所謂同幫是指同賣仇貨，如張爺廟側某蘇貨鋪，神仙口某甲乙綢緞鋪，十八梯木牌坊某等蘇貨鋪，均各照常貿易，置若罔聞，其餘尚有數家不閉。

聯號之聲勢　　天錫生共貿四家，除天錫生外，還有天錫生外，還有天錫福、天錫永、天錫□為聯號，總呼天字號，皆貿易棉紗匹頭。其管事東家等，只以賺利為目的，並未念及抵制仇貨，是國民分所當然，故該聯號運到之大批仇貨約計二千幾百件。又聞某某號，亦運到不少，但不及該聯號運到之多。警察廳恐釀禍端，已出封條將該堆□封閉，而學生提出之貨十五件，並須保存，限期五日解決。

報關之停止　　匹頭幫運動報關行，停止報關，意在實行罷市。然通商大埠，非僅二□幫人，比如不賣仇貨或兼賣少數仇貨者豈有一律閉門？況罷市與學生何干，亦徒自遭損失。

學生之敢死　　學生聯合會，聽當道吩諭，限期五日解決，已由文廟各體回校暫候解決。但學生中有二百餘人切齒同心，咸願犧牲性命，於是組成二百敢死隊，誓不退讓。

開封罷市之大風潮

原載《申報》，1920年11月27日，第7版。

　　河南自直皖交戰後，各方面均甚安靜，無特別事故發生。數旬前有職教育案罷課一事，不久亦旋歸平復。不謂日昨突然發生一大變動，開封商人，竟有罷市之舉！當局若無解決之法，值此兵變旱匪交加之際，豫中前途，甚可憂也。

　　罷市之原因　　河南自五四運動後，即成立兩個重要團體：一為學生聯合會。一為國貨維持會。對於日貨，檢查頗為認真。日前在南關查得有日貨嫌疑者五宗：一為大綸綢緞莊所運之絨呢；一為永和公所運之顏料；一為官印刷局所運之紙張；其餘兩宗，皆為洋貨莊所運之化妝品。官印刷局及洋貨莊均情甘認罰，惟大綸永和公則極力反抗。大綸以所購絨呢採自上海，係零星購辦，故商標包皮均不完全，並非日貨。而維持會則認為有意作偽，故將商標摘去，擬罰洋六百元。永和公顏料，經維持會在南關先粘封條，暫存商會。改日啟箱查驗，及屆查驗之時，而封條已被撕去。維持會認為私將該貨更換，應罰洋兩百元，兩家均堅持不認罰。事為學生聯合會所聞，擬加以強制執行，該兩家殊強項，乃有二十二日之舉。二十二日各校停課一日，排隊分赴各街，手執小旗，遊街示威。該兩商仍無轉圜意，激動公憤，將大綸掌櫃范某、永和公掌櫃劉某，雙雙扭出。兩手用繩反縛，背插白旗，大書「此係私販劣貨之民賊」小帽翻戴，兩眼塗墨作眼鏡式，牽遊各街。多數學生擁隨於後，逢人演說。遊行後送交河南總商會，令其開會懲辦。適值商會開會，學生舉代表二人到會陳述情形。而商會會員，均代大綸永和公抱不平，紛紛詰問，措詞激昂，遂大起衝突。代表見勢不敵，即歸約集多數學生，至總商會，將什物搗毀。商界大憤，決定二十三日罷市，以示抵抗，省長派人疏通無效。

　　罷市之情形　　二十三日罷市非全城皆然，記者曾調查一次，自老府門以東，徐府街、河道街、西大街、南北書店街、東司門、南北土街、鼓樓街、寺後街、馬道街，凡商店較好之家，均雙扉嚴扃。然書業紙店及茶樓飯莊以

及小本營業者，皆照常開市。洋貨莊、綢緞莊、洋布莊、及第一商場、勸業場，則一律停止交易。市面頓形蕭條，雙方爭持頗堅。學生會擬將罷市之家，挨戶搜查其有無日貨。國貨維持會，恐激起大變，乃不果行。將來如何解決，尚不可知。

風雨雞鳴之抵貨聲浪

原載《民國日報》，1920 年 12 月 05 日

▲ 請看湖南學生會之通告

湖南學生會，因抵制精神，日漸消減。特由國貨維持部通告各校，重派詢查積極進行。茲緣其通告如左。

諸君，去年巴黎和會山東問題失敗後，我們抵制侵略者的惟一方法是用甚麼呢？不是維持國貨麼？諸君，去年七月間，學生聯合會。決打華太長號，這個消息震驚長沙各界，是為甚麼呢？不是該商號暗進劣貨麼？諸君，我們發生去張運動的動機，各學校均犧牲罷課，是為甚麼呢。不是我們在教育會抨中，燒大宗的劣貨，為張敬湯所壓迫麼？諸君，試回頭想想，去年的時候，我們對於國貨，何等熱心的提倡；對於劣貨，何等努力的抵制。當時我們學生，有學生聯合會的國貨維持部，四法團有四法團的國貨維持會。我們對於這個事情，鬧得轟轟烈烈，幾如把他做一門功課樣的，天天努

力的進行，並把這門功課，看得非常重要，有如預備教員先生的試驗。所以湖南排斥劣貨的風氣，幾乎播到全國。諸君，試問我們這時的心裏，是為甚麼呢。為名譽麼？為學校不好玩，故意弄這個把戲麼？諸君，這一定不是的，我們的心裏是看見山東問題。在和會上，被侵略者的壓迫而失敗，我們不想法子挽回。在侵略者的做去，不但是斷送山東一省，就是全國都會要被他鯨吞而去。所以我們全權公使，謀一個挽救的法子，任他壓迫到怎麼樣，簡直一個不簽字來對付他。所以我們學生和世界，就用一個提倡國貨，排斥劣貨的辦法，用做抵制去子來對付他。諸君，我敢説我們這個抵制的法子，是暗地與我們的相手方宣戰。我們這種宣戰，是不用兵力的宣戰，是一種精神的宣戰；是取經濟的宣戰。我們戰鬥力的程度，要達到征服侵略者，永遠停止侵略我們土地及經濟上的主權為止境。所以這種精神的宣戰，在開始時期，我們就作成一門具體的功課款待，與家庭學校裏功課不分輕重的。諸君，以上所説的話，我們雖因種種妨礙，不得實行我們的心理，但是我們不應該把這種精神上的宣戰，太墮落了。你不看麼，四法團不仍巍巍的存在麼，但是那國貨維持會，消減到那裏去了。我們學生聯合會的國貨維持部，是不是有個名目麼？為甚麼上星期六開會，赴會的人數，僅有七個學校的代表呢？諸君，這是為什麼？山東問題，得完滿的辦法麼。二十一條件，及軍事協約等，已經取消麼。福州問題，我國佔了一個勝利麼，琿春的事件，不仍是一天一天的緊急麼。諸君，熱心的諸君，精神宣戰的諸君，何不急起直追，圖永久的戰略呢。西人動輒謂中國人無組織能力，我們到底有沒有組織的能力，是不能不有良心上的主張。又動輒謂中國人，祇有五分鐘的熱心，我們到底是不是五分鐘熱心，亦不可不有一定的毅力。然而回想到維持國貨的事情上去，似乎這兩個毛病都不能免。那末西人所詬病的應當啞然了。今與諸君約，我們維持國貨的事情，萬萬不能懈怠，並且要盡十二分的力量，求較良的方法，表見我們的主張。征服敵人的侵略，不可頭虎蛇尾，徒貽他人的恥笑。茲定本星期三午後二時至五時，在學生聯合會開會，討論維持國貨的辦法。貴校也是去年精神宣戰的一團體，無論功課忙到什麼程度，總請即將十個調查員派定，並且由那十人中，推定一位代表。已經派定者，亦請一位到會討論。以達到我們宣戰侵略的目的，才是湖南學生救國的主旨。湖南學生聯合會國貨維持部。

蕪學生爭外交大遊行

原載《民國日報》，1920 年 12 月 6 日，第 2 張

▲ 打毀劣質招牌……促商會設檢查所……奸商大恐慌

　　蕪湖五中二農女師萃文甲商蕪關各中等學校學生，刻因琿春交涉與抵制劣貨兩事。於本月二日舉行聯合遊行，茲將見聞所及，分紀於左。

　　學生之支配：男女五中校學生約五六百人。是日上午九時許，在東門外鐵路上聚齊。每校推出學生六人，組織先鋒隊。是着草鞋，手持短斧鐮鉤。後為大隊學生，文師在前。男生亦俱着草鞋，手執白布小旗。

　　遊行之情形：由東門外進城轉南門過老浮橋，在南岸空地休息，繼由利涉橋過河由長街至總商會，晤見湯會長。要求設立檢查所，比經警廳劉隊長調停，商會定於星期日下午二時答覆。學生乃整隊出會，由下街行至警察廳前，高呼中華民國萬歲。後由雞窩街至赭山五中操場攝影而散。沿途有軍警監視，秩序頗為整齊。

商會之會議：商會湯會長自晤見學生後，即於下午一時召集臨時會議。到者二十餘人，討論一切，各有主張。後由吳興周君提議明日與學生代表接洽妥善方法，以免自釀成商學界之大惡感，多數贊成。遂散會。

商人之憤慨：南北岸及長街各商號，以學生所過之處，將東西洋貨招牌除下砍碎，或將東字斫去。雖屬愛國熱心，似乎不近情理，故均憤憤不平。當時有主張取必要手段者，有主張閉門停止營業者。後聞南門周廣源佈告，因該店夥當時將學生傳單撕毀致生衝突，各店乃相□要求各公會設法維持。

學生之辛苦：是日遊行學生，自晨出校，至下午三時始各回校。僅在南岸各食麵包兩枚，以故飢餓異常。兼之泥溝路滑，個個拖泥帶水，尤以女師學生受苦為甚。聞次日尚擬出外演講。

官廳之維持：聞余知事薛廳長等恐商學界發生大衝突，特出而維持。擬於三日邀請商會會長會董，及學生代表妥商辦法。

重慶商學衝突別訊

原載《國民公報》，1920 年 12 月 22 日

十四日早，忽有少數商人在街上大呼「閉戶，全體抵抗學生」。各大街之蘇貨鋪閉門，而綢緞閉者無多……

招隊保貨 棉紗幫招力夫二百名，蘇貨幫各家派人聯合一氣（人數未詳），分幾隊保衛仇貨，各持木棒一根。聞該隊每月餉五元，打死者給卹百元，專與學生團對仇。務求仇貨得以久賣，裕此財源雲。

竟打不成 學生團於十六號午後開下打銅街，過覺學碼頭轉向禹王宮去，沿街布散油印、演說。殊棉紗幫之保貨隊由東水門方面開來，欲與學生團大戰，幸道尹、知事、警廳、視學員前往阻止，乃未打成。

城防得力 當學生團下打銅街時，棉紗商人等即將柵欄緊閉，斷絕交通。適城防司令部巡查隊開到，以槍威嚇，始開柵欄，自持木棒之保貨隊亦各退去。

學生油印 注意！注意！注意！昨天我們所以只是要提天錫生的貨的原故，因為他一家買日紗買得多，又先買，所以我們要去提他的貨，今天勸未查出的小鋪口些，不要驚惶，只要你們從此以後不再去買仇貨了，現在我們也一概不追究。只要你們來向本會交涉清楚，我們能保護你們自行拍賣。如其不然，我們仍然一致進行，勸同胞審慎、審慎，川東學生聯合會印。十五號午前出。

這次拿辦仇貨，原只是少數奸商，有何搗亂事實，遽爾罷市禱張？敬告愛國商人，勿惑洋奴妄言。他是賣國奸賊，實與你們無干。今他亂扯旗號，你們名譽攸關，請各發現天良，連起反抗商奸，一致表示愛國，藉作政府救援。特告愛國商人，各自三復斯言。川東學生聯合會印，十五號午前出。

商界同胞呀！你們知不知道，我們要重重處罰天錫生道理呢？只因我們抵制日貨，已經一年有多，日本人已經大大受損失了。天錫生偏要做這亡國的事，去買那日本的紗。倘若他不去買，哪嗎我們重慶的日貨，就絕無有了。他一買了，才引起你們這樣多的去買，你說該不該重重處罰呢？我們學生本應去清查他，只因人數不齊就遲了；你們見到我們不去請查，也就去買，倘若我們早些去查，那嗎，你們就不去買了。所以這個罪，還是有些歸於我們，我們也不來清你們了，只望你們下次不買罷了。你們幫天錫生去打學生是為的什麼？你想學生是不是怕打的？他一定不是怕打的，一定要同你們拼命的。學生死了，個個都說是愛國而亡，你打贏了，那天錫生賞不賞你的錢啊！我想是靠不住的。倘若學生打贏了，把你們打死了，你們值不值得？刻使人說是亡國奴，自己說起命丟了，實在說來，還是天錫生的事，完全不關你們的事。究竟這些好嗎？不好。你們下細想想，來回我的話吧。川東學生聯合會印。十五號午後出。

寧波抵制劣貨大慘劇（一）

原載《民國日報》，1921 年 4 月 28 日，第六版

▲ 洋貨業販運大批劣貨……毆傷十人團團員……強迫罷市

甬函。寧波抵制劣貨。自五四以來。學生團與十人團積極進行。始終不渝。劣貨漸有肅清之望。不意一般無恥奸商近日故智復萌。仍欲重行購運□公然開會議決。且有以武力對付之宣言。記者猶竊疑傳者之過甚其辭。不意二十五日竟因調查劣貨之故。演出五四以來未有之慘劇。寧波抵制之成績為各處冠。今忽有此種現象出現。實足令人痛心。人之無良。乃至於此。茲彙記當日情形如下。

▲ 事前之消息

洋貨公所會議結果。議決先向學生會十人團商量通融。如不允則以相當之辦法對付。所謂相當之辦法者。無他。武力而已。十人團學生會聞此消息。即夕召集緊急會議。各校代表均到。同時又得到一消息。謂前日江天輪曾有日貨十七件裝運到甬。（內三件係新章之貨）准於明日起卸。當議決明日早晨各校及十人團各派代表至埠嚴搜。而外間傳來之消息益惡。有云各洋布店已合資僱腳班五六百人預備鬥毆者。有云洋貨公所出費僱苦力若干名至埠抗查者。有云各店派店夥二名明日出發另僱打手六十名預備抵抗者。然二團體猶俱以其為一種恐嚇之詞。蓋奸商雖天良喪盡。亦決不至明目張膽而仇視愛國團體也。

▲ 衝突之情形

二十五日早晨。各校及十人團各派代表共十餘人至江天碼頭。果見有十七件之貨上標某國牌子。俱已一一裝入駁船。因關尚未驗過。故未提去。二團體之代表。即站立看守。不意至九時許。突有洋貨店夥百餘人。棧司數十人。聲勢洶洶而來。鵠立岸邊。二團體見勢不佳。恐眾寡不敵。徒然吃虧。乃俱散去。分投電知各校。有十人團常住員鄭光祖君。平日熱心抵制。一般

奸商唧之甚深。而新章經理朱如松恨之尤切。當時亦避入華洋旅館。打電話而出。甫至門。為朱如松所見。即欲喝打。旁觀某君竭力勸止。謂如此則恐肇禍。朱某曰。遲早終有此一日。怕什麼。即喝眾幫手。眾遂一擁而上。將鄭君扭住。拳足交加。密如雨點。毆畢沿途拖至寧紹碼頭。推入黃包車上。百餘人前□圍擁。疾馳向東門街而去。沿途毆打。直至洋貨公所門首。當時有十人團調查員陳某劉某等。亦俱險遭毒手云。

▲ 鄭某之傷勢

鄭某至洋貨公所時。已奄奄一息。一般奸商尚欲非刑吊打。以報昔日之仇。經人勸阻而止。四分署員郭鳳沚聞耗。急至公所調停。一面勸鄭某先回。鄭某傷勢甚重。兩足不能行動。乃僱車送至中途。鄭某即折至法院。其時十人團團長已在檢廳口頭提起刑訴。當即由廳驗明鄭某傷痕。頸上鱗傷。頭部腦部均有傷痕。腿部傷未驗出。而鄭某自言痛極。至不能步。大約係內傷。驗畢。檢廳令被害人補遞狀紙。正式起訴。准派司法警察□拘唆使行兇重要犯朱如松云。鄭某現在澤民醫院。

▲ 罷市之情形

輪埠之慘劇實現。於是罷市聲浪。乃隨之而起。但此事既由洋布業主動。故罷市者不過洋布業一部分。其營洋布業而兼綢緞者多不附和。即純粹洋布業。亦有抱觀望態度。多將門半掩。而營業如故。惟江橋□頭之新章志春兩家。雙門緊閉。闃無人影。其態度最為堅決。後經各洋布業商人紛紛四處運動。於是國貨業（聞係洋廣公會楊某煽動之力居多）參業亦頗有加入者。然大率佔少數。聞有某洋布店素不買日貨。故不罷市。眾洋布店強令閉門。該店經理決意不允。謂我並無日貨。何必附和。眾亦無如之何也。新順經理董源水。於罷市時沿街大呼曰。此時正復仇的時機。切不可錯過呀。途過大綸。見未閉門。問何以不閉。大綸經理謂我不買日貨。為何閉門。問爾前曾被十人團學生處罰。此恨豈遂忘乎。大綸經理答云。我現在已不買日貨。他們決不來再尋着我了。董某恐嚇曰。若不閉門。我們將以武力對付。大綸經理笑曰。是亦無妨。董某無如之何。只得恨恨而去。

寧波抵制劣貨大慘劇(二)

原載《民國日報》，1921年4月28日，第6版

▲ 用鐵釘木柴毆打學生……重傷數人……官紳想征服學生

甬第二函云：慘劇出現後，各校所派出之代表，分頭電知本校，令其全體出發。至下午一點鐘陸續至四明鶴揚樓會齊，計到崇信浸會師範教員四中數校共二百餘人，十人團代表亦到十餘人。即在鶴揚樓會議，僉以奸商膽敢行兇毆人，實於抵制前途大有影響，而唆者實為新章經理是朱如松，且新章今日亦曾進有東洋紗三件，似此毫無廉恥不畏法紀，若無相當對付，何以禁止效尤。議決全體人眾俱至新章調查，並議定若彼以野蠻手段來，決定不以野蠻手段抵抗。議畢，當排隊同至新章，而第二次之慘劇乃又出現矣。

持械兇毆學生慘狀：學生及十人團既至新章門首，即排隊站立，嚴守兩面，斷絕交通。有學生及十人團團員數人，將門推開，見門內人排立殆滿，約計百餘人，有持械者，有不持械者，有短衣者，似為僱來之腳班。其手

中皆執柴棍，上釘鐵釘，□狀兇惡。學生等亦不之問，逕上樓搜檢，甫是第二層，樓下怪聲大作，並有器械相觸之聲。知已肇事，當即跑下逃出門外。而樓上之屋瓦算盤桌腳，已如雨下。學生躲避不及，多被擊傷，而一般手執柴棍之腳班，乘勢趕出，見人便打。學生手無寸械，且堅抱和平對付之宗旨，只得紛紛退避。有失去鞋襪者，有撕破衣服者，觀客亦紛紛奔逃，情狀甚為狼狽。

受傷人及起訴情形：受傷確數今尚不得而知。蓋因紛亂奔竄之際，無從為詳確之調查也。惟崇信學生鄔家篆被棍擊傷頭部，釘陷入肉，深至數寸，已見骨，血流滿面。當即暈去，不省人事，已抬至澤民醫院矣。又有一四師範學生毛某，額角亦被棍擊傷，其餘受輕傷微傷害者不計其數。被傷人鄔家篆昇赴澤民醫院後，一面由學生會會長代表起訴，其餘各校學生數百人皆擁立法院外之教場，籲請法院尊重輿論，主持公道。檢廳預審畢，即由樓檢察官至澤民醫院驗傷，驗畢准允被害者之請，即派法警數名往提朱如松。

官紳會商征服學生：此事既鬧到如斯地步。下午三時，由商界楊誦仁毛稼生發起召集緊急會議，洋貨業中人到者甚多。胡叔田盛省傳二君亦到，屠會長先時至道署報告情形，並請道尹蒞會。道尹不允。代表亦未派來。林府長姜知事均到，略詢情形，即至新章查勘。時學生已散，破傷學生亦早已昇赴澤民醫院，故未見一人。又電至檢廳，詢問有人來驗傷否。亦云無之。蓋其時學生會尚未起訴也。於是重蒞商會開談話會。廳長知事謂此事我等自當負維持秩序之責。至罷市問題，則須由商會設法勸導，學生方面可責成各校長管束勸阻。至毆傷情事，業已提起刑訴，自有法律解決。談話會畢，洋貨業各商續開會議，要求官廳照上海辦法出示保護商店。內有擾亂秩序者，概以匪徒論。廳長謂此事在滬係護軍使出面。你等可向鎮守使請求，按此種喪心病狂之要求。但稍明事理官廳，自當一笑置之。蓋營業固屬自由，而愛國亦非犯法，且二者相較，愛國題目終覺大得多多，世豈有無國籍之商人乎。惟據又一消息，則聞當道已經允為出示，而罷市問題則已由王懷芳分頭勸導，故至傍晚時多已開市。

甬學生查貨被毆後之援助

原載《申報》，1921 年 5 月 3 日，第 10 版

　　昨日下午二，時旅滬寧波同鄉陳良玉，方椒伯，孫梅堂等十餘人，因寧波學生會十人團代表金臻庠陳苓蓀二君來滬，特在新會所開會。先由代表金君報告，略云，前星期寧波學生會及十人團，聞有劣貨到埠，各派代表四五人前往檢查，不料各代表到埠時，見有各洋貨店夥友棧司武夫百餘人擁至，代表見情勢凶惡，遂各回校報告，而十人團常住員鄭光祖走稍後，被新章號朱如松喝令毆打，繼拘至洋貨公所，鄙人聞訊後，當即電知警察四分署，因洋貨公所附近該署。一方向檢廳口頭起訴，次日學生會知所到劣貨以新章居多，遂聚集各校學生百餘人前往檢查，既至新章，派十餘人入內，餘皆在外等候。不料新章業已預備，俟學生入門後，即行喝打，於是柴片箱板瓦片等物紛紛雨下，學生遂紛紛退讓。然受傷者已數十人。於是學生方面亦向檢察廳起訴，近聞洋貨公所已被朱如松利用，將公所公積金預備運動脫罪，今日在座諸君皆吾鄉父兄，務乞關懷桑梓，予以援助云云。次，任矜蘋代表上海十人團聯合會報告。略云，敝會自接寧波學生會十人團來電後，即開緊急會議，議決援助方法，並派孫道勝姜槐卿二君為赴甬代表，調查真相，其報告大致與金相同。其為金君所未報告者，則洋貨公所開會情形也洋貨公所曾於事前開會討論，議決每店各派夥友十人，棧司四人，並僱用腳夫二十人，且與此輩訂有條件。出發時，俱佩有圓形洋布徽章云云。當時在座之寧波同鄉，以人數太少，商由明日五時召集緊急會議，討論辦法張靜廬君主張先由各個人具名發電援助，方椒伯君贊成茲將電稿照錄如下：寧波道尹鎮守使審檢廳縣知事警察廳商會暨各團體各報館鑒。學生十人團被人聚眾毆傷，此種野蠻舉動，其風斷不可長，非查明嚴懲，不足以保治安，乞秉公主持，桑梓幸甚，陳良玉、張申之、樓恂如、李孤帆、駱懷白、何楳軒、方椒伯、孫梅堂、王雲甫、任矜蘋、王祖德、叩冬又、王儒堂君昨發一電如下，寧波王鎮守使黃道尹陳審判廳長金檢察廳長均鑒，

聞此次甬地檢查劣貨學界與商界未能一致，不幸發生衝突是非曲直，勢難掩飾，至懇持平辦理，增益人民愛國之誠，竚祈明察臨電神馳，王正廷叩冬，又救國十人團發一電如下：寧波檢廳長金鑒，報載朱如松糾眾兇毆學生十人團長案，祈按律究辦，以重國法，以平公憤。上海中華救國十人團聯合會叩冬又學生會總會發一公函如下：寧波教育會各學校教職員諸公鑒，寧波學生及十人團員，因檢查日貨橫被朱如松等聚眾兇毆，傷及數十人。本會業經電請商會洋貨公所暨檢察廳主持公道，諸公職司教育，關切尤深，務望就近據理力爭，必使朱如松等依法坐罪，慰學生之父老維公共之治安，胥惟諸公是賴，此後情形若何，並乞隨時示知，以便協助，專此敬候公安，中華民國學生聯合會總會啟五月二日。

再誌甬學生查貨被毆之援助

原載《申報》，1921 年 5 月 4 日，第 10 版

昨日（三日）下午五時，寧波旅滬同鄉會在新會所五樓召集緊急職員聯席會議由副會長陳良玉主席報告。略云，昨日（二日）本會寧波學生十人團查貨受傷事，曾開臨時會已由到會，各同鄉具名致電各官廳請究。今日本會又接寧波洋貨公所來電，聲明新章毆打學生，係抱不平當將來電宣讀。讀畢，又報告寧波王鎮守使來電，謂已飭審檢兩廳秉公究辦。報告畢，請寧波代表金臻庠君陳述經過情形，金君當將學生十人團員被毆及運動脫罪情形，詳細陳述，（詞同昨報從略）各職董聞之，俱為憤慨。鄔志豪君發言，寧波學生十人團查貨，既已得有各商店自由檢查之允許，非特熱心愛國，並且顧全法律，本會應派代表赴甬，請各官廳嚴究。次任矜蘋君發言，據金君之報告，吾人應注意朱如松運動脫罪一點，萬一朱果脫罪，學生憤不能平，則二次慘劇，必將實現，苟吾人欲免除慘劇，於派遣代表之外，應先致電各

官廳，以阻其運動之進行。次應季審君謂，洋貨公所來電，既已聲明新章係代抱不平，則朱如松糾逞兇罪，已經成立，自應懲辦，次駱懷白君亦發表同等之意見，次李徵五君發言，此次學生查貨，完全本諸良心，並贊成鄔任應駱諸君意見。當即擬具電稿，徵眾同意。此外又提議致電督軍省長，陳述真相，並致書洋貨公所會長洪復紊。眾贊成，最後遂公推張讓三會長，及俞宗周任矜蘋二君，為赴甬代表，茲將各電稿分錄如下：（一）「寧波洋貨公所來電」寧波旅滬同鄉會鑒，十人團及學生，對我橫蠻凶惡已達極點，此次新章亦出代抱不平者之所為。我幫已派代表赴滬面陳，洋貨公所江。（一）「王鎮守使來電」寧波旅滬同鄉會轉王儒堂先生良玉諸君鑒，來電敬悉，學商界因查貨衝突案，斌飭地廳兩長秉公辦理，知念特復王桂林江。（一）「同鄉會云電」寧波鎮守使道尹審檢兩廳警察廳縣知事暨各報館均鑒，報載學生會十人團，於有日因檢查劣貨，被新章經理朱如松，糾集擔夫百餘人持棍凶毆。該經理又復揚言擊斃一人，賞洋六十元卒致受重傷者七八人，傷者數十人，且復四出運動，希圖脫罪等語，復經該會等代表，來滬報告前情且聲明吾寧學生等，檢查劣貨，早已得各商號同意，蓋有圖章，原為熱忱愛國，本諸天良，乃該經理利慾薰心，非特反悔前言，且敢糾眾逞兇，演成慘劇，國法人情，兩不相容。敝會又據寧波洋貨公所來電，內述此次新章，亦出代抱不平者之所為等語，尤足證該經理確有犯罪行為，務懇秉公究辦，以平公憤。而保治安，同鄉幸甚，地方幸甚，寧波旅滬同鄉會叩。（一）「張靜盧電」寧波金檢察廳髭鑒甬，奸商糾眾兇毆學生，開械鬥之漸，此風若長，後患何堪。現旅滬士紳輿論憤激尚，希秉公嚴辦甬人幸甚。

重慶商學衝突起因

原載《國民公報》，1921 年 5 月 29 日

　　四川通信社云：川東學生聯合會檢查仇貨，進行頗烈。客歲重慶商界以抵制仇貨，雖應實行兩商人在申購貨多先訂約，次乃陸續交貨，成本關系，若遽以仇貨付之一炬，影響不小。繼乃調和學商兩界意見，由商學兩界，共同組織商學聯合會，各舉代表會議抵制仇貨辦法議，渝商現存有仇貨在十年五月四日以前許其銷售，但須經商學聯合會將存貨調查詳明蓋戳為記，至渝商在滬訂購之仇貨不得運回川省，已運至途中者許其就地拍賣。迄今預定期限已逾旬日，重慶商人售賣儲存者仍多，川東學生聯合會遂於五月十八日開全體會議，決議實行抵制仇貨，先從檢燒入手，並致緘商學聯合會，請速召集會議解決辦法。該會復緘，謂須於陰曆四月二十五日始能開會，其用意係欲延緩時日，使一般奸商乘機將仇貨運藏別所，暗為售銷。學生得此消息後，復於十九日會議，主張從速進行，免受商人欺騙，決由各校學生推出調查，於十九日出校，分途調查各商號仇貨。是夜由巴縣中學校開會議，決次日召集各校學生，分組進行。二十日晨八鐘，各校學生齊集聯合會，一組分赴各商號檢查，一組分赴外□檢查，「因商人欲將仇貨由船載運往別處」，拒至城門，檢查出城貨挑有無仇貨運出，是日即在臨江、千廝、朝天三門外船上檢出東洋紗數百件，在城門擋得仇貨不少。又在道門口德權恆、朝天門元吉慶、千廝門德昌義、東水門義亨昌等號清獲仇貨，如棉紗、喀呢、洋布、呢絨等頗多。俱由學生將仇貨運到總商會，經商學聯合會、商界職員認明清獲之貨，皆系仇貨，討論處置辦法。眾主即將此次仇貨盡數燒毀，次由學生將貨送至東水門外河壩及城內打槍壩、夫子池三處焚毀，焚燒仇貨之價格約值數萬元。是日午後各校童子軍亦整隊出校，軍警當派人尾隨維持秩序，恐商學兩界發生邃烈之衝突，至學生到各商號及在街面遊行，秩序井然，直至夜九時，遊行及監視燒毀仇貨之學生尚多，未回學校。是晚十鐘，東川道道尹葉茂林由電話請各校教職員及學生代表在道署會議，結果由葉茂林請各校教職員及學生代表征求全體學生意見，擬定以後處置仇貨辦法，至學商兩界感情則設法調和。現在學生聯合會已決定本月二十

一號開幹事會籌商一切，然後再召集大會討論辦法。同時，商學聯合會亦開會議研究處置辦法，未焚燒之仇貨辦法。又聞學生方面，決定此後竭力整頓童子軍以謀自衛云。

四川學生排貨之堅久

原載《民國日報》，1921 年 5 月 31 日，第 2 張第 6 版。

▲ 焚燒仇貨數萬元

川東學生聯合會，檢察仇貨，進行頗烈。客歲重慶商界，以抵制仇貨，雖應實行。而商人在申購貨，多先訂約，須乃陸續交貨，成本關係。若□以仇貨付之一炬，影響不小。繼乃調和學商兩界意見，由商學兩界共同組織商學聯合會，各舉代表。在十年五月四日以前，許其售銷，須經商學聯合會將存貨調查詳明，蓋戳為記。至渝商存滬訂購之仇貨，不得運回四川。

已運至途中者，許其就地拍賣。迄今預定期限，已逾旬日，重慶商人售賣儲存者仍多。川東學生聯合會，遂於五月十八日，開全體會議。決議實行抵制仇貨，先從檢燒入手。並致函商學聯合會，請速召集會議解決辦法。該會復函謂須於陰曆四月二十五日。始能開會，其用意係欲延緩時日，使一般奸商乘機將仇貨運至別所，暗為售銷。學生得此消息後復於十九日會議，主張從速進行，免受商人欺騙，決由各學校學生推出調查。於十九日出校分途調查各商號仇貨，是夜由巴縣中學校開會議。決次日召集各校學生，分組進行。二十日晨八鐘，各校學生齊集聯合會。一組分赴各商號檢查，一組分途赴城外檢查，（因商人欲將仇貨載運往別處）一組至城門檢查出城貨挑。有無仇貨運出，是日即在臨，千廝朝天三門外船上，檢出東洋紗數百件，在城門擋仇貨不少。又在道門口德和恒朝天門元吉慶千廝門德昌東水門義亨昌等號，查獲仇貨，火棉紗喀嘰洋布呢絨等頗多。俱由學生將仇貨運到總商會，經商學聯合會商界職員，鑒明查獲之貨，皆係仇貨。討論處置辦法，眾主即將此次仇貨盡數燒毀。次由學生將貨運至東水門外河壩，及城內打槍壩夫子池三處焚毀。焚燒仇貨之價格，約值數萬元。是日午後，各校童子軍亦整隊出校，軍警當派人尾隨，維持秩序。恐商學兩界，發生劇烈之衝突，至學生到各商號及在街面遊行秩序井然。直至夜九時，遊行及監視燒毀仇貨之學生，尚多未回學校。是晚十鐘，東川道道尹葉茂林，由電話請各校教職員及學生代表。在道署會議，結果由葉茂林請各校教職員及學生代表，徵求全體學生意見，擬定以後處置仇貨辦法。至學商兩界感情，則設法調和。現在學生聯合會，已決定本日(二十一號) 開幹事會籌商一切，然後再召集大會，討論辦法。同日商學聯合會，亦開會議，研究處置未焚燒之仇貨辦法。又聞學生方面，決定此後竭力整頓童子軍，以謀自衛云。

重慶學商之大衝突

原載《申報》，1921年6月2日，第7版。

　　重慶學生，五月二十日，因檢貨引起商人之惡感。二十一日，商學聯合會會長趙賢生，邀集學生代表，在重慶總商會開商學聯合會，討論辦法。不料正在議事之際，突由某某等號預僱之流氓多人，四出閉門，將學生圍毆，當傷學生代表六七人，拉去四人，學生團代表數十人，奮勇抵禦，拿獲商人四人，交城防司令部看管。拉去之學生代表，由警察廳長與川東道署教育科長負責，飭商人放回。受傷代表醫藥，由肇事商人付償。如發生侮辱喪命等事，惟該商號是問。日貨完全焚毀，各學生始允可散去。詎江北中學學生，行至狀元橋，又被商人預買之力夫多人，迎頭攔擊。學生受重傷者頗多，並圍去十餘人，力夫被獲一名，仍交城防司令部，受傷學生送往醫院調治。城外學生，夜宿於川東師範學校。是日江北中學學生袁成松，江北小學學生張書、潘正元，學生聯合會長劉實秋等受傷最重，潘尤危險，巴縣小學生董沛泰，達育學校王正德，聯合中學校徐國卿程積中等受傷較，輕其餘受輕傷者，尚有三十餘人。巴縣中學劉星斗潘芳徽楊之軒，巴縣小學劉濤黃開秩彭應昌，師範傳習所胡陳哲等八人，失蹤未有着。落晚十鐘學商代表在川東道署會議，無結果。二十二日晨，道署總務科長，至川東師範學校，與教職各員會商，並約該校學生及留宿該校學生四百餘人開會。會畢，因學生尚有一部在巴縣中學集合，又至該校開會。兩處學生，俱主先懲辦禍首結果決定要求當局，擔保現時危險，取締被收買之力夫，逮捕五家肇事商店主人胡政宣、陳宣三、黃老板、劉國光、陳被康五人，交由法庭懲辦，並查封該商店。是晚學生聯合會，又在巴縣中學集議決定要求官廳條件如下：（一）懲辦已經查出之主動者及力夫。（二）對於打死打傷之學生應如何解決。（三）捕拿商學聯合會正會長。（四）以後不許再行發現日貨。（甲）各商號之日貨，若與商學聯合會所存貨物底冊符合者，許其照常出售，並由川東學生聯合會蓋章方能發賣。（乙）各校組織檢查隊按月檢查，務在絕清來源。（丙）此次商學衝突以後，若學生查發商人不得恃眾毆打學生及他種無理對付。（丁）凡已至日貨，限陽曆某月售完，未至之貨，則令其就地出售。（五）

懲辦二十一日所交之商人。(六)懲辦以後購買日貨之商人。(七)學生以後若有他種應辦之事,各官廳當負嚴重保護之責。二十三日,重慶各校教職員,復在巴縣圖書館開會,商議維持辦法。到教職員六十餘人,開會結果,決定由勸學所教育會,教職員聯合會推舉代表,向官廳質問並分兩層辦理:(一)現有各校教職員,每校各舉一代表向官廳質問。(二)質問後結果如何,再開會解決。當由眾推定代表二十四人,並擬向官廳質問三條:(一)當日行兇力夫,糾聚至數百人,即在城防司令部門首,何以事前並未覺察嚴重干涉。(二)學生傷害如此重大,當場擒獲之商人力夫數名,何以不即審訊,嚴辦主使,乃事隔三日仍無辦法。(三)既由學生全體控告主使人犯,要求逮捕,縱謂尚無確據,但既有原告指名具控,已構成重大刑事嫌疑罪犯,官廳何以並不逮捕。議決後,即在川東師範學校齊集,向城防司令部質問。又聞各校學生以此次學商衝突,本係少數商人所激成,與一般公正商人無涉。擬組織一講演隊,以巴縣第二女師校學生擔任,沿街講演,勸一般商人勿受愚弄,並說明此次查貨係履行舊有條約,非故與商人為難,又請軍隊同行,以免發生意外之事。二十三日午,十二鐘。各校學生,又由川東師範學校整隊至城防司令部,請求逮捕禍首。因城防司令未在部,改至道署,道尹謂刑事罪犯之逮捕與處分。係法庭權限,應向法庭起訴。各校學生復至城防司令部請願,結果答以所獲商人力,夫須依法移送檢廳懲辦。學生謂商人力夫,不但毆傷學生,且擾亂秩序,以城防權限論,亦應治以相當之罪。城防司令部方面又謂尚須會議,學生遂各散去。各校學生又於二十四日開會,籌商辦法。並由學生聯合會通電各方,請主張公道。電云,本會遵商學聯合會雙方簽定抵貨公約,於五月二十號,在德和恒源吉慶,檢出日貨多件,當眾認明遵約焚毀少許,餘候開會解決。次日在商會討論辦法之際,本會代表僅十餘人,突被該商串通私買日貨之裕成通天錫生德生裕等號,集眾數百人圍攻,多帶重傷。各校聞耗往救,殊奸商預買力夫千餘,沿街截擊,命在旦夕者二人,重傷者三十餘人,失蹤致生死不明者十餘人。迫急泣懇主張公道云云,聞各校學生對於此事主張若不得圓滿解決即實行示威運動。

國民對日外交大會開會紀

原載《申報》，1923 年 4 月 21 日，第 14 版。

前（星期四）晚八時，國民對日外交大會開會。到者九十餘人，公推徐謙主席報告上次會議情形及本日應議事項。（一）前次保留經濟絕交計劃，第四項處分私運及私賣日貨商之辦法，經原起草員自行修正文曰：「一經檢查確實後，宣佈其姓名商號於各報與眾共棄。」當有某君提議於各報下加「及公共場所」五字。眾贊同。即日，將全計劃用宣言發佈。（二）推定各股職員總幹事陳維新，總務股主任倪無我，副鄧嘉縉。文書股主任潘震亞，副徐翰臣。會計股主任沈儀彬，副黃宗漢。交際股主任吳志青，副焦心如。宣傳股主任余翼文，副余瘦鶴。調查股主任汪醒齋，副陳國樑。庶務股主任沈華龍，副厲莊甫。（三）委員被推主任者八人，公決不能兼職，另補推鄒鴻奎、嚴魁、徐畏三、王仲年、胡佩如、張翼成、張占剛、周福順等補充之。（四）幹事部辦事時間，定於每日後六時至八時。（五）辦事地點，暫在愛多亞路一二九八號。（六）委員會仍定星期一四午後八時開常會云。

對日運動之昨訊

原載《申報》，1923 年 4 月 22 日，第 13 版

商總聯會上海各路商界總聯合會（江西路六十號），昨日開會。議決對日經濟絕交之案件數種：（一）莊煜珍來函提議於信封上加蓋「經濟絕交·萬眾一心」、「否認二十一條」、「收回旅大主權」、「提倡國貨」、「抵制劣貨」等字句，以利宣傳議決由總會通告各分會舖戶照辦。（二）屠恒峯君提議於店號所用之發票莊票及一切票據上亦刊印「抵制劣貨以雪國恥」等字樣，議決亦由總會通告各分會轉請各店舖照行。（三）徵求熱心人，組織一宣傳對日經濟絕交同志團廣為鼓吹。（四）推選張滇叔君為赴湖南特派員，梁百祥為蘇州特派員，與商會及各團體接洽對日外交務作一致進行云。

眾和社法租界煙兌同業眾和社昨日（星期六）午後，假法租界商聯會開常會，到者三十餘人。由會長主席報告派順大連灣日本藉口，二十一條拒絕吾國通牒不肯交還，各團體均一致力爭，對彼經濟絕交，本社應否如何表示。各會員討論之下僉云已進之劣貨俟銷售罄盡為止，以後決不再進眾以為然，繼將同行價目單略有增減議畢遂即散會。

賬員公會　本埠賬員公會，近加入市民大會。昨為抵制省貨事發出意見書特錄如下：

　　竊自抵制聲浪喧騰遐邇，內地各埠均巳次第實行著有成效，本埠繫中外觀瞻，而貴會又為總滙機關，而關於調查檢驗各手續尚未有具體方法，可期進行無阻者此何故。歎緣滬上商業中心，在於租界奸商狡僧恃為淵藪檢查時，稍有齟齬動易發生交涉窒礙既多執行。即不易為力敝會以扼要之圖莫如各方面自行設法，取締與同志會相輔而行，或可較易收效。請各公團自動召集全體一致宣誓嗣後不再販賣或購用日貨。同人中如查陽示附和陰行破壞者，認為全體中之敗類，將其事跡罪狀揭諸報端宣告除名。無論同鄉會、同業公會、以及各學校、各工廠、行號均不得再有此人名籍，並取消其固有之權利，不復齒於人類，使其於社會上無插身地位，庶令貪利忘國之流知所忌憚，抵制前途，不無稍補，是否有當敬希大會諸公提出公決施行云云。

皖省五四紀念之運動

原載《申報》，1923 年 5 月 8 日，第 10 版

　　本年五四運動紀念日，正對日外交風雲緊急，安慶學生外交後援會遂於是日請第一中學校長方豪訓育主任劉寒，初一師教員熊蘿飛諸人，在省教育會講演，藉以喚醒國人注意。下午一時，到會聽講者男女學生最多，其餘各界人士亦復不少，會場中坐為之滿，搖鈴開會，後因方豪未到，首由劉寒初登台演說，略謂對日外交運動我國民應取兩種手段。一為消極的，一為積極的。消極的，即為經濟絕交。積極的則務必將日人之向來政策根本打消，國人須要堅持到底云云。繼由熊君演說。熊係親與北京五四之役所說，皆係當日情形，極為詳盡。說畢，方豪到場，眾請方演說方，乃登台演說，首為五四運動之經過，及現在國人之對日運動應採取何種方法，復說明日本領土之面積，工廠之數目，勞工職工之多寡及糧食輸入，製造品輸出之量數等等，亦甚詳細。五時許始散會。又聞四日上午，聖保羅學校因紀念放假，乃商明教職員整隊出外遊行講演。手持對日經濟絕交運動之白旗，一路講演至四牌樓西街，向東新洋貨號，忠告勿賣日貨。該店主置之不理，學生大怒，遂將該號架上陳列各種日貨搗毀多件，登時觀者如堵，學生等恐擾亂秩序即退。向他家講演不一時，警署派長警前往彈壓，並調查該號損失，據稱打毀玻璃四塊，磁碗十餘個，該號亦自認晦氣而罷。

　　此外，商界方面對於檢查日貨，亦在積極進行，業已會同學生方面組織檢查，所仍設立於大南門迎賓館。學生檢查員係由中等以上男女學生擔任，每日分晝夜兩班每班，以二十人為限，佩帶徽章，實行檢查，商會之檢查員係由該會調查股擔任，亦已着手辦理。日前曾派社刊經理胡祝如，赴滬與報關行有所接洽，現胡已回皖，據說已接洽妥，協手續亦甚完備。按此次檢貨純由商界自動自必能認真辦理矣。

杭垣國恥紀念日之大遊行

原載《申報》，1923年5月10日，第10版。

◎杭垣國恥紀念日之大遊行

浙江國民外交大會及杭州學生聯合會五月九日上午八時，召集各界舉行經濟絕交大遊行，先在運動場集合，各學校團體到者為工專、醫專、法專、美專、英專、一師、一中、女師體育、體師、女職、安定、宗文、甲農、甲蠶、杭中、之江、中醫、一師附小、一師義務夜校、女師附小、惠興、三高、四高、五高等男女中小六十餘校，及省教育會、省議會、省農會、總商會、律師公會、司法協會、青年會、印刷工會、進德會、錢業青年勵志團、公眾運動場、中華書局、青年進德會、精益眼鏡公司、群社、及各報館等四十餘團體，連同市民加入約有一萬數千人，先由陳國楨報告，今日為經濟絕交大遊行，自應萬眾努力，以達到救國目的，次由中等以上學生聯合會評議長羅霞天說明今日經濟絕交大遊行之用意及目的，並由馮晉楚韋鐮韋沈崧女士謝雲英女士唐庸表女士等先後演講五九痛史，次由邵季昂報告路徑，於上午九點一

浙江國民外交大會，及杭州學生聯合會，五月九日上午八時，召集各界舉行經濟絕交大遊行。先在運動場集合，各學校團體到者為工專、醫專、法專、美專、英專、一師、一中、女師體育、體師、女職、安定、宗文、甲農、甲蠶、杭中、之江、中醫、一師附小、一師義務夜校、女師附小、惠興、三高、四高、五高等男女中小六十餘校。及省教育會、省議會、省農會、總商會、律師公會、司法協會、青年會、印刷工會、進德會、錢業青年勵志團、公眾運動場、中華書局、青年進德會、精益眼鏡公司、群社、及各報館等四十餘團體，連同市民加入，約有一萬數千人。先由陳國楨報告，今日為經濟絕交大遊行，自應萬眾努力，以達到救國目的。次由中等以上學生聯合會評議長羅霞天說明今日經濟絕交大遊行之用意及目的，並由馮晉楚韋鐮韋沈崧女士，謝雲英女士，唐庸表女士等先後演講五九痛史。次由邵季昂報告路徑，

於上午九點一刻整隊出發。遊行沿途由樓兆蠡、羅霞天、李俊夫、陳國楨、李世恒、胡春桐、馮晉楚、黃昌朝、黃百新等負責照料一切，其秩序係由學生聯合會協同安定童子軍維持，甚為整肅遊行。時係女學生小學生在前，男學生及市民在後，自湖濱路至石塔兒頭日本領事館前，繞道法院街，過眾安橋出弼教坊至三元坊，太平坊，保佑坊清，河坊繞道從梅花碑，至新宮橋薦橋路經章家橋，達城站乃散時已二句鐘矣。方遊行時沿途分發傳單，並大呼抵制日貨經濟絕交，還我旅大，否認二十一條等警句。各人手執旗幟，大書務雪國恥，堅持到底，否認密約抵制日貨等字樣。是日商界方面，原擬休業唯以此次尚非其時遂商。准外交大會及學生聯合會懸旗及張貼種種警醒字句，及至大隊行抵城站。該處日貨廣告木牌林立，且極堅固巨大，遂由學生聯合會協同安定童子軍一律毀除，斧鋸交施，所有附近一帶日貨廣告牌毀除殆，盡群眾大呼抵制日貨並責成學生聯合會協同各校童子軍另日分途，將所有日貨廣告務必毀除淨盡以示決心。上午七時，學生聯合會及安定暨青年會等團體，並先各舉行誓雪國恥會，而中華書局、商務印書館、王順興等等商店仍自停業，並聞學生聯合會業已決定五月十五日起，實行分赴車站輪埠河口搜查日貨，至搜獲或封存或焚毀或分給貧苦人，則尚須召集各團體共同商榷也。

對日市民大會緊急會議紀

原載《申報》，1923 年 5 月 21 日，第 14 版。

　　上海市民對日外交大會執行委員會，十九日晚召集緊急會議，討論抵制日紗等案。到二十八團體委員三十五人，旁聽團體代表四人，紗廠聯合會出席代表一人。八時開會，公推任矜蘋主席，首報告各處來函六件：（一）上海總商會催編調查錄及商標案。（二）全國各界聯合會加推代表翁吉雲案。（三）西書業推派周生發劉有容為代表案。（四）其他關於查詢日貨之公函二件。次各股主任報告辦理各事，交際委員報告接洽各業領袖及紗廠同業等情形。報告畢，即討論上屆保留之國際聯盟會議推派國民代表案。先由原提案人說明理由，討論頗久，議決准派代表赴會宣傳並向國際法庭控訴，其人選及經費等問題，會同總商會及其他各相當公團，合力籌商進行，並委託出席總商會臨時代表四人，提出席臨時動，議次討論上次保留之調查日貨辦法三種：議決，付下屆繼續討論，末請紗廠聯合會出席代表張君陳述意見云。聯合會因接到公函，為時已遲，故不及開會推派正式代表，茲鄙人所欲與在會諸君告者，即中國紗廠界因原料及技術等種種關係，紡成之紗，大都以粗紗居多，細紗椗子既少。出品尤寡是以用戶不得已而多購用日紗，即就粗紗言，就目前各紗廠椗子數計算，出品亦萬不足以供全國人民之需。要其中缺額，亦多仰求於外紗，故言之實極痛心。惟近來各華商紗廠，亦多能力求進步，如溥益鴻裕各紗廠，均以能紡三十二支等細紗。民生、厚生、德大等。亦均有細紗出品，故雖未能守全抵制，尚足挽回一二。自對日運動發生後，各地用戶多能憑良心犧牲一切，停購日紗，各華商紗廠亦多能應時勢之需要，勉求進步，惟用戶與紗廠向係間接交易。故用戶對於中國紗有若何之意見，紗廠方面不能知其詳細，深望市民會能詳細分工考察，指教一切，各紗廠俾得精益求精，總之絕交救國。人同此心，惟欲謀抵制，必先提倡國貨。紗廠界謹當追隨諸君子之後，共盡責任。其他詳細商榷，當另日會談云云。述畢，由主席申謝並自由談話，十一時散會。預定下星期三（二十三）晚再行召集會議討論云。（附調查日貨辦法草案三條）（一）調查到日貨，須先通知原有

商號前來證明。自認日貨，即將此貨保留封存，俟日本自認二十一條無效，將旅大交還後，再將原貨交還。（二）調查到日貨，若該商號不認為日貨時，亦請該號出證明書再請公正日貨專家驗看，如驗確為日貨即行將此貨焚燒，再議罰則。（三）調查到日貨，驗明非日貨，速送還原有人並聲明道歉。

（附該會為籌商派代表赴歐宣傳　致總商會省教育會函）

> 敬啟者，日本挾無效之二十一條，悍不交還旅大。明知為國際法律及世界公理所不容，乃攜其檔案派遣石井子爵赴日內瓦國際聯盟會，以備我國於開會日提交二案時，抵制之用，據此益明日本政策對我國則為侵略，對列強則為狐媚。攘諸東而丐諸西，此次石井赴歐，又將顯其誘惑手段。本會為國家前途計，勢不容坐視，而迴顧政府，危巢猶爭，對於外患日殷，尚未絲毫慮及，仝人等為此於十九日特開緊急會，議公決由各地國民推派代表赴歐宣傳，將日本違法無理之情形，訴諸列強，以憑公論，而杜陰謀，惟茲事體大，而又時期匆促，本會同人識力未宏，雖有主張未敢擅決，相應函請貴會對於選舉代表問題迅予共商，佇候賜覆，臨函不勝盼禱之至云。

五四與安徽學生運動 [李雲鶴 翟宗文 李仲賓]

原載《安徽史學通訊》，1957年，第1期（創刊號），節錄。

　　抵制日貨，是當時全國學生們的一致要求。這個運動要想取得顯著的成績，必須聯合各界共同行動才行，這首先是需要得到商界的擁護，而商界的行動又取決於商會，只要商會在決心抵制日貨的決議上簽了字，馬上就能開始行動。可是蕪湖商會會長湯善福拒絕簽字，從內心裏不贊成「抵制日貨運動」。其主要原因，是由於市面上日貨充斥，商人們完全借此混大利，如果一旦贊成抵制日貨，首先就要檢查日貨，焚毀所存日貨與禁止日貨進口。必然也就無生意可做了。這樣一來，就要影響商人們（實際上就是商會中許多把頭的）當前的經濟利益和他們以後的長期收入。因此商會會長湯善福、董事陶玉堂等便代表一些不法資本家的利益，首先拒絕簽字。

　　五月十日蕪湖商會全體董事正在為如何拒絕抵制日貨在商會舉行全體董事會議。這個消息被當時由街上走過的學生會長翟宗文及學生代表呂友簏聽到了，他們兩人覺得大好時機已經到來，必須抓緊它，便及時打電話給各校，要學生會馬上把大隊開來包圍商會，以便迫使商會在這個決定上簽字，否則即以武力進行威脅。不到兩小時，各校開來男女學生一千多人，學生大隊緊緊地把這個商會包圍得水洩不通。王持華、翟宗文等立即進入會場與他們談判，他們還是堅決不答應。當進入會場的代表們要求參加正在舉行的會議時，他們便脅持準備參加開會的學生代表們先在簽到簿上簽到。當時，學生代表們深怕這些傢伙會耍什麼鬼花樣，起初感到簽名不夠妥當，但是為求能夠參加開會，了解會議的動向，於是也就毫不猶豫地在簽到簿上寫下自己的名字。

　　在這個會議上，學生代表們所提出的有關抵制日貨的問題，仍然沒有得到解決，以致引起全體學生的憤怒，終於在商會裏大打出手，首先拆了商會的電話，後來又把商會辦公室內的家具打得一塌糊塗，有些東西簡直被砸得稀爛。二女師學生楊儀貞抱起茶壺打破了商會會長湯善福以及董事陶玉堂的頭。

軍閥們聽到這些情況，便立即派了一個營長帶了二三百個士兵荷槍實彈，前來彈壓。翟在這樣情況下，及時地把學生的隊伍整頓了一下，把二女師學生及小學生排在門口，要他們在反動軍閥的軍隊進行干涉時，就放聲大哭，高呼愛國口號，向他們宣傳抵制日貨的意義，激發他們的良心，讓他們也能夠仇視日本。前來彈壓這個運動的軍警，雖然沒有及時地因此回心轉意，但對這些手無寸鐵的女學生和小學生，還是奈何不得。

　　此時，湯善福在廣大學生以及社會正確輿論的壓力下，終於被迫在抵制日貨令上簽了字。

　　但是，後來由於同商人們一鼻孔出氣的軍警，大力保護日貨源源不絕的進口，抵制日貨的具體工作，仍然不能順利地進行。

　　後來，當王持華、翟宗文等率領學生離開商會以後，監察廳遂派檢察長前來檢驗，按照商會這次開會的簽到簿，查出了為首「鬧事」的學生代表，出票傳訊，但結果誰也沒有聽他的這一套。

四、學風轉變

引　言

　　在第二部分〈學潮爆發〉中，本書列舉了「五四」以後全國各地學潮爆發的情況。這一部分將通過選取一些論及學潮爆發期間有關學風轉變的社論文章，指出「五四」之後見於學潮擴散過程中出現的學風問題。

　　譬如從前輩政學要人梁啟超、五四精神領袖蔡元培乃至五四運動學生領袖羅家倫等等，便紛紛指出五四運動爆發後學生風氣發生轉變乃至變調的問題。梁啟超在五四運動一周年紀念時，撰文敦促學生不要再沉醉於曠日持久的學生運動。他希望學生們在政治抗爭後要以文化運動爲追求目標。其言曰：「吾以爲今後若願保持增長『五四』之價值，宜以文化運動為主而以政治運動為輔……」[1] 北京大學校長蔡元培指出學生不能夠再長年累月地忘情於救國運動，乃應緊記學生的讀書求學本份、積累知識以實踐長遠的救國目標，故有「救國不忘讀書」的名言提出。同時，他也勸導學生「萬不可再用學生名義，尤不可再以學校為集會之機關」，他希望能夠維持學校成為大家安靜求學的地方，不要把複雜的政治問題帶進校園裏。[2] 羅家倫以運動參與者的身份，不忘指出學生運動在六月三日以後出現了精神上的變調。六三運動裏，工人階層大規模參與罷工、示威，藉此聲援學生、

1　〈「五四紀念日」感言〉，《晨報》，1920年5月4日，第7版。
2　〈蔡元培辭去校長之真因〉，《晨報》，1919年5月13日。

營救學生，工學結合的聲勢浩大的社會運動一方面震懾了北洋政府執政當局，同時也因為運動的勝利而使學生運動因為政黨政治介入，也因為勞工階層乃至全民參與的擴大化而開始出現了目標方向上的迷失狀態。

　　要之，本部分將要展示的就是學生在嘗試到迫使政府低頭的成功感與滿足感後——也在感受到權力的滋味後，勝利的光環影響了他們的判斷，「學生萬能」的心態使他們更加看重了「讀書不忘救國」的救國行動，反而不再顧及學生身份的喪失和越來越勢孤力弱的困境。他們層出不窮的干政救國方案，把拳頭不僅伸向北洋政府，也伸向學校當局與教育界；不但與賣國賊鬥，隨後很快也與商人、工人階層展開長時間的爭鬥。[3]

3　李達嘉：〈罪與罰——五四抵制日貨運動中學生對商人的強制行為〉，《新史學》14卷2期，頁43–110。

「五四運動」的精神 [羅家倫]

原載《每週評論》，1919年5月26日，第23號，第1版

什麼叫做「五四運動」呢？

　　民國八年五月四日北京學生幾千人因山東問題失敗在政府高壓的底下，居然列隊示威，作正當民意的表示。這是中國學生的創舉，是中國教育界的創舉，也是中國國民的創舉。大家不可忘了！列隊示威，在外國是常有的事，何以我們要把他看得大驚小怪呢？

　　不知這次運動裏有三種真精神，可以關係中國民族的存亡。

第一，這次運動，是學生犧牲的精神。從前我們中國的學生，口裏法螺破天，筆下天花亂墜，到了實行的時候，一個個縮頭縮頸。比起俄國、朝鮮的學生來，真是慚愧死人哩！惟有這次一班青年學生，奮空拳，揚白手，和黑暗勢力相鬥，傷的也有，被捕的也有，因傷而憤死的也有，因賣國賊未盡除而急瘋的也有。這樣的犧牲精神不磨滅，真是再造中國的元素。

　　第二，這次運動，是社會裁制的精神。當這個亂昏昏的中國，法律既無效力，政治又復黑暗，一班賣國賊，宅門口站滿了衛兵，出來坐着飛也似的汽車，車旁邊也站着衛兵。市民見了，敢怒而不敢言，反覺得他們有神聖不可侵犯的樣子。他們也未始不微微笑道：「誰敢動我！」那知道一被手底無情的學生，把那在逃的嚇得如喪家之犬，被捉的打得發昏之十一章。他們那時候才知道社會裁制的利〔厲〕害！這次學生雖然沒有把他們一個一個的打死，但是把他們在社會上的偶像打破了！以後的社會裁制，更要多哩！我敢正式告我國民道：在這無法律政治可言的時候，要想中國有轉機，非實行社會裁制不可！

　　第三，這次運動，是民族自決的精神。無論什麼民族，都是不能壓制的。可憐我們中國人，外受強國的壓制，內受暴力的壓制，已經奄奄無生氣了。當這解放時代不能自決，還待何時？難道中國人連朝鮮、印度人都不及嗎？這次學生不問政府直接向公使團表示，是中國民族對於自決第一聲。不求政府直接懲辦賣國賊，是對內自決的第一聲。這次運動是二重保險的民族自決運動。

　　總觀以上的理由，我也不用多說了。只是高呼道：

學生犧牲的精神萬歲！
社會裁制的精神萬歲！
民族自決的精神萬歲！

一年來我們學生運動底成功失敗和將來應取的方針

窮則變—變則通—通則久 ［羅家倫］

原載《晨報》，1920 年 5 月 4 日，第 2–3 版

　　無論是贊成的反對的，總不能不認「五四運動」是中華民國開國以來第一件大事。這件事為中國的政治史上添一個新改革，為中國的社會史上開一個新紀元，為中國的思想史上起一個新變化！

　　時間飛去了！「五四運動」的第一紀念日卻是匆匆而來。逢着這第一個紀念日，不但我們身與其事的人有種深刻的感想，就是一切社會上的人也都有的感想。所謂感想，當然不僅僅想到得意的事，也總會感到失意的事；就是不僅想到成功，也必定想到失敗。想到成功失敗的結果，才可以推求其所以成功失敗的原因；知道因果之所在，才可以知道何者當盡量發展，何者當竭力免除，以研究出一個將來的大計劃來！

當然講到成功，必定要說明這種運動的優點；講到失敗，也就不能不把弱點說出來。有人以為說明我們的優點，可以鼓勵大家的興趣；若是把我們的弱點也一律暴露出來，恐怕太早一點，不特大家灰心，而且使他人知道詳情，容易對待。我對於這種意見，卻是不以為然的，為我有幾種理由；第一，當局者迷，旁觀者清；我們的優點弱點，對於天天在旁窺伺我們的，早已知道清楚了。看他們的手腕，可以想見。難道還要我們瞞嗎？第二，世間最無聊的人才會專想自己的得意事——自己的好處。長此想下去，不是阻礙進化，而且是疾而諱醫。第三，我們無論什麼事都要取公開的態度。若是我們好，固然要把好的地方說出來，使大家能向着好的方面去；若是自己明知有不好的地方而要蒙頭蓋面混過去，豈不是我們自己就先成了黑暗勢力嗎？有這幾種原因，所以我良心詔我無所顧忌，把兩方面窮源溯流的說出來；有了比較，然後有所根據。可以促起大家的覺悟，以謀真正的改革。知我罪我，也就只得聽其自然了。

（一）成功的方面

「五四運動」，的確有一種大成功。這種成功卻不是拒簽德約，也不是罷曹陸章。何以故呢？因為德約雖然拒簽，而山東問題是還未見了結，曹陸章雖然罷免，而繼任曹陸章者為何人國人自能知之。所以斤斤以此為我們的成功，所見未免太小。我們的成功可以分精神實際兩方面說。

當「五四運動」最激烈的時候，大家都在高叫「愛國」「賣國」的聲浪，我就以為我們「五四運動」的真精神並不在此。當時我在二十三期的「每週評論」上（五月二十六日出版）作了一篇「五四運動的精神」，其中就聲明我們運動的價值，並不在乎「外爭國權，內除國賊」我們運動的實在價值之所託，在乎三種真精神。這三種真精神就是中國民族存亡的關鍵。現在不敢憚煩，可以把這番意思略略重述一道：

第一，這次運動，是學生犧牲的精神。從前我們中國的學生，口裏法螺破天，筆下天花亂墜；到了實行的時候，一個個縮頭縮頸。不但比俄國的學生比不上，就是比朝鮮的學生都要愧死了！惟有這次一班青年學生，奮空拳，揚白手，和黑暗相奮鬥，受傷的也有，被捕的也有，因傷而死的也有，因志願未達而急瘋的也有。這種的精神不磨滅，真是再造中國的原素！

第二，這次運動，是社會制度的精神。從歷史上看來無論那種民族，苟欲維持不蔽，則其中必有一種社會的制裁；當而政治昏亂法律無靈的時候為尤重。就請世界上的大歷史家出來，都無法否認這句話的。當今中國的政治昏亂法律無靈極了！一班蠹國殃民者，在作威作福，何曾有一點國民在眼睛裏。惟有這次運動發生，不但使他們當時纍纍若喪家之狗，並且爭後政府也不能不罷免他們。不但使他們知道社會制度的利害，並且將他們在人民心目中神聖不可侵犯的偶像，也從此打破。

第三，這次運動是民眾自決的精神。世上無論那種的民眾，都是不能長受壓制的。可憐我們中國人，外受侵略主義的壓制，內受武力主義的壓制，已經奄奄無生氣了！這次運動中大家直接向公使團及國外人類表示，是中國民眾對外自決的第一聲；不避艱險，直接問罪，是中國民眾對內自決的第一聲。所以這次運動是「二重保險的民眾自決運動」。

以上所說的不過是三種偉大的精神；精神原是動力，所以是不能不說的。至於實際方面，也有絕大的影響：

（一）思想改革的促進，新思潮的運動，在中國發□於世界大戰終了之時。當時提倡的還不過是少數的人，大多數還是莫名其妙，漠不相關。自從受了五四這個大刺激以後，大家都從睡夢中驚醒了。無論是誰，都覺從前的老法子不適用，不能不別開生面，去找新的；這種潮流佈滿於青年界。就是那許多不贊成青年運動的人，為謀應付現狀起見，也無形中不能不受影響。譬如五四以前談文學革命思想革命的不過「新青年」「新潮」「每週評論」和其他兩三個日報，而到五四以後，新出版驟然增至四百餘種之多。其中內容雖有深淺之不同，要之大家肯出來而且敢出來幹的，已經是了不得了！又如五四以前，白話文章不過是幾個談學問的人寫寫；五四以後則不但各報紙大概都用白話，即全國教育會在山西開會，也都通過以後□語為小學校的課本，現在已經一律實行採用。而其影響遠有大的，就是影響及於教育制度的本身。在五四以前的學生，大都俯首帖耳，聽機械教育的支配，而五四以後則各學校要求改革的事實，層出不窮，其中有許多採取的手段，我不能承認學生方面都是對的，要之此日的學生的確承認自己是自動的，不是被動的，是也能發對，不是僅能收的，而其主要衝突的原因，就是學生

想極力表現自己的個性，而職員偏極力去壓制他們；學生起了求知的慾望，而數員不能滿足他們的要求。平情而論，職教員固然是最大多數不的，而學生方面也不免稍稍操切，然而這種現象不能不承認為教育革命的惟一動機，五四以前那有這種蓬蓬勃勃的氣象！

（二）社會組織的增加，這也是五四以來絕大的成績。請看五四以前中國的社會可以說是一點沒有組織。從前這個學校的學生和那個學生是一點沒有聯絡的，所有的不過是無聊的校友會，部落的同鄉會；現在居然各縣各省的學生都有聯合會。從前這個學校的教職員和那個學生的教職員也一點沒有聯絡的，所有的不過是尸居餘氣的教育會，窮極無聊的懇親會；現在居然有好幾省已經組織成了許多教職員公會。從前工界是一點組織也沒有，自從五四以來有工人的地方如上海等處也添了許多「中華工業協會」「中華工會總會」「電器工界聯合會」種種機關。從前商界也是一點組織沒有；所有的商人，不過仰官僚機關的「商務總會」底鼻息，現在如天津等處的商人有「同業公會」的組織、而上海等處商人各有「馬路聯合會」的組織。「同業公會」是本行本業的商人聯合攏來的；「馬路聯合會」是由本街本路的商人聯絡攏來的，而各馬路聯絡會的制度，尤見靈活，尤易實行。譬如上海有商店的馬路共五十二條，每條馬路的商人聯合攏來，就成了五十二個馬路聯合會；再成立了一個總會。現在不能不推為上海商界最有實力的機關。而且各馬路的聯合會設了各馬路的商業夜校，教育本路的商人學徒；各馬路的聯合會設了公益機關，管理各路衛生清潔；近來於百廢俱舉之餘，並且向租界的外國人力爭到一部分市民權了。這豈不是商界惟一的覺悟嗎？所以我前次在上海的時候，有一個商人對我說：「我們商人對我說，我們前次罷市不值得；罷了七天，損失了兩千多萬，僅僅罷免了曹陸章。」我說：「先生，錯了，你們上次罷市的價值，斷不在□了曹陸章，若是你以為曹陸章果真罷免了，則請再看一看繼任他們的人再說。我們的犧牲，代價決不在此。請問沒有上次運動，你們從那裏得着許多金錢買不到的覺悟？沒有上次的運動，你們從那裏能有許多良好的組織？就其最切近的而言，沒有上次運動，你們從那裏知道市民嗎？」這位商人低頭想了一想，也不能不連聲說「是」。若是大家參看毛澤東君的「全國民眾的大聯合」一文，一定很要明白。

（三）民眾勢力的發展自從「五四運動」以來，中國民眾的勢力，不能不說是一天一天的發展。許多的束縛，從前不敢打破的，現在敢打破了；許多的要求，從前不敢提出的，現在敢提出來了。諸如此類，不勝枚舉。在當局的無論如何麻木，等到「眾怒難犯」的時候，也不能不表示退讓；在人民的方面無論如何犧牲。也總覺得至少有我們自己的位置和權力；在他國看起來，也常常覺得中國的管家婆雖庸懦可欺，而中國的主人翁自未易侮。老實說，這一年以來，世界各國對於我們的觀念，的確是改變過了，看各國報紙的通信，就可以知道他們對於我們學運動的注意。就是以日本大多數輿論，也都攻擊政府國民外交的失敗所以日本外交官芳澤謙吉到中國也要訪訪學生代表。這次代表英美法三國到中國來組織新銀行團的拉門德君，也費了許多時間，徵求中國各民眾團體的意見。老實說，現在的當局一方面要外人借款，一方面又要摧殘學生和市民，實在是最笨的事。因為現在各國的輿論，都是知道惹起中國國民的反感，是對於他們不利益的。而摧殘中國學生和市民的人，是中國國民最生反感的人。他們借款幫助中國國民最生反感的人，中國國民對於他們也就發生反感了！

綜觀以上精神上和實際上種種現象「五四運動」的成績，也就可以想見。總之五四以前的中國是氣息奄奄的靜的中國；五四以後的中國是天機活潑的動的中國。「五四運動」的功勞就在使中國「動」！

（二）失敗的方面

我寫到此地，又復躊躇了一下。我又繼續想我方才以為一個人只想到自己的成功是最無聊的事，那知道還是最危險的事。我們現在的失敗，就失敗在這裏。我更想道優點弱點是人類都有的，我們學生也是人類，當然也有優點弱點，又何必深自韜諱呢？況且與其讓人家冷嘲熱諷陰謀暗算，不如自己明明白白說出來，早自提防的好，所以我就揭開假面具說！

揭開假面具說，我們最近這次失敗，是無可諱言的，失敗是由於我們自己不明白自己的弱點，也是無可諱言的。這次全國學生聯合會總會不問時勢，不問實力，沒有籌備，便貿然議。全國罷課，是錯誤的。弄到現在上海發難的地方，工商界都不表同情，僅僅華工罷市，一日後也都恢復；再

做也難於做得下去，而各處七零八碎的罷課風潮，又將何以收拾。老實說，這實在是我們一年以來最大最後的失敗。事實已經擺出來了，自己想諱也無可曲諱。但是失敗也好，因為「失敗是成功之母」；因為有了失敗，才會去找失敗的原因，設法補救，免得下次再弄出這種的失敗來。若是失敗之後，一點也不反省，只是存了一個「非我也天也」的態度，那「失敗是成功之母」這句話也就不適用了！我現在求這次失敗的原因，可以先分學生的本身和社會的態度兩方面。

（A）**自身弱點的暴露** 凡是一件事情的失敗不能專怨他人，也要問問自己。老實說，五四以來，我們學生的優點固然是一律表現出來，但是弱點也一律暴露出來了！而最近的失敗的原因，實關係於我們最近發現的二點弱點：

（1）**萬能的觀念** 自從六三勝利以來，我們學生界有一種最流行而最危險的觀念，就是學生萬能的觀念，以為我們什麼事都可以辦，所以什麼事都要過問，什麼事都要過問，所以什麼事都問不好。而且目標不專，精力不粹，東衝西突，自己弄得精疲力盡，而敵人也得乘機而入。何況社會是有機體的，世界上決沒有萬能的人，也決沒有一種特殊萬能的社會。平心而論，以現在這樣齷齪腐敗、草味蒙塞、百孔千瘡的中國，交給誰也是辦不好的。（這決不是原諒執政者的話。總之國家全體都是不好的，則決沒有超越全體而獨立的政府，即以賢者代不肖者，而其賢不肖之間亦不過甘心賣國與不甘心賣國的分別，其辦不好終是一樣。所以這話也非執政者所能藉口以為遁飾。）假設現在把中國全部政權交給我們手裏，我們怎樣辦法。當然我們不能同他們一樣，我們的素志也當然不是同他們一樣，總是想把中國弄好來。然則請問我們自己對於全國的財政，能有什麼整理的方針；對於全國的教育，敢有什麼具體的計劃；對於全國的實業，研究出什麼通盤打算的企圖；我們自己的選舉都辦不好，有什麼妙策可以整頓全國的選舉；我們自己的評議會都往往不足法定人數而且討論不得要領，我們有什麼方法可以組織強有力的議會；……這不是我們自己有意苛求我們自己的話，我每逢一往直前、興高采烈的時候，回想起到此地來，不覺汗流浹背。所以我們自信萬能的結果，必至於萬不能。所以我從前總覺政治沒辦法，後來覺得社會沒有辦法，最後覺得我自己沒辦法。

(2) **學術的停頓**　知道一年以來的經過的，往往覺得五四時候，我們幾乎做什麼事有什麼人；到了現在，做什麼事也都沒有人。這種情形，也是諱無可諱。難道以前熱心做事的，現在都不熱心了嗎？難道以前出來的，現在厭倦了嗎？難都道除此之外就沒有人上來補充嗎？這是不盡然的。須知五四運動的所以成功，並不是一朝一夕的緣故，事前已經醞釀許久了！大家有幾年的鬱積，幾年的休息，正是躍躍欲試的時候，陡然一下暴發出來，所以智者盡其智，勇者盡其勇。現在經過一年之久，以前的儲蓄，一齊發洩盡了。加之一年以來大家的生活，都是奔走呼號，東擊西應，對於新的知識，一點不能增加進去，那裏還有再來傾倒出來的呢？所以我往往見到北京的同人，北京的同人說：「不得了，沒有功夫讀書」。見到天津的同人，天津的同人說：「腦子空」。見到上海的同人，上海的同人說：「無法想」。可見感受知識的空虛不夠應用，是各處一樣的。譬如花一樣，培養了幾年，才結一個小花蕊，現在不但不能天天灌溉，而反天天用吸水紙將他的漿質吸收去，不到幾久，這株花能不萎死嗎？所以我們若是長此下去，不但人材破產，而且大家思想一齊破產。我的朋友楊鍾健君說：「我們全國青年學業的犧牲，其總數不止一個青島！」

(3) **落於形式的窠臼**　當五四的時候，大家東謀西畫，都有一點創造的精神，而如今則一舉一動，都彷彿有一定的形式。有一件事情出來，一定要打一個電，或是發一個宣言，或是派幾個代表，而最無聊的就是一次兩次的請願，一回兩回的遊街。推其所以如此的原因，是一方面困於萬能的觀念，無論什麼事都要想有一種表示，一方面又限於思想的破產，想表示也想不出什麼表示的方法。於是於無法表示之中，想出一種無聊的表示。我以為我們此後實在不能再有這種無聊的舉動了！如果沒有良好的辦法，僅可以不表示的；若是不輕易表示，倒還可以養威目重，若是輕易表示，則不特社會習以為常，喪失我們表示的信用；而且謀害我們的人，也就可以預先可以想好方法對待。舊墨卷是不可以重抄，抄去就鬧到沒有意思。

(B) **社會態度的改變**　人是社會的動物，一舉一動都離不了社會；我們做事情所以也不能不看看社會的趨勢。這次舉動，發難的人既不知自身的弱點，而又不明以下幾種社會趨勢，所以終歸失敗，而且起社會一種反感。

（1）我們這次「五四運動」，實在成功太速，陡然把學生的地位抬得很高，而各界希望於學生的也愈大。平心而論，我們的虛名，實在過於我們的實際。而虛名過於實際，實在是最危險的事。因為社會把學生的地位抬得愈高，所以對於學生的責難也由此愈甚，因為對於學生的希望愈大，所以弄到後來失望也愈多。民國二年一班偉人元勳之所以驟失信用，也是這個道理。

（2）現在的社會也是凋敝之餘，有人心厭亂之勢。一則因為他們的思想，當然都比學生和緩，要不徹底，二則他們當喪亂之秋，有種種困難，我們也應當原諒的，平情而論，我們對於工商界終究應當有感激的心思，即以去年的罷工罷市而論，上海一隅已損失到一千餘萬，並不是為他們自己的利益，不過是激於他們對我們的同情心罷了！況且他們處於暴力之下，也同我們感受同樣的痛苦呢？所以我們現在對於工商界的態度，應當輔助他們，使他們休養生息，培養成一種自動的活動，相機而發；不然一有事去要求他們罷市罷工，則一次兩次他們還以為我們是愛國，三次四次他們就以為我們是有意向他們搗亂。

（3）五四的時候，我們還沒有十分出頭露面，獨立一幟，所以一般社會都當我們是他們中間的一部分看待，所以同情更加增多。六三以後，學生界奇軍突起，恍惚成了一個特殊的階級。而且這個特殊階級，往往什麼事都要過問，並常常站在監督和指導他們的地位，所以他們也就不能不另眼相看，我以民國成立以後民黨之所以失敗，原因也在乎此。在民國未成立以前，確乎是一部分的「民」，所以凡是「民」聽到了，都起來表同情。民國成立以後的民黨，都趾高氣揚，去做偉人元勳去了，所以社會的人看待民黨是一個離開了「民」而孤孤另另獨立的特殊階級，所以也因此失了同情，而終究不能不歸於失敗。人家以另眼看待我們，固然是尊敬我們，須知尊敬的背後，同時就有妒忌兩個字啊！

合攏以上兩大方面看起來，我們的失敗當然是由於自身弱點的暴露和社會態度的改變。而其所以迫到這兩方面都不能不「圖窮匕現」的原因，就是為我們只知道做「群眾運動」。老實說，世界上的運動很多，而群眾運動不

過是各種運動中的一部分——並不是惟一的部分。現在我們把其他的一筆抹煞，而只知道群眾運動，實在錯了！而且做群眾運動必定要知道群眾心理；在中國做群眾運動猶不能不知道中國群眾的心理。若是不明群眾心理而冒冒昧昧的發動，沒有不失敗的。我常研究何以去年六三時候的群眾運動做得起來而現在做不起來呢？說到此地，我們不可忽略了做群眾運動的三點要素：

（1）群眾是有惰性的，他們必定要認為只須一舉手一投足就能成功的事，方才肯做。各國的成例，舉不勝舉。即如去年力爭罷免曹陸章一事，他們起初也只以為只要政府下一個命令就可以辦到的；以後支持到了七天，方才罷免，是他們痛恨政府的事，也是他們「出乎意表之外」的事。

（2）群眾運動的題目要簡單，最好題目的本身、就有本身的解釋。當運動的時候，一要使人轉幾個彎去想，就立刻不能成功。辛亥的革命的所以立即成功，和大家所以肯捨身去死，也是這個道理。當時大家對革命的觀念，據我所知，實在是很簡單的；他們的公式就是「革命——革命就是趕出滿洲人——趕出滿洲人中國就會好。」大家一認定趕出滿洲人中國就會好，所以無怪一齊視死如歸了！即如去年的運動能夠起來，也是因為「除賣國賊」幾個字是本身簡單，不費解釋的；又加上歷史上秦檜嚴嵩的觀念，自然容易推行了。而「直接交涉」四字，本身就要費許多解釋，解釋多次，還不能夠明瞭，這也是此次運動的一種障礙。

（3）發動群眾運動，必定要一種極大的刺激。因為既然說到群眾運動，當然是感情的作用多，理性的作用少。而感情的作用，尤賴乎極大的刺激。老實說，上海的同人果然有心力爭外交，則「二四」的時候，失了那個機會，實在可惜。當那個時候，日本的通牒初到，津京初受了一個大的犧牲，每處受傷到千餘人，聞者孰不感動。然而當時上海的同人，獨獨不動，到現在各方面都比較平靜的時候才來發難；我對於他們的勇氣當然十分表同情，但是不免有坐失時機之嘆了！

總觀以上的三種要素，我們就可以知道群眾運動成敗的原因。群眾運動的好處就是在大家分開來想不出辦法來的時候，合攏來的思想就可以湊成一種辦法；分開來不敢做的事情，合攏來的勇氣就可以鼓勵去做。所以真

正的群眾運動，是要不但能合起來做的，並且要能合起來想的。但是中國的群眾運動只能合起來做——有時不免亂做——而不能合起來想。這是最危險的一件事！而所以構成這種危險的現象，有幾點可以特別提出來說的：

（1）群眾沒有組織，往往一哄而聚，一哄而散，是最不好的情形。而且開會的時候，沒有訓練，對於開會的規則，一點不能遵守，而且一點都不知道，如何能得一個集合的思想，生出良好的結果來呢？

（2）個人的僥倖夾在群眾裏面，實在是很不好的事。老實說，群眾運動所以不及個人運動之點，也在此地。因為個人運動的個人必須先有自己一定犧牲之決心才去做這種運動；至於群眾運動雖然不能保沒有危險，但是個人可以僥倖而免的。譬如我參與一次遊街大會，雖然也知道難免與軍警衝突，但是衝突起來首蒙其難的不見得一定是我；至於將來衝突而我適首蒙其難，也不過是我「偶爾的不幸」Accidents 罷了！我雖然不敢斷定作群眾運動的都有此心，而此心實群眾的一種背景，為心理學上不可免的事實。況且當群眾集合的時候，個人激於僥倖心而發不負責任的言論，毫不過問成事敗事與否的，多得很呢？

（3）領袖的投機，實在當今在群眾運動最危險的事。人類的奮發，多少帶虛榮心的色彩，而在群眾前面的表現為尤甚。當這個無組織無訓練的群眾之前，最危險的就是群眾的領袖不能有正當指導群眾的能力，而看見群眾稍微有一點向那方面轉動，就立刻見風駛篷，博一時的拍掌。況且當群眾運動的時候，愈是「似是而非」的話，愈有效力。而其結果，往往鬧到不可收拾為止。至於群眾的領袖聚攏來開會的時候，不問時機，不問環境，不問籌備，而只是想由自己轟轟烈烈生出一點事來，以博得群眾一時的歡心，而不孤負自己這番會議。這也是一樣的投機，其結果亦至於不可收拾。

總觀起來，群眾運動雖然許多優點，也有許多弊端，而在未成熟的群眾運動為尤甚。所以群眾運動決不是我惟一的方法，我們不能不改變方針了！

唉！我談了許久群眾運動，其實我們那裏真配說群眾運動。請問北京除了我們兩三萬較有組織的學生而外，其餘那裏有一個群眾？唉！做群眾運動也得先有群眾啦！

（三）將來應取的方針

據以上成功失敗兩方面看起來，我們是決不能不變更舊的法子，而採取一種新的方針。因為照照舊文章做去，不但重演幾次目前的敗失；而且據我觀察，我們現在的舉動，實在已經喪失了一定的目標，頭痛醫頭，腳痛醫腳，東摸一下，西碰一下，沒有計劃，只謀應付，彷彿一個船在大海，失了指南針一樣，其結果必致全舟盡覆，根本破產而後已！所以我們以後若是要完全停止活動，那我們也不必多說——但是這是做不到的事，因為人類的天性是動的，無論如何，總是要找點動作——若是還要活動，則不能不有一個具體的大計劃，只是瞎碰是沒有用的了！譬如造大房子一樣，必須由工程師先把全體圖樣打好，然後一步一步造去，才能成一個預定的房子！不然東拼一塊，西湊一塊，和鬥「七巧板」一樣，恐怕這房子造了一百年也不能成功。杜威先生常常說人類種種不經濟的犧牲，和舊文明的所以失敗。就是由於他們不能用科學的方法，試驗的態度，去求出一種具體的計劃來，而只是東碰西碰，暗中摸索，其結果遂至於不可收拾，阻礙進化。我們痛定思痛之餘，瞻顧將來，那能再蹈以前的覆轍？

我們將來最大的計劃，想來想去，就只「社會運動」和「文化運動」兩種。至於現在這種運動，當然也可以說是包括在內的。

（A）社會運動　人是社會的動物，而社會又是有機體的，不消滅的，所以我們最切要的運動，當能首先就是社會運動。社會運動之中，又可分成兩部分：

（1）群眾的　我方才說我們名為做群眾運動而沒有群眾，實在是很痛心的一句話。不但我一個人作這個感想，就是現在所有的學生，那個不覺得商人不同我們表同情，工人不來幫助我們，農民不來同我們攜手……鬧來鬧去，什麼「愛國」「救國」的責任，還是我們學生一界擔負嗎？但是感覺到此地我們也應該回心想想，究竟還是商人工人農人不知道來同我們表同情，來給我們幫助，來和我們攜手呢？還是他們不願意來同我們表同情，來給我們幫助，來和我們攜手呢？孫中山先生唱「知難行易」的話，有許多人不相信，我以為此中很有一部分未經前人發現的真理。為就個人而論，

固然是有許多事是「知易行難」而就社會全體而論，的確有許多事是「知難行易」。然則他們所以不同我們表同情，不給我們幫助，不和我們攜手的緣故，並不是他們不願，仍然是他們不知。然則何以使他們化不知以為知呢？

使他們化不知以為知，而且要他們知道之後，能表同情，能給幫助，能來攜手，這就叫做「養成群眾」。「養成群眾」是做群眾運動的開宗明義的第一章。而所以養成群眾的秘訣，只有一個具體的概念，就是！

「養猴子的人，必須自己變成猴子。」

有人說我們懂得勞動問題，我聽了不覺失笑。我想我雖然到過多少地方，看過多少工廠，但是想問勞動者三句真正的話都問不出來。為什麼呢？因為我們穿的不是勞動者衣服，吃的不是勞動的飯，住的不是勞動者的社會，說的不是勞動者的話……所以勞動者看見我們不是勞動者，不過是穿長衫的「先生」。他們既然認為同他們沒有關係，不是同他們的同類，所以無怪連三句真話都不肯說了；聽說前次有一位北大的同學到長辛店去演講，問一個工人的生活，豐富不豐富，弄到那個工人瞠目結舌，駭而疾走。這又何怪具然呢？所以真正能養猴子的人，必須身上蒙上猴子的皮，這些猴子才會相信他。

但是要達到這種具體的觀念，必定要有兩種具體的手續：一是做專門宣傳的事業，二是解決平民的生計問題。

(a)做專門宣傳的事業，實在是萬不可少的程序。照起中國古禮來，本有「來學」「往教」兩種。但是因為生計的關係，時間的關係，交通的關係；總是有暇「來學」的少，而仰仗「往教」的多。若是孔子不周遊列國，也決沒有弟子三千人；若是託爾斯泰不做這番苦功夫，他的學說也決不能傳播得這樣快。我們有志於群眾的青年啊！我們也不要怨誰，也不要恨誰，我們當和和氣氣誠誠懇懇，不要取教訓的態度；商人不知道的，我們帶了秤桿刀尺去告訴他們；工人不知道的，我們當背了斧頭鑿子去告訴他們，農人不知道的，我們當牽了耕牛，荷了鋤頭去告訴他們……去罷……去罷！時候不早了！一個人一生只要能專做一件事業，已經為社會立了無限的功勞。

（b）解決平民的生計問題，是他們最關切不過的事，也是他們最感激不過的事。我們回回演講出去叫什麼「愛國」「救國」是沒有用的！肚子餓了，還要叫他們按着肚皮去講「愛國」「救國」，是不成功的，中國亡不亡，是對於這班貧民沒有關係的！我們同志的青年呵！你看看北京的洋車夫，一天跑到晚不過賺二三十個銅子，還要養家；你看中國亡了，他們的苦痛，難道還會過於此嗎？你看唐山的煤礦工人，在黑暗世界裏，一天挖到晚，只得了六個銅子，你看中國亡了，他們的苦痛，難道會過於此嗎？我常想，恐怕外國人來了，他們還要講人道主義一點呢，所以中國對於他們實在不足愛，中國亡了，他們實在不必救。我們以「愛國」「救國」來號召，是不行的。若是我們能夠為他們想一個特別補救的方法，或是教他們一種特別的技能，使他們今天能賺二三十個銅子，明天可以賺三四十個；使他們今天能賺六個銅子的，明天可以賺八九個；他們今天可以吃捧子麵的，明天可以吃小米飯，他們今天可以住漏茅蓬的，明天可以住舊瓦屋……我們說的話要說他們心坎上的話、我們所要解決的問題要解決他們切膚的問題。那怕不等我們招，他們就會來呢？

除此一種最重要的而外，還有種種平民學校的計劃，但是各處都想到了，也都實行了，現在只待擴充，所以我也不必多說。

（2）**個人的**　個人運動所以比群眾運動高的緣故，就是個人運動沒有僥倖心。犧牲固是好，但是犧牲也要經濟。總要以極少的犧牲謀最大多數的幸福，才合乎經濟的原則。但個人的行動，是個人自己的志願，不能提倡，提倡也無用的；而且這種運動，大團體是更沒有用的。咳！我們也不可厚非辛亥的政治革命，辛亥以前先烈赴湯蹈火的精神，我們現在沒有了！

（B）**文化運動**　在現在最重要不過的根本問題，可以說是文化運動了！我們這次運動的失敗，也是由於文化運動的基礎太薄弱的緣故。因為思想的來源，是一切運動的原動力；沒有思想未曾改變而行動可以改變的，所以我們文化運動的目的是──

「以思想革命為一切改造的基礎」

　我常常想歷來各國的革命都可以革得好，何以中國辛亥革命，愈革愈糟呢？我想這沒有別的緣故，乃是因為他國的革命，是大家為主張而戰的；而中國的革命，除了幾個領袖人物而外，其餘的人都是被金錢收買得來的，權位引誘得來的。他們原來就沒有民主共和的觀念，如何可以盼望他們實行民主共和的政體呢？所以各國的學者，認為改造政治社會，都非先從改造思想下手不可！大戰以後，中國思想改造的運動，有點萌孽了；五四以前，我們受了多少壓迫，經了多少苦鬥，僅得保持不敗，已經覺得是很危險的。五四以後，形勢大變，只聽得這處也談新思潮，那處也談新思潮，這處也看見新出版品，那處也看見。

學界又發生大問題

原載《晨報》，1919 年 5 月 10 日，第 2 版

蔡行之後該校舉學生大憤其激烈者且將有罷課之主張耳聞教育部已派員赴津覓蔡氏力與慰留之（蔡是否在津尚未知也）而昨日該校全體教職員開會議亦不贊學生有過激之舉因此本日罷學一節當可不至成為事實所望當局對於此事宜速有適當之處置勿勿再因一部反對大學之人之意見竟演成莫大之風潮則幸甚矣

觀此則有懷其辭驗吳文如何措詞俟未見發祇知其已遄反而已聞前晚六時蔡氏向有安慰學生之演說當時有人向之言恐不免有人股許危及先生蔡以一笑答之並云如危及身體捕保全大學亦無所不可乃其出走之寧意不與人謀雖終甚平日提信之人學前亦不與聞並不知其何往待以啟事其為意外之甚大噪測所過追廁行可知也

北京大學校長之職已正式辭去其他向有關係之各學校各學會自五月九日起一切脫離關係特此聲明惟知我者諒之

我倦矣「殺君馬者道旁兒」「民亦勞止汔可小休」我願少休矣

被捕學生保釋後吾人方以為學界風潮可以告一結束國人於此可專以力爭青島問題孰知一波未平一波又起外間黨於曹陸章者頗思藉此興大獄以為報復之謀聞數日以來閣議對於教育總長責言交集且多嘲詞錢並謂傳云「汝謂蔡鶴卿地位不可動搖若蔡鶴卿死則又如何」前日更盛傳有某上將主張搗毀大學及某派主張以馬其昶代蔡之事前晚十一時蔡氏更得一緊急消息遂於昨晨出京無人知其去向蔡於臨行之際留一啟事如左

▲ 北京大學校長出走

　　被捕學生保釋後，吾人方以為學界風潮可以告一結束，國人於此可專以力爭青島問題，孰知一波未平一波又起，外間黨於曹陸章者，頗思藉此興大獄以為報復之謀，聞數日以來閣議對於教育總長責言交集，且多嘲詞，錢並謂傳云「汝謂蔡鶴卿地位不可動搖，若蔡鶴卿死則又如何？」前日更盛傳有某上將主張搗毀大學及某派主張以馬其昶代蔡之事。前晚十一時，蔡氏更得一緊急消息，遂於昨晨出京，無人知其去向，蔡於臨行之際留一啟事如左：

我倦矣，「殺君馬者道旁兒」「民亦勞止汔可小休」，我願少休矣。北京大學校長之職已正式辭去，其他向有關係之各學校各集會，自五月九日起一切脫離關係，特此聲明，唯知我者諒之。

觀此則有難言之隱可知，惟其辭職呈文如何措詞尚未覓得，只知其已遞入而已。聞前晚六時，蔡氏尚有安慰學生之演說，當時有人向之言，恐不免有人設計危及先生，蔡以一笑答之，並云如危及身體而保全大學亦無所不可，乃其出走之事竟不與人謀。雖蔡君平日最親信之人，事前亦不與聞，並不知其何往證，以啟事其為意外之最大暗潮所迫迫而行，可知也。

蔡行之後，該校學生大憤，其激烈者且將有罷課之主張，嗣聞教育部已派員赴津覓蔡氏，力與慰留（蔡是否在津尚未敢知），而昨日該校全體教職開會議，亦不贊學生有過激之舉，因此本日罷學一節當可不至成為事實，所望當局對於此事宜速有適當之處置，勿再因一部反對大學之人之意見，竟演成莫大之風潮，則幸甚矣。

各校聯合會之上書

原載《晨報》，1919年5月11日，第2版

呈為挽留北京大學校長，事竊此次學生行動純屬全體公意，出自至誠，責無旁貸，乃北京大學校長過自引咎，呈請辭職，並已離校出京，生等聞知不勝惶恐，緣此事之起實因中外喧傳，外交失敗，生等情急事迫，遂有五月四日之事，既屬生等全體行動，與各校校長絕不相關，尤非北京大學校長一人所能代任其咎，且蔡校長德高望重，海內宗風自其入長，大學招致賢哲，成績斐然，不特親立門牆者咸受薰陶，即異校學子亦得常親教澤，全國輿論尤極推崇。想早在我大總統總長洞鑒之中，自蔡校長辭職，學界震動，函電紛馳，驚惶萬狀，加以謠言紛起，大有不可終日之勢。

大總統總長素重教育，萬望俯順眾情，對於北京大學校長辭職勿與批准，並迅下明令切實慰留，保此教育一線之曙光，即培國家後日之元氣，不特生等之幸，亦國家教育之幸也。謹呈，北京中等以上學校學生聯合會。

學生事件和國家法律的問題

原載《晨報》，1919 年 5 月 11 日，第 2 版。

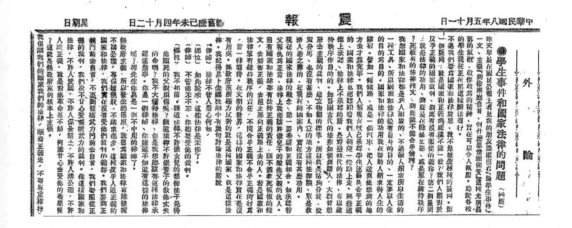

昨天早晨，在《國民公報》上看見我的朋友梁漱溟君「論學生事件」一文，主張「到檢察廳自首，判什麼惡情願領受」這種光明磊落的氣概，敢作敢為的精神，實在可以令人佩服。聽説各校的學生現在正在照這樣辦法進行。

不過我們要為國家和法律設想，就不免發生種種的疑問。第一個疑問：就是國家和正義到底能不能一致？我們人類對於反乎正義的國家裁判，到底有沒有服從的義務？第二個疑問：就是法律的功用，到底是在除暴去惡，或是單在維持秩序？死板板的法律條文，到底能不能合乎情理？

我想國家和法律都是為人而設的，不過做人類求所以生活的一種工具，所以國家和法律後有自身的目的，一定要以人生的目的為目的。國家和法律的功用就在幫助人類求得人生的歸宿。譬如一條鐵路，或是一張汽車，把人送到他想到的地方去才算完事。我們人類現在既已承認學生運動是合乎正義的，國家和法律也應該跟着我們人類一條路上走。那些道德上承認，法律上不承認的話，是野蠻時代的法律，專以維持秩序作目的的。如吾國古代的法家如慎到諸人，大概皆想廢去主觀的裁判，建立物觀的標準。所

以就是拈鬮分錢，投策分馬，也沒有甚麼，不如人意的地方這種法律觀，單是救濟人治之弊的，在現在的國家內，實在沒有甚麼功用。

　　現在的國家法律的觀念：第一要希望和正義相合。如承認替父報仇為正當，法律上就應該許做兒子的殺他父親的仇人。因有國家和法律都有扶持正義的責任，斷不能拿死板板的條文，去妨害正義，去阻止那向正義路上去的人。若是國家和法律單有維持秩序的責任，不問合乎正義不合乎正義的行為，皆一律看待。在文明的世界，這樣的國家和法律實在是沒有用處。無政府黨所極力反對的就是這種國家，就是這樣法律。我記得易卜生娜拉劇中有幾句討論法律的話說：

　　（律師）法律不管人居心何如。
　　（娜拉）如此說來，這樣法律是笨極了。
　　（律師）不管他笨不笨，你總要受他的裁判。

　　（娜拉）我不相信。難道法律不許做女兒的想個法子免得他臨死的父親煩惱呢？難道法律不許做妻子的救他丈夫的命嗎？我不大懂得法律，但是我想總該有這種法律承認這些事。你是一個律師，你難道不知道有這樣的法律嗎？柯先生你真是一個不中用的律師了。

　　無政府主義，所以發生的因原，就因為國家和法律專講強權不講公理，專保護現狀，不講求進步。這種反乎人道正義的國家和法律，我們實在沒有受他們裁判的義務。我們要到正義門前去自首，不要到強權武力門前去自首，我們要服從正義的裁判，我們決不甘心受強權武力的裁判。像這樣國家和法律，不許人愛國，不許人保全領土，不許人講公理，不許人談正義，就是對他革命也不妨，何能甘心去受他的委屈呢？這就是無政府黨的根本上主張。

　　我但願我們的國家我們的法律，順着正義走，不要專重維持秩序一方面，忘記了除暴去惡一方面。對於人民行使正當防衛權的時候，不要嚴格拿那死板板的條文拘束他們才是。

蔡元培辭去校長之真因

原載《晨報》，1919 年 5 月 13 日，第 2 版。

▲ 在津臨行之談話　今後鄉里之生涯

　　得天津確實消息，蔡孑民已於十日乘津浦車南下，登車時適有一素居天津之友人往站送他，客遇蔡君大詫異曰：「君何以亦南行。」蔡君曰：「我已辭職。」友曰：「辭職當然，但何以如此堅決？」蔡曰：「我不得不然當北京學生示威運動之後，即有人紛紛來告謂政府方面之觀察，此舉雖參與者有十三校之學生，而主動者為北京大學學生，北京大學學生之舉動，悉由校長暗中指揮，故四日之舉其責全在蔡某，蔡某不去難猶未已，於是有焚毀大學暗殺校長之計劃，我雖聞之，猶不以為意也，八日午後有一平日，甚有交誼而與政府接近之人又致一警告謂：「君何以尚不出京？豈不聞焚毀大學暗殺校長等消息乎。」我曰：「誠聞之然我以為此等不過反對黨恫嚇之詞，可置之不理也。」其人曰：「不然君不去將大不利於學生，在政府方面以為君一去，則學生實無能為，故此時以去君為第一義，君不聞此案已送檢察廳，明日即將傳訊乎，彼等決定如君不去，則將嚴辦此等學生，

以陷君於極痛心之境，終不能不去，如君早去則彼等料學生當無能為，將表示寬大之意以噢咻之，或者不復追究也。我聞此語大有理，好在辭呈早已預備，故即於是晚分頭送去，而明晨速即離校，以保全此等無辜之學生。」詢以此後作何計劃？蔡曰：「我將先回故鄉視舍弟，並覓一幽僻之處，杜門謝客溫習德法文並學英語，以一半日力譯最詳明之西洋美術史一部，最著名之美學若干部。此即我此後報國之道也，我以為吾國之患，固在政府之腐敗與政客軍人之搗亂，而其根本則在於大多數之人皆汲汲於近功近利而毫無高尚之思想，唯提倡美育足以藥之，我自民國元年以來常舉以告人，唯提倡美育必須先輸入歐洲之美學及美術史，而至今尚未有注意及此者，我不能不承其乏，我自問頗有研究學問之資格，而不耐□□辦事實非所長，自任北京大學校長以後，校務已日不暇給，而校外各方面之□帥又多為半官僚性質之國立大學校長所義不容辭者，忽而開會，忽而演說，忽而徵文徵序，忽而擔任募捐，忽而為會長，忽而為董事，忽而為幹事，忽而穿當禮服，忽而穿大禮服，甲處答應則乙丙不便推卻，一次答應則二三次更不便推卻，以我所最不耐煩之事而紛至沓來，又迫以不得不承認終日忙於應付，不特無暇著書，且無暇讀書，而校務亦不免廢弛，此我平日所最疚心者，今既有適當之機會可以辭職，此後對於一切學校一切集會統統脫離關係，已有一啟事在各報館宣佈矣，我□曰：「這能保去職後，學生不起騷動乎。」蔡君曰：「殆不至有何等舉動，我尚有一消息適忘告君，八日午後尚有見告政府已決定更換北京大學校長，繼任者為馬君其昶，我想再不辭職，倘政府迫不及待先下一令免我職，我一人之不體面猶為小事，而學生不免起一騷動，我之急於提出辭呈，此亦其旁因也。今我既自行辭職而繼任者又為年高德劭之馬君，學生又何所歉然而必起騷動乎，我之此去一面保全學生，一面又不令政府為難，如此始可以保全大學，在我可謂心安理得矣。」友曰：「君能保此後學生對於外交問題不再有何等運動乎？」蔡君曰：「是或難免，然我在七八等日已屢與學生之幹事都說過大意，謂『學生愛國之表示，在四日已淋漓盡致，無可復加，此後可安心用功，讓一般國民積極進行，若學生中實有迫於愛國之熱誠情不自已者，不妨於校外以國民之資格自由參加，萬不可再用學生名義，尤不可再以學校為集會之機關，我希望學生尚憶吾言也。』」（其他問答語從略）

活法律與死法律 ［少少］

原載《每週評論》，1919 年 5 月 18 日，第 4 版。轉引自北京《新民報》。

此次大學生竟蒙當道允保釋放，此不可謂非吾國一大可慶幸之事。恩惠之説猶其餘事，其關於國家法治論之前途，可認一線生氣者，即法律能活用是也。

吾人蓋亦嘗從事於法學之研究矣。國家何以必有法律？據吾人所見：國家原以國家本身及群眾之利益福澤為其目的，而以各種法律為達此目的之手段方法。談法者決不可認指作月，即認手段方法為其目的。故其方法有時不適於得利福之目的者，則改其方法可也。近徵各國新法學之趨向，每於某項法律條文之改革，必多取簡易之手續，每於某項法律施行之斟酌，必多留法官活動之餘地，即由是理也。又其方法有時或竟反其目的，將得不利不福之結果，則避之不用亦可也。

吾中國經四千年文明歷史演成之法律，遽從一面觀之，則斥為法律不完全；若從他一面觀之，則此等法律活用之精神，吾國國家向已充分得之。吾今有一妄自心得之言，必欲為吾國人一陳明者，即吾人須知歐西自十九世紀政治革命大興以後，法律絕對悉從嚴格立論者，實由於前此彼土暴君貴族漫無公道之法律，隨意蹂踐平民太甚，斯即為矯枉過正之反動力使然也。吾中國政治雖已云革命，然至於法律界則素無此惡因之存在，此吾人作「中國法學」論者不可不注意及之者也。

嗟乎！吾人目見方今國內南北大政爭，即唯以一個法律問題為其大梗，幾若國家可以犧牲，而嚴格之法律說則絕對不容活動者。果如是說，則國家何樂乎設此法律？法律者乃活動而非死物，此固各國學者間所共認者也。

吾今因北京當道釋放學生一事，認為有關於中國國家法治論之前途者甚重，故乘是機會而貢此慶幸之一言。至曰感恩頒惠，猶其小焉者也。

學生示威感言 ［天倪］

原載《每週評論》，1919 年 5 月 18 日，第 4 版。轉引自天津《益世報》。

　　北京學生前日遊市會之舉動，說者對之或毀或譽眾論紛紛，若皆能持之有故，言之成理。然平心靜氣以推測其裏面、則說者似乎皆有偏激過當之處。夫學生在社會上之品格，有一種無形之尊嚴。雖學生自身，亦若服膺何等尊榮，此世界普通之觀察，非唯中國為然也。致推其所以獲得此種無形之尊嚴，不外真誠與清潔。學生既以此種美德，獲得此種尊嚴，故凡一切行動，亦莫不以真誠與清潔為標準。故評論或處理前日遊市會者，亦當以其標準為斷言，不然則偏激過當之譏，恐不能免。夫親日派之曹汝霖章宗祥陸宗輿等，國人目之為賣國者久矣。然從不聞對之有若何之舉動，賣則聽其賣，亡則聽其亡，大有視此江山燦爛之國家，與國人毫無關連，而專供彼賣國派之揮霍者，是我國家之運命已屆淒風慘雨垂盡之候矣。乃前日北京學生界，竟有此惹人注目之舉，與垂盡之國運，不可謂無重大關係。故政府如作何處置之，國人作對如何之感想，是又不可不注目者也。

一「政府之處置」。我國民氣之消沉，至今日而已極。欺凌任人欺凌，慘殺任人慘殺，全國之民若已昏睡，較之清世末年之要求開國會及革命種種運動，相去幾若天淵。民氣如此，國勢自然頹喪。而外人之侵掠，亦自然而起。今而幸有此伏蟄後之春雷，政府將一意壓制乎？抑利用時機以為外交之後援乎？政府之處置學生，必不能外此二端。而二者間之利害，則不可道里計也。夫外交之因應，固以當局者之心思手段而定勝負。但至最後之實力，則唯國民是恃。我國之兵力能否堪為一戰，乃別為問題。但政府果欲挽外交之失敗，則不可不利用此殺身成仁捨生取義蓬蓬勃勃將發之民氣，則於我國垂盡之運命，誠有無限量之樂觀。不然徒取壓制之一途，以顧全一派之面子。或守常軌以為學生不宜干政，則必鑄成大錯，自戕民氣，失外交之後援，及醞釀暴烈之革命再損元氣，孰得孰失，誠不可不熟計也。故政府當今應為極審慎之處置，萬不可以意氣行事，而致悔不及悔也。

二「國人之態度」。今有一最簡單最緊要之語，正告我國人曰：萬不可以學生此舉為學生之事，自立於旁觀地位，而任其得失勝負。夫學生本皆文弱，彼有何能力抵禦敵人仇家，徒激於熱忱至行為招人之嫉視。彼國人皆作壁上觀，則此數千萬學生之心血生命之存亡乃小事，但恐若大之中華民國，將從此無聲無息，漸漸歸於滅亡。而國人亦將於此無聲無息中，為人慘殺，為人牛馬矣。故今日國人當集合群力以隨學生之後，而為政府之後盾，為救國之要圖，不然恐噬臍之悔即在目前也。

雖然，此次學生舉動皆是而無過邪，亦不盡然。夫遵守秩序，常人之所能。乃謂學生竟不能之乎，必不然也。前日學生之舉動，於秩序上手續上似不無可議之點。然人於激憤之際，猶堅守常度，腦筋無何等之昏亂，而清醒如平時，乃真難能之事。故若以此責前日當事之學生，似近於苛。而學生之經此一番經驗，則將來之舉動必能較為精細，貽人以口實者日少，而所成之功益大也。總之，前日此舉，於國運上實不得謂為無關係。今後政府國人以及學生自身，將為如何之進行，實我國存亡之關鍵，而為吾人所不能不注意者也。

良心

原載《晨報》，1919 年 5 月 20 日，第 3 版。

　　半月以來，因為山東問題，北京教育界，竟鬧成了一包糟。就記者的愚見看來，實在是極可傷心的景象，明白人果然拿出「良心」來一想，應該知道這般學生，實在是可憐得很，為甚麼呢？國家外交失敗，政府撐持不住，國民起來說話，想替政府做個後援，為國家爭些體面，這本來是一般國民應有的義務，不過我國的國民，除了學生之外，幾幾再沒有說話的人。商界不管，工界不管，所謂「士大夫階級」的人，更不管這些閑事，盡日東奔西走，不肯放鬆的人，就剩下這一班的青年學生罷了。咳！這不是極可哀的現象嗎？

　　有一派的人，看見這個景象，他說國家大事，外交問題，難道就是這一班青年學生，擔當得起？挽救得回頭不成？這種話固然也有半面的理由，可是國家當此危急的時候，國中大部分的人，一個個袖手旁觀，祇剩得學生出

頭說話，究竟誰使之然？所以我們拿出「良心」來想一想，也不敢非難他了。更有趁火打劫的人，看見這個景象，就想乘這機會，把教育界做了他們的勢力範圍，於是想安頓一個總長，安頓一個次長，更安頓無數校長，如今勢力範圍還沒有實拿到手，就因為分配飯盌問題，他們內部已經互相搶奪，鬧個不得開□。萬一他的勢力真移植到教育界來，那時候要把這教育兩個字，鬧成甚麼樣子？真是我們所不忍言了。

趁火打劫的人，本來是沒有心肝的，就也沒有甚麼良心不良心的問題，但是政府明許他們如此打劫，不敢不恭恭敬敬拱手奉上。究竟是何原故呢？據我聽說，有甚麼因為維持內閣的話，這話果真，是學生因為外交問題，本着一點良心，出來說話，說話的結果，不過替人家做了機會，把自己做個犧牲罷了，我勸大家，以後不必再說良心不良心的話還好。

罷課問題與各校教職員 [澹廬]

原載《時事新報》，1919年5月27日，第3張第3版。

　　嘗聞上海各校校長會議，多數主張減短罷課期間。為青年之學業計，減短罷課期間，誰曰不宜。然各校校長與教職員，亦須有積極的辦法，以慰學生之希望。謀罷課問題根本解決之方法，若舍本逐末，提前暑假，或提早溫課，以圖敷衍。因循苟且，毫無正當之表示，不獨足以沮士氣。結果或反使罷課之期間，愈延愈久，而罷課之範圍亦愈推愈廣。致辦學之苦心，付之流水，甚非計也。

　　今日青年愛國精神之發揚，飲水思源，各校教職員亦與有功。教職員對此，更宜勉求學生希望之速達。若學生之希望，絲毫不達，則罷課問題，恐亦絲毫不能有根本解決之希望。教職員平日所嘔之心血，亦不當為山九仞，功虧一簣。職是之由，教職員今日之亟務，竊謂在抱犧牲的精神，發大決心，盡力指導學生，補其所短，俾學生早得相對的滿意之結果。以促罷課問題之解決，苟不問其他。但求學生上課，名為克盡厥責，實則放棄天職。各校教職員皆居於先覺之地位，當已早見及此。余寧受多言之咎，不願居於先覺之地位之各校教職員中。或有但驚枝節，不求根本者，故不能不一獻其蒭蕘之言。

我們究竟應當不應當愛國 隻眼 [陳獨秀]

原載《每週評論》，1919年8月6日，第3版

　　愛國！愛國！這種聲浪，近年以來幾乎吹滿了我們中國的各種社會。就是腐敗官僚蠻橫軍人，口頭上也常常掛着愛國的字樣，就是賣國黨也不敢公然說出不必愛國的話。自從山東問題發生，愛國的聲浪更陡然高起十萬八千丈，似乎「愛國」這兩字，竟是天經地義，不容討論的了。

　　感情和理性，都是人類心靈重要的部分，而且有時兩相衝突。愛國大部分是感情的產物，理性不過佔一小部分，有時竟全然不合乎理性。（德國和日本的軍人，就是如此）。人類行為，自然是感情衝動的結果。我以為若是用理性做感情衝動的基礎，那感情才能夠始終熱烈堅固不可搖動。當社會上人人感情熱烈的時候，他們自以為天經地義的盲動，往往失了理性，做出自己不能認識的罪惡。（歐戰時法國英國的市民打殺非戰派，就是如此）。這是因為群眾心理不用理性做感情的基礎，所以群眾的盲動，有時為善，有時也可為惡。因此我要在大家熱心盲從的天經地義之「愛國」聲中，提出理性的討論，問問大家，我們究竟應當不應當愛國？

　　若不加以理性的討論，社會上盲從歡呼的愛國，做官的用強力禁止我們愛國，或是下命令勸我們愛國，都不能做我們始終堅持有信仰的行為之動機。

　　要問我們應當不應當愛國，先要問國家是什麼。原來國家不過是人民集合對外抵抗別人壓迫的組織，對內調和人民紛爭的機關。善人利用他可以抵抗異族壓迫，調和國內紛爭。惡人利用他可以外而壓迫異族，內而壓迫人民。

　　我們中華民族，自古閉關，獨霸東洋。和歐美日本通商立約以前，只有天下觀念，沒有國家觀念。所以愛國思想，在我們普遍的國民根性上，印象十分淺薄。要想把愛國思想，造成永久的非一時的，和自古列國並立的歐洲民族一樣，恐怕不大容易。

歐洲民族，自古列國並立，國家觀念很深，所以愛國思想，成了永久的國民性。近年有一部分思想高遠的人，或是相信個人主義，或是相信世界主義，不但窺破國家是人為的，不是自然的，沒有價值，並且眼見耳聞許多對內對外的黑暗罪惡，都是在國家名義之下做出來的。他們既然反對國家，自然不主張愛國的了。在他們眼裏看起來，愛國就是害人的別名。所以他們把愛國殺身的志士，都當做迷妄瘋狂。

　　我們中國人無教育無知識無團結力，我們不愛國，和那班思想高遠的人不愛國，決不是一樣見解。官場阻止國民愛國運動，不用說更和那班思想高遠的人用意不同。我現在雖不能希望我們無教育無知識無團結力的同胞都有高遠思想，我卻不情願我們同胞長此無教育無知識無團結力。即且相信我們同胞從此有教育有知識有團結力，然後才有資格和各國思想高遠的人公同組織大同世界。

　　我們中國是貧弱受人壓迫的國家，對內固然造了許多罪惡，「愛國」二字往往可以用做搜刮民財壓迫個人的利器，然而對外一時萬沒有壓迫別人的資格。若防備政府利用國家主義和國民的愛國心，去壓迫別國人，簡直是說夢話。

　　思想高遠的人反對愛國，乃是可惡野心家利用他壓迫別人。我們中國現在不但不能壓迫別人，已經被別人壓迫得幾乎沒有生存的餘地了。並非壓迫別人，以為抵抗壓迫自謀生存而愛國，無論什麼思想高遠的人，也未必反對。個人自愛心無論如何發達，只要不傷害他人生存，沒有什麼罪惡。民族自愛心無論如何發達，只要不傷害他族生存，也沒有什麼罪惡。

　　據以上的討論，若有人問：我們究竟應當不應當愛國？我們便大聲答道：

　　我們愛的是人民拿出愛國心抵抗被人壓迫的國家，不是政府利用人民愛國心壓迫別人的國家。

　　我們愛的是國家為人謀幸福的國家，不是人民為國家做犧牲的國家。

敬告學生諸君 [溥泉]

原載《星期評論》，1919 年 6 月 22 日，第 3 號，頁 1–2

這回諸君得了一個比較的勝利，我們實在很歡喜的。我常常説，中國幾次革命，總不過是最初發起革命事業的少數人在那裏努力。一般國民，都袖着手冷看。革來革去，都和多數國民本身，沒有切實的關係。民國成立了八年，國家是沒有一點建設做出來，國民是痛苦到極點，這個罪惡是在那裏！

這幾年來，我是一天一天的希望有一般的新青年出來，擔任國家的大事，接受革命的產業，兩隻眼睛都幾乎望穿了。這次全國學生，犧牲很寶貴的學業，出來為國家的生存問題去努力。一種蓬蓬勃勃的新氣象，真是好像三四個月裏花草一般，可愛呀可愛！

諸君！我們的生命，是一天一天的過去。諸君的生命，是一天一天的發展。諸君就是中華民國的繼承人，諸君就是中華民族在世界文明史上奮鬥的先鋒隊。

諸君！野戰的利器是甚麼？是鎗砲。空中戰的利器是甚麼？是飛機飛船。海底戰的利器是甚麼？是潛航艇。文明戰的利器是甚麼？就是科學。

諸君呀！今天這個世界，沒有學問是不行的了。做工要有學問，經商要有學問，務農要有學問，無論你做甚麼，離了「科學知識」都是不中用的。諸君呀！愛國要怎樣愛法？頂真切的愛國是甚麼？就是求學，就是努力研究科學。為甚麼？因為「近代文明」，就是科學的結晶。近代一切「真實的主義」，就是科學的產物。近代的文明人，就是「科學的醅化」。

諸君呀！你們要真真切切的愛國，先要懂得真真切切的「愛人」。科學就是指示你自己做人的目的，科學就是指示你愛人的真理。

前天有一個法國朋友，他對我說道：「法國在一千八百七十年普法戰爭之後，失了阿爾薩斯勞蘭兩州，法國人是把德國人恨徹骨髓了。但是恨是不中用的，應該要曉得自己的缺點在哪裏。中國和日本的關係，已經成了德法的□子了，中國是失敗多少次了。中國人就要曉得自己的缺點。中國的缺點是甚麼呢？就是沒有學問。北京大學學生的程度，不過和我們法國初等學校一樣」。

我聽見這一番話，又是羞愧，又是着急，咳——中國不是一個以學問著名的國嗎？十八世紀的時候，盧騷、福祿特爾，很想有在西方拿中國作理想國的樣子。回教的教主穆罕默德，他也曾說「到中國去取科學」。中國在上古中古時代，也曾供給世界上許多「文明的種子」、「學問的鮮花」，現在的中國人怎麼樣了？

我前天到棋盤街去走了一走。東家書店看看，西家書店望望，我一陣一陣的心酸，熱沖沖的眼淚，就不知不覺的滴下來了。棋盤街是甚麼地方，豈不是出版界的根據地，新知識的大本營麼？那些大小書店，除了把幾種不相干的舊書縮印成小版之外，就是幾種極淺陋的小學教科書，幾本零零

碎碎的科學書。——十之九是抄譯日本的翻譯書籍——那「某生者」一派的小說，倒有了一百多種。教人為惡的「黑幕」小說，也有幾十種。中國的「近代文明」，幾乎就盡於此了。

唉！中國人做什麼去了？除了吃飯睡覺之外，不是打麻雀，就是弔膀子。書坊店這樣的零落，新世界大世界那樣的熱鬧。這真是亡國的境象。這真是「亡種」的徵候！

學生呢？我不敢誣諸君不讀書。我把書坊店裏的情形看看，再想一想諸君情形。我想諸君裏面好多的人，一定是除了把學堂裏的照例功課，敷衍完了，再不去用「獨學」的苦工，再不把腦筋往廣處深處去用。所以書坊店裏，因為沒有買主，也就不必出版好的新書了。

無學的國，無學的人，拿甚麼來做人？拿甚麼來愛人？拿甚麼來做「文明戰」的武器？拿甚麼來做國家的基礎？

諸君啊！我要奉勸諸君一句話，諸君的愛國熱心，諸君的救國運動，是我所最感激的，是合理的，是正當的。但是諸君還要更進一步，切切實實的，去做「苦學」的工夫。努力是很可敬重的，忍耐克苦是可寶貴的。

諸君把全國的學界聯合起來，的確是一個極大的力量，的確是一個極大的武器。但是諸君要曉得，切不可當把這個武器來用。一把鋼刀，用得次數多了就要缺的。譬如軍隊一樣，有時候只要一營兵的地方，派了一個師團出去用，不但是用不着，而且徒然令這些兵士疲勞起來。疲勞得越利害，奮鬥的力量，越是缺乏。所以無論甚麼事，都要懂得經濟學的道理。諸君的熱誠，已經感動了全國，諸君疲累了。諸君要立即下一個決心，用「苦學」的工夫了。諸君要堅忍刻苦的養諸君的銳氣了。

跋學生潮 ［邵力子］

原載《民國日報》，1919 年 6 月 27 日，第 3 張第 12 版。

學界無生氣久矣！蓋自項城圖竊國柄，襲用愚民政策，希榮畏禍者，或倡學生不當與聞政事之說，一時成為風尚。學校中□戒不談時政，青年之餘力，遊衍無所歸。猥靡之小說，艷冶之雜誌，乘虛而入。數年來書肆玻窗所陳列者，內容姑不問。第一瞻其封面，輒為醜態百出之美人畫。詢其顧客，則皆青年學子也。此其流弊尚可問耶。天不亡中國，正氣鬱而復伸。去歲北京大學學生有言曰：「求學不忘愛國、愛國不廢求學。」愚喜其與鄙懷夙所崇信者相脗合，一為一言興邦，當之無愧矣。蘊釀迄今，而有北京學生之五四運動。上海學生之六五運動，全國雲集響應，商罷市工輟業，皆唯學生之馬首是瞻。歐美人相顧駭歎，謂西方之學子，未有若斯之能力也。愚知我國之學生，則方抱無窮之隱痛，決不以此自喜。而愛國事業，亦今方作始。國賊未滅，區區者又胡足道。然則學生潮之作，果奚為者。愚蓋又知潘邵諸君，亦深有恫於學生不當與問政治之邪說，誤國已久，幸得一朝被除，移易國人之視聽。乃欲以此小冊子為書肆玻窗中被穢之先驅，此愚所樂聞者。於其成書之日，輒以此跋之。

我們根本的錯誤及補救的方法　[靈根]

原載《民國日報》，1919 年 8 月 15 日，第 2 張第 8 版

　　我常聽見許多百姓說「又要愛國。」這句話就可證明他們不曉得愛國是什麼意思？可知現在一般國民的言語行動，無非是感情作用，並非是從理性發出來的，所以不免有盲從被動的現象。我們應當仔細想想，這種現象一日不去，一般國民能夠繼續進行麼？我曉得不到五分鐘，那個中心的熱就要「冷如死灰」了。那時候成了一個「全功盡棄」的結果，是可以斷定的。近來有許多學生，要勸導商家不賣日貨，或是要燒毀日貨，死了他們的心。這種舉動是完全叫人被動，一方面若沒有從根本上補救的方法，難免商人有反抗的行為、欺詐的手段。現在有許多商人，有一種「你勸你的、你燒

你的，我總要做這個營業。」的景象。像這種表現，就可顯出我們的弱點，就是瞎說愛國。總之，我們根本上的錯誤，就是不從根本上着想。徒費了九牛二虎之力，做了一點沒有實效不能久長的事體。我們試捫心自問，能夠過得去麼？

據現在的情勢看來，我們若「勒馬回頭、尚在非晚」。苟能一霎時從根本上着想，用根本上補救的方法，解除根本上的錯誤。那麼等到來日，我們自然可以收事半功倍的效力了。

我所以第二個標題。就是「補救的方法」也可以說「根本上補救的方法」。這種方法說起來，總要本着理性方可。使一般國民能夠自覺，有不去動他，他卻能自動的樣子才好。這個方法依我所曉得並依我的主見，就是「實施通俗教育」了。「通俗教育」所包含的很廣，但是，第一着就要使一般國民識得字。第二着就要養成他有一種國家的觀念。第三着使他們曉得他們所做的是些什麼？

我的主見，以為第一着最要緊。因為識了字就漸漸能夠曉得世界大勢國家地位，並且對於第二第三也有些幫助。第三名實上雖是不同，但方法上到可以一樣。就是：

（一）分發幾種淺近傳單，教他們傳讀傳讀。

（二）從頂通俗一方面去演說，不要說得太深，不要說得過於懸空，叫人家不懂。總之能夠開導他的「靈竅」是了。

（三）最要緊的，還是演劇。到是現身說法一件事，使一般人能夠當時徹悟立刻了解的。

上所說的三種方法，是關於第二第三的。第一着要使人識字，那非開「義務學校」不可了。綜而言之，我所講的法子，是淺近的，而且人人曉得的，但祇怕沒有人去做。如果我們能夠切實做去，我決不信我國民不會自覺的。他們既然能夠自覺，則自然能自動了。愛國也切心了，國貨也喜用了，國恥也要雪了。抵制提倡也能夠實實在在的做去了，何必我們手無寸鐵的學生，去做那武斷的事業呢？

民眾運動的目的 ［涵廬］

原載《每週評論》，1919 年 8 月 3 日，第 3 版

　　我國『五四運動』不用說是乘民治潮流而起的，不過據我個人觀察，覺得很有幾種缺點：

　　是消極的一時的運動，沒有積極的永久的要求。

　　是單反對政府和一時的外交政策，不是主張改革外交制度。

　　祇想喚醒人民的自覺，不想得到法律上的保障。

　　民眾運動本不是『擾亂治安』，但既然被『擾亂治安』的罵名，應當得到『擾亂治安』的代價。代價是什麼？就是對於釀成運動的問題，想個根本解決的方法，用法律規定起來，作未來的保障。這就是『擾亂治安』的代價，就是民眾運動的目的。照事實和法律說來，民眾政治祇有實行議會政治，才可以辦得到。但是如今自助的社會主義，大多數都是不相信議會政治的。現在不相信議會政治的有三種：（一）是勞工自決主義，Syndicalism 叫同行的工人，結合在一塊，聽他們自己直接行動，去謀同行的利益。（二）是同盟罷工(Strike)，他們不求教議會，單講究自動的革命和直接行動的手段。（三）是國民決議 (Referendum)，因為議會不能盡量發表民意，然想叫全體國民來處決各項問題，事實上也不容易做到，所以普通問題仍歸議會議決，遇特別事件，乃由國民直接決議。──這都是近來自助和自決主義。

　　但是一件，無論他們講獨立自助的，或是講共同互助的，總不能脫去國家權力。他們要求的結果，也必定要得法律的保障。這是什麼原故呢！大概現在國家的組織功效大著，不藉國家的權力，分配也不能平均。自利心也不能限制，資本家和勞動家的利益也不容易調停。所以單講自助自決，專在社會上運動，不想參加政治的活動，和得到法律上的改革，終久是勞而無功的。

今後的文化運動——教育擴張 ［蘇甲榮］

原載《少年中國》，1920年，第2卷第5期，頁17–22。

我以為文化運動，其實就是教育擴張。若雜誌之定期的與叢書之不定期的種種出版物，若平民教育演講團，若平民夜校，那有一樣不可以說是教育範圍內的事呢？文化運動四個字容易令人偏想到雜誌上去，而把其餘較實際的事情丟了，所以我以為以後的文化運動不如用教育擴張四個字來替代他。

初民的時代，無所謂教育，只有生活上無意識的模仿與遺傳。其時的生活，也只是動物的，物質的，無所謂文化。從無意識的盲目的模仿與遺傳，到有意識的選擇的，始漸成教育之作用。當初教育也只限於家庭內父母與子女之間；到了學校出現，教育始成為社會上的一種制度。教育之功用不外兩個：消極的傳授保存過去所彙集的經驗，積極的利用過去的經驗以創造新文明。文化是教育的產物，教育的目的，就在獲得較高的文化。以質言，要使文化提高，須得把教育改善，增大他的能力；以量言，要使文化普及，須得把教育擴張，增多他的途徑。

自從有了學校一定的組織，教育的能力因而顯著，然而他的範圍卻被限住。到了現在，提起教育二字，我們絕不至當他只是學校裏師生的關係，甚而至於教室裏的講書。若雜誌，日報，宣講，演劇，遊戲場，圖書館等，全都是教育上的工具。不但在學校外，發生許多新的教育組織，就是學校的種類也一天一天的增多，不像從前只有單以造就人才，甚而限於政治的人才，為目的之直系的學校了。教育所以擴張的緣故；（一）因為他根本的效用原是教人怎樣去做一個進化的人，人人都要有享受教育均等的機會，絕不能把他只限於資本的與貴族的階級圈子裏。（二）現代德莫克拉西精神之德莫克拉西化，不但政治的權利要普及民眾，所有藝術，科學，思想，以及一切完善的組織制度也應該共同享有，文化不是級階的，教育自然不能不擴張。

從前教育的責任在官與師，現在教育的責任在一切的人。所以在今日的社會裏，無論那個人都有兩重資格：一是被教育者的資格，一是教育者的資格。從前教育是國家的事業，現在教育是社會的事業，人人都有經營的責任，已受教育正受教育的尤其有教育未受教育者的責任。中國的青年，到「五四」後才覺悟他們這種的責任。

　　然而他們覺悟，未必當真就是覺悟，不過處着中國這種的地位，受了世界這樣潮流的迫迫，已經是不能酣睡，自然而然有這一度的驚醒。他們的舉動大部分是無意識的衝動。現在覺得這種盲動的模仿的不經濟的舉動是胡鬧，又是一度的自覺。這自覺或者是真正覺悟，然而很危險。從此不動呢，還是由無意識的盲動的到有意識的有計劃的呢，現在好似正在一個懷疑沉悶的時期。

　　現在有一個很容易令人誤會的爭論：提高與普及。不是提高便可普及，也不是只管普及不必提高。提高是自身的事，普及——宣傳——才是運動。文化是動的進步的向上的，雖然也有時停滯或退後起來，然從古到今，比較總是進步的，不是自今天起才說文化要提高；可是從前文化雖也一天一天的提高，然總是人類一部分的文化，知識階級中的文化；普及乃是現代惟一的精神。若是不要普及，那麼，就沒有文化運動的可言。提高與普及是兩件事。向上是文化的動性，不向上便不見得是文化。我們若是當那些把新名詞從嘴裏囫圇吞下，沒有消化，又從肛門整個排泄出來，或是只從眼底經過指頭抄過的作用，是真的文化運動，那麼，文化自然不會向上；豈但不會向上，簡直沒有文化可言。所以我們不可不把文化運動認清。宣傳附加的條件是了解，不是提高。了解什麼便可以宣傳什麼，高是無限度的，要是說必提高才可以宣傳，不知要高到那一點才可以宣傳。而且提高與宣傳也不是可以分離的，要是提高的不管宣傳，宣傳的又是另一部分人，那麼，宣傳永遠都是那些囫圇吞下整個排泄出的作用了。

　　大家若真正是覺悟了自己的責任，那麼，宣傳的事業，普及的運動，是毫無可疑的；至於提高呢，那是當然的，不是因為宣傳普及才要提高，我想很有些從事文化運動者正在那兒懺悔，有什麼要懺悔呢，要是沒有別的

目的若沽名射利的不肖心存乎其間，當真是為文化運動而運動。過去的運動雖然是近於盲動的模仿的不經濟的，那是驚醒後初期不可免的現象，而且只此已經是收效不小。以後的文化運動應該：

從無意識的到有意識的；

從無計劃的到有計劃的；

從不經濟的到有選擇的；

從空談的到實際的。

過去的文化運動，差不多全都放在紙片上；最顯著的就是定期出版的各種雜誌，雖然後來也辦了些平民講演平民夜校，仍是佔文化運動中極小的一部分。紙面的鼓吹(一)仍是限於知識階級裏，不能普及民眾，而且看出版物的，也只是傾向新的一部分人；(三)說了看了便算，只是知，未到行。現在大家對於這過於虛浮的出版事業早已厭倦，而且覺得把全副精神放在紙片上是很不經濟。那麼，以後便應該就較切實的事情大家努力的做去。

(一) 學校

平民夜校是不限年齡，不分男女的一種義務教育，應以教至高小畢業或中學一年級程度為限；凡是中等以上學校學生都可以辦平民夜校，即凡有中等學校地方附近失學的同胞都可以有享受教育的機會。現在全國中等以上學校，我想總不下一千五百個；（照教育統計表，民國四年約一千二百左右。）若平均每校可辦一班，平均每班三十人，以二年畢業為度；那麼，兩年後便可多增具有普通常識的國民四萬以上，雖然比起全國人口還是九牛一毛，然這四萬人分散在社會上也不能說沒有絲毫影響；而且逐漸擴充，一年一年的增多，那些大人先生們天天空談普及教育強迫教育的夢想，一二十年內也不至絕無實現的希望。平均每一中等學校辦一班三十人的平民教育，並不算得是困難的事，學校同教職員於經濟上應該予以相當的援助。學生辦平民教育，不應只把他當做裝飾品，人有亦有，或僅僅給學生多認識幾個字，能作幾篇文；要使他多少獲得些實用的知識，支配環境的能力，明瞭世界的大勢，了解時代的精神；教室講授之外，也要有其他課外可得有的組織。最好是各地學生會弄一個有系統的計劃與組織；雖不必像政府

的辦事，不視地方的情形，人民的需要，拿出監督支配的架子，把他弄成一個死的模型，然而彼此總有提倡，督促，指導，參考的必要，師範學校的學生，應該負主持的責任。師範學校的教職員以及一般教育家應該供給服務平民教育的青年以教育上相當的知識，如教育學，教育心理，教授法等；所以一般教職員，在他學校的一定職務外，也應該出義務的精神去參加青年的文化運動，為他們的指導者。

（二）講演

學校的教育是固定的，連續的，有限制的，講演所以補他的不及。現在各縣勸學所也都有一兩個宣講員，然他們只當作一種官樣文章去做，不能引起聽者的興趣，供給需要的知識，我們不妨說一句刻薄話，他們的效果只是等於零。我剛寫這篇文的時候，忽然四隣的鑼聲，鼓聲，爆竹聲，都響起來了，鬧得我不得不出馬路上看看究竟是怎麼一回事，路上的人都住足昂首向天，我才知道現在正是月蝕。這裏不是文化中心地的北京嗎？我所住的不是最高學府北大的附近嗎？我們可以由此推想別處的情形，一般國民的心理。我想國民的程度如此，任你少數學者的學問高到天頂那一天，中華民族依然是今日的中華民族。這是誰的責任？是不是可以不要宣傳普及的運動？講演也可以分固定的與不固定的，形式的與非形式的。在固定的形式的講演之外，最能能實行一種絕不固定的全無形式的談話。養成一種令人親近而信服的態度，隨時隨地，無論與那一種人接觸，要以很自然的談話，於不知不覺之間，改變他的思想，供給他以新知識。要使新文化的波動有如空氣，視而不見，無孔不入。若果大家這樣辦起來，這種勢力真不可以思議。從事文化運動者不可無教徒傳道的精神，還要比他誠懇而自然一點。我們男女的青年若能在他的親戚朋友家庭裏並力求與一般民間的家庭接近，行這軟性的漸進的宣傳，能常常幫助他們做事，便可於無形中掃除一切的迷信，逐漸的把舊家庭改良，什麼戀愛的障礙啦，婚姻的慘劇啦也可少些了。我們要知道居子女的地位要改造父母為家長自己的家庭是不容易的，若是去感化族人親戚朋友的家庭或者容易些。一定要自身受壓迫的苦痛，才用硬性的反抗，無此者只管在紙上空談家庭改造，又有甚用處呢？學校不時召集學生的父母家人，開一個懇親會；或者是學生會為附近的居民於某種

紀念日開遊藝會；利用這種機會，以種種方法為文化的宣傳，我想這樣變形的講演也是很有益的。

（三）調查

現在大家只是空談主義與思想，到了解決問題實際改造，便不能不熟知社會裏種種的實況。現在雖有人漸漸注意到社會實際的觀察了，仍不過是表面的觀察，籠統的敍述；可以數字代表的一切統計，還沒有人着手。我希望有一部分人不憚煩瑣去幹調查的事業，更希望研究社會學社會問題的學者指導他們。要使社會各種實況悉呈於吾人之前，絲毫不爽，才可以發見他的癥結所在，確定改造的計劃。

（四）出版

出版事業雖是紙上空談，然也不能把他輕視。日本不過當我四川一省，稍有名的雜誌能銷一萬以上至數萬，改造雜誌發行不過兩年，現在已銷至四萬五千餘份，而吾國銷路最廣的「新青年」不過萬份左右，像我們「少年中國」不過四千，兩兩相比，何啻霄壤。文化運動的效果也就可知了。我以為想把他推廣，既要（一）出版數的自身，要力求改善，說的東西儘管高深新穎，文字務求適合一般不看慣外國文的中等程度，這是一層；社會裏不宜性質有相同的雜誌太多，而且要絕對公開；為社會改造，文化運動，一般之鼓吹的，只要有最有價值的兩三個，凡真有價值的普通文章都可以投到他那裏去；此外就是特別注重一類問題或一種學問的專問雜誌，如特重勞動問題，婦女問題，經織組織，新村，教育，文學，哲學，科學，等等；雜誌界能夠弄成一個有系統門類的分工，使個個都是有價值的，那麼，讀者才可以節省金錢時間，易於選擇，而從事文字鼓吹的也不至枉費心血，或事倍功半，這又是一層；（二）社會上要有推行的機關，一般的書賈只以營利為目的，就不會顧到讀者的利便，學生販賣的組織只限於校內，此後宜推及社會，要有一種只求維持存在純以文化運動為目的的書社經營這事，還可以附設閱覽室，便成了一個小規模的通俗圖書館，閱覽室裏每書可以備兩份，以一份徵收極微的租金，或不要租金只有保證或押款便可以借出，以便利無錢買書的人，這都是一種很好的社會教育事業。我又有兩個希望（一）

希望以後雜誌界裏多出幾個有價值的通俗週刊或旬刊像北京的「新生活」，好不好是另一問題，他能夠傳播到鄉曲僻壤，影響就不小了，（二）希望識字的農夫工人店夥以及婦孺老嫗的手裏常常得些供給他們以相當的知識不要錢的小冊子，現在只有宣傳無政府主義，共產主義的小冊子，我希望傳播一切的思想的都要多多散佈不要錢的小冊子。總之我們認定文化運動是普及民眾的運動，不要當他是知識階級裏的交換知識。

要使中華的民族起死回生，要使民治的共和實現，只有普及教育；要創造少年中國，就先要有少年中國的民眾。以吾國土地之廣，民眾之大，只靠國家的機關同大人先生們去講普及教育，我恐怕教育就永遠沒有普及的一天。少年中國的少年呵！不要當文化運動是一種英雄名士的事業，沽名釣譽的方法，要當他是義務的教育，切切實實去做。不要以為那些瑣碎麻煩不足以顯名聲的我就不幹；現在人人都有兩重的資格，便人人都有教育者的責任，我們不幸生在中國，這種責任更大起來；所以以前文化運動是少數人的事業，以後便應該出齊人馬。學生的能力雖小，然平均中等以上學生能夠每人每年出一塊錢，每人每一個星期犧牲兩三小時，便可以成就很多的事業了。

九，十，二七夜。北京。

洪水與猛獸 [蔡元培]

原載《新青年》，1920 年 4 月 1 日，第 7 卷第 5 號。

洪水與猛獸

蔡元培

二千二百年前，中國有個哲學家孟軻。他說國家的歷史，常是「一亂一治」的。他說第一次大亂，是四千二百年前的洪水。後來說到他那時候的大亂，比較禹的抑洪水，周公的驅猛獸。所以崇奉他的人，就說楊墨之害，甚於洪水猛獸。

他又抱自己的距楊墨，比較禹的抑洪水，周公的驅猛獸。所以崇奉他的人，就說楊墨之害，甚於洪水猛獸。

後來一個學者，要是攻擊別種學說，總是襲用「甚於洪水猛獸」這句話，也用他。譬如唐宋儒家，攻擊佛老，用他。清朝程朱派，攻擊陸王派，也用他。

現在舊派攻擊新派，也用他。

我以爲用洪水來比新思潮，很有幾分相像。他的來勢很勇猛，把舊日的習慣衝破了，總有一部分的人感受苦痛；仿佛水源太旺，舊有的河槽，不能容受他，就泛濫岸上，把田廬都掃蕩了。對

二千二百年前，中國有個哲學家孟軻，他說國家的歷史，常是「一亂一治」的。他說第一次大亂，是四千二百年前的洪水；第二次大亂，是三千年前的猛獸。後來說到他那時候的大亂，是楊朱、墨翟的學說。他又抱自己的距楊墨，比較禹的抑洪水，周公的驅猛獸。所以崇奉他的人，就說楊墨之害，甚於洪水猛獸。後來一個學者，要是攻擊別種學說，總是襲用「甚於洪水猛獸」這句話。譬如唐宋儒家，攻擊佛老，用他；清朝程朱派，攻擊陸王派，也用他；現在舊派攻擊新派，也用他。

我以為用洪水來比新思潮，很有幾分相像。他的來勢很勇猛，把舊日的習慣衝破了，總有一部分的人感受苦痛；彷彿水源太旺，舊有的河槽，不能容受他，就泛濫岸上，把田廬都掃蕩了。對付洪水，要是如鯀的用湮法，便愈湮愈決，不可收拾。所以禹改用導法，這些水歸了江河，不但無害，反有灌溉之利了。對付新思潮，也要捨湮法用導法，讓他自由發展，定是有利無害的。孟氏稱「禹之治水，行其所無事」，這正是舊派對付新派的好方法。

至於猛獸，恰好作軍閥的寫照。孟氏引公明儀的話：「庖有肥肉，廄有肥馬，民有飢色，野有餓莩，此率獸而食人也。」現在軍閥的要人，都有幾百萬幾千萬的家產，奢侈的了不得；別種好好作工的人，窮的餓死，這不是率獸食人的樣子麼？現在天津、北京的軍人，受了要人的指使，亂打愛國的青年，豈不明明是猛獸的派頭麼？

所以中國現在的狀況，可算是洪水與猛獸競爭。要是有人能把猛獸馴伏了，來幫同疏導洪水，那中國就立刻太平了。

附記：這是蔡先生替北京《英文導報》的特別增刊做的。我們因為這篇文章是現在很重要的文字，很可以代表許多人要說而不能說的意思，故把他的中文原稿登在這裏。

適

「五四」以後的北京學生 [周炳琳]

原載《少年世界》，1920 年 1 月 1 日，第 1 卷第 1 期，頁 14–19。

　　北京學生對於舊社會舊制度舊勢力的懷疑不自「五四」起，但是「五四」是北京學生思想變遷的大關鍵。「五四」以前不要說那班讀死書，不思索的學生絕不想到已成的勢力要學生去推翻，就是號稱自覺的學生也祇曉得「厭故喜新」，至於「除舊佈新」他們絕不想是當學生的時候能夠做的。我還記得五月四日的前一天晚上北京大學學生議決爭外交的辦法和五月四日上午各校學生代表聯合議決的辦法都不出遊行這個舉動，遊行的目的是（一）喚醒市民，（二）使外交團注意中國民氣，各電本國政府主持公道，（三）行經曹汝霖住宅時罵曹——當時並沒有打曹的意思——使親日派稍稍斂迹。那天下午各校學生齊集於天安門後，便整隊向使館界進，意欲穿行東交民巷以達第二項目的，行至美使館附近被使館界的警察阻住了，辦半點多鐘的交涉仍舊不許過，當時就有辦交涉的代表——優秀分子——主張向後退，出前門遊行，大街，以免麻煩。因為大家堅持罵曹的成議，才整隊向趙家樓——曹汝霖住宅所在——出發。那時大家的心裏還是過曹汝霖的門時痛罵他一頓，直到了罵得怒氣勃發的時候才破門入宅拖打章宗祥。依此看來，五月四日那種熱烈的舉動完全感情的衝動，説不上真正有「除舊佈新」的覺悟。這覺悟發生於什麼時候呢？他緊接五四運動而發生所以我説「五四」是北京學生思想變遷的大關鍵。

　　「除舊佈新」的覺悟緊接五四運動而發生，他的理由很易明白。五四運動雖是感情的衝動，然而事後覓根據，覺得這種舉動很合於理性。理性的根據一到手，勇氣陡然增漲，不但消極方面任你政府用怎樣高壓的手段屈服我不了，而且積極方面謀舊的改造與新的創造。「抵抗強權」和「開闢新機」就是「五四」以後北京學生的生活。本篇要説的是從「五四」到現在短期間內這生活的歷史。

　　這短期間的歷史拿活動的趨向做標準可以分作三個時期，（一）抵抗與救護的時期，（二）宣傳的時期，（三）佈新的時期。現在依着次序記述。

（甲）抵抗與救護的時期

從「五四」到六月底是抵抗與救護的時期。五四運動被捕者三十二人，政府施高壓的手段無所不至。各校學生曉得不拼死爭不但被捕的救不出來，連教育基礎都要動搖，於是團結一致為種種示威的運動一種激昂慷慨奮不顧身的氣概引起國人援助的心，政府亦曉得眾怒難犯，暗中雖大施其伎倆，面子上不得不表示讓步。鬧得最熱烈，素來只曉得讀書不問別事的學生出來幹事，素來在醉夢中的學生驀然醒悟，是在這個時期。這個時期內經歷的事實大要如下。

營救被捕的□以學生打聲勢赫赫的官僚是中國少有的事，況且打的，幸而沒有挨打的，是有金剛的稱號，政府倚他們借債，日本倚他們通奸的章曹陸，當道的豺狼怎肯放鬆，若未被捕的同學不拼死力爭，那被捕的必有生命的危險。所以那時的北京學生飯可以不吃，睡眠可以不足，被捕的不可不營救，而且營救得愈快愈好。被捕的當天晚上各校學生就立誓同死生，第二天就成立各校聯合會，素來沒有組織的北京學生當這個時候有小的組織，有大的組織，一呼百應，恐怕辛亥那年南京臨時政府的組織還沒有這樣好。拼命搭救！拼命搭救！這種呼聲一天高似一天，直等到五月七日被捕的釋放回校才改搭救的聲為慰勞的聲。

擁護教育基礎　被捕的三十二人釋出的第二天北京大學蔡校長被迫出京，各專門學校校長宣言與蔡校長取一致的行動。那時北京立陷於無教育狀態，不久教育總長傅增湘亦棄職而走，北京學生本想專力爭外交，忽又有此波折，乃不得不急轉直下，先去擁護教育基礎。我記得有一次同幾個同學談話，說到外交這樣吃緊的時候忽又有教育基礎動搖的事發生，至於欷歔泣下，那時北京學生的痛苦就可想而知了。亦全靠奮鬥的精神擁護的熱忱才把安福部破壞教育的陰謀和田應璜的教育總長夢打破。奮鬥之花！奮鬥之花！奮鬥的結果，被捕的竟救出來，教育基礎竟維護住，北京學生從此成為曾經訓練的戰士，膽大氣豪，不怕死，謀進步的了。

「六三」運動　五四運動的背景是積極爭外交，因為營救被捕的擁護教育基礎是當務之急，就暫時把「爭外交」擱下來。好像走一條路，路上

有障礙物，須得把障礙物搬開才可以走，只好暫時不走，把障礙物搬開。不過搬開障礙物為的是要直行無阻，搬開之後就應前進。北京學生營救被捕的擁護教育基礎為的是爭外交的便利，被捕的救出來教育基礎擁護住之後就應急起直迫的爭外交，所以「六三」的前幾天北京學生對於要求政府外交公開罷免曹章陸，挾他們的勇氣着着進行，一面對政府取干涉的態度，一面對國民取提醒的態度，遊行講演團販賣國貨隊佈滿街市。不料冥頑不靈的政府竟敢違反眾意，妄加干涉。北京學生爭外交間接的障礙剛去，直接的禁止橫加，於是又偏向「抵抗」於是有六三運動。是役被拘去幽於北京大學法科者有千餘人，蠻橫的軍警肆他們的淫威，不給粒食，槍傷刀擊，無所不至。消息傳到各地後，人心激昂，於是有上海天津等處的罷市罷工。東罷西罷才做到曹章陸辭職照准，北京學生只做到「抵抗」曹章陸去職全靠各地工商各界的力，然而也因為北京學生能奮鬥，各地人民才肯出來援救。奮鬥！奮鬥！奮鬥之光照耀全國。本期北京學生的活動大概如此，還有「五七」日刊的隱現和女學生的覺悟留待篇末說。

（乙）宣傳的時期

宣傳兩個字在這個地方怎樣講呢？這個地方所謂宣傳意思就是把「五四」以來我所覺悟的所經歷的傳達於各地的學生，希望他們向同一方向活動，並助他們活動。從七月一日到九月十日——暑假期間——是北京學生回到鄉土宣傳學生活動的方法的時期。暑假散學以前，北京學生相約除留京辦事者外，歸到本省本縣宣傳學生活動的方法，並助各該省各該縣學生活動。這種辦法暑假期內回去的學生大都實行，收效很大。現在各省各縣都有學生組織的講演團檢查日貨團，得北京和各大埠暑假回籍學生的提倡幫助的力確是不少。各地學生聯合會的成立亦很得北京學生暑假以前派出的代表鼓吹的力。全國學生聯合會由北京學生提倡，成立後北京學生在內盡力者，更是不少。

在這個時期內發生一件北京學生的羞亦是北京學生的榮的事，就是北京大學暑假留京的學生有少數敗類被安福俱樂部收買做歡迎胡仁源拒絕蔡元培的勾當，被同學偵覺，受了一番痛懲。這件事要求蔡元培回大學不但

是北京大學學生的公意，而且是北京學生的公意，不但是北京學生的公意，而且是國人的公意。北京學生苦心孤詣把教育基礎維住，正幸有以對國人，忽有少數敗類與教育界公敵安福俱樂部聯絡，陰謀破壞大學，藉此動搖教育基礎，自是可羞之事。偵覺以後，北京大學學生毅然決然懲罰內奸，宣佈他們的罪狀，以謝京中各校學生，以謝國人，涉訟之後，甘入牢獄，抱定「出了研究室便入監獄，出了監獄便入研究室」[1]的宗旨，奮鬥和犧牲的精神何等豐富！有了這可羞的事才現出這可欽的精神，所以我說是北京學生的羞亦是北京學生的榮。那些回籍的北京學生得到這消息，更是怒喜交集，一面頌讚在京的大學生的勇敢，一面口筆宣佈安福俱樂部的罪狀。

（丙）佈新的時期

這個時期從九月北京各校開學起，到現在不過兩個多月，這樣短的時期那裏說得上佈新，但是我用佈新兩個字是因為北京學生近來很有這樣的趨向，不久一定在佈新兩個字上用實地的功夫。我的觀察對不對此後北京學生的活動自能證明。

從前我們對於舊制度只曉得致不滿意的詞，現在便不然，於不滿意外並想到用什麼替代他，怎麼改良、解放從那裏入手、改造用什麼方法。具體的辦法是什麼？具體的辦法是什麼？天天聽到這種聲音，我就斷定有佈新的趨勢。

我說的佈新也有見諸事實的。高等師範學生近實行學生自治，把校舍劃分做幾個自治區，區內一切設備管理衛生等等事頃悉由學生自己規劃自己執行。北大學生會亦不久將實行參與校務。如這一類的事，不但不滿意於舊制度或現制度，且進而謀改革舊制度，或竟推翻舊制度代以新制度。

1　此話原出陳獨秀

以上說「五四」以後北京男學生的活動。女學生的活動得略述如下。

（甲）與男學生一致爭外交

北京男女學生素來不相聞問，所以五四運動男學生事前不通知女學生，女學生遂未加入。但是一聞到男學生被捕，風潮險要，便派代表向男學生表示援助的誠意。從此以後，男學生有所舉動，女學生一一贊助，男學生露天演講，女學生家庭講演，經費亦量力捐助，不過沒有加入北京學生聯合會罷了。至所以不加入的原因大概是舊的男女觀念還沒有破除。

（乙）女子師範學生赴新華門請願釋放男學生

六三運動軍警拘禁男學生於北京大學法科講舍，女子師範學生義憤填膺，欲赴總統請願釋放，為校長方還所阻，前後門封鎖，不得出，乃併力破後門而出，直往新華門以遂他們的請願舉動。女學生的奮鬥精神很可以從這件事看出來。

（丙）女子師範學生要求更換腐舊的校長

女子師範校長方還腦筋腐舊，平日不准學生看報，新思潮的出版物輪不到女學生看更是不用說的了。去年該校開學生成績展覽會，我抽個空兒去觀覽，壁上懸的是字畫，桌上擺的是手製品，間有幾本課卷，關於作文修身歷史等科的卷翻開一看，無非是今人說古話，那個是賢母，那個是良妻，陳死人該做我們什麼好榜樣。文筆好的很不少，只可惜思想太舊，是誰的過？聽說方還對於學生來往的信檢查得非常之嚴，簡直不當學生是人。五四運動發生之後，他雖也同各校的教職員維持教育基礎，然而對於本校學生用種種方法禁止他們的愛國運動，上節說的封鎖學校的前後門便（使）學生不得往新華門請願不過是一端。自從學生不服破門而出那件事發生後，他就通知學生在京的家屬押學生回家。你道他的手段辣不辣？更有一件可笑的事，就是他有一次請美國杜威博士的夫人到校演說，他央人同杜威博士的夫人說，關於學生自動的話請不要說，杜夫人回答他，不能因為他一句話把伊平日的主張犧牲了。「五四」以後，女子師範學生的思想天天改變，知道這樣的校長要不了，便大張旗鼓要方還走，方還就不得不走。方還走

了之後，教育部派一位姓毛的做校長，聽說與方還相伯仲，果然恐怕女子師範學生又要幹一下。

（丁）女子師範學生鄧春蘭要求大學開女禁

男女教育不平等，求別的平等是不可能的事，所以有覺悟的男子應該提倡男女教育平等，有覺悟的女子應該運動與男子受同等的教育。今年暑假承「五四」之後，正苦沉悶，忽然霹靂一聲，有甘肅女士鄧春蘭繞道蒙古歷盡艱辛來京，要求大學開女禁。他在報上發表他給大學蔡校長請求開大學女禁的信，很引起北京教育界中人的注意。近來關於大學開放問題也很有人討論。大學開放遲早必見諸事實，只可怪鄧女士的信發表後，沒有第二個女士發表同樣的文字，難道不敢主張嗎？我以為大學應該開放已經不成問題，成問題的是怎樣準備入大學。現在鄧春蘭女士已入女子師範，他既為大學開女禁問題遠道而來京，想來一定約集同志研究這個問題。不過我以為關於怎樣增高女學生的程度——外國文程度增高尤其要緊——男子也應該討論，討論出的辦法男子可以幫助實行的也應該盡力幫助。（我在少年中國月刊第四期婦女號裏面發表一篇「開放大學與婦女解放」的文字，主張大學由婦女開放，至於婦女怎樣準備入大學沒有說到，現在說男子要幫女子忙增高他們的程度使他們可以入大學，與我從前的主張也不發生衝突。我以為現在女子能夠入大學預科的一定不少，若把外國文程度提高一點，女子入大學儘可以說毫無阻礙。）

一九一九，十一，二八。

再論我們今後的社會改造運動　[鄭振鐸]

原載《新社會》，1920 年 1 月 21 日，第 9 號，頁 1–3。

　　我在本報的第三期上，曾做了一篇「我們今後的社會改造運動」的文章；對於現在的新文化運動，表示一些不滿意的態度。我說：現在的社會改造運動是階級的「這句話實在有些語病，我曾與張東蓀先生在時事新報上討論過，現在不再解釋，姑仍原文。」是不向切實的方面做去的；我們的運動範圍又是過於廣漠的。末了並說：我們今後的社會改造運動，應該：（一）着眼社會全體（二）實地去做改造的工作（三）從小區域做起。

　　現在距做這篇文章的時候，已經有二個多月了。這種空談的偏猗的社會改造運動的趨勢，更是一天顯明一天，有難能矯正的樣子。長此以往，我恐怕我們的社會改造運動，不唯不能得有效果，並且有「曇花一現」，難於持久之憂了！因此我不能不更貢獻條意見，請大家注意討論一下。

　　我對於文字的宣傳事業，是極贊成的，並不敢有一些菲薄的觀念。但是社會改造運動的方法有多端，我們應當觀當時社會的情形而定其趨向，對於某特殊階級，應當採用什麼手段。同時有數種手段可用時，我們應當採用那一種，才能用力最小而取效頂大？這都是我們應當研究的，決不可專注意於某一方面，注全力於某種運動，而棄其餘的各方面，各種運動於不顧。因此我對於現在我們大家群趨於文字的宣傳事業的現象，實在有些不敢贊成。現在中國新出的定期出版物，還不到二百種——指現在尚存在的而言——實在不算得多——這麼大的一塊地方，只有這樣多的雜誌，同歐美各國比較起來，實在有些可憐！但是中國識字的人，本來是極少數的。識字而能看肯看現在的雜誌的，更少之又少。雜誌雖多，對於其他大部分的人，有什麼影響？況且現在看雜誌的人，差不多就是做雜誌的人。（這句話是我的朋友郭夢良君說的）雜誌愈出愈多，而看的人不能與之為比例，怎樣不有供給過於需要的毛病？（這個現象，現在已經漸著。我們看最新出版的雜誌的銷□多不大廣，可以知道。）固然一種雜誌出版，不能說絕對沒有受他影響的人，

然而用力這樣多不收效如此的小，按之經濟學的原則，實在是太不合算了！不僅如此，能看現在的雜誌的人，不過限於知識階級，充其量之所至，亦不過能改造一階級的人，而不能改造社會的全體。雖然説是覺悟了的知識階級，必能不自安於知識階級裏，而能想去打破他，然而注重文字的宜□的心理不改，他還是想去把他的思想，用文字傳播給知識階級，而絕不會在農工不識字的人的身上打算的吓！社會的改造，決非一部分的人的改造，所能成功，而必須全社會的人都已覺悟了才行。所以我們想去改造社會，就應該除去現在的聚注意一方面的現象，而分途並進，同時從各面下手，不拘於一隅，不專注意某階級的改造。換一句話説，就是：我們今後應該各視其性之所近，去做社會改造的各種運動，決不可有絲毫的「盲從」，聚於一隅，而從事於與自己不相習的工作。更明白的説一句話就是：我們新青年覺得自己於文字上沒有十分專長，尚未有專門的一種研究時，就應該毅然捨棄，去學那俄維斯的青年男女的「去與農民為伍」的精神，去教育他們，指導他們，把他們的思想更改，迷夢警醒，同時並把他們的生活改造，而把那文字的宣傳事業，付託與那有專長，有做過哲學人生科學的研究的工夫的人去做。諸君！去！去！！快放下筆來莫遲疑吓（這種的少年，我敢説是很多，可措（惜）現在都在筆墨中討生活，思以文字自見，我很希望大家能夠快些覺悟，早些去和那坦明可愛的好朋友——農工——去一塊兒生活。）這是我的第一層意見。

我的第二層意見，就是：我們應該分散到各省各鄉鎮等地方去做我們的社會改造運動，而不可以集中於一隅。現在的新文化運動的力量，實在是極其薄弱。所有的運動，大都是集中於北京，上海，長沙，天津，杭州，成都，廣州，漳州，那幾個地方。其餘極多的區域，都是絲毫沒有受到影響。可憐！我們出北京城十里地外，看他們土著的人民，直是過的上古的生活！他們的頑固，愚蠢的程度，真是達到極頂！最淺近的科學知識，他們也是一些不知道，無論是現在的新思潮了！如此接近文化的中心點的地方，為什麼竟有如此的人民？豈不是因為社會改造運動之沒有分散去活動的原因嗎？雖然我們力量還很薄弱，不能立刻就想把我們的活動，傳達至於全國的窮鄉僻壤，然而我們現在不能不有這種覺悟。去年夏天，北京的學生回

他們的家時，有幾個人很做了些成績；把新文化帶了歸去，傳播到他們的鄉里去。最顯著的例，就是廣州的民風之出現和溫州的永加新學會之產生。但是這究竟是最少數人中的最少數。其餘放棄了自己的責任的，正不知凡幾。我希望自今以後，大家都有這個覺悟，都不肯放棄責任，而極力去做本地方的文化運動。那末，其效力之大，可決其必不可度量了！諸君記著！鄉僻的地方，實在是一個最需要改造運動的，也是一個最容易受運動的影響的地方吓！（一因區域小，輕而易舉，二因熟於習俗，可以因利乘便，所以說最容易受文化運動的影響。）

　　我們的第三層，最後的，意見就是：我們覺悟了，我們就應該立刻做去。我們現在的社會改造運動，很患了能說不能行的毛病。儘管在報紙上討論，鼓吹，而實際上卻一些沒有做去。舉一個例說罷。新村，新生活的討論，我們不是看見很多報紙鼓吹麼？為什麼到現在還不能實行，又有幾個提倡新生活，小組織的人，主張得好像實有其事，實際卻幾曾做去。容易做的小組織，尚且不能實現，何況新村。中國人真是慣會說空話吓！（有人說：說北可的工讀互助團，不是新生活，小組織麼？實在是不對！因為小組織等的新生活，都帶有些汎勞動主義的色彩，人人必須耕農，決不同於現在的那個「中國都市裏的勤工儉學會」）欲救其弊，非以「我們覺悟了，我們就應該立即做去」那句話藥之不可！現在又有一種很奇怪的主張出現，就是說：我們應該先把知識階級改造好，然後再合全階級的力量，去改造其他的階級。請問中國知識階級的人有多少？全知識階級的人，都能夠個個把他改造過來麼？到什麼時候才能把知識階級全體改造好？用什麼法子，把全體聯絡起來，去改造其他的階級？咳！諸君！中國的知識階級，是什麼樣子？我們能希望他全體改造麼？「俟河之清，人壽幾何。」等到中國知識階級全體改造好我恐怕中國的民族，早已淘汰淨盡了！欲藥這種思想，我們也須「用我們覺悟了，我們就應該立刻做去」那句話。

　　以上三個意見，有的是可以補充我的前一篇文章的未備的意思的，有的是另外加入的主張。現在且把二篇文章總和起來說句話，就是：

（一）我們應當着眼於社會的全體，不可偏於一階級的改造。

（二）我們應該各視性之所近，分途去責行社會改造各種的運動，不可專趨於一種運動，

（三）我們的運動，應該採用最有效力的辦法做去

（四）我們應該分散到各地方去活動，不可集中於一隅，

（五）我們運動的範圍，以較小的區域為宜。

（六）我們覺悟了，我們就應該立刻做去。

學界運動與國政之關係 ［鄭振鐸］

原載《大公報》，1920 年 1 月 30 日

字林報北京通訊云。中國學界行動，其勢足以使全國覺悟，而造成有條理之輿論。此種行動自發生至今，已漸入極重要之時期。蓋不特外人與夫識見遠到之中國官場，目此舉為中國極重要之政治的表象，即中等社會之人，亦漸與學界鼓動而成之熱誠與期望，互相應和也。無論中外人士，以中國樂利為懷者，無不知中國人民之將來，以及外人在中國之利益，無不全賴中國能從速發生聰明優秀之代表政治。學界舉動或足為達此目的之媒介也。然反而言之，中國亦可因學界舉動，而使贊成中國有民主政治者，為之大感失望，又且阻遏民主政治之發達，至於無復盡期。中國普通官吏以及據高位握重權之人，無論其自

私貪得之心若何其甚，至於甘心賣其本國利益而不恤。然此等人中確無一絲愛國心者，百不得一。苟中國人民能自表見其復蘇之象，能明白本國利益所在而盡其力量以保護之。則彼身為官吏之人，無論若何不肯負責，亦將勃然生其勇氣，盡其學職，而與人民之願望相響應也。

今日中國官場，殆未有一人不願見學界舉動。確成民意蘇醒之表徵者，頗有官場中人向日唯知依賴黨派。自使私圖，或專與外人私營密結。今日亦為學界舉動所表示之民情觸動，而欲乘機使其良心上之覺悟，與物質上之利益相化合。蓋商學二界之行動，今日已感動全國人之心理甚深。自此種舉動以來，全國各界，乃無不關心於內政外交。其效果尤較辛亥之革命為鉅，彼此相較，覺革命之效，頗為膚淺。今不特華人注意國事己也，即大小官場向以人民不問政治為利者，今亦漸為人民昭蘇之力所感，倘能憑藉民政之勢力，而推翻其向所依賴之偽軍政。其私心亦未嘗不竊喜耳。

然學界運動，能否有使中國昭蘇之效。固將於今日見之或將成一種政治的器械，如辛亥革命之產出舊國會，亦將於今日見之，使學界舉動退化，而成政治的器械耶！則其結果必大失國人之信仰，而毫無價值，□與南方之護法運動無異也。使其僅成反對政府之學潮耶！則不特將失大多數優秀官場之擁護，即彼中堅分子之商界，亦將不為贊助官場中之優秀分子，頗能為新生之民國盡力。而商界多側重保守之人，凡民意有所表示，固非依賴商界，不能有成也。今之學界態度，頗類歐洲工界之騷動，歐洲工界所切齒者為資本家。中國學界所蓄憾者，為官場。任學界之志固謂為官無論大小，但使身在公家，則為一月四元之街頭巡警乎？抑為年獲四十萬金之督軍乎？皆日本所派之人，而民主政治之大敵也。至於服官之人，一面盡力保護本國利益。一面行用外交力避與日本衝突。則學界騷動之人所不及知也。故中國官場苟遇外人來侵，以軍艦大炮相向，而不敢與抗。則眾皆側目，決為日本所利用，以自賣國家之人矣。

今北京官場之中：雖然為保守性成之人，亦未嘗不視學界所倡導之新思想為中國之有力救主。此在學界或以為不可信。然其事則其甚確，頗聞巨老長官，互相聚譚。亦謂商學二界聯合行事，大可為有，特勿為之太急耳。

察各處學界團體之意，凡遇日人旅居頗眾之地，輒欲與人挑戰，而利用此種擾亂，以激全國之憤。彼身為華官者，當此情形，固惟有竭力防免衝突，使學界舉動但以開導民智為限。然此種限制，在學界視之，即無不目為顧全日人利益而起。於是一切不顧，竟至排斥外交而責備官場以親日之惡名加之近日濟南學界。與巡警之衝突一事，頗有教訓可尋。然今之山東官場，固皆深信學界舉動之潛勢力者。但使學界行動，不趨釀亂之途，則彼官場未始不欲力助此種舉動也。

　　學界運動之第一要學，在於教育眾民。啓導民智，唯今日則似為抵制日貨所動，而不知其他。但抵制日貨乃一旁生之節目，苟學界人士。志在永有利益於中國，則其大事業在全國人蘇醒，使全國上下皆關心國家。一面又組織種種機關，使人民願望，可以通達無阻。夫以上所陳，乃民主政治第一大事。而中國能有民主政治，使其日見發達，又為自列於大國之林之第一要事。倘中國學界能培養國人，使人人關心國事，則西方各國，自將關心中國之存亡。而遠東難題，將應手可解也。今之中國政府，無有居其旁而為督察之人，則人民監視，勢不容己。倘果誥誠商學二界謂毋須措意於官場之行動，此固又有犬害。然亦有不容己於言者。今日各省執掌權勢之人，與其由學界反對，毋寧與之提攜之為愈。然中國高等官吏，每多自視儼然，令人不可親近，亦自令人可譏。故謂各省官吏，凡遇地方意氣稍激之人，似宜躬與款洽。庶為得半之道，蓋各團體之舉動。在官場非不密不同意，特不得於眾面上示其反對之色耳。過激黨之勢力，已漸有侵入中國之象。國中教育家之大半，因目擊本國官場不能實地革新意懷失望，頗願國中發生軒然大波，以驅彼軍閥中人於國外。共分其不義之財於公眾，徜各省官吏尚能與學界團體相攜手，則過激黨之禍，必不致侵入中國。特須官學二界彼此肯稍俯就，即已足矣。

學生的根本上運動 [鄭振鐸]

原載《新社會》，1920 年 2 月 21 日，第 12 期，第 1–2 頁。

現在因為外交的問題，全國各處的學生運動，又起來了。天津的運動，已經失敗了，北京的學生，也鬧得沒有十分的結果。他們不唯運動不得效果，並且還給政府恣意的蹂躪；被補的也有，被打的頭破腿折的也有，一切言論行動的自由，完全被剝奪盡了。咳！全國的國民很多，為什麼都不起來，卻坐視學生之「奮鬥」「反抗強權」而不一援手？

我前天遇着好些朋友，他們對於學生的運動，不唯不贊許幫助，並且還有許多微辭；許多商家，對於學生的被補被打，也若「無與己事」袖手旁觀。求他們與學生一致行動，真是困難極了吓！咳！他們為什麼如此？良心都死了嗎？

不對！他們是沒有覺悟，沒根本上的覺悟！

北京《益世報》曾說學生極為可憐，舉國乃無一人為之後盾。這句話實在不差。在前次——去年——請願風潮時，上海的《時事新報》，曾極力主張直接的群眾運動。真是夢話！除了學生以外，誰還肯去幹這事？即使學生都流血死於朝市，我恐怕這個靜的死的無為的中國社會裏，還是沒有人起來繼他們後步的吓！

咳！可憐！他們為什麼如此？

他們是沒有知識，沒有奮鬥的精神吓！

使他們有知識，明事理，有覺悟，有奮鬥的精神，我知道一定不待學生之起來運動，他們自己早已自決了！

法國何以有大革命！俄國何以有新政府的建設？

是學生的力量麼？不對！是全體社會的力量！

要問他們的社會，何以如此？則我敢說是因為他們有知識，明事理，有覺悟，有奮鬥的精神！

勞動運動的發生及其歸趣（一） ［季陶］

原載《星期評論》，1920 年 3 月 14 日，第 41 號，第 1–2 頁

（一）五四、六五運動與中國產業界的新問題

去年「五四運動」發起以後，全國社會上，掀起了一個極大的波瀾。從北京捲到長江，再流向西江流域。這個潮流流到長江以後，被長江南北許多固有的暗礁，激盪來激盪去，又引起一個極大的波瀾，成為「六五運動」。沉悶了多少年的中國思想界和實生活的社會，被這兩個大潮流衝動起來，現出一個活潑潑地的景象。

單是從政治上看，似乎這兩個大運動，只是惡政治激動起來的義憤。單從思想上看，也好像只是新思想對舊思想的激戰。單就國際上看，更明明是受日本傳統政策欺凌了多年的中國人所當然發揮的復仇運動。

不錯！以上所述種種方面的原因，都是真的。但是照我看來，上述種種原因，可以總和起來，說他是由「生活的不安而生的社會運動」。由種種生活上的壓迫，釀成一個國民的生活缺陷。這一個缺陷從前沒有許多人感覺到。或者有感覺到的，也沒有認識出所以發生這個缺陷的原因和救濟這個缺陷的方法。並且也看不見這個缺陷，範圍這樣廣大。自從歐戰告終，那已經到了瓜熟蒂落時期之歐美資本家的產業制度，便一齊露出種種大小破綻。「改造」、「解放」、「革命」種種激越的聲浪，繼戰場殺聲之後而起。各民族，各國家，各階級，各階級中的部分，都各自適應着他們的境遇，絕大的階級鬥爭，恐怕比五年來世界大戰爭，景況還要悽愴，範圍還要廣大。我們這些在睡夢中吃了多少年說不出的苦的中國人，也就被這個大波濤的聲音驚醒了。雖是看不清楚，想不明白，卻是也就各自感覺到「墨守舊慣」，是一定過不去的。所以比較受思想的洗禮早一些的人，也就不能不招呼着同境遇的人，順着這一個「全世界生活改造」的潮流走。但是要向前進，一定和那阻攔着進路的種種障礙物衝突。「五四」、「六五」兩個大運動，在一方面，就是招呼同境遇的人一致團結。在一方面，就是團結起來和阻攔進路的障礙物決鬥。

「五四」、「六五」，兩個大運動的「基調」，就是如此。在運動當中，不用說是有許多無意識的人，跟着這個運動盲進的，這也並不是奇怪的事情。因為人的本能上，是有一個感受性的，當他感受一種動力的時候，一定

會適應那一個動力，發生一種「律動」的傾向。舞蹈的人，差不多在無意識的狀態裏面，去附和韻律，就是這個道理。不過這些僅僅在「律動」的原則支配下面活動的人，一旦那一個韻律的活動停止，或是緩漫，他那律動的傾向，也就停止。這就和那和着掛鐘滴……達……滴……達……的音律沉睡下去的人，掛鐘振子的運動停了，往往會醒轉來，在物理上的意義是一樣的。我們一點也用不着認為可悲可嘆的事實，他們也只是自然的現象之一罷了。

我們且看，五四、六五兩個大運動以後，中國有甚麼新現象發生呢！這兩個大運動的主因，既然是在「生活不安」的上面，那麼就當然在生活上引起重要的結果才對的。

五四、六五，兩個大運動以後，在產業的主要現象，大約有兩個。

（一）勞動運動的意義，漸漸為一般社會所認識。只就上海一地而論，同盟罷工的事實，接二連三的，發生出來。勞動階級的團結，也漸漸具體的實現起來了，雖是範圍很狹窄，勢力很薄弱，色彩很不鮮明，但這是初生時代當然的現象，一點也不奇怪的。

（二）新工業的勃興。這個現象，就比勞動運動的進行，速度快得多了。單就上海一個地方而論，由五四六五兩大運動的刺激，發生出來的新企業熱，真是有一往直前的氣慨。在纖維工業一部分，直接受着排斥日貨的影響，獲利更大。去年下半期棉紡織工業的大獲利的景象，在中國要算是空前。新企業計劃增加的盛況，也是從前各年度所萬萬趕不上的。就以上海的紗廠而論，利潤額差不多達到 100% 的已經有好幾家。只要看紗廠盈餘報告，就可以曉得了。

這兩個現象，都是「五四」、「六五」兩大運動的收穫，可是這兩種收穫，在產業界勞資兩方面的利害上看來，是絕對背馳的。資本家方面，在去年「五四運動」初發生的時候，他們因為自己無識，看不見「五四運動」的基調在甚麼地方，以為「五四運動」只是在要求國民一致對付日本的資本閥，絕想不到五四運動的基調，是在「平民生活改造」的上面，所以不知不覺的還附和着律動起來。到兩大運動的時期經過了，他們受了「國民自給」聲浪所鼓盪成的提倡國貨的良果，賺了大錢。同時又受着提倡國貨的愛國

心所鼓盪的企業熱的影響，藉着在提倡國貨的機會中間所攫取來的營業利得，定出許許多多的新企業計劃。到了這個時候，他們才看到五四六五運動效果的別一方面——就是勞動運動的方面——和他們利害前途的衝突來。於是從前那附和新文化運動之律動的行動便停止了。這一下他們階級的意識，倒自自然然的，先勞動階級的階級意義而起。同時也就不能不知以平民生活改造為基調的新文化運動絕緣。不但要絕緣，並且也就不能不佔在反新文化運動的方面去。

有幾個從北京來的人說：

> 京津的學生，以及山東的學生，這一次為反對直接交涉而起的大群眾運動，奮鬥和犧牲，到了這樣悲壯悽愴的程度，比起去年五四運動前後的奮鬥力，要加了幾多倍，犧牲要擴大了幾多倍。何以上海方面的市民竟不能夠對於京津山東的學生和市民，在事實上表示一點同情？這甚麼緣故？

說這話的人，他們太過看低了上海的市民。他們不曉得上海這些打最新式一百三十橋算盤的市民，比起北方那些只會打十三橋盤的市民，程度本是差得很遠的。上海地方，就商業和金融的關係上說，本是中國的紐育。就工業上說，也可以說是中國的滿恰斯塔爾 Manchester 人說英國的滿怯斯塔主義的國家，中國長江一帶，也差不多要被「上海主義」所風靡。甚麼是「上海主義呢？就是把古江南的金粉文明上面，加上近代工商業文明的合成品。我們從「英租界南京路」一個地名的歷史背景上聯想過去，就可以曉得「上海主義」的意義了。從前說到上海，聯想於「金粉文明」的歷史事實多，現在說起上海，聯想於「滿怯斯塔文明」的歷史的事實更多了。剛剛在這「上海主義」大盛的時候，他們這些人的眼睛裏腦筋裏正印進了「奉大總統明令……利國福民，薄海稱慶，同人等深維政府提倡之殷，社會需要之急」，（這幾句話是在官商合辦的銀行告白上面抄下來的）的時候很怕這些提倡新文化的結果「摭拾泰西糟粕，僅作片面言論，發揮不負責任之論調，以謬傳謬，盛倡自殺主義，實業界固直接蒙其害，社會國家，亦間接蒙其害焉」。（以上幾句話，是從穆藕初先生宣「女工問題」文裏面節錄出來的）那裏會來管這些害自己的事呢？

不但如此，去年五四運動，正逢着上海有一個反對少數人組織的舊商會運動的時候，上海的實業家和想做實業家的人，以為新文化運動，和他們是同調的。所以才糊糊塗塗的律動起來。再加上學生團體的強烈運動，大多數的店員——商業上的勞動者——和學校裏的學生，表一致同情，這一個感動力，壓在了全社會的上面，方才發生消極的六五運動來。在雇主階級方面，雖是也有幾個很熱心的人，但只是「鳳毛麟角，不可多睹」的。現在這些雇主們又在報紙上學了半年多□□□□□□□□□□□□□□上所紀載的歐美日本□□□□罷工電報和上海本地罷工的事實嚇昏了，更那裏還肯來贊成新文化運動呢？

　　比如說，上一次紗廠因為辦事的日本人打了工人代表，鬧出幾千人同盟罷工的事實來，當排日風潮這□盛的時候，何以竟沒有一個人出來講說話呢？何以就沒有一個人肯替受日本人虐待的工人幫一點忙呢？即此一端，已經可以曉得「滿恰斯塔爾主義的上海人」的良心的顏色了。

　　這樣看去，我們可看明白了，五四運動六五運動的基調，本是在「平民生活改造」的上面。但是這一個基調，在運動的正當中，被許許多多律動的高腔遮住了。當時很不容易使人人都看明白，而且這一個平民生活改造運動的結果，直接間接的，促起中國資本階級勞動階級兩方面的階級意識。同時也就促進了工業革命運動——資本家主義的大工業勃興！和勞動階級團結運動同時並進的新形式來。兩個運動，各形成一個力的中心。兩力的方向，成為正反對，不到一個力打消一個力的時候，衝突是無已時的。

五四紀念日敬告青年

[黃炎培]

原載《申報》，1920 年 5 月 4 日，第 3 張。

「五四」「五四」，於今一年了，這一年間，社會空氣，忽而緊張，忽而散漫，不知變化了多少？青年心理，忽而喜，忽而怒，忽而悲苦，不知變化了多少就是？社會對於青年的態度，也不知變化了多少？吾敬愛的青年啊！身受的痛苦，還是有限，像諸君這樣單純潔白的腦筋，如何受得住這樣惡濁社會所蒸發的甜酸苦辣的滋味。假使國家政治修明，用不著諸君費這樣大的氣力，又假使一般國民有愛國心，有實力，足以監督指導政府，也用不著諸君在青年時費這樣大的氣力。諸君生在這時的中國，算是諸君的不幸了。轉過來一想，成敗不足論，苦樂不必計，這種甜酸苦辣實是在在經驗，倒是無價之寶，諸君受了以後，用冷靜的頭腦，下一番親切的考省功夫，優點啊，發揮他，弱點啊，修補他。比呆讀死書，正不知得益多少哩？今天是第一個五四紀念，把吾所欲貢獻於諸君，以及所聽得人家希望諸君的話，認為很有價值的，分條寫出，請吾敬愛的青年，平心想一下。

一、不論什麼事，切不可忘掉兩個問題。就是「是什麼」？「為什麼」？在意氣極盛時，更要注意。

一、「愛國不廢求學，求學不忘愛國」真是至理名言。宜切記。宜實行。

一、根本救國，必在科學，倘使沒有人肯用冷靜的頭腦，切切實實在科學上做功夫，吾國萬無存在的希望。

一、學生自治，是學校最好的給合。(參觀新教育第一卷第三期美國學生自治研究委員會宣佈)依年齡和程度，為相當的組織。吾人須了解學校自治真意義，實共和國家的基礎。對己在以自力養成規律的生活，對人在以群力發揮服務的精神。

一、關於社會服務的種種事業，吾人應認為神聖高尚的天職，勿因社會腐敗而厭棄他。應原諒他，開導他。勿因社會錮蔽，不從吾開導而強迫他。應以誠懇的態度，不厭不倦的精神勸化他。

一、勞工神聖，是吾人良心的主張，吾人對於可憐的工人，須盡力設法給他相當知識和待遇，須根本上救助他，使他徹底覺悟，不願專挑動他粗暴的意氣，因為無知識，即無實力，單是意氣。轉使他陷入苦境。是吾人良心不安的。

一、社會大病在虛偽，在苟且，在猜疑，在傾軋詬罵，在遮遮掩掩。就為如此，所以國事糟到這田地，吾人萬不可染這習氣，務須至誠，切實，公正，光明磊落，彼此原諒。

一、人尊敬我，推重我，稱道我，勿因而自誇自大。有規勸我的，是他的好意，勿拒絕他。就是有非笑我的，也是他的失德，勿懷恨他。

一、無論愛國運動，文化運動，勿因收小效而自滿，勿因遭小挫而灰心。最要緊的，是用綿續不已的精神，采行有效的方法。

吾敬愛的青年啊，這都是良心話，並不是就要諸君做，是要諸君想。想來對的，吾人大家去做是了。

「五四紀念日」感言 ［梁啓超］

原載《晨報》，1920 年 5 月 4 日，第 7 版。

去年五月四日，為國史上最有價值之一紀念日，蓋無可疑，價值安在，則國人自覺自動之一表徵是已，「五四運動」，本不過一種局部的政治運動，其成功亦遠不逮運動者之所預期，然而無損其價值者何也，則以此次政治運動，實以文化運動為其原動力，故機緣發於此，而效果乃現於彼，此實因果律必至之符，一年來文化運動盤礴於國中，什九皆「五四」之賜也，吾以為今後若願保持增長「五四」之價值，宜以文化運動為主而以政治運動為輔，第一，為國家之保存及發展起見，一時的政治事業與永久的文化事業相較，其輕重本已懸絕，第二，非從文化方面樹一健全基礎，社會不能洗心革面，則無根蒂的政治運動，決然無效，第三，目前之政治運動，專恃感情衝動作用，感情之為物，起滅迅速，乏繼續性，群眾尤甚，經數次挫折，易致頹喪，頹喪以後，元氣之回復，倍難於前，第四，現在萬惡的政治社會，朝野皆一丘之貉，一與為緣，則鈎距傾軋自炫放逸諸惡德必相隨而起，易使人格墮落，以此諸因，故吾以為今日之青年，宜萃全力以從事於文化運動，則將來之有效的政治運動，自孕育於其中，青年誠能於此點得大激大悟，則「五四紀念」庶為不虛矣。

按：梁啟超鼓勵青年將五四運動後發展的學生運動由政治性轉為從文化運動出發。

去年五月四日以來的回顧與今後的希望 ［梁啓超］

原載《晨報・五四紀念增刊》，1920 年 5 月 4 日，第 1 版

　　去年五月四日，是學生界發生絕大變化的第一日。一轉瞬間，已經過了一年了。我們回想。自去年五四運動以後，一般青年學生，抱着一種空前的奮鬥精神，犧牲他們的可寶貴的光陰，忍受多少的痛苦，作種種警覺國人的工夫；這些努力，已有成效可觀。維爾賽對德和約，我國大多數有知識的國民，本來都認我國為不應當屈服，但是因為學生界先有明顯的表示，所以各界才繼續加入，一直促成拒絕簽字的結果。政府應付外交問題，利用國民公意作後援，這是第一次。到去年年底的時候，日本人要求我們政府同他直接交涉山東問題，也是一半靠着學生界運動拒絕，所以直接交涉，到今日還沒有成了事實。一年以來，因為學生有了這種運動，各界人士也都漸漸知道注意國家的重要問題；這個影響實在不小。學生界除了對於政治的表示以外，對於社會也有根本的覺悟。他們知道政治問題的後面，還

有較重要的社會問題，所以他們努力實行社會服務，如平民學校平民講演，都一天比一天發達。這些事業，實在是救濟中國的一種要着。況且他們從事這種事業，可以時時不忘作人表率的責任，因此求學更要勉力。他們和平民社會直接接觸，更是增進閱歷的一個好機會。這是於公於私，兩有益的。

但是學生界的運動，雖然得了這樣的效果，他們的損失，卻也不小。人人都知道罷工罷市，損失很大，但是罷課的損失還要大。全國五十萬中學以上的學生，罷了一日課，減少了將來學術上的效能，當有幾何？要是從一日到十日，到一月，他的損失，還好計算麼？況且有了罷課的話柄，就有嬾（懶）得用工的學生，常常把這句話作為運動的目的，就是不罷課的時候除了若干真好學的學生以外，普通的就都不能安心用工。所以從罷課的問題提出以後，學術上的損失，實已不可限量。至於因群衆運動的緣故，引起虛榮心，倚賴心，精神上的損失，也着實不小。然總沒有比罷課問題的重要。

就上頭所舉的功效和損失比較起來，實在是損失的分量突過功效。依我看來，學生對於政治的運動，祇是喚醒國民注意；他們運動所能收的效果，不過如此，不能再有所增加了；他們的責任，已經盡了。現在一般社會也都知道政治問題的重要，到了必要的時候他們也會應付的，不必要學生獨擔其任。現在學生方面最要緊的是專心研究學問。試問現在一切政治社會的大問題，沒有學問，怎樣解決？有了學問還恐怕解決不了嗎？所以我希望自這週年紀念日起，前程遠大的學生，要徹底覺悟：以前的成效萬不要引以為功。以前的損失，也不必再作無益的愧悔。「從前種種譬如昨日死，以後種種譬如今日生。」打定主意，無論等何問題，決不再用自殺的罷課政策。專心增進學識，修養道德，鍛練身體。如有餘暇，可以服務社會，擔負指導平民的責任，預備將來解決中國的——現在不能解決的——大問題，這就是我對於今年五月四日以後學生界的希望了。

我們最要緊着手的兩種運動 ［顧誠吾］

原載《晨報 • 五四紀念增刊》，1920 年 5 月 4 日，第 1–2 版

教育運動　學術運動

自從八年的五四，到九年的五四，這一年裏，各處學生起的運動，不知多少。大家説，中國自此醒了；便是中國人沒有全醒，至少學生界已經醒了：只要等老輩拿事權交給現在的學生時，中國就好了。這種樂觀之談，不絕的聽見，便不絕的起我懷疑。我想，這種運動是由各處學生同時自發的呢？還是轉相模仿的呢？這個解答，當然十分之九是由模仿來的。模仿本不是件壞事，但只有模仿，沒有創造，可就壞了。

我們為什麼要做這種運動？一來固是警戒當局；二來實要在國內造成一種高尚純潔的勢力，來打破從來盤踞住的惡勢力。在空氣這般壞的中國，第二項真是絕對的要緊。但是大家因為第一項容易看見，便專向這方面做去；幾乎看着當局的本身，成了國家的主體。什麼請願咧，罷業咧，一而再，再而三，三而四，當做改造政治的惟一手段。這還是「伏闕上書」「清君側」的舊面目，不是現在應有的事情了。

日來大家傳説，説學生給政黨利用了。這件事的確否，我不能明白。我請問，我們現在所對待的，只是當局的幾個人呢？這是全國的惡勢力呢？我們的伴侶是在野的偉人呢？還是全國的國民呢？若説和在野的偉人作伴，

來對付現在的當局，那末，便請你們去做民國初年的革命黨，和民國六年的陰謀派好了。這般的改革，是很容易的；只要得勢，便可在一夜裏翻騰轉來。但只是拒虎進狼，以暴易暴的辦法。想來學生的心思，不至如此下劣，這事必不會有的。若說要和全國的國民作伴，來改造從來盤踞住的惡勢力呢，這便須在根本上着手，要一步步的做去；不能作快意之談，計日成功了。

我們要改造中國，我們要實現理想裏的中國，這不是換掉一個政府，逐掉幾個官吏所能成功的。也不是學生界所能一手經理的。全國的國民，各有他的人格，便各有他的責任；這並不是我們所能代勞的。現在只因他們沒有知識去了解這個意義，所以把責任放棄了。並且他們不但放棄責任，實在保持了許多惡勢力，教愚很的政府，安安穩穩的建在他們的上面。所以我們要拼命與現政府戰鬥，現政府固然可倒，而所以建這政府的國民，依然如故；他們仍可照樣的重建一個起來，白居易的詩說得好，「野火燒不盡，春風吹又生」這為什麼？便因為草種不是野燒得去的緣故。

我且不要說別的。我們走到北京的街上，看見蠻野的兵，孅娜的女人，東蕩西靠的遊民，伸手討錢的乞丐，來往不停。他們一天到晚，幹的什麼事？他們心裏又想的什麼？再進一步，工人做完了工，就去喝老酒，或去上茶館，直到睡覺；商店裏的伙計，終日靠住櫃檯；人家用的聽差，伺候主人，早起遲眠；開店的主人，時時監督伙計，盤算盈虧。他們在職業之外，到底有沒有別的心思？北方的土著，仍舊拿五六歲的女孩兒，裹了小小的腳，塗了滿臉脂粉。他們對於外面的情形，到底有沒有接觸？接觸了到底有沒有起念？中年以上的人，幾個聚在一起，談到生計的枯，世界的亂，總說「不知幾時可出真命天子？真命天子出在何方？」北京商界裏最能暢銷的《群強報》，登載的東西，可以括做三個部分：（一）舊戲，（二）奇聞，（三）宣統皇帝的起居。戲團裏演的舊戲，和茶社裏講的平話，天夫鼓吹君主政治，獎勵忠臣。不知道他們對着君主，到底有怎樣多的愛情？君主何以能在他們心裏，有這麼大的勢力？他們究竟能做民主國的人民麼？以上所舉，都是在學界政界以外的事情。他們依舊保守着無史時代的思想，和近古時代的習慣。他們住在中國最大的都會裏，看見的人事，可謂不少了，但永起不來什麼反感；何況窮鄉僻壤呢？

再想到各處的流氓、拆梢、拆白、小竊、以及東三省的紅鬍子,長江一帶的青紅幫,江浙一帶的鹽梟,由東西川各處的盜匪,他們也是中國人,他們的生活又怎樣呢?

因為一國中的國民,大部分是這樣,所以便是要造成一種好勢力,總得不到後援。得不到後援,而仍想維持下去,便不得不隨着惡勢力顛倒去了。當清代末年的革命黨,實在是一種慷慨悲壯的生涯,捨生取義的怎麼多;但革命一成,在政治社會裏一活動,便漸漸的墮落下去了。

討袁的事業,何等的正義;但結果教四川湖南兩省,蹂躪得民不聊生,卻便宜了幾個貪夫鄙夫,代表而起,攘奪政權,填其慾壑。所以我們要在現今的中國,成就一種好勢力,總得慎之又慎;不宜鹵莽去做,反而遺下了許多惡結果。

我們應覺悟,我們若是誠心要改造政治,總不要用政治來改造政治,務要用社會來改造政治。要去改造政治,先要改造社會。要去改造社會,先要使全國國民都有受教育的機會。大家有了受教育的機會,自然社會文化會漸漸提高起來,才能夠造成有實力的輿論,有價值的公意。所以我們的責任,並不是要在政治上代一般人負責;是要喚起他們的自覺心,讓他們自己去負責。這才是正當的辦法;這實在是應該研究的問題啊!

但中國現在的社會教育怎麼樣呢?我們看着城市裏,固然還有許多無實有名的學校和演講所等。看着鄉間,一個村裏,或全沒有學校,或僅有一處私塾;必須一個大村,才有一所國民學校,來遮遮面子,這並不是政府摧殘教育,乃是人民自己並沒有教育的需求。否則各鄉各村,也有鄉董團董來管事,他們即沒有遠見,豈有不為子孫家人打算的嗎?我去年到西山一帶去旅行,走了四天,經過了二三十個村莊,只見了磨石口一所國民學校;至於演講所閱報處等,不用說是沒有了。這還是近都的鄉村,還是居民稠密的地方,還是生計寬舒的所在,尚且如此;其他還說什麼呢?

所以我們第一要緊計劃的問題,乃是如何可使一般人得受教育?現在的新文化運動,固然有力,但只限於學界一部分人。記得某君說「出版物這樣多,只大家交換看看罷了」。這實在是句沉痛的話,我們用文字去教育,

但大多數人不識字。我們在城市裏去教育，但大多數人不在城市。我們開了學校去教育，但大多數人沒有到學校的境遇。世變這樣的急速，下手這樣的困難，假使沒有恆心，只希望他彈指立現，真要使人灰心喪意。於此，要尋一種最好最易普遍的方法，只有自己投入農工的社會，和他們共同生活。在共同生活的裏頭，才能確知他們的情形心理，定教育的方針，才能交相融洽，收漸移默化的效果。否則彼此都有成見，容易激起猜疑；而且階級觀念，更是遮在面前的一垛鐵壁。

其次的法子，便是隨了境遇去做傳佈的事業。可以用文字的地方用文字；可以用口說的地方用口說；可以開學校的地方開學校。像小冊子，通俗圖書館，通俗教育館、閱報處，平民教育演講團，平民夜校，勞動補習所，校役夜班，新劇場等，都是根本切實的事業，應當努力去擴充他。這種效果，雖不能幾年裏可以收效的，但到得能夠收效的時候，都不會有喪失功用的一天了。

從教育運動進一步，便是學術運動。

現在中國人的一般見解，只想混口飯吃，混過一世。這種混混的人生觀，瀰漫在全國的空氣中，成了一個無理性無情感無意向的暮氣世界。再從老輩傳到幼輩；現在的青年，抱了這種見解思想、已經多極了，他們勇往的是實利，縮退的是思想。他們看着自己，不認是有腦筋的；看着學問，以為只是書獃子的事業，同他們的生活，起不到絲毫關係；所以盛倡學理與經驗分道的議論；以為世界上的事情，只消由經驗去照例辦辦好了。

至於不染暮氣的青年呢？他們熱血沸騰，喜說革命：但因為多說了革命，就少做了研究；或者竟是只要革命，不要研究。他們所要求的，只是一種徹底的制度。不管現在是怎麼樣的情形，他們總希望這徹底的制度立刻湧現。所以說起話來「根本破壞」「完全推翻」等等的言詞，竟成了口頭禪。他們不想徹底的制度，是由徹底的學問而來。我們所需學的，並不是記好這一句徹底話，乃是由種種事實上自己歸納成了的一種徹底的見解。但歸納種種事實，卻不是口頭所能得到的；必須自己費大功夫去研究的。假使不用大功夫去研究，只說幾句簡易徹底話，這只可當作快意之談，不能算做實話。他的結果只能叫人覺得新奇可喜，不能起人的根本覺悟。

世界的潮流，變遷動盪得這樣快，願當改造和特別的事情這樣多，以後的革命，不像三代到民國，只要隨着幾個人的意見去發動，再用着幾個人的意見去易服色，改正朔，定禮制，就完事了，倘使沒有學問去對於社會下一番精密的考察，怎樣可以下手？他們或者說，革命只要感情衝動，破壞就是改造，那我們固也不必再說什麼。但我只想着歷來的革命，他們也很能依着自然衝動，拿非學問的態度去處理一切的事情；然而結果只弄得一治一亂，永遠打回旋，沒有進步；到了今日，革命的次數不少了，犧牲的生命也不知多少了，大家看着！卻依舊這個樣子。

學問並不是什麼神秘的東西，貴族的珍玩。學問只是清楚明白有系統的知識。一個人不要去處置事情也罷，倘然要的，便非有學問不行。一個人不要處置繁複的事情也罷，倘然要的，便非學問不行。學問是感情和衝動的指導者，也是感情和衝動的約束者。他可以給我們以明確的主張，正常的步驟，永久的意志。大家有了做學問的誠心，自然使世界的惡勢力，都失掉了原來在糊塗腦筋裏的根據。更使世界上的好勢力，在清明的腦筋裏，確定了他的根據。那末，世界便能隨時革命，不須有特別的革命標榜了。人人都能用自己的知識去辨別是非，有修養去定進行趨向，人人都堂堂的做個人，便人人都是革命者，也無須有專做指揮他人屈抑他人的革命領袖了。

可憐大家對於學問的根本觀念，到如今還沒有弄清。主張破壞論的人，看學問做贅疣，表揚老子的棄智主義。崇拜勢利的人，看着物質文明最發達的德國打了敗仗，就說科學破產。唉！想不到號稱知識社會的人，還抱着這等的心思。他們自己不好學問，怕做學問，到也罷了；何苦在這般沒有學問的中國，還恐怕他有微細的理性萌迸，卻來助着蒙蒙的社會去斬絕根株呢！

從前的中國，沒有怎麼的學問，固然可說，因為社會上沒有學問的需要，和引起學問的興味的環境所致。現在交通便利了，事變多了；需要學問的應用程度也加高了，隨在有研究學問的機會，也隨在有享受學問的興味；況且世界上的學問這麼多，這麼高，正可拿來做我們的指導。若是大家有這般的覺悟，那末，正應在這個時候，拿世界學問大大的傳佈到中國來，醫治數千年的積疾，開出此後進行的道路。同時，看着本國自古至今積存的性情，風俗，書籍，器物，無數的心理和事實，一向沒有拿學問的眼光斟酌過的，正可就我們居處的方便，逐層逐層整理出來，供社會的應用；

再可貢獻於世界，把人類文化。調和一番。假使我們是進取的國民，對着這般境界，可以想到我們的責任，何等樣的大！我們的興味，何等樣的濃！便可努力進行了。但現在呢？大家笑他，怕他，厭他，不耐他的膩煩，只說幾句表面上的徹底話，博取心理上的爽快。唉！像這樣的民族，真是世界上絕物了。

最可痛的中國人的情性，既沒有偉大的感情，又沒精密的理性，見不到一個進化的長程，大家一步步的走去。只對着環境，受了刺激，發生些衝動。衝動過了，事情也完了。至於大多數的人，還是受不到刺激，發不出衝動，若存若亡的度過一世。所以雖是什麼運動，什麼改造的聲浪，接踵而起，眼見只是無本的事業，一忽兒過了。他們惡勢力都當極深的根據，好勢力連根據也沒有，彷彿數點楊花，在空氣裏飄來飄去，不得着落一般。這真可悲呀！

所以我們總不要貪省力，做容易表見的事情。

須知容易表見，也就容易滅沒。我們總應當從最根本最切實的地方做去。便是我們一生一世，只感動得一個人，也是我們真實的事業。我們總要向普徧的地方看去，在自己之外，還處處拿別人衡量一下。我們總要拿地位之見撇掉，看平常人和特殊階級人一例的輕重，一例的處置。若是不然，拿速效來標榜名譽，拿指揮遣使的人數來算功績，隨普（着）自己衝動去強迫人家，專向特殊階級的人來做請願和革命的事情，那末，我們自己既沒援助，又得不到有力的援助，我們就快失敗了。

要使一般人都有學問上的修養，固然不是一蹴可就的事情，至於知識的傳佈，是不容緩的。所以我們應當在教育上注意。我們自己既是有了些常識，自然應當爬向學問上去，做成對付環境應接知識的源泉，教他有永永不絕的供給。所以我們應當在學問上注意。

伴侶呀！我們的運動，不可不改變方向了。

（附注）這篇文字，雖是我寫出的，卻是大家普通的感想。裏邊有許多話，都是別人同我談話裏所聽得的。可是現在已有這種的趨勢了。希望大家多多提倡，讓這種趨勢的進行，更快一點，更着實一點。

我們對於學生的希望 [蔣夢麟，胡適]

原載《晨報・五四紀念增刊》，1920 年 5 月 4 日・第 1 版

今天是五月四日。我們回想去年今日，我們兩人都在上海歡迎杜威博士，直到五月六日方才知道北京五月四日的事。日子過的真快，匆匆又是一年了！

當去年的今日，我們心裏只想留住杜威先生在中國講演教育哲學；在思想一方面提倡實驗的態度和科學的精神；在教育一方面輸入新鮮的教育學說，引起國人的覺悟，大家來做根本的教育改革。這是我們去年今日的希望。不料事勢的變化大出我們意料之外，這一年以來，教育界的風潮幾乎沒有一個月平靜的；整整的一年光陰就在這風潮擾攘裏過去了。

這一年的學生運動，從遠大的觀點看起來，自然是幾十年來的一件大事。從這裏面發生出來的好效果，自然也不少：引起學生的自動精神，是一件；引起學生對於社會國家的興趣，是二件；引出學生的作文演說的能力、組織的能力、辦事的能力，是三件；使學生增加團體生活的經驗，是四件；引起許多學生求知識的欲望，是五件。——這都是舊日的課堂生活所不能產生的，我們不能不認為學生運動的重要貢獻。

社會若能保持一種水平線以上的清明，一切政治上的鼓吹和設施，制度上的評判和革新，都應該有成年的人去料理；未成年的一代人（學生時代的男女）應該有安心求學的權利，社會也用不着他們來做學校生活之外的活動。但是我們現在不幸生在這個變態的社會裏，沒有這種常態社會中人應該有的福氣；社會上許多事被一班成年的或老年的人弄壞了，別的階級又都不肯出來干涉糾正，於是這種干涉糾正的責任逐落在一般未成年的男女學生的肩膀上。這是變態的社會裏一種不可免的現象。現在有許多人說學生不應該干預政治，其實並不是學生自己要這樣幹，這都是社會和政府硬迫出來的。如果社會國家的行為沒有受學生干涉糾正的必要，如果學生能享安心求學的幸福而不受外界的強烈刺激和良心上的督責，他們又何必甘心拋了寶貴的光陰，冒着生命的危險，來做這種學生運動呢？

簡單一句話：在變態的社會國家裏面，政府太卑劣腐敗了，國民又沒有正式的糾正機關（如代表民意的國會之類），那時候，干預政治的運動一定是從青年的學生界發生的。漢末的太學生、宋代的太學生、明末的結社、

戊戌政變以前的公車上書、辛亥以前的留學生革命黨、俄國從前的革命黨、德國革命前的學生運動、印度和朝鮮現在的獨立運動、中國去年的五四運動與六三運動，──都是同一個道理，都是有發生的理由的。

但是我們不要忘記：這種運動是非常的事，是變態的社會裏不得已的事，但是他又是很不經濟的不幸事。因為是不得已，故他的發生是可以原諒的。因為是很不經濟的不幸事，故這種運動是暫時不得已的救急辦法，卻不可長期存在的。

荒唐的中年老年人鬧下了亂子，卻要未成年的學生拋棄學業，荒廢光陰，來干涉救正，這是天下最不經濟的事。況且中國眼前的學生運動更是不經濟，何以故呢？試看自漢末以來的學生運動，試看俄國德國印度朝鮮的學生運動，那有一次用罷課作武器的？即如去年的五四與六三，這兩次的成績可是單靠罷課作武器的嗎？單靠用罷課作武器、是最不經濟的方法、是下下策、履用不已、是學生運動破產的表現！

罷課於敵人無損、於自己卻有大損失、這是人人共知的。但我們看來、用罷課作武器、還有精神上的很大損失：

（一）養成倚賴群眾的惡心理。現在的學生很像忘了個人自己有許多事可做、他們很像以為不全體罷課便無事可做。個人自己不肯犧牲、不敢做事、卻要全體罷了課來吶喊助威，自己卻躲在大眾群裏跟着吶喊，──這種倚賴群眾的心理是懦夫當心理！

（二）養成逃學的惡習慣。現在罷課的學生，究竟有幾個人出來認真做事？其餘無數的學生，既不辦事，又不自修，究竟為了什麼事罷課？從前還可說是「激於義憤」的表示，大家都認作一種最重大的武器，不得已而用之。久而久之，學生竟把罷課的事看作很平常的事。我們要知道、多數學生把罷課看作很平常的事、這便是逃學習慣已養成的證據。

（三）養成無意識的行為的惡習慣。無意識的行為就是自己說不出為什麼要做的行為。現在不但學生把罷課看作很平常的事，社會也把學生罷課看作很平常的事。一件很重大的事，變成了很平常的事，還有什麼功效靈驗？既然明知沒有靈驗功效，卻偏要去做；一處無意識的做了，

別處也無意識的盲從。這種心理的養成，實在是眼前和將來最可悲觀的現象。

以上說的是我們對於現在學生運動的觀察。我們對於學生的希望，簡單說來，只有一句話：「我們希望學生從今以後要注重課堂裏，自修室裏，操場上，課餘時間裏的學生活動：只有這種學生活動是能持久又最功效的學生運動。」

這種學生活動有三個重要部分：

(1)　學問的生活

(2)　團體的生活

(3)　社會服務的生活

第一、學問的生活。這一年以來、最可使人樂觀的一種好現象就是許多學生對於知識學問的興趣漸漸增加了。新出的出版物的銷數增加，可以估量學生求知識的興趣增加。我們希望現在的學生充分發展這點新發生的興趣，注重學問的生活。要知道社會國家的大問題決不是沒有學問的人能解決的。我們說的「學問的生活」並不限於從前的背書抄講義的生活。我們希望學生——無論中學大學——都能注重下列的幾項細目：

(1)　注重外國文。現在中文的出版物實在不夠滿足我們求知識的欲望。求新知識的門徑於外國文。每個學生至少須要能用一種外國語看書。學外國語須要經過查生字、記生字的第一難關。千萬不要怕難。若是學堂裏的外國文教員確是不好，千萬不要讓他敷衍你們，不妨趕跑他。

(2)　注重觀察事實與調查事實。這是科學訓練的第一步。要求學校裏用實驗來教授科學。自己去採集標本，自己去觀察調查。觀察調查須要有個目的——例如本地的人口、風俗、出產、植物、鴉片煙館等項的調查——還要注重團體的互動、分功合作、做成有系統的報告。現在的學生天天談「二十一條」，究竟二十一條是什麼東西，有幾個人說得出嗎？天天談「高徐濟順」，究竟有幾個指得出這條路在什麼地方嗎？這種不注重事實的習慣，是不可不打破的。打破這種習慣的惟一法子，就是養成觀察調查的習慣。

(3) 建設的促進學校的改良。現在的學校課程和教員一定有許多不能滿足學生求學的欲望的。我們希望學生不要專做破壞的攻擊，須要用建設的精神，促進學校的改良。與其提倡考試的廢止，不如提倡考試的改良；與其攻擊校長不多買博物標本，不如提倡學生自去採集標本。這種建設的促進，比教育部和教育廳的命令的功效大得多咧。

(4) 注重自修。灌進去的知識學問是沒有多大用處的。真正可靠的學問都是從自修得來。自修的能力是求學問的惟一條件。不養成自修的能力，決不能求學問。自修應注重的事是：(一)看書的能力，(二)要求學校購備參考書報，如大字典，詞典，重要的大部書之類，(三)結合同學多買書報，交換閱看，(四)要求教員指導自修的門徑和自修的方法。

第二、團體的生活。五四運動以來，總算增加了許多學生的團體生活的經驗。但是現在的學生團體有兩大缺點，(一)是內容太偏枯了，(二)是組織太不完備了。內容偏枯的補救，應注意各方面的「俱分並進」：

(1) 學術的團體生活，如學術研究會或講演會之類。應該注重自動的調查、報告、試驗、講演。

(2) 體育的團體生活，如足球、運動會、童子軍、野外幕居、假期遊行等等。

(3) 遊藝的團體生活，如音樂、圖畫、戲劇等等。

(4) 社交的團體生活，如同學茶會、家人懇親會、師生懇親會、同鄉會等等。

(5) 組織的團體生活，如本校學生會、自治會、各校聯合會、學生聯合總會之類。

要補救組織的不完備，應注重世界通行的議會法規 (Parliamentary Law) 的重要條件。簡單說來，至少須有下列的幾個條件：

(1) 法定開會人數。這是防弊的要件。

(2) 動議的手續，與修正議案的手續。這是議會法規裏最繁難又最重要的一項。

(3) 發言的順序。這是維持秩序的要件。

(4) 表決的方法。(一)須規定某種議案必須全體幾分之幾的可決，某種僅須過半數的可決。(二)須規定某種重要議案必須用無記名投票，某種必須用有記名投票，某種可用舉手的表決。

(5) 凡是代表制的聯合會——無論校內校外——皆須有複決制（Referendum）。遇重大的案件，代表會議的議決案必須再經過會員的總投票；總會的議決案必須再經過各分會的複決。

(6) 議案提出後，應有規定的討論時間，並須限制每人發言的時間與次數。

現在許多學生會的章程只注重職員的分配，卻不注重這些最要緊的條件，這是學生團體失敗的一個大原因。

此外還須注意團體生活最不可少的兩種精神：

(1) 容納反對黨的意見，現在學生會議的會場上，對於不肯迎合群眾心理的言論，往往有許多威壓的表示，這是暴民專制，不是民治精神。民治主義的第一個條件就是要使各方面的意見都可自由發表。

(2) 人人要負責任。天下有許多事都是不肯負責任的「好人」弄壞的。好人坐在家裏歎氣，壞人在議場上做戲，天下事所以敗壞了。不肯出頭負責任的人，便是團體的罪人，便不配做民治國家的國民。民治主義的第二個條件是人人要負責任，要尊重自己的主張，要用正當的方法來傳播自己的主張。

第三、社會服務的生活。學生運動是學生對於社會國家的利害發生興趣的表示，所以各處都有平民夜學，平民講演的發起。我們希望今後的學生能繼續推廣這種社會服務旳事業。這種事業，一來是救國的根本辦法，二來是學生的能力做得到的，三來可以發展學生自己的學問與才幹，四來可以訓練學生待人接物的經驗。我們希望學生注意以下各點：

(1) 平民夜校。注重本地的需要，介紹衛生的常識，職業的常識，和公民的常識。

(2) 通俗講演。現在那些「同胞快醒，國要亡了」，「殺賣國賊」，「愛國是人生的義務」等等空話的講演，是不能持久的，說了兩三遍就沒有了。我們希望學生注重科學常識的講演，改良風俗的講演。破除迷信的講演。譬如你今天演說「下雨」，你不能不先研究雨是怎樣來的，何以從天上下來；聽的人也可以因此知道雨不是龍王菩薩灑下來的，也可以知道雨不是道士和尚求得下來的。又如你明天演說「種田何以須用

石灰作肥料」，你就不能不研究石灰的化學，聽的人也可以因此知道肥料的道理。這種講演，不但於人有益，於自己也極有益。

(3) 破除迷信的事業。我們希望學生不但用科學的道理來解釋本地的種種迷信，並且還要實行破徐迷信的事業。如求神合婚，求仙方，放焰口，風水等等迷信，都該破除。學生不來破除迷信，迷信是永遠不會破除的。

(4) 改良風俗的事業。我們希望學生用力去做改良風俗的事業。譬如女子纏足的，現在各處多有。學生應該組織天足會，相戒不娶小腳的女子。不能解放你的姊妹的小腳，你就不配談「女子解放」。又如鴉片煙與嗎啡，現在各處仍舊很銷行。學生應該組織調查隊，偵緝隊，或報告官府，或自動的搗毀煙間與嗎啡店。你不能干涉你村上的鴉片嗎啡，你也不配干預國家的大事。

以上說的是我們對於學生的希望。

學生運動已發生了，是青年一種活動力的表現，是一種好現象，決不能壓下去的；也決不可把他壓下去的，我們對於辦教育的人的忠告是：「不要夢想壓制學生運動；學潮的救濟只有一個法子，就是引導學生向有益有用的路上去活動。」

學生運動現在四面都受攻擊，五四的後援也沒有了，六三的後援也沒有了。我們對於學生的忠告是：「單靠用罷課作武器是下下策可一而再再而三的麼，學生運動如果要想保存五四和六三的榮譽，只有一個法子，就是改變活動的方向，把五四和六三的精神用到學校內外有益有用的學生活動上去。」

我們講的話，是很直率，而這都是我們的老實話。

評學生運動 ［陶孟和］

原載《晨報》，1920年5月4日，第7版。

晨報

第七版

五四紀念增刊附錄

評學生運動

陶孟和

五四紀念日敬告青年

五四運動週年紀念感言

中國近幾年來，發生的變故誠然不少，變故的名目也非常好聽。假使有一位舊式歷史家把中華民國九年以來的歷史，照着每次事變的名目用傳奇的體裁都寫出來——什麼革命、制憲、「苛疊達」「洪憲帝制」、護法、復辟、第四次維護共和等等——後代讀了，覺着這九年的民國，真是多事之秋，也真是四千年的專制以後，政治運動發軔最活動的時代。但是我們活在現代的人，探聽過這許多次政變的內幕的，誰不知道九年來的紛擾，都是些名不副實的舉動呢？我們把每次的舉動分析出來，都不外五種要素：

一、官僚

二、政客

三、軍人

四、外國的勢力

五、金錢（來自官僚、政客、軍人、外國、國民）

中國向來的政變，沒有一次配稱「國民的運動」，沒有一次可以稱全社會的變動。所以歷史上極有名譽的好名稱都讓那些官僚、政客、軍人、外國的勢力、和金錢、白白的蹧蹋了！

一年以來的學生運動，可以說差強人意，給我們一線的希望。學生運動是一種新運動，上列五種的要素內，一種也不備。外國奴隸的機關報用冷嘲熱罵的口吻，說學生的舉動，是給美國做犧牲。我說學生是為世界的自由主義做犧牲，為開明的政治理想做犧牲。外國的奴隸又懂得什麼政治理想？我們不必怪他。

學生運動是上述五種要素以外的運動，所以可以稱做部分的國民運動。但是他行了一年已露出失敗的現象，悲觀的人一時又絕了一線的希望。我們有信仰的、有理想的，以為這不過是一椿試驗。不要怕！不要絕望！人的一生是一個大試驗，人類的一生是團體的一個大試驗。我們經過一度試驗，即增加經驗；增加經驗，即是增加智慧；增加智慧，即是增加能力。我們現在所享受的物質文明，社會的制度，科學的知識，不都是前代的人由試驗上得到，傳給我們的嗎？所以我們現在也要試驗——試驗總帶着冒險的性質，所以一定要預備犧牲的。為我們自己，為我們後代，進善物質的生活，增進科學的知識，改良社會的制度。

學生運動何時發生不能說定一個日期。前清末季的請願立憲，已經是學生的運動。辛亥起義，各處也多有學生參加。但是學生運動成了瀰漫全國的「精神喚醒」，總要算是在「新思潮」發生已（以）後。他的誕生日就是民國八年五月四日。我們歡迎他的週年紀念，要就着他一年間的經驗將他的功過批評一番。假使有過，就要快快的悔改，免得無用的試驗。假使有功，就要用那試驗的成績，積極進行，達我們改良社會增進文明的目的。

功的方面

（一）學生是官僚、政客、軍人、外國奴以外的人，又沒有受金錢的收買，他們純然出於愛國的熱誠，所以他們的運動可以稱為自發的、社會的活動。中國政治上社會上有了這個勢力，是可喜的。假使這個勢力可以持久，可以擴充，一定會發生功效。國民受官僚、政客、軍人、外國奴的欺侮，已經不堪。現在有一班少年的知識階級，出來打抱不平，豈不是國民的福音麼？

（二）學生運動雖然沒有達到終極的目的就遇見頓挫，但是有了這個運動，就好似使政府芒刺在背。英國穆勒約翰曾說過：政府要時時刻刻被監督的。現在的國會不是國會，監督政府，只剩有學生運動，也是國民應該感謝的。

總之，學生運動是民間對於政府的一種反對的、批評的、監督的表示。學生運動與去年北京的教職員運動不同。教職員因為受經濟的壓迫，發生了麵包問題，因為麵包問題遂致不信任教育當局。教職員的運動是經濟的、職業的。學生的運動是愛國的、社會的、政治的。（所謂政治的不是狹義的或政黨的意思）兩種運動不是同類，所以無從評□。但二者果能膨脹，都是社會上的有用的勢力。

過的方面

（一）學生團體內個體不純，所以運動的精神不免有可指摘之處。學生的第一要務是改良本體。少數的腐敗學生可以做腐敗社會的縮影。美國的 Irving King 教授說過的：在學校內帶夾帶的就是將來在職業上營私舞弊

的。在試場內見了帶夾帶的而不告發的，就是將來看見營私舞弊而不肯干涉的（見其所著之 Social Aspects of Education）這真是發揮社會與教育的關係的至理。腐敗的心理如巴結教員，逢迎校長，對弱者專制跋扈，對強者奴顏婢膝，都可以此類推。假使這一類的學生參加運動，可以使團體使運動變化性質。又少數惡劣的學生所求的不是學問，是文憑、出身、製造名譽、——所得到的只是幾本教科書叢抄。和文官考試須知。這一類學生的道德、學問，墮落至於如此，不全是他們自己的罪惡，也是現代社會的風俗、習慣和制度的罪惡。主持運動，參預運動的大部分的學生都不是這一類。這一類的學生□不發起偌大的運動，從事運動的學生，都是志趣純潔，以國家為前提，所以只要於國家有益寧可犧牲一切。但是學生之中有了不良分子，也終是團體運動的障害。我希望學生運動先把這不良的分子滌除淨盡。先整飭學生團體然後運動，才可以成功。先整飭團體然後才可以改良現代的社會。

（二）學生運動太重視學生自身，忘卻自身以外的社會。現在中國的學生只有若干人，投身運動者又有若干人，有覺悟有理想而從事運動者又有若干人。我恐怕把各種不相干的人減而又減只剩了一個極可憐的小數。學生運動，雖然可稱做國民運動，但是仍然不與社會相聯絡。今日的學生大概出身中等階級，上等階級。他與農人、工人、商人、軍人，是完全沒有社交的關係，沒有相聯的思想。俗語說「秀才造反、三年不成。」秀才為什麼不能造反呢？因為秀才是士，佔社會的小部分，他的生活、思想、交際，不與那國家中堅的農工商一樣，不與他們相溝通。所以他的運動終結是失敗。學生自居為主人翁，卻忘了那在中國坐鎮幾千年的鄉下老、小工人、小商人。中國的實力不在那一部分的受了膚淺的新思潮的學生。那不揚名不出風頭，終日勤苦耐勞的農工商的勞動者才是中國真正的實力。等到鄉下老一旦真全急了，政府也要束手的。所以我希望學生千萬不要忘了中國的中堅國民，要把新思潮灌輸在他們的腦裏。

（三）最末的是方法。螳臂擋車是一個最笨的最無用的方法。荒廢學業也是不經濟的方法。現在應該應用科學方法組織學生團體，使人人按着專長的知識，都是活動的積極的分子；這就是增加團體運動的效能。團體的組織堅固，然後可以膨脹——膨脹到學生以外的團體。

上邊所說學生運動的過失是他們試驗的差錯。這個差錯可以立刻改正的。我希望他們從速改正，從此團體可蒸蒸日上。我希望他們的運動是中國社會運動的「酵母」。(Leavun) 我希望他們用科學的工具與國民協力達到人類共同的目的——真善的生活。

九、五、三。

對於學潮善後辦法感言

原載《時事新報》，1920年5月5日，第3張第1版

青年激於愛國之衝動而罷課，固無可非難者也。然吾民族國家未來之希望，全在今日之青年。倘今日青年，但憂目前，不計未來，一往向前，不顧一切之犧牲，而為孤注之一擲，則茫茫來日。前途之希望，寧復尚有樂觀。故為青年自身計，為國家之將來計，全體犧牲學業之罷課，無論其動機如何真純，志趣如何高深，總未可久長也。今中等以上各校教職員，對於學潮之善後，既已議定辦法。而青年此次愛國之初衷，亦已大白天下。則此次罷課，至此可告一段落。我願今後學生與教職員間，弗存絲毫情意上之隔膜，而保持圓滿之關係，共同努力，以促教育界之進步。同時青年仍共存救國之念，永矢弗渝，即所謂求學不忘愛國。弗以失敗而沮傷，預備開未來光明之局面。則今日所嘗之辛酸，或即他日成功之基礎。在文明史上亦有價值之足言。此我人之希望也。

實業界對於學生之希望 [穆藕初]

原載《晨報》，1920 年 5 月 5 日，第 2 版。

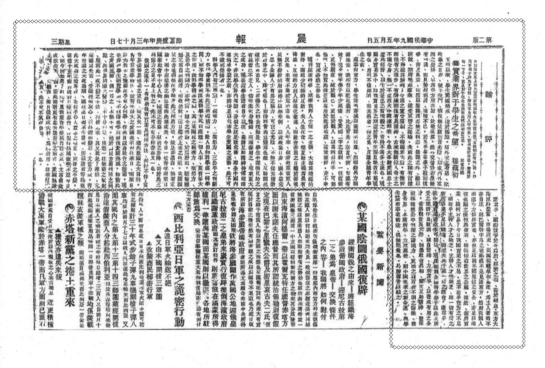

　　五四以來，學生愛國熱誠，達於極點。痛外交之險惡，睹政象之日非，徒手奮鬥，犧牲無量數寶貴光陰，以求內外軍閥之覺悟，早為各方所共諒，欽敬咸深。然外交情勢非但無有轉機，而且勢劫利誘，進迫不已。於是乎莘莘學子繼續抗爭，苦乏良策，依舊以罷課為要挾之利器。罷課之外，繼以演說，期廣喚起群眾，遂受軍警之蹂躪。夫前此之稍有貫徹，不得視為勝利；今回之重受痛創，不得視為失敗。有挫折而後有大進步，有磨煉而後有真精神。古來無數偉人奇士之不壞金身，無一不從烈火中鍛煉而來。今最大多數愛國志士遭此痛苦，以生於憂患之哲理觀之，安得不為多士慶也。玥廁身實業界中，知我實業界之期望於青年至深且摯者不第玥等也，用敢不揣鄙陋，出其愚者一得之見，貫諸全國青年學生之前。

處事尚實力。學生徒抱赤誠以罷課示民意，然而藉兵力而固地盤，吸外資以肥私囊者，比比皆是。空言要挾，安能有效？況乎青年學子年少氣盛，受愛國二字之激刺，一往直前，更無顧慮，疏於觀己，更忽於觀人，以為利刃在手，可無怯懦；不知寶此鋒芒以專用於批卻導窾，遂致摧折。非不幸也，實處必然之勢也。

玥嘗綜核時事，默察我邦人士惟一之主張，大都為消極的對待，而絕少積極的互助。夫人生在世，唯互助主義為最有裨益。互相助力則人群進化愈速，而社會亦因之日趨於善境。反是，未有不淪於危殆者也。八九年來，政府政黨官吏人民無不紛紛然用對待法以相牽制，以致政象日非，國本益危。忍令全國人士有為之腦力，可寶之光陰，不知不覺竟消磨於對待之中，殊可痛也！對待則骨肉竟變為仇敵，互助則吳越亦化為弟兄，二者得失之相去既如是。學生中深明互助之有益者已不乏人。惜尚未充分預備，廣而善用之，進求更大之成功。玥甚望學生諸君自今以往，益將互助精神發揮而擴大之。非但學生界內部微□分裂之狀足致危害，即全中國內部偶呈分裂之狀，亦間接足以危害學生愛國之運動。此不可不徹底覺悟者一也。

科學入門有三要點：一視察力，二推想力，三公平之判斷力。各種學業無不由此三者而精進。世人但知科學係一種學問，而不知科學家出其科學方式以處理一切人事，更有多大之作用。故科學精深之國，其普通國民之視察力，推想力，及公平之判斷力，亦較富。健全之輿論，於焉層出。魑魅魍魎之輩自然絕跡，而政治社會遂日趨於上進之軌道。我國國民之普通病根在乎缺乏此三種真力量。故是非黑白，無有定論。而中原鼎沸之禍患遂由此釀成矣。今日一般青年即來日國家社會中中心人物。國運之否泰，群治之升降，胥於此三種能力之足不足上判之。此不可不充分修養□又一也。

救國之道不一。有政治教育實業及種種方法，並行不悖。當各界盡各界應盡之責任，斬萬失一鵠，達此救國之大目的。青年當求學時代，故青年最大之愛國表示尚在來日，而來日最大表示之預備在乎專心向學，作他日獻身社會之整備。玥並非謂學生研究學術外不應借他事以發洩愛國熱誠。如前

此點，與各界周圍之情勢，不十分□量，僅憑一往無前之氣慨，屢演此一成不變之手法，挫折之來，其又奚免？雖然，亢進固為失策，受微挫而灰心，因外鑠而變志，尤當力戒。青年奮鬥之大成功期，固在他日而不在目前，所以諸君等終抵此大成功之境界者，全在乎各人意志之堅定，宗旨之不變。回憶十五年前對俄對日等同志會，發現時熱誠慷慨不亞今日，而今何如矣？由此可見我輩青年淬厲自己志氣，尤為前途成敗生死□頭。因此而玥更有忠告諸青年之前者，愛國熱誠能深□□輕洩，俾日後蔚成大材，為國效用。將來任□□事，□□□衷。此不可不夙夜自勵□□□一也。

諸君乎，國際競爭於今為烈。經濟之戰，甚於鐵血。東方大陸原料豐富，市場廣袤，萬國視線群相集注。為主人者苟不善自謀，則巴爾幹半島之戰禍不免見諸東方。然則我國人而能努力振興實業，非但足以圖本國地位之安全，亦足以消弭他國之侵掠與衝突，而間接造世界之公福。雖然，振興實業，談何容易？今日我國實業之不昌，患不在乎資力之不足，而在乎主幹人才之缺乏。主幹人才既缺乏，即一切有望之新舊事業不足以健進，而坐失此千載一時之機會。諸君乎，我中國實業前途未可限量。玥深願我全國青年學子以此次所受之挫折作良教訓，益自奮勵，力求實學，以養成有用之全才。並熟觀世界大勢，洞悉社會真相，擴充互助精神，發揮視察推想公平判斷之諸能力，更濟之以百折不回之節操，投身各界，本諸所學，力説展發，則中國未來之新命運，與學生諸君事業前途，俱無限量也。曷勝馨香以禱之。

直女師校全體解散

原載《民國日報》，1920 年 5 月 11 日

因為學生硬要紀念國恥的緣故

　　直隸第一女子師範學校，因五七紀念，全體學生，請校長放假一日。校長不允，以致釀出全體輟課風潮。茲將全體學生離校宣言書錄下：

　　昨因國恥紀念，故我全體同學商議停課一日。擬於上午請名人講演，下午開國恥紀念。前日曾由級長向校長要求停課一日，並請校長代請名人。校長謂因教育廳命令，不許停課。請名人講演，一時亦難辦到。若在下午，請本校職員講演，或在上午講演一二小時，並謂雖為講演，仍如教授，然後繼續上課，尚可通融。級長乃以此意報告全體。唯全體以為本日為最可痛之一日，不能無所表示。一二小時之講演，並如教授，並不能表示哀痛，以誌不忘，故仍願停課一日。於是級長又向校長要求，而校長仍對以前言。故出於不得意，未能得校長允許。即於次日停課。至十時，校長將所有教室禮堂之門閉鎖。一切計劃，未能實行。並有佈告，命將教室書籍等物，一概搬出，如有遺失，本校不擔責任云云。五點時，又出一佈告云：本校為佈告事。本日早八點鐘時，搖鈴上課。諸生多數人，既未上教室，而招集到操場宣告事項，又均不來。群集宿室，任意嬉笑，此等舉動，直視學

校體制為兒戲，等師長命令於弁髦，尚復成何事體。唯此種舉動，少數人固屬有意，而多數人仍屬盲從，不能不將原委為諸生述之。當昨日午間，招集級長會議時，當提及報載五七紀念之事，學校曾表示本日（七日）可由職教員於下午作臨時教授講演。述中日國際關係，及歷次外交情形，與諸生明瞭之觀念。嗣於晚六點，級長來稱諸生擬請求本日放假一日，並邀名人於下午來校講演。當答以放假有礙省廳公令，不能辦到，邀請名人演講，尚可通融。及級長去後，於九點來稱同學態度不明，不能負責任。並請於今日（七日）由學校對眾宣佈學校辦法云，今早本擬在操場招集諸生宣告學校主張，並詢徵諸生意見。及挨室呼喚，竟爾不出，無復與學校接洽之餘地，而有不聽師長之言語之決心。在學校即得認為諸生有意與學校脫離關係，亦難過事勉強。仰自本日起，通學生及在津有家之寄宿生，一律收拾書籍，即刻出校，家遠者俟家長來接。在未曾離校以前，仍須遵守秩序，不准外出。切切此佈。佈告上所誘招集到操場宣告事項，又均不來。聚集宿舍，任意嘻笑等語，當時未搖鈴，又無明白表示，多數學生，並不知道有招集之事。這何怪全體學生不去聽宣告呢？至於學生當時，亦不過在宿舍痛談五月七日的痛心史，佈告所說嘻笑，實不知從何而來。更不知兒戲學校體制，與弁髦師長命令的安在？又謂（學校認為學生有意與學校脫離關係，亦難過事勉強）。吾等苟有意與學校脫離關係，則今日（八日）必不能挾書包而來上課。唯因今晨上課鈴聲不振，各校室門不開，校長屢命脫離學校，故吾等不得不行耳。吾等見此佈告，異常悲痛，無可奈何，收拾行囊。唯是時校中大門已下鎖，並有職員在門堅守，不許出外。故雖將行囊搬出，仍皆運回。次日早晨，通學同學，皆不知有此佈告，仍挾書包到校上課。既至八點鐘，鈴聲不振，於是全體質問校長。校長謂今日不上課之原因，已有佈告。吾因奉長官之命令，以嚴厲處辦學生，諸生盡可隨意。並痛斥國恥紀念，不應停課。吾等因彼欲去學生之意甚堅，只得搬運行囊出校，有家者回家，無家者暫居同學家。吾等皆遙遙數千百里外，孜孜求學，唯學校師長是依。今竟為表示國恥紀念而遭學校之摧殘，溯吾校之建設，十有四週年，曾不知費幾許心血。始臻於此，締造之不易，人人共知。今竟因表示紀念國恥，

以致前功盡棄。二百餘人失學，吾女子教育，受此大挫折，非唯吾等難堪之日，亦為父老所痛心之時。今因此次離校之原因，皆出於不得已。而校長所有佈告，及家庭通知書，皆謂吾等自願脫離學校關係。故不得不登報聲明以明真相。

附該校校長通知學生家長函

　　敬啟者。溯自去歲學潮起後，各校學生，時有罷課之舉。青年學子，曠業失時，甚為可惜。就中女生，逐日奔走街衢，遊行演說，尤懼有意外危險。時勢所趨，卒演成一月二十九之慘劇。追念往事，深滋慚愧，唯在當時四圍空氣險惡。學校無禁止能力，敝同人力之所及，只有勸阻而已。自入春以來，官府對於學潮，取締稍嚴。學校對於學生之勸導，亦漸發生效力。故此次京滬寧浙各處罷課，津埠獨未受其影響。不意數日以來，忽有各界聯合會議決五七紀念，學校停課，學生遊行演講之事。夫五七中日交涉，為全國所痛心，即教職員亦豈能漠然置之不過。紀念之意，在不忘以往，而力圖將來。絕非空閒一日，任意遊玩嘻笑，可以當之。故敝校曾於本月六日，招集班長會議，論及此事。並告以是日下午由職教員講演中日外交關係，使大家得一明瞭觀念，庶可激發真正愛國心，力圖自強。至於停課，不但有廳令禁止，並於各班實際無益云云。各班長當時並未表示若何態度，嗣於晚六鐘來稱，全體同學，要求七日放假一日，並請名人講演。當答以放假，既礙於廳令，邀請名人講演，亦非倉卒所能辦到，唯本校職教員講演，可以提前。名人講演，可俟諸異日。各班長去後，復於晚九鐘來稱，同學態度不明，班長不能負責，請校長於明晨當面對眾宣告云云。至七日晨八點振鈴，諸生既不入室，亦不上禮堂，均聚集於宿舍之內。經管理員招之到內院操室問話，挨室呼喚，各生均置若罔聞，且相聚嬉笑，一種玩疲之態，令人不堪入目。敝校長竊維無事停課，既礙廳令，勸導學生，又均置之不理。且各生自身對於紀念，亦無相當辦法。唯群聚嬉笑玩耍，擾亂學校秩序，學校實不敢負此責任。乃赴教育部廳請示辦法，案廳長而諭，從嚴辦理。回校後，仍念學生此種舉動，因出少數人之鼓動，大多數恐係盲從。乃令學監至宿舍勸導，謂五七紀念是一事，諸生亦聽職員之言又一事。諸生既將職教員之話，置之不理，俟

後如何，再行上課。倘仍執迷，是自與學校斷絕關係云云。各生或置之不理，或表強硬態度。謂五七紀念，學生自行停課，與學校無涉云云。似此情形，各生已無復商榷之餘地，而有不聽言語之決心，不得已乃懸牌佈告。諸生既不與學校接洽，又不聽言語，是諸生自己與學校脫離關係。仰自本日起，函請家長迎接出校云云。此項佈告。本係使各生知所警誡，深自改悔，力圖自新。本日（八日）早八鐘，諸生排隊在院內質問，亦告以此意。並示以諸生如不正式表示改悔，本校只得認諸生有意脫離關係云云。而各生仍執迷不悟，並多欲離校。現除通學生及有親長在津之寄宿生，聽其即日出校外。其津外之學生，則非家長來接，不令出校。祈　貴家長於信到後，速行裁奪辦理，是為至盼。至敝校不善管理，致生此不好結果，實深抱愧也。專此即候大祺。直隸第一女子師範學校謹具。

五月八日

學生的責任和快樂　［蔡元培］

原載長沙《大公報》，1920 年 11 月 19 日

（1920 年 11 月 4 日）

　　今天承貴校歡迎，我是很不敢當的。我昨天到岳雲中學演講，從貴校門口經過，看到貴校規模闊大，聽說貴校內容也是很好的，我很想到貴校參觀。適逢貴校校長請我今日演講，使我得與諸君有談話的機會，我心裏是很愉快的，所以我於百忙中，抽出時間與諸君談談。

　　貴校的校名是「兌澤」二字，在先前創辦的人，取這兩個字，是很有意思的。兌字怎樣呢？「兌者說也」，就是學有所得、令人快樂的意思。所以孔子說：「學而時習之，不亦說乎。」就他這句話講，諸君由小學畢業，繼續升入中學，求學的時間沒有中斷，也算是時習了，自然有許多喜悅的事情。孔子又說：「有朋自遠方來，不亦樂乎。」孔子當日設教杏壇，三千徒眾，都是從遠方來的。貴校性質，雖說是由西路公學改變的，這不過是歷史上的關係。就教育原理上講，沒有甚麼界限。現在所有的學生，大概都是從遠方來的，朝夕相見，研究各種科學，這是第一層可快樂的事情。

　　前幾年張敬堯督湘，對於教育摧殘殆盡，貴校尚能維持下去，一方面是教職員辦事的毅力，他方面是諸位求學的熱忱。我是很佩服的。現在張敬堯已去，依我數日的觀察，貴省的教育，很有新機，就是先前回去的學生，也都來了。「舊雨重逢，濟濟一堂」，這是第二層可快樂的事情。孔子所說的話，大概是這個意思。

　　我再回溯去年五四運動以後，我們一般學子受了這種感觸，其中由自覺到覺人的很不少，至若學生去歲干與政治問題，本是不對的事情，不過當此一髮千鈞的時候，我們一般有知識的人，如果不肯犧牲自己的光陰，去喚醒一般平民，那麼，中國更無振興的希望了。但是現在各位的犧牲，是偶然的，不得已的。若是習以為常，永荒學業，那就錯了。還有一層，現在各位為社會服務，這也算是分內的事情，不一定要人家知道，只要求其如何能盡

自己的責任，並且不要以此為出風頭，沽名譽的器具。縱然人家不知道我，我也無須要人知道，這就是孔子所講的「人不知而不慍」的意思。

　　上面所講的是學生的責任和學生的快樂。我還有幾句話要奉告諸君的。諸君當此青年時代，到中學讀書，今日的學生，就是將來改造社會的中堅人物。對於讀書和做事，都要存一種誠心，凡事只要求其盡責在我，不可過於責人。就以學校的設備上講，或因經濟的關係，或因不得已的事故，力量做不到的時候，大家要設身處地想想才好。今天我還要到別處演講，時間將到了，不能多說，我所貢獻各位的，就是這樣。

鼾僧 筆記

摘錄自中國蔡元培研究會編：《蔡元培全集》第 4 卷，
杭州：浙江教育出版社，1996 年，頁 243–244。

對於學生的希望 *　[蔡元培]

原載《北京大學日刊》，1921 年 2 月 25 日，第 816 號

　　我於貴省學生界情形不甚熟悉，我所知者為北京學生界情形，各地想也大同小異。今天到此和諸君說話，便以所知之情形，加以推想，貢獻諸君。

　　五四運動以來，全國學生界空氣為之一變。許多新現象、新覺悟，都於五四以後發生，舉其大者，共得四端。

一、自己尊重自己

　　吾國辦學二十年，猶是從前的科舉思想，熬上幾個年頭，得到文憑一紙，實是從前學生的普通目的。自己的成績好不好，畢業後中用不中用，一概不問。平日荒嬉既多，一臨考試，或抄襲課本，或打聽題目，或請劃範圍，目的只圖敷衍，騙到一張證書而已，全不打算自己要做一個甚麼樣人，自己和人類社會有何關係。五四以前之學生情形，恐怕有大多數是這樣的。

　　五四以後不同了。原來五四運動也是社會的各方面醞釀出來的。政治太腐敗，社會太齷齪，學生天良未泯，便忍耐不住了。蓄之已久，迸發一朝，於是乎有五四運動。從前的社會很看不起學生，自有此運動，社會便重視學生了。學生亦頓然了解自己的責任，知道自己在人類社會佔何種位置，因而覺得自身應該尊重，於現在及將來應如何打算，一變前此荒嬉暴棄的習慣，而發生一種向前進取、開拓自己運命的心。

二、化孤獨為共同

　　「各人自掃門前雪，不管他人瓦上霜」，是中國古人的座右銘，也就是從前學生界的座右銘。從前的好學生，於自己以外，大半是一概不管，純守一種獨善其身的主義。五四運動而後，自己與社會發生了交涉，同學彼此間也常須互助，知道單是自己好，單是自己有學問有思想不行，如想做事真要成功，目的真要達到，非將學問思想推及於自己以外的人不可。

於是同志之連絡，平民之講演，社會各方面之誘掖指導，均為最切要的事，化孤獨的生活為共同的生活，實是五四以後學生界的一個新覺悟。

三、對自己學問能力的切實了解

從前學生，對於自己的學問有用無用，自己的能力哪處是長，哪處是短，簡直不甚了解，不及自覺。五四以後，自己經過了種種困難，於組織上、協同上、應付上，以自己的學問和能力向新舊社會做了一番試驗，頓然覺悟到自己學問不夠，能力有限。於是一改從前滯鈍昏沉的習慣，變為隨時留心、遇事注意的習慣了，家庭啦，社會啦，國家啦，世界啦，都變為充實自己學問、發展自己能力的材料。這種新覺悟，也是五四以後才有的。

四、有計劃的運動

從前的學生，大半是沒有主義的，也沒有甚麼運動。五四以後，又經過各種失敗，乃知集合多數人做事，是很不容易的，如何才可以不至失敗，如何才可以得到各方面的同情，如何組織，如何計劃，均非事先籌度不行。又知群眾運動在某種時候雖屬必要，但決不可輕動，不合時機，不經組織，沒有計劃的運動，必然做不成功。這種覺悟，也是到五四以後才有的。於此分五端的進行：

（1）自動的求學

在學校不能單靠教科書和教習，講堂功課固然要緊，自動自習，隨時注意自己發見求學的門徑和學問的興趣，更為要緊。

（2）自己管理自己的行為

學生對於社會，已經處於指導的地位。故自己的行為，必應好生管理。有些學生不喜教職員管理，自己卻一意放縱，做出種種壞行。我意不要人家管理，能夠自治，是好的。不要管理，自便放縱，是不好的。管理規則、教室規則等，可以不要，但要能夠自守秩序。總要辦到不要規則而其收效仍如有規則時或且過之才好，平民主義不是不守秩序，羅素是主張自由最力的人，也說自由與秩序並不相妨。我意最好由學生自定規則，自己遵守。

(3) 平等及勞動觀念

朋友某君和我説：「學生倡言要與教職員平等，但其使令工役，橫眼厲色，又儼然以主人自居，以奴隸待人。」我友之言，係指從前的學生，我意學生先要與工役及其他知識低於自己的人講求平等，然後遇教職員之以不平等待己者，可以不答應他。近人盛倡勤工儉學，主張一邊讀書，一邊做工。我意校中工作，可以學生自為。終日讀書，於衛生上也有妨礙。凡吃飯不做事專門暴殄天物的人，是吾們所最反對的。脱爾斯太主張泛勞動主義。他自制衣履，自作農工，反對太嚴格的分工，吾願學生於此加以注意。

(4) 注意美的享樂

近來學生多有為麻雀、撲克或閱惡劣小説等不正當之消遣，此固原因於其人之不悦學，尤以社會及學校無正當之消遣，為主要原因。甚有生趣索然，意興無聊，因而自殺者。所以吾人急應提倡美育，使人生美化，使人的性靈寄託於美，而將憂患忘卻。於學校中可實現者，如音樂、圖畫、旅行、遊戲、演劇等，均可去做，以之代替不好的消遣。但切不要拘泥，只隨人意興所到，適情便可。如音樂一項，笛子、胡琴都可。大家看看文學書，唱唱詩歌，也可以悦性怡情。單獨沒有興會，總要有幾個人以上共同享樂，學校中要常有此種娛樂的組織。有此種組織，感情可以調和，同學間不好的意見和爭執，也要少些了。人是感情的動物，感情要好好涵養之，使活潑而得生趣。

(5) 社會服務

社會一般的知識程度不進，各種事業的設施，均感痛苦。五四以來，學生多組織平民學校，教失學的人以普通知識及職業，是一件極好的事。吾見北京每一校有二三百人者，有千人者，甚可樂觀。國家辦教育，人才與財力均難，平民學校不費特別的人力與財力，而可大收教育之效，故是一件很好的事。又有平民講演，用講演的形式與平民以知識，也是一件好事。又調查社會情形，甚為要緊。吾國沒有統計，以致諸事無從根據計劃，要講平民主義，要有真正的群眾運動，宜從各種細小的調查做起。此次北方旱災，受飢之民，至三千多萬。賑災籌款，須求引起各方的同情，北京學生

聯合會乃思得一法，即調查各地災狀，用文字或照片描繪各種災情，發表出來，借以引起同情。吾出京時，正值學生分組出發，十人一組。即此一宗，可見調查之關係重要。

我以上所講，是普通的。最後對於湖南學生諸君，尚有二事，須特別說一說：

一、學生參與教務會議問題

吾在京時，即聽見人說湖南學生希望甚高，要求亦甚大，有欲參與學校教務會議之事。吾於學生自治，甚表贊同，唯參與教務會議，以為未可，其故因學校教職員對於校務是負專責的，是時時接洽的。若參入不接洽又不負責任的學生，必不免紛擾。北大學生也曾要求加入評議會，後告以難於辦到的理由，他們亦遂中止了。

二、廢止考試問題

湖南學生有反對試驗之事。吾亦覺得試驗有好多壞處。吾友湯爾和先生曾有文詳論此事，主張廢考，北大高師學生運動廢考甚力。吾對北大辦法，則以要不要證書為准，不要證書者廢止試驗，要證書者仍須試驗。

吾意學生對於教職員，不宜求全責備，只要教職員係誠心為學生好，學生總宜原諒他們。現在是青黃不接時代，很難得品學兼備的人才呵。吾只希望學生能有各方面的了解和覺悟，事事為有意識的有計劃的進行，就好極了。

摘錄自載高平叔編：《蔡元培全集・第 4 卷》，
北京：中華書局，1984 年，頁 37–41。

* 此篇為蔡元培在湖南的第七篇講演

「五四」的我感 ［廷謙］

原載《晨報》，1921 年 5 月 4 日，第 2 版

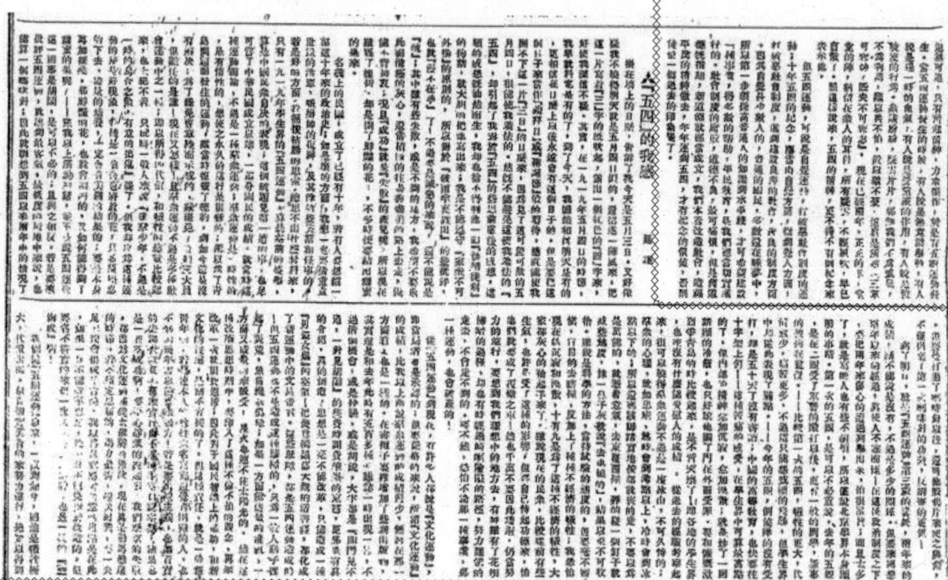

掛在墙上的日曆，告訴了我今天是五月三日。又好像疑我不曉得明天就是五月四日似的，還招進一陣風來，把這一片寫着「三」字的紙吹起，露出一個紅色的「四」字來，好使我深信不疑。其實，在一九一九年五月四日的時節，我早就料定是有的了，到了今天，我固然相信明天是有的，更相信在日曆上以後永遠會有這個日子的。但是要把這個日子來當作「禮拜日」或「聖誕節」般的看待，簡直能使我撕不下這一片「三日」的日曆，因為見了這可驚可歎的五月四日，很能使我羞怯的。然既不能避免這使我羞怯的「五四」，卻引起了我對於「五四」的些思前慮後的感想，這類的感想既油然而生，我卻也捨不得判他一個「無期徒刑」的拘禁，就大膽的把他寫出來；我是不能遵守「家醜不可外揚」的原則的，所以對於「破雨傘裏戳出」的些批評，也就「漫不在乎」了！不過要是誠懇的來說，還不能說是「醜」；其中雖有些失敗，或是不到的地方，我希望不要因此而消極的灰心，還當積極的往盡善盡美的路上去走，才能不背初衷；況且「成功」就是「失敗」的產兒呢？所以現在雖經了挫折，卻是開了鮮艷的花；不多時便要結出甜蜜的果來。

名義上的民國，成立了已經有十年，若有人要想編一部這十年來的政治史；如是壞的方面，我想一定要借重袁世凱的洪憲，張辮帥的復辟，及其餘的些笑話和怪事的，若是好的方面，我偏搜枯腸的思索，總想不出什麼材料來。只有一九一九年學生界的「五四運動」，算是空前的盛舉，算是中國民眾自決的表現；這個破題兒第一遭的事，也足可當了中華民國成立以來，一部分國民的成績。就當時這種運動而論，不過是一種群眾運動；群眾運動是一時性的。是有惰性的，想使之永久的進行是很難的；所以為了青島問題而發生的運動，雖當時拒簽了德約，到如今還是沒有解決；為了罷免曹章陸而示威的，雖罷免，他們三大員，但繼任的是誰！現在又怎樣！且群眾運動不過是多種社會運動中之一種；即以所得的代價，和犧牲的總數比較起來，也大犯不着，只配叫一般人來說「這群少年，不過是一時的烏合之眾，有意的搗亂」罷了。但我卻以為這種運動的確是好現象，的確是一朵含苞將放的花，只希望堅忍的下去，儘量的培養，一定會有美滿的結果的；

要是本身再加摧殘，那鮮艷的花，也就會凋謝的，又如何能得到了甜蜜的果呢？——照我以上所說的話，並不是說五四運動這一回事是胡鬧，是可以不必的；且與之相反，若是要來批評五四運動，就讓到最客氣，最低度的境地中來說，也能算一個嗎啡針！因此就聯想到五四以來兩年中的情況了。但要是打過了嗎啡針以後，還叫他吸鴉片來使之興奮，不僅捐棄了第一次嗎啡針的功效，反倒害的更狠！

到了明日，就是「五四運動」第三歲的壽辰，兩年來的成績，斷不能說是沒有，不過是多少的關係。但要來回想兩年以來的經過，真使人不寒而慄！在這種政治制度之下，要把兩年來傷心的遭遇列舉出來，怕很累贅；而且太多了，就是寫的人也有些不耐煩，所以僅說北京學界本身顯明的事蹟。第一次的五四，是可以不必重說。去年的五四，是在二四受了軍警的毆打以後，更有一般的同學，無辜的被拘在監裏。——比較第一次的五四，犧牲的更大，代價愈少，痛苦更多，不過這只能怨威權的殘暴，但學生界中卻從此表現了弱點。——今年的五四，倒僥倖的沒有受打，卻是五十天了沒有書讀；中國的高等教育，也快要往十字架上釘！——這種苦痛的感受，在學生界中可算最高點的了，但內部的精神愈加沉寂，愈加渙散；就是炒了一回請願的冷飯，也只好讓他關了門在外面受罪。要和慷慨激烈爭青島的時比較起來，是不啻天壤了！即各地的學生界，也並沒有什麼能安慰人的成績。從過去的經驗考察起來，很可以曉得群眾運動不過是一座冰山，不可久恃的；群眾的心理，就如患瘧，熱時會到沸點以上，冷時會到冰點以下的；所以還應該腳踏實地按部就班的走，不要以為是萬能的，就憑着意氣，去東碰西撞，弄的碰一個釘子就減些熱度，抹一鼻子灰就說「去他娘的」，結果以至不可收拾。雖說是科學的方法，當持試驗的態度的，但要毫不審慎，盲目的去瞎撞，反加上了種種不經濟的犧牲；我恐怕現在的沉寂和渙散，十有九是為了這種不經濟的犧牲，大家都灰心的袖起手來了，雖說現在的民眾，比較從前有些生氣，也許是受了這種的影響，但要自己恃起功德來，怕他們就要成了覆轍之車！然也千萬不要因此諉避，仍當努力的進行，要想到我們理想中的地方去，有時雖有了花明柳暗的過程，卻也有時經過崎嶇險

隘的路徑，努力謹慎的走去，不會走不到的。要不然，恐怕不論那一種事業，那一種運動，也會破產的！

從「五四運動」到現在，有許多人都說是「文化運動」，即當局者也是承認的；但要嚴格的來說，所謂「文化運動」的成績，比我以上所說群眾運動的成績還少，無論在那一方面看，也是一樣的。在書攤子裏雖增加了些新出版物，其實還是和去年此時有五百多種的雜誌一時出現一樣，不過借個機會，或是抄襲，或是胡說，大半都是「開門見不通，一針見胡鬧」的些費時間費筆墨的東西，更那裏有真的介紹，真的創造？思想是一毫不能改革，只能造成一種「男盜女娼」的空氣！把幾尊編黑幕大觀的活菩薩，都化成了新運動中的文昌帝君。這些孽障，都是五四運動造成的！但五四運動也不是造成這種孽障的，只為一般人腦子裏起了災荒，魚目才來混珠；如果一方面能儘量的灌溉，一方面又儘量的來吸受，星火也遮不住太陽光的。然在這種改革思想時期中，要印了這種不倫不類的觀念，再來改革一次就很費週折；因此對於國民知識上的幫助，和新文化的□進，是一刻不容緩的了。但這種責任，就是一□新青年的，若是連本人的尊姓大名寫寫還覺着困難的人，也不妨讀幾年書以後再來盡力！若是要來談主義，也請着實的去調查調查，再來實行也不遲的！空口說空話，結果也是一個空成功啊！要平心靜氣的說起來，我們歷來的失敗，都因為文化運動基礎太薄弱的緣故。現在真是勒馬懸崖的時節，若不痛定思痛的，竭力懺悔，趕快回頭，要一失足，便會恨成千古的，我以為我們應當注意的焦點是在此，如果一日不能改革思想，便一日不能染指於改造的。但要名不符實的來掛一塊文化運動的招牌，也是一樣的「□淘成」啊！

我們從「五四運動」以來，一直到如今，固然是犧牲極大，代價很微。但肯切實沉着的來努力進行，總可以得到相當的代價的。若是外界人對於我們的指摘，或是什麼別種失望的話，並不足使我們寒心的。且應該虛心的領受，因為他們是憑恃了我們，尊尚了我們，所以才能如此的；不然，何以從前沒有來指摘呢？因此這種的指摘，也很可以安慰和輔助我們的。

但一舉一動也總要博得點同情才好，如兩方面常常的發生誤會，都不能共同的來協助，便都感着困難，進行上很有阻礙的。

在這種過渡的時期中，失敗是免不了的，這種失敗，也可算是初次試驗的一種偉績──寫到此地，我想起在頭一段中所說「家醜不可外揚」的「醜」字的不通來了，但既寫了，我也就懶的改──莫因此而灰心，我也是學生中之一，想起來何嘗不羞呢？且膽怯的不敢說；現在既說出來了──完全不完全，是另一問題──只好朗誦陶淵明的歸去來辭中的「悟已往之不諫，知來者之可追」的話，來當作自懺時的福音罷了；並很願意把「失敗即成功之母」緊記在心坎裏，不要灰了心使新機截然停頓。

一九二一，五，三。

一九二一年的五四 ［魯士毅］

原載《晨報》，1921 年 5 月 4 日，第 3 版。

　　我們中國人無論好事歹事，都帶着些異樣的色彩，好像上了顏色的電燈泡，只要接觸電流，就顯露出奇麗的色彩，惹起別人的注意，其實這種彩色，全是受電流的作用，要是電流斷絕，連他的本色都顯不出來了。像這樣的色彩，雖然惹起別人一時的注目，不過是曇花一現，既不能持久，又不能保存，我們生了這雙銳利的眼睛，靈敏腦子，自己不清清白白地顯露自己的本色。都要和上了顏色的電燈泡去為伍，實在是可恥的很。試問現在的人，那一個做事不帶幾分色彩。電燈泡的色彩是機械的，不必評他。人類帶了和電燈泡這樣的色彩，有點危險，就不能不批評他一下。他們帶的色彩，不是銅臭，便是官臭。今天是「五四」三週年的紀念，我在去年今日這一天，料想不等到今年今日，二十一條秘約總能取消，且今年的五四總比去年熱鬧些，什麼文化運動，社會運動，平民教育鄉村講演，還有不可思議的事件，也許有日新月異的好現象，我的希望太奢，沒有想到馬力不足，就是發通電散傳單的成績，也不過是落花流水罷了。老朽先生們說，一時不如一時，一代不如一代。我相信人類是有進無退的動物，怎能瞎聽這些鬼話。況且我

們處在這個萬惡的社會，什麼應當改革的事。都得要一件一件的改革起來，莫說這樣不好，那樣不好。我們既知道是不好的，當然要以身作則，做點兒模樣給別人看看。這能算是盡了我們的本分。但是在實際上看來，確實有些危險。五四以來原有的現象都不能維持了，青年的雄心一落萬丈。我還記得八年五四示威運動的旗幟上有「爭回青島方罷休」「不達到取消二十一條密約不止」。天安門前之大集會，趙家樓頭之全武行，一個個活活潑潑，好男兒入獄下監。再拿着幾張紀念片出來一看，□煙彈雨，軍警林立一團，青年在軍閥範圍中，歡欣鼓舞，及回頭一看目前光景，不禁有點今昔之感。我們中國人是善忘的，要想找文天祥和夫差一類的人，也許一代不如一代。有些人自己以為有了覺悟，受了教訓，自鳴為識時務的俊傑。我想果然有了真正的覺悟和切實的教訓，就應該拿定主意勇往直前的幹去。孟子說，富貴不能淫，威武不能屈。循着這條路線去做，總會有成功的一日。但是我對於青年的前途，總覺着悲觀，青年的色彩實在有些不純粹，往往遇了重大事件發生，承那熱血衝動的時候，鬧得天花亂墜，一遇推折，便煙消雲散，一點兒聲息都沒了。金錢的有魔力，減滅了許多的奮鬥力，大人先生們的甘言謠語，欺騙了無數的青年。是銅臭，是官臭，我最後的希望，是要請大家露出盧山真面目來，把我們未了的願償清，慎勿忽起忽滅，辱沒了今天這紀念日。

一年來我們學生界的回顧 ［平心］

原載《晨報》，1921 年 5 月 4 日，第 6 版。

　　當「五四運動」第一週年紀念日的時候，我們和其他社會上的人差不多都有一種很深的感想。彼此的感想固不能説盡同，而對於學生的將來抱有無限的希望，我敢説是「人同此心」現在第二週年紀念又來了，我對於我們一年來的經過不免有點懷疑：今天只好老實寫出。至我的觀察，見解，或不免有些錯悞，這要望閲者的指教了。

　　大家平心靜氣的想想：我們一年來的事業是什麼？前年雙十節有「麵包運動」，但是去年怎樣了？去年勞節，曾有學生沿街散佈傳單，但是今年怎樣了？我不是説我們定要抄襲舊墨卷，我是説逢着這種轟轟烈烈的紀念日，而我們居然沒有一點表示，則我們的志氣的消沉，似乎也於是可見了。或

者大家有認此為不必要的麼？但是去年我們對於琿春交涉的熱心怎樣？今年對於民族盛衰所關的教育基金的運動又怎樣？固然，我們也曾為這些事開會，上呈文、發宣言、打電報，派代表、遊街，請願……但這是否僅是少數人和幾位代表所為；大多數對此的態度如何，恐怕也不須我說罷！有人說：以上這些事，在今日算不得根本大計，今日的根本大計，就是「社會運動」。那麼，就以社會運動說罷：請問我們一年來關於社會運動的事業做了幾種？平民夜校，平民講演團一類的機關添設了幾個？舊有的擴充得怎樣了？據我所知，北大平民講演團近來可算有點發展了；但有一天我同該團幹事主任朱務善君會晤，據朱君的談話，則謂同學多不肯加入。加入的也不見得都熱心。那麼其餘的可想而知了。

或者還有人說，現在大家都專力於學術方面無暇及其他了。但是請問我們一年來譯了幾本書？出了幾冊雜誌？添了幾個研究學術的團體？即使添了一二個，其成績又都怎樣？若說大家都趨於「少發空論多讀書」的路上去了，恐怕也不盡然罷？即以這次國立學校罷課後的情形而論，當這一刻千金的時光，離京的學生不必論了，而留京的為什麼多是隨意看閒書，尋無聊的消遣，談天，昏睡，閒逛呢？

京中的學生既如此的沉寂，外省的學生據報告也是如此，我們還頂着「文化運動」的招牌，細想來，還不愧死麼？

但是於此，我只顧這是我的觀察錯了；不幸而我的觀察不曾錯，那我們也不必因此灰心，還是努力做去罷！

五月三日

五四紀念日的些許感想　[伏廬]

原載《晨報》，1921 年 5 月 4 日，第 6 版。

　　前年五月四日的一回運動，所以能在今日人心中留着一個深深的印象，自必有他本身的價值，學界諸君已發揮許多偉論，我此刻不再細說了。下面所說，只就一個極小的方面，發表一點極小的感想。

　　昨天聽見一個老輩說，「五月四日是打人的日子，有什麼可以紀念呢？」我當時固然因為口才不敏，和素來不好與人爭論的習慣。默默地承受了。但是過後一想，這話雖從老朽口中說出，卻也有幾分意義。人有五官四肢，不能運用得適如其分，作正當的宣傳教導勸誘等運動，卻急不暇擇的出此打人的下策，這確是青年們萬分抱歉的。但是放大眼光一看，倘損傷了少數人，能使大多數人得到利益，那麼這小小缺點，也算不得什麼，正如大騙子大滑頭欺詐了許多錢財，卻將他的千萬分之一的利息拿出來辦慈善事業，他的慈善事業□算不得什麼一樣。

　　這是我心中對於「五四是打人的日子」的解辯，這樣一想，覺得心中也就平服了。但我從「打人」兩個字上，又生了另外一種感想，對於中國的國民性，似乎不能不發生疑問，這疑問是：為甚麼中國人不留心光明正大的宣傳運動，卻崇拜這出奇制勝的打人運動？五四以前，並不是沒有三兩種出版品；我們雖然不能承認他們所宣傳的十分美滿，但比五四運動格外有意義一點，卻是可以斷言的。無如他們說得唇焦舌蔽，國民總是沒有知覺。直到青年不得已拔出拳頭來了，遂大家頂禮膜拜，說這是文化運動，其實這已是武化運動了；前面一幕倒很有點像文化運動的。可惜那時諸君正在酣睡，沒有賞光罷了。

五四與學生　[瞿世英]

原載《晨報》，1921 年 5 月 4 日，第 2 版

五四與學生才是「愛之花」呢。沒有學生，那裏來的五四；沒有「五四」，那裏又有今日的「學生」。

五四已經過去兩年了。想不到「五四」兩個字竟成了歷史上一個最神聖，最鮮明的名詞，他至少給我們以一種新刺激和新印象。回想當年演完這齣「新趙家樓」之後，即使是身與其役的人又何嘗想到他會有這樣普遍的影響。

五四運動的功績不獨在拒簽德約，不獨是罷免國賊，不獨是街上添了幾次學生的遊行。也不獨是多發了幾次傳單……他的功績是給中土以一個有力的新文化運動的動機。他是黑暗中的一顆明星，「愛」的光線第一次射入中土。他是奉着新文化運動的使命來的，不要使他失望而去呵！

但是現在怎樣？如火如荼的學生運動似乎要「下火」了。五四與學生要失戀了。學生運動的失敗不是青島沒有爭回，也不是密約沒有取消，是沒有五四運動的精神去做事了。這才真對不起五四了。

我看學生運動失敗的原因，不止一種。我且把他赤裸裸的寫出來，請大家開個醫方治一治。我是一個學生，我這篇文字說得不好時竟是個供狀，請諸君不要罵我替學生「洩底」。須知學生雖然不大愛五四了，五四卻還深深的愛學生呢。所以也不由得我不說實話。

學生所以失敗的原故：

（一）由於中國人向來是勢利的；中國社會向來是薄情。五四運動一起，大家都來「歡迎學生愛國」，因此成功太易，學生都變成趾高氣揚，以為學生萬能，無論什麼事，都有「捨我其誰」之概。於是養成了驕惰的氣習，凡事不肯下死工夫去研究，不容納反對派的意見。名詞製造局現鑄名詞來應用，以對付一切。後來辦不了時，再去求社會的幫助，社會上一般人卻擺出死板板的面孔來，不管你們了，學生受此打擊，差不多個個人都成了厭世派，不管閑事了，也沒有信用了。

（二）大凡一種運動，必有一個極明瞭的目的。要達到這個目的，必要一種手段與工具。於是就有組織發現：如學生聯合會是。後來事過情遷，加以他種挫折，便幾乎將目的忘卻，然組織卻還在，於是用全力維持組織。然而因有目的，才有組織。單維持組織而不顧目的，沒有不失敗的。所以我現在聽見「維持聯合會」這句話，心裏正不知怎樣難過呵！

（三）前面已經提到名詞萬能，於是名之所至也居然成了一種勢力，這便不好了。有了投機事業了，這些所謂學生領袖的，搬來幾句名詞，當着全體同學，逞其三寸之舌，大擂大吹。清脆的鼓掌聲中不知斷送幾多有用的青年。而這些所謂領袖們，為維持其領袖地位起見，竟不免也要些奸雄式的手段和政客式的陰謀，或者還要用一用愚民政策。至終同學不信任了，別的人也就不敢繼起了。這才真是精神上的損失呵！

然而這還可以說是外表的。我們且再將學生的思想方面研究一下。學生所以失敗的根本原因就是大多數學生都還抱着狹義的愛國主義，唯物的哲學，賢人政治的思想，更要緊的是學問的饑荒。

這一次的愛國運動自然是比從前的進步些，然而稍寬廣的國家主義就不能得一般人的同情和響應。學生本身也是這樣。不要看宣言上說得冠冕堂皇，娓娓動聽，事實上不是那回事。思想沒有改造，不曾成熟，少數人自己騙自己又騙別人的口號運動是不成功的。

學生們只看見人家物質的發達，人家生活程度的增高，醉心於物質文明。於是只在結果上用工夫，都不肯去研究原因。這真是危險。這一定失敗。

又因為學生運動多數是受群眾運動的暗示的，刺激過多，時間過長，不由得不發現惰性。於是不得不由極少的幾個人家以為他有才幹而他自己亦自命為有才幹的人去辦。別的人似乎很信任他，可以由他去獨斷獨行；又似乎絕對不理他，由他愛怎樣辦便怎樣辦，到現在竟簡直不管這幾個人了。這些人孤懸懸的站着不由得不灰心喪志，於是有的絕對丟開不管，有的因為歷史上的關係又不由得不管，有的竟墮落了。唉！賢人政治的毒！

這還不要緊，最苦痛是學問上的饑荒。有了事來不能够對付。加以教育界的厄運忽然降臨到這裏，忽然降臨到那裏，真是不能夠求學。而事前

沒有充分的預備，「抽冷子」要學生出來對付環境，（應付事情）那裏能成功。

以上所說的都是學生運動失敗的方面。社會既然如此，學生本身又如此，失敗也是當然。然而竟由他失敗麼？竟叫「五四」白來一趟麼？唉！學生真對不起「五四」。

宇宙間事情，沒有一件不是時時刻刻的創造和變化。失敗是成功之母。雖說是適者生存。然而若是我們改善環境，是可以使不適者適於進步的環境的。學生運動，雖然失敗，然而如果趕緊開一條新生路，是可以永久不失敗的，永久成功的。

怎麼才能不失敗呢？怎樣才能使五四與學生永久維持其精神的純潔的戀愛呢？我且本着上面的咏案，開個藥方來。

千萬不要忘記，五四是奉着新文化運動的使命來的。此後的學生，若是要完成五四的使命，先要避去上面所說的失敗的幾點，再積極的趕緊打別的注意。所謂別的注意便是：

（一）學生個體要趕緊在學問上做工夫，沒有實在學問是不能夠救國的。幾句名詞，也要用完的。用完了，怎麼辦？

（二）學生對於學生的團體，應當從事為較強固的組織。須知大家不負責任的團體，不如沒有。辦事時沒有團體又不容易辦。團體的組織是必須要堅固的才行。這是學生全體的責任。同時虛偽的形式的團體不要再組織了。

（三）學生應當放開眼光，看着世界各國的變化。然而卻不要再抱着親德或親法的政策。中國的問題是要中國人自己解決的，旁人解決不來的，不要再妄想別人替你幫忙罷。

（四）努力於文化運動。建設中國的新文明，以貢獻於世界。不必急於近功，數十年以至百年後，現在的及將來的學生，若能使中國能於世界文化上盡些力時，便算對得起五四。

（五）注意於社會服務。以謀改造中國的社會。而最好的社會服務的方法便是平民教育！無論日校、夜校、通俗講演皆是。

（六）要服務社會須要直接與社會接觸。「與平民為伍」一句話更是金科玉律。

以上抽象的幾句話，是學生應當實力奉行去做的。否則何必有五四運動？

五四！五四！學生！學生！
我希望你們永久相愛，攜着手走向光明去。
五四萬歲！學生萬歲！

我底五四紀念觀　[陶玄]

原載《晨報》，1921 年 5 月 4 日，第 3 版。

世界上無論那一種事業。當創造成功，都有個紀念，來表示創造的艱難，成功的快樂，並奮發後來的事業。綜計一年當中，各國歷史上的紀念，不下數十，我國光復以來的紀念日，也已重重疊疊，不勝追記了。但今天的紀念—五四紀念—實是我們學生，轟轟烈烈，發展奮鬥精神的第一日；團體結合的精神，無不發源於這個運動，這真是我們不可忘的大紀念。現在忽忽已是第一年的紀念日了，晨報特印增刊，表示學生的精神，真是我們所最感激的。可惜我不文，不能把我底思想，完全發揮出來，為這五四紀念點綴。但我也是學生一分子，應有苦樂的同情，所以拉雜說幾句，略表我對於五四紀念的感想。

在民國八年以前，我們學生的地位怎樣，人人都能追想得到。國家看我們是贅旒，當我們是童孩。那般鯨吞狼食的野心家，視我國竟是無人；而我們自己，也只知向案頭求生活。

獅睡沉沉，野火四迫，教育界的青年，知避無可避，退無可退，只有奮起精神，力求振作，於是有五四運動發生。當五四運動發生的時候，有人說是無意識舉動，有人說是逞一時的血氣，有人說是受黨派的作用，有人說是被唆使的行為。眾議紛紛，疑雲片片，那知我們不為威屈，不為利誘，臨以兵不怕，置以獄不憂，這真是所謂「三軍可奪帥，匹夫不可奪志」。現在已經兩年，正正的軍，堂堂的陣，猶留在眾人的耳目，所有疑雲，不經風吹，早已自散了。照這樣說來，五四的精神，更不得不有個紀念來表示他。

但五四運動，可說是自覺運動，打破惡社會制度的運動；十年五四的紀念，應當由自覺方面，推到覺人方面，打破惡社會制度，進到建設良善的社會，善良的制度方面。因為自覺是少數人的，普通的國民，多數還在睡夢中，所以第一步須提高普通人的知識到水平線，才可希望建設一種事業，得多數的幫助，平民教育，是我們應當切實進行的。社會制度的腐敗，道德不良，最可痛恨，但是舊道德既推翻，新道德就應當成立，我們本着改造社會，造福平民的精神做去，年年述到五四，才有紀念的價值，否則徒留一個過去的印象罷了。

將來學生運動的責任 ［高一涵］

原載《晨報》，1921年5月4日，第2版。

　　我們常常看見一切生物的生長，到了一定的時期，必定要把從前保衛自己的外殼打破了之後，才能發達進到新生時期。譬如雞蛋般，在先是保障裏邊蛋黃蛋白子的，到了變成小雞之後，必定要把他打破，小雞才能夠生出來！又譬如螺蚌的貝殼，在先也是保護肉體的工具，但是因為外面的硬殼常常阻礙裏面肉體發展的原故，所以要達到一個新生時期也必定要脫掉老殼子。社會進化也是這樣。往往有一種制度，在先本是保障社會，使他發展進步的，但是到了幾十年或幾百年之後，社會中發生一個新局面出來，舊有的制度不但不能保障他發展進步，還要阻礙發展進步，如果不把這種

四、學風轉變　433

舊制度打破，就是不能殺死新機，也要激成新舊戰爭，使社會本身發生不安的現象。

　　無論那種制度思想，在先提倡的必定是少數人，甚而至於是一個人。到了這個制度思想成為普通的群眾的制度思想的時期，按照生物進化的原則說，已經到了「死因哉」的時期。所以少數的知識階級總是偏於進取的方面，多數的群眾總是偏於保守的方面。易卜生有兩句名言：

　　「多數黨總在錯的一邊，少數黨總在不錯的一邊。」

　　（國民公敵第五幕）

　　如果從社會進化的歷史上看起來，一切革命的思想總是少數人提倡的，總是大多數反對的；到了幾十年或者幾百年後，少數人所提倡的思想漸漸變成大多數的主張的時候，這個思想已經到了進棺入穴稍刻墓誌銘的時候了。

　　由此看來：思想和制度要靠大多數的主張，便是宣告死刑！要想隨時變遷，順着時代進化，那麼，便不能單靠大多數的輿論裁判，必定要靠少數不安本分的和專以反對社會舊風俗習慣為事的理想家的批評。如果一個社會之中，沒有一個大多數認為「大逆不道」的人在那裏鼓吹改革的思想，一定是個半死不生的社會！

　　從歷史上看來：如果沒有孫里嘉（L. A Seneca）和基督教徒在中古大倡「人姓（性）平等」的學說，恐怕無千帶萬的奴隸至今還自以為是應該做奴隸的；如果沒有馬克思一派社會主義家提倡「階級戰爭」的學說，恐怕一般勞動家至□還伏在資本家的腳下，說「命該如此，無可奈何」的一□話！我們從此可以得到幾個結論：

（一）不有打破舊思想舊制度的先鋒隊的學說，新時代□社會必定不能產生。

（二）造成新時代新社會的學術思想只能靠少數急先鋒提倡，不能靠大多數和平中正的先生們的輿論批評。

（三）在當時認為「大逆不道」的學術思想，經過一定時期之後，必定要被大多數和平中正的先生們奉為「天經地義」。

（四）前幾十年或幾百年的「擾害治安」的學說，必定成為後幾十年或者幾百年的法律制度。

這幾條差不多都是歷史上的公例。

我們如果承認這個公例是必不可逃的事實，那麼，就應該想出種種方法來免掉這個弊病。現在有了火車飛機；從前幾十天幾十年的路程可以幾十點或幾百點鐘達到，這就叫做「縮地法」。我以為我們現在應該也造成社會進化的火車和飛機，使從前費掉幾十年或幾百年的時間的進化過程，可以幾個月或以幾個年頭達到，這就叫做「縮時法」。

我想提出的「縮時法」如左：

（一）今後應該以教育機關為產生法律的機關。以國立最高教育機關為國家的立法部，省立最高教育機關為省立法部，縣立最高教育機關為縣立法部。

（二）今後應該以教育界的評判為公是公非的標準。對於言論思想信仰種種自由只由教育界以學理做標準去下批評，不受政府強力的干涉。

（三）今後應該以教育界為清議的機關，政府的政策單以這種清議為「顧問」「諮議」。

這是我所夢想的「思想界的飛行機」。換句話說：就是我的「社會進化的縮時法」。對於新學說新思想；與其後來要奉為「天經地義」，何妨現在就認為「天經地義」，與其後來也要讓他成為法律制度，何妨直截了當現在就議他成為法律制度？

所以我認定今後學生運動的責任要在提倡「學者立法」。提倡「以真正的學理來檢查出版書信」，提倡「以社會的清議充政府的高等諮議高等顧問」！

六三事件之各方面的影響

原載《晨報》，1921年6月10日，第2版

○六三事件之各方面的影響

▲孫文請教職員南下

▲嘉興公民質問政府

▲基督教學生羣起呼號

▲ 孫文請教職員南下
　嘉興公民質問政府
　基督教學生群起呼號

　　七日，孫文致電於北京八學校之教職員電，略謂在非法政府之下。難望教育事業之發展，相率南下何如云云。

　　北京晨報館轉總統府國務院鑒，公等嗾衛兵槍擊教職員學生，天良何在，國法何在。巡閱使索款立予數百萬金無吝色，教職員區區欠薪，催索數月，靳不發給，武人持手槍強索，不敢稍拂其意。教職員代表赤手求見，

即縱兵包圍。槍擊刀刺，如捕大盜，是何居心。敢問如欲攫區區教育費，稍增公等賭博徵逐之資，請即明令解散全國學校。嘉興沈希俠蔣伯濟周遲明壽子逸，虞。

呈為懇請速撥教育經費，以維國本，嚴懲衛兵，以彰國法事。竊查北京國立各校，停課已久，開學無期，教育不能維持，士子不聞絃誦，騰笑友邦危及國本，瞻念前途，不寒而慄。然猶以政府維持教育，夙具熱心，意者稍緩時日，即可重興庠序。而不圖乃有本年六月三日之事，以致新華門外，血肉橫飛，自次長以至於學生，莫不痛遭衛兵之毒打。摧殘教育，蹂躪人權，似此情形，政府何以自解，豈政府抱摧殘教育之決心，而必欲自斷其國命耶。查人民請願，載在約法，而主謀傷害，國有常刑，衛兵如此橫行，苟不嚴如懲處，將何以彰國法而保人權。矧者教育為立國大本，此眾論之所同，我國年來禍患頻仍，危如累卵，外則困於強鄰，內則苦於軍閥，天災匪禍，接踵相迫，國運至此，舍教育其誰屬。此次北京國立各校教職員以經費不給不得不出於停課辭職之一途。生等再三思維，惟有請政府速撥教育經費，以維國本而延國命。我國務總理熱心教育，素所深悉，對此必可俯鑒下忱，速予舉辦，則學生幸甚，中國幸甚。並請嚴懲六月二日滋事衛兵，各緣由理合呈請鑒核施行，實為公使，謹呈。國務院總理北京基督教學校學生聯合會謹呈。

學生人格的試驗 [楊賢江]

原載《民國日報‧覺悟》，1921 年 10 月 27 日

「五‧四」運動以後，學生言行漸為社會所重視。因為學生的言行，還能辨別是非，主張正義，並且近於直接痛快，足為萎靡風氣中的一個暮鼓晨鐘。然而正因學生界的勢力可畏，遂有一班寡廉鮮恥的政客官僚想法利用。

讀[余]者且不論，就看最近的安徽學潮，便知道這種手段的厲害了。據報載，安徽法政、一師、一中諸校，有為倪黨賄買，竟反對與倪黨為敵的教員，並且目之為過激黨。

倘使這個消息確實無誤，我真是為安徽學生羞死了。安徽學生從「姜案」、「拒李」兩次有聲有色的偉大舉動裏，已經惹起許多人的注意，得到許多人的同情。這種奮鬥的精神如能永遠保持下去，實在是救國、救民、救自己的良法。不料竟有為金錢所動心的學生，不惜被萬惡的武人、卑鄙的官僚所利用、所役使。試問何以對得住安徽全體的學生？

我以為，現在屈服於黃金力、武力的學生，便是將來刮地皮、做賣國勾當的胚子。我純潔高尚的學生界，萬不容有這種敗類鬼混其間。所以安徽學生界應該對於這少數受人利用的學生，提出一種警告，請他們速速悔悟。

須知我們學生界無畏的勢力，正靠自己保養，萬不容受人摧殘；而我們人格的可貴，不僅在消極的自鳴清高，實應在積極的打破惡習。

可愛的學生諸君，我請你們自決。

「第四個五四」底感言 [甘蟄仙]

原載《晨報》，1922 年 5 月 4 日，第 2 版。

　　曖！我學生界當年轟轟烈烈，震燿遐邇的五四運動，而今已成歷史上的陳跡了。我相信五四運動的歷史，是學生的自覺史，是國民的自覺史，是一部分世界民的自覺史。我又相信五四運動以來的歷程，是進化的歷程，是綿延不斷的進化歷程；而綿延不斷的進行底先驅，仍然至少免不掉學生們。那麼在這自覺的進化的——第四個五四——紀念日，我們對於現在，對於過去，都應抱一種樂歡。從今繼續的進行去，正所謂「後之視今，猶今之視昔」；那就對於將來，也可抱一種樂觀。只是人類的進化，是無止境的；其自覺的程度，也是一天高似一天的。我們由五四運動中所見的特點，固應極力把他保持着，使他繼續不斷地向前發展；就是由五四運動所發生的種種良好影響，為我們三年來所共見共聞，並且希望他「竿頭更進」的；似亦不妨略舉數端，聊備反省底資料。爰就管見所及，分服務和治學兩方來説。

（一）服務方面

我們由五四運動中所見底最大的特點，就是一種高尚熱烈的服務精神。這種精神，是由自發的覺悟而來。其實行服務的動力，卻不外乎意志作用。自然，有些是感情作用；在五四運動開始，很是為對於國家的感情所驅迫；但是因為不忍坐視國家之危亡，就想出種種救國底方法，聯合群眾，努力的幹去；這種作用，仍以意志為多。那時候，所擬的救國方法，諒頗不少；但在一般國民的腦海裏，印象最為深切明瞭的，許是遊街示威，散傳單，拍通電，派代表請願或出京……種種救國的手段。這裏頗引起了當時社會上的同情，京滬工商界，並有一種明瞭的表示；其所認定的簡單明瞭的共同目標，都不外乎救國。其所救的自是國家，卻又以為救山東即所以救中國，收回青島即所以拯救山東。所以力爭青島的聲浪，異常的高強。雖然在巴黎和會席上，我國民希望解決的條件，未見成功；但是我國民救國的精神，已是有目共睹的了。這種救國運動，是服務精神底一種特別表現。其後對於琿春交涉，對於太平洋會議，我學生界都先後起了示威運動，也許是遙遙繼承着五四運動底精神而來的。申言之，就是五四運動的精神留傳的影響。不過對華會的遊街運動，帶有幾分國際觀念罷了。

可是五四運動，雖是國家觀念表現；其謀救國，卻要想祖國在國際上提高地位；換言之，這種運動，是對外的。這種精神底表現，是非常時期中的特別表現。這種對於外交的運動，固是極可尊重的；但是對於內政的運動，亦不宜輕忽視之！

現在始無論對於內政的運動，單就社會運動來說，假使社會上的無產階級，能互相救助，安知道資產階級，不改變此態度？假使社會上的無鎗階級，能自行準備，安無道閥軍階級，不稍戢點氣燄？不過這種社會運動，在五四運動時代，似乎還未見□。那時候學生界對於社會的運動，最切實的就是學生會的平民教育運動。質言之，就是學生會興辦平民學校，和舉行通俗講演幾項事。通俗講演是謀教育普及底一種手段，由學生界起來擔任，他們自己的犧牲，委實不可謂小；兼之近年思想界底傾向，已由普及而趨於提高，所以無論已服務未服務的學生們，大率都去聽人家講演，不似五四運動時代，那樣高興的自動的做通俗講演的事了。我對於提高一層，

極表同情；但所謂提高，當不限於公私立各學校，就是學生會所辦的平民學校，也應提高，這才是普及式的提高，平民式的提高。至於通俗講演，仍不宜完全廢掉；就是平民學校，也宜酌量舉行講演。現在的平民學校，聽說已有特設中學班的了。班次的程度，既是日漸提高；那麼在或種班次或學校的講演，也自然要日漸提高，示聽講者以向上之路。能夠這樣幹去，那末平民教育的進化率，必會益益加大。並且在求學時代，已能將一種極可尊重的講學精神，寓之移民的教育事業裏面，穩穩的樹定服務的新基礎；將來事業，在社會上要有嶄新的建設，切實的供獻，也不至茫無頭緒。所以就任何方面說，平民教育底提高，實為急切的要務。這種由學生界興辦的，平民教育，其種子是五四運動的時代撒下的；由今言之，正不妨認定這件事業，是五四運動惟一的佳果。

他如學生界對於華北賑災，歐俄賑災，贖路運動和京師公益聯合會底參加，或對俄民，或對路政，或對國內旱災兵燹，其急難愛群的精神，都和五四運動底精神，有共通點。就是賑濟俄國災民，也並不與國家觀念相肯。但這些事，都不是常有的，對於這些服務，無論其範圍何如，但都是非常時期中不得已的正當表現。談到應該永遠幹去的布帛菽粟似的常事，據我看來，仍是平民教育事業。我們學生界紀念，「五四」節，對於這點，尤宜注意！努力！然後可期救國的實效，然後可言救世的事業。救世啊，救國啊，改造社會啊，兼善同胞啊，無一不是人生正當的服務！無一種應服的義務，不是由服務的精神發施出來的！而五四運動，實為我學生界這種服務精神共同發軔的佳期。我在這個五四紀念節裏，對於服務方面的感想，其略如此。

（二）治學方面

我們在這五四紀念節，對於學生界所懷抱的最大希望，就是養成一種真誠精專的治學精神。這種精神，也是由自發的覺悟而來。元來「學」底釋義，或曰為或曰效或曰覺，……種種解釋，覺的意思較為徹切。就治學言之，更是根於自覺心。我們知道「學」是什麼，似屬於知；對於學問發生興味，這屬於情；因為了解他的意義和價值，領略了他的興味，便踏實做治學的工夫；這卻是意志作用了！知情，意，這些心作用，都是治學底要素，

和他為服務的要素，是一樣的。回想五四運動底簡單明瞭的目標，固是「救國」；但也有「救國不忘求學」底主張。可見在服務的非常時期中，尚且不忘掉治學底必要啊。那時候熱心辦事的學生們，奔走國事，精力已疲，誠若無餘暇去苦下治學的工夫。但由另一方面看，五四運動中新闢的一種空氣，不是言論筆墨的鼓吹麼？作鼓吹文章，固不必要有很深厚的學力；但在五四運動中，做鼓吹文章的，雖是不少；但新文化運動，那時也已起來和舊派在筆墨酣戰之中。雙方的駁難，固多偏於破壞方面。但由新的方面看來，他們要舉解放底第一烽火，在思想界別開生面，究不能不以學說為生力軍；所以介紹或研究學說的文章，至少總有些篇。有時候為要做文章起見，不能不自去看書。由進化的眼光觀之，誠若未能登峰造極；但是能夠戰勝舊派，也不能不認為是向上精神的結果。這種精神，一方面是新文化運動的秉賦，一方面又是五四運動的持質。這兩種運動，一是對於外交的挽救，一是對於思想的革進，本來是分途的；但那時候的學生救國團，無論何省何縣，至少總要買一兩本打新文化旗號的雜誌，做他們鼓吹救國的參考資料。就這點看來，五四運動竟自和新文化運動，不知不覺的結下了一點不解緣。申言之，就是這種救國運動，和求學運動至少總有點關係。現在這救國運動的紀念節裏，對於治學方面說幾句話，也許不是無因而至前。

前面不說過真誠精專的治學精神麼？必須從真誠精專去做治學的工夫，才能有合於「救國不忘求學」之恉。原來救國運動，要靠精誠去感動人；求學尤是這樣。比如：治哲學，所以求真實無妄之知；但若徒騁空談，不尚實踐；必難徹底了解此中真趣。（人生哲學尤是這樣。）治文學，所以抒至誠惻怛之情；但是感人最深的作品，必有一種至情，流露於字裏行間。這裏可見真誠的重要。至於治學的門徑，所守不專，則不免多岐亡羊之譏。治學的造詣，所見不精，又將有瑕瑜互見之累。此在哲學文學有然，在物質科學更是這樣。這些話本極淺近，諒我學生界諸君莫不知道，或且比我說的更為詳確。但這種受用的話，就淺近也自可以。其最要的，還在各人反身實踐。

上面關於治學，我認為在先須具一種真誠精專的精神，已約說了。由這種良好精神，又引出幾句引伸的話，就是運正確的方法，持審慎的態度，和做綿密的工夫。

所謂正確的方法有幾種，其最要的是歸納法。還有兩種方法，可補歸納法所不及的，就是歷史的研究法和比較的研究法。他如演繹法亦非絕對不可使用，不過要審慎，才可免誤掉錯。誠使能夠酌用這些方法，那麼研求真理的工具，就可指揮如意了。在五四運動以前許多的年代，已經有人操着這些工具希臘亞里斯多德 Aristotle 創三段法，印度人所發明的五支式，都屬演繹法。耶芳斯 Jevons 和穆勒 Mili 講歸納法很精當。近年我國學者大概都知道的。但我國古代學者所操的工具，與此暗合的，非必絕無。我國古代的著名的書，殆莫不推易經春秋兩部。司馬遷說：「易木隱而之顯，春秋推見至隱。」嚴幾道解之云：「遷所謂木隱之顯者，外籀也；所謂推見至隱者，內籀也；⋯⋯二者即物窮理之最要□術也。」我們試思外籀術是否演繹法，內籀術是否歸納法呢？至於墨子的書裏，有些話與歸納法相合；荀子的書裏，有些話和演繹法有合；這便是彰明較著的了。清代漢學家所用的方法，更是純用歸納法。到了晚清，馬建忠著文通，其方法益見精密。這都是在五四運動未發生以前多年多載的學者，尚且□得了正確的治學方法，向着研求真理的大路前進；況是五四運動發生了以後的「救國不忘求學」的學生們，該怎麼樣去繼續運用那些正確的治學方法呢？

所謂審慎的態度，就是凡事都不以輕心掉之。比如研究一種學說，先由客觀的研究，不過信亦不厚非；只是平心靜氣地推尋個客觀的真實；那便是研究上的審慎態度。又如此評一種學說，也須作客觀的批評，替作者（就是所批評的對手方面）設身處地去度量，還他的原價，萬不可雜些成見，拿主觀的愛憎之私，去強人就已。要是吹求小疵，去抹殺他的全局；或將真□放大，加以過度的稱許；那就仍未必是對的。唯在富有治學的真精神的，其評判事理，能盡言而無客氣。這便是批評上的審慎態度。但是研究和批評，督是把別人的學說為對象。其實縱然自行著述，也須得審慎出之。若輕易著書刻集，有幾個不賠懊悔？自五四運動以來，我們青年，愛做文章愛發表文章的，比以前自然加多了；關於研究或批評的文章，頗復不少；但是能持客觀的審慎態度的，究有多少？從前有些學者，縱然是號稱博極群書的，也有時騁主觀的感情；如司馬君實歐陽永叔等對於那些和他脾胃不合的書，都未去做客觀的研究。至方望溪，硬把柳子厚文集，任意刪改，

加些極不滿意的批評。這些老先生的結習，我輩青年不必學他。對於那般生長的時代或地域，和我們不同的人，下批評更要審慎。至於王隱和虞預，子野和休文，或則毀辱相凌，或則解紛道歉；縱能言歸於好，亦不如慎之於先。我們批評同時的人的言論文章，更不宜染他們那種「相輕」的習氣。談到自著文章，尤要審慎。從前駱多福科搬運希臘典故，填砌他的作品；和中國古典文學派的張半子在太沖做賦，他們花費的時間，各皆起碼十年。他們研究的結果，研究的方法，誠是不滿人意。但那種審慎態度，可不要苛責。又如斯密亞丹積十年之力，才做成一部原富；孟德斯鳩精修十年四之久，方做成一□法意。託（紙邊太貼，看不清楚那一行字）研究了十五年，然後把一部藝術論做成。其在我國，如嚴幾道譯天演論，自謂「一名之立，旬月踟躕。」章太炎著新方言，自謂「費歲除考索」；梁飲冰著中國文化史稿第一編，自謂「蓄志此業，逾二十年；所積叢殘之稿，亦既盈尺。願不敢自信，遽□不以問諸世」；由這些點看來，真覺輕率刻書，不如審慎之為得啊！但舉這些例證，並不是說少年時代不要發表文章，不過覺得發表不必太輕率。若為公開起見，有話便說，也須得「經摯友數輩，嚴勘得失，乃以問世。」這也不失為一種折中辦法，所謂治學底審慎態度，其略如此。

至於綿密的工夫，又怎樣呢？所說的綿密工夫，就是不間斷不疏漏的踏實工夫。其做工夫的下手處，最要在做劄記。這做劄記的工夫，許是一種笨工；但在好學深思的人們，殆莫不喜歡做這種笨工，從前張橫渠心有所思，便把他寫在劄記冊子裏，朱考亭稱他「精思力踐，妙契疾書。」顧叔時的一部小心齋劄記，他生平所心得的，幾乎可以概見。清代學者治學的途徑及其進行次第與到達的境界，都可於他們各自的劄記裏求之。如顧亭林，盧把經，閻潛邱，王念孫父子，趙甌北俞理初……等諸家的劄記，就是顯例。他們所採集的資料，雖精粗不同；但他們精到的地方，的確有他分內的真價。我們重新翻開一看，正如在山陰道上，大有應接不瑕之勢。即無論他們研究的結果，只就他們那種綿密深入的工夫說，已是現今治學者所宜採取的了。但他們這種劄記工夫，多偏重在「聞知」，和「說知」的兩方面。至於親知方面，他們似乎比較的不重視。他們處那時代，自然科學尚不發達（幾似沒有）。其未能注重自然界的觀察，原無足怪；但現今便不宜故步自封了。

裴根氏說：凡其事其物為兩間所有者，其理即為學者之所宜窮。赫胥黎氏謂徒向書冊記載中求者，為讀第二手書。讀第二手書，終當後人；不如觀物觀心，讀天地原本書。就二氏的話看來，赫氏雖覺少過；但用以針治中國人不親近自然界這種病根，卻未嘗不可認為藥石之資。自五四運動以來，談哲學的似比治科學的多些；其實實驗主義哲學，很是受了科學的洗禮的，我們對於自然科學，仍然應做綿密的研究工夫；在那些對於或種科學有特殊興味的，尤宜深造自得，如達爾文氏之委身於生物學界，歷數十年不衰。這種觀察自然，研究自然科學的綿密工夫，也是現今學者所宜留意的。此外還有一種綿密的深入的觀察工夫，就是對於社會上種種現象關係的考較。前面所舉清代學者，就中顧亭林氏對於社會的實況，獨能留意。有人說他遊歷所至以二馬二騾，載書自隨。至西北邊塞，東南海陬，必呼老兵退卒，詢其曲折，與平日所聞不合，即發書檢勘。周流西北，垂三十年，邊塞亭障，皆經目擊。他這種辦法，把他所「目擊」的，證以「平日所聞」許是親知與聞知並用。那種「檢勘」工夫，應許是屬於推知了。我以為要想把社會一步一步的改造去，非用這種留心考較社會的切實工夫不可。自五四運動以來，改造社會的聲浪，一天高似一天了；只是對於實際社會的種種問題，尚少激切的研究；今後要想實施改造的事業，在求學時代，對於這種學問，也須得實做工夫。這種考察社會的工夫，和觀察自然的工夫，都是治實用的學問所不可缺少的。那種劄記工夫，在今講演聲中，尤宜着力。從五四運動以來，杜威羅素的講演，愛聽的一天多似一天。在第三個五四前後，國人有些倡議要講學，而今都下的講演居然成了風氣。但是有人說：聽講的人多，筆記的人似乎稍少。其不徒然筆記別人的話，並能自己加以評判，一面又自出新裁；有了心得，暗地記在自己的劄記冊子裏面，不輕率寫出來發表的聽講者，究竟多少？我也不必代答。只奉勸列位各自實做那些綿密的工夫罷了。

　　上面所說的運正確的方法，持審慎的態度，做綿密的工夫，都是具有真誠精專的精神，學生諸君所宜容納的我見。——我對於治學方面的管見。

　　合服務和治學兩面看，便可看出二面一的精神來！就是高尚熱烈的服務精神，和真誠精專的治學精神，兼擅面交用之，服務不忘治學，治學亦

不廢服務；那麼無論處常處變，對己對群對國家對世界，都能措置裕如。這話並非誇大。試思對於學問，要是已得了正確方法，並下了綿密的功夫；然後出其所學以教人，其教者之獲益，云何可量？其自己著述，（紙邊太貼，看不清楚那一行字）適應於社會，並進而用以改造社會，而且就把社會上的種種現象關係，認為一種學問；這樣地有準備，一旦植身社會，或服務國家，又何至茫無頭緒，漫無組織的魄力。從此推來，學生諸君對於由五四運動留傳至今的良好的服務和治學的精神，應如何發揚光大，繼長增高，以嘉惠方來呢？

曖呀！我親愛的學生諸君啊！今日何日？今世何世？外覽內省，溯前顧後；不能痛來日之大難，覺前塵猶在望麼？我雖不敏，何至漫無感覺？何必發這一大串的老生常談？只是我以為無論處何種時代，遭何種境遇，都應保持着高尚的真誠的熱烈精摯的精神，益益向前進行，去努力創造容我們安心樂意的治學服務的新機運；這才是自覺的進化—這才是在這個五四紀念日裏最後感想。

諸君呀—這個紀念是對外運動的紀念—可是現在國內的現象怎樣了！……曖！

完

五四運動最重要的紀念 [蔡元培]

原載《晨報》，1922 年 5 月 4 日，第 2 版。

五四運動，為的是山東問題。山東問題，現在總算告一段落，但是運動的結果，還不能算圓滿。必要集股贖路，確有成績，把膠濟路很簡單的贖回，其他問題，自然「迎刃而解」了。所以集股贖路是我們最重要的紀念，大家不可不努力。

我常常對人說，五四運動以後，學生有兩種覺悟，是最可寶貴的：一是自己覺得學問不足，所以自動的用工；二是覺得教育不普及的苦痛，所以盡力於平民教育。這兩種覺悟，三年來，很見得與前不同；不能不算是五四運動的紀念。

自動的用工，平民教育，能實行兩件或分佔了一件，都是不辜負『五四運動』了。但實行兩件或分佔一件的究竟有若干人呢？隨班聽講，以得到畢業證書為最大目的，現在已經沒有這種人了麼？聽講以外，聽聽戲，打打撲克，把時間消遣去了；不肯在公益上盡點義務；現在已經沒有這種人了麼？怕不但不是沒有，而且還是很多。難道五四運動，止要一部分的人做紀念就夠了麼？

　　而且現在又是一個特別的時期。

　　北京國立各校，安徽，江西，湖南等省公立各校，常常為經費問題，鬧「罷課」。不是學生個個覺悟，都能自動的用工，不常要失學麼？

　　現在北京日日聽砲聲了。北京，保定，天津左近這些地方，已不知流了多少血，死了多少人了。為什麼？為幾個人爭地盤罷了。為什麼這些當兵的這麼傻，犧牲自己的生命，犧牲許多平民的生命與財產，去替一兩個人爭地盤？沒有受過教育罷了。我們還不覺到平民教育的範圍，現在是很小很小，不可不竭力擴張麼？

　　我覺得五四運動，用不着許多誇張的紀念，止要把三件重要的竭力進行：

　　（一）　廣集贖回膠濟路的股款。
　　（二）　自動的用工。
　　（三）　擴充平民教育。

這次「五四紀念」的社會心理 [錢用和]

原載《晨報》，1922 年 5 月 4 日，第 6 版。

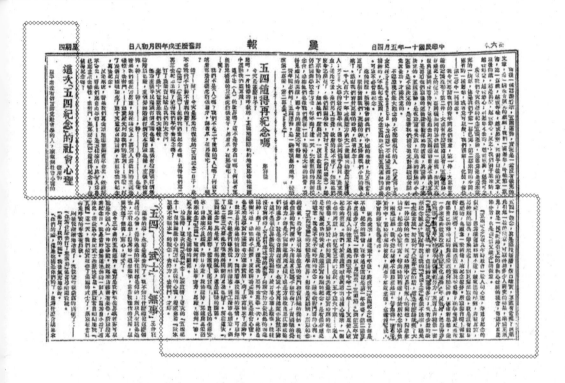

　　以平素沒有切實研究社會學的人，來推測社會心理的「五四」觀念，真是隔靴搔癢，信口雌黃，怎能有當呢？但乘此引起一般的注意，可以得到多少人研究的結果，來矯正所見；就是一種「拋磚引玉」的自利心發展的機會，苟能片言隻語中肯，也是盡「田父獻芹」的微意。

　　「五四紀念」在九年時社會一般人的心理，卻覺有紀念的價值——因為離運動時期不遠，趙家樓的呼聲，尚在耳鼓，馬神廟的圍兵，印象未退——創巨痛深以後，就是沒有親身經歷的，也願意一表同情，來紀念慰勞。所以開會呀！傳單呀！講演呀！……轟轟烈烈，能表示盛舉；在學生界更是像輝

揚自己的勳功似的興高采烈的抖擻精神，傳佈新思想，進一步來運動徹底改革，什麼文化運動，平民教育，提倡得非常熱鬧。到了十年時已不如從前的努力，表面上尚能做一套「官樣文章」來警策一般，但精神就差得多了；只有少數的表示紀念誠意。現在卻就是我的「官樣文章」也做不出來，難免「老生常談」說幾句「人云亦云」的話，這是什麼緣故呢？大概一件事情的發生，在近時期中容易引起人的回想，回想愈清楚，紀念的心愈切實，等到時間稍遠，對於所紀念的事情，漸陷模糊，就不覺的精神不能興奮起來。譬如擲一塊石子於河中，當時所起的波紋，離石子愈近愈深，愈遠卻愈淺，事實的印象也是這樣。

依此說來，難道幾十年後，將沒有「五四紀念」嗎？卻是不然。紀念的事情，在普通習慣都是第一年最盛，第二第三年就退步了，所謂「一鼓作氣，再而衰，三而竭。」到第三年實不易引起人的注意，過此到五年十年二十年……又足使人感紀念的價值。我們可於家庭間做生辰看出這種心理來，一個小孩的周歲，勝於兒童三歲的生辰，五十歲六十歲……老人的做壽，又勝於小孩的周歲——因為最近事實時期的紀念，是有慶祝成功的快感，最遠事實時期的紀念，是有保存歷史的敬意，就是不近不遠時期的紀念，難免敷衍門面的心理。

「五四運動」的主體是學生界，對像是賣國賊，所以紀念的價值，最少可以引起學生界的奮鬥和賣國賊的覺悟。現在學生界的奮鬥精神，不用贅言已經不如從前了；賣國賊的覺悟能力，卻是不能知道到底怎樣？或是方法改良那反助成他們的進步，就是果有蹈著覆轍，也說不定再能振作旗鼓不能。這不是學生界無繼續力的弱點，於普通心理上觀察，往往沒有前例時，容易引起感情的衝動，向前去努力發展他的創造精神；到了結果已見，雖是成功，要叫他再舉一次，他總是徘徊不進，恐怕偶不謹慎，反把前功盡棄。就是社會心理，也是未見事實時能憑著公理去贊助，到了事實始末了然胸中，就不易引起他的贊助力。我們看學校罷課的事情，可以知道，第一次社會何等熱忱，同聲相應，罷工罷市也願意，到了第二第三次社要他仍唱幾聲同調的言論也難了。所以這次「五四紀念」真是成了衰竭的氣象，這是直接的關係。

又因時局的影響，搬家啦！運貨啦！……自己的生活安寧，尚恐來不及顧到，終日奔走，設法維持，那能興高采烈的來紀念「五四」，琉璃河畔，長辛店旁，馬廠，德州一帶，更不用說了，這是間接的關係。

冷落呀！這次的「五四紀念！」寂寞呀！這次的「五四紀念！」但無論社會心理怎樣，主體的心理，總須抱着「飲水思源不忘根本」的觀念，去努力，去奮鬥，才好。

青年界的流行病 [襁參化]

原載《學生雜誌》，1931 年 12 月 21 日，第 11 卷第 4 號，頁 19–21

這裏所說的青年，都是指那青年的學生界而言；固然因為我這篇文章是用來專給學生們讀的，也因為我所說的都是以學生界的青年作觀點。並且，這裏所指的青年界流行病，多屬於中等以上之學生界所易有的情形，而在中等以下的是很少這種症候的。閒話少說，我立即要把我所見得到而又認為很危險的三種，逐一舉出，俾得各位可以提防傳染；這就是我作此篇文章的本意，也是我所贈給青年界，學生界的些少薄禮。

戀愛忙

昔時的青年，弊在諱言戀愛；今日的青年，弊在妄談戀愛。這些誤解，這些弊病，其結果正是相等，其利害也是相同。「戀愛，戀愛……」，好好的一個美名，卻被他們濫用了，把牠惡化了。戀愛還是戀愛，口頭禪還是口頭禪，而「戀愛的真義」和「戀愛的名詞」，遂判然異物了！他們以為終日和異性的朋友對談，同遊通信，……便算是戀愛。於是一切的責任也不願負了；一切的學業都幾乎丟荒了；一切的要務終身的大事，便全在這一着了！這種病徵，我沒有適當的名目給他們，只能為他們起個新名字，那就所謂「戀愛忙」了。

戀愛不是不應該有的，而戀愛忙則是萬萬不可的。戀愛之不當「忙」，猶之乎其不可「濫」一樣。對於任何人都可以發生戀愛，這叫做「濫用戀愛」；在任何時候都只在做那枝枝節節的戀愛工夫，就叫做「忙於戀愛」。濫之害，人人都知；而忙之弊，也自易見。誠然，我也承認青年是正當戀愛的時期；但是，戀愛也祇是青年生活的片段。我們不能像文學家所寫的小說般全部生活，全副精神，全體能力，全數理想，都集中和消耗於戀愛的片面。須知道「人生惟有戀愛好」這是有些少神經病的文學家的狂言；愛的價值不必只是對於異性的迷戀，這才是健全的青年所應具的慧力。總之，

愛力應是發展的，而斷不宜專屬於消耗的那發展的愛力，是由異性的吸引而擴張到自我與宇宙的和諧。那消耗的愛力，只是向那受着生殖本能所指揮，所驅使，支配迫壓之道路──獸道而走，而漸漸依着一定的生物定律，物理定律而消散。

怪得很近日一般青年學生，終日盤旋腦際，絆住心頭的，無非那戀愛問題──有多少誤解或莫大之誤解的。未有則唯恐不得，既得又唯恐不足，已得且足，復唯恐或失；營營役役地甚過對於真理的探求，卒之多是淒清悲痛地中了「小愛箭」的傷害。這多量的毒菌，日日將青年界的靈肉兩方，都侵蝕殆盡，祇得些少的健者，還有抵抗的能力，你道是何等可怖的事情呀？還不快快地去醫治麼？

辦事熱

青年而能夠為社會服務，這是一件很可欽佩的事情。但無論辦那一件事，我們必要計及地所得的效果。換句話說，就是出這麼代價，定要問問地可博得什麼樣的收穫。那和「以成敗論英雄」的見解，並不相同。因為我只求地要發生一種效力──影響，而不定是屬於成功的。然無論如何，第一步我們只是求地又有影響，而第二步則必要求地有好影響。辦事本來可以增進青年的能力，經驗，而能夠發生一種好影響的。但過度之辦事──一味辦事而不讀書──這就適得其反了！這猶之乎我人身體的溫度，適可而止，那是必要的條件。一旦增高了，便是病的徵侯。近來有許多青年，盡量地去幹，而對於學生的本務，反恝然置之，毫不顧及，這種病態，我只能叫他們做「辦事熱」。

尚在鬧「學術荒」的中國，而其青年學生界，還要多染着辦事熱的「時症」，大有「士不得君則熱中」之遺風，自告奮勇而又無一毫實力的橫衝亂撞，騎瞎臨深，其結果自然是不堪設想的！一般老先生終日罵我們「慕外」，我們自然不能夠任受這個罪名；可是他們也不盡是「杞人之憂」，我恐防竟會「不幸而言中」。固然我不主張奮發有為的青年，一讀死書，便不問世事。然而注意不專，攻修不力，這也不是學習的好方法。試問多方活動，一事無

成的青年，和那「少壯而執一藝，白首而不能言」的蒼年，有什麼高下之分？試問現在學生之辦事熱和舊時士人之「科舉熱」，又有什麼根本的差異。同是一樣的流行病，同是一樣待剷除的病根罷了！

浪漫狂

還有一種流行病，亦是青年們所易有的，這就是「浪漫狂」。論理，「浪漫」本來不是一個惡名詞；然而至於「狂病」那就異乎常態了！這和「神經」，「神經病」兩個名詞的判別，都是同樣的道理。現在，我要轉入正文，簡單地說一說這種「時下病」的情形：

以逞玄想，好放蕩的中國人根性，自然是易流於頹廢的神秘的傾向。果然，二十世紀的中國，也產生了不少的「名士派」。假使他們都是屬於那班遺老，遺少，我也不屑道及。不謂我可愛的學生界中，竟也有以悲觀而至於無聊，因厭惡而至於放任，中了浪漫的狂毒而縱情自殺──無形的自殺──的；並且日盛一日，習非成是，因此以是為曠達的也有，以是為娛樂也有，那是何等的惡消息啊！犯着這種病的人，雖然不多，可是他們多是較為可以有希望的青年；因為他們知道這個社會是十二分不滿足的，因而出此。惜乎其過於消極罷了！

──在上已說畢那三種流行病，於此我可以作結。我希望讀者別要以為這是無的放矢，而自己留心一下觀察和內省的工夫；有則改之，無則加勉；不唯自己改。並要幫助他人；不唯自己勉，還須勸勉他人。

一封反對新文化的信 [陶然（周作人）]

原載《晨報》，1922 年 5 月 4 日。

伏園兄：

　　江紹原先生給你的信裏，有幾句話我很表同意，便是說韓女士接到那封怪信應該由她的父去向寫信人交涉，或請求學校辦理。但是韓女士既愿負責發表，那麼無論發表哪一封信當然是她的自便，我們也不好多講閒話。至於登載這封「怪信」，在江先生看來，似乎覺得有點對不起北大，這個意見我不能贊同。這實在並不是什麼了不得的事情，楊先生的罪案只在以教員而向不認識的女生通信而且發言稍有不檢點之處，結果是「不在北大教書」，這件事便完了，於學校本身有什麼關係，難道北大應該因「失察」而自請議處麼？江先生愛護北大的盛意是很可感的，但我覺得這不免有點神經過敏罷。

　　你說，「這種事用不着校長過問，也用不着社會公斷」，我極以為然，退一步說，北大准許（當然不應該強迫）楊先生辭職或者還是可以的事，但今日風聞別的學校也都予以革職處分，我以為這是十分不合理。我也認楊先生的舉動是不應當，是太傻，但究竟不曾犯了什麼法律道德，不能就目為無人格，加以這種過重的懲罰。我並不想照樣去寫信給不認識的女人，所以在此刻預先為自己留下一個地步；實在覺得在這樣假道學的冷酷的教育界裏很是寒心，萬一不慎多說了一句話多看了一眼，也難保不為眾矢之的，變為名教的罪人。我真不懂中國的教育界怎麼會這樣充滿了法利賽的空氣，怎麼會這樣缺少健全的思想與獨立的判斷，這實在比泰戈爾與文化侵略加在一起還要可怕呀。

　　我又聽說這事件發生的前後有好些大學生夾在中間起哄。這也是一個很可悲的現象，即是現代青年的品性的墮落。事前有放謠言的人，在便所裏寫啟事的 GG 等，事後有人張貼黃榜，發檄文，指為北大全校之不幸，全

國女子之不幸,又稱楊先生的信是教授式的強盜行為,威嚇欺騙漁獵(?)女生的手段,大有滅此朝食,與眾共棄之之概。抒情的一種迸發在青年期原是常有的事,未始不可諒解,但迸發總也要迸發的好看點,才有詩的趣味,令人可以低徊欣賞,如沙樂美或少年維特。這回的可惜太難看了,那些都是什麼話?我不禁要引用楊先生信裏的話來做考語:「唉!這都叫做最高學府的學生!」古人有言,「吹皺一池春水干卿底事」,他們這樣的鬧,實在要比楊先生的信更「怪」。還有一層,即使他們措詞較為妥當,這種多管別人閒事的風氣我也很不以為然。我想社會制裁的寬嚴正以文化進步的高低為比例,在原始社會以及現在的山村海鄉,個人的言動飲食幾乎無一不在群眾監督之下,到得文化漸高,個人各自負責可以自由行動。「各人自掃門前雪,莫管他家瓦上霜,」這才真是文明社會的氣象。中國自五四以來,高唱群眾運動社會制裁,到了今日變本加厲,大家忘記了自己的責任,都來干涉別人的事情,還自以為是頭號的新文化,真是可憐憫者。我想現在最要緊的是提倡個人解放,凡事由個人自己負責去做,自己去解決,不要閒人在旁吆喝叫打。你說這種事也用不着社會公判,這也正是我的意思。

我最厭惡那些自以為毫無過失,潔白如鴿子,以攻擊別人為天職的人們,我寧可與有過失的人為伍,只要他們能夠自知過失,因為我也並不是全無過失的人。

我因了這件事得到兩樣教訓,即是多數之不可信以及女性之可畏。

十三年五月十三日,陶然。

摘錄自周作人:《周作人書信》,
石家莊市:河北教育出版社,2002 年,頁 18-20。

學風與學潮 [渭川]

原載《學生雜誌·學風問題號》，第12卷第5號，頁40–49。

學風與學潮

渭川

一

為什麼近幾年來沈寂無聞的教育界裏忽然起了學潮？什麼前兩年「驅逐校長呀」「反對考試呀」要求財政公開呀」「請願政府呀」「援助工人呀」……鬧得熱烘烘的幾乎日有所聞為什麼這一年多學潮漸漸地歸於消滅的歎息為什麼這一般老先生們常有「學潮日漲，學風日壞」

學潮究竟是怎樣造成的學潮和學風有什麼關係？是學風因學潮而壞呢還是學潮因學風而起學潮又是怎樣形成的？

要想消滅學潮應該用什麼方法？

這些問題全是本篇所要說的。

二

為易於明瞭起見，先說學風之形成學風可以因時間而變異可以因空間而不同周秦有周秦底學風，兩漢有兩漢底學風，魏晉有魏晉底學風，……現代有現代底學風在時間上後者雖不免受前者的影響然而各有其特殊的色彩即罣以周秦而論又因為地域的關係有南派北派的差別同是一派又不免因原種的因生出好多的歧異來但是在大體上確有其共同的精神

一時代中產出了幾個有名的學者他們致力學術的熱誠以及他們底成就供獻能令人驚異欲傛景仰於是他們研究學問的精神方法態度好尚趣向……可以資參考作模範大家不期然而然地受了他們底影響跟着向前走去造成了一時代的學風

至於這幾個作先驅的學者為什麼抱這種態度用這種方法走這種途徑當然也有其原因不過原因是很複雜的簡單說來政治底變遷社會底風尚地方底刺激民族底習慣經濟底影響個人底性格家世……都能鑄造成一時代底學風

舉例來說：春秋戰國是中國學術思想史上的全盛時代當

（一）

為什麼近幾年來沉寂無聞的教育界裏忽然起了學潮？為什麼前兩年「驅逐校長呀」，「反對考試呀」，「要求財政公開呀」，「請願政府呀」，「援助工人呀」……鬧得熱烘烘的，幾乎日有所聞？為什麼一般老先生們常有「學潮日漲，學風日壞」的歎息？為什麼這一年多學潮漸漸地歸於消滅？

學風究竟是怎樣造成的？學潮和學風有什麼關係？是學風因學潮而壞呢，還是學潮因學風而起？學潮又是怎樣形成的？要想消滅學潮應該用什麼方法？

這些問題全是本篇所要說的。

（二）

為易於明瞭起見，先說學風之形成。學風可以因時間而變異；可以因空間而不同。周秦有周秦的學風，兩漢有兩漢的學風，魏晉有魏晉的學風，……現代有現代的學風：在時間上，後者雖不免受前者的影響，然而各有其特殊的色彩。即單以周秦而論，又因為地域的關係，有南派北派的差別；同是一派，又不免因種原種的因生出好多的歧異來；但是在大體上確有其共同的精神。

一時代中產出了幾個有名的學者，他們致力學術的熱誠，以及他們的成就、供獻能令人驚異、欽佩、景仰，於是他們研究學問的精神、方法、態度、好尚、趣向……可以資參考、作模範，大家不期然而然地受了他們的影響，跟着向前走去，遂造成了一時代的學風。

至於這幾個作先驅的學者為什麼抱這種態度、用這種方法，走這種途徑，當然也有其原因。不過原因是很複雜的。簡單說來，政治的變遷，社會的風尚，他方的刺激，民族的習慣，經濟的影響，個人的性格，家世……都能夠造成一時代的學風。

舉例來說：春秋戰國是中國學術思想史上的全盛時代。當那時候，孔北老南，對壘互峙，九流十家，繼軌並作，好像春雷乍響，廣野中發出無數鮮嫩油綠的芽兒，真可以稱得起極一時之盛。周室東遷，勢力衰微；虛

文儀式不足以範圍人心，前此為貴族王官所壟斷的學問，一舉而散諸民間；遂有河出伏流，一瀉千里之概：這可以說是政治變遷使之然。衰周之際，兼并最烈，時君之求人才，如饑如渴；秦迎孟嘗，齊王速復其位；商鞅去國，魏遂弱於秦；遊士之聲，價重一時，欲得志者，莫不研精學問，標新領異，以自取重；學問以辨而明，思潮以摩而起：這又是政治變遷使之然。周代學術既在世官，則非其族者不敢希望；及學風興於下，不但其發生很驟，而且傳播很速。凡創一學說者，輒廣求徒侶，盡力傳揚，因之千里負笈者不絕於道。孔子之弟子三千，墨子之鉅子，偏於宋、鄭、齊各國之間，孟子後車數十乘，從者數百人，許行之徒數十人，捆屨織席以為食；有一主義於此，一人倡之，百人和之，學術焉得不昌明呢？這又是政治變遷使之然。周室為中央一統之祖，教學統於一，威權無外，這是當然的事。後來權力四散，遊士學者各稱道其所得，以橫行天下；仲尼周遊列國，墨翟來往大江南北，孟子拜見這個王那個君，言論之自由，可謂達於極點：這又是政治變遷使之然。再就地域方面言之：黃河揚子江兩大流，其位置性質各殊，各自有本來之文明，為獨立發達之觀，雖屢相調和混合，終不免有差別；學術思想所以也有了南派北派的不同。北地苦寒磽瘠，謀生不易，人民銷磨精神日力，以奔走衣食，維持社會，猶恐來不及，那裏還有閒工夫去思想玄妙的哲理？故其學術思想，常務實際，切人事，貴力行，重經驗，修身齊家治國利群的道術最發達。因此，又重家族，以族長制度為政治之本，敬老年，尊先祖，崇古之念重，保守之情深，排外之力強，法古昔，稱先王，內其國，外夷狄，重禮文，繫親愛，守法律，畏天命：這些全是北派學者的精神；怎麼能說不是受了地域的影響？南方就不然了：氣候溫和，土地豐饒，謀生容易，人民用不着為一身一家的飽煖（暖）發愁，故常達觀於世界以外；初而輕世，既而玩世，既而厭世；不屑屑於實際，故不重禮法；不拘拘於經驗，故不崇先王。對於北方學派，自然有吐棄破壞的意思。崇虛想，主無為，貴出世，明哲理，重平等，喜破壞，言無我，貴謙弱，任自然，重創造：這些全是南派的學風；又安能說不是受了地域的影響？墨子雖屬北派，而稍近於南，故其學於南北各有所採，自成一家。其務實際，貴力行，實原本於北派之真精神，而其刻苦過之。但是他言天明鬼，創論法，闡哲理，力倡兼愛非攻平等之說，多少也受了南方一點影響。於此更可見造成墨家學風的種種

原因了。以上不過就最重要的三家言之，至其影響於當時波及於後世的力量之偉大，更不是三兩句話能夠説盡的。

（三）

要研究學潮之起，必須先問一問，現代的學風是怎樣的？説到現代的學風，應該分作五四以前，和五四以後兩個時期來説。我以為康有為、梁啟超、章炳麟、孫文、陳獨秀、胡適之諸先生，實是二十年來學風轉變的樞紐。

晚清之季，康、梁、章三位先生繼承「今文學」運動，想把考證學建設在「經世致用」的基礎上。他們深深地受了黃黎洲等學説的影響；一方面極力鼓吹政治革命，一方面盡是介紹外國學説，且力謀過去善良思想之復活。孫先生的民族主義更是恢復人權、改革政治，促起人民自我覺悟，復興中國文化的先聲。

當時他們主辦的《時務報》、《新民叢報》、《國粹學報》委實給了人民不少的刺戟。章先生亡命逃到日本，還在那裏講學。後來武昌起義革命成功，為革命而流血者，有好多是青年學生，能説不是賴着他們的鼓吹嗎？

記得梁先生有一篇〈舉國皆我敵〉，末一段説：

> 君不見蘇格拉痹死兮，基督釘架！犧牲一身覺天下，以此發心度眾生，得大無畏兮，自在遊行渺軀獨立世界上，挑戰四萬萬群首一役。罷戰復他役，文明無窮兮。競爭無時停。百年四面楚歌裏寸心炯炯何所嬰！（見於飲冰室集）

我們試想：千夫所指，尚且無病而死，何況舉國皆我敵呢！這種慷慨激昂的話，真令人熱血沸騰啊！

雖然專制打倒了，共和成立了，而大多數國民並不知共和為何物。自政治會議遞嬗而為總統府政事堂；約法會議遞嬗而為立法院；則總統制駸駸且進於君權。於是一般希榮攀附的政客以為時機既熟，不得不用急轉直下的手段，為袁世凱取得帝位之地，籌安會遂應運而生。不久所謂「洪憲元年」就出現了。連後來「復辟運動」居然也實現了。這種情形應該歸咎於誰？

陳獨秀先生目睹時艱，以為青年之於社會，猶新鮮細胞之在人身；陳腐朽敗之細胞充塞人身則人身死。要想從根本上改造社會，必先刷洗青年的腦筋。於是盡力提倡「懷疑主義」，「反抗精神」，「科學方法」，「物質文明」……於是乎風氣為之大變。

他說：「今日教學相期者，第一當了解人生之真相，第二當了解國家之意義，第三當了解個人與社會經濟之關係，第四當了解未來責任之艱鉅。」（〈今日之教育方針〉）

「吾人果欲於政治上採用共和立憲制，復欲於倫理上保守綱常階級制，以收新舊調和之效，自家衝撞，此絕對不可能之事。蓋共和立憲以獨立平等自由為原則，與綱常階段制為絕對不可相容之物，存其一必廢其一。倘於政治否用專制，於家族社會仍保守舊有之特權，則法律上權利上平等，經濟上獨立生產之原則，破壞無餘，焉有並行之餘地？……吾敢斷言曰：倫理的覺悟為吾人最後之覺悟。」（〈吾人最後之覺悟〉）

這類富有刺激性的話，在一部獨秀文存上，幾乎滿紙皆是，引不勝引。

他主辦的《新青年雜誌》產生於民國四年九月，為中國新出版物之始祖。我們翻開第一卷第一號看一看：〈敬告青年〉、〈法蘭西與近代文明〉、〈共和國家與青年之自覺〉、〈新舊問題〉、〈青年論〉……哪一篇不是青年們的清醒劑？十年前的話在今日看來還覺有銳利的針刺在我們的眼睛裏耳朵裏，一點也不覺得那種話陳腐；究竟是那種話有永久性呢，還是青年們不努力，不進步？

胡適之先生是在西洋受過科學洗禮的人，他以歷史的眼光論定白話文學為中國文學之正宗，又為將來文學必用之利器，遂於民國六年高高地舉起了革命的旗幟。他的〈文學改良芻議〉、〈歷史的文學觀念論〉全在《新青年》上發表出來。陳獨秀先生又發表了一篇〈文學革命論〉。在當時雖不免有一般人出而攻擊反抗，然而這次大革命終久成功了。

陳先生的三大主義是：「推倒雕琢的、阿諛的貴族文學；建設平易的、抒情的國民文學。推倒陳腐的、鋪張的古典文學；建設新鮮的、立誠的國民文學。推倒迂晦的、艱澀的山林文學；建設明瞭的、通俗的社會文學。」

文學是人生的表現與批評；於是人生問題也為一般青年所注意了。魯迅先生在《新青年》上發表的〈阿Q正傳〉、〈狂人日記〉，更給了青年不少的教訓。連後來登載的易卜生的戲劇都使青年感到猛烈的刺激。

和《新青年》唱同調的就是《新潮》；牠也產生在五四運動之前。和五四同時產生的有《新中國》，稍後又有《新生活》。當我在中學讀書的時候，猛然見到《新青年》和《新潮》兩種東西，對於那上邊的種種離經叛道的話驚異得不知怎樣才好；然而同時又覺得很舒服很涼爽。《新生活》的皮面上標着「平等、自由、博愛、犧牲。」四個詞兒，我們一望就可知道牠的內容。第一期的啟事說：

> 本報的宗旨，是希望四萬萬國民睡到五更半夜，摸一摸心，想一想，打算一打算：在這歐戰告終皇帝將絕種的新世界新潮流中，何以謀個人的生活？社會的生活？國家的生活？

五四以後，（五四如何產生看後再說）青年們一面感覺到政治的黑暗，強鄰的欺侮，一面感到社會上種種制度之不良，以及人生種種的缺憾，又一方面吸收了外國傳來的種種新學說，又受了胡陳等等所提倡科學方法懷疑精神的影響，於是一變從前埋頭讀書的死沉沉的氣象而為進取的活潑的了──這真是學風變遷史上的一個新紀元啊！

我們可以把這種學風造成的種種現象說一說：

A. **政治** 青年們知道政治不應該為少數人所壟斷把持了，遇到外交內政有不滿人意處，就向政府請願，召集國民大會討論對付的方法，一變從前對於政治不聞不問的態度。

B. **教育** 專門學校有好些升了格、改了大，並且實行男女合校。中學校也改行新學制。各校多附設平民學校、補習學校等等。這全是由理論見諸事實的應運而生的現象。

C. **倫理** 舊道德破產了，大家族制度也要推翻了，一切不平等的不合理的制度都要破壞了。

D. **思想** 五四以後的新出版物，真如雨後春筍似地發露出來。西洋的學說，尤其是社會及文藝方面的書籍翻譯介紹了不少。思想為之大解放。

E. **團體** 學生會、自治會以及這團那社，中等學校以上幾乎各校皆有。

F. **婚姻** 自由戀愛之說起，青年們常因婚姻不自由，和家庭脫離關係。

G. **自殺** 自殺者固然什麼時代都有，然而這時代青年學生因國事、家事、以及個人生活的不自由而厭世自殺者往往有之。

H. **學潮** 這一次在下節特別說明。

I. **整理國故** 梁任公、胡適之兩先生都是對於古書很有研究的人，他們以為清代學者整理古籍的成績不免有種種的缺憾，並且深信國學的將來定能遠勝國學的過去，而且認定青年們應該具有系統的國學的知識。他們於是給清華的學生開了兩個書單子。經這一提倡，遂又成為風氣了。並且也能用新的方法趨向新的途徑了。

（四）

五四運動破天而來，雖屬出人意外，卻有他直接間接種種的原因在。直接原因是日人強佔青島，關係着山東的存亡以及外交方面種種的失敗，使有血氣的青年忍無可忍。然而北京的學生登高一呼，居然能全國響應，一致罷課，組織團體，印發傳單，奔走呼籲，卻不能不說是梁、胡、陳諸學者散佈在青年們腦筋中的種種的勃發；換言之，就是風氣使然。也可見間接原因的力量之偉大了。

你看，一經爆發之後，青年們憤慨激昂，真有蓬蓬勃勃莫可遏止的氣慨！一年之間，因為外交問題，竟迭次罷課，真可謂絕大的犧牲啊！為講演被捕，為請願流血，但是愈壓制而愈反抗，那種百折不回的精神，怎能不令洋鬼子寒心呢！

此風一開，不僅於政治運動時常罷課散佈傳單，後來在學校以內，因對人問題或對事問題也時常起非常的反動；反動一起，也就用罷課散佈傳單

作惟一的武器了。民國十一年可謂學潮之全盛時期。據常道直先生的調查，在這一年中僅據報紙所載，風潮有一百零六起之多；自蘇浙以迄四川，自綏遠以迄雲貴，幾於東、西、南、北無往不屆。這真是令人何等可驚的事！

關於學校內部的風潮，究竟怎樣起的呢？為什麼那樣洶湧澎湃呢？常先生有一篇〈民國十一年度學校風潮之具體〉的研究載在《教育雜誌》十五卷四號上，他分析風潮之起因，謂多數風潮之原因皆係複合的，非單純的，不易指出孰為主因，孰為附因；且多數風潮每非一發而成，往往當發端時甚微，中間因別種原素之湊合，始逐漸擴大，不能執定何者為直接原因，何者為間接原因。他就各種原因依遇見次數之多少順序排列（多者在前，少者在後）出來，共有十二條：(1) 反對校長，拒絕新校長。(2) 反對教職員，拒絕新教職員。(3) 挽留舊校長。(4) 挽留舊教職員。(5) 反對考試。(6) 反對學校當局之處分。(7) 對於學制課程之要求。(8) 對於經濟公開之要求。(9) 反抗增加費用。(10) 反抗辱沒人格之待遇。(11) 學生間自相爭鬥。(12) 學生因一時激忿，破壞學校器物。

若再加以概括的分類，可將 1、2、5、6、9、10 各條歸納於消極的要求項下；3、4、7、8 各條可以列於積極的要求項下。至 11、12 兩條，則恆牽涉於學校當局處分之反抗，不足為造成風潮之獨立主因。

他這種分析是比較地近於科學的研究，對於本篇所要討論的實在有很大的幫助。我以為：學校內部風潮之起，無論其為消極的要求或積極的要求，直接的原因固然是學生感到了不滿足的地方，而就根本上講來，動機和五四運動是差不多的；要皆出於自我的覺悟，懷疑與反抗精神之驅使，依然是這個時代的學風造成的。

懷疑的態度與反抗的精神當然是有價值的；那末，我的話就不免有鼓勵學生鬧風潮的嫌疑。然而不然！不懂教育的校長、教職員，學行不良的校長、教職員，目的不在教育的校長、教職員，當然要驅逐；校長、教職員的不合理的行為與言論，當然不能盲從；不合理的、無益的考試制度，學校當局之處分，以及辱沒人格之待遇，當然要反抗；經濟公開，當然要要求；總而言之，環境方面遇有不適合處當然要改善。人若失其精神之抵抗力，

則無人格之可言；失其身體之抵抗力，求為走肉行屍，亦不可得奮鬥乃人生之職，苟安為召亂之媒；青年若棄置其抵抗力，即不啻自署奴券，置身弱昧之林。這就是我的主張。

返觀五四以前的呆板沉悶的教育，憑什麼能滿足青年們的知識慾。五四以後，青年們揉了揉眼睛，伸了伸胳膊，一覺睡醒了，精神煥發了，於是乎環境方面種種不滿足都感到了。再加上有些不達時務的校長、教職員，既不能救濟學生的知識饑荒，又一味用高壓手段對待學生，甚或施行種種卑劣的伎倆，風潮焉得不起？

大凡一風潮之起，多先由學生向當局者提出某項要求——積極的或消極的。當局者中如有畏事或無一定主見者，往往即避而不見，以為消極抵制之計，或延捱不理，以示安閒自若；其自信力較強者，則以嚴詞厲色拒絕之。以上為第一步。學生之要求既不得要領，每進一步而以罷課、罷考或離校為要挾之手段。此時心無主見之當局者，每致不知所為；而自信力堅強之教育者，則愈增其忿怒之情，愈不肯容納或考慮學生之要求。此時風潮已經實現，前者則或出罪已之辭職書，而後者則每開除為首滋事之學生以示威，甚至召軍警以助威，投法庭以求直。如此若仍不能解決，則間或提前放假或公然解散，以示與校偕亡。——試問這種處置方法能令人滿意不能呢？是不是學校當局的罪惡呢？

至於解決的方法，據常先生的統計，約有六項：（1）校長去職；（2）開除學生；（3）調停；（4）風潮未成；（5）解散或休業；（6）教職員去職。排列的次序也是以多少為先後；（1）項辦法最多。

（1）、（6）兩項是學生得了勝利；（3）、（4）、（5）難定如何；只有（2）是學生失敗。然而第二項的辦法，只能表示學校當局以威權強行壓抑的行為罷了，委實令我們不滿意。

在這裏我們也可以推想到這一年多來學潮漸趨消滅的原因。學潮既然普遍全國，頭腦清晰的教育者一定受了不少的刺激，教學、行政各方面一定改善了不少；學生已經得到了相當的滿意。再一方面就是學生因着一再罷課，精神、學業各方面的損失非常之多，得到了不少的教訓；除非萬不得已，

遇到小不適合能夠忍耐也就忍耐了。並且還可以說，學生們因着種種社會的活動感到知識缺乏的苦痛，輕易不敢鬧了。

至於問到前兩年何故若是之盛，我卻要不客氣地歸咎於青年之易受傳染、受暗示、受煽惑、感情用事了。有些頭腦不很清楚的青年們經過五四運動以後，大有不知「天有多高、地有多厚」的光景，吹毛求疵，衝動從事，動輒藉罷課以滿足其不合理的慾望，於是多數好學生也被少數壞學生所脅迫而不敢主張正義，只有隨聲附和而已。

我們再就學生方面觀察風潮之經過情形。大凡一風潮之起，多先由學生提出某種要求——積極的或消極的。進行要求時有時並發佈宣言，表明其要求之正當。若要求不遂，則每出於罷課。罷課期中，每用種種方法宣佈校長或其他教職員之罪狀；或者逕向行政官廳請願，——甚至有向督軍巡閱使請願者。有時一校之學生間，往往因鄉誼觀念、個人私誼或個人利害關係，而分成兩派，互相攻訐，釀成分裂現象。至於毀壞器物、侵犯人身，甚或架校長遊街示威，於風潮經過中，亦間或見之。又通常學生於拒絕新校長或舊校長去職後，每自提出繼任校長之資格，或逕自行校長之「假選舉」，此亦為反對或拒絕校長風潮中之一常見事例。——雖然在前邊我承認反抗是良好的精神，但是「宣佈罪狀」，「毆人毀物」，「向督軍巡閱使請願」種種舉動，也委實不敢贊同。不過我只認這種情形是一時的流弊，而不能說在某種難以忍受的情況之下，學生不應該有非常的反動。

綜起前邊的話來說：五四運動是民國以來的學風逐漸造成的；至於請願政府、援助工人、以及學校內部、的種種風潮，全是五四的副產物。徹底說來，學潮因學風而起，並非學風因學潮而壞。換句話說，學風是因學潮是果。

（五）

學風和學潮的關係已經認識清楚了，現在就要進一步問：學潮是不是真正消滅啦？假如還沒有，有什麼消滅的方法？

前邊我說近一年來學潮漸歸消滅的原因，一是大體上學校內部已有了相當的改善，二是學生感到知識的缺失，三是學生喫虧太多輕易不敢再作

那樣大的犧牲。然只是就好一方面光明的一方面說，若再細細地觀察一下，無進步欠改善的學校還儘有儘有，只因為學生們五分鐘的熱度已經過去，惰性一經發作，又昏昏沉沉地睡去罷了；一旦醒來還是要起風潮的。聰明的讀者或者早已見到，並不是我「憂天」罷？

風潮一起波浪滔天，降落下去之後，也許沙明水淨，也許溷濁無比；不過在這種似降落非降落的時候，我們只能希望將來沙明水淨而已。

學潮受了學風的影響而起，那末還該受了學風的影響而落，這是我做這篇的主要意見。茲分作三方面來說：

（1）學風是大思想家大學問家提倡起來的。在這當兒，負有盛名的學者們固不應袖手旁觀，即令光依着個人的趣味提倡整理這研究那也不很合宜。應該精確地診察一下，提倡一種能夠徹底救治社會的病原，青年的病症的學風似乎這並不是困難的事情；因為他們的一言一行都能轉變學術界的風氣。至於什麼樣的風氣是應該提倡的，我不敢瞎說，我只想着現代的青年們應該多服些增加奮鬥與向上的勇氣的、清醒腦筋的、切合實際的藥料；能令人麻木不仁的或者患偏枯症的藥大不應該再喫了。

（2）光有了學者們提倡還不很濟事，因為傳播得縱然很快，而結果青年們只視作一種「權威」，甚或只拏作一種時髦的口號而不肯去實地嘗試。一方面要有熱心任事的教育者在各學校裏切實指導，造成一種實踐的風氣才成；一方面還要良好的社會熱心的群眾積極地加以援助，才能收效大而速。魯迅先生說：天才創造出有價值的文藝來，要能得群眾的了解才能夠發生影響。這種道理也可以應用到學風方面。十年前二十年前的話，在現在說出來，還覺得很新鮮，這或許是中國特有的現象罷！

（3）青年們自身應該有真正的覺悟，這雖然是陳腐不堪的話，但還有說的必要。我要問一問：數年來青年們滿口嚷着的「懷疑態度」究竟怎樣才做到「懷疑」的地步？滿口嚷着的「科學方法」究竟是一種什麼樣的方法？怎樣去用牠？大聲疾呼的「自治」，成績究如何？「自治」的意義究如何？大聲疾呼的「打倒軍閥，推翻資本制度」，究竟如何「打倒」？怎樣「推翻」？親愛的青年們喲！試平心靜氣想一想：這些耐人聽聞的詞／語，是不是僅僅

成了口頭禪啊？然則這就算盡青年的責任了嗎？我並不反對拏這些東西作大家一致前進的口號；只是你也說我也說，成了一種只好聽而不了解不能應用的口頭禪就危險之至了！

西洋政治清明的國家，能各安其業，青年學子讀書讀得厭倦了，就打打球，唱唱歌，跑跑跳跳，實在安閒自在。中國的學生卻享不起那樣的清福；一方面要讀書，一方面還要觀察社會；政治紊亂，不得不出而干涉；外交失敗，不得不出而援助；工人受了氣，不得不出而幫忙；……這種種的「不得不，」真能夠把兩肩壓斷了！──因為如此，故不得不趕快製造奮鬥的武器；故不得不兩腳踏實地讀書，作事，尤其重要的是自治。今而後不要再讓人家責備受傳染、受煽惑，盲動了！

至於學校內部的種種的不滿意，或者不僅是校長教職員應該負責，環境的限制、經濟的壓迫，都能阻止校長教職員的前進。學生應該體諒他們；與其從破壞方面下手，各方面都受到莫大的損失，何如從建設方面下手，誠誠懇懇地幫助他們共同改善呢？

總而言之，要想消滅學潮，非造成良好的學風不可；要想造成良好的學風，非大學問家、思想家、教育家、社會青年各方面共同努力不可。否則來日大難方興未艾也！

一九二五，三，八。

最近學潮感言 ［頌皋］

原載《東方雜誌》，1925 年 6 月 25 日，第 22 卷第 12 號，頁 5–6。

從最近幾個月的報紙看來，各處差不多是都有學潮發生，不過發生的原因不同，其經過情形亦不一致，就關係重大者言之，莫過於下列的兩件事情：就是東大校董及一部分教職員學生之拒絕校長胡敦復，與北京學生之要求罷免校長章士釗。這兩年事情的是非曲直，輿論家雖多愛用偏面的論調，加以批評，卻也有觀察透徹，持論正大者，所以我們此時似可不必再加評述，我們所願意申述者，不過是因這兩大學潮而引起的一點感想罷了。

「學潮」二字的涵義頗廣，學生的各種越軌舉動，固可謂之學潮，就是各方面因學校任何問題而激起的種種風波，何嘗不可歸納在學潮以內。我在這裏所述的感言，即對此廣義的學潮而發，這是要預先鄭重聲明的。

我們覺得學潮所給我們第一個不良的印象，就是教育界人才的互相摧殘。明明是個很簡單的事實問題，雙方卻置之勿論，一味地揭人之私，曝人之短，彷彿以為非用這樣的手段，不能箝制他人之口似的。孰知口舌愈多，意氣愈盛，是非愈不易辨，而問題之解決，也愈覺其難。就今日人才缺乏的中國社會而論，一個人能在教育界熱心服務，或盡力維持教育，或獨自經營學校，還不失為知識界的優秀分子。這類的分子，因所見不同，主義各別，不能共趨一途，以謀教育事業的發達，已屬社會之不幸。現在為了某項問題的相持不下，竟函電交馳，互相攻訐，若唯恐彼此之人格不早受損污者，這是何等痛心的事！實則雙方既不願開誠相示，犧牲成見，早日解決問題，何弗抱定「各行其是」的態度，權利置之度外，是非聽諸公論，還不失為「其心無他」的一種誠正的教育家。否則對人不過洩忿，對己無異自殺，行教育界人才凋零，事業摧折，結果必愈趨於壞；問題之不能解決，恐怕還是一樁小事呢。

次之，學風之衰敗，依今日之情形觀之，已為不可掩蔽的事實。從前所說的「求學不忘救國」「救國不忘求學」的兩句名言，許多人發生誤解，以

為反對任何教育當局的舉動，就是青年的政治運動。於是寶貴的光陰，不用在學說的探索，問題的研究，而耗於「開會」「通電」「請願」之中這未免是不值得了！即使動機完全出乎學生自己，也覺得濫用情感，輕躁過分，斷非身受高等教育的大學生所宜如此，何況一部分學生的活動，竟有視局外人的意志為進退的依據的呢！關於這一層，我覺得周更生教授所發的言論，（參閱《現代評論》二十二期周君的〈青年學生的政治運動〉）最是切中時弊，凡學生之有志從事政治運動者，都應該加以仔細的考慮才好。

又次，我們覺得現在學潮的原因雖不止一端，而教育與政潮互相牽連，實是其中最大的一個。民國成立以來，十四年於茲政治之腐敗，一如往昔，已足使人悲觀，純潔的教育，此時亦沾染了政治的罪惡，而呈現如此現象，使人更不能不為之嘆息不已了！為今之計，惟有一方面設法使教育經費，完全獨立，有一定的基金，可供維持教育之用；一方面則務使教育行政，自成一個系統，不受任何政潮的影響。如此則經費與行政皆與外界不生關係；只要有卓越的人才，領袖教育，本其主張，循序做去，總不難有革新學風之一日。此外尤有一點須加注意的，創辦大學，本是一件難事，主其事者，非具純潔的操守，堅固的意志，與捨己為群的精神，不足以言辦學。若視學校為個人暫時的餬口之所，而以膚淺的學識，無意識的活動，用來欺青年，餌學生，使之捨本而逐末，見人而忘大，那不但是失了教育家的本來面目，簡直是社會的罪小了。

我們對於學潮的感想如此，很盼望教育界諸君鄭重的考慮一下。

河南學生之愛國運動與試驗問題

原載《現代評論》，1925 年 9 月 19 日，第 2 卷第 41 期，頁 20–21。

記者先生：愛國運動是一件事，學校考試又是一件事。愛國運動與考試問題，本不必混為一談，而河南學生總想把這兩件事混為一談。並且任憑放鬆愛國運動，不肯放鬆考試問題豈非天下之大奇事。

河南學生，自五卅慘案發生後，奮起作愛國運動。始而罷課，繼而散學，秋後入學，又堅持不補暑假前的期考。所持的一個冠冕堂皇的大理由，就是愛國……愛國運動……因作愛國運動，所以缺考不補。

生為國民，應當愛國。外患方殷，應當有愛國運動。可是罷課就是愛國麼？就是愛國的方術麼？散學就是愛國麼？就是愛國的方術麼？不補考就是愛國麼？就是愛國的方術麼？我願中國青年志士的學生，再三想想。

如果河南學生都以為罷課就是愛國，罷課就是救國的方術；或者罷課的自身雖非愛國運動，救國方術，而作愛國運動，行愛國方術時，不得不罷課。則暑假前之罷課，當然是應該的。現在滬漢……各案交涉尚無頭緒，英日強暴，比前更甚。政府態度總是迂延，暑假前廢學忘餐，奔走呼號，激昂慷慨的態度行為，現在是否應當繼續？是否應當堅持到底？是否應當去爭個小小的考試問題就置國家重大的外交問題於度外？如果因為爭個考試問題就置外交問題於度外，五分鐘的愛國熱，怎不令人齒冷？我並非贊成以罷課愛國者。我若是贊成以罷課愛國者，我若是相信只有罷課，遊行，呼號，即是以寒英日之膽而使之屈服者，我必繼續罷課。我決不因為不補考就上課。既然不上課，那還有補考問題。

如果河南學生都以為散在民眾間宣傳，收效宏大，是救國的好方術。則暑假前散學歸里當然是應該的。既然都以為是應該的，則在滬漢……各案未美滿解決之前，應分在民間繼續運動，繼續勤捐，切實援助滬漢……各

處與帝國主義肉搏血戰，為國民前驅的罷工工人。不應該暑假一完即跑到學校來。既然都不來，那還有補考問題？

　　如果河南學生都以為不補考就是愛國，就是愛國的好方術，我真不想再說，因為我再也想不出考試和愛國關係來。難道說不補考，不補考，決定不補考，英國就覺得我們利害，不敢再欺侮我們麼？如果那樣，何以不補考，不補考，的聲浪正在澎湃中，而英國的態度行為，更加蠻橫？難道說不補考是學生對於考試制度根本懷疑麼？考試制度之應否廢除是另一問題。學生若真對於考試制根本懷疑，理應正式建議於全國教育機關，徵求全國——或者全世界——教育家的意見，想出個完善代替考試的辦法，使全國——，或者全世界——一致採用。不當以不補考，不補考……了之。難道說學生自以為暑假前，暑假內，為國奔走，勞苦功高，許得個不考畢業，不考升級，的報酬麼？咳！高尚，純潔，真摯，的為國犧牲，誰還能有一念想到報酬上！罷課散學多大的犧牲豈是只為換個不考的報酬麼！且不補考不溫書，而畢業，而升級，究竟是學生學業上的缺陷呢？還是學生學業上的利益呢？是報酬不是？還要請河南三千萬同胞中的優秀分子——學生—自己去思量罷！

　　拿着轟轟烈烈正大光明的愛國運動，一變而為罷課，再變而散學，三變而為不補考。由對外變為對內，由外交變為內爭。這種不可思議的「學生變化」，恐怕就是老奸巨猾的英國人也未必料到。也許老奸巨猾的英國人早料到了，早已看破我國民性的弱點了，不然他還不敢處事那樣蠻橫，事後那樣強硬呢！借對外以對內，借外交以利內爭，勇於私鬥，怯於公戰，恐怕不只河南學生，不只學生，是這樣罷！如是救國，國將不救。

說青年運動 *（一九二八年夏） ［蔡元培］

據蔡元培手稿

　　青年是求學的時期，青年運動，是指青年於求學以外，更為貢獻於社會的運動。這種運動有兩類：一是普通的；一是非常的。

　　普通的運動，如於夜間及星期日辦理民眾學校，於假期中盡有益社會之義務，如中央黨部所列舉的「識字運動」、「造林運動」等。這種運動，不但時間上無礙於學業，而經驗上且可為學業的印證，於青年實為有益。

　　非常的運動，如「五四」與「三一八」等，完全為愛國心所驅迫，雖犧牲學業，亦有所不顧，這是萬不得已而為之的。

　　青年的學業，為將來事業的準備，目前犧牲了一分學業，將來事業上，不知要受多少損失。孫中山先生所以能創定主義，率導革命，固仗天才，亦憑學力。我們讀《孫文學說》、《建國方略》與《三民主義》的演講，很可以知道他的博學而深思。現在，我們襲了孫先生的餘蔭，想把亟應建設的事業，刻期實現，覺得很困難；這完全由於專門人才的不足，就是我們這一輩人，在青年時代，大半沒有切切實實的用功，現在就想補習，也來不及了。個人成為廢物，還是小事，把全民族的事業耽誤了，這個關係很重大。既往不咎；來日大難，將來的事業，全靠現代青年去擔任。一般青年，若不以前一輩人為前車之鑒，而仍舊不肯好好兒求學，到將來擔任事業的時候，也同我們一樣的無能。那時候國際的情形，比現在還要緊張，怕的中華民族，真要陷於萬劫不復之地位了。

　　學業既這樣重要，所以非有關乎國族存亡的大問題，斷乎不值得犧牲的。若是為小小問題，如與一二教職員傷了感情，或為學校改換名稱，要增加經費或校舍等，就認為運動的題目，因而罷課遊行，甚至毀物毆人，都所不惜，這就完全失去了青年運動的本義了。願現代青年注意。

---

* 此篇曾輯入隴西約翰所編《蔡元培言行錄》（廣益書局1931年10月出版），但該書所載者錯誤較多，今參照蔡元培手稿校訂。摘錄自高平叔編：《蔡元培全集・第5卷》，北京：中華書局，1984年，頁269-270。

現代青年之病態與救濟 [龔葆蒜]

原載《學生雜誌》，1930 年 6 月，上海：學生雜誌社，第 17 卷第 6 號，頁 12–1[

中國現在究竟是一個什麼時代？很難說吧，一班成人站在青年的前面，已經被環境征服得沒有一點生氣了。一班兒童跟在青年的後面，還不知天高地厚，只是渾渾噩噩的生活着。只有許多如朝陽怒放蓬蓬勃勃的青年，竟做了時代的主人翁，是現代最覺悟最革命最有希望的分子。但是實地去仔細觀察一下，不禁要如何的失望。固然不敢說現在竟沒有一個可以敬仰的青年，但終抵不過事實告訴我們的可怕。只要舉目一看，隨處都可以發現幾個病態的青年，縱然有少數青年是英勇的、純潔的，但我不相信靠最少數英勇的青年能負起改造社會的責任而不感着失望，尤不相信以最少數純潔的青年，能不漸漸受着極多數墮落青年的同化。

親愛的青年呀，你們所表現的病態，固大半都是受着環境的賜予，但我們要趕快自覺，起來征服環境。我們感到前途是如何的危險。不要高談什麼救國家救人類，先要從我們自己做起，否則一切都是落空。

究竟怎樣救我們自己呢？那必須先要知道我們生了些什麼病，然後再設法去醫。雖然有些病也許不是我們自己的能力所能醫的，但首要的責任，卻要自己負擔，靠別人是靠不住的。覺悟的青年們，趕快從自身努力做起，然後才可談到其他的問題。現在我很直白的把觀察到的青年病態概括說出來，希望能得到大家的覺悟和原諒，然後再貢獻一點我所想及的救濟方針。

（一）腐化病──無堅定意志

許多青年在學生時代，意志非常熱烈，心地非常光明，但一經投身社會之後，便受物質慾虛榮慾的支配，與萬惡的社會同化了，把從前熱烈的意志，光明的心地，都變做自私自利。像這類青年，與其希望他們來改造社會，還不如說讓社會來改造他們罷。五四運動時，曹汝霖曾對一班慷慨激昂的大罵賣國賊的青年說：『我們在滿清革命時代，何嘗不是興奮熱烈口口聲

聲罵賣國賊嗎？』這就是他自己承認是環境征服者的供狀。我們再看看青年在五四以後的沉悶，更悽惶地感到曹汝霖這句話呢！雖不見得五四運動罵賣國賊的青年都變成了曹汝霖第二；但總有一部分被環境罪惡所腐化。

（二）倚賴病——無真實技能

青年處在因襲的社會制度和習慣之下，這是不可免的現象。最顯著的如承受遺產不勞而獲的青年，安坐家庭縮手不動的女子，倚靠親戚的權勢幹些拿錢不做事的冗員，其他像靠文憑騙飯吃，靠金錢買官做，都是社會上的蟊賊。社會上有了這一批因循倚賴不學無術的青年，試問一切事業還有什麼進步？只是養成墮落、卑污、懶惰、倖得的風氣，長此蔓延下去，竟是慢性的肺病，總有一天要發出來。

（三）盲目病——無明確理智

『盲目』是青年最普通的一種病象，只要聽到一個新名詞或一種新主義，不求根本了解，就會即刻十二分地崇拜，簡直和從前崇拜偶像的觀念一樣。他們以為這是最時髦不過的，其實他們不幸已變成這新名詞、或新主義下的不忠實的奴隸了。還有一班盲目的青年，因着一時意氣的衝動或物質的誘惑，就不惜把活潑潑的青年，供人家無謂的犧牲，這更是可歎可惜！此類例子很多，即如更換校長的風潮，學生總是分做打倒和擁護兩派，結果雙方犧牲了不少光陰和精力，所爭的目的甚至於雙方都不能達到，這就是青年一個很好的教訓。

（四）浮誇病——無沉毅精神

這種青年有時確是抱有遠大的目標，宏壯的志願，但因為一方面求成功的心非常急切，另一方面能力又很薄弱，沒有經過相當的訓練，於是一受環境的挫折，就消失了勇氣，不能堅持到底的掙扎奮進，一切目標都完全付諸東流，形成浮誇的病象。例如青年常常有什麼進德會、學術研究會的組織，以及各種關於改良社會喚醒民眾的運動，所取的目標何嘗不對，但多半不能持久，便冰消瓦解，總難表現一種很美滿的成績。不過我們從目前整個社會的現象看，對於他們這種失敗，似乎應有相當的原諒和同情。但我們要知

道社會的惡勢力越澎漲到最高度，我們越應該用沉毅的精神去奮鬥、反抗，否則任何革命都沒有成功的時期。

（五）倖進病——無完善教育

有一班青年在離開學校跨進社會的時候，總是具有很高的慾望，想在社會中佔一優越的地位，但是社會中優越的地位有限，學生轉入社會是一年多一年，在事實上，我們知道這是不可能的慾望。即使極少數能在社會上佔有優越的地位，但因為經驗缺乏，才力短絀，即刻就要感到不能勝任愉快，於是發生地位動搖的恐慌，只有想出種種不正當的方法和手段，去鞏固他們的地位，至於那些沒有得到優越地位的青年，更設法鑽營，企圖倖進，因此我們要歸罪於教育的不完善，不能造出適合社會需要的人材，同時我們青年也不該作佔有優越地位的妄想，而應量自己的才力，去做自己所能做的事。

（六）愚劣病——無普通知識

這種青年在中國要佔大多數：（1）就是目不識丁閉守家庭的女子，（2）就是胼手胝足勞動界的男子。他們在現社會中，都是最可憐的青年，幾乎受不到『人』的待遇，同時社會上有了他們，也受到不少壞的影響，使一切因襲的勢力得以存在，而一切進化的事業發生阻礙。這班青年只是忍氣吞聲苟延殘喘的生活着，要希望他們徹底的自覺，必須我們覺悟的青年積極去扶助他們。扶助他們的最根本辦法，便是從灌輸知識上着手。至於所謂『婦女參政』『農工經濟解放』等運動，在婦女及農工的知識沒有經過相當的訓練以前，這種運動是不徹底的，也許還要惹起不少的糾紛和誤解。我們想要救他們出這數千年火坑之中，首先要使他們明瞭自己是二十世紀的一個『人』，是應該享有『人』的權利，和盡『人』的義務，並且使他們知道現在是一個怎麼樣的世界，中國是一個怎麼樣的國家，那末其他一切的婦女及農工運動，當然有自動的解決了。

（七）頹廢病——無良好環境

腦筋比較清晰、神經比較敏銳的青年，沒有不感到現實環境的不滿，尤其是處在現代外侮內爭的中國，社會上一切事業制度都混亂達到了極點，

隨處都可以給青年以不堪的刺激，對環境感到不滿；但又沒有力量去奮鬥改造，於是消極的，便把人生看得價值太低，便萌自殺的觀念，積極的把人生看得太隨便，便縱慾無度沉緬於物質的享樂，像他們這樣誤入歧途，實在可惜。不但於青年前途沒有絲毫益處，徒然犧牲了自己的幸福和希望，這種現象，社會固要負一大部分責任，但青年自己也應該徹底的覺悟，用堅忍的意志去戰勝環境，不要徒然作弱者的灰心。

（八）惡化病——無正當職業

這是青年中最壞的分子，影響於社會的安寧非常之大！最顯著的如匪、盜、騙、娼……他們所賜給社會的痛苦，差不多人人腦內多少總有一點印象，不用我申說了。至於他們形成惡化的惟一原因，便是受着經濟的壓迫而不能得到正當的職業，同時因爲社會上的殘忍、詭詐、淫蕩……已深印在他們的腦筋裏面，認為幹這種事也不足爲恥，甚至於還可以得到飽食暖衣，較之一般勞動的農工青年，還要舒服得多，因此這種惡化病的傳染力非常之大，真是非常危險！

上述八種病態，只是就我一時所想到的寫了出來，雖然不能概括現代一般青年，但總可說是大多數的寫照罷，現在更進而述救濟的方針。青年問題實為關係社會整個的問題，我很抱歉自問對於社會的實際方面，並沒有下過精細的觀察，現在冒昧的來談救濟方針，一定免不了許多隔靴搔癢的地方，並且因為篇幅有限，不能作詳細具體的陳述，只好從各方面舉出幾條概括的建議：

一、青年自身方面：

（1）明瞭做『人』的責任，確定自己的人生觀。

（2）整理自己的思想，養成邏輯的頭腦。

（3）鍛鍊自己的意志，努力所進取的目標。

（4）抱定堅苦卓越的精神，應付橫逆的環境。

（5）制裁不正當的慾望，認定『人格』與『學問』是改造一切之利器。

（6）反抗一切因襲的勢力，建立自我的生活。

（7）發展互助的精神，去團結扶助其他的青年。

二、家庭方面：

(1) 對青年的生活，應加以適當的指導。

(2) 給青年以婚姻的自由權。

(3) 承認青年在家庭間有相當的地位。

(4) 鼓勵青年養成獨立的能力。

三、學校方面：

(1) 提倡職業教育，使不能深造的青年有謀生的技能。

(2) 實施民眾教育，使失學青年有獲得知識的機會。

(3) 注重性教育，使青年不致誤入歧途。

(4) 指導青年各種修養的方法。

(5) 設法改良青年惡劣的環境。

四、社會方面：

(1) 發展生產事業，以容納職業過剩的青年。

(2) 改革私有財產制，使青年的環境逐漸平等。

(3) 革除宗教、政治、法律上一切束縛青年思想的因襲勢力。

(4) 組織正當娛樂的場所，使青年有適宜的消遣。

(5) 設立青年儲蓄銀行，以養成青年儲蓄的習慣。

(6) 設立青年失業介紹，以免青年漂泊、墮落。

(7) 發行青年刊物，負指導與幫助的責任。

(8) 舉行關於道德學術之公開演講，以期時時喚醒青年。

親愛的青年！救濟的方針雖然很簡率的寫出了，但是我要說一句很痛心的話，便是處在這個時代，上面許多方針，十分之九都恐怕是紙上談兵。我們知道，最可靠的只有我們自己，至於家庭、學校、社會各方面的救濟方針，都只是我們這般期望罷了。不過我們決用不着灰心、失望，只有趕快起來救濟我們自己。我們本身健全之後，其他問題便不難解決了。

二十年來的中國學生 ［伊卡］

原載《學生雜誌》，1931 年 1 月，第 18 卷第 1 號。

　　只要活到今日而已準備祝賀三十大慶的人，在兒時的記憶裏，曾經有着這樣的一日罷：風雨蕭蕭，一燈熒熒，正是黃昏靜寂以後的時分，還未懂得人世艱辛的自己，依傍鬚髮斑白的祖父懷下，閃灼着炯炯的眼光，靜聽祖父幽幽地表演一生的經歷。在祖父口中流露出來的當時社會生活情形，雖然是一二十年以上的事情，現在也還時時在自己的眼睛前面浮現出來罷？瑣碎細微的地方，即使已經模糊不很能夠記憶，但是那種情景的根本想念，卻是永遠也不會離開自己的胸臆罷？

　　守着數畝之田或一技之長，終身食於斯，衣於斯，以至於老死，永遠都是那麼一套戲法。農耕之家，今天拿着犁鋤鐮刀到田野去，明天也拿着犁鋤鐮刀到田野去，今年如是，明年亦復如是。紡織的婦女，天天坐在紡車跟前，刻板地搖着紡車或左右丟擲梭機。打鐵的匠人，永遠握住鐵錘火鉗站立在冶爐旁邊，終朝赤臂淋漓着炭灰浸透的汗珠。所有這些各部門的生產，在一定的日期，一定的地點賣去自己剩餘的東西，以買進自己沒有而又必需的一切。在他們的一生，大致還沒懂得有着所謂「世變」存在人間的事象，便昏昏地永逝了。

　　本來，在政治上握着支配的權力，同時也就是握着物質支配的權力，並且精神生產的手段也要為其所處理。中國的社會，因着帝王的統治權力及其私心欲謀維持保守子孫永遠的基業，想盡一切方法，馴服了所有的民眾，麻醉了一般人的思想，所以生產形式永遠沒有發達之一日，千秋萬世，老是停留在封建的農村手工業經濟組織裏打轉。因之，社會經濟組織反映出來的思想、感情、以及生活習慣等等，也是相積幾千年而沒有絲微的變化。更因其哲學，宗教，倫理等在封建農村生產之下形成的意識，養成一種「宿命論」的根性，一切都是傾向於保守，進取發展的心思早已消失了。

可是歐洲產業變革的洪濤巨浪打到中國來，就是遠近馳名的老大病夫，也不能不掙扎起病骨支離的半死殘肢以講求「變法維新」了。這是顯示什麼意味呢？生產發達國度的光輝，永遠都是照耀並且遮蔽了其他一切未發達的生產，即一切生產未發達之國家的思想、經濟、政治，都要因着生產發達之國家的思想、經濟、政治而轉移。中國雖然被封建君主麻醉了幾千年而沒有發達的機會，到了世界都已進化至市民社會的今日，就要想依然使用舊有的精神文明及方法以維持保存行將日落西山的殘餘生命也不可能了。當此內憂外患着着進迫的時候，居於統治地位的一群，再想悠閒地過度已往驕奢淫佚的生活的事情，勿論怎樣鎮定持重的人，也不能安心了。但是，在他們的意思，以為「洋人」的膽大妄行，不過賴着發明槍礮，採用科學的結果罷了。所以，「變法維新」的大政方針，在軍事上，只是教練新軍，抬「洋槍」，操「洋操」，在教育上，採取「中學為體，西學致用」的折中辦法，添幾本格致，算術、歷史、地理而已。而交通方面，也開始有了火車輪船。不幸一生只看過木筏牛車的中國人，一旦見了口吐黑煙的怪物，不禁大驚小怪地連聲嘆息「推背圖中的地下龍蛇走馬應驗了！」於是搶天呼地的痛哭流涕，「嗚呼！茫茫神洲，陸沉之慘禍不遠，衰衰華胄，淪滅之悲痛將近矣！」及至霹靂一聲，辛亥革命爆發了，山河顏色也改變了。自此以後的中華民國，真可說是一個多災多難而又苦惱的孩子！國際帝國主義依然而且加緊的進攻，國內軍閥綿綿不斷的混戰，在經濟上、思想上，都發生了極大的影響，幾有風雲變化，瞬息萬態之慨。而過慣了「至死不變」的刻板生活的人，竟是「少所見，多所怪」，除了嘆息一聲「天道寧論，世事日非」而外，有什麼辦法！

　　的確，二十年來的突變，真叫人有些手忙腳亂，感到難以應付的恐慌。這其間，我們僅就學生一方面展望，已覺得是五光十色，一年幾個花樣，在青年學生的腦筋中，永遠沒有一刻兒得到平靜安定。而茫茫前途，滿目儘是何所依歸的歧路，更困惱了一般學生的心情。

　　那麼，近二十年來的學生，究竟是怎麼樣一種情況呢？

我們為眉目清楚起見，姑且勉強劃分近二十年為四個時期——民國初創時代，五四運動時代，革命時代，革命以後。

（一）民國初創時代

　　「學堂重地，閒人免進；倘敢故違，決不寬恕！」兩面虎頭牌的威風，似乎已無形消失了，學校的門面，也換了另一種的氣度，招牌的命名，也變了舊有的式樣，一切一切，都已頓改舊觀了罷。共和教科書與教育部新頒定的學制，是在各學校一致施行了。不但「中學為體，西學致用」的教育原則，早經證明「枉費心機」，已是變成了過去的事情，而四書五經的教材——封建支配思想的產物，自然也追隨封建統治的喪亡而變為送葬的輓歌了。但是，這樣的變化，是一種內在的慢性的變動感應的呢？還是外來的刺激迫迫出來的呢？我們的周圍，凡是我們眼光所及的地方，一切都已自由，一切都已獲得，一切都已變成我們的東西了麼？不知在什麼地方，還在聯珠似的放射着隆隆的礮聲，在些什麼幽暗的地方，還埋伏着舊制度的殘屍的蠕動！這些事情，在青年學生的腦筋中，還留着多少的暗影罷。

　　當此時期的青年，終因是脫胎於舊社會的原故，薰染了舊社會的生活習慣，雖說沐着新教育的科學洗禮，一頭腦仍然滿貯着「士為各業之首」的觀念，曾附廩生以及進士翰林的功名固已沒有指望，什麼學校畢業，有什麼樣的資格。社會上這般估量評價以定學生的地位，學生自己也覺是與眾不同。地方鄉紳，治國管民，除卻學校出身的學生，尚有何人敢以妄冀非分呢？同時，學生自己還知道做鄉紳大官的祕密，出類拔萃，只在能夠洋洋灑灑的作幾篇，淋淋灕灕的寫幾筆。所以說「國文為各科之母」，其他數理史地，不過是一種附帶的配角罷了。自國民小學以至京師大學堂的學生，終朝只是咿咿呀呀埋頭深思八大家的筆法，秦漢古文的氣勢，那一家渾厚，那一家雄健，又什麼起伏，什麼照應，何為桐城派，何謂陽湖派，鬧得天昏地黑，一塌糊塗。至於社會怎樣？人情世故是什麼？統統都在文章之中，用不着再到別的地方搜尋。「兩耳不聞窗外事，一心只讀聖賢書」。古人的名訓，也還深深地映在這時期的學生腦筋中。

（二）五四運動時代

　　但是，時代只是在不斷地流動生成中進展着。不僅僅原則、觀念、範疇等是一時的、歷史的、無常的產物；自然、社會、思維、一切是不斷地流動着。因而我們——社會的人——也不過是在生產力的增大、社會關係的推移、觀念的形成等不斷地運動之中生活着。中國雖然幾千年來停頓在封建的農業生產裏面，而四面八方都是生產發達的國度，因此外來的經濟思想的激刺，政治的壓迫，終以惹起了五四的學生運動，在政治上表示了極大的力量，導引學生直接干預政治的興趣，顯示學生對於政治的重大任務，重新估定學生在社會上的地位。同時，學術思想也走進了一個新的階段，在歷史上完成一部分的使命。

　　在此時期的學生，彷彿已跳進另一個世界。在他們面前，一切都已展開。希望，開放了美麗燦爛的春花，幻想，注入了沉醉人心的醇酒，前途是何等的光明，何等的偉大！可欣羨的青年學生，你們是多麼幸運的時代產兒喲！美麗的春花，香甜的醇酒，天使般的時代姑娘，我將為你們狂歌，為你們沉醉，為你們傾倒了！古舊的一切，已經就要死亡，大地的容顏，已經帶着看見了自己的孩子們一般的微笑，時代的韁繩，快就要掌握在我們的手裏了！這個，青年學生們，自然要「沉醉在支配大地的歡喜裏面」而感覺到前途的偉大了。

　　並且，資本主義自由的原則，形成了浪漫的思想與行動。青年男女們，將靈魂包裹在時派的西裝中，回味着戀愛的快樂，公園電影場的柔情蜜語，永遠沉醉了他們優婉的心懷。戀愛在他們的眼中，不論什麼地方，什麼時候，都散放着芳香。太陽好像熔爐一般的燃燒，青年男女依着悠揚沉醉歌聲而在狂舞的當中，沒有飯吃可以，沒有生命也可以，離開戀愛是何等的枯寂悲哀：

　　呵，戀愛呀，你若是可以學識來換的，我情願將我所有的知識，完全交出來，與你換一個有血有淚的擁抱。呵，戀愛呀，我恨你是不能糊塗了事的，我恨你是不能以資格地位名譽來換的。我要滅卻這一層煩惱，我只有自殺……

戀愛迷醉了青年男女，已經到達發狂一般的時候了。

同時，文藝在形式上已經完全解放，內容也改變了姿態，可以用新的藝術手法和新的表現手段來闡明自己，來和從前的文章的美學相對抗。一般的青年，差不多都傾向於文學的研究，幾乎盡成了小說家詩人。赤裸裸地想像——其實是寫實——肉感的人生，歌詠失戀、苦悶、喜悅、快意的生活，以及一切感情上的符節。

　　春來了；
　　草綠了，
　　花開了，
　　呵，單調的人們！

雖然是一種辛辣的嘲笑，也可以想見當時的詩人是一種怎樣的情調了。

蔚藍的天空，輝映着疏疏的幾點星星。晶瑩皎潔的月色，照耀在大地上，世界的一切物體都淨化了。在微風吹動樹影的仄徑上，隱隱約約有一對青年男女互相偎依着，密語慢步⋯⋯

這時期的文藝，雖說已經解放了，但也幼稚得很。轉來轉去，脫不了風花雪月的寫景，與彷彿填詞一般的筆調，而蘊蓄在青年胸臆間的情感，也只是男女的愛撫，擁抱。但是，青年的心靈，好像水銀一樣的易碎，電磁一般的敏感，月亮，只是眺望着凄涼的日光的屍體，樹影，也無非現身在灰暗的深夜的鬼魅。青年抱住自己柔弱的感情的一切碎片，熱心地愛着，愛着心坎上的 Sweet-heart，然而心坎上的 Sweet-heart 怎麼了。

我獨坐湖濱，正在臨流自弔的時候，忽在水面看見了那棄我去的她的影像。她容顏同幾年前一樣的嬌柔，衣服同幾年前一樣的華麗，項下掛着的一串珍珠，比從前更加添了一層光彩，額上戴着的一圈瑪瑙，比曩時更紅豔得多了。且更有難堪者，回頭來一看，看見了一位文秀閒雅的美少年，站在她的背後，用了兩手在那裏摸弄她的腰背。

帶着創傷的青年的心，粉碎了。以全精神貫注於一人身上的愛，所收獲的果實，只是一副傷心的淚痕，提供臨流自弔的回憶罷了！希望終成失望，

幻想變為幻滅了。回頭看看世界上多多少少的困苦人類，終以坐在血淚浸沉着的人類社會堡壘下邊，一面哭泣，一面反覆着痛毀醜詆人間的殘暴與惡魔。

（三）革命時代

在市民社會（雖然中國並未真的產生市民社會）裏邊解放了的學術思想，好像擺脫韁繩的怒馬，任性的四面八方亂跑。五四以後，關於學術思想研究的小集團，正是雨後春筍一般鬱鬱勃勃地潛滋暗長。歐洲的什麼經濟學，社會學，哲學……都已一件一件地搬運到中國來了；就是以社會經濟為中心而徘徊流行於歐洲的社會問題研究的狂熱病，也傳染到中國了。這個東西，給以我們一雙銳利的眼睛，觀察一切，了解一切，正像黑夜裏在房脊上安放一盞奇怪的探海燈，照徹了一切隱匿在生活內部的事象——

在戰慄着的大地之上，太陽將那比冰電殘忍比秋月淒厲的視線，無言地從滿身被灰汗浸着的農人額上一點點地注滴下去。

飢餓的人們轉側着的泥溝裏面，都受了死神的訪問。

依賴着自己頭腦裏面浮映出來的小孩子一般的智慧，在雨中的露天過夜，為着寒冷，在同伴的擁抱裏面攝取溫暖。

住在數十房間的大廈中，穿着輕裘皮衣，依在通紅的電爐旁邊，抱着姣豔嫵媚的姑娘，飲酒狂歌。

這些辛酸的疑問，浸入青年的腦中，電氣一般的血潮，在他們動脈裏面奔騰。這種可以戰慄的事件和非人類的苦惱之背景，在青年面前展開了人類的怒潮一般地前進的兇暴，在舊社會的廣大範圍之內，對於不流一滴汗水而錦衣肉食的人，燃燒着的憤怒，不論什時候，總是站立在火線上等候攻擊的命令。

夜間好像黑色的巫女一般的過去，
黎明好像膽小的偷兒一般的前來。
「靜寂」倦於悲嘆，
大地已在準備勞動，
遠方已經出發了吠聲。

五四的青年浪漫思想立刻好像夢一般的消失，而從新將他們引誘到一個遠景的地方，一般的興趣，從玩味文學與沉迷戀愛轉向血和淚的社會。「貧窮的人們，永遠地居住在殘虐和嘲弄的脅威下面。那些地方，在石造的地下室裏面，在青年人心裏，產生了對於舊世界的偉大的憎惡，而逐漸地成長強固起來」。不管雲雀如何歌唱，不管湖水如何呼吸，乃至不管露珠如何沒有聲音地向空中飛去，自己身命也不管。革命的情緒，在青年當中顯示了緊張的氣氛，大地的火花爆發了。

　　撫思現在，瞻望將來，就是大學畢業又怎麼樣？狼群的夜間，星光的屋下，自己的説話未完，辛酸的感慨便湧上心頭的時候，讀書有什麼用？一切的知識，一切的經驗，要在革命的途程上實地理解。我們的出路，只有革命，以鮮紅的血花灑向全世界的人類，死是不怕的，創造人類的共同幸福，要以鮮血洗淨世界的污穢，掃除障礙和平的邪魔。幹罷！同志們，集合在展開的旂旗之下，前進，踏着血泊前進！用自己的光輝消滅了月光，和太陽的光亮爭勝罷！幽夜的魅鬼去了，到來的是我們的黃金時代，春花怒放，黃鶯在太陽底下飛舞歌唱。快樂的天使已經張開兩翼在我們的頂上了！

　　青年學生這樣發狂的歡呼着。這一種狂呼，是在被拋棄於生活之輪下的那種轉變無限的生涯裏面，青年得到了一切歷史的演進，理解一切的現象。在充塞了脂肪的陳列棚旁邊散步，算得什麼一回事情？早在期待，「汽笛的聲音，驚醒那膽小的松林；」「他（或她）的愛人，在滴翠一般的柳絲底下，迎接他（或她）的到來。」這又算得什麼一回事情？一切的一切，都已成為過去的幻夢而死滅了，現在是到達人類生活圈內非行動不可的無限的空間了。但是，這一個偉大而非常困難的使命，在此，不是一個普遍化了的包容的天才能夠對付得了這種工作，而是數萬數千的大眾，來集中於這種事情。青年學生，都以不理解革命而參加革命集團，尤其是不能加入革命的戰鬥一事，認為恥辱。學校變成了荒涼的古廟，教室在無言地嘆息，然而學生並不悲哀學校的運命。對於灰塵滿架的圖書館，既已喪失寬大的愛情，亦無悲哀的感覺。

（四）革命以後

革命給與我們什麼？事實具在，用不着我們咻咻曉舌。千萬的革命戰士倒臥血泊之中，屍體是已腐息而灰滅了。帶着悲哀的疲勞逃回來的人們，看着冷靜莊嚴依然的學校，照樣地存在，而夾着講義來來往往的的同學，已經不是先前的同學了。學校的生活也改換面目了──機械的生活當中，籠罩着一層稀薄的幽靜灰暗的容顏，每個學生的臉上，似乎也顯示了一種落寞冷淡的態度。燦爛的春花已經萎落了，歌舞的黃鶯也休息了，一切一切，都已變成歷史的陳蹟了。寡婦的屍骸上面，我們看見了青春在那裏悲嘆。他們的血液，早已凝結了，以冷峭的眼光投射在人類社會的活動上，只是無聊地生活着。

這在感情碎弱的青年，回想過去熱血沸騰的事情，撫弄百死餘生的身心，早已是「在渺小的斑點一般地浮綴着的人類看來，住在曠野裏面覺得恐怖；在平原的鷥鳥看來，停在人類古墓上面覺得無聊」了。渺焉一身，寄住在人海的社會裏，衷心鬱鬱，老感無聊。無聊之極不是跑戲園茶樓，便是娼寮酒館，夾在許多快樂的同類中間，忘卻自己的存在，和他們一樣的學習醉生夢死。傷心到了極點，只有長歌當哭，笑痕掩住淚痕了罷！

而在意志堅強的人，雖然沒有機會表示行動，因着重新檢閱已往的錯誤與力量薄弱的事實，理論的訓練，充實自己的學識，同是一樣重要的問題。這一轉變的結果，學術思想更顯示了豐富的姿容。也就是中國學生生活獲得了一個新的轉機。

犧牲學業損失與失土相等 *　[蔡元培]

原載《中央周報》，1931 年 12 月 21 日，第 185 期。

　　我今日所要報告的，是特種教育委員會的事。教育行政，本屬教育部主管，政治會議所以設特種委員會，無非為國難期間，教育上頗有種種特殊問題，要集思廣益，替教育部做一種特殊的準備。至對於教育部的職權，決不有一毫的損害。

　　我們一談到國難期間教育上特殊問題，我們就不能不立刻想到學生的愛國運動。學生愛國，是我們所最歡迎的，學生因愛國而肯為千辛萬苦的運動，尤其是我們所佩服的；但是因愛國運動而犧牲學業，則損失的重大，幾乎與喪失國土相等。試問歐戰期間，德國財政上非常竭蹶，然而並不停辦學校，把教育經費暫移到軍費上去。因為學生是國家的命脈。徵兵制的國家，且有人提議，著名學者雖其年齡在兵役義務期內，可以免服兵役者。此何以故？以學業為軍隊的後備，青年的資糧，不可輕易的犧牲。我們想一想：德國有了一個克虜伯，就能使本國的軍械甲於世界；法國有了一個巴斯德，就能使本國釀酒、造絲、畜牧等事業特別穩固，國富頓增，而且為世界造福；美國有了一個愛迪生，就能使美國開了無數利源，於煤油、鋼鐵、鐵路諸大王以外，顯著他發明的長技。而且當國難時期，正是促進創造的機會，如蘿蔔製糖、海草取碘、從空氣中吸取淡素等，皆因本國受封鎖後，外貨不到，自行創造的。現在我們軍械不足，交通不便，財政尤感困難，正需要許多發明家如克虜伯、巴斯德、愛迪生這一類的人。我們的祖先，曾經發明過火藥、指南針、印刷術等，知道我們民族不是沒有創造力的。但是最近千年，教育上太偏於書本子了，所以發明的能力遠不如歐美人。我們這一輩模仿他們還來不及，雖有時也有一點補充，但是驚人的大發明，還說不到。若是後一輩的能為大發明家，「有七年之病，求三年之艾」，還可以救我們貧弱的國家；倘再因循下去，那真不可救藥了。

青年的愛國運動，若僅在假期或課餘為不識字的人演講時局，或快郵代電發表意見，自是有益無損的舉動。現在做愛國運動的青年，乃重在罷課遊行，並有一部分不遠千里，受了許多辛苦，到首都運動。一來一往，犧牲了多少光明，犧牲了多少學業。單就這幾萬青年而論，居今日科學萬能的時代，又其境遇可以受高等教育，安知其中沒有幾十名、幾百名的發明家？又安知其中沒有少數的大發明家，可與巴斯德、愛迪生相等的。當青年時期，犧牲這麼多的光陰與學業，豈不是很可憐、很可惜的嗎？

我們推想這些愛國的青年，所以不能安心上課，而要做此等特殊的運動，固然原因複雜，而其中最大的原因，則因激於愛國熱忱，而誤認原有的基本科學為不是救國要圖。我們現在要檢查學校課程，是否有可以暫行酌量減少，而代以直接關係國難的教科？

最直接的自然是軍事訓練，這本來是各地學生自己要求的。現在首都以外各地方學生，何以竟要犧牲了受訓練的光明，而換為奔走？是否現在的軍事訓練，尚有加緊的必要？我們所以設軍事訓練組，請軍事家研究這種問題。

其次若時局現狀，若各國實力的比較，若各種在國防上、經濟上、交通上應有的準備，包含許多問題，若得專家詳悉講述，不但可以振刷精神，而且於現在及將來均有益處。我們所以設特別演講組，不但與各學校固有教員商量，而且請著名的學者次第到各地講演。

為特別講演上材料的搜集與整理，我們設編輯組；為照料已經到京的愛國運動者，使減少困難，免蹈危險，我們設總務組。

以上各組，現在暫由政治會議所派定之委員分別擔任，將延請專門學者加入，以收集思廣益（之）效。將來國難會議成立後，若有關於教育的部分，本會的工作可以移交，則本會即可取消。

五、教育破產

引　言

　　本部分通過編選一些五四運動爆發後發表在報刊上的社論及文化界人士的評論文章。這些言論說明了由民族主義帶動的反帝愛國運動，隨着聲勢的不斷壯大及其在全國各地播散，學生團體中培養出一群群精熟於策動學潮的職業學生或者是由政黨培訓的職業學生。由於學生群體裏內部組織的變動以及愛國口號的複雜化，學生的相關抗議行動或愛國行動也變得目標模糊，並且失去凝聚人心的力量。在這種情況下，五四中、後期不難在《教育雜誌》裏看到各種各樣關於發展中國當前教育問題的討論。有的在闡揚如何融通古今中外教育智慧以締造新教育環境，但關於如何處理學生運動失控帶來的問題的討論，也是俯拾皆是，折射出 1920 年代教育破產的景象。導致這種情景，與下列數項社會氛圍息息相關：

　　(1)「學生萬能」的思想。五四運動的成功，正如羅家倫所說的就是讓學生嚐到了「甜頭」，養成了好大喜功的壞風氣，「學生萬能」的思想由此而生。時人張維周認為這些學生「其自認為神聖，所以不問曲直，什麼人都可為學生攻擊的目標。可以推翻政府，可以處分商人，可以毆打或監禁校長教職員。不必辨別是非，反正學生所代表的是真理正義或公道，反正學生有天賦的神聖與特權！」[1]

1　張維周：〈救國歟？亡國歟？學生自決〉，《晨報副鐫》，1926年5月4日。

（2）學風轉變。當學生放下書本，走上街頭遊行鬧學潮的同時，不再專注學業，而寄情於干預政事則導致學風萎靡，思想頹廢。易家鉞在〈中國的丘九問題〉總結了學生不讀書只從事社會活動的害處包括：1. 學識上的危險 2. 生存上的危險 3. 人格上的危險，並從智、情、意三方面論述了學生從事政治活動的弊端。[2]

（3）學商衝突。按時人之觀察所得，「學生穿着嗶嘰洋服來逼商家燒洋貨，出門坐洋車都支辦公費而逼商家忍重大的虧累停市，不唯不足以堵商人的口，也不足以服商人的心。」[3] 學生執行查獲、焚燒日貨的過激行，與商人利益發生衝突，於是學商關係出現裂痕，失去商賈支持的學生團體，社會地位開始處於孤立無援的窘態。[4]

（4）學生干政。早於 1920 年代《中國青年》雜誌中有論者認為，「五四運動的主要成份是沒有獨立經濟地位的學生，中國資產階級因為太幼稚與軟弱，沒有維持這運動的力量，而中國勞動群眾在那時參加的又甚少。」[5] 政黨裏的政治人物見五四運動成果之顯著，了解學生運動這把「武器」的鋒利性和時代作用，遂紛紛

---

2 易家鉞：〈中國的丘九問題〉，《民鐸》，1921年。

3 張維周：〈救國歟？亡國歟？學生自決〉，《晨報副鐫》，1926年5月4日。

4 李達嘉：〈罪與罰──五四抵制日貨運動中學生對商人的強制行為〉，《新史學》14卷2期，頁43–110。

5 張太雷：〈五四運動的意義與價值〉，《中國青年》，1925年5月2日。

將之吸納、收編以成為黨同伐異、攻擊異己的政治工具。學生團體慢慢變成孤立無援，而積極干預政事的行為也使他們成為各個政黨爭取利用的對象。伴隨着五四運動後的學潮發展，教育氛圍、社會風氣、政治環境盡皆受到教育破產的影響。致使五四運動的理想與精神追求，於 1920 年代末可謂是言人人殊，甚至可以說是失去了其核心的精神價值，乃至往後的數十年來當大家談起五四運動的精神或思想時都芬然淆亂得莫衷一是。[6]

6　陳學然：《五四在香港：殖民情境，民族主義及本土意識》，香港：中華書局香港有限公司，2014。

再論學生事件和國家法律問題　[涵盧]

原載《晨報》，1919 年 5 月 14 日，第 3 版。

北京有一個冒充中國人口氣的報紙，每遇外交問題發生，就裝出中國人的腔調，滿口「我國」「我國」的，來替日本辯護。辦這報的本不是中國人種，各人幫助各人的國家，這也不足為奇，何必同他辯論？且世界上的禽獸容有懂情理的，世界上的人類反儘有不懂情理的，雖想辯論也沒有什麼益處。我這篇短論、並不是和某報辯難、是恐怕「此等謬論」把我們「堂堂法治國」、「司法權獨立」的「森嚴神聖」弄污了，反叫「類似市井無賴之行動」的外人，有「容喙之餘地」，真是「可惜可愧」，所以不能不辯一辯。

我前回本說過正義可以裁判法律，法律不可以攔阻正義。什麼叫做正義？正義就是「大漢土地不容尺寸與人」的意思，若把吾國的土地賣給外人，無論他是受勢力逼迫的，受金錢收買的，或者是受「親善提攜」等名義欺騙的，總而言之，都是反乎正義的行為。若問正義拿甚麼作「標準」？我老實同你說說凡不賣國，不受賄不受騙，不怕強力，都可算是正義。賣國不賣國，就是正義的標準。因為標準不容易定，就可把正義廢掉不要，某國人或可優為之，吾國人斷斷乎不幹這等事，這些事絕不要別人代我們費心。

某報主張學生應該送交法庭的理由，不外三種：（一）縱火傷人應當受法庭裁判；（二）司法權獨立，不能受人運動干涉；（三）學生當專心學業，

不當干涉政治。我本不願意和人家研究死板板的法律問題，然學生事件，就是拿死板板的法律來講，亦斷斷乎沒有負刑事上責任的道理。因為犯罪的事體，必以意想行為結果三者做要素，三者若缺其一，就不能指為犯罪成立。前日學生運動，只有示威運動的意思，沒有殺人放火的意思，手拿白旗，明明是示威運動的表示，若有殺人放火的意思，何以一個個赤手空拳，既沒有殺人的凶器，又不帶放火為種子？且當時趙家樓一處宅內外聚有三千多人，打人放火的行為，到底是那個做的？用甚麼方法去證明他。若胡亂拿幾個被捕的學生指為行為的人，「堂堂法治國」怎能有這樣「怪事」。且法律的意思，是為社會去惡的，不是專為保持秩序的。去惡是法律的目的，保持秩序不過是達到這個目的講，都是不能懲辦的。

再說司法權獨立，不能受人運動干涉，是說已決定性質的案件，不是說未決定性質的案件，更不是說那不能受法律裁判的案件。不當受法律裁判的案件，司法界當然沒有權可以過問，這與司法權獨立有什麼關係？我到要請教請教。再說學生就是不當干涉政治，也不當不要國家，眼睜睜看人家把土地拿去了，把國土賣掉了，人家馬上就要奴隸牛馬我們了，尚在那裏求學有什麼用處？學成之後，必定要做個獨立的事業，做有人格的生活，到做了人家奴隸牛馬，還有什麼獨立的事業可做，有什麼有人格的生活可享？就是說山東一處亡了，不致亡了全國，試問眼睜睜看見一部分同胞做了奴隸牛馬，可能不拿出互助的精神去拔救他？且二十世紀平民政治，只要有政治常識，就可以問問政治，何況「堂堂文明之大學生」？促進社會，改良政治，必定要有一部分有知識的人奮鬥。政治奮鬥，是我們自己的事情，說什麼干涉不干涉？現在民族自決主義，是本國人自治本國的政治，不要外國人從旁干涉。並不是說自己民族不能於與自己的政治。所以一說到民族自決之義，就要請貴報搬家，不然就要歇業。八日的明令，要你們外國人「奉」幹什麼？司法權獨立不獨立，要你們外國人「干涉」幹什麼？這就是我所以不得不辯的原因。

論學生事件　　[梁漱溟]

原載《每週評論》，1919 年 5 月 18 日，第 22 期，頁 4–5。

　　我算是北京大學的一個人，這一次被捕學生中間，也有我的熟友。在他們沒被釋放的時候，我聽到許多人運動保釋，而當局拿出「此風萬不可長」的臭話，一定不允，我也同大家一樣的氣惱。但我今天拿我與大家不停的意思來投稿在大家認為學生派的報紙上貢獻於我同人。

　　我的意思很平常，我願意學生事件付法庭辦理，願意檢廳去提起公訴，審廳去辦理判罪，學生去遵判服罪。檢廳如果因人多檢查的不清楚，不好辦理，我們盡可一一自首，就是情願犧牲，因為如不如此，我們所失的更大。在道理上講，打傷人是現行犯，是無可諱的。縱然曹章罪大惡極，在罪名未成立時，他仍有他的自由。我門縱然是愛國急公的行為，也不能侵犯他，加暴行於他。縱然是國民公眾的舉動，也不能橫行，不管不顧。絕不能説我們所做的都對，就犯法也可以使得，我們民眾的舉動，就犯法也可以使得。在事實上講，試問這幾年來那一件不是借着國民意思四個大字不受法律的制裁纔鬧到今天這個地步？我們既然恨司法官聽不去檢舉籌安會，我們就應當恭領官廳對於我們的犯罪的檢舉審判。

　　但我如説這話，大家一定不謂然的很多，我以為這實在是極大的毛病。什麼毛病？就是專顧自己不管別人，這是幾千年的專制（處處都是專制，不但政治一事）養成的。除了仰臉的橫行，與低頭的順受橫行，再不會事事特自己的意思，而又顧及別人的意思。試請大家舉目四觀，國人中除了仰臉的就是低頭的，除了低頭的就是仰臉的。再看一個人，除了仰臉的時候就是低頭的時候，除了低頭的時候，就是仰臉的時候尋一個事實曉得不肯橫行，與不受橫行，實在不容易得。我以為大家不願受檢察廳檢舉的意思，自以

所行無有不合的意思，還是這個毛病。這個毛病不去掉，絕不能運用現在的政治制度，更不會運用未來社會改革後的制度。質而言之，就是不會作現在同以後的人類的生活。不會作這種生活，不待什麼強鄰的侵略，我們自己就不能在現在世界上未來世界上存在。

　　我初想經過審判之後，可以由司法總長呈總統特赦。一方面顧全了法律，一方免幾個青年受委曲。記得那年日本因日俄和約事，人民怨外交失敗，東京大起暴動，暴動的主犯河野廣中，就是特赦的。然我又想終不如服罪的好，現在中國無所不用其特赦，我們實在羞與為伍，何必受他這特赦。最好我們到檢廳自首，判什麼罪情願領受，那真是無上榮譽，這好榜樣，可以永遠紀念的。

學生今後之態度 [1]   ［朱執信］

原載《朱執信集》，1919 年 7 月刊。

　　此次學生關於青島問題罷課一事，雖博舉國之同情，而在校長方面，有一部分主張學生宜待學成始幹與國家之事者。其説以為：學生求學，即為救國危難，改良社會而來；求學即為救國之預備手段，所謂七年之病，三年之艾。似乎現在國家危急，痛不可忍，而實際非待學成，無從救國。則忍痛以就學，決非不愛國之謂，亦決非忘其本份之謂。此其説未嘗無一面之理由，然而不可謂為絕對正當也。蓋第一，求學固可以為救國之手段，而非必為惟一之手段。第二，求學固為救國，而各校是否能即授以救國之學。第三，發為此種議論者，固各以學成自居矣，試問其能否救國。此三層不能自解，而姑以求學所以救國之名，以阻其真正救國之行動，則斷不可許者也。

　　學生，本一國民也，以求學之故，而得一學生之資格；未嘗以為學生之故，而喪其國民資格；凡則國民之所當為者，學生無不當為。其事或不至於必要罷課，則行之於受課之餘，可也。必無日力以兼此，則罷課亦無可如何者也。至於日力足以治學，而同時能致力於社會，則為校長者，尤當獎借之。此以學生、校長同為國民，以國民對於國民，固當望其盡力於有益國家社會之事也。抑且國家之有學校，學校之設校長，固亦有一部分目的，在使其就學者有所資借，以盡其為國民之義務也。則處今日之社會，而以學生為在學校中不宜與國家之事者，非也。學生之資格，可以犠牲，國民之資格，不可以犠牲也。

　　凡上所言，為校長言也，而亦可以推之以及於學生方面。學生之應否參與救國是一事，而學生取何種手段以救國，又一事也。以學生過去之行動，能博一國之同情，生絕大之效果。故對於今後學生之行動，如何始可得一最

---

1 朱執信《著論存查》稿本中有：「學生今後之態度　《晨報》廿一　廿二」等字樣。故本文似於1919年7月21、22日刊於《上海晨報》者。

有效最近於理想之用途，實今日所當竭力研究者也。在學生方面，亦萬不可忘其出為救國之行動，只以國民之資格，非以學生之資格。故從校長中一部人所說，則學生應受教，不應教人。而從學生之所說，則國民應指導政府，而不應受政府指導。彼以學生資格言之，此以國民資格言之也。以當世國民不勇於發表其意見，不決於實行其主張，故為之喚起言論，為之率先實行，不得已之事也。使國民中已有多數能言學生之所言，能行學生之所行，則不待學生而目的已可達，此學生之所甚願者也。不幸而言者既少，行者尤稀，乃有待於學生罷課以為之，則學生於此，不可不覺悟其職任所存也。學生之所以貴者，不在其為永久指導，而在其為一時提倡。風雨如晦，雞鳴不已，此學生之苦心也。日月出矣，爝火不熄，則非所以喻於學生者也。學生以其國民之資格，故於人之未醒覺，當負其喚醒之責任。若其人既醒，其事既明，學生則亦當反其本初，而不久居於越俎代庖之位。前者之來，為其為國民故也。今者之止，則為其猶為學生故也。以其猶有所缺於學，故從其自己判斷，亦不可居於師導之地位。所謂恢復教育原狀者，蔡鶴卿[2]先生暨北京大學諸生，亦既持以相號召矣。夫恢復原狀者，不外求學以救國，即亦蔡先生所謂：「一時之喚醒，技止此矣，無可復加。若令為永久之覺悟，則非有以擴充其知識，高尚其志趣，純潔其品性，必難倖致。」蓋永久指導者，正要求學生之更從事學問，待其學生變為學者，然後有指導之能。此其任務，在於喚醒以上，其所要求之能力，亦非徒喚醒者所能比也。

然而學生今後雖為指導之人，而仍不可不為監督之人。蓋國民之覺悟已起，則根於覺悟所生之動作，皆為各個人自己之事，不特無須學生代謀，抑亦無從由學生代謀。然而學生今日猶若有所未能安心者，何以哉？學生之不能為指導，以為知識未充也。然而在社會中，學生為知識階級，學生之愛國運動，基於知識之運動也。雖亦含有感情作用，而其感情亦由新知識以來者也。至於一般人之愛國運動，除極少數一部分人以外，皆由於感情而來者也。既由於感情以來，則其興起固有軼出應取之態度以外者，亦或一時而起，一時而落，今日激越，明日沉衰，從其情之所往，逐失理之所中，

---

2 蔡元培，字鶴卿，時為北京大學校長。

即在近日，已不無其迹象。夫感情而不根於新知識，則對於現世事實，不能了解。一般黠者，遂乘機以為破壞民眾運動之謀。一方則取他種可注目之事實，以移一般人之感情，俟其感情既集注於他方，則國民之愛國運動，將無形消滅。他方彼又於同為愛國者之間，加以挑撥，使之互相衝突。結局國民所有精力，均消磨於愛國者互相攻擊之中。此二者皆為向來破壞國民運動者常用之手段。而此種手段之所以能湊效者，正以一般社會之思想，無完全之知識為之基礎，故易因外界之主張而有轉向也。夫其中心几微之轉向，不為異也。轉向以後無知識以辨別其所趨，則越趨越歧，凡在社會上者，皆不能無過。是以隨時監督，不使其變為他種運動者，學生當負其責。而在此次學生以至真摯之情，博社會上空前之信用，尤不能不善用其所長也。且如此之監督，決不礙於教育原狀之恢復。何者？五四運動以前，學生固不無幹與社會之事，特不至於罷學而已。今者所要求於學生者，不過不與社會絕緣，對於社會上運動，不絕注意，不絕批評，非有礙於其受課修業也。此學生今後之責任也。

　　學生之監督責任，從此益重。則學生信用，亦當更求其上進。今日學生之信用，已著明矣。而經歷既久，將來更當望其益進不止。蓋今日之認識學生真正價值者，僅在都市少數之人。將來當使農村僻野之人民，亦崇仰學生不已。然後其監督之效果大，而學生之信用著矣。現在雖然無可以自行破壞之理由，至於因緣假借欲利用學生以營其私者，實所在多有，而尤以宿昔主張賢人政治排斥暴民者為甚。此至可憂者也。學生本以不黨為宗，彼不能遽改之以為黨也。然而古人有言，有黨必有讎。彼輩將必為學生造讎，然後引學生入黨。一度為所利用，則信用既失，真價亦亡。故學生今後之態度，必當主論事之是非，而不輕信人身之攻擊。但以主張為監督，不以責備為能事。則既無對人之讎，自不發生黨派之嫌疑。信用自然可以永保，且益章大矣。或以為前此要求罷免國賊，即為對人攻擊。如以後此為是，則當以前此為非。不知前者罷免之要求，不過以為喚醒人民警告政府之一手段，目的本在廢除密約，回復主權。不然，則去一曹汝霖，來一曾毓雋，於國家之事，果何所裨。而訂軍事協約者段祺瑞、馮國璋，延長之者徐世昌，承諾二十一條款者陸徵祥，擁參戰軍者徐樹錚，此外賣國之人，正不可悉

舉，豈獨曹章能為國賊哉。故今後學生之責任，本在監督。則其所以實行之者，必為主張採用某政策某手段，尤當注重於商民自己力所能及之事。至於個人之事，苟不能以其力去元凶，不必以空言招反感也。學生永為無色透明之學生，無一黨派可以利用。然後對當前之事實，為具體之主張，則其監督社會之功，庶幾可以完成矣。

中國的丘九問題——
論學生的政治活動社會和讀書運動　　[易家鉞]

原載《民鐸》，1921年，第4卷第4號，頁43–62。

上　教育界的黃河鐵橋

不危險也危險：因為一個出了保險年限的鐵橋還靠得住嗎？雖然我的小舅子黃卓新從北京——由京漢路回來，告訴我「黃河鐵橋並不危險」，然而我的一種無意識的答案，仍然是「不危險也危險」。

這個譬喻正可適用到今日我們中國的學生界上。「五四運動」就好像架了一座很偉大的黃河鐵橋，五四運動以後的學生行動就好像一皮條列車在橋上跑，現在鐵橋的毛病漸漸的暴露了，換言之，即五四運動的流弊漸漸的積深了，而我的表弟還冒昧的從北京新歸，而一皮條列車還拼命的在橋上亂跑。

這個現象是很危險的，我承認。因為這樣的鐵橋不久必會變成跌橋，不久必會倒關。這座鐵橋本來是很偉大的，只因年久失修，才有這種危險；可憐一般視歸如死的旅客，為貪圖一點兒便宜，竟抱着命運的腳在空中去僥倖。萬一僥倖不成，大家都變成黃河之鯉，給康聖人做宣揚孔教的資料，對於世道人心，倒也不無小補？可憐五四運動是何等轟轟烈烈，到如今，只落得一些流弊充塞乎人間，我們志高力大的學生還不設法爭一口氣，眼見我

們這座偉大的橋快要坍台了；坍台事小，犧牲事大，坍了一個區區的黃河鐵橋不要緊，坍了我們青年的精神、時間、和成績、那就「不要緊也要緊」！

不是瘋子，為什麼平空的發了這許多感慨？說起來又不禁使我破涕一笑；笑什麼？不才這幾年也忝列教育界，雖說「粉筆生涯誤盡人」，倒也享受了許多有趣味的教訓。在安慶當教員一年，在長沙當教員半年，眼見學生界的種種危險現象，大有「心所謂危，不敢不告」之勢。單說安慶：不止安慶，可以說是全安徽省，學風實在不敢恭維，學生有一個特製的綽號，叫做「丘九」，是比「丘八」還厲害的意思，我因此名新鮮，便採用做本文的題目。這些丘九，是新興的階級，是次於無產階級的第五階級，他們的波瀾起覆，花樣翻新，這是中國馳名的。不過我同安徽的學生感情還不錯，很不願《孤軍雜誌》再出一本推倒丘九號，我謹祝安徽學生界的覺悟，不要使學潮老像安慶城的街道：坎坷不平。

次說長沙。長沙是學潮的發源地，由長沙一隅而蔓延到各地的學潮，多得很。可是湖南的學生雖沒有丘九的名稱，恐怕他的鬧亂子的程度，至少要送他一個「丘十」的綽號。他們鬧亂子的本領比安徽的學生還大得多：查高工，省視學幾乎被打倒，校長，教育司竟受包圍。中國的學生聯合會多了，誰有湖南學生聯合會那樣的大膽！他們曾快郵代電到北京，主張（一）解散國會；（二）解除吳佩孚武裝。可惜在此次六一事件發生時，他們沒有革日本天皇的職；然而他們的大膽，熱心，和奮鬥的精神，的確不愧為湖南人的本色！

我細細考察，我默默冥想，我幽幽理會，我覺得至少這兩省——湖南與安徽——的學生，大家各有各的毛病，也各有各的健康，不過我要診的是毛病，至於他們的健康，還得他們自己好好的保養。

安徽的丘九有一種很危險的病，就是一般學生太好政治活動。我「差如」漢壽土語：文言即為一「□□」做了一年多的安徽教員，所以不用客氣，老實把我的印象寫出。安徽的教育是與政治有密切關係的：無論是倒省長倒廳長，倒局長……差不多都利用學生做攻具；無論是倒校長，倒教員，倒門房……差不多都依賴官吏做保障，而操縱其間的，就是一班莫名奇妙的小政客。

這種曾孫式的政客每日的生活是「混」，滿口的新名辭不外乎「倒」，花天酒地，走肉行尸，直鬧到發昏章第十一。這是一個重大的社會問題，同時又是一個緊要的教育問題。為什麼？因為他們發昏的結果，政治的推移，矮子去，胖子來，還是「司空習慣」，卻平白的拉出兩根絲線；第一根絲線就是一般生活程度的增高，社會道德的墮落，本店自造的謠言大盛其行，直接間接使社會不安寧，人民感痛苦，完全是由於他們的失□，無□無智，發昏做夢，拍馬（馬聯甲）屁的結果！這種結果還不算什麼。最痛心的就是第二根絲：安徽教育的破產！若不幸而中吾言，則破產的原因一半兒是從外界傳來，一半兒還要自己擔負哩！這又是什麼道理？我說：外部的原因不外乎官廳及官廳以外的一些寶貝。所謂政府的官廳，向來是用對鬼神的態度對學生的：在平時不是敬而畏之，就是敬而遠之；到危急的時候——當政客利用學生倒他們的時候——他們對學生只有一個觀念：洋洋乎如在其上，如在其左右。馬聯甲算是厲害極了，然而他畢竟不過是一個丘八，那裏敵得過這些丘九。許世英在任的時候，一個學生的片子寶貴得像陳七奶奶的裹腳？老而不死的李兆珍，被丘九爺微微的哼了一聲就飛開毛腿跑了！所以一部《安徽近世政治史》，全是一篇丘九的自敍傳，全是一座學生的凱旋門。近一年來，官廳對學生的態度也稍為減輕了一點，主管的衙門如教育廳，也居然有膽子解散鬧風潮的學校；不過學生方面的氣焰並不因此減煤。至於官廳以外的一些寶貝，為首的就是那些小政客，他們是唯恐學生不鬧風潮，唯恐天下不多事，於是或誘學生以私利，或藉政府以破壞，或驅黨人以惑亂是非，於是政潮與學潮相互為表裏了，相互的強姦和私通了，這確是安徽教育界惟一的敵人！除小政客外，他如地方的紳士，旅外的同鄉等，還不算什麼。其次就不能不歸咎在教育界自身了。第一是教育廳。歷來的廳長都是一些阿彌陀佛的腳色，現任廳長江彤侯還像一個廳長，此次倒江運動而以排外主義相呼號，幸而這位雞蛋頭的廳長竟屹不為所動，而一般小政客已氣得到發昏章第十二了。第三是教育會。去年有些朋友罵湖南的教育會說他做的事太少，我對於安徽教育會的靜坐，卻不敢妄贊一辭。我惟羨慕他的西式洋房，他的大塊牌子，他對門的一家派報所，我實在眼紅！第三是各學校。安徽的學校差不多都是公立的，這也許是教育與政治發生關係的一種要素；在這些學校中、校長、教職員、乃至學生，一部分

或大部分是外省人，說來也奇怪，外省人當校長和教職員的，比較能得着好結果，這是因為外省人與本省政治不發生何等關係的緣故，這是因為外省人不想在安徽教育界佔什麼地盤，搶什麼飯碗的緣故，並不算什麼奇怪；近年因為排外主義的流行；於是安徽的教育將愈不可收拾了。「歸累包堆」，學生仍佔了安徽教育界的重要地位；青年們若有自覺，安徽的教育豈他省所能及其萬一，而一年以來，學生囂張的習氣比從前總算緩和一些了，有許多可愛的青年均從事讀書運動了，不過大部分仍在那裏盲目的活動。一個中學生可以做某報的主筆先生，省長公署的諮議，督軍公署的顧問，印花局的差遣，這並不算什麼！一個普通的高小學生，可以歷述安徽政治的變遷，黨派的興替，以及某人敲了竹槓若干，某派的陰謀怎樣怎樣，也並不算什麼。按之社會學與教育學原理，每個公民或市民都能知道該地的政治狀況和變遷，豈不大妙，不過他們所知道的，多半是屬於壞的一方面，猶之乎電影誰不愛看，不過小孩子看了偵探長片，或是滑稽片子，人人都學大強盜，人人都學賈波林，電影還有什麼用處。所以安徽的學生們到此時不可不大覺悟：政治活動也不是這樣活動的，而且你們應該明白的拋棄一切關於政治的活動。為什麼勸你們拋棄？拋棄後又從事什麼活動？且聽下回分解。

　　湖南的學生也有一種毛病，就是太好社會活動。這種社會活動是否完全不含一點別的意味——如政治意味，宗教意味等——也不能十分斷定。不過湖南的學生，其膽大，其心熱，其志堅，其氣銳，其臉厚，總算是天下的定論。墮落者迷妓女，芙蓉如面者迷鴉片，湖南的學生則有一迷：迷主義。試登岳麓山頂一觀，則以長沙為中心的湖南學生界中，顯而易見的有兩股綠煙從地縫中鑽出：一股便是馬克思主義，所謂馬派；一股就是無政府主義，所謂安派。安徽的學生說：「我們安徽，無所謂馬克思，牛克思，亦無所謂安那其，安這其；我們的安派，就是安徽，我們的馬派，就是推倒馬聯甲！」這幾句話，我認為說得最痛快，確是湖南與安徽學生的一幅對照圖。湖南的安派和馬派的勢力比較，則馬派較大。他們滿口的主義，「勞工專政」，「無產階級的勝利」，「革命萬歲」，「赤化」，「各盡所能，各取所需」，還有什麼克魯泡特金，克魯泡特銀，德謨克拉西，德謨克拉東……他們的功課，決不是幾何、三角、國文、英文、理化，乃是「鼓吹革命」、「聯絡工人」、

「辦小出版物」、「婦女解放」……；所以一個應該是「學而時習之」的湖南，真被他們鬧得一個「不亦悅乎」了，當校長的，教職員的，那裏在他們的鼻子上。打校長，趕教員，白刀子進，紅刀子出，這一類的聲勢，儼如古代羅馬的父權家長！他們既以主義相標榜，自然不便不從事於社會活動，所以湖南近年來很起了一些新工潮，十有七八都是學生在裏面鼓盪着，操持着。我為着這事，曾冒眾怒說過幾句嚴正的話(見《青年教育》第八期全期，我的一篇長文章：〈社會主義與湖南青年〉)。我並不是反對學生不從事社會活動，我只可惜學生太從事社會活動，全不去讀讀書。他們大概都有一種最深的誤解，以為書本上的書是死的，要真正讀書，非從社會活動不可，要從社會中找出知識之油。喲！道理是不錯的，可惜只得着半面的真理，那書本上的書若是死的，為甚麼文化發達的國家，書鋪子不改成棺材店呢？要說學生真有偌大能力，真有偌大自治的精神，我始終不敢相信。什麼事跑到湖南：舊的必變成新，好的多變成壞。目下最時髦的「道爾通制」，跑到湖南，就變成「逃爾通制」了，就變成了「盜爾通制」了，因為一些頑皮的學生在作業室中不去道其所謂道，不是陰着私逃，就是將陳列的書籍盜走；於是好好的一個「作業室」，也就變成「作孽室」了。敷衍主義的教育者，必定說：「這類不良的現象，在過渡期間是不能免的」；這話誠然千真萬真，但是你們使兒童作孽的罪過也是千真萬真。所以湖南的學風不良，教育者實不能不負相當的責任。即如學生太喜從事社會活動，當校長和當教職員的應當明白的規勸他們，指導他們，限制他們，不應該把學生當做「神聖不可侵犯」。然而一般教育者，不是敷衍學生，就是與學生鬧意氣。學生們不打校長，不到省長公署去罵趙恆惕，不到樊西巷去嫖，不在街上見人就打耳巴子，已是校長和全校的萬幸，這個學校在湖南便「陡」起來了；上一等的，便是先生與學生爭主義的問題。假如這個學校，大部分學生是馬派，而小部分的學生或二三教員是安派，結果，安派的人，不管你是教員或學生，必被排斥，其奮鬥的精神，真不愧為馬老先生的一百二十五代弟子！所以在湖南當學生極易，當教員最難。何解？當教員的一進學校大門，便有自命為某派領袖的學生來會你，會你並不是有酒食先生饌，乃是考你有沒有主義？馬克思主義抑或無政府主義？信主義到若何程度？就好

像一個新嫁娘進門，那些小姑子，小叔子，都來問你：你從前偷過人沒有？偷了幾個人？最愛的是哪一個？是否身懷六甲？養過私生兒沒有？似這樣，真難乎為教員了。教員如果不相信甚麼主義，就被學生輕視，甚而至於由學生來教訓先生，尤其可憐的，是一般教化學物理的人，教 $x = (1/2)y$ 的人，他們常常被學生問倒；教員如果相信一種主義，但是，若是同大部分學生所信的主義不合，或是敵體，這教員的飯碗不久必會發生問題，正如一個處女，不嫁人也不是，從一而終也不是，結果只落得了做人家的臨時太太。我說這話，並不是挖苦湖南的教育家，我要挖苦人家，我自己即在被挖苦之列；我的意思，不過是證明：在湖南這種誇張的學風下，當教員是極不容易的事，而學風之如此誇張，至少一部分也是教員們自身的自討；在他方面，學生這種誇張的習氣，確是從社會活動方面傳來的一種惡影響。我有一個實例可以類推：我去年在長沙嶽雲中學教國文，有一個學生——他是馬派中最有力的分子，他每次交來的作文本子，都是寫的一些勞工革命的話；有一次報告他的生活狀況，我才知道他是某通訊社的社員，某會的會長，某報的編輯，某派的代表，同時又是一個中學校的三年級學生。我就在他的作文本上批了一些大字，勸他不要太活動，應該好好的讀書，後來他竟因誤解我為基爾特社會主義者的緣故，扯着牛克思的鼻毛，在作文本上大罵其我。像這類的學生，長沙不知有多少！其實他們何曾懂得什麼馬克思主義，而居然自欺凌人，哎！學風的誇張，真是「古文觀止」了！我是一個湖南人，感得到的我便不客氣的說，只希望學生們不要太過於活動，不要老背着主義的虎頭牌，切切實實的讀幾年書，再來做甚麼主義大家吧！

以上我把安徽和湖南兩省的學風，就我所感覺得到的，亂七八糟的比較了一下。說一句總話：安徽的學生染舊氣息太深，又因環境惡劣的關係，學風的囂張達於極點，結果是偏重政治活動；湖南的學生染主義毒太深，又因民性發揚的關係，學風的誇大亦達於極點，結果是偏重社會活動。這兩種活動——政治活動與社會活動——是目前學生界的黃河鐵橋，不久將發生絕大的危險，如果還不趕修，連京漢路都會發生臨城劫案，這便是全國教育界大破產之一日！

中　活動不要變成死動

於此有不可不注意的一點，即政治活動不是政治運動，社會活動也不是社會運動。質言之，活動與運動有分別。就量而言，活動的本位只是各個人，是以單數做本位或個人做本位；運動的本位是群眾，是以複數做本位或社會做本位。就質而言，活動多屬於壞的方面，以自利主義為前提；活動多屬於好的方面，以共利主義為前提。「足將進而趑趄，口將言而囁嚅」，這是一種扒手式的活動。「流言恐懼，竊自比於周公；歸志浩然，敢同情於孟子」，這是一種君子式的活動。今天請客，明天打牌，後天當代表，奔走京滬，這不過是私人活動，純粹自私自利的。高一點說，運動當社會服務團的團長，運動當濟良所的所長，運動當肥料局的局長，都不外乎想出鋒頭，想討小老婆，想得幾個銅臭。統而言之，通通不配稱做「運動」。故凡以個人利益為前提，而其為得利益所用之方式係由私人或一黨一派者，又或個人或一黨一派單獨在社會上行動而無關乎團體行為者，不論其結果有無利益於群眾，通通是「活動」，通通不配稱做「運動」。講到運動則不然，勞動運動勝於慈善家「為善最樂」的活動，廢娼運動勝於當濟良所長的活動，普通選舉運動勝於用金錢買得議員的活動，大而言之，革命運動比「奔走於權貴之門」的活動總好得多，和平運動比「行人弓劍各在腰」的活動總好得多，大同運動比躲在家裏抱着黃臉婆兒的活動總好得多。這樣看來，所謂運動，必以多數的共同利益為前提，而其所表現之方式係一種群眾的行為者。

明乎運動與活動之區別，請進言學生的政治活動與社會活動。

我先問：「學生是做什麼的？」學「生」的嗎？有孕婦，不必要學生。學走路的嗎？有政客不必要學生。學喫飯的嗎？有飯桶，也不必要學生。奇怪，大家都知道，連學生自己都知道，學生的惟一職務，不二法門，第一是讀書，第二是讀書，第三是讀書，卻偏偏巧立名目，說要讀書本子以外的書，不必讀書本子上的書。也有許多「苦塊昏迷」的先生贊成這種學說，天天讓學生「這邊走，那邊走」，其結果，只是「尋花柳」。誠然啊，書本子以外的書是要讀的，漂亮話誰都會說，但是要照他們的主張，現在的學校一律可以倒閉，書店一律可以關門，所有一切的紙筆墨硯都應束之高閣，

所有一切的經史子集都應概付焚如。所以這種道理是說不通的，於今暫且按下來不題，單說學生不讀書只從事社會活動的害處。

第一，學識上的危險——上面已經鄭重的說過，學生是專門讀書不作別用的，因為在學校裏還不讀書，還不好好的聽講，將來去校後「而何得了？」（漢壽土語即如何得了。）北五省的旱災還不要緊，肚皮裏的旱災實在要緊；孕婦的難產還不要緊，做文章比生兒子還難實在要緊。所以知識上的饑荒近一點就影響於學生的本身，遠一點就影響於教育及文化的前途。呵呀！自從杜威打了一個噴嚏以後，大家雖知道學校即一社會，學校生活即社會生活，卻不知學校比起社會，是不可同日而語的！學校的生活是單純的，由純潔而由知識的人們所組織的；社會的生活是複雜的，由鮮花狗屎融結而成的。學生們見識不廣，誤把狗屎當鮮花，同流合污，都緣沒有看清社會的緣故。再說從事社會活動，勢不得不分出或犧牲一部光陰和學業，歷年來由學潮犧牲的成績，至少可以築城一百個萬里長城。在校時，不專心讀書，還加上罷課的流行病，其結果，大學畢業的學生往往寫不清楚一封信，甚至稱自己的父親做仁兄大人。似這種不學無識還配改造社會嗎！而且我們還要認清，現在學校的校旨雖說甚麼德、智、體、美、群五育，畢竟學校的性質，多屬於智育，因為他本來是一個傳遞知識的所在。然則我們不入學校則已，若入學校而又不努力的求知識，豈不是買牛肉闖進藥鋪裏去了嗎？要說從事社會活動是讀書本子以外的書，那嗎何必入學校，何必不等到畢業後再讀？學生以外的人多着哩，何必硬要學生們去活動？要說學生以外的人都不配活動，那嗎學生們何不轟轟烈烈的舉行幾次大運動，為什麼只在飯廳裏打菜碗？這都是知識不充足之所致：理性不能統御感情，智慧不能引導慾望。似這樣放任下去，一年，兩年，畢業了，他的終身也從此畢業了！

第二，生存上的危險——學生從事社會活動，一定會影響到以下兩方面：生活方面與生命方面。一個人又要當學生，又要充記者，又要做團長，又要掛一個諮議的頭銜，無論複雜的生活萬非單純的學生所可支持，一個人又不是牛，又不是象，又不是駱駝，那裏負得如許重擔！最可慮的，就是純潔的學生一入社會，若沒有相當的精神上的修養，知識上的涵養，結果最容易和着萬惡的社會鬼混、嫖、賭、逍遙，無所不幹，甚而至於抽大煙。

這種複雜的畜道生活，把毫無把握的一般青年迷惑得骨蘇肉軟；試問在這種社會訓練之中，一般青年，狡猾一點的有幾個不是將來的賣國賊，惡紳，貪吏——刮地皮的能手；蠢一點的有幾個不變成流氓，市井無賴，訟棍？真正能夠砥柱中流的，真正能夠不為社會所推移的，啊，有幾人！故我以為學生從事社會活動，至少他們的生活和生命要起一番變化，變化的趨勢，我雖近視眼，戴上眼鏡總看得清楚：其一即生活由簡、潔而趨雜、亂，其一即生命由健、長而趨短、弱。若是純粹的學生生活，除了看書、聽講、打球、喫飯、痾屎、之外，還有甚麼？若由學生一蹴而為學客，則生活的種類與樣式，等於劉姥姥初入大觀園，無處不是一些奇怪的現象。從前交學費，喫小館子，甚而至於逛土娼，雖說不好意思，總只向家裏要錢，現在的闊綽生活豈是家庭方面所能供給，於是不能不另想生財之道：敲竹槓，刮地皮，賣國。不講別個，只把那楊度，陸宗輿一輩人看看，他們從前何嘗不是極漂亮的留學生，頓腳搥胸，裝腔做勢，那一個不恭維他？到後來，非日本「瘟娜」（日本語，即婦人之意）不討了，非摩托車不坐了，結果變成「羊肚」，「滷臢魚」，那個愛喫他？再說一個人的精神和身體是有限的，青年人正在發育，正待培養的時候，比如一樹鮮花，無端一陣狂風，無端一陣暴雨，經過社會的種種刺戟，打擊以及引惑之後，本來強健的身體與精神漸漸的萎頓了，從前弱不勝衣的，現在連做衣架子的資格都沒有了。從此下去，「壽終正寢」四個大字，要在《古典字典》中才能翻出。若還加上一些戀愛之花，中國的人壽保險公司起碼要多開百個。如此，學生們因從事社會活動而釀成生活上的非分，精神上和身體上的不安寧，直接間接影響於一國的文化，社會秩序，民族性，人種，是如何之大？是如何之大？

第三，人格上的危險——這層極關重大，而與前二者有相互的因果關係。因為學識不足，引起生存上之不安寧，遂致影響於人格，此其一，因為人格之失養，再加學識之不足，遂致影響於生存，此其二。欲解決這種紛亂的關係，最重要的還是從培植一般青年的人格做起。程老夫子說的：「餓死事小，失節事大！」現在盡是一些不顧名節，「餓死事大」的人。在這種惡劣的社會風習下，學生一入社會，一受薰染，馬上鳳凰變成鵪鶉，麒麟變成小狗。我們都知道的，青年人的虛榮，是最強烈的一種本性。見人做了北京大學的

校長，他也想做。見人發了財，不由得眼紅。見了戲子可以享盛名，賺大錢，自己就恨不得做梅蘭芳第二，社會本是極複雜的，什麼魑魅魍魎四小鬼，琴瑟琵琶八大王，都有！青年學生一來因為學識不充足，二來因為經驗太缺乏，三來因為修養過膚淺，四來因為生性尚虛榮，再加上一些本來面目的好奇心，模仿、同情、以及各種慾望，自然而然容易趨到墮落的一途；生活上的墮落還不要緊，還不過是「身」死，道德上的墮落則成一種「心」死，哀莫大於心死，其影響中華民族前途，至深且大！所以我以為青年人入社會應有一個相當的時間，在求學的期間，對於學校以外的社會，只能自處於一個旁觀者的地位，萬不可參夾其間，弄成一個「扁巴巴」（漢壽土語，即被人傾挾而墮落之意。）學校，無論如何，校長總不敢在大禮堂抽大煙，教職員總不致於抱着妓女講倫理，所有一切工役總不會齊集講堂上「摸它」！（一種麻雀牌的賭博，以十點半為最大。）學生在這個小小的社會中，比較的可以涵養他們的人格，何況還有一些形式上的薰陶：如校訓，校歌，訓話，孔夫子的尊容；再加上師生間，同學間的友誼，所有一切最高的道德，如博愛，大同，自由，平等，互助，合作，諸要素，自然而然可使青年受感化於無形；等到學識充足，經驗宏富，修養湛深，虛榮心慢慢冷卻以後：再入社會大活其動，到那時，我包送你們一頂高帽子。

學生不宜於社會活動，已如上述，現在再說到學生之不宜於政治活動。前邊說過，跑路是政客們的事，學生沒有那雙千里腳，而現在的一般學生，最喜歡高談政治，每當三五會合之時，不是滿口中山，就是一嘴子玉，於是說老黎太不懂事，就是說三帥也未免太過於熱心。酒酣耳熱之時，罵這系，罵那系，及到窮極無聊之時，求人家賞賜幾塊錢而不可得。這也難怪他們：一班標榜不談政治的教員們，現在也醉心政治活動，學生安得不效尤！不過這種現象，從好的一方面說，從前好人不談政治，所以政治一天一天的糟糕，現在大家都談政治，政治或有澄清之一日，教員既可談政治，學生當然也可談政治；但從壞的一方面說，現在談政治的，不管是學生，是教員，有幾個不被人利用？在盧永祥底下倡聯省自治，在孫文部下倡社會主義，甚至一邊當校長一遍又當督辦，一邊當諮議一邊又當教員，直把一個神聖莊嚴的教育田地，變成一個烏煙瘴氣的鬼窟。所以我的主張，一般青年學

子對於政治只應守一種研究的態度，非到不得已時（如大革命之類）不必犧牲可寶貴的光陰，去做一種小學客。

學生政治活動的危險，也可列為三種：

第一，智的方面——大概喜歡政治活動的學生，頭腦比較要靈敏點，可惜他們比較靈敏的腦筋，卻不去安心讀一本《政治學大綱》，問他們什麼是政治，什麼是國家，什麼是民國，他們能夠解釋清楚的，百人中不得一二人。猶之乎要改造社會卻不去讀《社會學》，猶之乎要知道人體的結構不去讀《生理學》，熱心政治活動的人而不去讀《政治學》，這都是盤古開天闢地以來第一件奇事！他人且不論，學生們有志於政治事業的人，從不從大處着想，連夢也做不到英國的查爾梯斯黨運動，意大利的統一運動，歐洲中世紀的國民自衛運動，古代羅馬之平民反抗運動，他們能夠夢見周公，已經是了不得的了，遑冀其他？然則他們夢的是什麼呢？林黛玉，梅蘭芳，賓宴春的扁豆泥，五芳齋的點心，這些也許佔了大夢中的一部，我敢斷定，他們的腦筋中，確無日不羨慕人做總長，做省長，做科長，因此一念之萌芽，於是乎怎樣去鑽營，怎樣去吹噓，怎樣去傾害，怎樣去要挾，一切奸詐，陰險，兇毒，殘酷，以及鬼鬼祟祟的勾當，差不多漲破了他們的腦髓。一切很好的科學，都變為行兇作惡的工具：他們學化學、最留心的是砒霜，學經濟、最滿意的是高利貸，學倫理、最不高興的是自省功夫，學政治、最佩服的是政客們的手段，總而言之，「橘為淮為枳」，我有什麼辦法？所希望這一般青年的，就是腦筋不要太複雜了，須知青年們的腦筋只有兩種要素：一是簡單，二是純潔。大糞坑中的化學分子，蛆老先生的爬來爬去，是複雜而污穢的模範。也難怪，青年們的腦筋本來是日趨複雜的，今天想當教員，明天想當教育總長，相差還不甚遠，只恐一旦高興，朝夢門房，夕夢總統，時而馬弁，時而督軍，這其間相差就有四萬八千里了！所以用腦筋萬不可不謹慎，青年們的政治活動，刺傷了、麻木了他們的腦筋，為害真非淺鮮！雖說有的學者主張「棄聖絕智」，主張不要腦筋，這不過是一種思想界的虛無主義，腦筋太複雜的學生也可藉此修補修補，我們這些從事教育的人，對於知識二字，還不便大革其命，而在校的學生既為求知識而來，就不應該做非分的政治活動，活動活動，怕有變成死動之一日：

第二，情的方面——青年們最要的是真情。青年們的本色也就在真情。見了農夫，就恨不得舐他的腳；見了軍閥，就恨不得喫他的肉；這都是真情的流露。若在旁人，也許見了農夫就威風凜凜，也許見了軍閥就狗尾搖搖。假使一般青年學生都從事政治活動，則真情必完全喪滅，至少也會受幾分挫折。因為在現代的社會中——無論中外——所有一切披人皮的人都是戴着真實的假面孔，除了一切奸詐、陰毒、欺騙、傾陷，所餘的盡是一些狗彘盜賊！政治現象是社會現象之一部，有其父必有其子，亦無庸疑。

　　然則在這種卑污齷齪的狀況中而求什麼真情，則朱謙之何必講《唯情主義》？青年人本是赤裸裸的，活潑潑的，這就是因為他們是真情的渾元體，倘使真情一旦因惡勢力而消滅，則所謂青年、還有什麼價值？所謂人生、還有什麼意味？其次，青年們最要的是熱情。熱情正是青年們的本色。在飯廳中打菜碗，在講堂上趕教員，是學生；在北京打曹汝霖，在長沙排日本人，也是學生。五四運動，何等熱烈！救國運動，何等莊嚴！裁兵運動，何等憤慨！青年們所恃而支持其生命之力的，就是這種熱情，而這樣熱情又不過是真情表露的一方式。假使青年失去了這種熱情，「冷皮秋煙的」（漢壽土語，即意懶心灰的狀態）豎在那裏，枯木槁屍一般的失了作用，那我們也只有趕快燒錢紙；假使青年本有一肚皮的熱情，熱烘烘的像長沙玉樓東的湯泡肚，而因從事政治活動之故，把真情換做假情，把熱情換做冷情，那我們也只有趕快請道士。實在是如此：因為在政治範圍中活動，無異把熱情投在北冰洋的大海底，而其所謂熱的，不過是做官熱，發財熱，想討小老婆熱，這三種熱，等於三伏天、膠着一身棉花，糊着一臉蜂蜜、抱着一個火爐、在沙漠中打滾、口裏還嚼着硬豌豆！青年本是熱烈的動物，平時宜善養其浩然之氣，急時宜發揮其蒸發之性；凡一切冷酷無情的地方，都不要自投羅網，而無聊的政治活動，就是那北山之崖！復次，青年們最要緊的是戀愛。我並不是提倡他們做肉慾的投降者，那是性慾，不是戀愛，我在〈中國的性慾教育問題〉一文（《教育雜誌》專號）上也說過。我覺得，人生最大的幸福在了解戀愛的意味。不能說青年人不配講戀愛，學生在求學期中對於戀愛問題的進行也不能加以禁止，不過要教他們以相當性慾知識，使他們對於婚姻，對於社交，有所選擇，有所謹慎。若從事政治活動的學生，

常常因為物質的引誘，人心的險詐，見他人的三妻四妾就口流長涎，或是狎妓窩娼而無惡不作，把元來的一點戀愛的萌芽完全變做肉慾的種子，其結果，必有以白晝宣淫為自由戀愛的，必有以逛八大胡同為實行廢娼運動的，可愛的青年，將一蹶而不可復振！

　　第三，意的方面──青年們為首最要緊的是立志，從前的家庭教育，不是教兒子做官，就是教兒子發財；現在一般淘氣的兒子們都漸漸覺悟過來了，不是想做偉人，便是想做學者。這且不管：偉人也好，小人也好，學者也好，白丁也好，總之青年第一不可不立志。學生在求學的時候，眼耳所見聞的，不外乎古今中外的名人言行，英雄傳記，容易立志去學聖賢。我們從前讀到：「舜何人也？予何人也？有為者，亦若是！」幾句話，便拍案而起；讀到「若夫豪傑之士，雖無文王猶興！」幾句話，必高聲朗誦。現在不講別的，只要看見馬克思那一嘴大鬍子，便可令人奮興！如果青年一入政界活動，則他們心中所羨慕的，盡是一些軍閥的走狗，資本家的綿羊，官僚的惡犬；縱有百折不回之志，也成為「火燒牛皮自轉彎」了，昔為百煉鋼而今為繞指柔了。我要舉出兩個實例給大家看看：一個人是何某，他當青年時代立志也不算不高，壯年時代成功也不算不速，現在呢，捧戲子，逛婊子，穿姨太太的紅襖兒，無所不幹了，你說墮落不墮落？還有一個人是胡某，他留學東洋的時候，拍桌子，打板櫈，真是有名的愛國志士，歸國以後，當了一次偉人，帶了一次軍隊，現在呢，大鴉片癮，賭棍，貪官，一身而兼備，你說墮落不墮落？所以政治活動真不是人做的，他是青年們的陷穽。為什麼自投陷穽而不覺？這個，不能責備青年們沒有意志，只能歸咎在青年意志的薄弱。見了榮華富貴就不由得眼紅，見了酒色財氣就不由得不迷戀。但這話又說回來了，何以呢？因為青年人的意志本薄弱；有幾個老氣橫秋的青年，有幾個心如鐵石的青年！青年的好奇心，模仿性，以及同類意識，在在皆是使其意志常常發生變化。越是聰明的學生越不愛用功，而學者偉人往往成於埋頭窗下的笨伯，其故可得而思了。在這種本來意志薄弱的青年，投身入血腥尸臭的苦海──卑鄙齷齪的鬼社會，更有那些牛頭馬面、小鬼、判官、和着他們鬼混，遭孽！（漢壽土語：即可憐。）還有什麼意志可言！到了日暮途窮的時候，壞一點的，便是高等流氓，超等無賴漢；好一點的，

也許就應了《文昭關》一齣上的幾句搖板:「日出東來月沒西,誰人不識伍子胥?身穿襤褸無周濟;只落得吹簫討飯吃!」

以上我叨叨絮絮的把學生從事政治活動和社會活動的幾種最主要而顯著的弊害和危險毫不客氣的和盤寫出於大眾之前。這樣看來,我是一個不贊成學生從事政治活動和社會活動的人已無容疑義了。便有人問我:「然則閣下所贊成於學生者,何耶?」我說:「鄙人所贊成於學生者,是大家都知道者也,是學生自己都知道者也……」,「敢問?」我便高聲的說道:「學生的惟一職務,不二法門,第一是讀書,第二是讀書,第三……是讀書!」而結果他們不讀一本書,此誠可為長歎息者矣!

下 白日昭昭與江水滔滔

不是學生不願讀一本書,也不是書不願意學生讀,這是時代變遷的關係。從前的私塾先生,圍着一群毛桃子,大喊其「子曰」,「詩云」,從「天地元黃宇宙洪」起,到「趙錢孫李周吳鄭」止,一陣烏鴉噪晚風,諸徒何等好喉嚨!那時候的教育原理,只有五個大字:「天、地、君、親、師」,師的位置是極高的,所以「有酒食」必「先生饌」,你看從前那些自命不凡的先生,之乎也者的亂說一頓,可憐一群未成熟的毛桃子,那一個不怕吃筍子炒肉?因此之故,不用心也要用心,不讀書也要讀書了。似這類壓制的方法,當然不合乎教育原理,誰也明白。可是現在的教育,又未免有矯枉過正的流弊。師道不必論了,學生罵先生的娘也等於粗茶便飯了,但是,我說,罵娘也可以,罵女兒也可以,當學生的總要讀書,此則千古不移之定論。而現在的一般流弊,就是:第一,學生看不起先生,完全沒有師生的感情,完全沒有朋友的交誼,不是學生說先生太無學問,就是先生說學生不堪造就,其實兩者都是木魚——空肚子;第二,學科太複雜,不像從前專一經即可得「盜客偷兒」,現在學哲學的,不可不研究數學;學物理的,不可不研究詩歌;認得A,B,C,D,一定要認得+、-、X、÷;所有科學都是相關聯的,青年人好新厭故,避繁就簡,不是懶得去學,就是不能專心,結果遂致見書就討厭;第三,是社會進化的關係,人事越複雜,最足減少讀書的機會和時間,從前講究讀書的,都是「閉戶」,現在學生在校,講究的

是打開窗子，從前所謂「埋首」，「伏案」，現在都認為不合乎衛生的原理了；第四，政治方面也有一種原因，就是國家多事，青年們有許多看不過的事情，他便摩拳擦掌的憤恨，心醉的是「投筆從戎」，因有重武輕文之一念，有時竟罵書害人，沒有用處！有了這些原因，所以我說，不是學生不願讀書，不是書不願學生讀，只是因為「之乎也者」已經變為「的嗎麼呢」了。

所幸近一二年，「讀書運動」，「讀書運動」的呼聲，已經喊醒了一小部分的青年。不過我覺得，現在所稱的讀書運動，至少也有兩種意義。第一是消極的讀書運動，就是現在一般人大聲疾呼的讀書運動。這種消極的讀書運動之目的，在教育經費的獨立，（壞一點說，就是在討薪水。）其達到目的之手段，則在罷課（壞一點說，就是學生躲懶）。我是一個極力主張不罷課的人，我以為罷課只有百害而無一利。我的主張，目前教育界所應極力提倡的，還不在要求經費的獨立，乃在要求教育人格的獨立。我之所謂教育的人格之獨立，決不像蔡子民先生那樣的消極思想：所謂「不合作主義」，因為世界上的事情決不是一跑可以了的，而且這一跑影響甚大；我卻是提倡「合作主義」的，特我之所謂合作，當然不是俯首帖耳和那般萬惡的政府講愛情，這種政府，推翻之不暇，還顧他的什麼體面？不過惟其是如此，試想，在一個太豈有此理的國家中，在一個把教育當作抹布的社會中，教育者還不先從自身團結攏來，努力合作，更待何時！這是我的合作主義。既然教育者不應該持一種消極的態度，故我說，教育者的最大的目的，乃在積極的完成教育上人格的獨立；完成教育上人格的獨立之惟一方法，就是維持學生讀書，就是不罷課。

學生也應該有這種覺悟：校長，猶可說也，他們是要自鳴清高；教職員，猶可說也，他們是嗷嗷待哺；只有學生的罷課，究為那宗？說是同政府表示反抗態度嗎？呵呀！現在的政府怕的不是你們，而是你們的令兄──丘八。說是為教育界爭人格嗎？哎喲！為甚麼教職員剛發半月薪水，而你們便無聲無臭的上課了。十有八層，總是躲懶。平時在講堂聽講三十分鐘就呵欠連天了，甚至於「強起出門行，孤夢猶可續」了，好容易得着一個罷課的機會，真是不罷也要罷了。如果罷課可以達到讀書的目的，罷課也還「鴉鴉式」（漢壽土語：即將就得之意）。然而罷課的結果，還是罷課，頂多不過發半月薪，

試問有什麼益處？要說益處只有一點：即北京的學生可以多遊幾回中央公園，上海的學生可以多逛幾回新世界。所以學生罷課是毫無意義的。

這也是中國的特色，五洲萬國只有罷工，罷市，罷稅之事，決沒有聽見什麼罷課，有之就是中國。罷工，罷市，罷稅，都有相當的價值，只有罷課，真是「師出無名」！真正的罷課，決不是像現在的東一罷，西一罷，要到兩個時候他才有價值：一個時候就是像法國大革命的恐怖時期，一個時候就是像秦始皇焚書坑儒的那一瞬。這兩個時候，一個是不得不罷，一個是不能不罷。現在的罷課太隨便了，等於吃稀飯一樣，全不管犧牲的代價。假使文化是可以用磚石堆成的，罷課的工程，至少已築成一百個萬里長城了。固然啊，罷課，罷市等不能說沒有犧牲，但由犧牲所獲得的代價，總還值得。比如罷工的結果：增高勞動者地位，獲取產業管理權；罷市的結果：做了外交上有聲色的後援；罷稅的結果！寒了政府的狗膽；這都有相當的價值。然而他們的犧牲已經是絕大了，雖說絕大，還不過是物質上的損失，還可以數量計算，只有罷課，是一種不可估計的精神上衰滅！在教育上負有責任的人，應該及早覺悟啊！

固然罷了課並不是不能讀書，而且利用罷課的時間有時還可以大讀其書，我就知道，許多北大學生，一年四季都在罷課之中，而他們的成績，造就，卻比他人還好。這是什麼緣故呢？我敢大膽的說，這個緣故，屬於個人方面，不屬於社會方面。老實說吧，就是讀書與否全在他個人：他是要讀書的，他自然會去讀書，明窗淨几下固可讀書，廚房廁所裏一樣的可以讀書；國家太平時固好讀書，時局紛擾中更好讀書。他是不讀書的，雖有紅袖添香也不肯讀書，雖到青衫濕淚也不肯讀書，喊他三聲爺爺他都不肯讀書。像這種人，真不能幫助！而在讀書與不讀書的比例中，不讀書的卻佔全數之七八，我們的眼光勢不得不轉向一般的問題，即如何能使大多數青年能夠讀書？這個問題極重大，讓我來謹慎的解決一下。

於此，有先決之問題二：

第一，完全不為政治、社會等而活動。——政治活動與社會活動及於學生的惡影響，我在前面已經說明，現在所注意要說的，不是政治、社會兩

個字而是一個「等」字。這個字裏包含有三方面：（甲）完全不為宗教而活動；宗教是阻礙人類進化的東西，不管是基督教、佛教、孔教、回教。現在我們中國，孔丘的招牌早已不值一文了，勢力最宏的莫過於基督教，信奉最深的莫過於佛教。佛教有新舊二派：舊派就是和尚同尼姑，新派就是現在以佛做招牌的、所謂名流與政客。基督教更不用說了，上帝（God）倒轉來一念是什麼意義？像前年的基督教學生同盟，我真百思莫得其解。青年會的價值只在他的宏壯的洋房，廉潔的西餐，與夫一團藹然可親的面孔。青年學生應為真理而動，不應該為迷信而動。說不止一切冠冕堂皇的宗教，即其他一切下等的迷信，如竈神、家神、土地公公、城隍奶奶之類，皆在應該反對之列。（乙）完全不為財富而活動；金錢的毒害，與宗教同等。巴枯寧謂上帝與國家為人類二大障礙物，我則謂金錢與宗教為社會進化的兩大障礙物。青年學生應該了解貨幣的真正意義，應該了解金錢不過是一種交換品，應該了解讀書固然不是為升官也不是為發財的，應該了解現在最尊貴的最有勢力的是無產者，應該了解到共產主義實行的時候連一個錢也不許你私藏，應該了解金錢是一切罪惡之母，最後還得要高讀《紅樓夢》上的一段歌：「世人都曉神仙好，只有金錢忘不了，一生只恐聚無多，及到多時眼閉了！」如此，庶幾在求學時代，不因經濟的缺乏和物質的引誘，或替代資本家做忠臣，或替大地主做走狗，再不然，或受了官僚、政客的一點兒津貼便替他們大辦其機關報，吹牛拍馬，攀龍附鳳，喪失自己的人格！（丙）完全不為軍事而活動；這一層，倒也不必我十分過慮。不過我因為眼見許多青年學生，思想還沒有徹底清醒，立志還沒有十分堅定，慕班超之投筆，慕終軍之請纓，以為一旦把握兵權，便可橫行天下，軍閥頭顱，不難盡斬。殊不知這種妄想，乃是絕大錯誤，荒天下之大唐者也！所以到吳佩孚部下當什麼學兵的學生，無一人不焦頭爛額，鼠竄而回。《世界大字典》上只有學生一個名詞，添了一個「學客」也就夠受了，還發明一個「學兵」！青年不察，昧於當兵納稅為國民的義務之一言，昧於強權即公理之一言，遂冒冒然從軍，不知世界大同，兵是贅物；中國紛亂，兵為厲階：除非真正以丘九自命，否則無論何人，沒有不主張廢督裁兵的。還有一層，自己不應該當兵，不必多言了，青年學生關於一切軍事的活動，武力的伸

張，以及殺人不眨眼的流血事件，都應切實聲討，視為人道之敵，青年青年，你要做一個和平的天使！

第二，完全不為主義，問題等所炫惑，——研究主義，討論問題，本來是極好的事，比喝葡萄酒還香甜。不過研究要精細，討論要謹慎，精細與謹慎，同為青年人不易辦到的事情。因此，使我不能不多說幾句話：（甲）研究主義方面；青年學生呵，你們要「謹防扒手」！現在儘有一些自命為 ism 大家的，現在最出鋒頭也就是 ism。什麼馬克思主義，什麼無政府主義，什麼基爾特社會主義，什麼布爾塞維克主義，都出過鋒頭了；現在還沒有出鋒頭的，只有一個孤兒：工團主義。你們注意，近的將來，一定有人星夜趕讀一兩本工團主義的書，要在社會主義的中國割一席的。我還預料到西洋的一些主義盡行輸入用完以後，一定還有些新主義發生，土匪主義，飯碗主義，也許都是此中要素。不管三七二十一，對於一種主義，只有兩方面是正當的，一方面是研究，同時他方面是實行。現在差不多都是一些「談」主義的人，既未能了解主義，又不能以身作則；他們成天的「東扯葫蘆西扯藥」，什麼第三國際，第八國際，談得一個天花亂墜，其實際，有坐黃包車赴勞工大會的，有主張人道主義用自由棍打乞丐的，有提倡自由戀愛而討小老婆的，有反對國家而當國會議員的，有痛罵政府而暗受津貼的，凡此種種怪現象，書不勝書，腦筋簡單的青年學生，在他們談得一個天花亂墜之中，竟把他們當作仙女，當作「天女散花」時的梅蘭芳，於是儼然以某派主義者自命，今天宣傳，明天出小冊子，後天驅女學生，再後天出醜，自己絲毫沒有研究；硬要「談」什麼，豈非受人一種蠱惑？沒有讀過一本經濟學書而談社會主義，一生住在上海的大馬路而談農村改造，真是天下奇聞，然而目前的現象正復如此。青年學生要知道，根本知識，普通常識，比什麼主義還要緊。三加三等於六，棉花比鐵軟，豬油四百錢一斤，這是要研究的，沒有這些知識而談社會主義，正如沒有懷孕而拼命的想生兒。再說研究主義還重在實行，青年時期既非實行時代，縱欲實行而研究又不徹底，勉強敷面子的，就是什麼宣傳。我親眼看見，許多傳馬教的人還說馬克思是小白臉，許多傳安教的人還說巴枯寧的性質最溫和。似這樣瞎宣傳，馬克思在地下一定對巴枯寧說：「中國不是人居的；我們趕快走吧！」

（乙）討論問題方面：現在青年學生最喜歡談的，無過於婚姻問題，戀愛問題，以及性慾方面的各種問題。自從有人提倡多研究問題，少談些主義以後，一般奉旨似的學生對於剛才說的那些問題，更覺興高彩烈！固然呵，如果是真心討論問題，如研究婚姻問題，便把婚姻的意義，婚制的種類，婚姻的去來今，研究得仔仔細細，也不愧為學者的態度；又如研究戀愛問題，便把戀愛的兩大思潮，戀愛與結婚的關係，以及從哲學上、科學上去研究，這也不愧為堂堂一品的情人：如果假藉研究問題的美名，陰行其自私自利的計策，如外面是婚姻問題而內面是吊膀子，外面是戀愛問題而內面是性慾，那就糟天下之大皋了！然而在這個過渡時代的中國，舊禮教與新思潮衝突的社會，要想一般青年都安分守己，坐懷不亂，也是辦不到的事，講到這裏，可就不能不注意性慾教育了（參考《教育雜誌性教育專號》上我做的〈中國性慾教育問題〉）。不過這種愛談婚姻戀愛問題的學生，還有幾分是處，我知道，還有許多專談一些不成問題的問題的人：比如吃飽了飯，坐在公園吃瓜子，你一句，我一句，從王又宸的灰色面孔談到春陽居的粉蒸肉，灰色面孔和粉蒸肉都是不成問題而且大可不必討論的，他們偏偏當做一個重大的問題來討論，等於臨城大劫案，似這種人只有八個字的批評：群居終日，言不及義。又有一些別開生面的人，看不起什麼婚姻，戀愛，乃大唱其高調，例如：中國是否即可實行社會主義？無政府主義何以不適用於中國？基爾特社會主義的缺點安在？也有幾個稍有研究的人，可是一般盲從的學生，被這些主義，問題所迷惑，看了馬派的《先驅》，點點頭，看了安派的《學匯》又閉閉眼，看了胡派的《努力》又歎歎氣，他自己的何去何從，倒變成一個問題了；連他自己是一個什麼人也變成問題了。所以我說，青年學生切不可為問題所炫惑，只切切實實的討論下去，研究下去！

　　既解決了這兩個先決問題，我便要指出什麼才是積極的讀書運動，換句話說，便是怎樣的去真正讀書？

甲、個人方面

（一）要知道讀書的價值──不管是為讀書而讀書或為實用而讀書，總而言之，除掉絕智主義者與瘋子外，都應知道讀書的價值。

（二）要知道讀書的方法——今天讀這本，明天讀那一本；一日忽之，十日含之；一輩子還是書光棍。若懂得讀書的方法，便可事半功倍。

（三）要知道讀書的規式——切磋也好，討論也好，研究也好，總而言之，現在的規式遠不似從先的了，即從個人化已趨到社會化。

乙、學校方面

（一）組織讀書會——就各人所好的學問，分門別類，如切如磋，這種利益極大，收效極速，應由學生自動的發起。

（二）設立成美會——就是用經濟力幫助貧苦而可造就的學生；這辦法，京滬各校已有先例，雖說，「君子成人之美」，可是自己切不要以君子自命。

（三）常開演講會——就自己的心得，發見，用公開的討論的形式發表出來，給大家做一個參考，這於學術發達上甚有裨益。

丙、社會方面

（一）學術獎金——無論私人或團體方面，對於國內富有研究，青年特出之人，給與以一種學術獎金，鼓勵其創造的衝突，促成其學術的進步。

（二）徵文懸賞——遇一重大問題發生，由有力者方面出題徵文，分別甲乙，給以獎勵，也不一定是金錢，能以其他名譽或銀牌等獎勵，更好。

（三）廣備圖書——最緊要的事就是目前國內急應多設圖書館，圖書館可用記點獎勵法，心理測驗法等，以促讀書運動之猛進。

此外，一時想不到的地方很多，因為這篇文章寫得太零碎，家居苦熱，事務又繁，只好在此擱筆。敬告學生諸君：此文章如有唐突地方，尚望恕其魯直；目前速行讀書運動，還能補救危亡！白日昭昭，江水滔滔，青年青年，黃河鐵橋！

十二年七月二十三日□□，□大水□□。

奉天教育之真相 ［少梅］

原載《晨報》，1921 年 2 月 1 日，第 6 版。

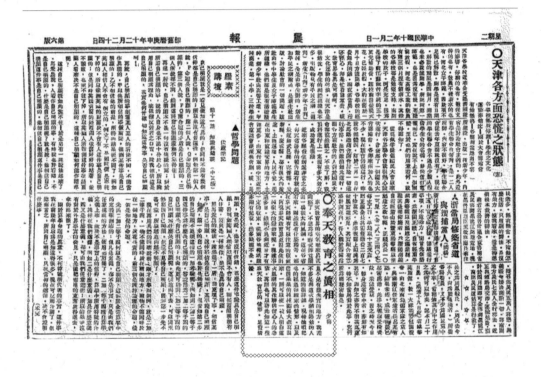

奉天教育界的空氣歷來真沉悶極了，不想為琿春交涉竟鬧出一場很大的
風潮。這在各省看來，固然沒有什麼稀奇，而在奉天則確有可以注意的價
值。何況奉天教育界更因此生出一種很大的變動來呢！現雖事過多日，然亦
不過到近日才有一定的收束。從前各地報紙雖亦間有記載，然多缺而不全，
且不免有些失實的地方。我差不多是與這次學潮相終始的人，知道的很詳
細，現特抽暇把他的經過和結束的情形，以及因因果果的種種關係大概寫
出來。一則可以使一般人明白這次風潮的真像聊供留心人的參考；再則也
可以藉此知道一些奉天教育界的情形，足資惜鑒。

奉天所處的地位是感受外侮最多而且最甚的地方，受外人欺辱、凌虐的
事實，真是指不勝屈。論理早就斷當有一種反應的運動，何以我們奉天的

學生，也是眼睜睜的瞧着各省的學生鬧救國運動、新文化運動，並默然領受外人的凌欺，彷彿是不感覺似的。在不知詳細的未嘗不以為奉天的學生，有特別性質。又那知他們有種種原因能夠使之不如此而不能呢！像這些與此次風潮都有連帶的關係，我趁這個機會隨便的述說一下。

（一）官廳方面的壓制。這層那省也不能免，因為現在中國的官廳，實在沒有幾處能任學生去合法活動而不壓制的。不過要像這樣情形，特別足以使學生不敢而更不能活動的也實不多。奉天現在是處於一種特別情形之下，那是人人都知道的。這已經就決不容有學生活動之餘地，而更有一群官僚，不問學生之舉動如何惟以壓制為能事。然當各地學潮發動，務必加意防遏，唯恐奉天學生之響應。學生方面若一有真動靜，那憲兵、警察及便衣稽查就該往來不斷的，到各學校去探聽消息並監視行動。當各地為青島福州等處交涉風潮鬧的正吃緊時，學生在街上都不准三五同行。

更有令人最痛心的莫於教育廳長的存心摧殘教育，奉天的教育廳長謝演蒼本來就是一個滑頭官僚，頭腦不清。從前他當教育科主任時，就曾因他與兩級師範學校校長宋某私人嫌怨的關係，擬將該校已辦多年頗有成績的專科取消，並將所有初級師範生全改為半官費，以實行其報復，及摧殘之手段。這次他得充教育廳長既由於取媚當道的結果，而一般教育界的人，實在沒有幾個滿意他的。他對於教育倒行逆施，如提倡私塾、裁減各校的經費以及徵收小學學生的學費等真是舉不勝舉。至於對於學生舉動的壓制，更是盡其力之所能無所不用其極了。所以那禁止學生活動，而必冠以「奉某諭」字樣之訓令時常出現於各校牌示處。去年秋季中等以上各校學生為北五省災民起見，擬辦一個籌賑游藝會，教育廳特下一道「奉某諭」的訓令，禁止歸廳直轄各校學生加入。

（二）學校方面的壓制。尋常學生在學校極不自由，學生接見外客都有幾□學校是除非限定的時間不准的。女子師範於學生接見外客時且須有一個人監視，學生往來的信件雖然不一定被學監撤開檢閱，卻必須由他們經手過目，然後才能寄出，或是送到學生手下，這是不論男女校都一樣的。學生

若有犯過——是不是過還不一定，不過學校認為過就行——的行為，更有些極怪的辦法。如工業學校，竟時常的因小故罰使學生整天整夜立正不准眠食，這真是一種「豈有此理」的辦法。也是我們二十世紀的學校所應當有的嗎？這還不算，第一中學更有所謂「三分票」的辦法對待學生。就是當放寒暑假期間，趁學生都回了家，那個學生是學校方面所最憎惡的，就與他寄去一封使之退學的信——外面貼上三分郵票。這個方法真最毒惡，他能夠使有作事的能力，而且喜歡作事的優秀學生，不敢再作他們所當作的事情。第一中學的優秀分子多半因此失學，或者韜聲晦跡，不敢再出頭。集會結社更是學校所嚴禁，所以那真正有團體組織成精神的會社，簡直是沒有。至於像各地的學生聯合會是奉天所絕對不能容的，第一中學為防止學生風潮起見，連級長都不設。

這還是在尋常。若學生再真打算有些活動，學校方面更該大驚小怪的來監督壓制。尋常招他們注目的學生，當然是行動不得自由。外出與在校內接見外客都完全不准。就是他們准予接見的，也得受極大的監視和限制。往往就在學監處接見，信件報紙等時常就要被沒收。就是每日送到閱報室的報紙，若這天登載一段有關係的新聞或一篇論說，閱報室內管保就會絕了他的影子，學生當然沒有機會能夠看見了。甚至把校門一關不准學生出入。再有些對於這類事情表同情的教員在講堂講書，也常有什麼所謂學監的來監視。

未完

保定教育界不振之病根

原載《晨報》，1921年2月2日，第6版

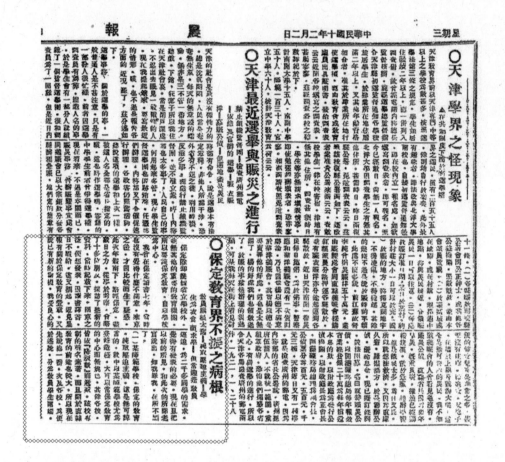

教員腦根太舊　　純取壓迫主義
學生為衣食而求學　　但常迎逢教員

　　保定除卻幾個省立學校外，並無其他的重要的教育機關。所以要談保定教育，自以學校以中心。

我曾在保定讀書七年。當時也沒有覺得什麼不滿意。來京之後。才因比較而生了疑惑。此次年假南下，路經保定，盡數日之力，從事於考察，會晤了十多位朋友，探訪了些新的資料，當時記載下來。回京之後，便想發表，因讀書譯書，日不暇給，遂又擱起。近見《晨報》有關於保定教育的登載，又說已有新的動機，我受良心的逼迫，為二千多同學的需求，覺得有發表的必要。現在且把以前的所見，和此次的所聞老實說出，知我罪我，在所不顧了。

（一）**某師範學校**。保定的教育。純取壓迫主義。這是無可諱言的。就中以某師範學校尤為發峰造極。大可以當保定教育的中心而無媿色。其餘各校。皆依「降級數」而遞減。該校專制的聲名素著。而且關於直隸教育的前途也較大。所以現在先說他一番。次及各校。為便於述說。分為教員學生兩端。

（甲）**教員**。該校校長關於校務純取獨裁主義，於教員決不以平等相待，稍有不合，便以詞色相加，遇事取極端干涉主義。所以好的教員，為自身人格計都不敢輕於一往，就是冒險而往，也難久於其位，因而所有的教員都是服從校長的。思想陳腐的，裏面國文教員多是「清室舉人」流的資格，而桐城吳汝綸的弟子。尤為多數心理所崇拜，因為該校對於國文，是中心桐城派。教員在教室，談及新思想，便大肆其謾罵，講文很少出唐宋八家的範圍。學生作文禁止用國語，意思也不許離經畔道，新思想是絕口不許談的。據我的朋友說，他們雖反對新思想，而實在他們自己還莫名其妙。據說去年有一位國文教員於學生作文時，竟以「八百八十碼徑賽辨」命題，他們的內容也可想而知了。其餘的教員，多半是保定某師範畢業或該校畢業而得校長的歡心的。其思想知識教授方法也是一般的陳腐，大多數教員既是這樣。所以就是有一二思想較新的，也被排擠以去。六七日前，我的朋友來信說，該校教員兩人，因思想較新，已被迫辭職。而以某師範學生所認為污卑惡劣，於去年冬季驅逐出校的張某為教員了。

未完

保定教育界不振之病根（續）

原載《晨報》，1921年2月3日，第6

教員腦根太舊　純取壓迫主義
學生為衣食而求學　但知迎逢教員

（二）學生　學生對於研究工課，多半視為維持衣食的條件。故每以某種工課在畢業後有無用途而定學習的標準，因而他們對於算術手工音樂等還肯學習，至於幾何三角學就很少注意的了。他們偏重國文，然因教授不得法，所以辛苦四五年的學生提筆做文，竟至似通不通。外國語特少，聽說一二年級每周僅二時，三年級只一時，四年級便要取消了。至於科學程度，尤為薄弱，畢業生永沒有升學的。一來程度差得太多，二來也不敢抱這樣心思。至於行為方面，以得校長的歡心為標準。聽說此中原因，一來是怕攖了校長的逆鱗，地位便要發生危險。這因為該校學生於每學期末常有被除名的，而其除名，又沒有什麼標準。所以考試畢後，除名的聲浪，便震盪於全校，因而人人自危。二來是學生願考試名次佔前列，原來該校考試榜示自來是拋開學業成績的。他們表面上藉口於注重學生操行，其實是任意高下，以此為牢籠學生之具。有這兩種原因，學生怎能不入其彀中呢？所以學生事事被動，像機器一般，不敢開會結社，不敢加入愛國運動。又因校長教員的耳目眾多，就是私談也都有戒心。校長守舊，學生就不敢求新。校長蔑視學生人格，學生也就再拜而受，所以有人稱該校為「奴隸製造廠」，實在謔而不虐。據某校朋友來信說：該校去年曾有一二明白新思想的學生，要稍稍活動。但是近來因學校內萬鈞的壓力，和同學中難堪的嘲罵，也匿跡遁形，無聲無響了。

平心一月三十日

奉天教育之真相（續）　[少梅]

原載《晨報》，1921年2月3日，第6版。

不想我們教育廳長不知又怎麼來一陣高興，一方面把青年會的幹事請去要求他們不要教學生在那裏開會；一方面下一道「奉口諭」的訓令禁止學生開會。不知道他根據的是那一條約法，説「集會結社向干例禁」，而且令各校禁止學生外出，於是學生群起公憤。更暗中積極進行他們的愛國運動。而從前計議多次。因意見不一致未能舉行之遊街舉動。亦因之喚起。決定於二十一日舉行。不料事機不密。消息洩漏。二十日晚就有許多軍警把各校包圍。學校內外軍警密佈。咳！亡國之慘，何以異此。

二十一日，各校學生議定出發遊街的日子到了。可憐學校既被軍警包圍，學生在校內的行動都不能自由。當時雖尚向軍警支持多時，當然是一個也出不去的——其中惟女子師範事前沒甚惹人注意，防備的不甚嚴，竟有二百多學生闖出校外。然亦走未多遠，被軍警攔回，那遊街的計議竟成泡影了。

當時群情惶惶，各校學生業已斷絕出入，而軍警始終未撤。後當局方面而以為長此包圍，終無結局。而軍警撤消，又恐再舉。遂決定將省城中等學校提前放假，限令各校學生於二十三日下午三點鐘以前一律出校，各歸原籍，不准在省城停留。從此學生就煙飛雲散的各歸各家，而奉天學生的群眾運動也就從此暫告終止了。

學生既都回家，這個事情也就算從此了結，本來可也就沒有什麼可說的了。不想我們奉天教育界的大福星教育廳長謝某偏要無事生波藉端摧殘，於是先是請通緝第一師範教員楊某、第一中學教員劉某、女子師範教員黃女士（此人早已離校。不知為什麼也通緝他）等三人，以為這是他們三人鼓勵的，而尤以為未足。更呈請將第一師範、第一中學、女子師範三校的校長及教職員一律撤換。並將學生裁留五級，經費核減。試問學生就果真有什麼非法的行為，也沒有這種處置法，何況這是愛國的運動。

這種呈請在奉天當然是不能不批准的，幸而派往接充這三校的校長。除了接第一中學的白素權，前往接替外，均聲明要裁減班級核減經費，決不肯就。而省議會又有因此要提出彈劾的消息，教育廳長才略變方針，不敢顯然實行其摧殘手段。然結果仍將校長更動，更各校每班開除一個代表，餘均照舊。這是最近的消息，大概不能再有什麼變動了。

咳！因為這麼一點極平常的舉動，居然就能以馬上提前放假。業已白犧牲了學生許多光陰，更從而通緝教員，更動校長，並要將班級裁減——現雖不減班級。然仍開除代表多名，未免太小題大作了。

我們從這次風潮的結果推測奉天的教育前途，無任悲觀。學校方面受了這麼一次挫折，將來為自己打算，對待學生當然更要取干涉主義。恐怕所以摧殘學生的活動者，將無所不至。學生方面經過這一番打擊，不免要失望悲觀。而且代表因此開除，恐怕再沒有多少敢出頭提倡鼓吹他們所應當作的事情了。教員鑒於這次有鼓吹提倡的嫌疑的，不光自己的飯碗不保，而且得逃亡。即是有些思想較新、感情較烈的也不敢再提倡鼓吹，何況像這類的教員本來就無幾。就有，而學校也未必再用呢。

我倒不是説學生一定要從事於愛國運動，然而可決不能不有愛國運動的精神。而且現在這愛國運動與新文化運動，確有相連帶的關係呢。愛國的運動消聲，新文化的運動更得要匿跡，可憐奉天的教育前途。

　　在這次風潮未發動以前，各校學生對於新文化運動，業已徵有動機。若從此善事培植，卻不難有發榮滋長的希望。誰想竟受了這們一個致命傷，連夭折的程度都不到，簡直可以説是流產。若竟從此斬除根蒂，掃盡種子，未免太可惜，也未免太罪過了。

一九二一，一，二九。

對於師範生的希望 [蔡元培] 原載《北京大學日刊》，1921年2月24日，第8

在今日看來，無論中外，男女都要受教育，並且所受的教育都要一樣的。從前的人以為所學的科學不必相同，有女子須學而男子不應學者，有男子須學而女子不應學者，於是學校有男女之別。社會情形改變，家庭情形亦隨之改變：從前只有男子在社會上做事，女子毫不負責任，近年來女子常常代男子做許多社會事業，譬如歐戰發生以後，男子都從軍去了，女子仍不得不在社會上做事。塞爾維亞的女子也有從軍的。照這樣看來，男女所做的事，應該相同。中國的教育，男女學校不是平行發達：男子有專門學校，有大學校，女子沒有，所以北京大學實行男女同學。中國有男子師範、女子師範，但男女師範之分離，並不是程度上的關係，並不是功課上的關係，不過因仍舊習慣罷了。

師範的性質與中學不同：中學畢業後還要升學；師範畢業，就要當教員。師範是為培養將來的小學教員。諸位是將來的教員，不可不注重學校中一切的科學。中學各科有各科的教員，教師或只教一種科學，小學則不然。小學內常常以一人兼教各種科學。初等小學常以一人兼學校中一切科學，如手工、圖畫、音樂、體操，所以一個師範生可以辦一個小學。師範生的程度，必須各科都好，才能擔負這種責任。小學教師正像工人一樣，工人的各種器具都完備，才能制造各種東西，小學教師的各種科學都完善，才能得良好的小學教育。所以師範生須兼長並進，不能選此捨彼。

現在的學校多實行選科制，但這種制度只能行之於高等以上的學校，並且學生只有相對的選擇，無絕對的選擇，除必修科以外的科學，才有選擇權。北京大學現行這種制度，如入化學科，有三分之二是必修科，餘者可自由選擇。又如在每門選一種或幾種科學，而不專習某科者謂之旁聽生，修業期限無定，學校亦不發畢業證書。學生所選的科學必須經教員審定，因教員知道選何者有益，選何者無益，如走生路，若無人指引，易入歧路。總而言之，高等教育方行選科制，但須教員認定。

普通教育不能行選科制，只可採用選科精神。從前的學生有因一二種科學不及格而降班者，譬如甲長於國文而算術不好，因算術不好降入低年級，

使他的國文也不能隨高年級聽講。這種辦法很不公平。遇了這種情形可用選科的精神，就是甲算術不好，乙國文不好，可令甲乙二人在低年級聽算術國文，其餘的科學仍隨高年級聽講。普通教育，選科的程度至此為止，普通師範學校當然也是這樣。

師範生對於各科的知識，必須貫通，各有心得，多看參考書，參觀實在情形，心身上才有利益。怎麼叫做師範？範就是規範，可為人的榜樣。自己的行為要做別人的模範，所以師範生的行為最要緊。模範不是短時間能成就的，須慢慢的養成。

學校內的規則不許你們這樣，或不許你們那樣，這是消極的。學生知道這些規則對於我們有益，我情願遵守，才肯入校。所以學校的規則可說不是學校定的，是你們自己定的。學校的規則如很不方便，可求改良，但不得忽然破壞規則。教室內無規則，就沒有秩序，你們當教員的時候願看見這種情形麼？

五四以後，社會上很重視學生，但到了現在，生出許多流弊。學生以自己為萬能，常常想去干涉社會上的事和政治上的事。如果學校內有一部分人如此，他部分想用功的人也決不能用功了。歐戰以來，各國畢業生有許多當兵者，但未畢業的仍舊求學。不求學，專想干涉校外的事，有極大的危險。國家的事不是學生可以解決的，學生運動不過要提醒外界的人，不是能直接解決各種問題。所以用不着常常運動。

五四運動發源於北大，當時這種運動，出於勢不得已，非有意干涉政治。現在北大的學生決不肯輕易干涉政治上的事。為甚麼原故呢？（一）因學問不充足，辦事很困難，辦事須從學問上入手，不得不專心求學。（二）覺得中國政治問題層出不窮，若常常干與，必至無暇用功。我出京的時候，他們專心求學以外，只辦平民學校，不管別的事情了。

小學教員在社會上的位置最重要，其責任比大總統還大些。你們在學校中如有很好的預備，就能擔負這責任，有益於社會真不淺呵！

摘錄自高平叔編：《蔡元培全集・第 4 卷》，
北京：中華書局，1984 年，頁 34–36。

黃梨洲論學生運動　[胡適]

原載《晨報》，1921年5月4日，第2版

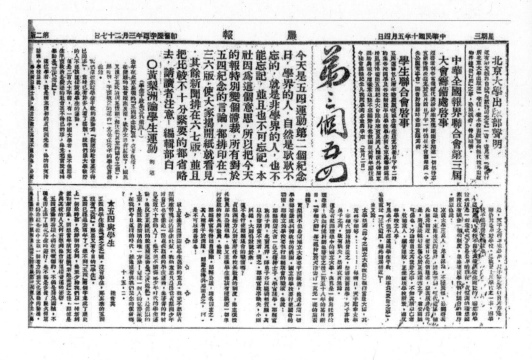

（學生干政是三代遺風！）

去年在北京《晨報》的「五四紀念號」裏，我曾説過：

> 在變態的社會國家裏面，政府太卑劣腐敗了，國民又沒有正式的糾正機關（如代表民意的國會之類），那時候，干預政治的運動一定是從青年的學生界發生的。

我們這樣承認學生干政的運動為「變態的社會裏不得已的事」，當時已有許多人看了搖頭，説我們做大學教授的人不應該這樣鼓勵學生的運動。

但是二百六十年前，有一位中國大學者，他不但認學生干預政治是變態的社會裏不得已的事，他竟老實説這種舉動是「三代遺風」！

這位學者，就是明末清初的黃梨洲先生。他的明夷待訪錄中學校篇說：

> 學校所以養士也。然古之聖王其意不僅此也。必使治天下之具皆出
> 於學校。……天子之所是未必是，天子之所非未必非，天子亦遂不
> 敢自以為非是，而公其是非於學校。是故養士為學校之一事。而學
> 校不僅為養士而設也。

這就是說，學校不僅是為造畢業生而設的，理想的學校是一個造成天下
公是公非的所在。黃梨洲的理想國家裏沒有國會一類的制度，但他要使學
校執行國會的職務。所以他說：

> 東漢太學三萬人，危言深論，不隱豪強，公卿避其貶議。宋諸生伏
> 闕搥鼓，請起李綱，三代遺風，惟此猶為相近。使當日之在朝廷者，
> 以其所非是為是，將見盜賊奸邪憚心於正氣霜雪之下，君安而國可
> 保也。乃論者目之為衰世之事。不知其所以亡者，收捕黨人，編管
> 陳歐，正坐破壞學校所致，而反咎學校之人乎！

可見他不但不認這種學生干政的事為「衰世之事」，他簡直說「三代遺
風，惟此猶為相近」！

他又說：

> 太學祭酒（即今之國立大學校長）推擇當世大儒，其重興宰相
> 等。……每朔日，天子臨幸太學，宰相六卿諫議皆從之。祭酒南面
> 而講學，天子亦就弟子之列。政有缺失，祭酒直言無諱。

這是黃梨洲理想中的國立大學。他真是一個烏托邦的理想家！他如何能
料到他著書之後二百五十八年的某月朔日，「宰相六卿」都「巡狩」於天津
去打一萬元一底的麻雀牌呢？

黃梨洲不但希望國立大學干預政治，他還希望一切學校都要做成糾彈政
治的機關。國立的學校要行使國會的職權，郡縣立的學校要執行郡縣議會
的職權。他說：

> 郡縣朔望大會一邑之縉紳士子。學官講學。郡縣官就弟子列，北面
> 再拜。師弟子各以疑義相質難。其以簿書期會不至者，罰之。郡縣
> 官政事缺失，小則糾繩，大則鳴鼓號於眾。

這不是行使郡縣議會的職權嗎？

黃梨洲極力反對官府任命校長教員的制度。他主張校長教員都由公議推舉，他又主張學生應該有權驅逐一切卑污腐敗的校長與教員。他説：

> 郡縣學官毋得出自選除。郡縣公議，請名儒主之。其人稍有干於清議，則諸生得共起而易之，曰，是不可以為吾師也！

以上略述黃梨洲關於學生運動的意見。我並不想借黃梨洲來替現在的學生吐氣。我的意見只是因為黃梨洲少年時自己也曾做過一番轟轟烈烈的學生運動，他著書的時候已是近六十歲的人了，他不但不懺悔他少年時代的學生運動，他反正正經經的説這種運動是「三代遺風」，是保國的上策，是謀政治清明的惟一方法！這樣一個人的這番議論，在我們今日這樣的時代，難道沒有供我們記念的價值嗎？

十，五，二。

在愛丁堡中國學生會及學術研究會
歡迎會演說詞 ［蔡元培］

原載《北京大學日刊》，1921 年 8 月 10 日，節錄。

　　我知道在愛丁堡的同學對於國內的政治是很注意的。中國現在的政治，可云壞極了，一切大權皆在督軍掌握，督軍並無何等智慧，不過相互為敵，借養兵之名，去攫金錢就是了。譬如説有一萬兵的，其實不過數千，將這空餉運入私囊。僅為金錢之計，實無軍隊可言，更無威武可怕。惟真正民意，為力最大。凡所喜的，都可實現，凡所惡的，都可鏟除。前清因失民意而亡，袁氏因失民意而歿。安福兵力很強，又有外人幫助，但因民意反對，終歸潰敗。現在人心又恨怨督軍，都提倡「廢督」。大概督軍不久也必消滅。但是最重要問題：督軍消滅後，又將何以處之？從前執政都想中央集權，實則中國之大，斷沒有少數人能集權而治的。現在極要的，是從「地方自治」入手。在各地方設高等教育機關，使人民多受教育，自然各方面事務都有適當的人來擔任。希望諸君專心求學，學成可以效力於地方，這是救國最好的方法。目前國內政治問題，暫可不必分心。

　　我想諸君必又很注意於國內學生的情形。曾記得革命以前，在上海、天津以至日本留學界，都有學生作革命的運動。民國成立以後，學生卻沒有甚麼重要的表示。前年「山東問題」發生，學生關心國家，代表社會，又活動起來。國人對於學生舉動很注重，對於學生議論也很信仰，所以有好機會，為社會作事。不過五四以後，學生屢屢吃虧。中間經過痛苦太多。功課耽誤，精神挫傷，幾乎完全失敗。因此學生發生兩種覺悟出來：第一，受此番經驗，自知學問究竟不足，於是運動出首的學生，或到外國求學，未出國的，也格外專心用功了。第二，經此番風潮，社會對學生，都加一番重視。學生自身，也知人格可貴，就大家不肯作貶損人格的事情。所以對於中國學生將來，實有莫大的希望。

再者，諸君在國外有數十同國的學生，時相晤聚，甚為難得。無論所學科目不同，所居地位不同，或所操言語不同，要之大家須彼此愛護。有從國外來，不能說國語的，國內來的同學，可以幫助他們。互相親愛，互相原諒。這也是很禱祝的一件事。

於世秀記

摘錄自高平叔編：《蔡元培全集 • 第 4 卷》，
北京：中華書局，1984 年，頁 43-44。

警告受人利用的學生 [楊賢江]

原載《學生雜誌》，1922 年 1 月 5 日，第 9 卷第 1 號，頁 8–9。

　　我今不客氣，要用這個題目了。最近半年來，學生鬧風潮的消息，時常在報紙上披露出來。學生因校長、教員的人品不好，學識不充，能力不足，為人格擁護、學業進步計，起而謀改革。這種正大光明的行為，我是樂於贊成，而且敢於提倡的。但據我個人的見聞所及、我朋友的報告所説，則知這種風潮的發生，由於「政客」、「學客」的利誘、威逼的很多。我聽了不知怎樣的傷心，不由得不說幾句逆耳的話了。

　　諸君須知，諸君自身關係的重大、勢力的深厚，正不應輕試其鋒，更不應濫用其名。諸君須知，「學生」兩字取得社會的信用的，正不是件容易的事情。現在正當維護，正當培養，何得自相招搖、「自墮身價」？諸君須知，我國政治的腐敗、社會事業的不振，都是由於萬惡的武人、鬼崇的政客、闒茸的官僚以及一般沒辨別力、沒是非心的庸眾所製造成功的。二年來的學生運動所做一部分的功夫，就在給這些人一種警告，一種抵抗。這班人既是我們的仇人、我們的反對者，我們為何要受他們的籠絡與誘惑？

　　諸君乎！請你們仔細想一想：金錢為重乎？人格為重乎？權勢為重乎？品性為重乎？一己與群眾孰為重乎？獨立的人生與倚附的人生孰為重乎？再請你們仔細看一看：歷史上的貪官污吏、土豪地棍的落局怎樣？所貽害於人群進化者怎樣？現代思潮叫我們走的是什麼路？叫我們抱的是什麼態度？再請你們把自己參與過的學校風潮下一番批評：是否我們的行動是本於正義，立在進化的立腳點的？是否我們的行動可以問心而無愧，可以為大眾謀幸福的？是否我們的行動絕對沒有受着懷惡意者、興風作浪者、乘機利用者的播弄煽惑，是否我們的行動完全出於自願而不是被迫，完全出於不得已而不是動於勢利和感情？諸君乎！我願諸君自重，我願諸君不自欺。

威權打破了以後——學生現形記 [楊賢江]

原載《學生雜誌》，1922 年 3 月 5 日，第 9 卷第 3 號，頁 2–

因着青年們喜新好動的心理，湊合了舊社會缺點的暴露、新人生觀主張的宣傳，於是什麼威權、什麼壓力，都加以輕視、加以反抗，在學校裏就激成了好幾次的洶湧澎湃的學潮，使我國幾千年來認為學子軌範的安分守己、尊師敬長等觀念，一概和十幾年前否認寺院庵廟裏的泥塑木雕的偶像一樣，當作傀儡般被打破了。

從這一種變遷，把向來一味盲目地在校長教員指揮底下、校規底下過學校生活，謀得甲等成績以自滿足的人，開一開眼睛、醒一醒頭腦，使他們恍然覺悟了從前那種「依人為計」的生活的不當，而思以理性底明燈來指導自己底生活，以情感底奮發來圓滿自己底發展，因以自律的研究學問，自律的從事運動，以求做個有獨立意志、自由思想、能説得話、幹得事、豎得起肩膀、立得住腳跟的「頂天立地」的人。這一種懷抱，這一種覺悟，無論是誰，都不能不讚許，不能不歡喜的。於是這就可算為威權打破了以後的好現象了。

但是這一種變遷，有好的結果，也有惡的結果，而且這惡的結果，更要比好的結果流行得快而廣。這惡的結果是怎樣呢？我不敢憑空瞎講，且引幾段學生們、教員們説的話來證實：

> 從前好名心重，畏罰心大，種種卑下的本能多不敢發泄；今則顧忌全無，可以肆行所欲；以是許多行為多受第一衝動的支配，少有思想的作用。粗野、使性、無秩序、無公共利益觀念、無服從理性的能力、輕視合理的校規，諸如此類假個性的表現，隨時隨地都可指出來。校規：不准吸煙，飯時不得叫菜，上課不得遲到。可是我們偏要背道而馳。這都是我們的自由，誰還能干涉呢！圖書館的參考書，本來只能夠在圖書館看，並且只能夠看一定的時候。可是我們偏要帶回房裏去，過時不還。別人沒有看這本書的機會，與我們何涉！胡琴在晚上讀書時拉，喇叭在規定時候外吹；樓上上課，樓下

亂叫；這都是我們一時的高興，誰管妨礙他人！村夫不忍出口的鄙語，我們拿來當作口頭禪；粗野的最後解決的手段，我們亦不時採取。學校教育能給我們充分的知識，而不能使我們在這些地方反省，實在是一個頂大的缺點。（《清華周刊》第227期禹君説的）

喝酒，吸煙，打牌，毆人……種種惡習慣，在現在已成為學生社會間流行而又被視為善良的行為了。自修室裏盡可任意喝酒；要吸煙不必再到廁所裏去；要打牌不必要等到土曜日，毆幾個人不算什麼大不了的事。此外像「外宿」、「逃課」、「考試時作弊」……以及其他等等説了令人傷心的惡行為，在今日學生社會裏，竟是大流行而特流行。（這是范堯深君説的，見本志第八卷九號八二頁。可惜范君此刻已作古了）

我在宣城某菜樓上看見許多學生裝的青年大侮辱其姊妹們。雪茄未離嘴，蟹粉又到口了。還説什麼"six dollars"。唉！老百姓出了辛苦錢辦學校，父母出了辛苦錢送子弟進學校，竟來幹這種事！……同學要賭、要嫖、要偷人東西、要幹大家理性上一般認為不該做的壞事，為學校之尊榮、事業之進行、大大多數同學之幸福計，照大家理性所指示，是應該休學或開除的，但他的朋友往往因自己私情要為他説項。甚至那朋友明明知道他是罪過太多，理應開除時，亦每會三翻四覆，做些無理的傷感情及幸福的事。（這是去年十一月楊效春君致我信裏的話）

本月二十日，我們同學正齊集膳廳吃晚飯，忽有某席同學阮君因飯菜未齊，一時生怒，把湯碗擲地。膳廳秩序因之大亂，經久未平。當時俞成效君大呼：「糾察部死了嗎？」這時有同學陶元培君以糾察部幹事資格，起而與俞君爭論，對俞君説：「你神志清不清！」兩方因語氣急迫，爭論幾句，繼則互相毆擊。同學一時不能接近勸解，遂鬧成流血的慘狀。……二十三日下午七點多鐘的時候，有同學蔣月泉君，在宿舍內踢毽子，致擾亂同室同學韓江君的用功；因之口角，後來蔣君竟用手工刀戳傷韓君右腕。（這是浙江一師張春浩君説的。見去年十一月二十八日《民國日報‧覺悟》）

該校（按：是廈門集美師範部）自治會權力極大。一面可以議決各種關於學生自治事情，一面可以議決關於學校行政事情。我以為這

樣辦法，學生自治不是學生治自己，是治校長和教員了！學生自治最要的是要因此養成他們自己有一種做事的能力；但是他們實行的結果，往往有許多事情比沒有自治會的學校做的更壞事。如學生任意要求學校無故放假，或更換教員等。現在該校最不好的現象就是學校和教員不能用嚴厲的法子去干涉學生不好的舉動。

（這是蔣錫昌君說的。見《少年中國》三卷五期 66 頁）

諸位請看！像上面所引證的種種事實，你們學校裏也曾發現過麼？所謂「學生自治」、「學生自動」，應該是這樣的麼？我勸諸君要仔細的想一想：究竟這種舉動是不是正當的？為什麼現在這種舉動竟流行得甚速？你自己雖不做，而你的學校裏、你的宿舍裏，乃至你的座位旁竟有這種舉動做出來，試問你心裏覺得怎樣？熟視無睹麼？袖手旁觀麼？朋友，我勸你不要這樣做！「獨善其身」的觀念和事實，不是可能的，也不是健全的。我勸你當聯合你的同志結成個「你們」的團體，要拿出誠心來向那做着不正當的行為的「他們」勸告，請「他們」改悔。你想你是該這樣做麼？你敢這樣做麼？謝謝你！我請你就這樣做。

摘錄自《楊賢江文集》卷 1，
鄭州：河南教育出版社，1995 年，頁 529–532。

我主張學生要干預政治 ［張維周］

原載《晨報》，1922 年 5 月 4 日，第 2 版。

我眼看着現在學生界的沉寂，由不得又想起三年前的五四運動來。

五四運動是民國史上一件空前的大事，這是我們不能否認的了。但是有許多人説：五四運動不過是學生打人，他的可貴全在他對思想界發生的影響，而他的本身並無什麼價值可説。然而我的意見，卻正與此相反。我以為五四運動的所以可貴，正在學生肯起來打人這一點上。

五四運動就是學生的干政運動。我也知道五四運動是感情的作用多而理智的作用少；但我以為當我似中國這樣政治亂社會沉悶的情況之下，這種熱烈的干政運動，確是萬不可少的。近年以來，我們國民受外力的壓迫，民賊的摧殘，實已到了忍無可忍的時候，而一般國民卻只有含淚忍受，很少反抗的舉動。至學生界的沉寂，那天不必説了。『五四』以前雖已有新思潮的呼聲，然只是理論上的鼓吹，對於實際的政治問題，還未見發生什麼影響。惟有這次五四運動，學生痛恨外交的失敗，既不打電報，也不遞呈文，——像現在學生所為—而認真拔出拳頭，實行與外力及民賊宣戰，這種舉動我認為比文化運動更有效果。所以我常説：五四運動的真價值，就在不用「筆頭」，而用「拳頭」；不是「文化」，而是「武化」！

去年的今日，我在《晨報》「五四紀念號」□曾做了一篇「一年來我們學生界之回顧」，對於當時的學生已深致不滿。但看看現在我們學生界的沉悶。差不多由用「拳頭」變而為用「筆頭」，更由用「筆頭」變而為一聲不響了；國難至此，身家莫保，而我們青年學生，竟依然袖手旁觀，對於切身的政治問題，還不想急起直追，這是何等傷心的事呵？

現在的學生何以至於如此呢？我以為這裏面有四個主要的原因：

第一，多數學生以為自己不應干政。他們意思，總説學生時代，正宜努力求學，豈可過問政治？其實這種觀念是錯的，我也知道，學生應該切實求學，但我不承認坐在教室聽講，年考及格便算求學，我也知道基本的科學

文學的重要，但我敢大膽說，真正的道德與幹才於我們尤為重要，而干預政治便是磨練道德與才幹的絕好機會。如拒絕誘試的良心，抵制脅迫魂力，決事沉著，行事敏捷，與其他同情心等等。皆須藉干預政治才容易養成。所以我相信干政便是求學。退一步說，即使我們為大多數的幸福而干預政治，因此而犧牲自己的時間工作——甚至生命財產——也是極值得而且極正當的。所以我聽說，政治必要學生干預，而後能達到我們理想中的政治，學生必要干預政治，而後配稱為將來的學生。

第二，多數學生以為便是出來干政，也是沒效果的。他們以為中國政治已到完全絕望的境地，出來干預也是無益，加之近年來的學生干政運動，又多歸於失敗或無結果，益足令人陷於悲觀，但我以為我們以前的運動，雖有許多失敗的地方，然而也有一部分的成功，況且失敗的方面，多是因為我們沒有準備，沒有安排，沒有計劃，並不是環境真到了不可為地步。所以我們決不可因此而寒心，改造中國的責任，全在青年人的肩膀上，我們有一分的力量，便應盡一分的責任，而盡一分的責任，自然要收一分的結果。

第三，便是彼此互相猜忌。這類的例子很多，也不須我細舉。譬如自己明知某件事情應該做。但若是別人倡始，自己便不免有些猜忌。所以上海的學生與北京的學生相猜忌，這學校與那學校相猜忌，甚至一校學生也要互相猜忌。無論有人發起一件什麼事。別人總疑他別有作用，動機不良，至少也要說他是要出風頭。於是或在旁譏刺，或從中掣肘，必使事情破壞而後已，久而久之，弄到一般人對什麼事都不敢發動，一點見義勇為的精神也沒有了。我以為我們以後萬不要再如此，我們遇事，只應問事，不必問人；只問這事將來的結果，不問這事發起的動機。須知道人人相互的信仰心，在無論什麼團體裏都是極重要的；若那團體猜忌那團體，這個人猜忌那個人，則做事沒有不失敗的，現在豺狼當道，群魔遍地，我們青年學生，正宜群策群力，以與惡勢力搏戰；若果互相猜忌：自尋敗亡，是不啻自絕於人世。我們須要記著：『忌妒猜忌，都是那頂壞的勢力佔上風的工具呵！』

第四，便是沒有領袖。一個團體中領（袖）是不可少的，而群眾運動，尤其需要領袖。我們學生近年來有些領袖因種種的原因，失了群眾的信仰，

因而凡一切領袖，學生都不信任了；而稍稍束身自好的，也幾乎沒有人敢繼起為領袖，於是遇事無人倡始，而萬務都陷於停頓。殊不知領之不忠於團體，皆因我們群眾不能監督他；我們應該自怨，不要怨領袖，更不能因噎廢食，使應做事也都停頓了。至於自己，也要發展自己的天才，為領袖以期有貢獻於全體。所以我一面要監督領，一面還要把自己養成領袖。杜威說的好：「一個人不是只配做領袖，也不是只配做輔從的。」

因為這四個原因，學生界的空氣因而沉悶，而中國政治的前途，也就因而黯澹了！

這些傷心話也不必提了，我們只有從此起來，立定決心，急起直追的實行干預政治。我們要監督現政府，要改革現政府，要腳踏實地的爭內政，爭外交。我們固然不滿意於現在的政治，可是我們也不要『懸空八隻腳』高談什麼徹底翻騰的大革命。（現在高談徹底的大革命者甚多；此層不能細說，以後當另有專論，）但我們干政，須有兩個先決條件：

第一是要有相當的準備。關於個人方面的，除偉大的人格與做事的才幹之外，學問也甚重要。我們要過問政治。對於政治學自然須有充分的知識，但此外對於民族心理，群眾心理及其他與政治學相關之學科，也要有相當的研究。而國外的政治情形和國內政局的真相尤須有確切的了解。至關於國體方面的，則堅固的結合與步調一致的進行自是必要的了。

第二，要不受人利用。有些人說；學生做事好受人利用，而學生干預政治，尤好受人利用。當學生運動正激烈時，很多人對學生有這樣批評。回想以前的事實，這些話我們自然不能承受。但是此後我們要常常過問政治，則對此也不能不注意。固然，我們的運動，是對事的而不是對人的，但中國政界情形複雜，他們道德上固然不要受人利用，而知識上也不要受人利用呵！

我們要怎樣干政呢？我可以簡單說一說：

第一，要監督政府。看見政府有不合理的行動，我們便要起來批評他，指摘他，促起公開的討論，見出真正的是非，得到人民的援助，以貫徹我們

的主張，又或看見政府的措施有害及國民的，我們便應舉行大規模的示威運動，引起國民的注意，大家聯合起來為積極的抵抗，務必達到目的而後已。政府對於人民有利或有害，全靠國民的支配啊！

其次，要替政府盡力於公共的事業。中國政府之不可盡恃，我仍已經領教了；所以我們一面要督促政府盡職，一面還要自己盡力於公共事業。我們應該想如何能發展國內外的商業，如何能掃除種種發展的障礙，如何能使農人和工人得到更有利益更有功效的方法。如此，則人民自然信任我們，敬愛我們，而遇着辦事有需他們幫助的時候，他們自然樂意給我們以幫助。唉！我們也不必怨現在的農工商各界不願給我們幫助，還請我們『自反』罷！

我們要干預政治，不僅是『筆頭』所能奏功的，是『拳頭』所能奏功的！過去的不必想着，未來的卻要望着，我們青年的學生，竟終於這樣沉寂麼？

十一，五，三，下九。

評論：學潮雜感（三）［力子］

原載《覺悟民國報》，1922年12月3日，第4張。

中國底教育真要破產了！所謂教育家，因無法應付學潮，竟明白承認自己沒有教育的能力，而必須乞靈於別的東西了！始而設為商店的譬喻，自比於販賣商品的大老板；繼而借重警察底威權，不惜以武力維持學校秩序；現在更以法律為最後的武器了！

我常常相信：教育底能力超過於世間一切具有能力的東西。別的東西雖亦各自有其相當的能力，佀皆有時而窮；在彼窮於應付的時候，只有教育底能力足以救濟。所以世間最難解決的事，欲求得一最後解決的工具，除了教育更無別物。就商業論，亦自有其道德與信義，然而一般商人常不能遵守，或且巧為規避；問其故，必曰商人未受完美的教育。警察底威權非不厲害，然而終不能消滅人類底罪惡，頑童遊民，今日出獄，明日依然為非，世人每致慨於教育不普及若輩終不絕跡，法律呢？姑不論現在的法律未必盡滿人意，就算法律都是良好，其能力也萬不能於教育相比：教育能指使人為善，法律只能防制人為惡；教育能感化人於未犯罪之先，法律只能懲戒人於犯罪之後；教育能使人心悅誠服，法律只能使人勉強服從：此中效能相去不可以道里計。所以我向來只知以教育賅法律之長，從不知以法律補教育之缺。當此學潮澎拜的時候，實施教育者不知返躬自省，反欲以法律裁制青年；倘他自以為在教育上已盡了最後的努力，非乞靈於法律不可，那就是太無能力；倘他只因對於青年蘊怒，而藉法律以一洩自憤，那就是太無良心。教育家無能力，或無良心，不都是教育破產的明證麼！

昨天我先在《申報》常識欄，讀到一段標題「騷擾罪」的「常評」；現在把他底全文介紹於下，求讀者批評。

> 新刑律騷擾罪章，自第一百六十四條至一百六十七條，規定甚嚴。今之學生，逞青年一時之意氣，動輒脅迫同學，聚眾滋鬧，往往誤陷於騷擾罪而不自知。教育家持感化主義，從未援照刑律，加以糾正；於是青年之氣焰日長。余以為此亦誤人子弟之一端也。

或問，今之學生，誤陷於騷擾罪而不自知者，究犯新刑律何條？曰：試觀律文第一百六十五條之規定，今日鬧風潮之各校，其不幸而自陷刑律之學生，蓋不鮮矣。按一百六十五條云：聚眾為強暴脅迫者。依左例□斷：一、首魁。無期徒刑或二等以上有期徒刑；二、執重要事務者，一等至三等有期徒刑，或一千元以下一百元以上罰金；三、附和隨行，僅止助勢者，四等以下有期徒刑拘役，或三百元以下罰金。在刑律凡已滿十二歲責任年齡者，均不能免罪；即不知法令，亦但得因其情節，減一等或二等。今學校何嘗無法制經濟之科目，而學生並此未知，此則非盡學生之咎，而施教育者亦不得辭其責也。

他斷言今日之學生已誤陷於騷擾罪；又斷言雖因不知法令而誤陷於罪，亦只能因其情節減一等或二等處刑；更斷言凡已滿十二歲責任年齡者均不能免罪；於是學生成罪名大定，據其所引條文，直可自無期徒刑起科至四等以下有期徒刑拘役止。他又先責備教育家，不援照刑律去糾正學生，亦誤人子弟之一端；於是從論理上推斷，要不誤人子弟，便非援照刑律，對於罷課的學生，一律處以無期徒刑起至四等以下有期徒刑不可！我真十分佩服這位言論家底膽氣，敢於創為這樣的奇論！但我聽說這位署名「隨」字的言論家便是江蘇省教育會中堅人物沈信卿先生，如果這個消息不錯，他又何以不在省教育會正式提議，通告各校長用刑律糾正罷課學生，而只在報紙上「隨」便發表呢？這又未免使我驚異了！

今天，我又接讀江蘇省教育會送來的新聞，是贊成蘇州博文中學校長徐問禮把學生擊碎菜碗飯碗的事，狀訴吳縣地方檢察廳辦理。我於是知道這位「隨」先生底主張，果然即是江蘇教育會底主張；不過省教育會在這開宗明義第一章主張以法律糾正學生的「新聞政策」裏，說得稍緩和一點罷了，我相信他們將來總有主張以騷擾罪懲治罷課學生的一天。以他們這樣大教育家來提倡此說，我更相信各地方將來必有實行以騷擾罪懲治罷課學生的一天。而且據此推論，前次北京新華門底喋血，安徽姜高琦底慘死，也不能再責備徐世昌馬聯甲了；因為那時的學生當然能再責備徐世昌馬聯甲了；因為那時的學生當然是陷於「隨」先生所引的騷擾罪的。這且不論，

學生擊碎菜碗飯碗的事，學校都沒法處置，要去煩勞法庭判決，今後的學校簡直不必再定規則，不必再講訓育，不必再設管理員；學生有什麼舉動，看有哪幾條法律可以援引控訴，便逕直用法律來懲戒他；教育家既迷信法律萬能，既承認法律底能力超過於教育，或者真能收懲一儆百的效力，以後的學生竟帖然馴伏於教育家所挾的法律權威之下，也未可知。只可惜像我這樣愚蠢的人，沒做作此好夢！

我今天遇黃任之先生，詢以浦東中學停學事有無挽回方法；黃先生說，到現在是沒法挽回的了；我也沒話可說。但黃先生又說，羅桓泰見我，我覺得這個人並不壞；他並說，這樣的青年將來總是有用的人才，……我聽了不覺有無限的感想。這次浦校開除六個人不是羅桓居首嗎？不是說羅桓他們脅迫眾人罷課嗎？照「隨」先生那樣說，羅桓是要科無期徒刑或……的了，然而黃先生見了他，卻說他不壞，說他將來總是有用的人才。如果黃先生底觀察不錯，這次的開除已是大可不必；若再用嚴重的法律去裁制他，不是有意斷送一個有用的青年嗎？試問於心何忍呢？我不解黃先生有了那樣平心的觀察，怎不以至仁至恕的心理，來挽回浦東中學停學的惡潮，來感化一切鬧風潮的青年，反而他所主持的江蘇省教育會竟贊同徐問禮底謬說！

最後，我平心靜氣地奉勸教育家一句話，也望教育家平心靜氣地想一想。人類絕非不可感化的，學潮也絕非不可收拾的。教育界之事，總須從教育本身去謀解決；若訴之於教育以外，便是自認教育破產，以後再不必談什麼教育了。諸君萬勿因一時的衝動，開永久的惡例。天下事作始者簡，將畢也巨，以學術與商品相比，以法律濟教育之窮，就算能應付學潮於一時，也必貽教育界以永久的惡影響。諸君其猛省！

蔡元培與北京教育界 ［胡適］

原載《努力周報》，1923 年 1 月 28 日，第 39 期

我們讀了蔡先生的宣言，應該明白兩點；第一，他個人因為政治太黑暗了，「不能再忍而立刻告退了」。他自己的態度並不是完全消極的；他自己指出「退的舉動並不但是消極的免些糾紛，間接的還有積極的勢力」。這句話的意思，依我們看來，似乎是説：他的一去，明明是對惡政治的一種奮鬥方法。假如他的抗議能引起一般人已經麻木了的政治感覺，那就是積極的勢力了。無論如何，他的去志是十分堅決的。他既以他的一去為奮鬥，他決不會回來了，這一點是很明白的。

明白了這一點，我們所以不主張挽留蔡先生，蔡先生是挽留不住的；我們不如承認他的決心，體貼他抗議而去的精神；我們只能希望他能以自由個人的地位，繼續作謀政治清明的奮鬥；我們不應該學那個糊塗的黎元洪，勸他「勉抑高懷，北來視事」！

第二，他對北京大學的態度，也是很明白的。他説，「五四風潮以後，我鑒於為一個校長的去留的問題，生了許多枝節，我雖然抱了必退的決心，終不願為一人的緣故，牽動學校。所以近幾年來，在校中設立各種機關，完全倚教授為中堅，決不至於因校長問題發生什麼危險了」。這是他對於北京大學的態度。他不願為一人而牽動北京大學，自然更不願為一人而牽動北京學界了。

明白了這一點，我們所以主張：北京教育界應該認清蔡先生「不願為一人的緣故，牽動學校」的苦心；應該繼續維持各學校。北京教育界中的人，自然有許多對於蔡先生抗議的精神極端表示同情的；但同情的表示盡可以採取個人行動的方式，不必牽動學校。如有贊成他的不合作主義的，盡可以自行抗議而去。如有嫌他太消極的，盡可以進一步作積極的準備；個人行動也好，秘密結合也好，公開鼓吹也好，但都不必牽動學校。

至於北京整個教育界現在已經用團體名義進行的兩件事——去彭允彝與國會毆打學生案——自然不能不仍用團體名義進行。但非十分不得已的時候，總應該以不牽動學校為是。這幾年的經驗給我們的教訓是：一切武器都可用；只有「罷課」一件武器，無損於敵人而大有害於自己，是最無用的。

　　至於政府方面，我們也不能不對他們提出一種「盡人事」的忠告。我們的忠告是：

　　(1) 彭允彝是不能不去的。這一個無恥政客本不值得教育界全體的攻擊；但事到如今，可不同了。教育界攻擊彭允彝，並不是攻擊他本身，乃是攻擊他所代表的東西。

　　第一，彭允彝代表「無恥」。第二，彭允彝代表政府與國會要用維持一個無恥政客來「整飭學風」的荒謬態度。這個態度，從黎元洪對教員代表的談話和張我華、王用賓們在參議院的宣言裏，都可以看出來的。如果黎元洪、王用賓們真以為維持一個無恥的小人就可以整飭學風，他們真是添柴而想止沸，真是昏憒糊塗之極了。

　　(2) 北京大學的校長是斷不可隨便任命的。今日的北京大學，有評議會和教授會可以維持秩序；蔡先生就不回來，這種「教授治校」的制度是可以維持下去的，此時國中絕無可以繼任蔡先生之人；現政府的夾袋中自然更沒有可以做北大校長的人了。如果政府倒行逆施的硬要派一個新校長來，——如民國八年徐世昌派胡仁源的故事，——我們可以預料全國（不但北大）一定要反抗的。我們不看見北京高等師範的故事嗎？高師鬧了許多校長的風潮，現在沒有校長，由評議會治校，倒可以維持秩序了。

　　這兩點，我們明知是白白地說了的。但我們為教育界前途計，明知無益，終於忍不住要說了。

十二，一，二十五。

摘錄自歐陽哲生編：《胡適文集》第 11 卷，
北京：北京大學出版社，1998 年，頁 110–112。

「五四」紀念與青年的責任 ［譚仲逵］

原載《晨報副鐫》，1924 年 5 月 4 日，第 2 版

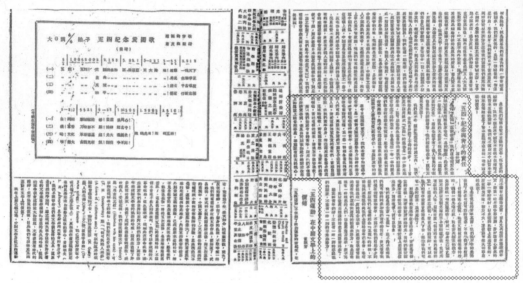

　　自從「五四」運動發生，我們這個飽受外盜內賊雙重破壞而僅存奄奄一息的國家，終算表現了一些生氣；而我們大家所不願擔負的「國家主人翁的責任」，看來也似乎有了得人擔負的希望。但是我們細細看看，我們國家的生命，現在實情究竟怎樣？

　　我們並不希望在此短促的時間之內，我們的政治與社會就有什麼了不得的進步，——當然更不以為那次「五四」的運動是一件一勞永逸的事業，就可以從此永遠自動的使我們的國家和社會發生不絕的改革，但是這樣一年一年的眼見我們政治的愈趨愈形墜落，社會的愈演愈形衰敗，考究起來，終不得不認為這班表示過願意擔負「國家主人翁的責任」的青年們，有難辭其咎的地方。

　　在今日這種情形之下，我們希望中和理想中的青年，是一個對着國家要事事努力和時時努力而帶有甘願犧牲精神的青年，並不能和那種專事假

借名目藉圖貪懶，或一舉一動都含着私利作用的人們可比。那班大多數的不能充分盡責的國家主人翁，對於這樣加重負責的青年們，當應自覺抱歉，但我們青年自身，卻應認為這是應盡的責任，這樣的犧牲，對着國家着想，是青年們應有的犧牲。否則這樣的國家，請問怎樣能夠挽救？

所以我們對於今日的青年，以為他們不但應好好研究學問，並且對於國家和社會的關於改革上和建設上的各種事業，都應該有強大的熱心，這不獨專在理論方面，並且尤其應該在能做到的事實。即使一時不能各事兼顧，亦應該安心靜氣的一事一事的進行，以求達到比較上最遠之目的。要使眼光不遠，毅力不大，怎樣能有偉大的事業的成就？

但是在現在的青年裏面，我們很不幸的覺得發現了許多可痛可悲的現象。不但學問不求實際——什麼提高心靈呀，物質文明破產呀等等的呼聲，鬧得一個烏煙瘴氣，就是對於國家的觀念，竟亦弄成一個荒謬絕倫：對於一個身受亡國之痛而不謀所以復國之道的不合理的理想家，竟認為有模範的人格，還說什麼「絕對的自由與絕對的愛」，想要為之辯護。假使這種的精神，可以在我們的青年裏面普遍而長久下去，那恐怕我們奄奄一息的國家，就要送終了。

要望國家的發達和社會的進步，當然應有切實的主張，和有裨於實際的行為。青年們對於國家既有這樣特別的使命，那末對於這上應該怎樣地努力，稍為想想，就可以明白。

我們既是紀念着「五四」，就不得不想到我們的可憐的國家和我們青年的責任。但試看看我們現在的國家和青年，不能不使我們引起多少的憂慮。所以我們在這個紀念「五四」的時候，不禁地誠誠懇懇的向我們全體的青年們忠告，希望從多經過一度的紀念以後，大家都要臥薪嘗膽的為着我們這個快要死的國家去努力。就是以前稍有一時疏忽的人們，以後再勉力起來，亦不為遲——比以後再要接續的疏忽自然要好得多了。

親愛的青年們呀！不要有一時一刻的忘記我們的國家，不要有一時一刻的不為他努力！

晨報副鐫

一九二四年第九九號

第一版　　甲子慶春四月初一日　　晨報附刊　　中華民國十三年五月四日　　晨期日

五四
特載
夷初

今日是「五四」，趕六歲的生日，要我給他做一篇恭維他的醫序。我心中本是不會恭維人的，所以也可說是不會，但是我是要慶祝他的。

有人說：「五四」誕生以來，年年有不謝的。這話我雖則不能否認，但我以為「五四」亦來過�的工具，我將你們看我提出下列的問題：

（一）籌大問題
（二）日本對華文化的侵略政策
（三）金佛郎案
（四）法國拒絕賠款須開會議
（五）法國長江沿岸擴張勢力範圍
（六）奧國應遣巡查進口飛界
（七）美國免除關稅借款
（八）李義元案
（九）上海工部局要增印刷附錄
（十）上海工部局增加碼頭捐
（十一）收回要求擴充上海租界及灘
（十二）吳淞開闢問題
（十三）中俄問題懸案問題

「五四」運動給國人對外的
印象
宋亞蓉

我國地大物博，立國最早，自秦孱秦初寫頁以來，迨今數千年，一般人都是忱那自大驕我獨尊，所謂「夷狄我隨之風，不足效也」，其實不通是漢族在亞細亞版圖上成了一個向上的令園。

今日是「五四」過六歲的生日，要我給他做一篇恭維他的壽序，我實在不敢。我的生性不會恭維人的，所以也可說是不會。但是我卻要像教我的六歲兒子的樣子來教訓「五四」。

「五四」是為什麼產生的，不是為軍閥鈎結了帝國侵略主義的日本，幾乎要把我們的國家賣掉？所以軒然大波一起來就打進趙家樓，慢慢便踹翻了安福部。真是何等雄壯，何等痛快。照這樣做去，可說是何敵不摧。「五四運動」的人物，個個都可以比得上新俄國的大導師列寧了。

但是兩歲的「五四」是怎樣？三歲的「五四」是怎樣？乃至四歲五歲的「五四」是怎樣？今日是「五四」六歲的生日了，又怎樣？我敢說是只有五四這一天，報上鼓吹些空論，街上分散些傳單，算是替「五四」送做壽的請帖罷了。這樣一年一年的過去，「五四」的二毛一生，便衰老了，孔二先生說的「四十五十而無聞焉，斯亦不足畏也已。」我正替「五四」躭着心呢。

我又想到「五四」誕生那一年，五四雖產在北京地方，可是正有如西遊記上說孫行者的變化一樣，一會兒不知道有多少行者的哥哥弟弟姊姊妹妹子子孫孫，都是大鬧天官的能員。一陣子嚷，真個要叫玉皇大帝讓位了。現在是行者被唐僧念了緊箍咒，雖只有一萬八千的毫毛，都是等於零了。「五四」，你可當真是這樣了？

有人說：「『五四』產生以來，年年有不斷的工作，你看最近的什麼驅逐彭允彝啦，臨城案子啦，旅大問題啦，金法郎問題啦，那一回沒有『五四』在裏頭幹？」這話我雖則不能否認，但是我期期以為不過是「五四」拿來遮臉的工具。因為只是社會上發生了這個問題，「五四」不好意思不去顧問題問。如果我這話說錯了，你們不相信，請你們看我舉出下列的問題：

（一）旅大問題
（二）日本對華文化的侵略政策
（三）金佛郎案
（四）法國拒絕關稅預備會議
（五）法國干涉蘇俄交還漢口租界

（六）美國建造巡防中國內河砲艦

（七）美國允認導淮借款

（八）李義元案

（九）上海工部局新增印刷附律

（十）上海工部局增加碼頭捐

（十一）外交團要求擴充上海租界及港口

（十二）粵海關問題

（十三）中俄回復國交問題

這是略舉最近帝國主義資本主義侵略和壓迫我們已暴露的幾個問題，對那一件有過痛快的表示？不要說到解決了。

「五四」的口號，不是外爭國權內除國賊？爭國權是不必說了。說到除國賊？正是瞪着眼看着賊在那裏白日打劫，只遠遠地站着叫打賊打賊，那裏支起過手來？這樣看來，「五四」，「五四」，早已忘了他的使命，無怪學起督軍巡閱的臭牌子，年年做一場大壽。

「五四」本是驕兒。自從生下來，父母疼惜他，兄弟歡喜他，朋友稱讚他。沒有正當的指導，有力的教訓，所以不由他不學上許多的壞樣。你看出風頭啦，吵家〔架〕啦，嫉妒相爭啦，還有我所不忍說不屑說的等等啦，大概至少已有了紈綺子弟的習氣，所以不會得上緊去奉行他的使命，只圖每年做一次大壽，做幾篇壽文來光寵光寵。這樣的「五四」，我願他早換一個新生命。

這是我教訓六歲的「五四」，恐怕有人說：「這種教授法，不合在小學階段裏施用的。」那末我只好引咎了。

青年學生救國的途徑 ［楊賢江］

原載《學生雜誌》，1924 年 5 月 5 日，第 11 卷第 5 號。

　　青年學生應該從事救國運動，我已在上期本志陳說過理由了。現在就繼續上文，來談談青年學生應該怎樣救國。

　　近來教育界上以及愛護我們學生的人，也頗能不諱言青年學生應該救國，但他們所告訴學生的仍是一句「讀書」和「人格修養」的空話，就連該讀什麼書，該怎樣修養人格，也並沒有說出為實際所需要而且可行的目標與方法。這樣，我們雖欲不說他們是「老生常談」，也覺有所不可能了。

　　大家都該明白地承認，我們中國的現狀，真是所謂「危急存亡之秋」。在這個時候，我們必須加勁用力，找出實際適用的方法，以救國家於危亡，才是正當辦法。豈還能容我們做國民的安心讀書、優游度日，妄想個人的圓滿發達、個人的自由幸福嗎？

　　所以青年學生的救國途徑，決不在於漫無目標的勤修學業和培養人格，乃在於研究適於現實要求的救國方法，並在實際上活動起來。

　　根據這個理由，就在學生裏邊所習功課，也須注重那些和救國事業有關係、有補助的才好。講到修養，我也承認是該加意注重的。因為不自覺的青年學生，譬如懶惰的、奢侈的、傲慢的、虛浮的、怯懦的、自私的，他們不但不想去救國，也且不配去救國——他們還沒有動手去幹，已被群眾瞧不起了。所以有誠心救國的青年學生，無論如何，必須把自己的「人格」注意修養。不過修養的目標和方法，卻大有講究。我們現在講修養，目標是在社會的善，方法是向社會實際活動，是靠團結的力量，靠做事的磨練，來促進修養的工夫，衡量修養的成績的。我們決不是為了「獨善其身」來講修養，我們也決不是閉戶潛修算作修養，我們更決不妄想須待修養程度到具有「健全人格」了，然後才去救國。我們只要有救國的熱情，只要肯不息地學習，這樣便已握着修養的要訣，已走上救國正路了（請參閱上期社評《怎樣講修養》）。

但是更切要的，在救國運動上我們所應該做的，還有兩端。

第一是研究時事，明了中國政治、經濟的真相。救國如救病，不對症下藥是難望痊愈的。現在我們要救中國，就須考察中國的現狀怎樣，形成這種現狀的原因是什麼，改進這種現狀的方法又當如何。因此，研究時事這種工作，便成為有志救國的青年學生的日常功課了。

講到我們中國的實際情形，用幾句話便可明白。內有殘民以逞的軍閥，外有伺隙而動的列強。原來辛亥革命，革命軍才打到揚子江流域就與北方議和，於是一般封建式的軍閥，竟能盤踞北方，繼續其北洋正統的歷史，列強則乘勢利用，幫助軍閥以引長內亂、掠奪利權。到如今，我們中國的政治、經濟得不到半點的自由發展，於是中華民國成為國際殖民地，中華民族也便成為被壓迫民族。在這種情形之下，要如何才能從這兩重壓迫——列強與軍閥——中解放出來呢？這個答案自然只有革命。因為軍閥和列強的利益正和我們人民的利益相反，希望他們賜恩或和他們商議，到底是不可能的。但是誰來擔任革命呢？這必須是利害相同被壓迫群眾——工、農、學、商結成一個大聯合，來打倒兩個共同的敵人——軍閥和列強，以建設一個真正的中華民國。這便叫做國民革命。我們以後就須從這個目標上做工夫。

第二便是接近民眾。救國的事業決不是我們學生所能獨幹的。乃必須使全國被壓迫的民眾都聯合起來才行。所以我們又須向民眾中間去活動。運動的方法，在目前最需要的有兩種：一是參加平民教育運動（參閱上期社評《告青年學生之從事平民教育運動者》）；一是調查地方上事情及農工、平民間所發生的問題。我們這樣幹的目標是為了接近民眾、聯絡民眾、發見民眾的需要，以便更進一步去組織他們、幫助他們。到了他們肯信賴了我們之後，就不難引導他們去做和他們自身利益有關係的國民革命運動了。青年學生做這種運動，並不要費全部精力和時間，只要每日分出一點時間及利用假期，便可以做出不少事業來了。

我深望熱血的青年學生，不要忘了這個應盡的責任！

今年的「五‧四」和第三期復古運動 [楊賢江]

原載《民國日報‧覺悟》，1924 年 5 月 5 日，節錄。

廓清思想同盟

　　當目前外力壓迫、舊思想、反動都日甚一天的時候，有人腦人血的青年學生，自當本當年「五‧四」運動的精神，益謀充分的反抗。青年學生應干與政治，應盡力救國，已不成為問題。獨對於這種復古運動，尚不見有嚴重反抗的表示。所以我特聚述這一種反動的現狀，希望青年學生本科學的精神，各在「所在地」進攻，務期把這一股烏煙瘴氣掃蕩干淨，為革命前途放一線光明。

節錄自《楊賢江文集》卷 2，
鄭州：河南教育出版社，1995 年，頁 53。

狗化的教育　[秦鑑]

原載《現代評論》，1925 年 2 月 7 日，第 1 卷第 9 期

　　現代國中有幾個很流行的話頭——什麼「教育神聖」哪，什麼「教育尊嚴」哪，什麼「純潔高尚之教育」哪——説得「像煞有介事。」我老實不客氣，奉勸諸君不要蒙頭着被説夢話罷！中國的教育，不特一點不「神聖」，一點不「尊嚴」，一點不「純潔高尚」；中國的教育，倘然沒有全部狗化，早已大部分狗化了，難道狗化的教育，還是「神聖」嗎！還是「尊嚴」嗎！還是「純潔高尚」嗎！

　　諸君才聽這話，必定以為小子「玩世不恭」，否則新得了神經病，否則患了猩紅熱，發狂囈語。但小子實在是傷心極了，請諸君不要着急，且先「姑妄聽」小子以下的「姑妄言」，然後再決定到底是小子患病，還是諸君做夢。

　　我們中國有許多教育事業，不是中國人自己辦的，是外國人辦的，或是中國人拿了外國人的錢來辦的；有的雖然沒有完全拿外國錢來辦，但是受了外國人的幫助而才能夠維持的。這些事實，説起來好像平平無奇，然而「且慢！」

　　這種完全或一部分拿外國錢來辦的機關，在中國教育機關中，佔了不小部分。最顯着的例，當然是教會的教育機關。諸君或者想這些由相信「sermon on the Mount」的人辦的教育機關必定是「純潔高尚」的。但諸君恐怕記了基督的教養和傳教事業是絕無關係的兩件事。諸君如疑心小子對於宗教事業懷着偏見，請聽一聽英國學者羅素關於英國退還庚子賠款對中國方面的宣告（見本年一月十三日《時事新報》教育界欄）。他説：「我儕若能保留此款，較之以此款……用於傳道事業，以賊殺人之智慧，敗壞人之道德，其為有益於中國，自不待言。美國密勒氏（前《密勒評論報》主人）嘗有稱讚教士之言，謂其於戰爭之時可為良好之秘密偵探（見所著亞洲政策之衝突一書第212 頁）」。無論羅素的話是否有一點言之過分，教會興辦維持他們的教育機關的法子，大約諸君總知道的。這些教育機關，是外國「基督徒」可憐中國

人而設的。主持這些教育機關的教士到他們本國人跟前，放開喉嚨講說中國人怎麼樣不堪，怎麼樣沒有教育，怎麼樣沒有開化，怎麼樣像豬狗一般——總而言之，把中國人拼命蹧蹋。我的一個朋友曾親見美國教士帶了一個中國的青年人到美國募捐，演說的中間就指着這個中國人說：「他沒有教會幫助的時候怎樣無知，怎樣可憐。經了我們的幫助以後，就受了教育。會說一口好英國話」。於是就叫這個中國人向大眾說英國話。這個教士接着說：「中國這種的人多得很呢！這個人不過是一個例子，罷了！」諸君試一閉目想想當日這位教士「展覽」這個中國青年的情景，大約要立刻紅漲了臉，說聲：「是可忍也，孰不可忍也！」但諸君要知道這樣蹧蹋中國人還是很客氣的。中國人被他們蹧蹋得越利害，捐得的錢也越多，而教會教育也越興旺。換言之，中國人越被外國人看得豬狗似的，中國人受教育的機會也越多。這種教育，吾無以名之，名之曰「狗化的教育」。

此外，不是教會的教育機關而全部或一部分拿外國錢來辦的，其性質也很可注意。這些機關，或是外國人自動出錢的，或是中國人懇求他們出錢的。自動出錢的固然更應該有使中國人感戴的地方，但大多數也是因為可憐中國人沒有開化，忽然「大慈大悲」，要把中國人由豬道狗道超昇到人道上去的，可是他們一而又不願意中國人完全脫離狗道。聽見實地經驗過的人說，某外國人辦的醫學堂所附設的醫院，其中該國的看護婦看待中國病人與外國病人之不平等簡直比上海電車上賣票人看待三等客與頭等客之不平等還要利害十倍。「此言雖小，可以喻大」；他們辦學堂的態度也可以「不言而喻」了。其有本是中國人辦的教育機構而求外國人出錢的，也每每是用「搖尾乞憐」的方法得來的。尾巴搖得越好看，外國人投下的錢也越多。而搖尾巴的也越有機會辦教育。這種教育，吾又無以名之，名之曰「狗化的教育。」

最近又有某國某國要把庚子賠款（據說是他們所應得，可以受之而無愧的）來給我們辦教育文化事業。我們不能不承認他們至少一部分是具可以給我們感激的好意的。可恨我們中國人太沒有出息，太不爭氣，太不要臉：他們還沒有十分說定還給我們，而我們自己已經拚命向他們「搖尾求食」，「爭妍最憐」：外國人對於此事的意見，只要他們一呼，中國人就百諾，

逢迎媚諛，隨聲附和，絲毫不敢有所主張，簡直是「一犬吠影，百犬吠聲」了。結果弄得某外國人竟敢承認中國方面因教育界不滿意而退職的庚款董事而電召他們商議該款的處置（見一月十二日《時事新報》專登）。我們很多有理由懷疑中國人中有一部分想攫得此款的人在後台裏運動外國人出面，以期壓倒他方而想爭此款的中國人。不然，外國人應該不至敢悔蔑我國到這步田地。中國人簡直比狗還不如了：因為狗也等骨頭丟落到地才相爭相噬；現在庚款沒有正式交還，而就這樣「賣臉」，豈不是還不如狗嗎？這種教育家手裏的教育，名之曰「狗化的教育」，還是一句客氣話。

我從前聽見好幾個雖然不是手創學校中外馳名的教育家卻是受過真正高等教育而懂得教育的真象的人說：「我們不願意送我們的男女到某些某些學校受教育」。他們不肯告訴我什麼道理。我心竅糊塗，想了足足兩年還沒有想出他們的理由。我現在「一旦豁然貫通」了，知道他們的理由是極淺顯，極平常，差不多值不得一說的了。到底為什麼呢？說破來，不過因為他們只願人家說他們的男女正在唸書，不願意人家說他們的男女正在化狗。

孟老先生：「一簞食，一豆羹……蹴爾而與之，乞人不屑也」；古人寧肯餓死，「不食『嗟──來──』之食」：他也不過因為「餓死事小，〔狗化〕……事大」。當我們的老祖宗錦衣玉食的時候，外國人的老祖宗錦衣玉食的時候，外國人的老祖宗還在荒野中毳幕前燒野牛肉吃。但我們是服善的，願意承認最近三四百年中他們的成就的確是比我們「後來居上」，我們也願意「忘年」而拜他們做先生希望學些乖。但我們要對這些「暴富」「新貴」的民族說：「你們若是一定要用『嗟──來──』的佈施，將你們的文化「蹴爾而與」我們，那末，我們寧可永遠做『海闊天空』的未開化民族，絕對不願意做你們文明國的狗；對於諸位洋大人欽賜的教育與文化只好「璧謝」了。（我想諸君或者以為我還帶着老舊的排外思想；但如羅素之反對英國用庚款於「專門教育（原義想是 technical education）及傳道事業」，難道又是排英──排內嗎？）

外國人呀！你們肯把庚子賠款用於中國，固然也是你們「富而好行其德」的表現。但是，我們要的是公道（justice）不是布施（charity）。你們若

是死心塌地要把庚款當布施，我們只好承受你們中還在主持公道的人的暗示，即「中國發起運動，並⋯⋯中政府對於有損中國之計劃，拒派代表於委員會」（見羅素關於庚子賠款事告中國的函，一月十三日《時事新報》）的辦法了。

「有損於中國的計劃」，當然無過於狗化中國的教育。我們不特要要求政府拒派代表，並且如他們不願我們的公意面只與一部分人「私相接受」，我們要對世界宣言他們並不會將這筆庚子賠款退還我們。國民自己和教育界全體更應該趕快醒來，團結一致，向外國人提出嚴重的抗議。但是，現在中國人中恐怕不幸有一部分不爭氣的「教閥」（在教育界勢力很厚的部分）同「洋閥」（來中國侮蔑我們，同我們搗亂的「洋政客」）互相勾結，要假種種美名，種種動聽的大題目壟斷庚斷庚款以實施其狗化中國人的計劃。像我這種一個可憐的小百姓微弱的呼聲，怎麼能夠驚醒國人的迷夢，使之急起打破他們「狼狽為奸」的陰謀而免除萬急的淪於狗道的危險呢？但是，中國人若是已經完全狗化也罷了；若還有一分一厘的氣，我總希望我們中國還有人——真正的，反對狗化的人——出來光復教會，使中國全部的教育不特徒具「神聖」、「尊嚴」、「純潔高尚」的虛名，並且實際上確是「神聖」、「尊嚴」、「純潔高尚」。

十四，一，十五。

五四運動的意義與價值 [太雷]

原載《中國青年》，1925 年 5 月 2 日，第 77–78 期，頁 395–39

　　中國民族運動的第一期是義和團式的原始的排外運動。到了義和團失敗後，中國的民族運動的第二期開始了，就是留學外國的中國學生與華僑欲推翻中國的壞政府而建設歐美式政治制度以謀中國的自強；辛亥革命就是這自強運動的總結。迨至五四運動開始，中國民族運動入了他的第三期。中國的民族運動自從五四運動才漸漸變成近代的民族運動──有組織的群眾的反帝國主義與軍閥的運動。

　　五四運動所以稱為近代的民族運動亦因為他是世界大戰的結果，與世界革命潮流在中國的波紋。五四運動的動因是：（一）由於大戰時帝國主義在中國的經濟侵略放鬆，因為中國的工業，特別是輕工業（綿紗，麵粉，等業）得有相當的發展，亦就發展了中國的資產階級，他是最先要求外國對於中國帝國主義的經濟解放；（二）由於中國破產的小資產階級的學生感受的壓迫及大戰後世界革命潮流的激盪而發生革命的要求。因為日本的輕工業的出品在中國市場上最與中國的新興工業相競爭，又因為日本對於中國的暴力威迫最易惹起反感，所以五四運動是一箇完全反對日本帝國主義的運動。

　　五四運動是純粹排日的性質而不是反對一般的帝國主義，所以反被英美帝國主義利用以進行他們與日本在中國勢力的競爭。這是因為那時沒有國民革命的黨去領導這運動，所以不能充分利用帝國主義間的衝突發展民族運動，而反被某個帝國主義所利用。

　　五四運動像一盤散沙樣的，不久就消滅了，其原因有二：第一，五四運動的主要成份是沒有獨立經濟地位的學生，中國資產階級因為太幼稚與軟弱，沒有維持這運動的力量，而中國勞動群眾在那時參加的又甚少。第二，五四運動沒有組織，沒有組織的意思就是沒有政黨領袖，一箇群眾運動沒有有主義的政黨領袖，他既不能走入正軌，亦更不能繼續發展。

但是無論五四運動如何失敗，五四運動實開中國革命的新紀元。自從五四運動以後，有革命覺悟及了解世界革命意義的青年，要糾正五四運動的錯誤，逐漸集合在革命黨的旗子之下，在勞動階級中間盡宣傳與組織之力，以求中國民族革命的勝利，且更進而求世界革命的成功。

每逢五月便傷神 ［汪典存］

原載《晨報副鐫》，1925 年 5 月 4 日，第 99 號。

每逢五月便傷神，因五月內有三大紀念日：「五一」、「五四」與「五七」，各含有極沉痛之意義，今日為五四運動之第六周紀念，願簡單講幾句：

五四運動為青年學生愛國心之表現，對於山東問題之交涉而發生，其最初之目標，本極單純，而其運動之意義，則非僅不滿於內政及外交方面，實為全般人生爭得解放，喚醒民眾，反抗強權，謂之中國的新生運動可也。由此產生之各種新機運動其要如下：

一，**個人方面**　知識慾突然增長，有提高生活之要求。

二，**社會方面**　改造家庭及其他社會組織，期打破階級消除種種黑暗現象。

三，**教育方面**　學校公開，延長義務教育年限。鼓勵自動自治，養成能獨創能自治之共和公民。建設進步的社會為主旨。

四，**政治及外交方面**　伸民權，除國賊，反抗帝國主義，以期達到國際上之平等。

五，**經濟方面**　反對資本主義提倡勞工神聖。

故五月內雖有三紀念日，其實可以併為「五四」一日，無五四則「五一」在中國為無意義。不過步趨他人以效其紀念而已。無五四則五七之紀念為無希望，亦將如流俗之於三月十九日供奉太陽而已。

五四之新勢力既如是其偉大。果使其放射於各方面之勢力能收斂進循正軌，則每年五四紀念，必有成績可睹，乃年年紀念「五四」，非但精神與年俱衰，而年年有賣國賊出現。最可怪者，在緊接五四之前後，每有不祥事件發生。十一年奉直戰爭，十二年臨城劫車案及黎元洪出走。十三年金佛郎案。十四年孫中山先生逝世。故曰「每逢五月使傷神。」

五四運動為知識階級對於社會政治外交表現其指導糾正之責任，屈指近事，試問五四醞釀之新生機安在？

一，東南東北戰爭損失不可以數計，人民宛轉呻吟於槍彈之下，即平日以打倒軍閥自誓之青年學子，亦被拉充苦役，束手就縛。是否可謂有新生機。

二，外國資本家及野心侵略家與本國軍閥互結，輸入兵器，延長內亂。是否可謂有新生機。

三，勒種鴉片以充軍餉，友邦責備，致在萬國禁煙會忍氣受辱。齊盧之戰，又有人目之為鴉片之爭。鴉片毒痛全國，是否可謂有新生機。

四，外人鼓吹共管，是否可容有新生機。

五，共產思想，本為勞動者對於不勞而獲之反動，而吾國青年之標榜共產，多欲不勞而獲，或一勞而永獲，是否可謂有新生機。

六，戀愛自由，離婚無常，有女仳離之歎，常見之於青年妙齡，而男子則不負責任，是否可謂有新生機。

五四運動發之於青年學生，與教育關係最密切。試就教育而觀之。

一，國立學校經費，奪作兵爭之用。交通□捐，本為賑濟災民，今移八校災荒，而教職員食災民之餘，教育之新生機安在？

二，校舍駐兵，奪作兵舍。以致青年學業中斷，教育新生機安在？

三，為經費問題，而堂堂大學校長，不得不低首屈膝於軍閥權貴之前，辱沒⋯⋯人格，教育精神，因之墜落，教育新生機安在？

四，外國留學公費積久不發，致學生被逐，流為□丐，辱及國體，教育新生機安在？

五，教育牽入政潮，為所腐化，學生習為政客，教育新生機安在？

六，營業性質之私立大學，多如雨後之菌，誘騙青年，無人糾正，教育新生機安在？

七，學生受人津貼，鼓勵學潮，行險僥倖，致全體同學不安學業，教育新生機安在？

八，教授治校為大學中德謨克拉西之原則，而今之當局乃謂「教授之職在乎循分授課，與校長渺不相關」。則授課以外，校事可以不問，教育新生機安在？

以上所述，皆最可傷心之事，「五四」之新勢力，中途為別種勢力所劫奪，因而利用之，以入於邪途，致五四寖失其本來面目，參與五四運動之青年乎，其尚認識五四之真相乎？

政治之本為一種教育的歷程，人民受政治上之暗示，影響至鉅。教育者立身應常自隄防諓政被政治勢力所腐化。專制時代人民不過問政治，在野士夫以其不接近政治也轉得保其清明之正氣。及夫叔世政濁，為良心所驅使，亦常有可敬可悲之運動。如宋代太學諸生，集眾伏闕請誅六奸，明末東林學者，為反抗閹毒，有六君子赴義及五人墓之慘劇。五四運動之動機本與此相類。而五四以前之學生，亦不問政治者也。平日不問政治，則不知監督政府之責任，與改造政治之需要。共和國民，不容不問政治。而今之學校，

平日對於政治問題不加研究，臨時受少數人之暗示鼓動，便為搖旗吶喊，以其本不知底細，中無主宰，故易為人所利用，而卒至於腐化為可歎也。

今欲保存五四之精神，不必高談種種主義，有主義而不貫以精神，則主義為騙飯之口號。敢申老生常談與教育者及受教者共相勗焉。

一，**以忠恕立身**　忠者對己對人對事具十分熱誠而負責任之謂。恕從舊解推己及人之意。

二，**涵養科學的精神**　遇事研究，判別是非，具自持不移之態度。

苟如此則五四的新勢力何至被卻而腐蝕。現在不再多說，隔三日又是五七國恥紀念到了。故曰每逢五月便傷神。

學生的政治活動 [梁啓超]

原載《晨報副刊》，1925 年 5 月 4 日，第 99 號，頁 4–5。

《晨報》對於「五一」、「五四」都出有特刊，徵求我的感想。我想，「五四」如何能比「五一」？勞動節的「五一」是含有世界性的，學生節的「五四」不過是中國的——或者還是北京的罷了。「五一」的價值，雖不敢說是與天同壽，但現在正如旭日初升，眼看着還要隆隆日上。「五四」這個名詞，不惟一般社會漸漸忘記，只怕學生界本身對於他的感情也日淡一日了。《晨報》真是篤於念舊，每年繼續不斷的在今日總要替學生界做一回生日會，我想，參與盛會的人不應該客氣瞎恭維，還是説幾句知心的話，促起大家的回顧反省纔是。

「五四」紀念什麼？老實説：就是紀念學生們的政治活動。然則紀念「五四」，當然是要希望學生繼續這種活動了。因此，「學生應否參與政治活動」，成了一個先決問題。

我對這問題，可以毫不遲疑的答覆：「人類是政治動物」，參與政治人類普遍的權責，學生也是人類，為什麼不應參與？我以為今日應討論的問

題，不是問某種人應否參與政治活動？卻要問問什麼是政治？現在一般人所謂政治活動是否算得政治活動？

我對這問題，也是毫不遲疑的答覆道：『中國現在並沒有政治，現在凡號稱政治活動的人，做的都不是政治活動。現時所謂政治活動，不外擁護某人，排斥某人，勾搭這一系，倒那一系。不管掛有政黨招牌也罷，不掛也罷，所謂政黨標有主義也罷，不標也罷，都不相干，頑來頑去總是那一套。質而言之，脫不了二千年前六國策士朝秦暮楚縱捭闔的心理。那些政客們做這行生意，吃這行飯，本無足責，可憐成千累萬的青年，做什麼夢，發什麼狂，替他們捧場！今年看見白狗咬到黃狗跟着起鬨，明年看見黃狗咬倒白狗又跟着起鬨！越鬧越不成話，甚至在自命神聖清潔的最高學府裏替什麼時髦少爺開起歡迎會來了！六朝時褚淵的兄弟褚炤對着他的姪兒罵他的姪兒的老子道：『不知汝家司空將一家物與一家，亦復何謂？』試問現在所謂政治活動除卻將這一家物轉到那一家，更有何事？這樣叫做政治，政治這兩個字真要永遠在中國的辭典上劃去了。

> 青年們啊：你要幹政治請你別要從現狀政治下討生活，請你別要和現在的軍閥黨閥結緣。你有志氣，有魄力，便自己造出十年後的政治土台，在自己土台上活動。如其不然，準教活動一百回上一百回當。不信，你試回想，「五四運動」為的什麼？是不是為的青島問題？結果怎麼樣？只贏的膠澳督辦一個缺，幾年來被許多軍閥黨閥搶來搶去！

這段話我是向天真爛漫的青年們說的。至於學生界裏頭現在已經有許多吃政治飯當小政客的人，我對他真不敢多嘴了。

臨了再找結幾句話：我對於學生的政治活動，原則上是不反對的。但須知，現在所謂政治是萬惡淵叢，現在所謂政治活動是誘惑青年一大阬陷。不是腳跟立得很堅定的人，我勸他別要輕容易踏進這關門。

敬告學校青年

原載《民國日報 · 五四》，1925 年 5 月 4 日，第 1–2 頁。

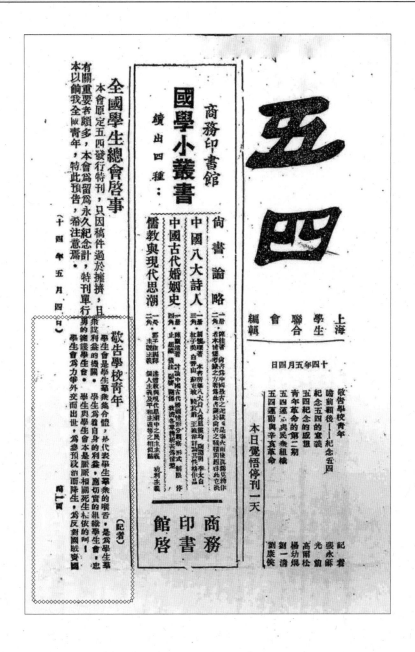

學生會是學生群眾集合體，是代表學生群眾的喉舌，是為學生群眾謀利益的機關。學生為着自身的利益，應切實的組織學生會，忠勇的擁護學生會。學生與學生會本是脈脈相關死生相依的啊！

學生會為力爭外交而出世，為參預政治而降生，為反對國賊賣國而墮胎，為要求民族解放而生存，學生會的歷史如此，學生會的使命如此，然而這都是過去的了。

學生只管讀書，不問國是，只問外交，不管內政，只去應付。不來計劃，只知破壞，不明建設。過去的學生，如此如此。過去的錯誤，我們要老實承認。

今後呢？自今天起！我們學生不但要拼命的去讀書，還應拼命的去幹事，不但當拼命的問外交，還要拼命的干內政。尤其是對於我們學生切身的問題；如校務的改進，教員的甄別，校長的選擇。娛樂的設置，教育主義的革新，膳食宿舍的清潔等等更須拼命的拼命。力求改良，發展，學生會也便負起這種使命，重整旗鼓。學生會固然不能忽略了伊歷史的革命使命，也不容輕疏了伊切身的利害問題。學生會真的去為學生謀利益，學生決定也能真的擁護學生會，自身鞏固了，組織嚴密了，訓練成熟了，宣傳普遍了，一聲「革命」呀，則全中國的學生起來了，全中國的民眾也起來了，幾多列強「幾多軍閥？」那還值得什麼！去喲，我們學生來了！

過去的五四，我們今日又在紀念了，照例應評判評判已往的得失，計劃計劃未來的進行，然而都可不必了。

經驗告訴我們，「不必多說了！」我們還有什麼可說？我們今天謹以十二分的熱誠，向我們最親愛最勇敢的同學們要求：「不必多說了」，「起來」，幹！

繼續五四的精神！
整頓我們的組織！

創造新學風與整頓學生會 ［楊賢江］

原載《學生雜誌》，1925 年 5 月 5 日，第 12 卷第 5 號，節錄。

學生界的氣又如何

　　時人論中國學生界現狀的甚多。有人分為漂亮派、名士派、頑固派、閑適派、狂熱派；總之，可概為「游惰」與「書蟲」兩途；而意氣頹唐、精神散漫、志趣卑下，幾乎成為通病。造成這種現象的原因雖多，但教育者不能不負責任。因眼前中學教育沒有確定的目標，至多盡於書本上的教授，別無全人生上切實的訓練可說。如對於學生自治，教職員不加指導；對於學生切己問題，如升學、婚姻、擇業、交友等等都未加注意，遂使學生們感到現代教育的無用。其中有兩種最不好的現象，實為近年來新發生的：一是傾向於文藝的青年們，除愛讀文藝書籍、並從事所謂「創作」以外，再沒有別種可以留意的事情。不但不關心到社會，甚至連自身的健康與學業也所不問，然而竟高談什麼「性靈」、「直覺」、「神秘」、「浪漫」、「戀愛」、「人生觀」等等不顧實際生活情形的論調，妄想憑感情去擺脫一切苦難。一不得志便乾喊其「煩悶」與「無聊」，卻又沒有自殺的決心，終於很委曲、很頹唐地度日。二是單求個人快樂的，口裏嚷者「自由解放」，實則只為個我的任情妄行而打算；幸而得着解放了，便不管什麼社會改造，一概置之腦後；然在沒有得着解放以前，即要叫他忍受些苦痛，或者犧牲些利益，也還是辦不到的。試問這種樣的青年，還有什麼責任能負，還有什麼事業可成呢？

摘錄自《楊賢江文集》卷 2，
鄭州：河南教育出版社，1995 年，頁 286。

愛國運動與求學 [胡適]

原載《現代評論》，第 2 卷第 42 期，頁 19–2

記者先生：我們讀胡先生的「愛國運動與求學」，從頭到尾，得着三個不同的觀念：讀了第一到第三段，我們欣慰胡先生能了解五卅運動中學生的精神。讀了第四到第六段我們佩服胡先生對於五卅慘案交涉失敗的精確的分析。他一則承認群眾運動之不能持久是當然的；再則承認民氣與「像樣的政府」同為外交勝利的要素；三則認定此次外交失敗，咎在政府之不「像樣」。中間有一段說；「他們（政府）不但不能利用民氣，反懼怕民氣了…至於今日，滬案及其關係各案絲毫不曾解決，而民氣卻早已成強弩之末了！」但是從第七段以後，使我們太冷心，太失望了！我對於胡先生素來表示敬意的，而他這篇文章，我也相信是完全出於好意的。但是我們正為其感受胡先生的好意太深，所以有幾個疑問才不能不提出來說一說。

學生參加群眾運動的事，在胡先生的意思，是不應該的。他說：「國家的紛擾，外間的刺激，只應該增加你求學的熱心與興趣，而不應該引誘你跟着大家去吶喊」。這件事在學理上我不敢說甚麼；但就事實來說，現在中國的學生卻不但應當參加，而且必須參加群眾運動的。這次滬案才發生的時候，假如沒有學生在租界內演講以至流血，而報紙上又絲毫不敢登載，那日紗廠的冤案也就無人過問了。慘殺既起以後，除學生會以外，「沒有一個

團體辦理對外交涉；上海市民運動幾乎全在學聯支配之下」。以後在宣傳及聯絡上，學生尤負重大責任。至於上海以外，各地對英日的種種運動，那一處不是學生先發難？既發難以後，那一件事不是學生捐大頭？尤其是宣傳方面——或即胡先生所謂吶喊——若無學生努力，恐怕只有識字看報的人，從報紙上，含含糊糊的略知道一點；那得來這「幾千萬人」的熱烈的運動呢？我們再考查中國民眾運動的歷史——「五四」只有學生，「六三」才有工人；到這回「五卅」才有工商學的聯合運動——我們不能不承認是學生開其端。假如胡先生根本否認群眾運動的價值，那學生自是多此一舉；假如群眾運動是應當有的，那指導之責，在中國這樣情形之下，除了學生以外，還有誰來擔負吧？固然學生參加此等愛國運動，一定要荒廢一部分的學業，但在中國現狀之下，我們也只能含酸茹痛的忍耐着，若照胡先生所說的完全不管時事，那只好去作德意志的學者去了。

胡先生說：「帝國主義不是赤有空拳所能打得倒的，英日強盜不是幾千萬人的喊聲咒得死的」，但是胡先生所謂的民氣的表現除了赤手空拳的做些罷工抵貨，和喊聲咒罵的做些宣傳請願以外，還有什麼花樣呢？胡先生既承認外交問題要「民氣與政府相為聲援，方才可以收效」，那就不能否認民眾赤手空拳的運動了；所以也就不能否認學生領導民眾作赤手空拳的運動來救國了。

胡先生這篇文章裏，尤其使人懷疑的是在忽視民眾運動的意義。在原文第五段裏，雖然標明民眾與政府互為聲援的原則，但第六段說政府怎樣不能利用民氣，以致滬案久懸不決，而第九段就接着說一切運動都無用了，只有打個人主義——「把自己造成一個有用的人才」，這就是說，外交的命運——或最普通的說，民族解放的命運應完全取決於政府之手；人民做到民氣的表現，就算盡了天職，其餘都可不問而惟從事於個人的修養了，我們以為政府貽誤外交，只能算民眾運動中的障礙之一。民眾運動遇到這種障礙時，負有指導之責者，應指導他們來打破這種障礙，而繼續前進；不應當教他們中途氣餒，廢然而止。我相信胡先生把國民革命完全忽略過去，而仍然抱着前幾年「好人政府」的主見。但是「好人政府」是胡先生嘗試過的了！

原文第七段説：「上海的罷工是對英，日的，現在卻是對郵政當局，商務印書館，中華書局了。北京的學生運動一變而為對付楊蔭榆，又變而為對付章士釗了。廣州對英的事件全未了結，而廣州城卻早已成為共產與反共產的血戰場了。三個月的『愛國運動』的變相竟至如此！」假如胡先生承認民眾運動有相當的價值，上海，北京的變相（好壞另是一問題）只能説是民眾運動的歧途；負有指導之責者應當予以糾正，不應付之一嘆。至於廣州的「血戰」明明是政府軍繳反動軍的槍械，胡先生硬説共產與反共產的爭鬥，除非胡先生所謂的「共產」別有意義，否則廣州政府的行政，昭然可按，是否共產，不難明查。胡先生這句話恐怕失其邏輯，而帶感情作用了！

以上是我讀了原文後的幾個疑問，很率直的寫出來。最後我申明我是贊成「一面上課，一面繼續進行」的一個學生。

劉治熙十四，九，八，於唐大。

劉先生説：「……民眾運動的歧途，負有指導之責者應當予以糾正，不應付之一嘆。」我要回答劉先生，這正是我做那篇文字的動機。對於今日的群眾運動，利用的有人，煽動的有人，但是「指導」的卻很少人。我們明知自命「負有指導之責者」是要挨罵的；但我們忍不住了，不能不説幾句良心逼迫的話。

我並沒有「根本否認群眾運動的價值」；我只想指出：救國事業不是短時間能做到的，而今日學生們做的群眾運動卻只能有短時間的存在；救國是一件重大事業，需要遠大的預備，而跟着大家去吶喊卻只能算是發發牢騷，出出氣，算不得真正的救國事業。

劉先生問我：「民氣的表現，除了赤手空拳的做些罷工抵貨，和喊聲咒罵的做些宣傳請願以外，還有甚麼花樣呢？」這句話很叫我傷心。是的，花樣變完了：又怎麼辦呢？

我要敬告劉先生和全國的青年學生：現在要換個花樣了。第一，青年學生應該注重有秩序的組織。今日學生紛紛加入政黨，這不算是組織。學生團體本身沒有組織，學生自己沒有組織的訓練，而僅僅附屬於外面現成的，

有作用的黨派，那是無益的。學生時代的組織所以可貴，正在於兩點：（1）學生自己參加，自己收組織的訓練；（2）沒有軌外的作用，不過是學生生活的一種必需的團體生活。現在的學生團體完全是鶩外的組織；平日不曾受過有秩序的團體訓練，到有事的時候，內部可以容少數人的操縱，外面可以受有作用的人的利用；稍有意見的紛歧，也不能用法律上的解決，必鬧到分裂搗亂而後罷休，──有時鬧到分裂搗亂還不肯罷休。所以我們奉勸青年學生第一要注重那些有秩序而無作用的純粹學生組織的訓練，這是做公民的基礎，也是做群眾運動的基礎。

第二，青年學生如要想干預政治，應該注重學識的修養。你們不聽見吳稚暉先生說孫中山先生沒有一天不讀書嗎？民國八年五月初，我去訪中山先生，他的寓室內書架上裝的都是那幾年新出版的西洋書籍。他的朋友都可以證明他的書籍不是擺架子的，是真讀的。中山先生所以能至死保留他的領袖資格，正因為他終身不忘讀書，到老不廢修養。其餘那許多革命偉人，享了盛名之後便丟了書本子，學識的修養停止了，領袖的資格也就放棄了。我們自然不能期望個個青年學生都做孫中山；但我們期望個個青年學生努力多做點學問上的修養。第一要不愧是個學生，然後第二可以做個學生的革命家。現在有許多少年人高談「取消廿一條」而不知道「廿一條」是甚麼，大喊「打倒帝國主義」而不知道帝國主義是甚麼，口口聲聲自命的什麼主義的信徒，而不知道這個什麼主義的歷史與意義？──這樣的人就不配叫做「學生」，更不配做甚麼學生救國的運動，

十四，九，二十二。

救國與求學 [陶孟和]

原載《現代評論》，1925年，第2卷第37期，頁5-

兩個半月以前，上海租界上的一陣鎗聲驚醒了我們三四百萬的青年學生。這些含苞未吐的青年們，未來的好國民，未來的教員，未來的工程師，未來的學者……，多少的不可限量的英華，一時因為最親愛的同胞無端受了外人的摧殘，最親愛的國家無端受了外人的侮辱，於是不得不中斷他們惟一的任務——讀書，試驗，研究——一齊都拋下課本，扔開試驗，走出教室，踱出校門，專心一志的去做愛國的事業。兩月以來，他們一方面在民眾裏警告，宣傳，一方面向政府獻策，請願，曾做了不少的活動。但是從教育的立足點看來，這是多大的損失！

五卅慘案所引起的損失誠然也有積極的價值，終久的利益。工人罷工可以增高工人的地位；商人排貨可以獎勵國內的產業；學生罷課，可以得到實際政治的經驗，學生宣傳可以鼓勵一般人民的愛國心。這些價值與利益都是不容否認的，但是這三類人的損益的情形卻截然不同。（一）工人罷工與商人停業都不過是局部的，在外人所辦的工廠裏服務的工人，與販賣外國物品的商店雖然蒙莫大的損失，但是在國人自辦的工廠裏服務的工人與售賣國貨的機關依舊（除非有不得已之事故，如上海工部局停止供給電流以外，）繼續他們的事業。至於學生罷課乃是學生全體全國三四百萬青年的失學。（二）罷工與排貨是從死裏求生：一時的犧牲少數的工人以博工人全體的福利，犧牲少數的商人以求國內工商業全體的發展。以求國家地位的增進。用部分的損失換得全體的利益，因一方面的停頓而獲得全國家的發展，正是益多而損少。學生積久的罷課乃是趨於死的一途。二十世紀國家的國民豈能缺乏教育？我們雖然不能說教育完全是社會強弱的基礎，但是我們相信要求國家發達，必須人民都受有相當的教育。假使現在中國三四百萬的幼稚與青年從此完全廢學，專去從事於愛國的運動，即使這個運動可以成就所求的結果，我想怕這三四百萬的青年也未必有維持國家的知識與能力。何況我們絕對不相信專靠愛國運動便可以增進國家的地位，維持國家的獨立呢？

國家在國際上的成功與個人在社會上的成功一樣，要在能運用最大量的知識與能力。中國現在陷於極悲慘的地位固然有種種的原因，但是其中最主要的我們不能不說是政府與一般人民都缺乏相當的知識與能力。我們自己沒有支配自然的能力，所以外國人挾着他們豐富的知識來採取我們的礦產，原料，為我們生產能力薄弱的人民，製造物品，供給我們的消費。我們自己缺乏國際政治的眼光，所以外國人利用他們在歐洲政治舞台上，在殖民彊場上，所慣用的手段來欺騙，壓迫我們的政府。我們試一研究自清以來外人侵略我們的歷史，便覺得在現在生存競爭的國際局面裏，我們這樣的幼稚的人民與政府不能不陷於失敗。讀者試讀了最近出版社之《翁文恭公日記》所記關於一八六〇年（咸豐十年）英法聯軍侵入北京的故事，便可見當時人民知識的幼稚；後來以贊成維新而見黜的翁同龢當時對於英法的觀念，乃僅有如是的可憐！有清一代直到如今，我們國家的墜落可以說全是人民無知識，無能力的結果。

即如此次慘案發生以後，我們的知識與能力也處處不能敵實際的迫促。政府的顢頇，外交當局的萎靡無能，一般人民的愚蠢，學生的不切實際的呼號，可能有裨於實際？我們不得不歎我們的可憐的薄弱的知識與能力。就是所謂知識階級在這個慘案的擾攘聲中所發表的言論也常是暴露他們的知識的淺薄，見解的幼稚，學問的低陋；他們那裏有學者的權威！

二三十年以來，中國人民愛國心的發達誠然是可慶幸的事，但是中華民國要想脫出列強的羈絆，要想永久立於獨立的地位，那裏能專靠着愛國心呢。愛利者便能發財嗎？愛名者便能得到名譽嗎？徒有其心，而無其力，總不能達到所希望之目的。現在相信有愛國心便能救國的與相信祈雨而得雨的一樣的荒謬。救國必須有一定的條件，正如落雨必須有一定的條件一樣。我們不設法使救國的條件實現而專用愛國的感情，無論那感情如何豐富，去解救國家的危局，那是絕對不可能的事。我們看十九世紀以來新國國家的發展，如德意志的統一，意大利的獨立，日本的進入國際政治舞台，土耳其的脫離列強羈絆，莫不是於人民的愛國心以外，仍具有一定的條件；這些條件就是：政治修明，實業發達，軍備充實，教育進步，總而言之，就是一般人民都有相當的知識與能力，足以維持他們國家的獨立。

救國並不是一個奇蹟（Miracle），我們必須有相當的準備，經過一定的程序，乃能達到我們所求的結果，乃能維護我們的結果於不墜。在國際的生存競爭場中，人家用科學、組織、武力，來制伏我們的時候，我們不能專靠着濃厚的愛國的情感，也必須用科學，組織與武力來與他們相頡頏。在這個生存競爭中，主義、理想、感情，都沒有絲毫的價值，除非你有能力實現你的主義，除非你有方法貫徹你的理想，除非你有組織能使你的感情結晶。外國人不怕你有「打倒帝國主義」，他怕你的強有力的政府與軍隊。外國人不怕你的「愛國心」，他怕你不購買他的貨物，他怕你自己供給自己的需要。

　　上海慘案，延宕不決，迄今已將三月。瞻望前途，不特滬案未必即能解決，即其他無數的關係外交的問題，如關稅、外債，也必且紛至沓來。我們的愛國運動雖然能持久不懈，但是這三四百萬幼稚與青年的學生勢不能永久中止他們的學業。指日便是新學年開始的日期。我們決不願再見因愛國而變為廢學。

　　我們希望每個學生都是救國者，但是我們欽佩救國的科學家，救國的文學家，救國的教育家。我們希望每個學生都能從事救國運動、演說、宣傳，但是我們欽佩那些做具體的救國事業的人，組織好政府以抵抗侵略，興辦大工業以抵抗外貨。我們欽佩愛國的學生，但是我們更欽佩那些用識見，能力，知識以救國的學生。若說求學便是救國或者過於浮泛，但是我敢說在二十世紀的國際競爭中，救中國的必須求學。我們希望在最近的將來，於救國運動中，更發起基礎的救國運動——求學。

青年學生的政治運動　[周鯁生]

原載《現代評論》，1925年，第1卷第22期，頁3-5。

　　近幾年來，國內學生界鬧的什麼運動，本來也太多。而在他方面，說甚麼學生不要干涉政治，也是老生常談，人們已聽厭了。至於現在執政府的官吏還要用皇皇的文告，糾糾的軍警來干涉學生做「五四運動」的紀念（或甚至干涉五七的紀念）更是「天下本無事，庸人自擾之，」那有甚麼益處，實形其反動，壓制罷了。

　　一般的說來，青年學生從事政治運動，本來是變則的現象，在民主政治先進的國家很罕見的。我們試看像英美德瑞士的民治國內有不有以學生團體的資格從事政治運動的事；恐怕說到這種事情他們國裏的人都要很詫異的。我們記得在國內「五四運動」時代，學生包圍總統府請願□之消息傳到英國，英國報紙有的著論表示驚訝說，假若倫敦大學的學生包圍首相雷多佐治和他交涉國事，豈不是一件很可怪的事情。外人贊嘆我們國內學生熱烈的愛國心，但究不解學生何以在政治上有這樣直接的活動。實則在民治先進國家，就政治的見地說，學生本來不能自成一個階級，不能自成一個職業團體，他們不過是各階級各職業分子之共同造就、共同訓練所。他們在政治上本無特殊利益之可言。在這種國家，各階級社會的人都能關心政治，用不着在求學時代的青年學生來實地做政治運動。

　　但是在政治不進步的國家，學生參加或甚至領袖政治運動，卻是常見的事。未統一時的意大利半島革命運動，德意志國民統一運動，有青年大學生的熱烈的參加，已經成了歷史上的美談。革命以前之俄國大學生常為革命運動，反政府運動之先鋒，也是顯著的事例。至於我國辛亥以前之改革及革命事業，更是海外留學生和國內學生鼓吹運動的結果。當時為政治運動的指導或冒萬難以從事革命事業的，是不是大都為學生社會中的人？今日長眠黃花崗下有名無名的英雄，不知有多少是青年學生。至於現在全國學生紀念的而在民國政治史上放光榮的「五四運動」，那正是代表青年學生愛國

義憤的精神，更不待説了。我以為在政治不進步的國家特有的學生政治運動，確是代表這種社會一種特殊的活勢力，確是一種過渡時代共有的現象，而且不一定是不好的現象。

因為在這些政治不進步的國家裏，在民眾中，學生是比較有組織的團體，容易號召起來。尤其在那些工業不發達的社會，大群民眾聚集的場合，接觸的機會很少，不能發生共同利益觀念，不能組織共同行動。加以在警察勢力之監視下，一般民眾集會結社失其自由；惟有學生為日常接觸的分子，他們集合的自由較大。所以幾乎一切的民眾運動，總是由學生組織出來。又就知識上説，在那些不進步的社會，學生在民眾中是比較的有知識的分子，他們比較的有政治的自覺心，對於國事比較的關心。假若想到在我們全國中讀新聞雜誌最多的人還是學生社會，便可以知道學生之常常做政治運動的先鋒，毫不足怪了。在這種政治不進步的國家，一般民眾無政治的自覺無組織的力量的時代，學生的政治運動究竟是自然的現象，而於領導民眾攻打舊勢力，究竟不是無功效的。若説現今中國在政治上已經脱離了這個過渡時代，「國事負責有人」這好像就是説「朕即國家」「國家興亡老夫之責」教小子們都用不着來管閒事了。這又誰能相信呵！

不過我們儘管承認學生的政治運動不是可厚非或禁止的事，然後青年學生對於他們自己的地位也應當有個覺悟。要知道不是一切形式或意義的政治活動，都是學生應做的。學生的政治運動也須有適當的步驟須守適當的界域。關於這層，有兩點要注意的。第一，運動必真是政治的性質。那必須是真具有政治的目標，而具一定的主義，出於純潔的急公好義的動機之運動。「五四運動」就是一個好的模範。這樣的運動才有政治的意義，才值得青年學生的犧牲。那些沒有信仰，沒有主張，徒藉政治運動之形式或名義而達私人利益之目的，或為一黨一系，一人所利用，做他們活動的工具的，不算是從事政治運動。學生而從事於這種虛偽的無主義的運動，那是全無政治的價值，那是社會的自殺。年來學生的政治運動之所以難得社會同情，也許是因為那些偽政治運動太多，令人看輕看厭了的原故。第二，真正有力

的政治運動，必須和民眾勢力相結合。中國的民眾勢力本來缺乏組織，但是我們不能不認定最後國家政治的改造計劃，還是要樹立在民眾勢力之基礎上。青年學生不過是民眾中極少數的分子，他們可以一時在政治上做民眾的領導者，但不能永久靠做政治勢力的根據，因為他們既不能獨成一種實力，而以學生之地位，其活動期限亦是有限的。今後青年學生政治運動的步驟，應當求與民眾接近，應當從民眾勢力的組織上做工夫。若是學生長此在社會中好像自成一個階級，和真正的民眾社會全然那樣隔絕，那末，不僅他們的活動，和民眾社會漠不相關，他們甚麼宣傳甚麼運動，對於社會都是隔靴搔癢，不但不能取得民眾之同情和贊助，有時反不免招民眾的厭惡或敵視。

　　總之國內青年學生的政治運動自有他的遠大的前程，可以因勢利導，而不容一概蔑視，並且終久誰也不能禁阻的。同時就青年學生方面說，也要知道這種運動究竟也是不可以濫用的。政治活動本來不是求學時代的青年學生的本分，不過在特殊情勢下在極端必要的時候，不得已而為之。「五四運動」之可貴，在其激發於關係國家主權名譽之大事，全然出自青年學生自動的行為代表一種純潔的為國奮鬥的精神。青年學生們！大家不要失掉了這種精神罷。

五四紀念告廣東學生 ［大雷］

原載《人民週刊》，第 11 期，頁 3–

打破分裂學生的兩條界線
回覆五四運動的團結精神

五四運動！中國民眾第一次自覺的反帝國主義運動！是以學生做中心的。中國學生在中國革命運動中地位的重要從此聞名於全國及全世界。當時學生所以能領導這偉大的運動就是因為他們能在反帝國主義的目標下致團結奮鬥。中國學生這一種團結自五四後即漸次鬆懈，鬆懈的原因一方面是因為中國一般革命運動因發展而分化，學生運動亦隨之分化，一方面是因為帝國主義及一切反革命派在學生群眾中的離間與挑撥。特別是在五卅慘案後中國革命運動特別發展而帝國主義與反革命派的陰謀亦愈甚，因此學生運動愈分化愈破裂。這種五四後的學生運動分裂的傾向在廣東特別的厲害，這是因為廣東革命運動格外高漲。所以運動的分化更厲害，反革命的陰謀亦更集中與兇惡。

所以運動的分化更厲害，反革命的陰謀亦更集中與兇惡。由國民運動發展而生的自然分化及反革命的離間這是學生運動分裂的客觀原因，在反革命勢力未打倒以前，始終是要破壞學生運動的。這種障礙的打破是在學生本身能團結，團結是打倒反革命的分裂陰謀之最好工具。所以五四以來中國與廣東的學生運動的分裂並不是完全由於反革命的陰謀，而是特別因為學生本身不能團結，因為自己不能團結的原故，使反革命離間的陰謀得逞。

於是學生運動有今天的破裂現象。與五四時學生的團結精神具有天壤之別。但是我們革命的黨人及做學生運動的同志都想望改變現在學生運動的破裂現象而把學生運動統一起來。因此學生統一運動的口號呼聲非常之高，特別在廣東近月來。雖然廣東學生統一運動進行非常之猛，然而進行此種統一運動的領袖沒有能完全明瞭過去廣東學生運動分裂的一切主觀原因而設法努力去消除之，某結果雖有心要運動統一而事實適得其反。兩月來廣州學生統一運動的結果就是成立兩箇學生聯合會，各學校裏亦發生兩派對

立的現象，廣州學生間的衝突從沒有像今天這樣的厲害。只抱了一片熱心去求統一而不去了解求統一之道，非但是不夠的並且常常壞事。從過去與現在的事實看來，我們要解決廣東學生統一運動必須打破廣東學生中間的兩條界線：

第一條界線就是學生群眾中有「革命派」與「反動派」的分別：現在中國學生一般來講，都是革命的，因為他們大都是小資產階級的子弟，他們家庭的經濟都是日益敗落，他們知道帝國主義與軍閥在中國的統治非特使他們家庭經濟困難並且使他們的前途絕望，因此中國的學生，我們可以說因為自己的利益是反帝國主義反軍閥的。學生群眾是沒有反動的，少數的領袖是有反動的。

群眾中間只有革命覺悟程度的差別而沒有革命與反動的分別。

某部分學生因為環境的關係或與革命運動隔絕的緣故，常常容易受反革命陰謀的影響及受反動領袖的欺騙，在表面上可以看見他們行為的反動，但是這不是某部學生的本心，他們是被矇蔽，他們缺少革命的覺悟，有時因為受人的排斥因而傷感情逼他們走到反動方面去。如果「革命派」對待這種未有革命覺悟的學生群眾能給以革命的宣傳，能幫助他們戰勝他們的不好環境。如果我們再能免除一些感情上的誤會，我們不歧視或排斥不覺悟分子，我們不把學生分為「革命派」與「反動派」，我們能把這一條人為的界線打破後，廣東學生的統一運動必定容易得多。我們相信現在中國學生中是有極少數的反動分子，但是決沒有所謂「革命派」與「反動派」之分有受反動領袖欺騙而被領導的學生群眾而沒有甘心做反革命的學生群眾。我們對於這部分受反動領袖影響的學生群眾不是替他們劃分界線拒人於千里之外，而是要以誠懇的態度接近他們使他們能有機會接受革命宣傳，我們要幫助他們脫離反動的影響，我們要披露反動領袖的罪惡使群眾明白，我們要引導他們到革命的道路上去。因為我們做學生運動是要聯合學生全體共同進到革命的奮鬥，而不是要學生分裂使反革命陰謀得逞。反革命分子亦常常提出反對把學生群眾分為反革命派，革命派的口號，不過他們提出這口號的意思完全是挑撥離間要學生分裂，與我們革命黨人反對分劃界線的目的，

完全不同，我們是要學生能團結起來，學生不致為反動勢力所利用，學生運動能統一起來，及學生能成為國民革命中的一箇重要勢力。

　　第二條界線就是教會學生與非教會學生之分。廣東有學生運動以來就有教會學生與非教會學生對峙的形勢。就是這一次廣州學生運動的分裂，在骨子裏仍舊是一方面是非基督教的學生。一方面是基督教的學生。因為廣東教會學校異常多，教會學生在數量上之多將在廣東學生運動中佔很重要地位。如果不能得教會學生到革命方面來，廣東學生運動是不能統一的。如何能把教會學生與非教會學生聯合起來，是廣東學生運動目前最緊要的問題。要解決這問題，做學生運動的人們，先要明白反對外國教會與反對教會學生是兩件絕對不同的事情：前者是革命的行動後者是分裂革命勢力的行動。外國教會在中國是帝國主義侵略中國的一種厲害的工具，教會矇蔽中國的青年，其目的要在中國造成一班奴隸擁護帝國主義的侵略；所以我們為中華民族解放起見非反對外國教會不可，反對外國教會應該是我們反帝國主義運動中的一部分運動。但是我們對待教會學生的態度就決不應是消極的反對。外國教會裏讀書的中國學生，他們是與中國學校裏學生同樣是中國人，大半是破產的小資產階級的子弟，都是受帝國主義的壓迫，他們應該是我們革命隊伍的戰士們。他們因為中國學校稀少或設備不周，進了外國帝國主義所設的學校；在這種學校內受了帝國主義的文化宣傳及外國教員的利誘與威嚇，常常不容易接受革命的宣傳，但是這並不是說教會學生天生就是反革命的。教會學生四圍是反革命空氣，處於惡劣的環境之中，因此使他們不容易有革命的覺悟或竟違反他們的本心而幹了反動的行動；這應該是有革命覺悟的學生的責任去幫助教會學生與環境奮鬥，去引導他們加入反帝國主義的戰線。教會學生雖然一方面可受帝國主義宣傳的矇蔽，但是一方面帝國主義學校與教員壓迫學生的行為亦可促起教會學生革命的覺悟，在革命的伍隊裏不乏從教會學校出來的學生。五四與五卅運動中教會學生是參加的。我們斷定教會學生中間雖然有幾箇人甘心做奴隸以外，絕大多數是可以走進革命的隊伍。我們對待教會學生不應是消極反對他們而應是接近他們幫助他們解除他們痛苦與披露教會學校與帝國主義的罪惡。我們是團

結學生不分其為教會與非教會，要統一學生運動不使革命勢力分散。帝國主義者他們是最歡喜我們中間分隔，帝國主義者為維持其在殖民地的統治，常用挑撥宗教與種族間的鬥爭使殖民地自己內部起衝突。教會學生與非教會學生們！我們不要受他們挑撥，不要中了他們的奸計呵！

現在中國北方反動勢力進攻很厲害，反革命搗亂南方革命基礎的陰謀亦更加緊，因此到處我們看見革命勢力各方面發生內部的裂痕，此種傾向特別在全國學生廣東學生運動中看得清楚。我們一定要除去以上所說學生中的兩條界線，除去分裂學生運動的兩箇主觀的原因，大家一致團結起來，然後我們才能夠對待外部來的分裂陰謀，才能夠達到統一運動的目的。廣東全體學生們在五四紀念——在中國學生最光榮的奮鬥紀念的這一天應該齊聲高呼：「回復五四學生團結精神呵」！

對於學生界今後的希望 [陳東原　張友鸞　紀]

原載《學生雜誌》，1926 年，第 8 卷第 10 號，頁 6-1

胡適先生在安徽學生歡迎會演說辭

今天承諸位歡迎兄弟，很不敢當。因為我是本省人，是應該回來服務的；不過以一時的需要在外省服務，又因為時間同地位的關係，不能常常回來；對於諸君很是抱歉。這次有機會回來，歡喜得很；一來是要看看本省都會的情形；二來是看看這次風潮中各方面的狀況；三來是藉此小小地給本省服一點務。這個機會很好，不過時機短促，不能想起許多話來談，現在只提出幾個問題：

（一）學生干政問題；

（二）學生自治問題；

（三）學生服務問題；

（四）學生求學問題。

這四個問題，我曉得都是學生、學生家長、同辦學人所注意的。我也不敢解決，只是提出來討論討論。

（一）**學生干政問題**：學生干政，起於八年「五四」以後，已兩年多了。這兩年來學生因為干政而荒廢學業和時間，辦學的人都認為極其重要的一個問題。去年「五四」，今年「五四」，我在北京報上都發表過紀念文章。處現在變態的社會當中，社會還沒有合法的政治機關－真正民意機關，要學生不干政，是不容易做得到的。若是政治清明，學生自然不應該干涉政治；所以學生干政運動，在文明的國家，學術昌明的國家，差不多都是沒有，──法國沒有，英國沒有，美國也沒有。在政治不清明的國家，沒有正當政治機關，所以不免有學生干政。俄國有學生干政，印度有學生干政，高麗有學生干政。不獨現在外國，就中國說罷：漢代大學生的運動，就有幾千人加入；下獄的下獄，慘死的慘死。晚一點在宋朝，那時大學生的勢力，可以彈劾「宰相」，可以彈劾重要的法官；很有許多「府尹」「宰相」為學生所趕走。

在明朝，黨派之爭最烈，那時只有書院，最重要的是東林黨。到清朝，這種學生干政的運動，也是很盛；自從康有為到京「公車上書」，一直到「革命運動」，莫不有學生加入的。——再到後來的「五四」。

在這變態的社會中，政治極不清明，所以一定要有知識階級加入運動，固如前說。但現在要解決的：「是否學生應該拋廢了學業功課來干涉政治？」在這一層，就應該討論了。從前的不講，現在我們的武器，就是「罷課」！這件事是否正當？——我們所作的事，沒有什麼不正當，這自然也正當的了！再問是否有相當的代價？又問罷課以外，是否還有更好更大的方法？

第一，照我個人的主張，不贊成「罷課」這種事情。罷工可以的，罷市可以的；但是罷學覺得不大好。罷工可以抵制資本家；罷市可以使人沒米喫、沒鹽喫，使社會上受很大的警動；至於罷課，我們的損失很大，而不足傷我們的仇敵，這是第一層。

第二，罷課可以養成種種不好的習慣。有些人極力做事，是可敬的，但是方法不好；再還有些人借此躲懶，養成拋學的心理，這是我四年中教育的經驗。有這躲懶拋學的心理，後來便借罷課，設法延宕：只要罷三天的，卻罷五天；只要罷一次的，卻罷到許多次。像這一次的罷課，我們以為兩星期就可沒事；誰知一直到了現在！

第三，養成依賴群眾的心理：做事不限定於群眾；群眾在一塊，只是示威表示態度。其實現在還用得着示威嗎？在抵制某國貨的時候，還可以結合群眾，將某國貨打壞就算了事。現在擎起白旗子，結起隊來，也不足以嚇人的；這種壞結果，只是養成了不負責任、依賴群眾的心理。所以自「五四」運動以後，——安徽不算——除一時幾個領袖以外，就沒有了；這是因群眾不能夠造成領袖的緣故，所以如此。

再總括來說：

一、罷課不是好的武器；

二、養成躲懶的惡習；

三、養成依賴群眾的心理。

除此以外，有沒有好的方法呢？——我以為有的。現在我們不來干預政治，還有誰呢？只是以後，我們不以罷課為武器；因為罷課這件事，不但敵人痛快，社會厭惡；個人也死了——個人的精神死了！我以為好的方法，是「個人運動」。我們實有幾個人熱心，有這個膽子，有這個決心，我們便二個人，三個人，五個人結合起來；我們以為要幹，就去幹。不要依賴群眾！——真正勇敢的人，不靠群眾。——做秘密的運動，可以的；依賴群眾做事，不可以的。這些事都用不着公開，公開的會，都帶有風頭主義。凡有效果的舉動，決不帶有風頭主義，這是我第一個意思。——「以個人運動代替群眾運動，以秘密運動代替風頭運動」。這一種組織才可收一些效果。諸位要真有決心，有勇氣，有膽力，只有這個方法。

還有一件事情還沒有做完；如姜高琦這件事情——事實上有公開的需要時，也是一種苦衷，這裏有一個辦法，可以拳代表制度代替群眾的運動。姜高琦死了，我們罷幾天課示哀，可以的；一定說姜高琦不葬，我們不安心上課；——諸位要留意這句話，一定是貪懶學生說出來的。我以為少數人可做的，就讓代表做去；要全體罷課做什麼事呢？讓代表做去，可以不荒廢學業，一方面還可以訓練幾個領袖。——這是我告訴諸位的辦法。

拳代表制來代替全體的運動，這的確可以示威，可以干政，可以辦事。這是第一個學生干政的進言。設如諸位有這個決心，就很好；而且做事還要在課後。我說話最老實，在什麼地方說話，都是這樣。我知道我的話很有些不中聽，但是在親熱的同鄉面前，自己不覺得的。

（二）**學生自治問題**：學生自治，先要留心這個「治」字。自治不是無治。現在以為自治就不要治，這是一大誤解。第二誤解，以為學生自治，是學生來管理學堂。自治原意，是因為有許多地方受外力加人之管理，不如學生管理自己的力量大。

第一，學生所以要有自治：課堂、飯廳、出入、休息，這種種的事，人來治他，他偏不這樣做；自己發起自治會自己禁自己，倒還可以做到；因為可減少許多反動力，所以自治比外力加入之「治」功效大一點。

第二，自治可以養成人材：受人的治，只多養成些服從奴隸性；我們希望打破這種舊制度，讓他自治，發展他的人格。

第三，學生有許多事是教職員所不能知道的，便不能管到；只是學生自己切膚的事件，讓他自己管去，可以補學堂的不足。

這樣講來，自治並非單重「自」的方面，是應得重在「治」的方面；假如自治而不能治，那可就喪失自己的人格了！是有很大危險的。這是就原理方面講；再向方法上面說，我以為必先造成一種訓練方法，要有一種好組織法。

一，我們應當如何提議，如何表決，如何修正？最重要的部分，是會場秩序，會議規則；如沒有這種，就是沒有訓練。

二，自治還有一個條件，是要容納少數人的意見。以多數而服從少數，這是暴民的專制，因為少數應當服從多數。但是自治最重要的，是注重共和原理，假如以多數迫着少數，叫他不能夠發表意見，那是「非共和」原理的。譬如我們大家要罷課，有少數人反對，大家一定「摩拳擦掌」，呵！「豈有此理」？「豈有此理」？這種對付，我常常見的；其實少數人的意見，每每也有很對的。我們應保障少數人的意見，便可採用無記名投票法去表決。

三，既說多數，究竟怎樣才是多數呢？少數人的權利，我們不去阻礙他；少數人的主張，就有漸漸變為多數的機會。今天是我一人主張的，但社會不贊同，可以今天鼓吹，明天鼓吹，今年鼓吹，明年鼓吹；要使我的主張，以後漸漸變成多數。所以必定要求這種權力，有自由鼓吹的機會；使少數主張，變為多數主張，有意見就發表，使人人的意思，自由發展。

這是學生自治問題中極重要的三件事：

一、要有一種好的組織法；

二、要容納少數人的意見；

三、要使少數人有自由鼓吹的權利。

不如此，就容易成一種暴民自治。有話不敢說，是懦夫的行為；少數人雖然不能不服從多數，但是應讓他的意志自由發展，能使他引起他三個

人的同意，三十人的同意，三百人的同意，三千人的同意，三萬人的同意，成為多數主張，也是意中事。

（三）學生服務問題：「五四」以後，你們曉得你們的事，非社會幫助不可。結果覺得社會知識淺薄，必定要給他一點知識。所以像半日學校，平民學校，平民演講，都很重要。但是對於這件事，我們還要覺悟，我們不應該存一個「知識階級」開化「無知識階級」的態度；因為我們的學問，多是書本上的學問，是死的，是假的，我們這書本上的學問，要運用到事實上去，才可以互相為用。比如說洗手上穢要用肥皂；必定要運用你的化學知識，才是真的活的。再如風的作用，你就和他講空氣壓力等等，都是運用書本上的學問到事實上去的機會。假使我們單是學些膚淺的講演，舉出旗子說：「我們要愛國，要愛國！日本是我們的仇敵！」這種話只能說三天，再說就一點味道也沒有了。

我希望學生在社會上服務，用我們學得的知識，給這些沒有機會的人；作一件事，自己得一件的長進。學生在社會服務，切莫要忘了我們是學生！

（四）學生求學的問題：學生自然是求學的；我現在說格外應該求學。因為前面的問題，都要學生去做；而社會上的青年，在這時候不能供社會需要，這中間就要有學識才行。學校求學，好像一個擺渡船，先是青年時代，經過學校生活，而至社會。我們在這青黃不接時候，要趕忙起來，使從前沒有的也有，從前不好的都叫他好。若是以為社會事情很多而拋荒求學，那是極不對的。

各種事情都可以做，只不要妨害求學，不妨害求學的，不論是干政，是服務，都可以的。諸君做事的時候，只不要忘記自己是學生，不要妨害自己求學。總而言之：凡是達我們求學的目的應該做，凡是妨害我們求學的目的不該做。這雖是很淺薄的老生常談，但是很不錯。

現在學校裏有一個壞習慣，就是嚴格的教員學生往往給他一個「下馬威」，趕他走的。諸位！凡是使我們能夠得着學問的，我們應該受他嚴格

的考試：凡是敷衍我們的教員，就是天天請我們喫館子、逛胡同、遊公園、都可以，但我們還是要反對的。這雖是消極的，卻很重要。學生既要求敷衍，教員也不得不敷衍；因為不是這樣，就不足以圖存。——好的教員，也決不能留住了。簡單一句話，無論什麼事，總不要忘記學生是學生！

今天承諸位歡迎，我忘其所以，說了一點半鐘的囉唆話，實在對不住的很。不過有一種人，天生不會說使人原諒的話，——不幸我也是其中一個。這一層還要請鄉人兄弟姊妹們原諒的！

胡適之先生這篇演辭，雖是對安徽學生說的；裏面的話，卻句句對現今全國學生說的。「針針見血」。我們記的時候，心在那兒不安寧的很，不住的顫，我們心葉兒要被這一場話炸碎了。朋友們！你讀了以後，也起什麼一種變幻在腦筋裏麼？

十，八，十五，在安慶一中。

青年求學與救國運動 ［羅香林］

原載《學生雜誌》，1926 年 1 月 5 日，第 13 卷第 1 號，頁 13–2

「說得更來夜又長。」一提到青年求學與救國運動的問題，我便有無限的熱烈的感想，如潮似泉，禁不住的要從我的心坎裏噴湧出來。固然，像我這個「駑鈍下駟，文質無底。」的人，提起筆來，自然不能將心裏的懷抱，盡量的表現，終且不免要惹人譏笑。可是我的心兒，總是不肯把她那急於噴發的泉流，壓將下去，強奪生劫的要我這隻手，提起筆來，為她發洩。

一　青年學生，為什麼要出來講救國？

說起救國兩國字，真的要令人灑淚。因為今日的中國，已如臨近懸崖的走馬，此刻仍不勒住彎頭，一失足便成千古恨！我們試看環境的虎狼，這個張牙，那個舞爪。這幾十年來，割我地方，奪我金錢，關稅協定哪，領事裁判權哪，治外法權哪，內河航權哪，礦山開採權哪，築路護路權哪，……無條不毒，再苛沒有，弄到我們中國變成一個世界上獨一無二的次殖民地式的國家。再看國內握軍權的上將，中將，督軍，督理，和那些自號某某總司令，某某總指揮們，你也稱討賊，我也稱討賊，彼此殘殺不已，槍煙霏於蘇浙，彈雨濺於燕雲，嶺南則骨血交飛，蜀道則肝腸寸斷。而且盜匪充斥，游民徧野，打家劫舍殺人放火的

聲音，無日不驚人耳鼓，橫覽神州，不復有一片乾淨的土地。值此內憂外患，交迫而來，危急存亡，千鈞一髮的時候，我們但人人抱着得過且過的觀念，不管他三九二十七，國家要亡便亡，要滅便滅了嗎？我想四萬萬同胞，都是神明華冑，祖宗嬌子，個個都有血性，個個都要體面的，一旦國亡家破，為人奴隸，恐怕太難為情，忍不下去。那末，鑄造輿論，迫促列強的覺悟，使他們自由解除他那捆紮我們中國的索子，——不平等條約嗎？彼輩狼子野心，要想單從輿論促其覺悟，簡直是不可能的事。我們一致哀求那些軍閥們，請他們解息內爭，協力禦外嗎？他們最要緊的是金錢和地盤，沒有金錢地盤，任你頭撞破，眼腔哭腫，他那烏漆漆的心肝，總是搖不動的。我們赤手空拳的青年，那裏來得到一箱箱的金錢，一塊塊的地盤，去奉申賀敬呢？那末，求官僚政客，請他們利用政治手段來救亡嗎？他們的衣食，都是仰給於軍閥的，陞官發財，是其目的，沒官陞，沒財發，便沒話可說。虧我們不是專制時候的皇帝，說不出大賚群臣的話，他們那裏肯去救國？那麼希望那自號「當代宿儒」「國家元老」的先生們，多多地說他像那九鼎這般重的話，使軍閥息戈，官僚趨正嗎？他們墓木已拱，神志已昏，哪裏還管得到真的國家危亡，就使有時拍幾通無聊的息爭電報，亦誰能教軍閥聽從？至於教書的教員教授們，和為工為商的同胞們，雖非全無熱心救國的人，可是鳳毛其數，獨力挑不起這般重的擔子。那麼到底差誰去挽救呢？諸君試想一想，除掉我們年富力強，資質純潔的青年學生，——社會的中堅，——將來國家的主人翁以外，還有可以出來負擔這個重任的麼？

　　我們試看，像本年五六月間，上海、廣州、漢口……的慘案，不是我們青年學生，親蹈白刃，為民眾的倡導，那裏能夠得到全國的同胞一致說取消不平等條約，打倒帝國主義呢？這樣看起來，可知救國這個擔子，我們青年學生是責無旁貸的。

二　消極的救國運動與青年求學

　　救國的責任，我們青年學生實在是辭無可辭的，也許是不願意去辭的。可是求學和救國的關係，是非常之大的，我們學生若是不明瞭這種關係，便會走入歧途，而不能自拔。茲先言救國的方式，而後討論其與青年學生的關係。

救國有治標治本二式，為明瞭界說起見，舉例如下：（A）治標式的救國。單從已表現有阻礙國家社會前途光明的人或物，加以抨擊，或更張，如最近的取消不平等條約運動，關稅自主運動，和五四的拳打國賊運動……皆是。換句話說，就是消極的救國運動。（B）治本式的救國。切實考究國家釀亂的原因，積極從事改進，務使與世界上最文明的國家，同在一水平線上上進，——或者上進的速度，還要比牠更大，如發展國家工商業運動，提高國民的人格運動，……皆是，換句話說，就是積極的救國運動。

　　普通號稱愛國烈士的，總是單從消極方面做工夫，他們的態度是客觀的，他們所採的手段是治標的。他們一種熱烈的情感，勇往直前，奮不顧身的精神，自然是很可欽敬，很可服膺。不過偏向治標式去挽救中國，恐怕得不到圓滿的結果，救不開這個亡字。因為中國今日的狀況，不僅是形式上的紛亂，最壞的還是精神上的疲弊。改換形式，固然不錯，但一味更張形式，不講精神，形式弄好了，仍舊不能保守。而且禍國殃民的事，人人都會做的，若不根本把人格提高，像今日這般賣國賊，難保其不層出不窮，我們青年縱有斗大的拳頭，也打不勝打，哪裏會有澄清的日子？

　　至於說到我們青年學生來做救國的工作，那就更不能偏向治標式進行。怎麼說呢？我們入校的目的，不消說是求學，而且希望自己能毅求到一副高深的學問，於社會有所貢獻。從狹義上說，為學為人，同是一道，求學即是為人之道，為人也不外行為學的事。為人之道，為古今學者聚訟的焦點，非本文所當詳細討論者。可是維持個人生活的技能，和其他各種應付環境的方法智計，總算得是為人之道的一部咧。處此生存競爭，優勝劣敗的時候，若無相當的技能，便不能在社會上混活，逃不脫自然淘汰的例子。我們青年學生，若是整日整夜單從治標式去做救國工夫，把所讀的學科，拋到九霄雲外去，那末學問何由而生？技能從何而得？將來何所恃以謀生？國家雖幸而未亡，更有何資格去享受大國民的幸福呢？

　　再進一層說，國家即由眾多的人民組織而成的，人民程度的高低，和國家的盛衰，成正比例。未有全國人民的程度，均高出於同一空間時間之其他各國的人民，而其國家反不隆盛；也沒有全國人民的程度，較同一時間空間之其他各國的人民，相差甚遠，而其國家並不衰亂的。今日中國的衰亂，

一般人都歸咎於軍閥之專橫，官僚之腐敗，工商之苦窳。不知他們之所以專橫，所以腐敗，所以苦窳，都是由於他們欠於學力，知識偏枯，修養未到，道德薄弱，致為物慾所利用，為環境所征服，換句話說，就是他們「人的程度」不夠。人民程度的高低，半由先天的遺傳，半由後天的煅煉。先天不足的，苟後天加工煅煉，也可變成為高。我們同胞是演有數千年文明歷史的子孫，其先天的遺傳，不可謂不厚，特以後天無相當的煅煉，故致「人的程度」低下而不可問。我們青年學生，個個若能努力煅煉己身，使其「人的程度」增高，——更進而使全國人民的「人的程度」增高，自不難變為東方大國的中興偉人，飽啖其大國民的風味。若不及時從事煅煉，自甘暴棄，或竟錯誤了，竭全部的精力，做治標式救國的工夫，「人的程度」已不甚高，任起事來，不一定便能不為物慾所利用，為環境所征服。說甚一些，就是再蹈前此軍閥，官僚，工家，商家的專橫，腐敗，苦窳的覆轍，也未可知，哪裏夠得上稱為救國之士呢？倍根說得好。「未學妄為，危險最甚。」所以我們討論救國的事，實在不能不兼講煅煉己身的事。煅煉己身，所以救己，救己之道，無過求學，——求為人之道。

據上兩種理由，對於單從消極方面去做救國的工作的朋友們，我便不能不下一懇摯的忠告：

我們青年學生從事救國運動，須求於國家有極大之效果，不可把救國救己分為兩事，人人把救國與救己分開，中國便無可救藥。最好積極從治本式上做工夫，遇必須從消極方面着手時，就抽出一部分的精神和時間去幹，惟要越發勉力，使無荒所學。

三　學生救國的根本方式

積極救國的運動場，本來是很大的，運動的種類，也是很多的，非上面所據的發展工商業，……幾條例子所能包括，也非像這短篇文字裏所能討論周詳的。不過從運動的原則上看，總可以悟得到運動的步驟，數目儘管多，總有一個單位可尋。上面我已經說過，我國工商的苦窳，政治的腐敗，……，都是因為他們缺乏後天的煅煉，「人的程度」低下。那麼，就要發展工商業，……，也少得先要全國的同胞，——尤其是我們青年學生，人人積極煅煉己身，先提高其「人的程度」，而後才能做事，才有事情可做。

以上一段話補敘完了，我便忍不住的要把學生積極救國的根本方式寫將出來。

一、**練膽志**　「天下無難事，最怕有心人。」我們立心救國，苟能堅其志氣，百折不撓，帝國主義者，儘管利害；黑心軍閥，儘管跋扈；官僚儘管貪污；盜匪儘管慓悍，不愁不遭我們的宰制。但是這膽志兩個字，並非不加煅煉，而能堅強的。好逸惡勞，畏難懼險，這是人的通性。苟我們不煅煉其膽志，平時雖雄心勃勃，一旦遭着橫暴障礙，天傾地裂，風動雷飛，豺狼在前，虎豹躡後；抑或遇着引誘物品，多方牽掣，往往便心寒膽碎，志換神移，往日豪氣，一蹶不振！練膽志的方法，第一即在打破這種橫暴，障礙，引誘。無論讀書做事，按志前行，志之所在，雖天荊地棘，都須奮鬥，而後志乃可立，膽始能定，幸福之神，才肯前來迎接。我們須知國家是眾多民志集合而成的；政策是集合眾多的民志，同心僇力以向一定的方向進行的，故國家建築於人民意志之上，幸福發現於人民意志之中。苟能按正當的途徑，努力奮鬥到底，沒有不成功的。朋友們！練膽！練志！

二、**宜實事求事**　中國人，——尤其是中國的學者，最大的通病，就是好高騖遠，離實就虛，無論做什麼事情，總以支離神秘為雅，切實為笨，弄到是非不明，得失莫辨。入民國後，病勢益重，凡是西來新說，便不問適合國情與否，就把牠為出風頭的工具，大吹特吹，責國人去信仰，甚至依牠為進身榮顯的階梯。他們見近日歐西有少數學者，詆罵科學發達，足長社會紛亂，便在祖國高唱玄學救國的論調；見蘇俄勞農政府成立，便在祖國，大叫共產，特叫共產，大叫剷除資本家，特叫剷除資本家。不知今日中國的病症，正在於無知和貧乏，科學基礎尚未建立，日常用品，悉自舶來，信使努力研究科學，二十年後，恐怕仍說不上工業發達，外無漏卮的話，那會見今日便有科學為厲的痛苦呢？歐美列強，其國民貧富懸殊，資本家肆意專制，貧民無所聊生，故社會主義運動，乘時而起。今日中國工商凋弊，百業荒廢，四民空虛，形同無產，方且鼓勵協社企業，發展工商，以抗列強之經濟侵略，以救危亡之不暇，那裏便須於無產國裏叫喊共產呢？處此雜說紛乘之際，苟非有慎審求實的精神，則不知真利真害之所在，孟浪信人說話，定必誤入歧途，一來貽害社會，二來適戕自己。故我們青年學生，第一要清滌其腦筋，

養成一種崇實去偽的習慣，事無巨細，都須核其虛實，明其得失。一心求是，事事踏實，這才是青年求學的態度，也許是救國的態度。

三、宜勤勉憤發　碧睛兒批評吾族，一則曰：「老大病夫。」再則曰：「東方憤民。」這兩句話，端的可謂中國的知言。試看我國的官僚，政客，和那些號稱闊老的，以及一部分無聊無恥的偽教育家，——甚至有一部分有名無實，自暴自棄的不肖學生，他們每日頂早要上午十二句鐘才得起牀，起牀後穿好了衣裳，洗好了面孔，喫過了酒飯，就是沒有別的玩意兒躭擱，已是三點多鐘了，況且太半還要打牌，吹煙呢。一會兒黃昏到了，便邀朋約友，逛窰子咧，打茶圍咧，聽戲咧，（北京天津一帶的惡習。）上舞台咧，游夜花園咧，訪長三么二咧，（上海一帶的惡習。）落花艇遊河咧，吊花牌陪酒咧，逐車貨咧，（廣州汕頭一帶的惡習。）各從所樂，應有盡有，直到五更，才得回來。至於幹起事來，則心猿意馬，沒緒沒頭，隨隨便便，馬馬虎虎，大事化小，小事化無。譚會約嗎，相約日中，黃昏才至，訂期午刻，到來申時。似此懶懶惰惰，昏昏沉沉，周身麻木的老大病夫，若不延醫調治，就使前無敵人的攻擊，也將自行就木，何況楚歌四逼，戈劍兼施，那裏還有延年益壽的道理呢？彼英美國民之所以能佔世界上優越之地位者，並非他們天賦的才能體力，較吾儕為厚，考其原由，也不過從勤勉憤發四字做工夫。我們須知學問不尋人，人須尋學問，流光不留人，人須借流光。處此二十世紀萬類競爭的世界，我們青年學生，苟不改其懶惰習慣，勤勉求學，反把有用的體力和時光，擲之於閒談博奕睡眠飲宴之中，不獨求不到好的學術和技能，甚且即遭亡身之禍，那裏還配說救國呢？傳曰：「民生在勤，勤且不匱。」請書此為座右銘！

四、崇節儉　節儉為立身的第一要務，不能節儉，便不能立品。世間倒行逆施，寡廉鮮恥之徒，何一非奢侈放縱所致。按經濟學的定則，消費之額，不可超過生產。試觀我國，除了窮鄉僻壤的農民以外，能按正當生產而消費的，究有幾個？西人批評吾國民姓曰：「好造罪惡。」我國民並非生來便喪心病狂的，何以獨喜歡去造罪惡呢？這不是因為奢侈的緣故嗎？軍閥官僚，惟好揮擲黃金以逞威風——或買妻妾的歡笑，——或買高級軍閥官僚的寵愛，消費之額，超過生產，故不惜敗名喪節，冒恥忍辱，劊地皮，剝民脂，——

造無量的罪惡；嫖賭吹的人，惟好嫖好賭好吹，消費之額，超過生產，故常賣朋害友，騙詐金錢而造罪惡；無學無聊的偽學者，惟好擺架子，好作大方，好競服色以取悅異性，消費之額，超過生產，故不惜瞞昧天良，借市僧式的教育，以劫奪青年學生的金錢，——或奔走權門，巴結軍閥，——或獻身外人，自任走狗的責任，宣傳外人種種侵略政策，促成外人種種侵略的紀功碑。我們青年學生啊！他們能夠自己生利的人，尚因不能節儉，致失其身，遭我們我痛罵；苟我們尚在分利時候的人，竟也奢侈放縱，萬一習慣成了，將來置身社會，難保無入不敷出之虞，廉恥觀念雖深，其能不為所搖動？今日己持以罵人的，他日人反持以罵己，寧不可憾！我們青年學生呀！其速向節儉這條路跑啊！

　　五、敦品行　人品於人的關係，好像魂魄之於人身，人無品行，如身無魂魄，魂離體則身亡，人無品則身廢。在這貪婪巧詐，卑鄙無倫，紛擾不了的中國，什麼事情都還可以從長計議，惟有提高人品運動，卻不能稍假一分一秒的通融。因為不講人品，到底人是人，事是事，不是人做事，乃是事做人，人和事離開，便不怕你說得天花亂墜，千道萬理，總是無補時艱的。敦品的信條極多，自來學者所標舉的，也各有偏頗，現在單從幾條尤為重要的，抽出來討論。(A)知恥：《詩經》上有句很好的教訓：「相鼠有齒，人而無恥，人而無恥，胡不遄死？」因為人已無羞恥的心，便無所謂是非，無所謂道德。黠焉者，不惜害國害群，造蹈天瀰地的罪惡。懦焉者，甘心為暴徒的奴隸，度地獄式生活。他們不死，紛亂不止，他們不亡，枉廢穀糧。所以我們青年學生，讀書也罷，做事也罷，救國也罷，總要不忘卻恥字。(B)廉潔：金錢萬惡，無人不知。見財則取，為中國人的通病，造罪以取金錢，藉金錢以造罪惡；罪惡換金錢，金錢益罪惡，一部中國近代紛亂史，莫非不廉一事所造成。挽頹風，振澆俗，責任伊誰？青年學生。(C)誠實：中國自來的學者，均講誠實，其實世界上最不誠實的還是中國人，中國人中又以號稱學者的不誠為尤甚。在昔聖人的「亡時往拜。」孝子的「三年居喪。」名士的「浮文飾過。」種種不誠，姑不具責。最可恨，入民國後，不誠的風氣，越發加長起來。明明借辦學名義，聚斂金錢，便美其名曰：熱心教育，為國儲才；明明程度低下，校中除掉幾個飯桶以外，已無長物，便要大吹

特吹，某某大學，某某專門，設備完善，教授多著名博碩；明明胸無點墨，便要大著其書，特著其書；明明文字爛屎不通，便說學有深造，識見宏超；明明受人利用，為人走狗，便說良心主張，不惜犧牲。要是同黨，便不管事實，一味吹牛，或吹己，或吹人，或互相標榜，五花八門，煞是好看，事實具在，無可諱言。我們學生須知信口雌簧，不顧事實，不獨有損個人道德，抑亦淆亂是非，大可促進國家的衰亂。負有救國的使命的人，烏可不誠。（D）信義為處世的寶筏，人如不講信義，群必畏而惡之。取惡於群，則社會上一切應有的權利，都難以享受，終且不免因此亡身。孔子謂：人而無信，如車無輗軏之不可行，真是恰切的話。我們青年，救國也罷，救己也罷，離卻信字，可決其不能成功。

以上五項為救國救己的還元劑，顯面看來，雖屬平淡，要其實則寒熱適宜，剛柔得中，救死還魂，端賴此藥。而且價值不貴，服法簡易，不廢錢，不荒業，隨時隨地，均可服食。老者服此，返老還童；弱者服此，反弱為強；有病服此，百病消除；無病服此，延年益壽。我們青年學生，真的能夠把這五味還元丸時時服食，由勉強而習慣，由習慣而嗜好。一面自己服食，一面勸全國的同胞服食。人人自己的「人的程度」漸漸提高了，那末其他工商問題，教育問題，政治問題，外交問題，也就漸漸可以解決了。這種運動的速率大，國家的進步也大，這種運動已登峯造極了，國家也就文明極了。已達文明的境界，而吾儕又加其運動焉，那麼中國的文明，也就高至於不言可喻的境地了。朋友們！努力！努力！

四　總論

我的話已完，總結如下：

一、今日的中國，已達顛危的極點，此刻不講挽救，決難免亡國的慘劇。

二、我們青年學生，須徹底覺悟，現在的中國，除了我們青年學生以外，便無人能夠實心去做救亡的工作。

三、我們學生從事救國運動，不可偏向消極方面進行，偏重消極，並弊有二：（一）效果不大，不能達到我們救亡的目的；（二）妨礙學業，於我們將來生存影響特大。

四、我們青年學生，為求國家最大的福利，使不即於淪亡，和提高其個人的「人的程度」，——救自己的危亡起見，不可不積極做治本式的救國運動。

五、我們學生，遇國家必須用消極的手段去做救亡的工作時，須抽出一部分的精神和時間去幹。惟此時須越發奮勉，使無荒所學。

六、積極救國運動，第一步在於人人努力煅煉己身，使自己的「人的程度」增高。

七、煅煉己身的根本方式：（一）練膽志；（二）實事求是；（三）宜勤勉奮發；（四）宜節儉；（五）敦品行。

八、敦品行運動，尤為今日中國不可一分一秒遲滯不進的事。其中信條：(A)知恥；(B)廉潔；(C)誠實；(D)信義。

九、我們青年學生，真的能夠把上述五種方式，積極進行，一方面煅煉自己，一方面勸全國同胞，煅煉其身。使全國人民的「人的程度」漸漸提高，國家一切問題，自可迎刃而解。

十四，九，九，稿於廣東山廬。

學生與救國運動——
敬質蔡孑民先生　［牧武］

原載《中國學生》，1926 年 3 月 6 日，第 18 期，頁 63–67。

　　誰也知道，學生時代之最大任務是讀書，求學。然而在現在帝國主義與國內軍閥交壓迫的中國現狀下面，一般國民的生活都淪於異常的痛苦與不安；至於學生，則更因家庭生活之動搖，學校教育之腐敗以及政治之黑暗與失敗種種的刺激而決不能安心讀書，求學的可能。因為實際生活之痛苦與客觀環境之壓迫，使大多數之學生不能不於讀書求學而外，投身作民族解放之運動以爭取一般民眾與學生本身之幸福與自由。這不但是中國學生之最不幸的遭際，並且是國際半殖民地的中國現狀下之一種特殊的，變態的現象。

　　老成碩望，言行素為多數青年所景仰的蔡孑民先生，此次遠自海外歸來，於下榻申江之始，即於旅滬北大同學之歡迎席上對目前中國學生的救國運動予以切實的批評與指導（見二月十七日《上海商報》）。蔡先生不滿意現行的學風與愛護學生的熱情，溢於言表。然而我們於蔡先生所發表的言論中，看出蔡先生雖未公開的反對學生之參加救國運動，但同時消極提出種種限制學生救國運動的條件，甚至於阻遏學生救國運動的原則，其結果恐不但不能使學生救國運動有適當的發展且將使一般向來仇視學生救國運動的反動軍閥與反動教職員利用蔡先生的言論以破壞學生救國運動而完全失去蔡先生發言之本意的。因此，在本文中提出對蔡先生立論的懷疑之點以及我們對於學生救國運動的主張，就正於蔡先生並質之於全國同學。

　　蔡先生批評學生救國運動立論的要點有三：一，「學生救國，一時因種種必要，或服務某種機關，或為群眾運動，雖無不可，但如何方法，使學生有充分修養，以備將來救國，此猶為重大問題」；二，「在校學生，一方面是國民，一方面是學生，國民應當為救國運動，學生應當讀書，兩種資格應當分開」；三，「學生應當愛國，但不應以學生或某校學生會名義去做」。茲請就此三點，逐一討論於後。

蔡先生既承認學生運動，在「國事紛亂如今日，無論就人道主義或其他主義說，總不能免」；但同時又以為「如何方法，使學生有充分修養，以備「將來」救國。此尤為重大問題」。我們要知道，現在的多數學生並不是不願意「有充分修養，以備將來救國」，不過多數學生所覺感最痛苦的在目前帝國主義與國內軍閥交相壓迫的中國現狀下，兵匪遍地，內戰不息，多數學生之家庭狀況，日在動搖墜落之恐慌中，教育經費剋扣殆盡，不良教職員各地充斥，使國內多數學校日淪於破壞倒閉之境地。多數學生處在受壓迫犧牲之地位，縱然十二萬分的希望在學校中得「有充分修養，以備將來救國」，在實際上是不可能的。例如北京女師大的學生，決不是不願很平靜地往在女師大從事「充分修養」，然而章士釗終於命令劉伯昭帶領三河老媽把伊們毆曳而出；長沙武漢的學生，也是安心想有「充分修養」，但是趙蕭諸公以及一般不肖教員卻對他們不斷的壓迫，以致演成全體罷課，武裝解散學校，大批學生被開除，學生領袖被監禁種種的悲劇。再者在目前帝國主義對中國民族厲行屠殺政策與武力侵略的時候，亡國滅種之禍，迫在眉睫。例如，五卅之各地大慘殺，日本出兵滿洲，英人對封鎖粵港海口，無一不是關係國家民族生死最嚴重的問題，全國學生以至於任何職業的民眾一致奮起，抗爭不遑，如何還能夠說「以備將來救國」？更何況所謂「安靜讀書，以備將來」是段祺瑞，章士釗以至於各省軍閥教職員所用以鎮壓學生運動，早為東交民巷諸列祖列宗所拍掌叫絕的符呢？

關於救國運動所必需的知識與修養，是要在不斷的實際反抗壓迫的鬥爭中去尋求的。在目前中國教育現狀下，決沒有給與青年以「充分修養」之機會與可能；中國客觀環境對於學生救國運動之急迫的需要，更顯然等不及「將來」。

其次，蔡先生主張把學生資格與國民資格分開。在校學生，就國民資格說，「當為救國運動」；就學生資格說，「應當讀書」。其實，從五四以迄於現在，學生之從事救國運動，從沒有如蔡先生所主張一樣把學生資格與國民資格絕然劃分過，並且我們以為蔡先生所主張的「資格應該分開」是不可能的。我們固然知道學生是國民中之一部分，但是學生之參加救國運動，絕不是以一普通之國民資格而僅只為保障一般國民之普通利益而參加的；學

生之參加救國運動，乃是因學生之特殊的生活環境之壓迫（如家庭生活動搖，教育經費拮据，教職員不能滿足學生要求）而參加的。學生參加救國運動之目的，除了為求一般國民之共同要求（如廢除不平等條約，爭取民族平等自由，反抗帝國主義軍閥之壓迫等）之滿足而外，更迫切的是在要求學生特殊利益（如增加教育經費，改革教育制度，裁汰不良教職員等）之滿足。因此，我們若在學生參加救國運動中主張嚴格的把學生資格與國民資格分開而僅以國民資格救國，其結果將會失去一部分學生參加救國運動之根本主義的。再者，過去從五四以迄於五卅，歷次學生發難反抗帝國主義是目前全國國民一致的要求，一半卻是因為在「重士」的傳統思想太深的中國社會裏面，學生之行動比較易於引起社會之重視與同情。

學生的群眾運動，在目前已成為推進中國政治變化之一種很大的勢力。趙家樓的火因為是「學生」放的，所以震動全國而被認為是「學生」痛懲國賊的快舉；南京路放槍因為打死了很多「學生」，所以能夠點然全國民族革命運動的烽火而使帝國主義為之魄喪魂飛。因此，我們若主張學生要把資格分開而僅以國民的資格去救國，其結果是要使整個的民族運動失去一部分重大的影響與力量的。此外，還有一層，現在各地軍閥，反動教職員摧殘學生救國運動的惟一口實，就是把學生的國民資格完全剝削而主張學生只應讀死書絕對不許過問國事。蔡先生主張在校學生以學生資格讀書，以國民資格救國，雖然與軍閥，反動教職員之反對學生參加救國運動絕然有別，但同時卻難免供給他們反對學生救國運動，無意的添了一種「此教育界名宿蔡先生之言也」的保障。

因中國現實之客觀需要，學生是必須參加愛國運動，其原則應該是讀書勿忘救國，救國勿忘讀書，但決不能說是劃分學生與國民的資格。

蔡先生因為主張把學生資格與國民資格分開，因此就反對「以學生或某校學生會名義」去做救國運動。自從五四以後之一切學生救國運動，無一不是以學生，學生會，學生聯合會名義去參加的。蔡先生既云「良山上總覺得非校正不可」，不知是否曾於過去以學生，學生會，學生聯會的名義參加救國運動之經過中，發現了甚麼「非校正不可」的流弊？學生既不能僅

只是以普通國民的名義去參加，所以學生會，學生聯合會在組織的意義上並不是一種專做參加校務，改進學生利益純文化性質的組織，根本就是應該參加救國運動中的帶政治性的組織。學生會在中國目前特殊的現狀下面，不能認為是純文化性質的組織，猶之於工人的工會，農人的農會不能認為純經濟性質的組織一樣，因為這些民眾組織，於改進其本身的文化的或經濟的利益而外，同時都是要參加政治鬥爭，從事救國運動的。再者在過去一般民眾之反帝國主義的政治鬥爭中，學生會已成為一般民眾組織中之一部分衝鋒陷陣，勇敢無畏的勢力，今蔡先生既反對以學生會，學生聯合會的名義做救國運動，把學生會在組織上之政治的意義完全抽出。這一方面自然是不可能，一方面對於整個的民族解放運動上是何等的損失！

學生會，學生聯合會自五四運動發生以來，始終是帶政治性，在中國全部民族解放運動中負有重大責任的一種群眾組織。反對以學生會名義做救國運動，是要減少全部民族運動之勢力的，並且是不可能的。

以上所說，是我們對於蔡先生演說中之不敢同意之大致的幾點。蔡先生此次旅歐甚久，一者對於國內情形多少有些隔閡，再者或者蔡先生是因為看慣了歐洲帝國資本主義制度下之一般環境優越，不需要革命的學生的淳樸的學風，因之對國內學生運動深致不滿而以為是「非校正不可」。蔡先生愛護中國學生的盛意，誠屬可感，但是為使學生救國運動能有更大之進步與發展起見，我們終是希望蔡先生今後不多發表容易為反動勢力所利用，消極的於中國民族解放運動有損害的言論。

民國十五年，二月廿四日。

五四與中國民族運動　［中林］

原載《中國學生》，1926 年 5 月 1 日，第 25 期，頁 176–178。

（一）

「五四」是中國學生開始獻身作政治運動，以群眾行動直接反抗安福系賣國賊與日本帝國主義的運動，而在另一方面則為向全世界帝國主義數十年來壓迫中國民眾的總示威。帝國主義列強自大戰後，打敗了德國，乘其戰勝餘威，在巴黎開了一個分贓會議，決定宰割各殖民地國家的方策，以穩定其經濟將要破產之地位，得延長其壽命。當時日本帝國主義因在大戰中出力不少並搶奪了德國在亞洲的屬地，佔據中國山東，勢力浩大，形成了遠東的霸主。帝國主義者，尤其日本帝國主義者心目中的中國，自然是他們的一塊頂好的肥肉，正可乘此時機宰割，因此逼迫中國代表簽字凡爾賽和約，允諾帝國主義者的要求，將山東權利奉送日本帝國主義並承認二十一條等權利，全國力爭不料安福系曹汝霖、章宗祥、陸宗輿、段祺瑞諸賣國賊對於此種亡國的威脅，竟欲屈服承認，於是偉大「五四」運動從此而發生，全國一致罷課，罷市，罷工誓與帝國主義者和賣國軍閥相搏戰而爭取國權。

（二）

帝國主義數十年來的侵略，勾結賣國軍閥，橫行全國，肆無忌憚，造就兵匪四處騷擾，頻歲飢荒，使中國人民生活日漸破產，形成動搖不安的狀態。各階級人民一律遭受生活之壓迫與痛苦。

全國學生因帝國主義侵略之結果，以致家庭生活根本動搖，同時在學校因軍閥強提教育基金，使全國學校停課，令學生不能滿足求知慾望，以及畢業後求職業之恐慌；同時更有外交失敗嚴重之刺激，所以促成全國學生不得不起而反抗，為民眾先以爭取民族利益的保障，和學生本身利益的滿足。所以「五四」之所以產生，不僅是學生為要反抗帝國主義與軍閥，而且是為本身利益而從事奮鬥的。

「五四」不僅學生孤軍奮鬥，並促起廣大的民眾參加愛國運動，抵制日貨，直接使日本帝國主義在華勢力有巨大的損失，而間接使其他帝國主義在中國發生極大的畏懼。

（三）

中國近年來之所以有革命的文化運動，職工運動，以及一般國民運動，都是以「五四」為起點。「五四」後的革命的文化運動散佈了全國，打破宗法社會思想，毀滅了殺人的禮教，全國青年因而想思上得了解放，大半向革命路上走去。一九二三年的「二七」運動，即是工人群眾受了「五四」革命潮流的激蕩，開始鞏固工人組織，反抗一切壓迫而引起軍閥之嫉視與屠殺的運動。去年五卅運動以及一年來民族運動的發展，都無不證明是「五四」後的產兒。反之我們看「五四」以前是否有這些運動發生？

同時中國民眾之認識帝國主義與軍閥並反抗他們，亦自「五四」運動起始，最近民族革命運動的發展，以及打倒帝國主義與打倒軍閥等口號等偏了全國，都給了我們明顯證實。一九零零年的「義和團」反抗帝國主義運動，因為不認識帝國主義，一意盲目的排外，不能得着國外被壓迫民族的聲援，而且無廣大的組織，所以一敗塗地。一九一一年的辛亥革命運動，不認識帝國主義，雖推翻了賣國的滿清政府，而結果給帝國主義以利用封建軍閥的機會，致造成中國數年來反動的局面。可是到五四以後，雖然帝國主義不斷勾結軍閥對民眾運動加以壓迫，然而帝國主義卻無日不就憂他們在中國的壽命。這表示什麼？自然此時在民眾中有廣大的組織與宣傳，並且民眾都認識了帝國主義與軍閥是什麼東西。

「五四」在民族運動中的地位，其重要在實事上我們都可以見得着。因此我們可以說沒有「五四」的運動，中國民眾現在恐怕仍輾轉於帝國主義與賣國軍閥兩重鐵騎之下而不會有任何聲息與反抗的行動。

（四）

　　偉大的「五四」運動為學生所創造，開中國民族運動之正宗道路，「五四」以後一切反抗帝國主義與軍閥的運動中，學生始終立於衝鋒陷陣的地位，毫不落後。五卅運動中的學生以及最近北京為反抗帝國主義及賣國軍閥而遭屠殺，都無不證明學生在中國民族運動中地位之重要與其責任之重大。中國學生見其責任如此重大，所以在每次運動中從不餒氣，總是勇往直前，決心撲滅帝國主義與軍閥，以求得民族的自由解放，並保障學生自身之一切利益。

　　帝國主義見學生不是以武力而能壓制下去，所以一方面造謠，以「赤化」「共產」加諸於全國學生，離間學生的團結，以實現其陰謀，一方面御用反動的教職員——其實帝國主義的工具——不許學生有言論集會結社之自由，並以所謂「救國讀書」，「讀書救國」來麻醉中國學生，減少中國學生的革命性，而使帝國主義可得安穩統治中國。

　　可是「五四」後的革命學生，並不因此而減少反抗帝國主義的銳氣。在反帝國主義的中國民族運動中，打衝鋒，闖頭陣的處處離不了學生，同時，在歷次學生參加民族革命的進程中，我們更忘不了「五四」，我們更相信將來擊取中國革命勝利之錦鏢的，也還是學生。

今年五四之中國政治狀況與中國學生的職任 ［碩塽］

原載《中國學生》，1926 年 5 月 1 日，第 25 期，頁 169–17

在半殖民地的中國，全國人民都在國外帝國主義和國內封建軍閥的鐵蹄蹂躪之下。頻年不息的戰亂，哀鴻遍野的災禍，人民流離顛沛，死亡沈藉，除了爆發國民革命推翻這兩重壓迫，建設代表人民利益的政府外，簡直無第二途可走。

五四運動，是有革命意識的運動，就是以中國學生為領導的第一次反抗帝國主義及其工具——軍閥政府的猛烈的政治運動。自此以後，全國人民才日漸醒覺，才繼續不斷的發生了許多反帝國主義反軍閥運動。一直經過去年震動了全世界的五卅運動到現在猶奔騰萬丈向前進展不已的革命怒潮，都是承繼五四來的。從這些運動的過程中，我們不難找出幾年來革命進展的線索。在目標方面一天天的鮮明，在革命的勢力範圍一天天的擴大：（一），由單純的排日進而反抗一切帝國主義；（二），由單純的反抗安福軍閥進而打倒一切軍閥；（三），由學生發難進而促成全國各界的聯合一致向帝國主義及軍閥進攻。使各帝國主義與軍閥均感受異常之不安與恐怖，這都五四而後的結果。所以，五四運動在我們民族運動歷史上佔光榮的篇幅，我中國學生，又是在這光榮的篇幅上佔重要的地位。

今年五四紀念的革命運動進行怎樣呢？我們全國學生怎樣紀念今年的五四以盡我們職任呢？在答覆這兩點之先，我們便該首先明瞭目前中國的政治狀況：目前的政局，是最反動的政局，一面是反動勢力異常之高漲，一面是革命運動比較的消沉。由烈烈轟轟的五卅怒潮，為奉系軍閥之一再暴橫摧殘，已被其消滅於無形；如火如荼的反奉戰爭，又經日本帝國主義之武力援張，歸於失敗。英帝國主義不甘日本帝國主義之獨制中國政權，反奉戰爭開始，亦扶植其工具吳佩孚乘機崛起漢皋，加入反奉同盟。那時本會早已警告國人，須嚴重監視吳氏，免他破壞反奉聯合，甚至爭奪北京政權，恢復直系當權時之虐政。不幸言中，郭松齡失敗身死，奉張敗而復振，英

日的妥協，共同對付中國革命運動，吳氏一變投賊，聯合國向國民軍進擊。到最近國民軍已完全退入西北，窮兇極惡，三，一八屠殺愛國同學之禍首段祺瑞倒了，但奉直勢力，已完全控制了北京。也就是英日帝國主義在華勢力從新得有鞏固和發展。我們看奉系軍閥在北方的橫暴猖狂，直系軍閥在長江之黷武舉動，更可知帝國主義對我們之陰謀。

直魯的人民久已在奉系軍閥鐵蹄下呻吟莫可奈何，此次到京不及旬日，其強盜行為已使京津人民異常之苦痛。口口聲聲不干治政，而實際北京政治財政交通等機關無一不為他們所奪據。強用軍票，京津商民無法對付，而只好出於自殺的罷市以為抵制；封閉報館，鎗斃記者，草菅人命，法律，人道，輿論概為他毀碎無遺；數十年之最高學府，全國文化的中樞，竟用大兵包圍，搜查蹂躪，至數小時猶不撒手；尤復逮捕愛國領袖，羅織思想進步的大學教授，民國首都，已完全造成黑暗恐怖之局。像奉系軍閥這樣橫行暴逆，實是空前未有呵！吳佩孚一再剝削三楚人民的血汗，供給他蹂躪河南以快一人之私圖，猶以為未足，現更進而大舉擾湘，為他們顛覆廣州革命基礎之第一步，為他們消滅中國革命運動最後的必要之圖。目前反動勢力對於人民的自由利益是加緊的束縛，加緊的剝削，對於革命的勢力則加緊的摧殘，加緊的撲滅。所以，民眾的運動比較的消沉，洽好是反動政局之高壓政策之反映。但是這種消沉決不是革命勢力已經消滅，革命勢力很知道自己已同反動勢力不僅開始短兵相接，不僅是血肉搏鬥，而是快到生死決鬥的關頭。但是在革命人民方面的基礎尚未十分鞏固，力量尚未十分壯大，而決不能輕於一舉。因此，在目前民眾方面的陣局是取守勢，而不是攻勢。在這種退守的時期中，我們要格外堅壁固壘，準備實力，再來大舉反攻。以完成我們所負的使命。

在被壓迫的中國青年學生，天然就是有反抗帝國主義反抗軍閥的責任。因為在帝國主義與軍閥的交相削剝壓迫之下，使他們學校時時要受政治的影響不能安心求學，家庭經濟頻於破產而不能繼續讀書，甚至即能求學，但因社會的紊亂，學無所用……這些本身利益關係，不能不參加政治鬥爭。此外則眼中不忍看人民疾苦的景象，耳中不忍聽人民痛苦的呼聲，為大多數人的幸福自由亦不能不走到革命的路上。

歷年的經驗，青年學生參加革命運動之重要，已經不只是理論上的必需，而已是事實上之必要。自五四運動，五卅運動，三一八運動，以及每次反帝國主義反軍閥運動，我學生群眾之苦戰奮鬥，流血犧牲，足以為我上述之明證。

　　帝國主義與軍閥現在已很聰明的知道民眾勢力之可畏。所以他們，對於參加革命運動的學生，極力壓迫，一面不使得言論結會的自由，一面勾結不肖教職員，隨在對學生施以壓迫。每次政治舞台上的傀儡登場，差不多都有整頓學風（？）的謬令，不肖的教育家亦積極破壞學生的團結，麻醉學生的熱情，「讀書救國」的呼聲甚囂塵上，「赤化」、「過激」的誣蔑，更不斷加之於學生。這些反動的進攻，果然收了一部分效果，果然使少數懦弱分子退縮不前，但大多數英勇無畏的同學仍然再接再厲的往前奮鬥。上海同濟一部分的反動教育家，最近為學生參加反抗三一八，大屠殺的禍首段祺瑞運動，居然勾結軍警明目張膽的壓迫同學簽遞「立誓悔過」，「不再愛國」的降表，而同濟同學能絲毫不屈，以致釀成目前全體一致出校的壯舉。由這件事看來，一面足以說明帝國主義及一切反動勢力之破壞摧殘我們學生群眾的革命勢力是不能收效，同時也足以證明反革命勢力與我們的勢力不兩立了！

　　實在，我們假設中敵人「赤化」、「過激」的離間的奸計，而分裂我們的團結；或是誤信「讀書救國」的欺騙，而拒絕參加革命的鬥爭，那末不僅是一種錯誤，而且是一種罪惡。因為如果我們分散了自己的力量；或閉門讀死書，養成不知事故的書呆子，不僅是學無所用，而且坐視帝國主義軍閥之橫行，讓他壓迫奴隸我民族，使我民族永遠屈服於帝國主義軍閥鐵蹄下不得翻身，又豈我青年同學所願為！

　　青年同學們！偉大的五四運動是我們所造成，歷次反帝國主義反軍閥運動我們都熱烈的打先鋒，現在反動勢力之復來，亦是由我們努力的結果呵！我們不要因此退縮消極，我們更要認清我們的責任，妨心止敵人的挑撥離間，統一堅固我們的團結，重振五四的精神，更努力更奮勇底領導大多數被壓迫民眾集中於國民革命旗幟之下，再接再厲的與帝國主義及其工具奮鬥，以獲取我中國民族之獨立與自由！

救國歟？亡國歟？
學生自省……學生自決　[張維周]　原載《晨報副鐫》，1926年5月4日，頁1–4。

　　五四運動也許不是發於學生的真覺悟，也有很複雜的原因在內，也許大多數學生有意識或無意識的立於被動的地位。但這次運動在中國外交史政治史乃至社會史上確有重大而深沉的意義，而「五四」確是可歌可泣可愛戀的紀念日。

　　現在第七個五四紀念日來了！提起「五四」，健忘的國人幾不復記憶，當日的國賊也無復戒懼之心，仇學生的人冷笑，愛學生的人痛惜，有良心的教育家抱教育破產的隱憂，抱悲觀者至判決學生為將來亡國的主要罪人，學生中冷靜的早淡然無所感覺，熱心的撫今追昔，惟有感慨嘆氣。老實說，這七年中，全國青年的腦隨熱血眼淚乃至其學業其生命，犧牲誠無限量。然有否相當的代價和效果，似乎還沒有定評。但學校成績的退步，青年的墮落，則自全國中學以至大學，滔滔皆是，而無人敢搖頭否認了！學生的動機誠為救國，為喚醒民眾；但其行為是否適足亡國，是否竟失卻民眾同情：這都有事實為證，不須我費話。而最近一二年來，加以政客操縱，黨人流毒，醜劇怪象更越演越奇，教育界所被的惡影響更不忍說。最近竟有三月十八日大慘劇發生。現今瘡痍未復，喪葬未了，大仇未報；國人袖手旁觀，莫肯實力相助，而學生運動也驟趨沉寂，大有一蹶不振之勢；這也許是當然的不幸的結果，然而在今年五四紀念日，我們卻覺得有更深更沉痛的意義。

　　但是失敗總是過去的了！我們如能痛定思痛，及今詳審失敗的原因，力圖徹底的改革，咬緊牙關，另開生面，則亡羊補牢，猶未為晚。否則蹉跎復蹉跎，依然走失敗的舊道，結果必為學生運動破產，全國教育破產，國家一線生路必因此而斷絕。這非危詞聳聽，是論理的當然結論，是事實的當然結果。而尤可痛心的是近年來社會上對誤入歧途的學生運動，缺少健全的輿論，非盲目的謾罵，即一味的煽動！這都不足導學生於正軌。所以在這個紀念日，我不敢強為歡笑，對學生運動做恭維祝賀的濫調文章；而

謹以學生的資格，本靜心的觀察，舉冷靜的事實，探失敗的根由，訴諸純粹的理性，與全國同學為無避忌的商榷。百忙中草成此文，疏略自所難免。且對當代賢者不無責備，平昔師友容有失敬。但至誠的心思，也許能得最大的諒解。

學生而為政治運動，是國家得變態現象，非當然現象；是國家的不幸，非國家的光榮；是國家的損失，非國家的利益。

一國政治而入軌道，無論外交內政，有政府負責，有在野政治家匡助，有國民監督；這何須學生出頭干預？學生學成而大效於國，亦寧肯耗費其求學時光而為不經濟的犧牲？所以學生干政，乃一個國家政治未入軌道的表徵，乃一個民族政治程度低落的表徵，乃一個社會文化幼稚的表徵。以前的俄國和現在的中國，其民眾都極愚蠢，政治都極黑暗，而此時學生界忽

感染一點新思潮，對於現狀感覺不滿，於是發生所謂學生運動：這都是最近的例證。但俄國那時候的結果很不好，徒把社會鬧得一塌糊塗，當時總算是一個大失敗。中國學生運動結果如何，現在當然還不能下最後的判詞。然而國家既有此變態現象，有此不可免的損失和不幸，也只得暫時承認這無可奈何的事實，只有設法減輕這種不幸。學生而能知此，便知其政治運動有極端審慎的必要，有嚴格限制其範圍和程度的必要。這種不經濟的犧牲應減至最低限度，這種過度時代應縮為最短期間。具體一點說，學生運動應慎其所發，慎擇手段，求以最小的勞費得最大的效果；而一方面學生要努力預備，學成為社會中堅，一方面於民眾的訓練組織痛下功夫，使將來有真正民眾運動替代學生運動。這是學生運動的原前與正軌。

然而中國無論什麼事都有一個公式：你若想知道那一件事情，你便先假設一個正軌——根乎原則的正軌——然後翻轉身來，再看正軌的反面，這準可見那件事情的真象。便是近來一切舶來品的新運動新花樣，莫不可循此規律以求其實在。學生運動自然也逃不出這個公式。

我們且不必多談什麼原理原則，我們應先以客觀的眼光，分析近年來的學生運動，觀察其病象，探究其病原。五四運動所被於學生界的惡影響，此處不能具論，惟擇其與學生政治運動失敗有直接關係的略為述評。再，我所舉學生弱點與群眾領袖罪惡，決非敢謂概括全體，將一切人完全抹煞。這不過一個大概的觀察或趨勢。

學生運動爆發於「五四」，光大於「六三」，繼此而起其犖犖大者有救福建運動，反對直接交涉運動，爭琿春運動，教育經費獨立運動，二次反對直接交涉運動，廢督裁兵運動，驅澎運動，驅章運動，爭滬案運動，爭關稅會議運動，驅段運動，反對日本出兵滿洲運動，反對八國通牒運動。統觀歷次運動，我們似乎可得以下幾個概念：

一番大運動以後，必隔相當時期，始有第二次大運動發生。五四運動為爭青島鬧得全國震動，但繼之而起的救福建運動，甚至反對直接交涉的「二四運動」，便聲光頓減。直到去年滬案發生，全國才風氣雲湧，大鬧特鬧，罷業罷工。其主要原因即以「五四」而後，尚無普遍的熱烈的大運動，國人

靜極思動，陡逢一個大刺激，便如山積乾柴，突遇飛天火星，頓時烈焰萬丈，熊熊成燎原之大觀。然而動動不已，精疲力盡，自然由動而返靜。此時即有新刺激，也難掀起大運動。如去年繼滬案而起的關稅會議，其關係國權，並不重大，然而掀不動大波瀾了！

對外運動多於對內運動。對外運動比較的波瀾壯闊，範圍廣大。而工商界也只有關於外交問題才肯罷市罷工，援助學生。這因國人對外交所受的刺激比較深，故其波動大，而且關於對外運動政府的壓力比較小，故其活動易。五四運動與滬案可為例證。

失敗固為成功之母，但成功也每為失敗之母。五四運動一點小小的成功，居然產生了學生神聖和學生萬能的錯誤觀念。而這種觀念便是後來學生失敗的根源。當其自認為神聖，所以不問曲直，什麼人都可為學生攻擊的目標。可以推翻政府，可以處分商人，可以毆打或監禁校長教職員。不必辨別是非，反正學生所代表的是真理正義或公道，反正學生有天賦的神聖與特權！更惟其自認為萬能，所以不追究事實，而什麼事都在學生管轄以內。一切的外交，內政，教育，司法種種問題固然要干預；即兩個政府對掛招牌互爭真假王麻子，甚至於兩個軍閥武裝□□，學生也以為有否彼認此或助某打某的責任權能。他們以為一篇討某軍徽文可以把一個大軍閥的五方面軍團打個落花流水；一篇宣言可以使一個政府的存在證據立刻推翻；一篇致外交團的公函可以把各國公使嚇得戰慄無人色立刻下旗回國！這真可謂神聖而且萬能了！但這種神聖的觀念卻真褻瀆了神聖的學生，而萬能的觀念卻真毒害了萬能的青年！

學生運動雖經過多少次的失敗，但其方法與方式卻永遠是舊戲重排，陳陳相因。開會，請願，長衫遊街，發傳單，遞呈文，打快郵代電，翻來覆去，總是這幾套老戲法；令人說都說得厭煩了！也許直到我們的兒子以致曾孫玄孫，還須謹守這萬古不易的格式。但這也難怪：學生的思想無新源泉，生活無新變化，能力無進步，組織無進步—我們怎能希望學生運動的進步？

學生運動目標不專，枝節橫生。如五四運動為爭青島，結果到拒簽德約。原可以作一結束了；但又牽入北大校長的問題，使學潮延宕起來。又

如驅彭運動，□牽及解散國會，推翻政府；驅章運動而牽及罷免警察總監。這種例子很多。所以如此，也許有其不得已的原因，但也實因學生目標不定，故意為自己出些難題，使問題愈雜，牽涉愈多，障礙愈大，致原來目的的愈難達到；甚至喧賓奪主，捨本逐末，把當初目標都忘卻了！學生運動的失敗，這也許是一個原因。

運動會的題目越簡單明瞭，便越容易為一般人所了解，因而也就容易得一般人的同情和援助。譬如你高喊「上海英國人殺了中國人」或「日本人奪了青島」，洋車夫聽了也憤慨不置，何況有知識的人？何況青年學生？若「反對直接交涉」「力爭關稅自主」一類話，便比較的不易了解，且不足以動一般人的憤慨。這樣，便不容易產生大運動。一個運動的成敗與其題目的簡明與否每有很大的關係。

上面是我對學生運動大概的觀察。以下略抉出學生弱點所在，以見其失敗並非無因。

舊思想不曾徹底打破是學生運動失敗的第一個原因。五四運動與新思潮也許有□為因果的關係，「五四」以後新文化運動也誠然蓬蓬勃勃。但夷考其實，則皆所謂□名詞運動，而思想界依然八表同昏，一團皆暗。一個時代的人，其思想改變則其人生的態度必隨而改變，於是有一個新人生觀，於是有一個新宇宙觀，於是有新的生活，而其努力也便有新的傾向。西洋的幾次大改革大運動，其過程幾莫不如此。中國的學生乃至全知識階級有新生活麼？其努力有新的傾向麼？在今日而言救中國，救中國民族，只有乞靈德謨克拉西和科學，捨此更無道路。當日新思潮運動亦曾以此自標榜；而舊思想所以被攻擊，亦即因其反德謨克拉西反科學。但德謨克拉西可貴，德謨克拉西的精神尤可貴；科學可貴，科學的態度尤可貴。可是中國人有否此精神態度？

德謨克拉西的精神與中國人的脾胃太不相合，與中國的社會組織太不相容。表面上無論說得好聽，但骨子裏人人有朕即國家之念，家家有帝制自為之心。所謂革命偉人，所謂民眾領袖，幾無一人能脫帝王的迷夢；所謂以黨治國以黨治校，無非專制獨裁的別名。譬如在一個團體之中－甚至大

學教授們的團體－對方若佔了多數，便屬多數把持；對方若佔了少數，便罵少數搗亂；人家和自己意見偶有不同，便是「別有懷抱」，便是受了某方面的金錢，便高喊以武力對待。這種種怪象舉不勝舉。大學教授尚且如此，學生更何足責？似此不尊重別人的意見，不尊重別人的人格，這是德謨克拉西的精神麼？知識階級團體的分裂與種種衝突，結果至於失敗消滅，這不是一個大原因麼？

若說起科學，說起科學的態度，中國人更覺可憐。自我們的祖宗，即與科學絕緣。六十年來，科學的尊姓大名才隨着洋鬼子的大砲聲傳到我們的耳鼓。八九年來，國人才漸漸認識科學的真面目。少數人已知道科學的威靈，自不敢公然反對了，然終是貌合神離。所以口頭尊重科學，而思想無不與科學的精神相反。所以論學則訴諸直覺，論事則訴諸感情。學術辯論而牽人身的攻擊，抹煞事實而專事謾罵。翻開現在出版物，十九都瀰漫這種空氣。北京有名教授主辦的某周刊，對於無論如何繁難而重大的問題，總是信手拈來，毫不費力，幾句意氣話說完，便是斬釘截鐵的□案。這痛快也痛快極了，但武斷也武斷極了！此外還有幾種雜誌，每期都有罵人的文章，好像缺此則不足以完卷。在這些人中，也有我相識的師友，我甚知彼個人亦有其能自樹立之道。但評理論事而取這種態度，實非所以表率青年。而現在一般青年的以謾罵為能，以武斷為高，亦實受其流毒。

至學生自辦的出刊物，更皆碎米糟糠的文章，浮泛膚淺的議論。即其號稱有精神的，也有籠統的宣傳的作用，而無分析的研究的態度。開口「革命萬歲」，閉口「中國萬歲」，空洞無物，千篇一律，翻來覆去，無非幾個爛熟名詞的拼湊。這是科學的態度麼？

這種反科學的態度，其流毒於學術思想者如此；若以此種態度而為救國運動，則必以救國的動機而產生亡國的行為，而其結果必為變相的義和團。救國固需有熱誠，尤貴有計劃。若僅懸目的，毫無方法，因一時的憤慨，忘久遠的大計，則「打倒帝國主義」的口號和義和團「扶清滅洋」的口號有什麼不同？天安門主席台和當日的「天下第一壇」有什麼不同？遊街的紙旗傳單和當日的「引魂旛雷火扇」有什麼不同？滬案發生後的主戰論者也只許傳玉帝勅「命關帝為先鋒，增財神督糧，趙子龍來會師」！平情而論，

外交問題發生，時機緊迫，不只學生即全國國民都應急起有一種莊嚴而重大的表示，以示至死不屈的決心。但尤貴乎有理想，有毅力，臥薪嘗膽，真圖自強。若不顯實踐，不想方法，而專尚一時的吶喊，為不負責任的議論與行動；變至荒棄正業，忘其應盡的職責，為無益的犧牲；甚且有軌外的舉動，妨礙外交的進行，則適所以禍國。義和團便是前轍。

不以民眾為基礎是學生運動失敗的第二個原因。這種學生運動不只根本上無意義，尚且實際上無效果。而在中國今日尤其覺得如此。現在中國只有武人奪地盤政客搶飯碗種種把戲，何嘗有所謂政治？學生的政治運動，如其為培養民眾的政治能力，訓練民眾的政治趣味，啟發民眾的政治意識，則無論運動的結果失敗或成功，而學生的犧牲終有無形的代價，有精神上的勝利。若離開這個立腳點，和民眾毫不相干，而惟插足於黑狗白狗爭骨頭的戰場，現身於張三李四揪辮子的擂台，則無論為任何方面助威吶喊，無論任何方面得勝，而學生終是大失敗。學生運動如此，尚有何種意義？今日中國學生雖較有知識，然實際上既非有槍階級，法律上亦非特殊階級。如無民眾為後盾，專憑少數文弱書生，而希望倒軍閥，除國賊，打帝國主義者，豈非夢話？在救國運動中，學生只能為民眾的嚮導，為哨探，為先鋒，以指揮民眾，喚醒民眾，而絕對不能自成一軍。因為如此，結果必是大潰敗。謂余不信，請看幾年來離開民眾的學生運動有什麼結果？

中國學生運動所以與民眾隔遠，自有其歷史的社會的原因。（一）自古士居四民首位，現在學生依然看農工商不起，有意的或無意的有羞與為伍的觀念。（二）學生自認為萬能，以為國事可獨手包辦。（三）許多學生藉政治運動為進身階梯，出風頭的機會；所以舉謁見總統或總理的代表則互相爭奪，舉接洽工人水夫的代表則互相推諉；天安門爭先演說的多於臭蟲，而南下瀇卻不見宣講員的人影。（四）學生宣傳方法太糟。為一個問題，幾千人遊街、旂幟數千，傳單數萬，而一般市民還有莫名奇妙的。（五）學生平日與民眾隔絕，有時須借重他們，也是臨時抱佛腳，利用他們一次；肇畢則揮之使去。此種手段，一次二次尚可，久之必然失敗。（六）消極方面，學生與民眾打成兩椿；積極方面，有時還發生惡感。如強迫商人罷市焚貨，勸誘工人罷工，期間不知鬧了多少風波，演了多少慘劇。固然商人不免太昏惰，而學

生有時也太操切。不論有無罷市必要，有無善後辦法，感於一時的意氣，顧頭不顧尾，而強合商眾忍數十萬乃至幾百萬的損失，無期限的閉門停市，或者硬逼商家把所有的洋貨完全燒淨，將本圖利的商人自然不能奉行無違。至於無確實救濟辦法，而令工人為不必要的大罷工，教一班窮而無知的工人及其家屬受飢號寒着愛國，這不但不可能，我們也不忍。況且學生穿着嗶嘰洋服來逼商家燒洋貨，出門坐洋車都支辦公費而逼商家忍重大的虧累停市，不唯不足以堵商人的口，也不足以服商人的心。甚至像去年十一月的北京國民大會，打人放火，焚燒輿論機關；再進則群眾對打，鬧到天安門流血，大刀隊出動，市民紛紛逃命。使一國首都頓成為無法無天無公理無人道黑暗而恐怖的世界；使一般市民惶惶若不可以終日，惴惴若「拳變」的再見。此果何等現象？何等行動？何等罪孽？是革命還是暴動？是壓迫自由還是擁護自由？請純淨的青年本良心評判而下一斷語。我也知道大多數學生根本反對這種軌外行動。但一般市民也何能細辨？而多數會眾對少數人消極的放縱，也何能卸卻責任？這更何怪一般市民聽見所謂「鬧學生」便奔走相告，恍若大難臨頭？我們不要責市民愚闇，我們應反躬自省。

　　根本無覺悟是學生運動失敗的第三個原因。所謂無覺悟，頭一層是學生認不清自己的責任。我以為學生而欲救國，只有努力修養，待他日擔當大任。但遇國家民族存亡盛衰的關頭，學生不忍坐視，□□(足卓)屬而為喚醒國民運動，也誠為必要。然以無拳無勇的學生，其能力所及即止於此。過此限度以上，便非學生單獨的一時的叫囂所能湊效。所以緊急關頭而罷課力爭，如滬案噩耗傳來而北大學生立即罷課，我當然舉雙手贊成。若不願一切而為無期限的罷課，如去年暑假後學生反對補考開課，便是毫無意義。總之，學生對於民眾為一時喚醒，自有其期限度；若欲為永久的喚醒，則又歸本於學問能力的養成與平民教育等等。第二層是學生認不清環境的真象和時勢的需求。如若我們要救國，須先明白國家衰亂的原因；須精密的觀察衰亂的事實；須以科學方法類別分析這些事實；須應用學理解釋這些事實的相互影響與關係；須博採旁搜，觀其會通，提出實際解決或改革的方法。尋出大綱大領，確定目標，然後繼續為永久而奮鬥。須有臥薪嘗膽的精神，須有百年收效的遠計。這不是空談學理，真要救國萬不能放鬆這一步。若

看不出危亡的癥結所在，認清重大問題，而惟枝枝節節隨零碎問題的發生或轉變而起鬨，我敢斷言，一萬年也無結果。近年來□□學生會與學生總會，今天會議，明天會議，提案多於牛毛，議決視如兒戲，枉費時間精力，中國要亡還自是亡的！

　　而且政治問題，因緣複雜，相關相聯，以致無窮。如機器然，輪輪相接，齒齒相銜。一個問題解決，相因而至的還有十個；十個問題解決，相因而至的還有百個。民國十二年，北京學生因驅彭而牽及解散國會，更進而牽及推翻財府。我極不以此舉為然，向個人力爭無效。當時我在學生會為文書主任，對起草學聯會宣言通電，極力避免此點，以防國人誤會，弭內部爭端。蓋即恐怕學生目標不專，徒喧嚷而毫無結果；甚且因內部意見不同，而釀成分裂之局。由今想來，學生此舉，可□一笑。無論推翻國會政府，斷非學生力能所及；即使真真辦到了，而善後問題，繁難萬倍，學生又將如何？況且中國根本無進步，即再來一百個國會，一千個政府，我敢寫包票，依然與現在的國會政府半斤八兩。學生忘其正業而從事這種勾當，其危險為何如？

　　復次，政治是一群人共同生活的一種，而政府也不過是社會的反映。有甚麼樣的人民和社會，便有甚麼樣的政治和政府。只問政治不問社會的偏論我早就嚴闢。退一步說，「沒有好政府，那有好社會？沒有好社會，那有好政府？」是不可解的連環，那我們對社會政治雙方正可分工並進。而且看遍十五年來中國大局，無論何黨何派得勢，無論行何種制度，無論政府建築在任何基礎上面，而結果無不大糟特糟。無論急進派，緩進派，文治派，官僚派，好人內閣，名流內閣，結果凡登政治舞台的無不痛痛快快栽一個觔斗，跌得鼻青臉腫而去。這一幕一幕的好戲還不足教訓我們麼？所以學生要改造政治而自己加入漩渦，或希望並幫助某黨某系當軸，直是一場迷夢！

　　還有一件極奇痛心的事：現在許多青年甚至很純潔的青年尚打不破信賴軍閥的迷夢。豈知所謂「國民與武力結合」是勾結武人的野心家自欺且欺國人的一句話；所謂「國人自己有武力」那還須有志氣有能力的國民自己創造。現在軍閥無論其帶有何種帝國主義的色彩——正如現在政客無論其鼓

吹些甚麼主義——其實都不外爭着賣國：牌號雖有不同，貨色實無二致。有常識的誰不知此？所以去年某大學開會，台上忽然書請某軍保護遊行，我與許多朋友見了便頓足。而群眾大會中某軍萬歲的喊聲尤其令人肉麻難受。國民沒出息到這田地，中國不亡，天理何在！

總之學生忘其能力所及，責任所在，無魄力，求急功近效；無眼光，昧於大局；無出息，信賴掛羊頭賣狗肉的政客；無恥，想向手持毛瑟腰帶指揮刀的朋友借光。學生如此，亦何怪學生運動步武錯亂，弄得天昏地暗，一塌糊塗！

無組織無訓練是學生失敗的第四個原因。社會上無論那一個聯合(Association)都要有組織，其中分子都要受相當的訓練。組織和訓練是效率的源頭，是成功的必要條件。反共產大同盟何以打不倒共產黨？反宗教同盟何以打不倒基督教會？其原因就在有否組織及訓練。學生運動無進步，上文已經說過。就組織和訓練說，這個公式也可應用。

說起組織，多少學校成立了合法學生會？成立了，有無約束各班學生的權能？多少地方成立了合法學聯會？全國學生總會有幾個學聯會加入？開會議決案有幾人聽見？幾人奉行？學生運動鬧了幾年有否一個合法的有力的執行和評議的總機關？學生認真想想，自己也應慚愧無地。且不必說空話，如滬案發生，可算普遍的大運動，然專就北京學生說，立即分裂為兩個機關。你向政府請願，我偏不承認政府；你主張政府交涉，我偏主張立刻宣戰；你主專對英國，我主偏不能放輕日本；你今天開國民大會，偏我明天遊行示威；同日開會，你在東城彙合，我偏在西城集合；同在一個會場，你東設一壇，我偏西搭一台，以相抵相抗，淆亂視聽；即在一個主席台，你一個主席，我一個主席，無法解決，便訴諸武力。如七月十八日天安門東西設壇，開演「對台好戲」。甚麼共產黨，賣國賊。對罵不休，彼此真像不共戴天；反把英日人慘殺同胞的事拋在幾霄雲外。那時候熱心的市民嘆氣，旁觀的外國人冷笑。然而這是愛國運動！

關於一個問題，彼此意見還不必強同，或者也可分頭運動。但既揭出學生運動的旗幟，有時確有為一致表示的必要。如此，則學生須互讓，須

顧大體犧牲成見。有時需要「分工」，有時也需要「合作」。譬如對滬案，即有一致表示的必要。否則學生運動徒亂國人的耳目了！

至說學生的訓練，更可憐無以復加。什麼團體生活，什麼德謨克拉西的精神，什麼少數服從多數，多數尊重少數：學生根本便不管這些陳腐格言。團體的事務，不公開則少數人作弊，公開則搗亂隨之而起；一個人可以攪亂幾萬人的國民大會；多數人可以把意見不同的少數人逮捕，監禁，或私刑拷訊，滬案發生，來今□軒開會，為不相干的問題，還飛桌砸碗的爭意見；遊行時一面高喊「英人慘殺同胞」，一面卻嘻嘻在笑；示威隊伍總比當年張大帥的「辮子軍」還要混亂。

學生所以如此無組織無訓練：自然由於從未習於團體生活；遺傳和環境造成的惡習慣與德謨克拉西的精神不太相容；教育家不注意此點；社會上成年人造出惡榜樣。但群眾領袖也不能辭其責。現在所謂領袖，除在天安門擺架子以外，不知他們還幹些什麼事？學生有無組織和訓練，他們豈肯勞神？而且他們還正利用學生這種弱點。因為這樣的學生容易附和盲從，容易被操縱利用。領袖真聰明，他們也得了皇帝愚民政策的心思呵！

無真正領袖是學生運動失敗的第五個原因。在平民政治之下，領袖的需要並不減少。蒲徠士曾分政治家為五種，即(一)外交家，(二)建設的立法家，(三)勤勉幹練的行政官，(四)議會的主帥，(五)人民的領袖。一個國家因其特殊的情形而對於以上五種人物有其特殊的需要。就中國現狀論，即有前四種的人物，尚非其大展經綸之時。獨有人民的領袖乃真正中國起死回生的救星。所謂真正的人民領袖，必須居超然的地位，為國人所宗仰，有精傲廣大的學問，偉大崇高的人格，理繁濟變的能力；遇國家重大問題發生，以誠毅的心思，冷靜的頭腦，純潔的動機，無黨的精神，抱深沉的決心，明確的主張，率領有志氣的民眾為堂堂正正的奮鬥。一個民族——倘非已成徵毒第三期的民族——幸而有這等的領袖三人便不至於淪之；如有這等的領袖半打，便可轉弱為強，成中興大業。看遍古今中外的大局，隨在皆有例證。

現在中國所謂領袖何如！遠者不論，且論近年；各省不論，且論北京；試問有否一人具備上列種種條件？退一步說，有否幾人具備上列種種條件

之一？毫無知識的流氓滑頭，全無理性的暴亂分子，領津貼的朋友，為黨人做手腳的，都儼然先知先覺，革命首領，盛極一時，蔚為大觀。其他二三等的政客，野心家，失意的臭官僚，變相的新官僚，謀□督辦總長的，面生可疑的學客，學棍，學匪，無一不全。一個筋斗翻到天安門，慷慨激昂的喊「革命！革命！」接着一個筋斗翻到不知哪裏，惶恐待命的説「求賞督辦」「求賞總長」。愛國真是美名，一面可借他謀黨派的利益，一面可借他某私人的利益。愛國運動更是美名，今天可借他捧某人的場，明天可借他塌某人的台。群眾是他們的工具，地盤飯盌是他們的戰利品，而學生運動也便是他們的犧牲品！

他們直接為害如此，而間接流毒更是無窮。其最大罪惡便是利用群眾弱點。青年學生自然有許多發展不正當的病的心理。特別在群眾運動的時候，理智判斷少，感情的作用多，人性弱點更易暴露。領袖為便其私圖，乃藉此機會利用群眾弱點，使發洩無遺，激而為軌外行動。似此戕賊學生正當心理的發展，也使是戕賊現在和未來的社會。有教育之責者而為此，更是罪該萬死。弄到領袖利用學生，學生也利用領袖——如以不受考試為交換條件等——成所謂「弱點之相互利用」的風氣，那教育前途中國前途，更不堪問了！

然而因果律是不饒人的。這等領袖的西洋鏡終於戳穿，信用同時掃地！這便成了領袖的破產！這原無足惜，而且是應當。但根底薄弱的學生運動，那禁得起如此戕殺！我們看看三月十八日大慘劇□學生死傷枕藉，領袖逍遙自去；此事發生以後，一般人對領袖的感想何如？其影響於學生運動何如？念此，真不禁為寒心呵！

學生運動的政黨化是學生失敗的第六個原因。立憲國而有政黨，當然無可反對。中國現在政黨，我也不反對。但學生而加入政黨，卻不應贊同；學生運動而政黨化，尤其不應贊同。

政治的教育在現代公民教育中誠佔主要的地位。然而政治的教育乃以所以養成學生政治的趣味意識和習慣；而非所以養成學生政黨的趣味意識和習慣。這是現代教育家一致的的意見。政治是人類共同生活的一種，政黨

組織不過代表人民對於政策不同的意見。學生練習在一個國家內經營共同的生活必須的本領（即政治生活）原為必要；然而強人人的政治意見相同（即使入政黨）卻絕對不應該。學生入黨，原則上我便反對；至今日事實上所演的怪象，何須多費評批。教育乃使被教育的人，儘量發展其能力，完成其人格，而非將被教育的人，造成一種特別器具，供有特種目的的野心家驅遣。況且教育要平均發達個性與群性，而政黨乃要製造一種特別的群性，抹殺個性。教育是求遠效的，政黨的政策是求近功的。政黨不能常握政權，如教育權交與政黨，則兩黨更迭的時候，教育方針也要隨之而變；如此教育便沒有成效。（此層見蔡孑民先生教育獨立議一文）所以黨化教育云云，就教育的眼光看，根本不成一句話。

不幸許多學生已入黨；更不幸學生個人乃多為黨的活動。但個人與機關究應該分開。若學校的牌匾染有政黨的色彩，則其危險真不堪勝言。學校的神聖，無論何人何黨斷不容稍有侵犯。思想自由，學術獨立，乃近代公認的大原則。學校而有政黨侵入，即冒犯其神聖，妨礙其發展。而在中國現狀之下，簡直還危及學校的生命。我們聽聽近來的消息，看看北京各大學校的現狀，真是不寒而慄。

不幸又不幸，學校充滿黨的空氣。但學生運動也絕對不應含政黨臭味；特別是專以喚醒國民的運動。因為如此，一則啟學生自身的紛爭，減殺學生運動的力量；二則啟國人的疑忌，失卻民眾的同情。有一個政黨，便有和他相反的意見存在。學生運動而有政黨色彩，至少惹一部分民眾的反感。而同時學生內部也每有問題發生——因為學生的政治信仰不必盡同。如此，便失了學生運動的價值和功效。

這非空談，有事實為證：驅彭運動，北京學生態度何以分歧？各省學生和上海商人何以不肯幫忙？滬案發生，北京學生何以分裂，致鬧出種種笑話？遊街時持黨旗，唱黨歌，發黨的傳單，一般人對此有何印象？起何種感想？（這非我有成見，讀者可破功夫做一個民意測驗）我根於理論和事實，敢不遲疑地說「學生運動的黨化即惡化」。

中國共產黨和國民黨的綱領或議決案都有黨員應加入並指揮各地學生運動一條明文。在理論上我並不極端反對此舉。但我以為這要加但書，要有適當方法，要審度情形。不可太露背，不可走極端。否則一面毀滅了學生運動，一面便是黨的自殺。共產黨在學生界引起反感，而終以大大失敗，便是大教訓。

　　現在學生運動已山窮水盡，無論可走。且人心厭倦，動極思靜。學生正宜乘此時機，遵時養望。非遇與國家有直接重大關係的問題，切不可輕舉妄動；而宜在此失敗之日，及時自奮。若要愛國，須先自愛；若要救國，須先自救。不自愛，不自救，豈但賊己，亦且亡國。所以今日學生最要緊的是努力修養，準備為擔當大任的完人；其次便是注意團體組織，準備為成就大業的結合。

　　所謂修養，不外學生自高尚其人格，洗滌其舊思想，增進其知識，鍛鍊其身體。這原是老生常談；然不能由此着手做去，不特不能救國，便是這「秀才造反」的學生運動也真到了末日！每次學生運動，常聽見學生被人收買，或賬目不清種種笑話；這不是人格的問題麼？學生被人利用（有意的或無意的），橫闖直撞，認不清目標；而且每次運動所發宣言，滿紙嗚呼濫調，永不能條分縷析說明運動的意義，（豈止學生如此，去年滬案發生，全國大學教授宣言，除北大外，何嘗不都是無聊的濫調？可憐！可憐！）這不是知識上的問題麼？去年天安門冒暑開會，每次有嘔血暈絕的，六月十六日冒雨請願，我的熟人中因而致病者過半，且有在外交大樓前凍僵的；這不是體格尚有待於磨練麼！

　　努力團體組織的必要可不言而喻。我以為此時先不必談什麼「大聯合」，而應注意於「小組織」。各班學生應組織一個像樣的級友會，然後再進而一校組織一個像樣的學生會，如此才可產生像樣的學聯會與學生總會。其間須不（足鼠）等，不苟且。腳踏實地，步步為營。不必掛招牌，務虛名；不必奄奄無生氣的開甚麼例會。而應切切實實的訓練團體生活，進行一種事業。

如合力研究學問，公開講學，或創辦平民夜校，講演團，補習學校，通俗圖書館等。而以平民教育為尤要。我相信救國的一條大道是使多數平民得有知識，能謀生活，這一層做不到，無論甚麼主義甚麼運動，都是紙上談兵，空中樓閣。

學生實力既充，訓練既周，組織既固，基礎既堅，然總常養威自重，而不宜輕用其鋒。一旦學生有出動的必要，則全國學生同時動員，若指臂相使，脈息相通，各事所事，各盡所能。但一面須合作，一面尤須分工，街□吶喊的固須有人，圖書館研究問題的也須有人，彼此相助相成，而不相妨相輕。至相當機會或限度，還須懸崖勒馬，能放能收。

但最後還有須説明的：近來學風誠然有徹底改革的必要，然而這須教育界自身的本其自知之明，自決之勇，而從事於革新。此外不特軍人不能過問，便是政府的行政官，甚至於真的「學者總長」也不配直接干預。因為如此只有惡影響，決無好結果。而我尤望學生自省自決。

五月，二日，晚。

消滅學生運動的三個口號
──「赤化」，「過激」，「受人利用」 [鑑君]

原載《中國學生》，1926 年 3 月 6 日，第 18 期，頁 68-7

「大藥庫爆發也好，大車出軌也好，樓板上老鼠叫也好，就以為是『德國偵探』的作怪，就以為是『德國宣傳』的結果，一切不利不善的事情，都以為是『德國金錢』的作用。」這是大戰前歐洲列強對德國的心理。而今呢，這些恐怖都落到為世界帝國主義所仇視的蘇俄身上了。尤其是在中國，中國的學生之一切愛國的運動中，要歸罪於蘇俄而且還要對學生加上了「受利用」三字的大官銜。

國恥紀念日舉行遊街運動，國慶日舉辦慶祝典禮，就是「赤化」；反對日本出兵滿洲，反對基督教，就是「過激」；要求學校改良，要求集會，結社，言論，出版之自由，就是「受利用」。北京的國民大會主張反對日本，打倒張作霖、段祺瑞，建設真正之人民政府，便說是紅色恐怖；湖北全省學聯會代表包澤英赴襄陽宣傳愛國運動，福州學生翁良毓，武昌學聯職員施季皋反對基督教，便是行同過激，逮捕下獄；湖南學生援助無理開除同學，反對橫蠻無恥之校長而罷課而請願，就說是受人利用，每日每人可得兩元洋錢。還不止此呢，對校長和教職員說話大聲一點兒或急迫一點兒，對於社會上的事情稍一注意，發一點小小意見，多看幾篇新聞紙，多讀幾本雜誌和叢書，都就是「受利用」，「過激」與「赤化」，而要嚴厲的禁止與取締！

險哉！帝國主義及其走狗軍閥，走狗之走狗所謂教育家各色人等之用心也！他們看見學生群眾的力量一天大似一天，足以號召大多數的民眾，使他們嚇得屁滾尿流，一聲聲的叫着：「天下反了，不得了了！」他們知道武力不足以鎮壓，威嚇無所用，利誘難成功。於是下此苦肉計，把他們對於「火藥庫爆發，火車出軌，樓板上老鼠叫」的一切恐慌都一一歸罪於學生群眾。利用舊社會上那種畏縮的心理，故意張大其辭，說出一些見神見鬼的話敢使他們疑惑恐怖，使學生群眾自己內部的聯合發生分裂，學生與民眾的聯

合戰線由此破壞，學生的家庭由此不敢再送子弟讀書了。以為如此是可以成功了，可以使這般學生們再不敢動了。其實這不過表示他們這般強盜們和滑賊們的心勞日拙而已，我想明白而勇敢的學生群眾是不會受其欺騙的，而且更足以證明學生群眾在今日國民革命運動高潮中力量之雄大與影響之遠巨！

學生運動是「赤化」嗎？若說打倒帝國主義，打倒軍閥，要求集會，結社，言論，出版之自由，要求學校改進，反對基督教等便是「赤化」，則如此之「赤化」，恐怕是今日中國多數被壓迫人民所一致要求的「赤化」吧！進一步說，今日的蘇俄總算是人人認為是「赤化」了罷，但我們從新聞紙和雜誌看看蘇俄人民的生活情形怎樣，雖然說不上是什麼「天國」，「地國」，至少比今日咱們中華民國總好些罷。所以真正「赤化」了，也不是什麼大不了的事，況且學生運動從沒看見「赤化」過呢？又何怕之有！

「過激」嗎？「過激」是什麼？或許是過激黨之「過激」和望文而義生的行動「過激」罷。先說過激黨罷，全世界找遍了，本沒有什麼過激黨這個東西。不過是短見的日本人對於蘇俄社會民主黨多數派的新發明與少見多怪中華官國人附和的一個不通的名辭罷了。姑且認為多數派就是過激黨，「赤化」與過激黨是一家寶店的膏藥。然則「赤化」與學生運動何干，「過激」和學生運動何與？至於做事熱心一點，就是行動「過激」，只好將來國亡了，還要「靜些，靜些。」讓我們「過激」罷，革命成功了，中國一切事情弄好了，再說「不要太過激了」，也不為遲！

至於「受利用」呢，越是離奇了。普通說來，我們不要受人家的利用，自然是對的。但是在愛國運動中，國民革命運動中，我們絕不怕「受利用」，而且絕不會「受利用」的。我們為民族解放而革命，為增加自身利益而奮鬥。所有所作所為，遊街呀，講演呀，以及其他一切之革命工作，至於犧牲自己的性命而不顧惜，無非是想由今日之鐵鎖中謀得群眾與自身之自由與平等，得享人生的幸福。如此又何嘗是受人利用呢？退一步說，我能由這種運動而取得自由與平等，平等人生應有的權利，即使受人利用，又有何妨害呢？所以革命運動，為謀得群眾與自身之自由與平等而革命是絕不怕受人利用的。

學生的一言一動，總是說受了共產黨的利用，受了莫斯科的金錢。我不相信共產黨人便是三頭六臂，有那樣的本事，這裏能利用人，那裏也能利用人。我更不相信莫斯科有那多的金錢，中國人遊街一次，每人便可得到兩元洋錢。既是說一切中國的比較革命的運動，都是蘇俄的金錢，為什麼咱們中華官國人天天跟着人家說得蘇俄一文不值，窮困不堪呢？而且天天口裏嚷着「學生們不要受人利用啦，不要受人利用啦，」的先生們，又是什麼東西呢？他們何嘗有愛於學生，不過怕學生在革命運動中建築了強固的營壘，轉而向他們進攻，使他們的飯盌打破而已。所以天天口裏嚷着，勸學生不要參加愛國運動，革命運動，尤其是改進校務的運動。信他們的話罷，一切運動都不去參加，讓帝國主義來侵略，讓軍閥來壓迫，讓一切反動勢力來摧殘。事實上不幫助而實際是幫助帝國主義，軍閥與一切反動勢力張目，這才是無形被帝國主義，軍閥與一切反動勢力利用呵。

「赤化」，「過激」，「受人利用」，不但是消滅學生運動的口號，同時是帝國主義，軍閥以及一切反動勢力離間學生感情，延長自己壽命的符呢。

教育界與學生救國運動 　[丁曉先]

原載《教育雜誌》，1926 年。

這是無可諱言的，中國教育界目前有一個極嚴重的問題亟待解決，就是：

「近年來青年學生迭受外侮及內亂之激刺，多願致力於救國運動。在運動中，因教職員與學生趨向之不同，以及種種瑣屑問題之醞釀，往往發生不幸的風潮。因此，師生間的關係漸見惡化，妨礙到教育的設施。」

教育界對於這一個問題的觀察，大都認為學生受人利用，指為士習囂張，喜用消極手段，以從事於防閑遏制。竊以為如此辦法，非但不足以求解決，反將造成治絲愈棼的結果；且其影響足以使國家社會因一時失其中堅，蒙到幼稚的和頑舊的損失。世變日亟，教育界應以相忍為國的態度，平心分析這一個問題發生的由來，從積極方面設法，以求徹底之解決，才是道理。

我們要明白，青年學生出來作救國運動，是一種非常的現象。此種非常現象的發生，決非偶然，詳細考究起來，有歷史的意義。我國自與西洋諸國交通以來，因其在社會進化的路上已是一個落後的國家，所以處處相形

見絀，事事處於失敗，國人遂不得不急起直追，以圖存立。然而此種求進步的運動，又屢次遭到挫折，要變法維持，則受制於滿清宗室及頑舊官僚；革命之後，又被大小軍閥所乘，以致政治日益黑暗，民氣日益消沉。但是世界大勢，自歐戰告終，又發生劇變，其影響於中國的，一方面帝國主義的侵略愈甚，一方面社會主義的傳怖愈廣，形式更加嚴重。於是純潔而熱烈的青年學生，乃奮勇當先，從事於救國運動了。學生的救國運動既有如此重大的歷史意義，事勢上是無法阻過，而無需防閒的。進一步講，我們還應該為國家社會保養這一點僅有的的元氣，發揮而光之。萬不該自誤於因襲勢力之下，附和了武人政客以及勢紳富賈中之頑舊者，隨意施以無謂的摧殘。

對於青年學生作救國運動，持不贊成態度的，非皆居心反動；他們也許有愛惜青年學生之意，誠恐學生紛心外騖，虛耗為學之絕好時機，甚至於發生意外，犧牲生命。果如此，其宅心雖是忠厚，然而他們見事不明，因而發生錯誤之行為，也不得不受責備。要知道學生之從事愛國運動，完全是時勢的要求，絕對不是好事的舉動；所受課業上及生命上的犧牲，社會應負其責任。教育界果有愛惜學生的意思，應該向社會指出學生為事勢所迫而作救國運動的意義，社會上一般人任今學生獨任艱巨之罪過；一方面還應該以身作則，勉盡國民之義務，作救國運動之先導，以免青年衝上頭陣去供犧牲。否則非但不足以使學生感到這是一種好意，反被人疑作反對救國運動。

又有一種人對於學生作救國運動，非不同情，但因學生的舉動不免幼稚操切之處，深致不滿；或因欲指導學生稍知趨避，減少犧牲，反遭輕視，因而減殺其同情，作反對之表示。這種表示，我也認為有錯誤。我不是偏袒學生，認為學生絕對無不是之處。學生作事操切及不知擇善而從，其缺點很明顯，吾人無可否認。但吾人對之應有願諒，應即引為自己之缺點。何以應有願諒？因為學生之救國運動，在今日之中國是一種碩果僅存的至寶，同時各種反動勢力正在協謀加以摧殘，在此種形勢之下，不予願諒，實為過甚。且其幼稚與操切，也許勢有所必至。五四以來，社會對於學生每覺其行動過激，皆畏而避之，絕少同情之援助，其地位遂變成孤軍獨戰的形勢。青年學生的勇氣最足，最慣奮鬥，激而出此，非無故也。何以應即引為自己之缺點？因為學生的行動幼稚是分所當然，指導之責全在教師，學生不

能漸漸避免幼稚的行動，教師當深自引咎。至於指導之而不聽，教師當思其指導之法或者不甚得當，不應當徒然責備學生。還有一層，我們應當明白自己在救國運動中的地位。要知道教育界在救國運動中實在已是一個落伍者，一個失敗者。國事如斯，世變如彼，教育界不能領袖群眾，宣導救國，反被青年學生着了先鞭，這是明明白白顯出了落伍的現象。教育界常以教育救國為號召，而其自身漸與黑暗之政治環境發生密切之關係，其所造就之人才往往不能有澄清之志，與因襲勢力同流合污，這是明明白白表露了失敗的情形。學生的行動雖幼稚，但其五四運動的成績，五卅運動的表現，的確有不可磨沒之處了。以救國運動中之落伍者、失敗者的資格，雖其年齡學歷經驗都勝於學生，要指導學生愛國運動中的行為，而反遭輕視，實在不必徒然責備他人，一方也該有深刻的反省啊！

以上所論，乃說明教育界對於學生的救國運動，應該絕對贊同，不許有絲毫抑阻的用心；不是說學生的舉動無可非議，教師不配指導。我主張教育界自己應作救國運動，當然其運動方法不一定要與學生完全相同；而對於學生之救國運動應竭誠指導，但不宜限制學生之救國運動方法，強求一致。總之，師生雙方，都是救國運動的同志，其行動能相一致者最好，否則各任自由，而教師尤負有指導學生之義務。教育界若能以此為根本態度，所謂目前最嚴重的問題，解決起來沒有什麼大困難了！

原則既定，應進而論及細目。細目為何？其一、教育界自身應如何努力救國運動；其二，教育界應如何指導學生之救國運動。前者雖為今後教育界自拔之途徑，然其所涉範圍太廣，非本篇中所能充暢討論，只好從略；後者關係師生間較切，並為目前亟應詳細研究之點，不可不論。但是要討論其全部，亦非區區篇幅所能盡，茲僅就現今教育界指導學生救國運動之主張與設施，略事評論，以發其凡。所謂主張，即根據蔡孑先生救國不忘求學之意，提倡學問以培養積極建設之人才。所謂設施，即方今共動一時之公民教育運動。請略述鄙見如下：

蔡先生救國不忘求學，求學不忘救國二語，其要點是把救國和求學打成一片，救國運動應以求學的態度出之，要我們在救國的實際行動中求活

的學問。實行此二語，最要緊的，是把學校課程，拿來救國運動化。因為在現今的時候，徒然提倡與世無關的學問，決不能引起青年學生的注意，使他們來就教育的範圍，而不致於放野馬。設或能夠如願以償，其結果無異以學問為麻醉劑，麻醉了青年學生的救國之心，實在是國家之大不幸！試看那些狂悖的軍閥、無聊的政客，他們唯恐救國運動之日進不已，妨礙到他們的私團，正在發號施令的要整飭學風，教學生安心求學呢。若是我們提倡學問，而並不能把課程救國運動化，我們豈不是與那些軍閥政客一鼻孔出氣了嗎？其實現今的教育界應該覺悟到這一點，過去我們是有過失，我們未能自求適應於救國運動的環境，以致於失了學生的信仰，以致於學生失了相當的指導，在救國運動中遇到種種危險。此後我們應就學生努力於救國運動之機會，從而指導其為學之門徑。要知道現在有許多有志的青年，正因為努力救國運動之故，益覺求學之需要，只苦在不能得相當之指導，而致力於無師傳授之學業。雖則我們也曾遇到照例喊一頓革命的以救國運動家自命的學生，他們一面氣焰盛張的罵教職員反動，一面在私下借着救國運動的幌子，偷度其頹廢的生活，但我敢於說這一定是少數，而且一定是因為教職員失了信仰之後沒有人督察他們而發生的弊病。我們對這許多有志的青年，以及這些將近墮落的青年，都有不可推諉的責任，現在我們還是放棄着。我們要把這種責任切實擔負起來，其入手方法，就是把課程救國運動化，使救國與求學實際上打成一片，使學生能夠甘心承受教育的指導；不在乎空談學問，更不在乎空言整飭學風，亦無須乎教學者安心求學。

僅知提倡學問的人還有一種錯誤，他們以為學校僅止於救國方法的討論研究，不宜見之於實行，要實行不妨投到革命的隊伍裏去，學校裏要預儲建設的人才。這未免太理想了，把知與行，革命與建設截然分為兩途。事實上，坐而言，起而行乃人情之常，學校裏既講了救國的方法，便無法限制學生去參加實際活動了。倘若不許實行，莫妙於不講。現在既不能不講，不願不講，講了之後，學生自然而然要實行起來，再加限制，實在是庸人自擾的辦法。而且進一步講，凡事未曾實行過的，講來都是空談，一點也不會切實，要得到真知灼見，非從實行中去研究不可。現在的學生要他們放鬆一步救國運動，事勢是不可能的了。我們若想用空言去阻制他們，非但事實上做不到，

即使做了，你想養成一班只會得説不高興做的人材，於社會國家有何利益？老實説了吧，我們這些號稱為知識階級的人，就有一個因襲的缺點，往往僅能夠認識光明的所在，和達到光明的路，只缺乏一點奮鬥得勇氣。知識階級若不把此缺點改去，其地位與境遇永遠是可悲哀的。我們又何忍把這一種自誤的衣缽，傳授給這一班血誠有為的青年呢！

至於公民教育運動，目前雖是大中小教育家聚精會神的得意之筆，在我看來，則不免悲感。在主持或參加這一次公民教育運動的人，雖大都不説這是有應付最近學生救國運動的用意，可是從其開始作廣大運動的時期，以及所取方式所用手段，無不與學生救國運動有關係，而且似乎是針鋒相對，帶着一種防禦戰的性質呢，教育界的天賦，是居於指導學生的地位，現在做出這種避重就輕的舉動來，不是從正面迎上去，可見其勢力是很式微了。我還記得五四運動起了之後，教育界猛然驚覺知道非改進不可，於是歐美各種新教育學説與方法大受歡迎；而一方面還覺得學生界有應付之必要，紛紛討論學生自治的問題。不幸新教育學説方法之輸入，並未能將教育有所改善，學生自治又未見何切實之成績，而時變之來愈趨愈急。五卅事起，教育界之表現更見得落後。各派政治集團又如雨後春筍，紛然而起，都想在學生界中奪取群眾，其聲勢搖撼得教育界不得安寧，不得已乃作此公民教育運動，欲以挽狂瀾於既倒，其情實可哀矣！

但是，我相信天下事只須有至誠，就是與滅國、繼絕世一等困難的工作，也不致沒有辦法。過去我們教育界有一種極壞的氣象，大概是由腐敗的政治環境中造成的；無論什麼教育上的設施，開始時大張旗鼓，非不共動一時，日久生厭，往往成為徒具形式的無聊的宣傳運動，以自欺欺人。試看歷年來的職業教育運動、義務教育運動、衛生教育運動、平民教育運動，除了少數所謂專家支持幾個團體，主辦幾種雜誌，以及在各報上出幾次特刊專號，在各地暑期講習會中設幾種學程，在教育上着有何等成效，在社會發生何種影響？就是見於法令的新學制和國語教育，也未見推行得切實普通吧！這簡直是暮氣的表現，是一種頹風。此次公民教育運動，事實上明明白白是一種處於被動地位的應付手段，乾脆一點説，這是風雨漏屋的教育界的一種補救工夫，既曰應付，既曰補救，那末必須徹底認識教育界現

在所處的境地，學生界所呈的情勢，以審慎的態度，至誠的精神，切實做去，才是道理。然而就公民教育運動發動以來的實際狀況看，仍不免落了因應敷衍的窠臼，實在可以使人悲觀。

五卅以來，民眾革命情緒的奮發是不可掩的事實，我們正不必附和列強外交家及野蠻軍閥，隨便加以誣陷。各派之主張，如國家主義者昌言外抗強權，內除國賊，三民主義者昌言推到軍閥，打破帝國主義，民治主義者昌言民族自決，民權伸張，口號雖各不同，其宗旨不外求中國之自由平等。我們也不必為不偏不當之成見所誤，力避濃厚之色彩，以致自己之思想精神不能適合時代之要求。但是此次公民教育運動中所定為共信之信條，雖未明白有誣陷方在盛張之民眾運動的表示，然亦確實不能適合於時代之要求。在中國今日所亟切需要之良好公民，乃能努力於中國自由平等之運動者，這種資格的養成，在公民信條中，實在並沒有顧到，不能不算為一大缺點。若要勉強引來比附，只有末一條培養國際同情，還可以充數，然以被侵略之國家，僅注意於國際同情，露骨一點說，實在是一種製造順民的教育，不是外患內亂交迫之中國的公民教育了。而且在民眾運動被誣為什麼赤化排外的時候，高標國際同情一語，不免有與列強外交家及野蠻軍閥一鼻孔出氣的嫌疑。請教在民氣盛張，青年學生救國熱狂之時，揭此信條，怎麼號召得來，怎麼可以收學生之救國運動於教育範圍之內？推測這幾位制定公民信條的先生的心理，或者以為分派之救國主張實行起來有危險，青年學生將因而遭無謂的犧牲。殊不知他們現在的辦法，猶之鯀之治水，專事防堵而氾濫更甚；猶之清季民間革命空氣已盛，還想以預備立憲來延宕，反因此促起了辛亥革命。現在國之不可不救的形勢既如此，救國之道不出於各派之主張的事實又如彼，而想用這種灰色的公民信條來應付繁劇，只怕非但不見實效，反足以激起不幸之事變，即青年學生將以為教育界謀國之無誠意，奮身激進，趨於極端；因此而遭非常之犧牲，教育界實在不能逃其責任。

公民信條之是否適當且勿論，苟能將所定公民信條切實施行，猶可以得

相當之成績，如自治能力之確立，公共秩序之信守，亦未始不足以造福於國家社會。然而今之公民教育運動，只見其宣傳公民信條，未聞其實施公民信條。在公民信條初制定的時候，召集各地教員開一講習會，講解公民信條，為運動之發端。既而，乃定三月三日至九日為公民教育運動周，使各校內學生講說公民信條。到了暑期，各地又照例定為學程，而其內容又是公民信條。到現在這八條公民信條幾乎成了國民黨的孫中山遺囑，基督教的十字徽號，開大會要念公民信條，公共地方要張貼公民信條，日曆要加印公民信條，其利用空間時間可謂至矣盡矣。然而這些都是形式，日久生厭，公民信條變為照例文章而已。我以為真有至誠要推行公民信條，第一要緊當將信條化為訓育上之具體方法，定為學校中日常之慣例，才是道理，鋪張揚厲的宣傳，末節而已。而且訓育上真要施公民信條，事情實在不簡易，例如遵守公共秩序一條中守時一項，對於隨便缺席，任意遲到的習慣要改正起來，決非念信條貼信條所能奏效的。怎麼這些公民教育專家，只見他們空言宣傳信條，而未聞有實施公民信條的計劃或實況報告於大眾呢？

以上所言，並不是對於提倡學問及公民教育二端完全反對。我以為他們的主張與設施有未達一間之處，亟應修正。所謂未達一間之處，就是他們對於學生救國運動，似乎常抱着防閑的態度，我則以為防閑不如宣導。我的修正意見，即所謂宣導方法，乃主張改善課程，以適應學生救國運動之需要，變更公民信條與公民教育運動方法，把公民教育運動與救國運動陶熔一爐。竊以為必由此法，教育界當前之大問題，可迎刃而解，否則徒滋紛糾而已，至於我所以作如此主張，是有一個根本見解，以為我們要推行新教育，與救國運動的發展是有連帶關係的。現在的救國運動大遭誣陷，而新教育之前途亦同時發生許多障礙，試看讀經問題、男女同學問題、國語教育問題，舊勢力乘此時機都有死灰復燃之勢。現在正是新舊思潮大決鬥的時期，我們必需認明前途，勿因小不忍而亂大謀！

關於青年運動的提案

原載上海會文堂編印《黨國名人重要書牘》，1928

　　吾黨過去青年運動之作用，及現今不能繼續之理由：吾黨主義非為一時，其不受時間之支配，人所共喻。若施設之策，則不能不因前後情勢之不同，而參合事實，適應因革。外交方針如此，農工運動如此，在教育何莫不然。

　　往者中央黨部、國民政府在廣州，舉國大半皆在軍閥之下。不得不厚集革命之力量，以顛覆籍據。故吾黨當時助各地青年學生之運動，不復慮其一時學業之犧牲。本理所宜然，策所必助。雖有所痛於心，誠不能免乎此也。

　　及後革命勢力克定長江，學生鼓勵民氣之功績已著，而青年犧牲學行訓練之大弊亦彰。改絃易策，人同此心。中央四次全會有鑒於此，於其宣言鄭重言之曰：

> 就今日受痛苦最大之點言之，無過於未成年之學生參加政治鬥爭之一事。夫政治運動及社會運動，乃關係人民實際生活、國家實際利害之問題，參與此種運動者，必須有實際利害之認識，與正確知識之判斷。未成年之青年男女，身體精神之發育未完全，基本之知識經驗未具備，即個人之私生活，尚不能離成年者之保佑而獨立。何況國家社會之大事，乃放任於未成年者之自由活動，是不特將民族所可愛可寶之未來生命，付之無代價之犧牲；亦直是以國家社會全體之生命，作兒戲之試驗品也。各國法律，在私法上規定行為能力之年齡，未成年者一切行為，不認其有法律上之效力，亦不科以法律上之責任。而國民之公權，則更有各種限制。此不特維持社會公共生活之秩序，國家之安存發展，亦所以培養青年並保護青年者也。以目前中國之情形論，文代落後，經濟落後，國民之身體無不衰弱，所僅足屬望者，惟後起之青年耳。然當其應受培養與保護之時代，不教之以正當之學問，導之以正當之道途，使其身體精神得遂其自然而健全之發展，乃欲付以成年者所不能勝之重任；及其已陷於錯誤，而禍害已波及於社會國家，然後不得已而科之未成年者所不應受之嚴刑，此豈足以救亡，實所以召滅種之禍而已。

又本年全國教育會議，中山大學、廣東、廣西教育廳所提《確定學生會之組織及其法律關係》一案云：

> 現在之學生會組織，尚有一大謬誤，即聯合會之無限制的擴大與勢力之濫用是也。此種組織，將全國百千萬之學生，操縱於少數學生政客之手，而強迫百千萬學生以盲從，名為民主，實乃最專制愚民之制度，等於整個國家組織之中奪取一部分之國家以去，而自成一國家。一有錯誤，全體隨之。此制不革，國家不能立教育方針，社會不能立社會秩序。教育破產，生活破產，學術破產，國家破產，均由此起。而各學生本身之危險，則更不待言。此種感覺，不僅提案者有之；此時負教育責任者，多懷此隱憂。蓋軍閥之下學生之趨向，在國民黨統治境內者，理應不同。革命軍興之時，與建設之時，理應不同。昔謀革命之早日成功，今圖建設之人格培養，則過去之青年運動，現今不能繼續，以多破壞而妨建設。理甚顯也。

本黨之農工商運動，一方面在增進農工商自身利益，一方面又在喚起彼等共同努力於革命，權力與義務兼顧者也。而本黨之青年運動，則在運動學生，使犧牲其課業，犧牲其學校之秩序，專一從事於激動之工作，可謂有義務而無權利。原吾黨當時之所以不得不任學生犧牲者，蓋以有故：一、學生所進之學校，大抵在軍閥勢力範圍之內。其訓育宗旨，多與本黨主義相違，率學生以反對校員，亦未始非宣傳黨義之一法。二、破壞工作，在大多數有地位有家室有經驗者多不肯冒險一試；學生更事不多，激動較易，既無家累，而知識辯才，適在其他民眾之上，為最便於利用之工具。三、欲在反革命區域以內，救援全體民眾，而犧牲一部分青年之利益，以政治學上最大多數之最大幸福之要求衡之，尚非不值。有此三義，故本黨往昔之青年運動，自今日思之，不得不告歉於青年；而自當日言之，實出於不得已。正如軍隊以服從長官為天則，而對於敵人境內之軍隊，則雖運動其下級官反對上級，或運動其兵士反對官長，亦非所恤，出於不得已也。

今中國本部已盡在青天白日旗幟之下。國民政府對於不服從黨義之官吏及學校教職員，皆有干涉與更易之權，無求助於學生之必要。正如敵軍既已歸附，則不可不律以軍紀。一也。戰事結束，建設開始，成年者知無危險，咸告奮勇，不必再資補充於未成年之學生。如常備軍既已足用，不必遽調

後備；工人方慮失業，不宜僱及童工。二也。訓政時期，百廢待舉，在在感專門人才之缺乏，若不於此時廣為培植，則永不能度此難關。正如有七年之病，而不求三年之艾，則歲不我與，追悔無及。三也。若狃於往昔之青年運動，而必欲繼續行之，則為無病呻吟，徒亂人意。十年、二十年以後，今之青年既已老大，感學業之不足以應世變，雖取吾輩之白骨而鞭之，豈足以償誤國誤黨之罪耶？

浙東多蒔竹者。竹先為筍，筍可食也；冀其成林，必養筍成竹而後可。飢不得食，不能不挖筍以充飢，猶可說也；若穀蔬既備，而猶挖可以成竹之筍，其可乎？各省造林之場，先植幼木，旅人經此，適值嚴寒，不得不暫採以為薪，猶可說也；若燃料既具，而猶摧及幼木，使造林之目的，無由而達，其可乎？故吾黨不信教育則已，若欲實行《建國大綱》及本黨政綱中重視教育各條文，則青年不可不有長期之正當培植，以充其知識，成其技能，堅其人品，明其廉恥，庶可成為建設之材，而不至趨於游民之路。換言之，即非停止往日之青年運動不可。

或謂往日之青年運動，偏於破壞，今若偏於建設之運動，則必無損而有益，此固言之有理。然試問建設之活動，應指何種？若指體育上之運動，智育上之研究與辯論，德育上之自治，及其他服務社會、研究時事、音樂、美術等高尚娛樂之類，苟為吾黨所主張，則皆可督促教育行政機關分別設備，或聯合各學校而行之，非學生團體所能自舉也。若學生團體不負此種責任，而空設組織、宣傳、通電、遊行之任務，則其事大抵與黨部重複，而其繁瑣又決非專任不可，勢必蹈往日學生聯合會之覆轍，其職員悉以離校之學生充之，不得不多覓活動之機會，以求免尸位之誚；其餘全體學生，必有擾累，而無裨補，可斷言也。

或謂近日共產黨、國家主義派以及自號第三黨之一類，正競事青年運動，吾黨若不以運動與之競，則勢必全體青年悉為彼等所吸收而後已。竊以為無慮。彼等既以反對吾黨為目的，則仿效吾黨往日之運動，而從事破壞，

宜也。且彼等既不公然徵求黨員，故不得不有此秘密之結合。吾黨既有管理學校之權，主義、方略，編入教科書中；教職員與學生均有進黨之機會，學校又有正分部、正黨部之組織，如學生中有秘密受他種團體之運動者，凡服從黨義之教職員與學生，皆得而伺察之，初無恃乎特別之團體。且既有團體，則其他團體之為特別運動者，安知不即利用此團體，如莊子所謂：大力者負之而趨乎。故學生之受他黨誘惑與否，初不關乎為往日青年運動之學生會之有無也。

鄙意，本黨對於學生，宜根據四次全體會宣言。採用廣州中山大學及廣東、廣西教育廳所提出之案，不必再為他種學生會及學生聯合會等組織，以避免學術界之大犧牲。是否有當？敬請公決。

提議者中央監察委員蔡元培

據上海會文堂編印《黨國名人重要書牘》

轉引自高平叔編：《蔡元培全集・第5卷》，

北京：中華書局，1984年，頁264-268。

中學生向那裏走
——中學生的出路問題 ［郁達夫］

原載《中學生》．第 6 號．1930 年 7 月 1 日．頁 93–9

　　托生在現代中國的民眾中間，徹底的說起來，真正有出路的人，怕只有兩種。一種是六十歲以上的老人，一種是未離母胎的胎兒。老人的出路就是那條自然的死路，胎兒的出路就是出生，出生之後，可又是□了。

　　不要說別的，我們中國的老弱男女，在現代的不合理的社會組織之中，就是西洋人在數世紀之前所享有的人身自由 Habeas corpus 的權利都還爭取不到，更那裏說得上財產，事業，思想，言論，和精神上的種種自由與發展呢？

　　當然，在現代中國的一部極少數人的中間，——（這一部分的人的稱呼，我本想用一個「牫」字來代替的。因為它們是非畜非人，對於我們人類是一種最有危害的特異動物）——它們是有它們的出路的。這一部極少數的東西，就是新舊的軍閥和附屬在這些軍閥之下的買辦、官僚、走狗、龜兔之類，它們的橫徵暴斂，敲剝欺凌，荒淫墮落，暗殺明爭，就是它們的出路。可是它們的這一種出路，當然不是吾人的真正的出路，正如狗所愛吃的東西，不是我們人所愛吃的東西一樣。並且中國社會的所以致有今日，我們中國多數民眾的所以沒有出路，正都因為有了它們這些少數東西存在在那裏的緣故。

　　照這樣的說起來，那麼我們民眾的兩條出路，豈不是很簡單明瞭的麼，就是第一，馬上去殺盡這些少數的東西，第二，否則就大家去自殺。

　　但是我們沒有武器，沒有組織，沒有訓練，沒有勇敢，是馬上殺它們不了的。那麼，直截快當的另外的一條出路，就只有大家去自殺了。可是大家都去自殺了的時候，那連做棺材埋死屍的人都要絕跡了，少數的新舊軍閥和它們的走狗龜兔，又那裏肯來替我們收殮死屍呢？所以自殺的一條路，自然是不成話的無理的想頭。

於是乎我們就不得不在這兩條極端的出路之中，另尋一條生路。於是乎就不得不妥協。於是乎就有現在中國的五花八門的社會。於是乎就有國民黨、改組派、共產黨、取消派、中國青年黨、自由主義派、軍閥、綁匪、強盜等等的出現。於是乎更有所謂教育機關，大學、中學、小學等的產生。

現在先承認了這一個妥協的前提，我們才可以來談談中學生的出路。

中學生的定義如何，我卻沒有十分明瞭，然而大體的說起來，大約係指國民中間的一部分青年，在某一個相當的年齡之下，已經修完了相當的初等教育，為造成社會的健全人格，正在進入中等教育機關中，而在修學的男女學生而言。

所以中學生是一般國民中間的一部分民眾，是年齡在十三四左右的青年，是為造成健全社會而在中等學校修學中的學生。

一般國民的出路，廣義的說起來，也就是中學生的出路。同樣，一般國民的出路的目標（就是馬上去把那些軍閥和寄生在軍閥之下的走狗龜兔殺盡的這一件事情），也就是中學生的出路的目標。一般國民在無可奈何之中，暫時隱忍偷生，一步一步的在預備實現這目標的努力，也就是中學生的努力力點之所在，這是無待贅說的。

但中學生是年齡在十三四歲左右的青年，所以中學生的努力方向，又不得不順隨年齡的生理條件，而另有限制與特情。

人生的十三四歲，若以節季來比擬，正是陽春二三月生活力極盛的時候。身體的發育，到此特行緊張，一步飛躍，就須脫離幼年的稚弱而轉入青春潑剌的活動期去，所以在這一個時期裏，比甚麼都重要的，就是將來的強健體格的鍛煉與育成。我以為中學教育的目的，若在造成為改革社會而奮鬥的勇士的時候，那就是把現在中學科程中的大半科目，盡行刪去，而以強身養氣的操練來代替，也並不為過。總之，社會的組成，由於個人的集合，個人的事業作為，繫於他的身體的康強，而個人身體的強弱的分歧點，卻在這一個中學修學時代的兩三年當中。

青年在中學修學時期裏，生理上必然須發生的兩種特異的現象，是誰也逃不過的。第一，是性的發動，第二，是因性的發動的結果，而對於人生的懷疑。這兩種現象，若不適宜善導，使驅入於積極的能動的方面去，則一個青年的生死都還難保，其他甚麼國家，甚麼社會，甚麼人類的問題，當然都談不到了。

　　所以我以為中學生的出路的第一條，就在上舉的兩重鐵門關的打破，與一個轟轟烈烈的壯強身體的培成。

　　但是光有了強壯的身體，而沒有高深的學識，穩固的理想，有用的技術，來指使這個身體，那麼人之所以異於禽獸者幾希——新舊軍閥底下的兵卒龜兔之類，都是這一批東西——也是萬萬不可以的。所以中學生的出路的第二條，就在有用的知識的獲得。

　　大抵一個人的記憶力最強，習慣性最容易養成，好奇心最發達的年齡，就在這十三四歲的中學時期當中。而這記憶力、習慣性、好奇心的三者，卻是獲得確實的知識的三大要件。所以中學時代讀在那裏的書卷，是一生到死也不會遺忘的基本知識。別的人我不曉得，單就我自己個人來說，我覺得在大學裏，在社會上，所得到的經驗學問，真正有限得很。我現在在這裏使用的一點外國文的根底，和常識的一般，都還是在中學時代修得的東西而已。

　　可是說到學識，也有種種的不同的。有些學問知識，說起來原也很高深，性質上也許很有趣，但是因為不適合於我們現代社會的緣故，修得了之後，往往是非徒無益，反而有害的，也很不少。所以我覺得中學生在獲取知識的當中，要先定下一個標準來，注意到時代社會的潮流趨勢，加以一番慎重的選擇才可以。革命八股的無意識的抄襲，標語口號的瞎喊盲吹，甚而至於周公孔子之乎者也的滿口文章，都是不合於時代的偏狂者的行徑，不是我們現在的中學青年所應走的道路。

在五四運動起來之後，中國的一般學生口上，盛行着兩句最普通的口號，叫「讀書不忘救國，救國不忘讀書。」現在時勢變遷，這兩句口號，也同時調小曲一樣，換了一換新鮮，改作了「讀書不忘革命，革命不忘讀書」了。這兩句話雖則冠冕堂皇，說來順口，但其實是有點不大講得通的，假如你到了無書可讀——除了革命八股之外——沒有讀書的自由的時候，那你還有甚麼「讀書不忘革命，革命不忘讀書」呢？

總而言之，無論是大學生、中學生、小學生，我們都是國民的一部分。一般國民的出路，就是我們的出路。一般國民的出路的目標，已在前面說起過了。我們因為地位現狀的不同，所走的道路，一時或許有點參差小異，但是歸根結蒂，多數民眾所走的方向，卻是一致的。就是如何的去盡我們的最善，而來把這出路的最後目標實現出來，就是「馬上去把那些軍閥和寄生在軍閥之下的走狗龜兔殺盡」的這一件事情。

商榷：學潮以後之根本補救法 ［南洲］

原載《吳江》，1941 年 1 月 1 日，第 2 版

我吳江興學，到如今已將三十年了。那知三十年前所種的因，到現在卻反收到一種很惡的果子。什麼分家咧、反對咧、罷教咧、辭職咧，這許多不祥的名辭，不祥的事實，都發現在我們純潔高尚的教育界中，那真是一件很傷心的事情。

古來正人君子，為了群小在位，就結成徒黨，去議論朝政，臧否國事，那是歷史上常見的事情。像東漢的李膺陳蕃、北宋的洛蜀朔三黨、明代的東林漢黨，然而他們一方面反對朝政，一方面卻大大的去講學，從沒有罷了學，去和那班政客打架。就是看到西洋史上，也沒有為了政治不良，而就用罷學的方法來抵制的。我國五四這一次的學潮，雖然為國體上爭了許多面子，然而有識者，尚且以為這種舉動是不對。是青年一時血氣之勇。我們吳江辦教育的人覷為人師，那腦袋裏卻還有什麼罷學罷教的方法，去對付那班教育行政人員。我真不懂！我真不解！前年江屬人士為了三科問題，卻演出了一件總辭職的活劇。那已經是我們吳江教育界的不幸，如今卻又演了罷教的活劇。唉！反對一個三科科長，要犧牲十一的辦教育事業的人，反對三個教育行政上重要的人員，要犧牲了三千子弟的求學，真是太看重他們了。

大家在這熱中的時候，固然是不免要走入歧路，做那出軌的事情。但是隔了幾天，平心靜氣的去想，我們做一件事情，是不是要揀康莊大道的走？還是要揀偏窄狹小的路去走？那種分別，我恐怕小孩們都知道的。然而這幾年來，我們吳江教育界中人，走那康莊大道的人，卻是很少。這真是我吳江的不幸啊！

　　所以我的意見，以為目前無論用什麼委曲求全去調解，終不是一種根本的解決方法。根本的解決，我以為凡是教育界的人，應該去掉政客的手段，一心一念的去辦教育。而最要緊的事情，就是研究學術，拿這種學術來救治目前的病根，那麼將來或者可以收到很大的效果。換句話說，大家還是去讀書養氣，去做神聖教育的事業，不再要去做那學閥的事業。

　　唉！我看這幾年來，我們吳江研究學術的人，真是消耗已到極點了。這次學潮，或者就是這種原因的結果麼？

談中學生與社會運動　[朱光潛]

原載《朱光潛全集》，安徽：安徽教育出版社，1987年，第1卷，頁18-2

朋友：

第一信曾談到，孫中山先生知難行易的學說，和不讀書而空談革命的危險。這個問題有特別提出討論的必要，所以再拿它來和你商量商量。

你還記得葉楚倫先生的演講吧？他說，如今中國在學者只言學，在工者只言工，在什麼者只言什麼，結果弄得沒有一個在國言國的人，而國事之糟，遂無人過問。葉先生在這裏只主張在學者應言國，卻未明言在國亦必言學。惲代英先生更進一步說，中國從孔孟二先生以後，讀過二千幾百年的書，講過二千幾百年的道德，仍然無補國事，所以讀書講道德無用，一切青年都必須加入戰線去革命。這是一派的主張。

同時你也許見過前幾年的上海大同大學的章程，裏面有一條大書特書：「本校主張以讀書救國，凡好參加愛國運動者不必來！」這並不是大同大學的特有論調，凡遇學潮發生，你走到一個店舖裏，或是坐在一個校務會議席上，你定會發見大家竊竊私語，引為深憂的都不外「學生不讀書，而好鬧事」一類的話。因為這是可以深憂的，教育部所以三令五申，「整頓學風！」這又是一派的主張。

葉惲諸先生們是替某黨宣傳的。你知道我無黨籍，而卻深信中國想達民治必經黨治。所以我如果批評葉惲二先生，非別有用意，乃責備賢者，他們在青年中物望所繫，出言不慎，便不免貽害無窮。比方葉先生的話有許多語病。國家是人民組合體，在學者能言學，在工者能言工，在什麼者能言什麼，合而言之，就是在國言國。如今中國弊端就在在學者不言學，在工者不言工，大家都拋棄分內事而空談愛國。結果學廢工馳，而國也就不能救好，這是顯然的事實。惲先生從中國歷史證明讀書無用，也頗令人懷疑。法國革命單是丹東、羅伯斯比爾的功勞，而盧梭、伏爾泰沒有影響嗎？思

想革命成功，制度革命才能實現。辛亥革命還未成功，是思想革命未成功，這是大家應該承認的。

中國人蜂子孵蛆的心理太重，只管誘勸人「類我類我！」比方我喜歡談國事，就藐視你讀書；你喜歡讀書，就藐視我談國事。其實單方面鑼鼓打不成鬧台戲。要撐起中國場面，也要生旦淨丑角俱全。我們對於鼓吹青年都拋開書本去談革命的人，固不敢贊同，而對於懸參與愛國運動為厲禁的學校也覺得未免矯枉過正。學校與社會絕緣，教育與生活絕緣，在學理上就說不通。若談事實，則這一代的青年，這一代的領袖，此時如果毫無準備，想將來理亂不問的學生一旦會變成措置咸宜的社會改造者，也是痴人妄想。固然，在秩序安寧的國家裏，所謂「天下有道，則庶人不議」，用不着學生去干預政治。可是在目前中國，又另有說法：民眾未覺醒，輿論未成立，教育界中人本良心主張去監督政府，也並不算越職。總而言之，救國讀書都不可偏廢。蔡孑民先生說：「讀書不忘救國，救國不忘讀書，」這兩句話是青年人最穩妥的座右銘。

所謂救國，並非空口談革命所可了事。我們跟着社會運動家喊「打倒軍閥」，「打倒帝國主義」力已竭，聲已嘶了。而軍閥淫威既未稍減，帝國主義的勢力也還在擴張。朋友，空口吶喊大概有些靠不住罷？北方人奚落南方人，往往說南方人打架，雙方都站在自家門前裏磨拳擦掌對罵，你說：「你來，我要打殺你這個雜種！」我說：「我要送你這條狗命見閻王。」結果半拳不揮，一哄而散。住在租界談革命的人不也是這樣空擺威風麼？

五四以來，種種運動只在外交方面稍生微力。但是你如果把這點微力看得了不得的重要，那你就未免自欺。「夫人必自侮，而後人侮之。」「自侮」的成分一日不減絕，你一日不能怪人家侮你。你應該回頭看看你自己是什麼樣的一個人，看看政府是什麼樣的一個政府，看看人民是什麼樣的一個人民。向外人爭「臉」固然要緊；可是你切莫要因此忘記你自己的家醜！

家醜如何洗得清？我從前想，要改造中國，應由下而上，由地方而中央，由人民而政府，由部分而全體，近來覺得這種見解不甚精當，國家是一

種有機體，全體與部分都息息相關，所以整頓中國，由中央而地方的改革，和由地方而中央的改革須得同時並進。不過從前一般社會運動家大半太重視國家大政，太輕視鄉村細務了。我們此後應該排起隊伍，「向民間去」。

我記得在香港聽孫中山先生談他當初何以想起革命的故事。他少年時在香港學醫，歡喜在外面散步，他覺得香港街道既那樣整潔，他香山縣的街道就不應該那樣污穢。他回到香山縣，就親自去打掃，後來居然把他們門前的街道打掃乾淨了。他因而想到一切社會上的污濁，都應該可以如此清理。這才是真正革命家！別人不管，我自己只能做小事。別人鼓吹普及教育，我只提起粉筆誠誠懇懇的當一個中小學教員；別人提倡國貨，我只能穿起土布衣到鄉下去辦一個小工廠；別人喊打倒軍閥，我只能苦勸我的表兄不為非作歹；別人發電報攻擊賄選，吾儕小人，發電報也沒有人理會，我只能集合同志出死力和地方紳士奮鬥，不叫買票賣票的事在我自己鄉裏發生。大事小事都要人去做。我不敢說別人做的不如我做的重要。但是別人如果定要拉我丟開這些末節去談革命，我只能敬謝不敏（屠格涅夫的《父與子》裏那位少年虛無黨臨死時所說的話，最使我感動，可惜書不在身旁，不能抄譯給你看，你自己尋去罷）。

總而言之，到民間去！要到民間去，先要把學生架子丟開。我記得初進中學時，有一天穿着短衣出去散步，路上遇見一個老班同學，他立刻就豎起老班的喉嗓子問我：「你的長衫到哪裏去了？」教育尊嚴，哪有學生出門而不穿長衫子？街上人看見學生不穿長衣，還成什麼體統？我那時就逐漸覺得些學生的尊嚴了。有時提起籃了去買菜，也不免羞羞澀澀的，此事雖小，可以喻大。現在一般青年的心理大半都還沒根本改變。學生自成一種特殊階級，把社會看成待我改造的階級。這種學者的架子早已御人於千里之外，還談甚麼社會運動？你盡管說運動，社會卻不敢高攀，受你的運動。這不是近幾年的情形麼？

老實說，社會已經把你我看成眼中釘了。這並非完全是社會的過處。現在一般學生，有幾個人配談革命？吞剝捐款聚賭宿娼的是否沒曾充過代表，赴國大會？勾結紳士政客以搗亂學校是否沒曾談過教育尊嚴？向日本政府立誓感恩以分潤庚子賠款的，是否沒曾喊過打倒帝國主義？其實，社會還算是客氣，他們如要是提筆寫學生罪狀，怕沒有材料嗎？你也許說，任何團體都有少數敗類，不能讓全體替少數人負過。但是青年人都有過於自覺的幻覺，在你談愛國談革命以前，你總應該默誦幾聲「君子求諸己！」

　　話又說長了，再見罷！

你的朋友　孟實

北京大學和學生運動 ［蔣夢麟］

原載《西潮》，台北：輔欣書局，1990 年，頁 133–147，節錄

如果你丟一塊石子在一池止水的中央，一圈又一圈的微波就會從中盪樣開來，而且愈漾愈遠，愈漾愈大。北京曾為五朝京城，歷時一千餘年，因此成為保守勢力的中心，慈禧太后就在這裏的龍座上統治着全中國。光緒皇帝在一八九八年變法維新，結果有如曇花一現，所留下的惟一痕跡只是國立北京大學，當時稱為京師大學堂或直呼為大學堂，維新運動短暫的潮水已經消退而成為歷史陳跡，只留下一些貝殼，星散在這恬靜的古都裏，供人憑弔。但是在北京大學裏，卻結集着好些蘊蓄珍珠的活貝；由於命運之神的擺佈，北京大學終於在短短三十年歷史之內對中國文化與思想提供了重大的貢獻。

在靜水中投下知識革命之石的是蔡孑民先生（元培）。蔡先生在一九一六年（民國五年）出任北京大學校長，他是中國文化所孕育出來的著名學者，但是充滿了西洋學人的精神，尤其是古希臘文化的自由研究精神。他的「為學問而學問」的信仰，植根於對古希臘文化的透徹了解，這種信仰與中國「學以致用」的思想適成強烈的對照。蔡先生對學問的看法，基本上是與中山先生的看法一致的，不過孫先生的見解來自自然科學，蔡先生的見解則導源於希臘哲學。

這位著名的學者認為美的欣賞比宗教信仰更重要。這是希臘文化交融的一個耐人尋味的實例。蔡先生的思想中融合着中國學者對自然的傳統愛好和希臘人對美的敏感，結果產生對西洋彫塑和中國彫刻的愛好；他喜愛中國的山水畫，也喜愛西洋油畫；對中西建築和中西音樂都一樣喜歡。他對宗教的看法基本上是中國人的傳統見解：認為宗教不過是道德的一部分。他希望以愛美的習慣來提高青年的道德觀念。這也就是古語所謂「移風易俗莫大於樂」的傳統信念。高尚的道德基於七情調和，要做到七情調和則必須透過藝術和音樂或與音樂有密切關係的詩歌。

蔡先生崇信自然科學。他不但相信科學可以產生發明、機器，以及其他實益，他並且相信科學可以培養有系統的思想和研究的心理習慣，有了系統的思想和研究，才有定理定則的發現，定理定則則是一切真知灼見的基礎。

　　蔡先生年青時鋒芒很露。他在紹興中西學堂當校長時，有一天晚上參加一個宴會，酒過三巡之後，他推杯而起，高聲批評康有為、梁啟超維新運動的不徹底，因為他們主張保存滿清皇室來領導維新。說到激烈時，他高舉右臂大喊道：「我蔡元培可不這樣。除非你推翻滿清，任何改革都不可能！」

　　蔡先生在早年寫過許多才華橫溢，見解精闢的文章，與當時四平八穩，言之無物的科舉八股適成強烈的對照。有一位浙江省老舉人曾經告訴我，蔡元培寫過一篇怪文，一開頭就引用禮記裏的「飲食男女，人之大欲存焉」一句。繳卷時間到時，他就把這篇文章繳給考官。蔡先生就在這場鄉試裏中了舉人。後來他又考取進士，當時他不過三十歲左右。以後就成為翰林。

　　蔡先生晚年表現了中國文人的一切優點，同時虛懷若谷，樂於接受西洋觀念。他那從眼鏡上面望出來的兩隻眼睛，機警而沉着；他的語調雖然平板，但是從容、清晰、流利而懇摯。他從來不疾言厲色對人，但是在氣憤時，他的話也會變得非常快捷、嚴厲、扼要——像法官宣判一樣的簡單明瞭，也像絨布下面冒出來的匕首那樣的尖銳。

　　他的身材矮小，但是行動沉穩。他讀書時，伸出纖細的手指迅速地翻着書頁，似乎是一目十行的讀，而且有過目不忘之稱。他對自然和藝術的愛好使他的心境平靜，思想崇高，趣味雅潔，態度懇切而平和，生活樸素而謙抑。他虛懷若谷，對於任何意見、批評，或建議都欣然接納。

　　當時的總統黎元洪選派了這位傑出的學者出任北大校長。北大在蔡校長主持之下，開始一連串重大的改革。自古之來，中國的知識領域一直是由文學獨霸的，現在，北京大學卻使科學與文學分庭抗禮了。歷史、哲學，和四書五經也要根據現代的科學方法來研究。為學問而學問的精神蓬勃一時。保守派、維新派，和激進派都同樣有機會爭一日之短長。背後拖着長辮，心理眷戀帝制的老先生與思想激進的新人物並坐討論，同席笑謔。教室裏，

座談會上，社交場合裏，到處討論着知識、文化、家庭、社會關係，和政治制度等等問題。

這情形很像中國先秦時代，或者古希臘蘇格拉底和阿里斯多德時代的重演。蔡先生就是中國的老哲人蘇格拉底，同時，如果不是全國到處有同情他的人，蔡先生也很可能遭遇蘇格拉底同樣的命運。在南方建有堅強根據地的國民黨黨員中，同情蔡先生的人尤其多。但是中國的和外國的保守人士卻一致指責北京大學鼓吹「三無主義」——無宗教、無政府、無家庭——與蘇格拉底被古希臘人指責戕害青年心靈的情形如出一轍。爭辯不足以消除這些毫無根據的猜疑，只有歷史才能證明它們的虛妄。歷史不是已經證明了蘇格拉底的清白無罪嗎？

我已經提到蔡先生提倡美學以替代宗教，提倡自由研究以追求真理。北大文學院院長陳仲甫（獨秀）則提倡賽先生和德先生，認為那是使中國現代化的兩種武器。自由研究導致思想自由；科學破壞了舊信仰，民主則確立了民權的主張。同時，哲學教授胡適之（適）那時正在進行文學革命，主張以白話代替文言作表情達意的工具。白話比較接近中國的口語，因此比較易學，易懂。它是表達思想的比較良好也比較容易的工具。在過去知識原是士大夫階級的專利品，推行白話的目的就是普及知識。白話運動推行結果，全國各地產生了無數的青年作家。幾年之後，教育部並下令全國小學校一律採用白話為教學工具。

北大是北京知識沙漠上的綠洲。知識革命的種籽在這塊小小的綠洲上很快地就發育滋長。三年之中，知識革命的風氣已經遍佈整個北京大學。

這裏讓我們追述一些往事。一個運動的發生，決不是偶然的，必有其前因與後果。在知識活動的蓬勃氣氛下，一種思想上和道德上的不安迅即在學生之中發展開來。我曾經談過學生如何因細故而鬧學潮的情形，那主要是受了十八世紀以自由、平等、博愛為口號的法國政治思想的影響，同時青年們認為中國的遲遲沒有進步，並且因而召致外國侵略應由清廷負其咎，因此掀起學潮表示反抗。

第一次學潮於一九零二年發生於上海南洋公學，即所謂罷學風潮。我在前篇已經講過。幾年之後，這種學生反抗運動終至變質而流為對付學校廚子的「飯廳風潮」。最後學校當局想出「請君入甕」的辦法，把伙食交由學生自己處理。不過零星的風潮仍舊持續了十五、六年之久。有一次「飯廳風潮」甚至導致慘劇。杭州的一所中學，學生與廚子發生糾紛，廚子憤而在飯裏下了毒藥，結果十多位學生中毒而死。我在慘案發生後去過這所中學，發現許多學生正在臥床呻吟，另有十多具棺木停放在操場上，等待死者家屬前來認領葬殮。

表現於學潮的反抗情緒固然漸成過去，反抗力量卻轉移到革命思想上的發展，而且在學校之外獲得廣大的支持，終至發為政治革命而於一九一一年推翻滿清。

第二度的學生反抗運動突然在一九一九年（民國八年）五月四日在北京爆發。此即所謂五四運動。事情經過是這樣的：消息從巴黎和會傳到中國，說歐戰中的戰勝國已經決定把山東半島上的青島送給日本。青島原是由中國租給德國的海港，歐戰期間，日本從德國手中奪取青島。中國已經對德宣戰，戰後這塊租地自然毫無疑問地應該歸還中國。消息傳來，舉國騷然。北京學生在一群北大學生領導下舉行示威，反對簽訂凡爾賽和約。三千學生舉行群眾大會，並在街頭遊行示威，反對接受喪權辱國的條件，高喊「還我青島！」「抵制日貨！」「打倒賣國賊！」寫着同樣的標語的旗幟滿街颺揚。

當時的北京政府仍舊在軍人的掌握之下，僅有民主政體和議會政治的外表，在廣州的中山先生的國民黨以及其餘各地的擁護者，雖然努力設法維護辛亥革命所艱辛締造的民主政制，卻未着實效。北京政府的要員中有三位敢犯眾怒的親日分子。他們的政治立場是盡人皆知的。這三位親日分子──交通總長曹汝霖，駐日公使陸宗輿，和另一位要員章宗祥──結果就成為學生憤恨的對象，群眾蜂擁到曹宅，因為傳說那裏正在舉行秘密會議。學生破門而入，滿屋子搜索這三位「賣國賊」。曹汝霖和陸宗輿從後門溜走了；章宗祥則被群眾抓到打傷。學生們以為已經把他打死了，於是一哄而散，離去前把所有的東西砸得稀爛，並且在屋子裏放了一把火。

這時武裝警察和憲兵已經趕到，把屋子圍得水洩不通。他們逮捕了六十位學生帶往司令部，其餘的一千多名學生跟在後面不肯散，各人自承應對這次事件負責，要求入獄。結果全體被關到北京大學第三院（法學院），外面由憲警嚴密駐守。

有關這次遊行示威的消息，遭到嚴密的檢查與封鎖。但是有幾個學生終於矇過政府的耳目，透過天津租界的一個外國機構發出一通電報。這電報就是五號上海各報新聞的惟一來源。

五號早晨報紙到達我手裏時，我正在吃早餐。各報的首頁都用大字標題刊登這條新聞，內容大致如下：

> 北京學生遊行示威反對簽訂凡爾賽和約。三親日要員曹汝霖、陸宗輿、章宗祥遭學生圍毆。曹汝霖住宅被焚，數千人於大隊憲警監視下拘留於北京大學第三院。群眾領袖被捕，下落不明。

除此簡短新聞外，別無其他報導。

這消息震動了整個上海市。當天下午，公共團體如教育會、商會、職業工會等紛紛致電北京政府，要求把那三位大員撤職，同時釋放被捕或被扣的學生。第二天一整天，全上海都焦急地等待着政府的答覆，但是杳無消息。於是全市學生開始罷課，提出與各團體相同的要求，同時開始進行街頭演說。

第二天早晨，各校男女學生成群結隊沿着南京路挨戶訪問，勸告店家罷市。各商店有的出於同情、有的出於懼怕，就把店門關起來了。許多人則做照左鄰右舍的榜樣，也紛紛關門歇市。不到一個鐘頭，南京路上的所有店戶都關上大門了，警察干涉無效。

罷市風聲迅即蔓延開來，到了中午時，全上海的店都關了。成千成萬的人在街頭聚談觀望，交通幾乎阻塞。租界巡捕束手無策。男女童子軍代替巡捕在街頭維持秩序，指揮交通。由剪了短髮的女童子軍來維持人潮洶湧的大街的秩序，在上海公共租界倒真是一件新鮮的事。中國人和外國人同樣覺得奇怪，為什麼群眾這麼樂意接受這些小孩子的指揮，而對巡捕們卻大發脾氣。

幾天之內，罷課成為全國性的風潮。上海附近各城市的商店和商業機構全都關了門。上海是長江流域下游的商業中心。這個大都市的心臟停止跳動以後，附近各城市也就隨着癱瘓，停止活動，倒不一定對學生表同情。

租界當局聽說自來水廠和電燈廠的僱員要參加罷工，大起驚慌。後來經過商會和學生代表的調停，這些人才算被勸住沒有罷工。各方壓力繼續了一個多星期，北京政府終於屈服，親日三官員辭職，全體學生釋放。

各地學生既然得到全國人士的同情與支持，不免因這次勝利而驕矜自喜。各學府與政府也從此無有寧日。北京學生獲得這次勝利以後，繼續煽動群眾，攻擊政府的腐敗以及他們認為束縛青年思想的舊傳統。學生們因為得到全國輿情的支持，已經戰勝了政府。參加遊行示威，反對簽訂凡爾賽和約，是每一個中國人都願意做的事。學生們因為有較好的組織，比較敢言，比較衝動，顧慮比較少，所以打了頭陣，並且因此撥動了全國人民的心弦。

親日官員辭職，被捕學生釋放，上海和其他各地的全面罷課罷市風潮歇止以後，大家以為「五四」事件就此結束，至少暫時如此。但是北京大學本身卻成了問題。蔡校長顯然因為事情鬧大而感到意外，這時已經辭職而悄然離開北京。臨行在報上登了一個廣告引白虎通裏的幾句話說：「殺君馬者道旁兒，民亦勞止，汔可小休。」他先到天津，然後到上海，最後悄然到了杭州，住在一個朋友的家裏。住處就在著名的西湖旁邊，臨湖依山，環境非常優美，他希望能像傳統的文人雅士，就此息影山林。雖然大家一再敦勸，他仍舊不肯回到北大。他說，他從來無意鼓勵學生鬧學潮，但是學生們示威遊行，反對接受凡爾賽和約有關山東問題的條款，那是出乎愛國熱情，實在無可厚非。至於北京大學，他認為今後將不易維持紀律，因為學生們很可能為勝利而陶醉。他們既然嚐到權力的滋味，以後他們的慾望恐怕難以滿足了。這就是他對學生運動的態度。有人說他隨時準備鼓勵學生鬧風潮，那是太歪曲事實了。

他最後同意由我前往北京大學代理他的職務。我因情勢所迫，只好勉強同意擔負起這副重擔。我於是在七月間偕學生會代表張國燾乘了火車，前赴北京。到了北京大學，初次遇見了當時北大學生，以後任台大校長的傅孟真

（斯年），現在台灣任國史館長的羅志希（家倫）。兩位是北大「五四」的健將，不但善於謀略，而且各自舞着犀利的一支筆，好比公孫大娘舞劍似的，光芒四照。他們約好了好多同學，組織了一個新潮社，出版了一種雜誌，叫做「新潮」，向舊思想進攻。我現在寫「西潮」，實在自從「五四」以後，中國本土，已捲起了洶湧澎湃的新潮，而影響了中國將來的命運。然而「五四」之起因，實為第一次世界大戰後，歐洲帝國主義之崩潰，以及日本帝國主義的猖狂。所以畢竟還是與西潮有關。

我到校以後，學生團體開了一個歡迎大會。當時的演說中，有如下一段：

> ……故諸君當以學問為莫大的任務。西洋文化先進國家到今日之地位，係累世文化積聚而成，非旦夕可幾。千百年來，經多少學問家累世不斷的勞苦工作而始成今日之文化。故救國之要道，在從事增進文化之基礎工作，而以自己的學問功夫為立腳點，此豈搖旗吶喊之運動所可幾？當法國之圍困德國時，有德國學者費希德在圍城中之大學講演，而作致國民書曰：「增進德國之文化，以救德國。」國人行之，遂樹普魯士敗法之基礎。故救國當謀文化之增進，而負此增進文化之責者，惟有青年學生。……

暴風雨過去以後，烏雲漸散，霽日重現，蔡先生也於九月間重回北大復職視事。

北大再度改組，基礎益臻健全。新設總務處，由總務長處理校中庶務。原有處室也有所調整，使成為一個系統化的有機體，教務長負責教務。校中最高立法機構是評議會，會員由教授互選：教務長、總務長，以及各院院長為當然會員。評議會有權制訂各項規程，授予學位，並維持學生風紀。各行政委員會則負責行政工作。北大於是走上教授治校的路。學術自由、教授治校，以及無畏地追求真理，成為治校的準則。學生自治會受到鼓勵，以實現民主精神。

此後七年中，雖然政治上狂風暴雨迭起，北大卻在有勇氣、有遠見的人士主持下，引滿帆蓬，安穩前進。圖書館的藏書大量增加，實驗設備也大見改善。國際知名學者如杜威和羅素，相繼應邀來校擔任客座教授。

這兩位西方的哲學家，對中國的文化運動各有貢獻。杜威引導中國青年，根據個人和社會的需要，來研究教育和社會問題。無庸諱言的，以這樣的方式來考慮問題，自然要引起許多其他的問題。在當時變化比較遲鈍的中國實際社會中自然會產生許多糾紛。國民黨的一位領袖胡漢民先生有一次對我說，各校風潮迭起，就是受了杜威學說的影響。此可以代表一部分人士，對於杜威影響的估計。他的學說使學生對社會問題發生興趣也是事實。這種情緒對後來的反軍閥運動卻有很大的貢獻。

羅素則使青年人開始對社會進化的原理發生興趣。研究這進化的原理的結果，使青年人同時反對宗教和帝國主義。傳教士和英國使館都不歡迎羅素。他住在一個中國旅館裏，拒絕接見他本國使館的官員。我曾經聽到一位英國使館的官員表示，他們很後悔讓羅素先生來華訪問。羅素教授曾在北京染患嚴重的肺炎，醫生們一度認為已經無可救藥。他病愈後，我聽到一位女傳教士說：「他好了麼？那是很可惜的。」我轉告羅素先生，他聽了哈哈大笑。

第一次世界大戰後，中國的思想界，自由風氣非常濃厚，無論是研究社會問題或社會原理，總使慣於思索的人們難於安枕，使感情奔放的人們趨向行動。戰後歐洲的西洋思想就是在這種氣氛下介紹進來的。各式各樣的「主義」都在中國活躍一時。大體而論，知識分子大都循着西方民主途徑前進，但是其中也有一部分人受到一九一七年俄國革命的鼓勵而嚮往馬克思主義。「新青年」的主編陳獨秀辭去北大文學院院長的職務，成為中國共產運動的領袖。反對日本帝國主義的運動也促使知識分子普遍同情俄國革命。第三國際於一九二三年派越飛到北京與中國知識分子接觸。某晚，北京擷英飯店有一次歡迎越飛的宴會。蔡校長於席中致歡迎詞時說：「俄國革命已經予中國的革命運動極大的鼓勵。」

俄國曾經一再宣佈，準備把北滿的中東鐵路歸還中國，並且希望中國能夠順利掃除軍閥，驅除侵略中國的帝國主義。蘇俄對中國的這番好意，受到所有知識分子以及一般老百姓的歡迎。這種表面上友好表示的後果之一，就是為蘇俄式的共產主義在中國鋪了一條路。

在這同時，許多留學歐美大學的傑出科學家也紛紛回國領導學生，從事科學研究。教員與學生都出了許多刊物。音樂協會、藝術協會、體育協會、圖書館學會等等紛紛成立，多如雨後春筍。教授李守常（大釗）並領導組織了一個馬克斯主義研究會。當時北京報紙附欄，稱這研究會為「馬神廟某大學之牛克斯研究會」，不過作為嘲笑之對象而已。馬神廟者北京大學所在地也。此時北大已經敲開大門招收女生。北大是中國教育史上第一所給男女學生同等待遇的高等學府。教員和學生在學術自由和自由研究的空氣裏，工作得非常和諧而愉快。

北大所發生的影響非常深遠。北京古都靜水中所投下的每一顆知識之石，餘波都會到達全國的每一角落。甚至各地的中學也沿襲了北大的組織制度，提倡思想自由，開始招收女生。北大發起任何運動，進步的報紙、雜誌，和政黨無不紛起響應。國民革命的勢力，就在這種氛圍中日漸擴展，同時中國共產黨也在這環境中漸具雛型。

軍閥之間的衝突正在這古都的附近間歇進行着。在這些時斷時續的戰事中，北京各城門有一次關閉幾達一星期之久。槍砲聲通常在薄暮時開始，一直持續到第二天早晨。有一次，我們曾經跑到北京飯店的屋頂去眺望砲火，那真叫做隔岸觀火，你可以欣賞夜空中交織的火網，但是絕無被火花灼傷的危險。砲彈拖着長長的火光，在空中飛馳，像是千萬條彩虹互相交織。隆隆的砲聲震得屋頂搖搖晃晃，像是遭到輕微的地震。從黃昏到清晨，砲火一直不停。我回家上床時，根本不能把耳朵貼着枕頭睡，因為這樣砲聲顯得特別響亮。因此我只能仰天躺着睡，讓耳朵朝着天花板，同時注意到電燈罩子在微微搖幌。玻璃窗也嘎嘎作響。我有一隻德國種的狼犬，名叫狼兒，牠被砲聲吵得無法再在地板上安睡，一直哼個不停。牠的耳朵一貼到地板，牠就驚跳起來，哼唧幾聲之後，牠衝到房門旁，拼命在門上抓，牠一定以為怪聲是我臥房的地板下面發出來的。第二天早上，我罵了牠一頓，說牠前一晚不該那麼搗亂。牠似乎自知理屈，只用兩隻眼睛怯生生地望着我。早餐時我到處找不到狼兒，從此再不見牠的蹤影。大概牠跑出去想找塊安靜地，夜裏不會有惡作劇的魔鬼在地下大敲大擂，好讓牠安安穩穩的睡覺。不過，我想牠大概是很失望的。

有一天，我和一位朋友在圍城中沿着順城門大街散步。老百姓還是照常操作，毫無緊張的樣子。拉黃包車和坐黃包車的也與平常毫無異樣。我們從西單牌樓轉到西長安街，然後又轉到中央公園。皇宮前半門譙樓上的黃色琉璃瓦，在夕陽下映着澄碧的秋空閃閃發光。我們在一顆古柏的濃蔭下選了一個地方坐下。這些古老的柏樹是幾百年前清朝的開國皇帝種植的。有的排成長列，有的圍成方形。空氣中充塞着柏樹的芳香，微風帶着這些醉人的香味吹拂着我們的面龐。我們圍坐在桌子旁，靜聽着鄰座酒客的議論。大家都在議論戰事，猜測着誰會勝利，誰將入據北京。誰勝誰敗，大家好像都不在乎。操心又怎麼樣？北京已經見過不少的戰事，飽經滄桑之後，北京還不是依然故我？沉默的午門譙樓就是見證。

「城門都關了，不知道我們能不能叫個魚吃吃。」我的朋友說。

堂倌拿了一條活生生的魚來問我們：「先生們喜歡怎麼個燒法？」

「一魚兩吃。一半醋溜，一半紅燒。」

魚燒好端上來了，有一碟似乎不大新鮮。

「這是怎麼回事？這一半是死魚呀！」我的朋友質問堂倌，堂倌鞠了一躬，只是嘻嘻地笑。

「哦，我知道了！這條魚一定是從城牆跳進來的。碰到他的一邊碰死了，另一邊卻仍然活着。」我代為解釋。堂倌再度跑過來時，我的朋友從桌子上抓起一把空酒壺，翻過來給他看。「怎麼！你給我們一把空酒壺呀！」

「對不起」，堂倌笑嘻嘻地說，「酒燙跑了！」他馬上給我們重新拿了一壺。當然，兩壺酒都記在我們賬上。

我們在黃昏時回家。那天晚上，戰鬥停止了，我又想起了狼兒。這一晚，牠大概可以在城裏找個地方，安靜地睡一覺了。第二天早上，我們發現政府已經易手。皇宮依然無恙。老百姓照常過活。各城門大開，成千成萬的人從鄉下挑着蔬菜、肉類、雞蛋、魚蝦湧進北京城。小孩子們在戰場上檢起廢彈殼，以幾塊錢的代價在街頭出售。許多人拿這些砲彈殼製花瓶。

城外有些人家破人亡，我亦失掉了我的狼兒。

一般而論，在這些漫長痛苦的日子裏，因戰事而喪失的生命財產並不嚴重。使中國陷於癱瘓而成為鄰邦侵略之目標的，實為人心之動盪，交通之破壞，經濟之崩潰，以及國民安定生活之遭破壞。國家陷於四分五裂，全國性的建設計劃幾乎成為不可能。中國當務之急就是統一。

　　蔡校長赴歐旅行時，我又再度代理北大校長。這時我接到中山先生一封信，對北大的各種運動大加獎譽，最後並勉勵我「率領三千子弟，參加革命。」

　　孫先生可惜未能在有生之年看到他的希望實現，不過短短數年之後，他的繼承人蔣總司令，率領革命軍從廣州北伐，所向披靡，先至長江流域，繼至黃河流域，終至底定北京。開始於北京，隨後遍及全國各階層的革命運動，已先為這次國民革命的新勝利奠定了心理的基礎。

擾攘不安的歲月 [蔣夢麟]

原載《西潮》，台北：輔欣書局，1990 年，頁 148–156。

　　蔡校長和胡適之他們料得不錯，學生們在「五四」勝利之後，果然為成功之酒陶醉了。這不是蔡校長等的力量，或者國內的力量所能阻止的，因為不滿的情緒已經在中國的政治、社會、和知識的土壤上長得根深蒂固。學校裏的學生竟然取代了學校當局聘請或解聘教員的權力。如果所求不遂，他們就罷課鬧事。教員如果考試嚴格或者贊成嚴格一點的紀律，學生就馬上罷課反對他們。他們要求學校津貼春假中的旅行費用，要求津貼學生活動的經費，要求免費發給講義。總之，他們向學校予取予求，但是從來不考慮對學校的義務。他們沉醉於權力，自私到極點。有人一提到「校規」他們就會瞪起眼睛，噘起嘴巴，咬牙切齒，隨時預備揍人。

　　有一次，北大的評議會通過一項辦法，規定學生必須繳講義費。這可威脅到他們的荷包了。數百學生馬上集合示威，反對此項規定。蔡校長趕到現場，告訴他們，必須服從學校規則。學生們卻把他的話當耳邊風。群眾湧進教室和辦公室，要找主張這條「可惡的」規定的人算賬。蔡校長告訴他們，講義費的規定應由他單獨負責。

　　「你們這班懦夫！」他很氣憤地喊道，袖子高高地捲到肘子以上，兩隻拳頭不斷在空中搖幌。「有膽的就請站出來與我決鬥。如果你們那一個敢碰一碰教員，我就揍他。」

　　群眾在他面前圍了個半圓形。蔡校長向他們逼近幾步，他們就往後退幾步，始終保持着相當的距離。這位平常馴如綿羊，靜如處子的學者，忽然之間變為正義之獅了。

　　群眾漸漸散去，他也回到了辦公室。門外仍舊聚着五十名左右的學生，要求取消講義費的規定。走廊上擠滿了好奇的圍觀者。事情成了僵局。後來教務長顧孟餘先生答應考慮延期收費，才算把事情解決。所謂延期，自然是無限期延擱。這就是當時全國所知的北大講義風潮。

鬧得最兇的人往往躲在人們背後高聲叫罵，我注意到這些搗亂分子之中有一位高個子青年，因為他個子太高，所以無法逃出別人的視線。我不認識他，後來被學校開除的一批人之中，也沒有他的名字。若干年之後，我發現他已經成為神氣十足的官兒，我一眼就認出他來。他的相貌決不會讓人認錯，他的叫罵聲仍舊縈廻在我的耳畔。他已經成為手腕圓滑的政客，而且是位手辣心黑的貪官，抗戰勝利後不久故世，留下一大堆造孽錢。

　　幾年之後，發生了一次反對我自己的風潮，因為我拒絕考慮他們的要求。一群學生關起學校大門，把我關在辦去室。胡適之先生打電話給我，問我願不願意找警察來解圍，但是我謝絕了。大門關閉了近兩小時。那些下課後要回家的人在裏面吵着要出去，在門外準備來上課的人則吵着要進來。群眾領袖無法應付他們自己同學的抗議，最後只好打開大門。我走出辦公室時，後面跟着一二十人，隨跟隨罵着。我回過頭來時，發現有幾個學生緊釘在我背後。北大評議會決定開除我所能記得的以及後來查出的鬧事學生。

　　好幾年以後，我偶然經過昆明中央航空學校的校園。航空學校原來在杭州，戰時遷到昆明。忽然一位漂亮的青年軍官走到我面前，他向我行過軍禮告訴我，他就是被北京大學開一位學生。我馬上認出他那誠實的面孔和那健美的體格。鬧學潮時緊迫在我背後所表現的那付醜惡的樣子已經完全轉變了，他的眼睛閃耀着快樂的光輝，唇邊盪漾着笑意。這次邂逅使我們彼此都很高興。航空學校的校長告訴我，這位青年軍官是他們最優秀的飛行員和教官之一。

　　這些例子足以說明學生運動中包含各式各樣的分子。那些能對奮鬥的目標深信不疑，不論這些目標事實上是否正確，而且願意對他們的行為負責的人，結果總證明是好公民，而那些鬼頭鬼腦的傢伙，卻多半成為社會的不良分子。

　　學生們所選擇的攻擊目標，常常是政府無法解決或者未能圓滿解決的國際問題。因此，他們常能獲得國人的同情；他們的力量也就在此。中日之間的「事件」日漸增多以後，學生的示威遊行常常被日本人解釋為反日運動。糾紛的根源在於廿一條要求和凡爾賽條約所引起的山東問題。自從遠東均

勢破壞以後，日本幾乎享有控制中國的特權。門戶開放政策已經取代瓜分中國的政策。但是門戶開放政策必須以均勢為基礎，均勢一旦破壞，中國只有兩條路可走——一條路是任由日本宰割，另一條路就是自我振作，隨時隨地與日本打個分明。

學生們決定奮起作戰，起先是遊行、示威、罷課，和抵制日貨，接着就轉而攻擊北京政府，因為他們認為一切毛病都出在北京政府身上。他們發現沒有重要的國際問題或國內問題足資攻擊時，他們就與學校當局做對。原因在於青年心理上的不穩。一旦他們受到刺激而採取行動時，這種不穩的情緒就爆發了。想壓制這種澎湃的情緒是很困難的。

若干學生團體，包括青年共產黨員，開始把他們的注意力轉移到勞工運動以及工人的不穩情緒。沿海商埠的工人正蠢蠢欲動。鐵路工人和工廠工人已開始騷動，而且蔓延各地。他們不久就與學生攜手，參加群眾大會和遊行。勞工運動是不可輕侮的武器。在廣州的國民黨政府，曾以總罷工癱瘓香港，使這個英國殖民地在工商業上成為荒漠，歷時十八月之久。

全國性的反英情緒是民國十四年的上海「五卅慘案」激起的。五月卅日那一天，一群同情勞工運動的人在上海大馬路（南京路）遊行示威，公共租界當局竟然下令向群眾開槍，好幾個人中彈身死，傷者更不計其數。工人、商人、和學生在國民黨及共產黨領導之下，隨即發動全面罷工、罷市、罷課，上海再度變為死城。六月廿三日，廣州的學生、工人、商人、和軍人繼起響應，發動反英示威遊行。群眾行近沙面租界時，駐防英軍又向群眾開槍。於是香港各界亦開始罷工、罷市、罷課，使香港也變為死城。北京英國使館的華籍僱員，在學生煽動之下，也進行同情罷工，致使這批英國外交官員很久都沒有廚子和聽差侍候。

自從工人運動與學生運動彼此呼應以後，遊行示威者人數動以萬計，北京不時有各色人等參加的群眾大會出現，街頭遊行行列常常長達數里，群眾手搖旗幟，高呼口號，無不慷慨激昂。一位白俄看到這種情形時，不覺踧然心驚。他曾經在俄國看到不少這樣的集會，他說這是革命即將來臨的徵兆，因此他擔心是否能繼續在中國平安住下去。

學生們找不到遊行示威的機會時，曾經拿學校當局作為鬥爭的對象，工人的情形亦復如此。他們找不到示威的對象時，就把一般怨氣發洩在僱主的身上。不過，中央政府或地方政府對付罷工工人，可比對付學生簡單多了。他們有時用武力來彈壓罷工工人，有時就乾脆拿機關槍來掃射。

段祺瑞執政的政府顯然認為機關槍是對付一切群眾行動的不二法門，因此，在一群學生包圍執政府時，段執政就老實不客氣下令用機關槍掃射。我在事前曾經得到消息，說政府已經下令，學生如果包圍執政，軍隊就開槍。因此我警告學生不可冒險，並設去阻止他們已經在校內列隊集合，準備出發，結果不肯聽我的勸告。他們一到了執政府，子彈就像雨點一樣落到他們頭上了。

我在下午四點鐘左右得到發生慘劇的消息後馬上趕到出事地點。段執政官邸門前的廣場上，男女學生傷亡枕籍，連傷者與死者都難辨別。救護車來了以後，把所有留着一口氣的全部運走，最後留下二十多具死屍，仍舊躺在地上。許多重傷的在送往醫院的途中死去，更有許多人則在手術台上斷了氣。我們向各醫院調查之後，發現死傷人數當在一百以上。這個數目還不包括經包紮後即行回家的人在內。

段祺瑞政府的這種行動，引起全國普遍的抗議，段政府後來終於垮台，此為遠因之一。

學生勢力這樣強大而且這樣囂張跋扈，除了我前面所談到的原因之外，另一原因是這些學生多半是當時統治階級的子女。學生的反抗運動，也可以說等於子女對父母的反抗。做父母的最感棘手的問題就是對付桀傲不馴的子女，尤其是這些子女的行為偏偏又受到鄰居們的支持。工人們的情形可就不同了；他們的父母或親戚，既不是政府大員，也不是社會聞人，因此他們命中註定要挨警察的皮鞭或軍隊的刺刀。只有在學生領導之下，或者與學生合作時，工人才能表現較大的力量。

學生在運動在校內享有教師的同情，在校外又有國民黨和共產黨員的支持，因此勢力更見強大。此外還牽涉到其他的政治勢力。故而情形愈來愈

複雜，聲勢也愈來愈浩大。學生運動自從民國八年開始以來，背後一直有教員在支持。就是滿清時代的首次學潮，也是教員支持的。

後來教員也發生罷教事件，要求北京政府發放欠薪，情勢更趨複雜。北大以及其他七個國立大專學校的教員，一直不能按時領到薪水。他們常常兩三個月才能領到半個月的薪俸。他們一罷課，通常可以從教育部擠出半個月至一個月的薪水。

有一次，好幾百位教員在大群學生簇擁之下，佔據了整個教育部的辦公廳，要求發放欠薪。八個國立學校的校長也到了教育部，擔任居間調停的工作。教員與學生聯合起來，強迫馬鄰翼教育次長和八位校長一齊前往總統府，要求發薪水。這位次長走到教育部門口時，藉口天在下雨，不肯繼續往外走。一位走在他旁邊的學生汪瀚，馬上把自己的雨傘打開遞給他，並且很直率地說：「喏，這把雨傘你拿去！」於是這位次長只好無可奈何地繼續前進，後面跟着八位心裏同樣不怎麼樂意的校長。群眾走近總統府時，憲兵、警察趕緊關起大門。教員與學生在門外吵着要進去。忽然大門打開了，大群武裝憲警蜂擁而出，刺刀亂刺，槍把亂劈。上了年紀的教員和年輕的女學生紛紛跌到溝裏，有的滿身泥濘，有的一臉血跡，叫的叫，哭的哭，亂成一片。法政大學校長王家駒像死人一樣躺在地上。北大政治學教授李大釗挺身與士兵理論，責備他們毫無同情心，不該欺侮餓肚皮的窮教員。北大國文系教授馬敍倫額頭被打腫一大塊，鼻孔流血，對着憲兵大喊：「你們只會打自己中國人，你們為什麼不去打日本人？」

這位馬教授來被送法國醫院診治，政府派了一位曾任省長的要員前往慰問並致歉意。坐在病榻旁的馬教授的老母說：

「這孩子是我的獨子，政府幾乎要他的命，請問這是什麼道理？」

曾任省長的那位要員回答道：「老伯母請放心，小侄略知相法，我看這位老弟弟的相貌，紅光煥發，前途必有一步大運。老伯母福壽無疆，只管放心就是。至於這些無知士兵無法無天，政府至感抱歉。老伯母，小侄向您道歉。」

老太太居然被哄得安靜下來，病房裏其餘的人卻幾乎笑出聲來了。躺在醫院病床上的其他教員，也都因為這位要員的風趣而面露笑容。

這項事情總算這樣過去了。另有一次，教員們擁到財政部要求發放欠薪，部裏的人一個個從後門溜走，結果留下一所空房子。有一次學生們因為不滿政府應付某一強國的外交政策，衝進外交部打爛一面大鏡和好些精緻的坐椅。學生、教員、和工人聯合起來罷工罷課，反對北京政府和侵略中國權益的列強。多事的那幾年裏，差不多沒有一個月不發生一兩次風潮，不是罷課就是罷工。

在那時候當大學校長真傷透腦筋。政府只有偶然發點經費，往往一欠就是一、兩年。學生要求更多的行動自由，政府則要求維持秩序，嚴守紀律。出了事時，不論在校內校外，校長都得負責。發生遊行、示威、或暴動時，大家馬上找到校長，不是要他阻止這一邊，就是要他幫助那一邊。每次電話鈴聲一響，他就嚇一跳。他日夜奔忙的惟一報酬，就是兩鬢迅速增加的白髮。

我講這些話，決不是開玩笑。我記下這些往事以後，又做了場惡夢，有時看到青年男女橫屍北京街頭，有時又看到憲兵包圍北京大學要求交出群眾領袖。夢中驚醒之後，輾轉反側無法安枕，一閉上眼睛，一幕幕的悲劇就重新出現。

有一天，我和一位老教授在北京中央公園的柏樹下喝茶。這位老教授曾經說過一段話，頗足代表當時擾攘不安的情形。

> 這裏鬧風潮，那裏鬧風潮，到處鬧風潮——昨天罷課，今天罷工，明天罷市，天天罷、罷、罷。校長先生，你預備怎麼樣？這情形究竟到那一天才結束。有人說，新的精神已經誕生，但是我說，舊日安寧的精神倒真是死了！